Schroedter (Hrsg.)

Bewegungen zwischen Hören und Sehen

Bewegungen zwischen Hören und Sehen

Denkbewegungen über Bewegungskünste

Herausgegeben von
Stephanie Schroedter

Königshausen & Neumann

Gedruckt mit freundlicher Unterstützung
durch die Deutsche Forschungsgemeinschaft

Bibliografische Information der Deutschen Nationalbibliothek

Die Deutsche Nationalbibliothek verzeichnet diese Publikation in der Deutschen Nationalbibliografie; detaillierte bibliografische Daten sind im Internet über http://dnb.d-nb.de abrufbar.

© Verlag Königshausen & Neumann GmbH, Würzburg 2012
Gedruckt auf säurefreiem, alterungsbeständigem Papier
Umschlag: skh-softics / coverart
Umschlagabbildung: *Neither*, Choreographie von Martin Schläpfer mit dem Ballett am Rhein, Opernhaus Düsseldorf 2010, © Gert Weigelt
Gesamtlektorat und Layout: Dr. Sabine Bayerl
Englisches Lektorat: Louise Bromby, französisches Lektorat: Cybèle Bouteiller
Bindung: Zinn – Die Buchbinder GmbH, Kleinlüder
Alle Rechte vorbehalten
Dieses Werk, einschließlich aller seiner Teile, ist urheberrechtlich geschützt.
Jede Verwertung außerhalb der engen Grenzen des Urheberrechtsgesetzes ist ohne Zustimmung des Verlages unzulässig und strafbar. Das gilt insbesondere für Vervielfältigungen, Übersetzungen, Mikroverfilmungen und die Einspeicherung und Verarbeitung in elektronischen Systemen.
Printed in Germany
ISBN 978-3-8260-4744-2
www.koenigshausen-neumann.de
www.buchhandel.de
www.buchkatalog.de

Inhalt

Denkbewegungen über Bewegungskünste –
Erste Gedankenimpulse und Dank an alle Beteiligten   9

Bewegungsauftakt

ANNE DO PAÇO
Ballett für das 21. Jahrhundert – Der Choreograph Martin Schläpfer   31

STEPHANIE SCHROEDTER
Neues Hören für ein neues Sehen von Bewegungen:
Von der Geburt eines zeitgenössischen Balletts aus dem Körper der Musik –
Annäherungen an Martin Schläpfers musikchoreographische Arbeit   43

Bewegungen zwischen Phänomenologie und Kognitionswissenschaft

GABRIELE BRANDSTETTER
‚Listening' – Kinaesthetic Awareness im zeitgenössischen Tanz   113

ALLEN FOGELSANGER AND KATHLEYA AFANADOR
A Mirror in Which to Dance:
Actions and the Audiovisual Correspondences of Music and Movement   129

LAWRENCE ZBIKOWSKI
Music and Movement: A View from Cognitive Musicology   151

HELEN JULIA MINORS
In Collaboration: Toward a Gesture Analysis of Music and Dance   163

ADRIENNE BROWN
Analysis and Meaning   181

JIN HYUN KIM
What Music and Dance Share:
Dynamic Forms of Movement and Action-based Aesthetic Empathy   201

Inhalt

Bewegungen zwischen Musiktheater, Tanztheater und Performance

STEPHANIE JORDAN
Mark Morris Marks Music, Or:
What Did He Make of Bach's *Italian Concerto*? 219

PHILIPPE GUISGAND
Demandes et adresses –
Danse et musique chez Anne Teresa De Keersmaeker 237

GERALD SIEGMUND
Wahrnehmen statt Hören:
Xavier Le Roys szenische Erkundungen
von Helmut Lachenmanns Musik 251

HANS-FRIEDRICH BORMANN
Schritte in der Leere –
Zum Hör- und Bewegungsraum *Compass* von Allora & Calzadilla 263

JULIA H. SCHRÖDER
Die *Cage & Cunningham Collaboration*:
aus ‹akustisch | optisch› wird ‹auditiv + visuell› 277

CHRISTA BRÜSTLE
Performance Art und Musik –
Bewegung in Grenzbereichen: Yoko Ono, Jerry Hunt 293

BETTINA BRANDL-RISI
Still in motion:
Bewegung und Unterbrechung zwischen Performance, Bild und Musik 309

MATTHIAS REBSTOCK
Drama der Stimmen.
Zum Verhältnis von Körper und Stimme
in David Martons *Wozzeck* 325

KATJA SCHNEIDER
Sprache, Stimmen, Bewegung.
Zur visuellen und akustischen Kopräsenz bei Richard Siegal 337

Inhalt

Bewegungen zwischen Historiographie, historisch informierter künstlerischer Praxis und kulturwissenschaftlicher Theorie

HANNO SIEPMANN
Bach inszenieren –
Ein Blick in die Werkstatt eines inszenierenden Komponisten
am Beispiel der Szenen 1–3 aus der Produktion *Kantate 21*   363

IVANA RENTSCH
Sittlichkeit im Klang –
Johann Mattheson und der Tanz
als Bezugspunkt musikalischer Formbildung   379

MARTIN GÜNTHER
„Nur leise andeutend […]"
Kunstlied und kulturelle Inszenierung im 19. Jahrhundert   391

MARIAN SMITH
The Forgotten Cortège   405

JANICE ROSS
Seeing as Hearing: the Sounding Body in Dance   417

MONIKA WOITAS UND ANNETTE HARTMANN
Großstadtreflexionen –
Strawinskys *Petruschka* und *Le Sacre du Printemps*
als Transformationen des Urbanen   429

KONRAD LANDREH
Komponierte Bewegung oder choreographierte Musik?
Über das Spannungsverhältnis zwischen Ballettkomponist und Choreograph
am Beispiel von Manuel de Falla und Leonide Massine   441

ANDREAS MÜNZMAY
Gehörter Tanz, gedachte Körper:
Charles Mingus' Jazzalbum *The Black Saint and the Sinner Lady* (1963)   455

STEFFEN A. SCHMIDT
Gesten der Überschreitung und Strategien, sie in Grenzen zu halten   473

Inhalt

Bewegungen zwischen Intermedialität und interaktiven Medien

SIEGHART DÖHRING
„Amore e morte":
Die Idee der Oper in Filmen Werner Schroeters — 491

BERND HOFFMANN
Lindy Hop und Cotton Club –
Tanz im frühen US-amerikanischen Film — 501

SILKE MARTIN
Überlegungen zur hybriden Form des vermeintlich ersten Tonfilms
The Jazz Singer (USA 1927, Alan Crosland) — 519

HANNA WALSDORF
Kulturelles Pastiche und jüdischer Jazz.
Musikalische Verkörperungen in *The Jazz Singer*
(USA 1927, Alan Crosland) — 531

CLAUDIA ROSINY
Tanz im Filmmusical –
Bewegung in Hollywood und Bollywood — 545

NINA NOESKE
„Vom ersten bis zum 16. Stock":
Zur Konstruktion von (T)Räumen in Videoclips von Sido und Peter Fox — 565

YVON BONENFANT
An Architecture of Sensation:
Explorations in Extended Voice, Flashing Light and Video Art — 579

DAVID ROESNER
Der *Guitar Hero* zwischen Musizieren und Performen — 591

MELANIE FRITSCH
Live Performance Games? –
Musikalische Bewegung sehen, hören und spielen — 609

Biografien der AutorInnen — 625

Denkbewegungen über Bewegungskünste –
Erste Gedankenimpulse

Wenn es irgendeinen gemeinsamen Nenner von so unterschiedlichen Darstellenden Künsten wie dem Musiktheater, Tanztheater, den vielfältigen Strömungen der Performance Art, der Filmkunst und künstlerischen Verfahren mit Neuen Medien gibt, in denen hörbare Ereignisse wie Musik, Klänge (darunter auch Stimmklänge) oder Geräusche mit sichtbaren Phänomenen wie inszenierte, choreographierte oder ereignishaft präsentische Bewegungen (physischer, medialisierter oder virtueller Natur) bis hin zu einem (vermeintlichen) Bewegungsstillstand wechselseitig in Austausch treten, so sind es gewiss *Bewegungen zwischen Hören und Sehen*. Und sobald auditive Bewegungen – letztlich akustische Schwingungen – auf visuelle Bewegungen treffen und mit ihnen interagieren, findet ein mehrfacher Bewegungsaustausch statt, der produktions- wie rezeptionsästhetische Aspekte umfasst. Um nämlich dem (im ursprünglichsten Sinn) audiovisuell kinetischen bzw. kinästhetischen Dialog folgen zu können, muss sich auch die Aufmerksamkeit des Rezipienten zwischen den hör- und sichtbaren, aber auch kaum noch oder nicht mehr hör- und sichtbaren Bewegungen bewegen, wobei das Hören das Sehen und umgekehrt ebenso das Sehen das Hören verändert. Somit ereignet sich auch auf der Ebene der Wahrnehmung ein Bewegungsaustausch, um schließlich – auf der Ebene der Emotion und Imagination, der letztlich künstlerische Bewegungen entspringen – neue Bewegungen entstehen zu lassen, die mehr bzw. wieder etwas ganz anderes sind als die auditiven oder visuellen Ereignisse für sich genommen.

Von diesen Voraussetzungen ausgehend weitere Gemeinsamkeiten zwischen den eingangs genannten Darstellenden Künsten zu finden, die hörend und sehend wahrgenommen werden sollen, fällt wesentlich schwerer, so dass es von nun an geboten ist, den Blick und ebenso das Ohr auf einzelne Details in ihren vielfältig facettenreichen Gestaltungen mit nicht weniger divergierenden, methodischen Ansätzen zu richten. Hierzu soll der vorliegende Band anregen, dem ein Symposion mit dem Titel „Bewegungen zwischen Hören und Sehen" zugrunde liegt. Es fand im November 2009 am Forschungsinstitut für Musiktheater der Universität Bayreuth auf Schloss Thurnau statt, um Fachvertreter sehr unterschiedlicher Disziplinen zu einem inter- und transdisziplinären Austausch über künstlerische Wechselspiele und Möglichkeiten ihrer Interpretation einzuladen.

Zugegebenermaßen fiel es bei der Herausgabe des Symposionsberichts nicht leicht, jene Aneinanderreihung von Einzelbeiträgen vorzunehmen, die für eine Buchform unumgänglich ist – vermutlich wäre ein Kartenspiel, das man immer wieder neu mischen kann, das bessere ‚Printmedium' gewesen. Andererseits gab es während des Symposions einen Gast, der schon damals die kaleidoskopartigen Denkbewegungen mit sehr inspirierenden Hör- und Sehbewegungen eröffnete: MARTIN SCHLÄPFER, der wenige Monate zuvor als Künstlerischer Direktor und Chefchoreograph des Ballett am Rhein in das Düsseldorfer und Duisburger Opernhaus eingezogen war und sich ungeachtet seiner vielen neuen Aufgaben und Verpflichtungen Zeit für einen Abstecher in das idyllische Oberfrankenland genommen hatte. Es lag nahe, ihm an dieser Stelle den Vortritt zu lassen, um den Band mit plastisch anschaulichen, hochgradig energetisch aufgeladenen und gleichzeitig äußerst anregenden Bewegungen zwischen Hören und Sehen zu eröffnen. Um so dankbarer bin ich, dass sich Martin Schläpfers langjährige Dramaturgin ANNE DO PAÇO bereit erklärte, aus ihrer Perspektive einer unmittelbar in die künstlerischen Entwicklungsprozesse involvierten Impulsgeberin, Begleiterin und Beobachterin in die von ihm choreographierten Bewegungsinteraktionen einzuführen und dabei einige Grundzüge seiner Arbeit vorzustellen:

> Als ein Kunstversuch, der eine künstlerische Entäußerung von Rang und damit auch von gesellschaftlicher Relevanz ist, befassen sich Martin Schläpfers Choreographien intensiv mit Aspekten, die nicht nur an die Wurzeln der Tanzkunst und des Verhältnisses von Bewegung, Musik und Raum rühren, sondern auch an jene des Menschseins – an das Bewusstsein, die Individualität und die Vergänglichkeit des Einzelnen.

Ergänzend hierzu sah ich meine Aufgabe darin, aus der Perspektive einer Tanzwissenschaftlerin mit einem Schwerpunkt im Bereich der musikchoreographischen Forschung darauf aufmerksam zu machen, welches beachtliche Spektrum choreographischer Kreativität Martin Schläpfer bei seiner intensiven Auseinandersetzung mit sehr unterschiedlichen Kompositionstechniken und damit korrespondierenden musikästhetischen Konzepten entwickelt hat – und gewiss noch entwickeln wird, um uns auch in Zukunft stets aufs Neue zu überraschen. Mit dem Begriff des kinästhetischen Hörens beschreibe ich dabei das in seiner Arbeit immer wieder zu beobachtende Phänomen, dass er Musik nicht nur durch seine Choreographien in Bewegung versetzt, sondern auch sehr ursprünglich als Bewegung empfindet, die über eine spezifische Räumlichkeit, Gestik und Körperlichkeit verfügt, um aus ihren hörbaren Bewegungsimpulsen sichtbare tänzerische Bewegungen zu formen bzw. um mit ihr durch die Choreographie – in ihrer spezifischen Räumlichkeit, Gestik und Körperlichkeit – in einen spannungsvollen Dialog zu treten.

Während in kunstästhetischen Diskussionen immer wieder die Frage aufgeworfen wird, welche Wirkungskonzepte künstlerischen Produktionen zugrunde liegen, richtete sich in den letzten Jahren das Interesse der Rezeptionsforschung verstärkt auf Aspekte unserer Wahrnehmung von Kunst, wandelte sich somit zu einer Perzeptionsforschung. In diesem Zusammenhang gewannen phänomenologische und kognitionswissenschaftliche Ansätze zunehmend an Bedeutung, die mittlerweile in sämtlichen Kunstsparten spezifische Ausformungen gefunden haben und kontinuierlich weiterentwickelt werden. In diese philosophisch und naturwissenschaftlich grundierten *Denkbewegungen über Bewegungskünste* zwischen Hören und Sehen führt der erste Abschnitt ein.

GABRIELE BRANDSTETTER geht dabei jenem „Listening" nach, das zum Grundvokabular der Kontaktimprovisation zählt und das sie mit Diskussionen und Praktiken der „kinaesthetic awareness" – im Sinne einer Aufmerksamkeit als sensorisch-kinästhetischer Modus von Partizipation – verknüpft. In diesem Kontext bezieht sich „Listening" „nicht so sehr auf ein *Hören* als einer sensorischen Form der Erfassung akustischer Ereignisse […] (auch wenn dies ein Teil davon ist), sondern [meint] vielmehr einen sehr breiten, offenen Zustand der sinnlichen/sensorischen Wahrnehmung […]. Es beinhaltet auch das Abtasten, die Taktilität des Berührens."

> ‚Listen' richtet sich also nicht in erster Linie auf ein Hör-Ereignis. Vielmehr ist damit ein Vorgang der Kreuzung von Aktion und Ereignis gemeint, der im Deutschen mit den Begriffen ‚Zuhören', ‚Hören auf', ‚Horchen und Lauschen' differenzierbar ist – und damit den Selbstbezug ebenso wie den Bezug zum Anderen (Partner) und zum Raum impliziert. ‚Listen', ‚Listening to motion' referiert in Contact Improvisation auf synästhetische und kinästhetische Formen der Wahrnehmung, wobei damit sowohl bewusste als auch unbewusste ‚subliminale' Wahrnehmungen umfasst werden.

ALLEN FOGELSANGER und KATHLEYA AFANADOR beziehen sich bei ihren Untersuchungen zu Zusammenspielen von Musik/Klang und Tanz/Bewegung – im Verbund mit eigenen künstlerischen Arbeiten im Bereich des zeitgenössischen Tanzes zu akusmatischer Musik – auf kognitionswissenschaftliche und wahrnehmungspsychologische Ansätze, die Bewegungsphänomenen bei der Erzeugung von Klängen nachgehen. In diesem Zusammenhang wird ein – auch für die Perzeption musikchoreographischer Wechselspiele relevantes – ‚handlungsorientiertes Hören' beschrieben, das Klänge über Bewegungen aus dem Kontext der Klangerzeugung begreift und das daher auch deutlicher in das Zentrum der Analyse von Musik-Tanz-Interaktionen gerückt werden sollte.

> If sounds, including music, are strongly connected to actions, then a focus on the interplay of the actions implicit in sound with the actions observed directly on

stage may prove useful in thinking about dance and music. It is too easy to restrict musical analysis to notes rather than the actions that produce them, or the larger actions they constitute, and we propose that a re-centering of music and dance analysis on action may provide fresh insights into and new explanations of music-dance relationships.

LAWRENCE ZBIKOWSKI legt aus seiner Perspektive einer kognitionswissenschaftlich orientierten Musikwissenschaft dar, inwiefern Körperbewegungen zur Hervorbringung von Klängen, aber auch das Beobachten von Körperbewegungen, durch die Klänge hervorgebracht werden, für die Wahrnehmung akustischer Ereignisse von entscheidender Bedeutung sind, so dass Musik – nicht immer und ausschließlich, aber auch – über Bewegung verstanden werden kann. Zudem tragen auch dynamische bildliche Vorstellungen zu der Konzeptualisierung von Musik bzw. Klängen bei, wobei Analogien zwischen den auditiven und visuellen Eindrücken hergestellt werden. Vergleichbare Analogiebildungen dürften ebenfalls für die Wahrnehmung und das Verstehen von Musik-Tanz-Interaktionen verantwortlich sein, die wiederum spezifischen (individuellen und kulturellen) Bedingungen und Prägungen unterliegen, dabei immer vielfältige Optionen von Bedeutungszuschreibungen eröffnen.

> Settling the issue of whether music, dance, and other non-linguistic forms of expression are "conceptual" will not, I believe, change significantly the practice of those forms. What it can change are aspects of the way they are studied, especially to the extent that such forms of expression are products of human cognitive capacities generally. What this study can also change is the shape of cognitive science, since to consider the cognitive bases of non-linguistic forms of expression will require that cognitive science move beyond the perspective that the exclusive province of thought is language and toward the notion that language is but one of a range of human communicative resources.

HELEN MINORS diskutiert auf der Basis einer inter- und transdisziplinär ausdifferenzierten Definition von Gesten Möglichkeiten, Musik und Tanz in ihrer Interaktion zu beschreiben und insbesondere in ihrer Semantik zu analysieren. Ihr Gesten-Begriff fokussiert vor allem körperliche Aspekte der jeweiligen Künste, die sich einerseits auditiv und andererseits visuell vermitteln, um Bedeutungen zu stiften, die wiederum – dem Kreationsprozess entsprechend – niemals eindeutig, sondern immer multiperspektivisch zu erfassen sind.

> Gesture emphasizes the physicality of the arts: the aural and visual shaping of (implied) movement within time, which is marked for its importance, which in turn often 'holds' and 'delivers' meaning. Although the conceptual and theoretical engagement in art may be metaphorical, gesture uses this suggestive language as a potent force in finding "significance". […] Significance within collaboration is produced through the combination of the arts, where different gestures interact.

> The creative agent is pluralistic as it encompasses many artists. This is balanced against many interpretative voices. Many creative voices feed the piece through a turbulent process: each artist must de-code the gesture of another. Such de-coding develops when we each identify "significance" which is highly subjective, dependant on an awareness of the arts in context.

ADRIENNE BROWN nähert sich aus einer gleichermaßen strukturanalytisch wie hermeneutisch und phänomenologisch grundierten Perspektive der Frage, inwiefern die Kluft zwischen ‚Subjekt' und ‚Objekt' bzw. Strukturbeschreibung einerseits und andererseits Wahrnehmung und Bedeutungszuschreibung von Musik-Tanz-Interaktionen überwunden werden kann. Sie plädiert für einen wechselseitigen Austausch zwischen analytischer Detailbeobachtung und dem Einbezug übergeordneter Reflexionen zu Wahrnehmungsprozessen und Interpretationsansätzen.

> Meaning is that which is meaningful to the individual person, moreover, unique in each moment. […] It is more correct to say music/dance indicates meaning by the manner in which "I" the Subject, experience the open-ended immensity of this particular moment of perception, in relation to the art object; as all-that-is by virtue of my consciousness. The art object may be resistant to designation of absolute meaning, but that does not imply that it is meaningless. While denotation has not been uncovered by close analysis of the text or its form in the world, yet the hermeneutic circle demands that we find a point of synergy between distant perception and close reading that can represent a way of apprehending meaning in a quantifiable way.

JIN HYUN KIM erörtert vor dem Hintergrund körper- und bewegungsorientierter Perzeptions- und Konzeptualisierungstheorien Gemeinsamkeiten von Musik und Tanz, die insbesondere in westlich geprägten (Musik-)Ästhetiken zunehmend zum Verschwinden gebracht wurden, um stattdessen formanalytische Kriterien einseitig in den Vordergrund zu rücken. Sie plädiert – in Anlehnung an Daniel N. Stern – für eine neue Vitalität im unmittelbaren Zugang zu Musik und Tanz, die auf dynamische Erfahrungen dieser Künste im Verbund mit einer kinästhetischen Empathie rekurriert.

> […] a kind of music or dance immediately appealing to our sensitivity to dynamic forms of movement in sounds or gestures, e.g. music or dance with strong rhythmic patterns and/or dynamic and agogic flow, gives rise to kinesthetic reactions also shaped over time. Therefore, the aesthetic experience of music and dance can claim a socio-biological origin and basis in action, and thus be characterized as enactive perception; this in turn leads to either action simulation or action execution, which constitutes the aesthetic experience of being moved.

Im zweiten Abschnitt der *Denkbewegungen über Bewegungskünste* steht die Praxis noch stärker im Vordergrund, indem Interpretationsansätze, Theorie- und Methodendiskussionen unmittelbar von einzelnen Kunstproduktionen abgeleitet bzw. an ihnen exemplifiziert werden, um den unterschiedlichen Formen des Zusammenspiels hör- und sichtbarer, aber auch kaum noch oder nicht mehr hör- und sichtbarer Bewegungen aus einer analytisch reflektierenden Perspektive Konturen zu verleihen.

STEPHANIE JORDAN gewährt uns hierbei einen Einblick in ihr aktuelles Forschungsprojekt zu der musikchoreographischen Arbeit von Mark Morris. Mit zahlreichen Detailbeobachtungen, durch die sich ihre Analysen immer wieder auszeichnen, zeigt sie unterschiedliche künstlerische Verfahren bzw. Stile in dem Zusammenspiel von Musik und Tanz sowie den hieraus resultierenden Bedeutungsdimensionen und Bedeutungsverschiebungen auf. Ihre Ausführungen verdeutlichen in idealer Weise ein Kerngebiet jenes Forschungsfeldes, das im angloamerikanischen Sprachraum als ‚choreomusical research' bezeichnet wird.

> I hope to have demonstrated that the relationships between music and dance in Italian Concerto contain meaning and play a crucial role in revealing the distinction between its outer and inner movements. I have already suggested too that Italian Concerto can be seen as a reflexive piece that is fundamentally about relationships between music and dance. A glance at the wider context of Morris's work supports this, for the work sits within a long tradition of the choreographer shifting his approach to music and disturbing our expectations. Sometimes, he reflects upon dance history, through his unusual practice of referring back to, and commenting upon, a heritage of choreomusical styles.

PHILIPPE GUISGAND widmet sich aus seiner Perspektive eines ehemaligen Rosas-Tänzers und Tanzwissenschaftlers der Frage, welche Bedeutung die Musik für Anne Teresa De Keersmaekers künstlerische Arbeit hat. Hierbei beruft er sich auf musikwissenschaftliche Rezeptionstheorien, die bei der Interpretation von Musik ausdrücklich den Standpunkt des Hörers mitberücksichtigen. In dieses dynamische Wechselspiel bringt Philippe Guisgand den Tanz ein, indem er danach fragt, was die Choreographie von der Musik verlangt („demandes"), um sich an das Publikum wenden zu können („adresses") und unterscheidet drei künstlerische Phasen von Keersmaeker: „Temps de la demande", „Temps de l'adresse" und „Temps de la surenchère".

> Chez Anne Teresa, la musique s'adresse donc directement au spectateur (mais passe aussi par la danse) ; quant à la danse, elle se donne à voir directement mais passe aussi par la musique pour s'extérioriser. […] Rien d'étonnant alors à ce que Keersmaeker demande à la musique des mondes sonores saturés de contraintes, mais qui laissent cependant place à l'épanouissement d'une danse humaine et sensuelle.

Erste Gedankenimpulse

GERALD SIEGMUND untersucht das Verhältnis von Hören und Sehen vor dem Hintergrund inszenierter bzw. choreographierter Wahrnehmungsverschiebungen, denen letztlich ein spezifisches Theatralitätskonzept und gleichzeitig zeitgenössisches Choreographieverständnis zugrunde liegt. Am Beispiel von Xavier Le Roys Konzert-Inszenierungen *Mouvements für Lachenmann* (2005), *More Mouvements für Lachenmann* (2008) sowie *Le Sacre du Printemps* (2007) erörtert er im Detail, wie Hören und Sehen voneinander gelöst werden, um unsere Wahrnehmung zu erweitern und unser Vorstellungsvermögen dazu anzuregen, „eine andere Szene zu imaginieren".

> Begreift man Theatralität [...] als „analytische", so liegt ihr Potenzial gerade in der Durchbrechung habitualisierter Wahrnehmungsordnungen, um die Verbindungen zwischen Hören und Sehen, aber auch zwischen mentalem Hören und Sehen und damit zwischen Vorstellungen neu und anders herzustellen. [...] Xavier Le Roys im wörtlichen Sinn Auseinandersetzung mit Lachenmanns Musik und Strawinskys *Sacre* auf der Bühne arbeitet mit einem solchen Theatralitätsbegriff, der an die Produktivität der Rezipienten appelliert, weil er ihre eigene theatrale Verfasstheit analysiert.

HANS-FRIEDRICH BORMANN erörtert am Beispiel von *Compass*, einer Arbeit des Künstlerpaars Jannifer Allora und Guillermo Calzadilla, dass noch vor der Wahrnehmung mehrere Instanzen entscheiden, was wahrgenommen wird oder werden soll: Es handelt sich hierbei einerseits um „vorgegebene[] Strukturen, [die] Macht einer sozialen oder individuellen Instanz", andererseits um die „performative Dimension der Sprache bzw. des Diskurses, die solche Zuschreibungs- und Aneignungsgesten ermöglicht". Bei seinen Beobachtungen konzentriert er sich vor allem auf die Parameter Raum (insbesondere dessen Leere) sowie Bewegung und Geräusch (vor allem in ihrer Lückenhaftigkeit und Unbestimmtheit).

> Nach diesem Verständnis wäre der Ursprung des Theaters also weder in der Leere des Raums selbst noch in der Bewegung und ihrer Wahrnehmung zu suchen, sondern in der Souveränität, mit der (s)ein Anfang gemacht wird. Eben diese Anfangsgeste aber vermag auf der Bühne nicht zur Erscheinung zu kommen. Anders gesagt: Die Sichtbarkeit von Bewegung und Körperlichkeit ist nur das Supplement eines dem Blick unzugänglichen Ursprungs, den die Evidenz des theatralen Geschehens zugleich enthüllt und verbirgt.

JULIA SCHRÖDER zeigt an einzelnen Produktionen der „Cage & Cunningham Collaboration" – *Roaratorio* (1979/1983) und Cunninghams *Points in Space* zu Cages *Voiceless Essay* (1986) – divergierende Verfahren bei der Gestaltung des Zusammenspiel akustischer und optischer Ereignisse auf, die zunächst getrennt entwickelt (choreographiert bzw. komponiert) wurden, um erst während der Aufführung simultan wahrgenommen werden zu können und dabei – d. h. in der Wahrnehmung des Zuschauers/Zuhörers – ein neues, audiovisuelles Erlebnis entstehen zu lassen. Die Independenz von Musik und Tanz im Herstellungsprozess korrespondiert mit einer Interdependenz bei der grundsätzlichen Konzeption der jeweiligen Stücke, insbesondere in Bezug auf ihre Ästhetik.

> Obwohl Musik und Tanz nicht synchronisiert sind und unabhängig voneinander entwickelt wurden, gibt es doch eine Beziehung von Komposition und Choreographie. Sie liegt in der gleichsinnigen Verwendung bestimmter Methoden und Themen im Herstellungsprozess.

CHRISTA BRÜSTLE widmet sich nach einer Differenzierung der Begriffe ‚Performance' und ‚Performance Art' dem künstlerischen Schaffen von Yoko Ono und Jerry Hunt, um ereignishaft präsentische Wirkungsästhetiken von Musik und Klängen aufzuzeigen. Als wesentliche neue Impulse, die von diesen Künstlern in Hinblick auf auditive Ereignisse ausgingen, diskutiert sie den neuartigen Umgang mit ‚Partituren' nicht als Repräsentationen eines ‚Werkes', sondern als ‚Instruktionen', zudem die Spannung zwischen der Realisierbarkeit eines Konzeptes und der Wahrnehmbarkeit der Realisierung sowie schließlich das Wechselspiel von ‚authentischen' Körperklängen, nicht als ‚körperlich' identifizierbaren (Körper-)Klängen und elektro-akustischen Klängen.

> […] bei *Musik-, Klang- oder Vokalperformances* [ist] mit einer großen Bandbreite von Ausführungsmöglichkeiten und -situationen zu rechnen. […] Die Realisation eines Konzepts kann sich verschränken mit der Entdeckung von neuen Klangdimensionen, die nur in einem bestimmten Moment der Aufführung oder nur in einer bestimmten, singulären Aufführungssituation, bedingt durch ein einmaliges synergetisches Zusammenwirken der aktuellen Situationskomponenten entstehen. Dies betrifft sowohl die Arbeit mit dem Körper, mit der Stimme und mit akustischen Instrumenten als auch die Arbeit mit verschiedenen elektro-akustischen Medien.

BETTINA BRANDL-RISI konzentriert sich in ihren Analysen von Arbeiten aus dem zeitgenössischen Musiktheater, Tanz und Performance – u. a. Lindy Annis' *Shorts* und Heiner Goebbels' *Landschaft mit entfernten Verwandten* – insbesondere auf das Verhältnis von Stillstand und Bewegung bzw. auf den Moment eines Stillstands in Bewegung, dem sie am Beispiel der *tableaux vivants* auch theaterhistorisch nachgeht. In diesem Zusammenhang plädiert sie für eine Aufhebung der Binarität von Bild und Performance als „Überdauern und verloren Gehen in der Zeit", arbeitet zudem unterschiedliche Modi des Hörens und Sehens eines Stillstands in Bewegung heraus.

> Entscheidend ist dabei, das A-Chronische, die andere Zeit des Augenblicks, der gedehnt wird, als Herausforderung jener prävalenten Ästhetik des Theaters zu

begreifen, die Transitorik und Ereignishaftigkeit als Definiens der ästhetischen Funktionsweise von Theater und seiner Performativität erklärt. Auf dem Spiel steht damit eine eigene Zeitlichkeit des *tableau vivant*, die an den Augenblick gebunden ist und Durchgehen durch ein Bild impliziert, ohne dass Anhalten/ Still/Pose hier mit Bildlichkeit und gegen die Performanz verstanden werden darf. Das Verhältnis von Stillstand und Bewegung, das mit der Operationalität von *tableaux vivants* verknüpft ist, entspricht demgemäß nicht einer binären Opposition Bild versus Performance.

MATTHIAS REBSTOCK legt am Beispiel von David Martons *Wozzeck* – einer inszenierten Auseinandersetzung mit Alban Bergs gleichnamiger Oper – dar, inwiefern ein szenisches Spiel, letztlich inszenierte Sehsituationen dazu dienen können, spezifische Hörsituationen bzw. Hördispositionen zu schaffen. Dabei werden Modulationen des Hörraums ebenso durch Modulationen des Verhältnisses zwischen Körperlichkeit und Stimmlichkeit – bis hin zu deren dezidierten Trennung – bewirkt. Mit Bezug auf Hermann Schmitz' *Phänomenologie des Leibes* geht er perzeptionsästhetischen Konsequenzen dieses Regiekonzepts nach, das an der Wahrnehmung des Phänomens Oper arbeitet.

> Wenn sich zumindest ein Teil des gegenwärtigen Sprechtheaters als „Theater der Stimmen" bezeichnen lässt, welche Konsequenzen hat das für das Musiktheater? Müsste dann nicht erst recht das Musiktheater der Raum sein für die Inszenierung der Stimmen und des Hörens? Müsste man Musiktheater nicht als dasjenige Theater begreifen, das sich die Arbeit an so etwas wie einer Phänomenologie des Hörens auf die Fahnen schreibt? Und weiter: ließe sich daraus nicht sogar auch ein Ansatz für den Umgang mit Repertoireopern gewinnen: müsste es hier nicht viel mehr um die Inszenierung der Stimmen gehen und um ein Spiel mit ihrer Körnung?

KATJA SCHNEIDER erörtert an *Homo Ludens* und *As If Stranger* – Performances des amerikanischen Choreographen und Tänzers Richard Siegal – Möglichkeiten einer Verschaltung von Stimme, Schrift und Bewegung bzw. Visualität und Auditivität im Kontext von Bewegung. Dabei zeigt sie auf, wie diese Stücke Konventionen psychologischen Darstellens unterlaufen und durch Textzuspielungen und Textformatierungen sowie Bilder-Produktionen über Formatierungen und Funktionen von Kunst – mittels Bewegung – reflektieren.

> Repräsentieren die akustischen Elemente eine große Bandbreite an Geräuschen, Klängen und Stimmen, fokussieren die visuellen dominant auf kunstreflexive Strategien: die Bühnenelemente wie die Kabelinstallation, die Monitore, auf denen das Setting via Live-Cam zu sehen ist, und vor allem die projizierten Texte kreisen thematisch um das eigene Medium ‚Kunst' […].

Kreisten die vorangegangenen Beiträge vornehmlich um jüngere und jüngste künstlerische Gestaltungen hör- und sichtbarer sowie kaum noch oder nicht mehr hör- und sichtbarer Bewegungen, so gilt es in dem dritten Abschnitt der *Denkbewegungen über Bewegungskünste* einen Schritt zurückzutreten und mit etwas mehr zeitlicher Distanz der Bedeutung unwiederbringlich verloren gegangener Bewegungen nachzugehen. Auf diese Weise setzt sich ein facettenreiches Bild von Bewegungen in unterschiedlichen Räumen zu verschiedenen Zeiten zusammen, das durch Kongruenzen und Differenzen gleichermaßen vertraut und fremd erscheint.

HANNO SIEPMANN legt als Komponist und Musiker das künstlerische Konzept seiner Inszenierung der Bach-Kantate *Ich hatte viel Bekümmernis* (BWV 21) offen, mit dem er zu einem genuin musikalisch inszenierenden, d. h. primär von der Komposition ausgehenden Regisseur avancierte. Im Mittelpunkt seines Interesses steht dabei die implizite Theatralität von Bachs Musik, bei der strukturelle und semantische Aspekte gleichermaßen zum Tragen kommen. Bei der Verschmelzung der unterschiedlichen ästhetischen Ebenen von Musik und Theater trat die Notwendigkeit ihrer gegenseitigen Durchdringung – trotz Beibehaltung ihrer jeweiligen Eigenständigkeit – zur Konstituierung eines ‚Musiktheaters' besonders deutlich zu Tage.

> Wenn man so will, funktioniert gutes Musiktheater ähnlich wie die Musik von Bach: In beiden Fällen gehen miteinander verwandte, aber doch eigenständige Bereiche (hier Hörbares und Sichtbares, dort kompositorisch-struktureller Diskurs und musikalisches Empfinden) in einem dialektischen Verhältnis auf und verschmelzen etwas Größerem, zu etwas Neuem. [...] Wenn Klang und Bild miteinander kommunizieren, dann interpretieren sie sich auch gegenseitig: Es entstehen Bewegungen zwischen dem Hören und Sehen, also nicht nur neue Wirkungen, sondern insbesondere neue Deutungen. Insofern bildet die Semantik miteinander interagierender musikalischer und theatraler Parameter das Herzstück eines avancierten musiktheatralen Denkens.

IVANA RENTSCH zeigt am Beispiel der musiktheoretischen Schriften von Johann Mattheson ein Phänomen auf, das für die Entwicklung der Instrumentalmusik von einschneidender Bedeutung sein sollte: Um sich von der Vorherrschaft der Vokalmusik lösen zu können, rekurrierte sie nicht zuletzt auf Tanzmodelle, die einerseits über jenen gewünschten Affektgehalt verfügten, der sich jenseits ästhetischer Regulative vor allem an die Sinne wandte, andererseits jenen gesellschaftlichen Rahmenbedingungen entsprach, die auch für die Etablierung einer nonverbalen Musik verbindlich waren. Unter diesen Vorzeichen war es der Instrumentalmusik in weiterer Folge dann ebenso möglich, sich von diesen tänzerischen Wurzeln zu emanzipieren und ohne eine choreographische Umsetzung zu verselbstständigen.

Im Rahmen eines galanten Sensualismus ist es das musikhistorische Verdienst des Tanzes, der ‚sprachlosen' Musik ein moralisch legitimiertes Regelsystem an die Hand gereicht zu haben, mit dessen Hilfe sich die erforderliche Sittlichkeit klingend realisieren ließ.

MARTIN GÜNTHER erörtert am Beispiel der kulturellen Inszenierung des Kunstliedes im 19. Jahrhundert, inwiefern eine im Zeichen einer neuen Innerlichkeitsrhetorik stehende Musikpraxis durch ihre Überführung von kleinen, privaten Zirkeln zu großen, öffentlichen Konzertpodien den ursprünglich im Zentrum stehenden Verinnerlichungsvorgang zum Gegenstand einer bisweilen monumentalen Repräsentation avancieren ließ, für dessen Verständnis dennoch weiterhin die „kulturell kodierte atmosphärische Intimität" von Bedeutung war. Vor diesem Hintergrund findet eine „Idealisierung" bzw. „ideelle Konstruktion einer körperlosen, ‚ausschließlich gehörten' Liedstimme und ihres unmittelbaren Zugangs zur ‚Seele' des Hörenden" statt, die zu einem – von jeweils unterschiedlichen Kontexten konturierten – Topos avanciert.

> Die Konturen dieses Topos lassen sich indes letztlich bis zu Roland Barthes' fantasmatischem ‚Körper-Hören' verfolgen. Dabei scheinen sowohl der starke Bezug zu Herders Wahrnehmungstheorie als auch das psychologisierende, jedes geringe „Vibrato der Empfindung" registrierende Hören des späten 19. Jahrhunderts in Barthes' Gedanken durch. Freilich wird hier der im Laufe der Zeit buchstäblich ausgeblendete Körper (sowohl des Singenden als auch des Hörenden) in die Wahrnehmung zurückgeholt und emphatisch in den Mittelpunkt gerückt.

MARIAN SMITH widmet sich Prozessionen und Märschen in Balletten und Opern, die an der Pariser Opéra zwischen 1830 und 1850 zur Aufführung kamen, als einem dramatisch bedeutsamen Bewegungselement, durch das nicht nur urbane Erfahrungswirklichkeiten auf die Bühne transferiert und spektakulär inszeniert wurden, sondern das auch das Publikum durch eine raffinierte Kombination von Visualität, Auralität und körperlicher Kinetik direkt anzusprechen vermochte. Auf der Basis eines breit gefächerten Repertoires erläutert sie unterschiedliche Funktionen und Wirkungskonzepte verschiedener Typen von Prozessionen und Märschen.

> The Opéra procession's sense of immediacy was enhanced by its music, for the march (the usual type of music used)—in real life and on the stage—attracted its listeners physically. After all, it was a genre intended to inspire and sustain walking; to supply the energy of forward motion. This attraction was achieved mainly by its rhythms (which typically included triplet figures and dotted rhythms), whatever the tempo or mood—though the tempo was always (by definition) walkable.

JANICE ROSS vergleicht Phänomene sich gleichförmig bewegender Körper in Gruppen (Corps) bzw. Massen zeitübergreifend, wobei sich ihre Beispiele aus dem 17. bis 21.

Jahrhundert gleichermaßen auf theatrale Inszenierungen wie Ausdrucksformen sozialer Verbände jenseits der Bühne beziehen, insbesondere Analogien zwischen Ensembleformationen im Ballett und Militär akzentuieren. Besondere Aufmerksamkeit schenkt sie den hierbei zu beobachtenden, eindringlich rhythmisierten und nicht selten auch ausladend orchestrierten Gesten und Figuren, deren gleichermaßen hör- und sichtbar bezwingende, emotionale Wirkung sie aus der Perspektive des Zuschauers/Zuhörers wie der Ausführenden erörtert.

> Reading the tensions between what the visual signs of masses of dancers signify and their relationship to auditory signs is complex. The corps is among the most potent visual signs of audition to dance. It enacts simultaneously repetition and variation. Stephanie Schroedter called it "kinetic hearing"; it could also be termed "visual listening" or the Brechtian "sounding body". All these formulations point toward the critical dimension of the reception of sound from motion that humans process when watching live rhythmic action.

MONIKA WOITAS und ANNETTE HARTMANN nähern sich mit einem kulturwissenschaftlich orientierten Ansatz Igor Strawinskys *Petruschka* (1911) und *Le Sacre du Printemps* (1913), indem diese Kompositionen in den Kontext großstädtischer Erfahrungswirklichkeiten gesetzt werden, die sie in ihren „Tiefenschichten" – „in der Auswahl und Gestaltung der Motive, vor allem aber in deren konstruktiver Vernetzung" – widerspiegeln. Diese „Großstadtreflexionen" werden primär durch eine neuartige Behandlung des Rhythmus künstlerisch umgesetzt, der „Assoziationen an Maschinen" wachruft. Zudem verweist der kompositorische „Bauplan" mit der Überlagerung unterschiedlicher Sinneseindrücke auf die neuen, urbanen Wahrnehmungsmuster.

> Ein letzter Aspekt kann schließlich erneut auf den Flaneur bezogen werden, der im Gehen die Stadt erkundet und damit jene Einheit von sinnlicher Wahrnehmung und motorischer Aktion praktiziert, die auch für Strawinsky fundamental ist. Musik ist nie nur reiner Klang, sondern immer auch Körperaktion [...]. Ein Erleben, das sich nicht mehr träumend in Klangphantasien verliert, sondern ‚offenen Auges' dem Geschehen folgt – aktiv und jederzeit reaktionsbereit wie der Flaneur.

KONRAD LANDREH verdeutlicht am Beispiel von *Le Tricorne* (1920) die künstlerische Spannung zwischen einem Komponisten (Manuel de Falla) und einem Choreographen (Leonide Massine), die sich an der „Machtfrage" ablesen lässt, inwiefern die Musik bereits konkrete Bewegungsvorstellungen impliziert oder die Choreographie nach einer spezifischen Komposition bzw. musikalischen Freiräumen verlangt. Nicht selten zeigte sich in dieser Zusammenarbeit, dass Massine andere Beziehungen zur Musik – jenseits exakter Übereinstimmungen hör- und sichtbarer Bewegungen – suchte, als sie De

Falla in seiner Komposition vorsah – der dann auch entsprechend enttäuscht war, wenn er seine Vorstellungen nicht verwirklicht fand.

> Dass eine Choreographie scheinbar oder tatsächlich den musikalischen oder szenischen Vorstellungen eines Komponisten widerspricht, muss indes keinesfalls grundsätzlich ein Scheitern des Resultats bedeuten. Einige Stellen in *Tricorne* deuten an, dass dies sogar zu überzeugenderen Ergebnissen führen kann als die Planung des Komponisten.

ANDREAS MÜNZMAY diskutiert am Beispiel von Charles Mingus' Jazzalbum *The Black Saint and the Sinner Lady* (1963) ein spannungsvolles Verhältnis von Jazzmusik und Jazztanz. Der Umstand, dass man im modernen afroamerikanischen Jazz rhythmische und formale Konventionen des unter Jazz-Einflüssen stehenden Showbusiness und amerikanischen Gesellschaftstanzes vermied, bedeutete keineswegs eine grundsätzliche Negierung tänzerischer Elemente. Stattdessen war man auf der Suche nach einer neuen Körperlichkeit, die den ethnischen Ursprüngen des Jazz wieder näher kam – und sei es, dass sie allein in der Imagination des Hörers stattfand, wie die Trackliste zu Mingus' Jazzalbum nahelegt:

> Das choreographisch-szenische Konzept ist demnach kein konkretes, sondern vielmehr ein virtuelles, das vom Hörer individuell mit dem akustischen Ereignis parallel zu lesen und zusammenzubringen ist. Damit legt die Tracklist eine die skizzierten ‚abstrakten' oder ‚narrativen' Hörverstehensmodi großformaler Jazzwerke insofern kategorial erweiternde Hörhaltung nahe, als sie den tanzenden Körper, genauer: die Vorstellung tanzend bewegter Körper […] auf das Jazzhören projiziert.

STEFFEN SCHMIDT verdeutlicht – ausgehend von Roland Barthes' Konzept eines körperlichen Hörens – am Beispiel von Isadora Duncans Tänzen zu ‚absoluter' Musik, John Crankos *Befragung* sowie Steve Paxtons *Goldberg Variationen* spezifisch tänzerische Hörmodi, die sich seit der historischen Avantgarde herausbildeten und wertvolle Rückschlüsse auf Zusammenspiele von Musik/Klang und Tanz/Bewegung bis in unsere Gegenwart erlauben – gleichzeitig die in der Musikwissenschaft vorherrschende Dichotomie einer ‚absoluten' und ‚funktionalen' Musik hinterfragen. In diesem Kontext gestaltet sich das Verhältnis der Künste zueinander als „intermedialer Dialog", „ästhetischer Spielraum der Schwerkraft" bzw. wird das „Hören von Musik als performativer Vorgang im Tanzen" thematisiert.

> Barthes eröffnet den ästhetischen Diskurs [des Musikhörens, St. Sch.] zum Körper, berücksichtigt aber nicht jene Kunst, die die Wirkung der Musik auf den Körper thematisiert, den Tanz. Um aber den Tanz in Bezug auf das Musikhören überhaupt thematisieren zu können, wäre eine wichtige Voraussetzung einzulösen, nämlich

die, dass der Tanz gezielt mit dem Hören von Musik experimentiert und nicht in semantisch repräsentative Kontexte abgleitet, die Musik also nicht funktionalisiert.

Im vierten Abschnitt der *Denkbewegungen über Bewegungskünste* erschießt sich die Dynamik der Bewegungen zwischen Hören und Sehen durch den Einsatz von Medien weitere Ebenen künstlerischer Gestaltung und deren Perzeption. Virtuose Kamerabewegungen, raffinierte Schnitt-Techniken im Bereich der Bild- und Tonmontage, frappierende Lichteffekte und interaktive Medien für Musikerlebnisse an der Schnittstelle von Performativität und Virtualität schaffen neue, emotional und imaginär aufgeladene Bewegungsräume, die nicht nur herkömmliche Wahrnehmungsgrenzen überschreiten, sondern sich auch bislang ungeahnte kreative Möglichkeiten in geradezu grenzenlosen Arealen erobern.

SIEGHART DÖHRING erörtert am Beispiel von Werner Schroeters Filmschaffen, das unverkennbar unter dem Eindruck der singulären Sängerdarstellerin Maria Callas stand, Möglichkeiten der Übertragung einer Opernästhetik in das Medium des Films vor dem Hintergrund essenzieller Lebensfragen: Es handelt sich hierbei um einen „Film aus dem Geiste der Oper als Ausdruck existenzieller Grenzüberschreitungen", dessen zentrale Idee um die ‚Liebe und Tod'-Thematik kreist. Hierbei entwickelte Schroeter ein weites Spektrum künstlerischer Kreativität, das von einer „überbordende[n] Experimentierlust, die mit den Bewegungsabläufen von Musik und Bildern und ihren möglichen Verknüpfungen exzessiv und auf weite Strecken ergebnisoffen spielt", bis hin zu einer filmdramaturgischen Widerspiegelung musikalischer Verfahren und Techniken reicht, insbesondere aber stimmliche und darstellerische Kunstgriffe der Callas aufgreift und medial überformt.

> Wenn Schroeter den Film in der Art einer musikalischen Komposition behandelt, innerhalb derer die reale Musik lediglich ein Teilmoment darstellt, so bleibt für ihn doch die Musik – mit dem Herzstück der Oper und der sie dominierenden Gesangsstimme – die Trägerin der Ausdruckswahrheit. In der Musik sucht und findet er das Gefühl der Totalität als Grenzerfahrung, und der Einsatz der filmischen Mittel dient ihm dazu, durch Brechungen, Spiegelungen und schockhafte Kontraste aus der Musik jenes Moment des Überschießenden herauszufiltern, das sich als ‚erfüllter Augenblick' erfahren lässt.

BERND HOFFMANN veranschaulicht am Beispiel von frühen US-amerikanischen Experimentalfilmen, Musical Shorts und Spielfilmen das Zusammenwirken der Stereotype schwarzer Kultur, Körperlichkeit, Musik, Tanz sowie die reaktive Rezeption einer weißen amerikanischen und europäischen Gesellschaft in den ersten Dezennien des

20. Jahrhunderts. Jene „Archäologie sozialer Praxis", die Tobias Nagl hierin für die Filmgeschichte abliest, erweitert Hoffmann durch musik- und tanzwissenschaftliche Aspekte, um der Jazzwissenschaft Tanzbewegungen als „kulturelles Deutungs- und Verständigungskonstrukt" (nach Gabriele Brandstetter und Gabriele Klein) zu erschließen.

> Mit Aufkommen der US-amerikanischen Unterhaltungskultur und ‚Inbetriebnahme' der Minstrelsy beginnt die Inszenierung des schwarzen, tanzenden Körpers als ideologisch gefärbte, ‚geschminkte' Scheinwelt. Die Bühnenpräsenz geschwärzter Figuren lässt schon im frühen 19. Jahrhundert eine ‚unterhaltende' Identität des afroamerikanischen Sklavenwesens der USA entstehen, der auch durch den US-amerikanischen Bürgerkrieg gesellschaftlich nicht wieder aufgelöst wird. Im Gegenteil: Die Kombination von visueller, klanglicher und getanzter Bühnentradition, musikhistorisch durch das Repertoire der Syncopated Music belegt, trägt diese Darstellungen bis in die neuen Massenmedien hinein.

SILKE MARTIN thematisiert das Übergangsstadium zwischen Stumm- und Tonfilm am Beispiel von Alan Croslands *The Jazz Singer*, der als Hybridform Elemente beider Medien in sich vereint, zwischen beiden Modi subtil oder auch abrupt changiert. Und während im Stummfilm das Bild für „das Natürliche und Unmittelbare", die Zwischentitel dagegen für das „Kulturelle und Abstrakte" stehen, gewinnt im Tonfilm das Bild an „Künstlichkeit", „da die Sprache durch die Stimme in das Bild integriert und dieses somit ebenso wie die Sprache interpretierbar wird".

> Indem *The Jazz Singer* Tradition gegen Moderne, jüdischen Gesang gegen Jazz, das Leben im Ghetto gegen das Showbusiness stellt, nimmt er nicht nur technisch, sondern auch narrativ eine Zwischenstellung zwischen dem alten und dem neuen Medium, zwischen stummen und tönenden Bildern ein.

HANNA WALSDORF nimmt sich Alan Croslands *The Jazz Singer* einerseits aus einer musikalischen Perspektive an, die für sie im Zeichen eines kulturellen Pastiches steht, das zentrale Symbole und Gegensätze des Films konstruiert. Andererseits beleuchtet sie die tänzerische bzw. „bewegungskulturelle" Ebene, auf der sie kulturellen Assimilationsprozessen ebenso wie individuellen Stilmerkmalen nachgeht, um schließlich auf der Basis von zwei Liedbeispielen den Hauptdarsteller Al Jolson als einen Wanderer zwischen den Welten zu charakterisieren.

> Al Jolson wurde zum leibhaftigen Paradox, zur Inkarnation der Vorstellung vom Jüdischen. *Blackface* war ein Symptom der Verwirrung, nicht aber der Preisgabe jüdischer Identität. […] Letztlich steht die Aufmachung in *blackface* nicht für eine wirkliche Differenz zwischen schwarz und weiß. […] Es geht nicht um die Betonung von Unterschieden, sondern um den Respekt zwischen Juden und Nichtjuden, zwischen der Kultur der Weißen und der Kultur der Schwarzen.

CLAUDIA ROSINY zeigt am Beispiel einzelner Filmmusicals aus Hollywood und Bollywood charakteristische ästhetische Merkmale von Wechselwirkungen zwischen Tanz und Film auf. Ihr Fokus richtet sich dabei insbesondere auf duale Strukturen der Darstellungsinhalte sowie auf intermediale Prinzipien bei der Gestaltung des Verhältnisses von Bewegungsebene und Kamera-/Regieführung. Zentral sind die Fragen, inwiefern mediale Parameter Tanzszenen ästhetisch unterstützen oder erweitern und in welcher Relation Aspekte des Tanzes und der Bewegung zu räumlichen und zeitlichen Parametern stehen.

> Wahrscheinlich ist es dieses Abheben aus jeglicher Realität und die damit verbundene Projektion eigener Wunschvorstellungen, die den Reiz der Filmmusical-Klassiker in Bollywood wie in Hollywood ausmachen. Und dieses bewegende Erleben wird durch die Bewegung des Tanzes und die Bewegung des Films mittels Kamera und Montage, aber auch durch die begleitenden Songs und die emotionale Wirkung der Musik noch einmal intensiviert.

NINA NOESKE nähert sich dem „Musikraum" Berlin anhand zweier Videoclips – *Mein Block* des Berliner Skandalrappers Sido und *Schwarz zu Blau* von Peter Fox alias Pierre Baigorry – und fragt danach, auf welche Weise dieser urbane Raum von den Künstlern als sozialer Raum „vorgestellt, modifiziert und mit Hilfe von Klang und Bild neu erschaffen wird". Nach einer eingehenden Analyse der Musik-, Text-, Bild- und Bewegungskonstellationen kommt sie zu dem Schluss, dass in beiden Beispielen „der öffentliche Raum individuell markiert und neu geordnet" wird:

> Die Außenwelt wird in der Innenwelt gespiegelt – nicht nur durch Musik und Text, sondern auch durch Bild und Bewegung. Der Clip Sidos wirkt statisch und in sich geschlossen […], derjenige von Peter Fox gerichtet und auf eine ungewisse Zukunft hin geöffnet, Berlin zerfließt ebenso wie das Selbst. Beide Räume stellen auf diese Weise, um Michel Foucault zu zitieren, Heterotopien dar, „wirksame Orte, die in die Einrichtung der Gesellschaft hineingezeichnet sind, sozusagen Gegenplazierungen oder Widerlager, tatsächlich realisierte Utopien, in denen die wirklichen Plätze innerhalb der Kultur gleichzeitig repräsentiert, bestritten und gewendet sind, gewissermaßen Orte außerhalb aller Orte, wiewohl sie tatsächlich geortet werden können".

YVON BONENFANT arbeitet als Stimmkünstler mit „extended voice"-Praktiken, die er mit Lichttechnik und Videokunst verbindet, um eine spezifische Wahrnehmungsarchitektur („architecture of sensation") zu kreieren, die wiederum körperlich-haptische Erfahrungen zwischen Hören und Sehen anspricht. In seinem Beitrag erläutert er seine künstlerische Arbeit am Beispiel von *Beacons* (Videoversion und live mit Video 2008/09), die auf Kunsttheorien von Juhanni Pallasmaa (2005), Martin Welton (2007) und Laura Marks (2002) zurückgreift.

These recent writings all attempt to militate for the existence of, and define, qualities of hapticity in art; they are in accord and in disaccord in differing areas. This presentation frames the tension between these attempts at understanding haptic qualities of art as constructions of liminal space in which we can explore how art forms actually reach their tentacles into each others' forms via notions of the haptic. Through focus on voice and projected image, the presentation identifies how layers of vocal sound and layers of moving image combine together into potentially potent forms of engagement with spectator/auditor. Multisensory experience is constructed around the notion of *reaching* (as an extension of touching). Reaching is thus conceived as the practical bridge between the audio and visual components of the work, and the paper thus construes tactile *reaching* as a bridge between the visual, corporeal, and vocal.

DAVID ROESNER diskutiert Verschiebungen unseres Verständnisses von Musizieren und einer Musikdarbietung am Beispiel von Besonderheiten des musikalischen und performativen *game designs* musikorientierter Videospiele wie *Guitar Hero*. Dabei kreisen seine Erörterungen um Fragen des Verhältnisses von Musiker und Publikum sowie spezifische Facetten des Musizierens, die vor dem Hintergrund von Christopher Smalls Konzept des „musicking" erläutert werden. Zudem wird der Veränderung audiovisueller Wahrnehmungsgewohnheiten durch *music games* nachgegangen.

> Die Vorstellung vom Musizieren innerhalb bzw. durch *music games* bewegt sich weg von der Individualität und singulären Ausdrucks- und Interpretationshoheit des einzelnen Künstlers. Die Spiele stellen eine komplexe Matrix von musikalischen und außer-musikalischen Aktivitäten für eine ganze Reihe von Akteuren bereit: der Künstler der Original-Aufnahme, die Programmierer und Designer, die Spieler und ihr Publikum, die sich häufig abwechseln. Dieses *musicking network* […] macht gemeinsam Musik. Trotz aller Strategien, die Spielerfahrung zu individualisieren und ‚heroisch' aufzuladen, ist ihr Resultat nicht die Performanz eines einzelnen Guitar Heroes, sondern die Performativität einer Vielzahl von Gitarren-Helden und Technologien, die das Phänomen konstituieren und erzeugen.

MELANIE FRITSCH untersucht das Verhältnis und die Wechselwirkung von musikalischer, visueller und körperlicher Bewegung während des Spielens musikbasierter Computerspiele wie *Guitar Hero* oder *Rock Band* – auf und vor dem Bildschirm – unter dem Vorzeichen des englischen Begriffs der ‚performance', d. h. einerseits im Sinne einer Leistung, andererseits in der Bedeutung einer einmalig stattfindenden Aufführung, die sich ausschließlich in ihrem Vollzug konstituiert. Dabei kommt sie zu dem Schluss,

> […] dass die genannten Spieleserien musikalische Bewegungen nicht nur auf dem Bildschirm visualisieren, sondern durch das kooperative oder additive Abspielen der Musik durch den Spieler und die jeweilige Maschine, sei es Arcade, Konsole oder PC, auch hörbar und durch den Körper des Spielers im Raum vor dem Bildschirm sichtbar machen. Dabei werden Spieler und Maschine zu wie auch immer hierarchisierten ‚Ko-Produzenten' – oder als Fragestellung formuliert: wer spielt

eigentlich wen? – einer Live Performance im vorgenannten zweifachen Sinne, so dass für diese Spiele eine gemeinsame Genrebezeichnung möglich scheint, die ich aufgrund meiner Erörterungen vorschlagen möchte: Live Performance Games.

Dank

Diese beeindruckende Vielfalt an Gedankenimpulsen zu *Bewegungen zwischen Hören und Sehen* wäre niemals ohne das – während des Symposions, aber auch weit darüber hinaus – deutlich hör- und sichtbare Interesse und Engagement aller TeilnehmerInnen zustande gekommen. Insofern sei allen ReferentInnen bzw. AutorInnen an dieser Stelle nochmals sehr ausdrücklich für ihre Mitwirkung an diesem zweifellos sehr dynamisch ausgreifenden (Gedanken-)Bewegungsprojekt gedankt. Ein ganz besonderer Dank gilt dabei meiner Kollegin Dr. Camilla Bork und meinem Kollegen Dr. David Roesner für wertvolle Anregungen in der Konzeptionsphase des Symposions sowie tatkräftige Unterstützung während dessen Durchführung. Ich bedaure sehr, dass sich beide durch andere Verpflichtungen nicht mehr in der Lage sahen, den vorliegenden Band herausgeberisch zu begleiten.

Dem Forschungsinstitut für Musiktheater der Universität Bayreuth unter der Leitung von Herrn Prof. Dr. Anno Mungen sei für die Bereitstellung der stimmungsvollen Räumlichkeiten auf Schloss Thurnau herzlich gedankt, das insbesondere seit seiner aufwendigen Renovierung ideale Bedingungen für die Durchführung eines ebenso großdimensionierten wie inhaltlich intensiv komprimierten Symposiums bietet. Wertvolle Unterstützung bei der Abwicklung organisatorischer Belange erhielt ich durch Martina Götz und Lucy Pawelczyk, den guten Feen im Institutssekretariat. Anna Edlin, Sarah Grahneis, Judith Kurz, Mara Nolte, Magnus Pflüger, Lene Stampa und Lutz Vogelsang betreuten während des Symposions die technischen Belange und stellten dabei ihre Kompetenz als angehende Medienwissenschaftler unter Beweis.

Zweifellos würde der Band nicht in der vorliegenden Form existieren, hätte ich nicht in Dr. Sabine Bayerl eine äußerst zuverlässige, stets einsatzbereite und überaus kompetente Lektorin gefunden, die schließlich auch die Layoutarbeiten übernahm, um den Texten eine ästhetisch ansprechende Form zu verleihen. Selbst wenn sie im Verlauf der Arbeit kaum hör- und sichtbar war, hat sie wesentlich dazu beigetragen, dass die hier präsentierten *Denkbewegungen über Bewegungskünste* auch gut lesbar sind. Louise Bromby übernahm das Lektorat der englischen Texte, Cybèle Bouteiller warf einen nochmals prüfenden Blick auf den französischen Beitrag. Lena Kollender stand mir bei meiner herausgeberischen Arbeit durch Literaturrecherchen, erste Texteinrichtungen und Korrekturen immer tatkräftig zur Seite. Mariama Diagne M. A. gab durch ihre kritisch fachkundige Lektüre meinen Ausführungen zu einem neuen Hören und Sehen von Bewegungen einen letzten Schliff. Dass mein Beitrag den vorliegenden Umfang annahm, ist einer Eigendynamik geschuldet, die zu bändigen keine leichte Aufgabe war. Ich möchte diese Herausforderung an anderer Stelle nochmals aufgreifen.

Und da aller guten Dinge drei (manchmal auch weniger, häufig sogar mehr) sind, sollte sich bei der Drucklegung dieser dritten, auf meine Initiative zurückgehenden Publikation, die im Verlag Königshausen & Neumann erscheint, die Zusammenarbeit mit Herrn Dr. Thomas Neumann wieder als gewohnt unkompliziert, immer kooperativ und höchst zufriedenstellend erweisen. Ihm und seinen engagierten MitarbeiterInnen sei an dieser Stelle auch sehr herzlich gedankt.

Finanziell wurde das Symposion im Wesentlichen von der Deutsche Forschungsgemeinschaft (DFG) getragen – sowohl im Rahmen einer eigens beantragten Förderung zur Durchführung internationaler wissenschaftlicher Veranstaltungen als auch aus den Mitteln einer Programmpauschale, die mir für mein DFG-gefördertes Forschungsprojekt „Musik in Bewegung: Tanzkulturen des 19. Jahrhunderts" zugesprochen wurde. Zusätzliche Einladungen von ReferentInnen konnten durch eine weitere Bezuschussung des Universitätsvereins Bayreuth e. V. ermöglicht werden. Die Drucklegung des vorliegenden Bandes wurde in allen Phasen der Vorbereitung und Durchführung ausschließlich durch mein DFG-gefördertes Forschungsprojekt finanziell abgedeckt. Dass sich hierdurch die Pariser Tanz(musik)kulturen des 19. Jahrhunderts zu internationalen und intermedial genreübergreifenden (Denk-)Bewegungen zwischen Hören und Sehen bis in das 21. Jahrhundert erweiterten, war zwar zunächst in dieser Form nicht geplant, sollte sich jedoch als eine äußerst positive Weiterentwicklung und produktiv anregende Rahmung des um musikchoreographische Fragestellungen kreisenden Epizentrums herauskristallisieren. Insofern gilt mein ganz besonderer Dank der Deutschen Forschungsgemeinschaft und dem Vertrauen ihrer Gutachter, die meine Arbeit in den letzten drei Jahren auf unschätzbare Art und Weise unterstützten.

Berlin, im August 2012
Stephanie Schroedter

BEWEGUNGSAUFTAKT

Anne do Paço

Ballett für das 21. Jahrhundert –
Der Choreograph Martin Schläpfer

Als Martin Schläpfer zur Spielzeit 2009/10 das von ihm neu formierte Ballett am Rhein Düsseldorf Duisburg übernahm, stellte er über seinen Spielplan das Motto: „Eine Ballettkunst für das 21. Jahrhundert". In dem soeben erst angebrochenen Jahrhundert wollte er damit natürlich nicht einen geradezu größenwahnsinnigen Entwurf präsentieren, sondern vielmehr einer Überzeugung Ausdruck verleihen, die ihn in den vergangenen Jahren zur Herausbildung eines ganz eigenen Tanzstils führte und die auch für die Arbeit mit seiner Compagnie wesentlich ist, wie er einmal in einem Gespräch bekannte:

> Die klassische Technik vermag alles zu sagen, was man sagen möchte, man muss nur wissen wie. An diesem Punkt bin ich am Arbeiten und Suchen und Forschen.[1]

Und im Zusammenhang mit der Arbeit an seinem Ballett *3* äußerte er sich 2007:

> Was ich suche, liegt nicht in der Mitte. Ich suche nach einer neuen Intensität, nach einer choreographischen Sprache, die gleichzeitig Übung im Innen und Außen ist – emotional ganz tief innen und körperlich sehr außen, extrem. Aber nicht extrem akrobatisch, sondern extrem akademisch.[2]

Martin Schläpfer gehört zu den wenigen klassischen Startänzern seiner Generation, die sich als Ballettdirektoren zu herausragenden Choreographen mit eigener Handschrift entwickelt haben. Über den Eiskunstlauf kam er zum Tanz. Erst mit 15 Jahren nahm er Ballettunterricht, um bereits zwei Jahre später den Preis des besten Schweizers beim renommierten Prix de Lausanne zu gewinnen. Schließlich engagierte Heinz Spoerli ihn in sein Basler Ballett, wo er – mit einem Abstecher zum Royal Winnipeg Ballet Kanada – acht Jahre lang als Erster Solist tanzte. Von 1994 bis 1999 war er Ballettdirektor am Theater Bern, wo er auch zu choreographieren begann – und dies sofort mit beachtlichem Erfolg. Von 1999 bis 2009 leitete er das ballettmainz, seit 2009 ist er Ballettdirektor und Chefchoreograph des Balletts am Rhein Düsseldorf Duisburg. Seit seinen ersten Arbeiten für die Berner Compagnie ist Martin Schläpfers Œuvre durch das konsequente Präsentieren von Uraufführungen stetig auf inzwischen über 50 Choreographien angewachsen, darunter die drei abendfüllenden Ballette *Kunst der Fuge*,

Neither und *Ein Deutsches Requiem* sowie die Operninszenierung und Choreographie von Jean-Philippe Rameaus Tragédie mise en musique *Castor et Pollux*. Sein Stil hat sich in dieser Zeit immer mehr verdichtet zu einer höchst musikalischen Ballettkunst, die zeitgenössisch ist und doch ihre Wurzeln in der Danse d'école nicht verleugnet, die geschult ist an der Neoklassik George Balanchines und zugleich aber auch alle wichtigen modernen Tanzrichtungen und Bewegungsformen zu integrieren versteht. Die Künstlichkeit des klassischen Balletts mit seinen codierten Bewegungsabläufen vermag Martin Schläpfer in eine Zeitgenossenschaft zu transferieren, die nie glatt erscheint, den Charakter des Athletischen betont und doch immer auch zutiefst menschlich ist. Drei Säulen bilden für ihn dabei das wesentliche Gerüst: die Musik als wichtigste Basis seines Choreographierens; das Weiterdenken der klassischen Tanztechnik hinein in eine zeitgenössische Bewegungssprache; die Auseinandersetzung mit Themen und Fragestellungen unserer Zeit. In allen drei Bereichen findet er zu ganz eigenen Lösungen.

In einem Gespräch mit der Autorin während der Vorbereitungszeit zu *Ein Deutsches Requiem* (2011) beschrieb Martin Schläpfer seine Herangehensweise an eine neue Choreographie folgendermaßen:

> Ich suche nach Kompositionen, von denen ich nicht weiß, wie sie, ja ob sie überhaupt tänzerisch zu lösen sind. Es ist das scheinbar Unmögliche, das mich weiter gehen lässt, als ich es mir vorstellen kann. Ich brauche die Gefahr, die Möglichkeit zu scheitern. Es ist die Herausforderung einer Musik, die mich zu meinen Balletten zwingt, und nicht eine vorgefasste Idee oder ein Thema. Wenn ich mit einem Stück im Ballettsaal beginne, beginnt ein Dialog mit meinen Tänzerinnen und Tänzern, mit der Musik, dem Unmöglichen, Unbewussten, dem Ertasten eines dunklen Tunnels – ein Prozess mit offenem Ausgang.

In einem Gespräch mit dem Journalisten Klaus Kieser äußerte er dagegen:

> Ich brauche einfach gute Musik. Eigentlich brauche nicht ich das, der Tanz braucht es. Sie ist zuerst da, und dann kommt der Tanz dazu. Die Dramaturgie meiner Ballette entsteht aus der Musik. Das heißt nicht, dass ich den Tanz der Musik unterordne, sondern ich stelle ihn daneben.[3]

Anders als viele Choreographen greift Martin Schläpfer für seine Ballette meist auf bereits bestehende Kompositionen zurück. Neben Werken des Barock wie Johann Sebastian Bachs *Die Kunst der Fuge* BWV 1080 oder Antonio Vivaldis Violinkonzerte *Quattro stagioni* op. 8, neben Ludwig van Beethoven, mit dessen 7. Sinfonie A-Dur op. 97 und *Diabelli-Variationen* op. 120 er sich auseinandersetzte, sind es vor allem Komponisten des 19. und 20. Jahrhunderts wie Franz Schubert, Robert Schumann, Frédéric Chopin, Felix Mendelssohn Bartholdy, Pjotr I. Čajkovskij, Johannes Brahms und die Wiener Strauß-Familie, Béla Bartók, Witold Lutosławski, Alfred Schnittke, Luciano Berio, Giacinto Scelsi, György Ligeti, Morton Feldman, Wolfgang Rihm, Wilhelm Killmayer, Helmut Lachenmann und Salvatore Sciarrino, die ihm die wesentliche Inspiration zu seinen Stücken geben. Für 2014 plant Martin Schläpfer als abendfüllendes Auftragswerk eine enge Zusammenarbeit mit der Komponistin Adriana Hölszky. Ein wichtiger Partner war ihm in den vergangenen Jahren außerdem der britische Komponist und Performer Paul Pavey.[4]

Seine musikalischen Vorlagen lässt Martin Schläpfer in der Regel unangetastet, stellt sich dem gewählten Werk als Ganzes und damit auch der Schwierigkeit, dass manche Passagen weniger geeignet sind für eine tänzerische Umsetzung als andere. Nie nimmt er Striche oder Ergänzungen vor – eine Praxis, die inzwischen im Tanz weit verbreitet ist. Collagen mehrerer Werke finden sich bei Martin Schläpfer eher selten – und wenn, dann folgen sie einem äußerst fein austarierten, eigenen Kompositionsplan wie beispielsweise in *Obelisco*[5], *Pezzi und Tänze*[6] oder seinem Projekt *Nacht umstellt*, das im Juli 2013 zur Uraufführung kommen wird[7].

Als ein Schlüsselerlebnis bezeichnet Martin Schläpfer seine Begegnung mit Helmut Lachenmann und der Vertanzung von dessen *Tanzsuite mit Deutschlandlied*[8]:

> Die Arbeit mit Lachenmanns Musik hat mich total befreit, alle Verkrustungen weggesprengt und mich toleranter gemacht. Seither begebe ich mich in andere Felder hinein.[9]

Das Zusammenwirken von Musik und Tanz folgt in Martin Schläpfers Choreographien dabei nicht einem immer gleichen Modell, sondern stellt sich höchst unterschiedlich dar. In manche Partituren gräbt er sich geradezu hinein bis in die Tiefenstrukturen und antwortet mit seinem Tanz so genau austariert auf Töne, Klänge und Rhythmen, dass man manchmal nicht mehr weiß, ob es die Musik ist, die den Tanz hervorbringt, oder der Tanz, der die Musik erschafft. Dies gilt für die Auseinandersetzung mit Lachenmanns *Tanzsuite mit Deutschlandlied* ebenso wie für jene mit György Ligetis *Ramifications* und *Lontano* sowie Witold Lutosławskis Streichquartett.

In anderen Choreographien wie beispielsweise in seinem *Forellenquintett* (2010) auf Franz Schuberts Klavierquintett A-Dur D 667 reagiert der Tanz auf die Musik dagegen in freierem Wurf, beantwortet er die – auch für Schuberts Komponieren eher ungewöhnliche – Unbeschwertheit, Leichtigkeit und Beschwingtheit der Partitur mit einer Art Entfesselung, wie sie auch in Martin Schläpfers Arbeiten selten zu finden ist: All die vielen schwerelosen Sprünge, drehfreudigen Pirouetten, weit in die Höhe gehobenen Arabesquen und virtuosen Entrechats zeigen, dass es immer noch auch ein

Vertrauen gibt in die Schönheit und Eleganz, den Zauber und die Poesie der klassischen Tanztechnik.

Einmal jedoch bleibt in *Forellenquintett* die Welt stehen, hält Martin Schläpfer sein geradezu Shakespeare'sches „tolles Treiben" an: Während des 2. Satzes wachsen in einem lyrischen Ensemble für fünf Paare und einen männlichen Solisten durch ein schier endloses Stehen der Tänzerinnen auf Spitze, das durchaus als schmerzliches Aushalten – wie eine Yoga-Übung – gemeint ist, Architektur und Plastizität, Konstruktives und Ausdruckshaftes zu einer spannungsvollen Einheit zusammen[10] (vgl. Abb. 1).

Abb. 1: *Forellenquintett*, Choreographie von Martin Schläpfer, Ballett am Rhein.
Foto: © Gert Weigelt

Ein Maximum an Energie entsteht durch die totale Bändigung von Bewegung, es kommt zu einer Art Implosion des Geschehens – ein Paradoxon, das Martin Schläpfer, ähnlich wie in dieser *Forellenquintett*-Passage, auch in anderen Choreographien gelingt. So unternahm er beispielsweise mit seinem Ballett *Sinfonien* (2009) auf Wilhelm Killmayers Sinfonien Nr. 1 und Nr. 2 – als Pendant zu einer extremen Beschleunigung des klassischen Tanzvokabulars, wie sie George Balanchine in seiner Choreographie *Allegro Brillante* vorschwebte – den Versuch, in einer unbemühten Einfachheit und Entschleunigung eine andersartige Balance zu finden. Stillstand und Bewegung, Erstarren und Entfalten erscheinen untrennbar miteinander verbunden als Verwandte, die einander bedürfen, um jeder für sich bestehen zu können. Neues entsteht dabei nicht durch die Neuerfindung einer Bewegungssprache oder eine Erweiterung der Technik, sondern durch die Fallhöhe zwischen einem im klassisch-akademischen Tanz basierenden Vokabular und seiner ungewöhnlichen Setzung in einem Zustand eigentümlich spannungsgeladener Zeitlosigkeit, der sich permanent ‚auf dem Grat' befindet, das Abstürzen inbegriffen – für den Zuschauer ein Erlebniszustand des verlangsamten Schauens und Lauschens, in dem die geringste Abweichung zum Ereignis wird.

Eine Synthese zwischen ‚freiem Wurf' und feinstem Austarieren, Fließen-Lassen und Zurückhalten der Energien gelang Martin Schläpfer in seinem „Wien-Ballett" *Marsch, Walzer, Polka*[11]. Seine Tänzerinnen und Tänzer lässt er sich geradezu hineinwerfen in jenen für den Wiener Walzer so typischen musikalischen Schwung, um sie dann aber in letzter Sekunde in ihrem Bewegungsfluss doch auszubremsen oder gar das wohlige Aussetzen des Herzschlags durch die berühmte Wiener Verzögerung der Takt-Eins in jene lauernde Verzögerung umschlagen zu lassen, die einen Tango auszeichnet. Was ihm hierbei vorschwebte, war, der Musik der Strauß-Familie im Tanz auch mit einer „gewissen Naivität und theatralen Direktheit zu begegnen, zugleich aber ein Gift hineinzumischen, von dem man nicht weiß, ob es tödlich oder ein Lebenselixier ist"[12].

Dass für Martin Schläpfer die Poesie der romantischen Actes blancs durchaus noch ihre Faszinationskraft hat, zeigen in seinen Arbeiten immer wieder Passagen, die an diese anklingen – allerdings ist der Blick auf die Vorbilder ein gebrochener. Wenn er zur Eröffnung des *Sphärenwalzers* in *Marsch, Walzer, Polka* etwa zehn Tänzerinnen auf Spitze über die Bühne schweben lässt, so steht ihre extreme Körperspannung in Kontrast zu dem Verlust an Bodenhaftung. Im Untertitel nennt Martin Schläpfer diese Passage „Harte Elfen". Zu diesen Beispielen zählt auch eine Sequenz aus den *24 Préludes*[13], in deren musikalischen Verlauf Martin Schläpfer einmal eingreift, indem er Chopins Prélude Nr. 7 A-Dur zweimal spielen lässt und in seiner Choreographie zugleich einen Blick zurück auf Mikhail Fokine wirft, der diese Komposition in seinem um das Jahr 1909 entstandenen Ballet blanc *Les Sylphides* verwendete. „Daran musste ich natürlich denken bei dieser Musik, die so eine kleine, völlig in sich abgeschlossene, fantastische Welt eröffnet", erläuterte Martin Schläpfer.[14]

> Für das, was mir hier vorschwebte, brauchte ich die Wiederholung. Ich würde nicht sagen, dass ich Fokine dekonstruiere, aber ich fange relativ unerwartet zu dieser schönen Musik an, werde dann noch extremer, um schließlich ein Bild von einer schwebenden Sylphe zu geben – wie ein Echo von *Les Sylphides,* das als etwas Verlorenes widerhallt.[15]

Denn so wichtig für Martin Schläpfer die Tradition auch ist, so betont er doch zugleich:

> Es ist nicht genug, etwas schon Dagewesenes zu inszenieren. Es ist aber auch nicht genug, es einfach nur zu verneinen. In meinem Ballett *Tanzsuite* gibt es zum Beispiel immer wieder Szenen, in denen ich die Tänzer die Klassik auf den Boden werfen lasse – aber mehr aus Trauer. Der Tänzer mit den drei Frauen etwa, das ist der klassische Tanz, den ich trample. Das sind die „Weiber" aus Balanchines *The Four Temperaments – Der Melancholiker*. Ich verlasse natürlich die Klassik in meinem Ballett nicht, aber ich bin mir schmerzlich bewusst, dass sie nicht mehr in dieser Form Ausdruck unserer Zeit sein kann. Der akademische Kanon allein genügt

nicht als unsere Sprachmöglichkeit. Die Antwort suche ich aber eben nicht allein im Contemporary Dance oder im modernen Bewegungsvokabular.[16]

Es ist vielmehr ausgerechnet das Schaffen George Balanchines, in welchem Martin Schläpfer immer wieder ihn faszinierende Schnittstellen entdeckt, die er in den letzten Jahren als Bezugspunkte für sein eigenes Choreographieren fruchtbar werden ließ, um zu einer individuellen Bewegungssprache zu finden. So verstand er beispielsweise nicht nur seine 2009 für Het Nationale Ballet Amsterdam auf die gleichnamige Komposition von György Ligeti entstandene Choreographie *Lontano* als eine Art Antwort auf Balanchines sicherlich radikalstes Zeugnis seiner ganz eigenen Weiterentwicklung des klassischen Stils – das 1957 in New York uraufgeführte Ballett *Agon* –, sondern bereits seine Arbeit an *3* beschrieb er „als einen Dialog mit einem ‚Giganten'. Balanchine hat mich als Schatten permanent begleitet, sein Maßstab machte die Proben zu einem noch anspruchsvolleren, intensiveren, kritischeren Prozess."[17]

Wohin ihn dieser „Dialog" führt, zeigt bereits eine Passage aus *Streichquartett*[18]. Ein Ensemble von neun Tänzerinnen beginnt eine Sequenz auf eine Weise in der ersten Position, die deutlich an den Anfang von Balanchines *Serenade* erinnert. Doch kaum löst Martin Schläpfer diese Pose auf, gewinnen seine Tänzerinnen einen so ganz anderen Ausdruck als jene Balanchines: Ihre Körper wirken extrem gespannt, der Spitzenschuh mit seinem direkten Anpeilen einer Richtung geradezu gefährlich und die Tänzerinnen wie gut trainierte Kriegerinnen, in lauernder Haltung stets zum Angriff bereit. Der Spitzenschuh ist hier nicht mehr das nur der Erhöhung, dem Schweben und der Virtuosität dienende Schuhwerk des klassischen Balletts. Jene den Boden geradezu durchbohrenden Schrittfolgen, die längst zu einem Markenzeichen Martin Schläpfers geworden sind, lassen ihn vielmehr zu einem kraftvollen, sehr körperlichen Ausdrucksmittel werden, zu einer ‚Waffe', welche die Tänzerinnen oft mit der Schubkraft der nach vorne gedrückten Hüfte brutal in den Boden rammen (vgl. Abb. 2).

Die Eröffnung dieser Choreographie ist ein weiteres anschauliches Beispiel für Martin Schläpfers Transformation klassischen Bewegungsmaterials in eine ganz eigene Stilistik. Nur stockend entwickelt sich der Beginn von Lutosławskis Streichquartett. Immer wieder wird die Musik von Pausen durchbrochen – und scheint doch einem geheimen Rhythmus zu unterliegen. Auffällig ist die ungeheure Expressivität, die jedem einzelnen Ton zukommt, so als wäre er nicht nur ein Ton, sondern ein ganzes Tonereignis, in welchem sich die verschiedensten Facetten – vom Einschwingen bis zum Ausklingen in die Stille, vom Erfassen des Kerns, aber auch vom Hineinhören in seine Tiefenstrukturen – abspielen. Alles scheint wie unter einer ungeheuren Spannung zu stehen, beunruhigend-vibrierend, wie die Vorausahnung eines katastrophischen Ereignisses.

Abb. 2: *3,* Choreographie von Martin Schläpfer, Ballett am Rhein, im Bild: Anne Marchand und Camille Andriot. Foto: © Gert Weigelt

Martin Schläpfer eröffnet sein Ballett mit nur einem Tänzer. Dabei fällt zunächst die Häufung klassischer Figuren und Posen wie Arabesquen, Pirouetten, Attituden und Grand Jetées auf. Diese mischt er jedoch im minutiösen Reagieren auf die Musik mit Bewegungen, die einer ganz anderen Welt entstammen, wenn sich der Tänzer zum Beispiel mit einer Hand über die Wange streicht oder immer wieder in Beugungen und Krümmungen wie zusammenzufallen scheint, bis hin zu kauernden Bewegungen auf dem Boden, um dann urplötzlich wie ein Pfeil in die Höhe zu schießen, als ginge es auch darum, Gegensätze zu erspüren: sich ganz klein zu machen und dann wieder in extremer Überstreckung über sich hinauszuwachsen, und damit zugleich auch den Raum zu ertasten, in dem man sich befindet. Die Haltung der Arme und Beine ist nicht harmonisch ausgelotet. Die Gliedmaßen werden vielmehr eckig abgewinkelt und die Arme in der Drehung überkreuzt. Immer wieder lässt Martin Schläpfer seinen Tänzer die Arme aber auch sehnsüchtig und voller Romantik in die Höhe ausstrecken – doch dann ballen sich die Hände plötzlich zu Fäusten und werden zweimal gar an die Stirne geschlagen. Das dem klassischen Tanz entlehnte Material fällt aus seiner Harmonie in etwas hinein, das uns über die reine Form, Haltung und standardisierte Pose hinaus etwas erzählt, das aus dem Inneren kommt. Im Kontext seiner letzten Arbeit für das ballettmainz – das 2009 entstandene Tanzstück *5* – fand Martin Schläpfer selbst ein treffendes Bild für diese Arbeitsweise. Viele seiner Stücke bezeichnete er damals als

> „Tunnel-Ballette", atmosphärisch angesiedelt unter dem Boden, in einer Unterwelt. Ich mache schon länger keine Stücke mehr am Tageslicht. Es sind die Tanzschritte, die das Tageslicht kennen. Das Dunkle kommt woanders her, aus der Psyche, aus dem Fragen, was wir sind. So ist auch meine Arbeit mit dem gespannten, ja überspannten Körper nicht einfach nur die Lust am Extremen. Es ist der Versuch, durch Intensität in eine Erhöhung zu gelangen, in eine Transzendenz, vielleicht zu Gott – zu einem Gott, der den Teufel zum Freund hat.[19]

Wie eng der Tanz mit derartigen Fragestellungen verbunden ist und wie es gelingen kann, die Suche und das Fragen nach einer Welt, die hinter der unsrigen liegt, mit einer eigens hierfür gefundenen Bewegungssprache in die Körper der Tänzerinnen und Tänzer geradezu hineinzuschreiben, zeigt Martin Schläpfers Auseinandersetzung mit Johannes Brahms' *Ein deutsches Requiem* op. 45 in seinem 2011 mit dem Ballett am Rhein uraufgeführten gleichnamigen Stück[20] sowie seine 2008 für das ballettmainz kreierte Choreographie *Reformationssymphonie* auf Felix Mendelssohn Bartholdys Sinfonie Nr. 5 d-Moll op. 107.

In Letzterer eröffnet die in ein blaues Licht getauchte Bühne eine Welt voller Klarheit und Härte, die aber eine geradezu romantische Sehnsucht nicht ausschließt. Wie zu einer Schlacht formiert sich das Ensemble. Hart wie Stahl sind die Körper gespannt, mit gefährlicher Aggressivität werden auch hier die von der Kostümdesignerin Marie-Thérèse Jossen schwarz eingefärbten Spitzenschuhe von den Tänzerinnen in den Boden gerammt oder dieser mit wildem, erdigem Stampfen getreten. Doch auch die luftigen Höhen kennt dieses Tanzstück: in den hohen Beinen der Frauen, den extremen, von aller Erdenschwere befreiten Sprüngen der Männer, der verletzlichen

Sehnsucht und äußersten Fragilität vieler Passagen oder der berückend-schönen Schwerelosigkeit im Andante-Satz, wenn jedes der sieben Paare einen eigenen Pas de deux tanzt und doch alle im Fluss der Musik aufgehen.

Abb. 3: *Reformationssymphonie*, Choreographie von Martin Schläpfer, Ballett am Rhein. Foto: © Gert Weigelt

Zu seiner 1829/30 entstandenen Sinfonie fühlte sich Mendelssohn durch die geplanten Feierlichkeiten zum 300. Jahrestag der „Augsburger Konfession" – die erste grundlegende Bekenntnisschrift der lutherischen Kirche – inspiriert und wollte sein Werk als eine geistliche Instrumentalmusik verstanden wissen. Mit zwei Ingredienzien des protestantischen Kultus rahmte der gerade erst 20-jährige Komponist seine Partitur und öffnete damit unmissverständlich ihren außermusikalischen, religiös gefärbten Gedankenkosmos: Der Luther-Choral *Ein feste Burg ist unser Gott* setzt zu Beginn des 4. Satzes in den Flöten wie Musik aus einer überirdischen Welt ein und steigert sich im Allegro maestoso als Kontrapunkt zu geradezu barock-polyphonen Verarbeitungen des musikalischen Materials in ein ebenso groß dimensioniertes wie großartig gedachtes Finale, in dem Sonatenhauptsatzform und Choralvariation raffiniert ineinander verschränkt sind. Das zweite Scharnier zwischen Mendelssohns eigener und einer der Liturgie entnommenen Sprache ist das Zitat des ‚Dresdner Amen', das in der Introduktion zum 1. Satz aufscheint und dem folgenden Allegro con fuoco wie auch dem Hauptthema des 3. Satzes seine Substanz verleiht – eine Gesangsformel, die in der Liturgie der lutherischen Kirche in Sachsen den Heiligen Geist symbolisierte und in deren aufsteigender Melodik die Sehnsucht nach Gott aufs Schönste Klang geworden ist. Richard Wagner sollte sie später als Gralsmotiv in seinem *Parsifal* verwenden.

Für beide musikalischen ‚Leitthemen' fand Martin Schläpfer in seiner Choreographie zu entsprechenden Bewegungsmotiven, die sich wie ein roter Faden durch das ganze Stück ziehen: Zum ‚Dresdner Amen' kreierte er eine dem romantischen Ballett entlehnte Sehnsuchtsgeste der Arme, die er auf den Schlussakkord des ‚Dresdner Amen' jedoch so einknicken lässt, als wären seine parallel zur Bühnenrampe positionierten Tänzerinnen und Tänzer einer Art transzendentalem Sturm ausgesetzt (vgl. Abb. 3). Den ersten Teil des Chorals *Ein feste Burg ist unser Gott* lässt er dagegen drei Tänzerinnen, gestützt durch ihre Partner und im gleißend hellen Licht, durch einen extrem überdehnten, in die Senkrechte transformierten Spagat beantworten – eine eindrückliche Betonung der Vertikalen, die durch das gesamte Ballett hindurch immer wieder auf eine Ebene jenseits der Bühnenrealität verweist und damit zum Bewegungssymbol für die Suche nach einer Welt hinter dieser Welt wird. Doch genauso wenig wie der zum Protestantismus konvertierte Jude Mendelssohn sich seines Glaubens gewiss und der Hoffnung auf ein Jenseits sicher sein konnte, geht es Martin Schläpfer in seinem Ballett um Gewissheit. Wenn kurz vor Schluss ein Tänzer in ein zutiefst expressives Gebet fällt, so verdichtet sich die Choreographie vielmehr zu einem geradezu mittelalterlich anmutenden Bild größter Bedrängtheit: der zweifelnde Mensch, hin- und hergeworfen zwischen Selbstbehauptung und dem Gefühl des Ausgeliefertseins. Es sind die Einsamkeit, die Isolation und die Gefährdung, von denen Martin Schläpfer immer auch in seinen Werken spricht, das Wissen um den Albtraum des Unerreichbaren und Inkompatiblen.

Nicht um das Erzählen von bekannten oder unbekannten Geschichten mit bekannten oder neuen choreographischen Mitteln geht es Martin Schläpfer in seinen Balletten. Es geht ihm auch nicht um die abstrakte Umsetzung musikalischer Strukturen in den Raum und das Austarieren mathematischer Proportionen. Von Hans van Manen – einem engen Freund und wichtigen Vorbild – dürfte er in jener Überzeugung beeinflusst sein, dass Tanz von Tanz handelt und doch von so viel mehr. Die Energien, Proportionen und Atmosphären aus der Musik ziehend, in Bühnenräumen, die meist abstrakt sind – das Klima eines Stückes unterstützend, jedoch nie konkrete Spielorte vorgebend –, und in einem Kostümdesign, das meist den Körper betont und die muskulären Strukturen der Tänzerinnen und Tänzer unterstreicht, schafft Martin Schläpfer mit seinen Choreographien vielmehr Werke, auf welche die durch den Tanzkritiker Horst Koegler kreierte Bezeichnung „handlungsloses Handlungsballett"[21] zutrifft: Im intensiven Hineinhören in und Reagieren auf die Musik, im Zusammenspiel verschiedener Tänzer untereinander – sei es als Solo, Pas de deux, kleines Ensemble oder große Gruppierung mit beim Ballett am Rhein derzeit bis zu 48 Tänzerinnen und Tänzern – und auf dem Fundament der klassischen Tanztechnik, die er permanenten Metamorphosen unterzieht, schreibt Martin Schläpfer das, was er mit dem Tanz sagen möchte, in einer Bewegungsfindung, welche die Pose mit dem Inneren vereint, in der die Formel durch die Unterfütterung mit Inhalt und individuellem Ausdruck neue Belebung erfährt, seinen Tänzerinnen und Tänzern derart in die Körper hinein, dass uns ihre Bewegungen ganz direkt ansprechen, ohne aber vordergründig konkret zu werden. Es ist diese Arbeitsweise, die vielen Werken Martin Schläpfers ihre glühende Magie verleiht, die den Zuschauer im Innersten berührt und vom In-der-Welt-Sein spricht, aber zugleich ihr Geheimnis doch nicht vollständig preisgibt.

Viele Ballette Martin Schläpfers haben offene Enden. Dies mag damit zusammenhängen, dass er sein Choreographieren nicht als das Kreieren von einfach immer nur neuen Balletten begreift, die bestimmte Themen oder Musiken mit Tanz beantworten, sondern als Arbeiten, die mit den Mitteln des Tanzes Fragen stellen, auf die es meist keine Antworten gibt, da sie größer sind als wir selbst.

> In den „Texten" meiner Ballette ist es nicht das „Da-Sein", das mich interessiert, sondern das Umkreisen eines Zentrums. Ich möchte nicht nur die Musik mit meinem Tanz nicht herkömmlich, oder besser: nicht direkt beantworten, sondern ich suche auch im Tanz nach einer Ausbreitung, nach einem eher innerlichen Raum für das, was ich sagen möchte. Alles schwebt. Nichts schließt wirklich ab, wird fertig.[22]

Damit gerät Martin Schläpfer der Tanz oft zu einer Art Medium der Selbsterkenntnis, bezieht er sich auf eine Metaebene, die ihn auch zurückführt zu archaischen Formen wie dem Ritus und dem Gebet, die sich vor allem aber auch als ein Dialog versteht – aufs Engste verbunden mit dem Erschaffen von Kunst. Als ein Kunstversuch, der eine künstlerische Entäußerung von Rang und damit auch von gesellschaftlicher Relevanz ist, befassen sich Martin Schläpfers Choreographien intensiv mit Aspekten, die nicht nur an die Wurzeln der Tanzkunst und des Verhältnisses von Bewegung, Musik und Raum rühren, sondern auch an jene des Menschseins – an das Bewusstsein, die Individualität und die Vergänglichkeit des Einzelnen.

---

1   Zitiert nach: *Programmheft Ballett am Rhein* – b.01, Spielzeit 2009/10, S. 19.
2   Zitiert nach: Anne do Paço, „Fragmente", in: *Programmheft ballettmainz* – Programm XXV, Spielzeit 2007/08, S. 7–10, hier S. 8.
3   Zitiert nach: Klaus Kieser, „Menschen: Martin Schläpfer", in: *tanz, Zeitschrift für Ballett, Tanz und Performance,* Juli 2012, S. 22.

4   Paul Pavey komponierte insgesamt fünf Werke für Martin Schläpfer, die er in einer Mischung aus live gespielten Passagen und elektronischen Zuspielungen selbst auch jeweils zur Aufführung brachte: *In my day and night* (ballettmainz, 2004); *ein wald, ein see* (ballettmainz, 2006); *3* (ballettmainz, 2007); *5* (ballettmainz, 2009); *Unleashing the Wolf* (Ballett am Rhein, 2011).

5   *Obelisco* (ballettmainz, 2004). Musik: *Vessel of Light* aus *Gostyhead* von Rickie Lee Jones; *Il tempo con l'Obelisco* von Salvatore Sciarrino; *Du bist die Ruh* D 776 von Franz Schubert; Prestissimo aus der Sonata K 517 d-Moll von Domenico Scarlatti; Fantasie für Klavier d-Moll KV 397 von Wolfgang Amadeus Mozart; *Anâgâmin* von Giacinto Scelsi; „Im chambre séparée" aus *Der Opernball* von Richard Heuberger.

6   *Pezzi und Tänze* (ballettmainz, 2008). Musik: *Tre pezzi für Sopransaxophon* von Giacinto Scelsi; 15 Walzer für Violine und Gitarre arrangiert aus den 36 Originaltänzen op. 9 D 365 von Franz Schubert.

7   *Nacht umstellt*. Uraufführung in Planung für Juli 2013, Ballett am Rhein Düsseldorf Duisburg. Musik: *16 Deutsche Tänze* D 783 von Franz Schubert; *Il suono e il tacere* von Salvatore Sciarrino; Sinfonie Nr. 7 h-Moll D 759 („Unvollendete") von Franz Schubert; *Shadow of Sound* von Salvatore Sciarrino; Mehrstimmiger Gesang *Die Nacht* D 983c von Franz Schubert.

8   *Tanzsuite* (ballettmainz, 2005). Musik: *Tanzsuite mit Deutschlandlied* von Helmut Lachenmann.

9   Martin Schläpfer in einem Gespräch mit Stephanie Schroedter während des Symposiums „Bewegungen zwischen Hören und Sehen". Forschungsinstitut für Musiktheater Thurnau, 19.–21.11.2009.

10   Vgl. Anne do Paço, „‚In einem Bächlein helle …'. Gedanken zu Martin Schläpfers *Forellenquintett*", in: *Programmheft Ballett am Rhein* – b.06, Spielzeit 2010/11, S. 19–23, hier S. 23.

11   *Marsch, Walzer, Polka* (ballettmainz, 2006). Musik: *An der schönen blauen Donau* Walzer op. 314 und *Annen-Polka* op. 117 von Johann Strauß (Sohn); *Sphärenklänge* Walzer op. 235 von Josef Strauß; *Radetzky-Marsch* op. 228 von Johann Strauß (Vater).

12   Martin Schläpfer in einem Gespräch mit Stephanie Schroedter (s. Anm. 9).

13   *24 Préludes* (ballettmainz, 2008). Musik: *24 Préludes für Klavier* op. 28 von Frédéric Chopin.

14   „Vom Mut, weiter zu denken. Martin Schläpfer im Gespräch über seine Choreographien *Pezzi und Tänze* sowie *24 Préludes*", in: *Programmheft ballettmainz* – Programm XXVII, Spielzeit 2008/09, S. 10–19, hier S. 14.

15   Ebd.

16   „‚Man muss sich immer irgendwo hinwerfen'. Aus Gesprächen mit Martin Schläpfer und Keso Dekker über das Ballett *Tanzsuite*", in: *Programmheft Ballett am Rhein* – b.10, Spielzeit 2011/12, S. 10–13, hier S. 13.

17   do Paço, „Fragmente" (s. Anm. 2).

18   *Streichquartett* (ballettmainz, 2005). Musik: Streichquartett von Witold Lutosławski.

19   „Ein Ritus, der kein Ende findet. Martin Schläpfer im Gespräch", in: *Programmheft ballettmainz* – Programm XXX. Spielzeit 2008/09, S. 8–15, hier S. 15.

20   Vgl. Anne do Paço, „Ein Tanzen in den Zwischenräumen. Martin Schläpfer choreografiert in Düsseldorf *Ein deutsches Requiem* op. 45 von Johannes Brahms", in: *Brahms Studien*, Bd. 16. Im Auftrag der Johannes-Brahms-Gesellschaft Internationale Vereinigung e. V. hrsg. von Beatrix Borchard und Kerstin Schüssler-Bach, Tutzing 2011, S. 167–180.

21   Horst Koegler, „Zum Abschluss der Spielzeit …", in: *koeglerjournal* 2010/2011, http://www.tanznetz.de/koegler.phtml?page=showthread&aid=195&tid=20531, 19.06.2011 (letzter Zugriff: 11.06.2012).

22   „Ein Ritus, der kein Ende findet" (s. Anm. 19), S. 11.

STEPHANIE SCHROEDTER

Neues Hören für ein neues Sehen von Bewegungen: Von der Geburt eines zeitgenössischen Balletts aus dem Körper der Musik – Annäherungen an Martin Schläpfers musikchoreographische Arbeit[*]

Von den zahlreichen Möglichkeiten, sich eine Bühne im weitesten Sinn choreographisch zu erschließen – herkömmliche Podien, Plätze im öffentlichen Raum oder in freier Natur als performative Bewegungsräume zu gestalten –, steht jene Bewegungskunst, die man gemeinhin als Ballett[1] bezeichnet, zu jenem Phänomen, das man generell Musik[2] nennt, in einer besonders engen, kontinuierlich weiterentwickelten und gleichzeitig sehr spannungsreichen Beziehung. Dies- oder jenseits musik- und tanzästhetischer Präferenzen bietet sich daher dieses stilistisch sehr spezifische und gleichzeitig – bedenkt man die historisch verschlungenen Wege und Umwege – äußerst wechselvolle Zusammenspiel von hör- und sichtbaren Bewegungen für Überlegungen zu Bewegungen zwischen Hören und Sehen in besonderem Maße an: Der Dialog visueller und auditiver Bewegungen, denen wiederum kaum oder nicht hör- und sichtbare, emotionale und imaginäre Bewegungen zugrunde liegen, steht im Zentrum einer musikchoreographischen, audiovisuelle und kinästhetische Aspekte verbindenden, dabei wirkungs- und wahrnehmungsästhetisch orientierten Inszenierungs- und Aufführungsanalyse. Ihr methodisches Instrumentarium gilt es noch weitgehend zu entwickeln.[3]

Die Tatsache, dass der – sehr unterschiedlich gestalteten – Musik im sogenannten Ballett eine essenzielle Bedeutung zufällt, erklärt sich keineswegs allein durch die über Jahrhunderte hinweg kontinuierlich ausdifferenzierte Formensprache der beiden Künste

---

[*] Den Anstoß zu diesem Beitrag gab ein Interview der Autorin mit Martin Schläpfer während des Symposions „Bewegungen zwischen Hören und Sehen" im November 2009. Es bot sich an, dieses Gespräch zu einem Einblick in sein künstlerisches Schaffen auszuarbeiten und dabei auch einen theoretischen Rahmen aufzuspannen, der aufzeigt, inwiefern seine Choreographien für das noch junge, zwischen Tanz-, Musik- und Theaterwissenschaft changierende Feld musikchoreographischer Analysen einen unschätzbar wertvollen Beitrag leisten. Ich möchte Martin Schläpfer auch an dieser Stelle nochmals sehr herzlich für seine großzügige Gesprächsbereitschaft danken, die sich immer durch eine außergewöhnliche Offenheit und mutige Direktheit, zudem durch sehr anregende, unkonventionelle Gedankengänge auszeichnet.

und lässt sich dementsprechend auch nicht auf der Basis einer (möglichst zielgerade verlaufenden) ‚Formenlehre' nachzeichnen, sondern ist nicht zuletzt Resultat komplexer Verflechtungen sich stetig wandelnder allgemein kunstästhetischer, soziokultureller und schließlich auch gesellschaftspolitischer Kontexte. Insofern bietet es sich an, Wechselspielen von Musik und Tanz vor allem zeiträumlich – chronotopologisch[4] – auf die Spur zu kommen, dabei in erster Linie den vielen kreativen Reibungen und Widerständen, wenn nicht sogar dem latenten Konkurrenzverhältnis der Künste nachzugehen – selbst wenn das bisweilen nur punktuell und fragmentarisch geschehen kann. Besonderes Interesse sollte dabei den kontinuierlichen Entwicklungslinien widerstrebenden Phänomenen gelten, die dazu beitragen, die Wirkung der hör- und sichtbaren Bühnenereignisse in ihrer Interaktion und den daraus resultierenden Emergenz-Effekten zu intensivieren, um die Wahrnehmung der Rezipienten – vor dem Hintergrund ihres räumlich und zeitlich bedingten, gleichzeitig sich permanent wandelnden Erfahrungs- und Erwartungshorizontes – immer wieder neu und anders zu stimulieren.

Unabhängig von der Frage, in welchem Maß das verwandtschaftliche Verhältnis der beiden sich gleichermaßen in Raum und Zeit bewegenden Künste Musik/Klang und Tanz/Körperbewegung auf eine generelle Natur oder spezielle Kultur zurückzuführen ist – eine Frage, die ungeachtet der nicht unproblematischen Trennung dieser beiden Bereiche letztlich kognitionswissenschaftlichen und anthropologischen Studien vorbehalten bleiben muss[5] –, gehört die in diesem Kontext immer wieder beschworene Behauptung eines einträchtigen Zusammenspiels der traditionsreichen, bisweilen aber auch allzu traditionsbelasteten Bewegungsform Ballett mit eigens für sie geschaffenen oder zumindest auf sie abgestimmten Kompositionen in das Reich der Mythen.[6] Und dabei handelt es sich noch nicht einmal um einen besonders fantasiereichen Mythos: Jene Ballettproduktionen, die eine vermeintlich ideale Symbiose von Musik und Tanz (was auch immer das bedeuten mag)[7] erfolgreich zu suggerieren vermochten, liegen nicht selten minutiös kalkulierte Hierarchieverhältnisse zugrunde.[8] Die Wirkung solcher vordergründig symbiotischen Beziehungen nutzte sich immer wieder durch ihre Zuspitzung auf routinierte, wenn auch durchaus raffinierte (virtuose) Techniken ab. Im Gegensatz dazu waren und sind es vor allem die unorthodoxen Vorstöße in künstlerisches Neuland, die für Aufsehen und ebenso neues ‚Aufhören' sorg(t)en – auch auf die Gefahr hin, auf Unverständnis zu stoßen beziehungsweise zu verstören.[9] Doch gerade diese Störungen sind ein sicheres Indiz dafür, dass der Vorstoß zu einer neuen Wahrnehmungsästhetik jenseits tradierter Hör- und Sehgewohnheiten geglückt ist. Ihr Gewinn liegt nicht nur darin, neu aufhorchen und aufschauen zu lassen, sondern auch kritisch zu reflektieren, *wie* wir eigentlich hören und sehen.

Solche Überlegungen scheinen vor allem postmodernen beziehungsweise zeitgenössischen Tanz-Performances vorbehalten zu sein und dem (aus dieser Perspektive) allzu konservativ-konventionellen Ballett diametral gegenüber zu stehen – nicht zuletzt (verständlicherweise) begründet durch jene, bis in jüngste Publikationen hartnäckig tradierten Tanz(musik)mythen. Aus musikalischer und auch musikwissenschaftlicher Perspektive regt sich aber bei einem derart holzschnittartigen (Tanz-)Geschichtsverständnis sogleich Widerstand: Hat nicht die Neue Musik mit ihrer Neustrukturierung des Ton- beziehungsweise Klangraumes gerade von einer kreativ-kritischen Auseinandersetzung mit älteren kompositionstechnischen Errungenschaften erheblich profitiert?[10] Belegen nicht insbesondere Kompositionen aus dem Bereich der Neuen Musik immer wieder eindrucksvoll, dass weit zurückreichende, längst vergessene und verlorene Selbstverständlichkeiten wertvolle Ansatzpunkte für Neuentdeckungen in sich bergen (ohne deshalb an stringenten Entwicklungslinien oder gar überzeitlich gültigen Prinzipien festhalten zu müssen)? Zeigt sich nicht gerade hier, dass das Befremden über künstlerische Ausdrucksformen der eigenen Kultur und deren Neuaneignung letztlich kein Ende nimmt? Und schließlich: Bedingt die Suche nach neuen Wegen zwangsläufig eine kompromisslose Negation vorangegangener Entwicklungen[11] – oder gilt es nicht vor allem, sie kritisch-kenntnisreich zu reflektieren, um aus einer Vielfalt (und nicht aus einem vermeintlichen Nichts) Neues schöpfen (und nicht nur proklamieren) zu können? Unterscheiden sich in diesen Punkten künstlerische Praktiken im Tanz tatsächlich so grundsätzlich von jenen in der Musik?

Zweifellos hat die hochgradig kodifizierte Technik des sogenannten (Neo-)Klassischen Tanzes[12] im Vergleich zur abendländischen Musikpraxis mit ihren relativ breiter gefächerten kompositionstechnischen Parametern noch mit ganz anderen Vorurteilen zu kämpfen: Die Bewegungstechnik des Balletts wurde in jüngerer Zeit immer wieder zum Inbegriff einer eurozentristischen Kunstpraxis erhoben, die absolutistischen Machthierarchien entsprang und dementsprechend zentralperspektivische Strukturen in geradezu beängstigender Art und Weise verkörpert, somit obsolete politische Systeme quasi korporalisiert.[13] Kann Ballett daher niemals zeitgenössisch[14] – in einem postmodernen Verständnis – sein? Muss es aufgrund seiner weit zurückliegenden, uns heute gewiss irritierenden, wenn auch nicht gänzlich fremden Ursprünge zwangsläufig stagnieren – oder wird ihm eine Weiterentwicklung (von seinen auf Traditionen pochenden Anhängern wie von seinen auf Innovationen fixierten Kontrahenten) nur versagt? Doch wo dürfen in einem Zeitalter postkolonialer Ideologiekritik Augen und Ohren verschlossen werden, um neue wahrnehmungsästhetische Imperien zu begründen?

Sicherlich verleitet jene Ende des 17. Jahrhunderts unter königlichem Patronat ‚akademisch' etablierte Tanztechnik,[15] die sich nach ihren neuplatonisch motivierten

Ursprüngen zeitweise innen- wie außenpolitisch instrumentalisieren ließ, in besonderem Maße dazu, die eigene Kreativität zurückzustellen und etablierten Bewegungsreglements quasi widerstandslos zu folgen (erinnert sei in diesem Zusammenhang auch an die ursprünglich enge Verbindung von höfischer Tanzpraxis und Militärexercises): Weit zurückreichende Bewegungskonventionen scheinen in Tiefenstrukturen der Bewegungstechnik – insbesondere in deren didaktische Vermittlung – eingedrungen zu sein und sich einer kreativen Reflexionsebene zu entziehen. Aber selbst wenn das die Regel wäre – eine Regel, die in der professionellen Tanzpraxis ohnehin schon seit Langem permanent hinterfragt wird[16] –, so gab und gibt es auch hier die immer wieder zu beobachtenden, erfinderischen Regelerweiterungen bis hin zu den regelbestätigenden Ausnahmen, von denen im Folgenden die Rede sein soll. Es geht um Martin Schläpfer, in dessen choreographischem Schaffen neben einer der neoklassischen Tanztechnik verpflichteten, sie aber auch sehr eigenwillig verformenden Bewegungssprache der Musik ein zentrale Bedeutung zufällt. Nicht selten gewinnt man den Eindruck, dass hier das Tanzvokabular durch Musik, konkreter formuliert: durch ein spezifisches Hören, das ich als kinästhetisches Hören[17] bezeichnen möchte, intuitiv modelliert (nicht rational dekonstruiert) wird. Um sich von der Musik leiten, aber nicht verleiten zu lassen, folgt Schläpfer keineswegs blindlings dem seit der historischen Tanzavantgarde gefürchteten und gleichzeitig von ihr beschworenen Primat des Rhythmus, der den Tanz (vermeintlich) zu motorisieren oder gar zu domestizieren sucht. Ebenso weicht er schlichten Visualisierungen musikalischer Strukturen weiträumig aus – sei es in Anlehnung an die Ballets blancs des späten 19. Jahrhunderts oder anknüpfend an Strategien früher Filmmusik und damit einhergehenden, vergleichbaren musikchoreographischen Intentionen einiger Tanzreformer des frühen 20. Jahrhunderts, die auch gerne als ‚Mickey Mousing' umschrieben werden.[18] Geschweige denn, dass er daran interessiert wäre, in der Nachfolge klassisch-romantischer Ballettdramaturgien komplexe Handlungen zu entwerfen, zu deren tänzerischen Vermittlung es der Unterstützung von musikalischen Deskriptionen und Illustrationen bis hin zu malerischen Klangkulissen bedürfte. Stattdessen knüpft er auf der ästhetischen Ebene der Komposition an und entwickelt von dort ausgehend spezifisch choreographische Lesarten der Musik, um den hörbaren Bewegungen – auf gleicher Ohren- und Augenhöhe – mit sichtbaren Bewegungen zu begegnen, deren Movens (als innerer Beweggrund) auf emotionale und imaginäre Bewegungen zurückgeht. Selbst wenn die musikalische Vorlage zumeist bereits zu Beginn der choreographischen Auseinandersetzung vorliegt und zunächst auch keineswegs für eine tänzerische Umsetzung vorgesehen war – somit vergleichsweise geschlossen und auf sich selbst bezogen ist –, wird durch die Choreographie ein Dialog zwischen den hör- und sichtbaren Bewegungen hergestellt, der einen nichts ahnenden Zuschauer/-hörer glauben lassen kann, die Musik sei hierfür eigens geschaffen worden – was jedoch nicht bedeuten muss, dass sich Musik und Tanz deshalb quasi deckungsgleich, quasi parasitär zueinander verhalten (falls so etwas überhaupt möglich ist).

Doch es bleibt nicht bei dieser Geburt eines zeitgenössischen Balletts aus dem Geiste der Musik – soweit es angebracht ist, an dieser Stelle Friedrich Nietzsche frei paraphrasierend ins Spiel zu bringen. Vielmehr drängt sich bei einer Annäherung an Martin Schläpfers choreographische Entwicklung der Eindruck auf, der Geburt eines zeitgenössischen Balletts aus dem Körper der Musik beizuwohnen. Nicht weniger soll im Folgenden auf der Basis konkreter Beispiele, die Martin Schläpfers Kreativität punktuell abstecken, keineswegs erschöpfend behandeln, skizziert werden: inwiefern seine Choreographien ihre energetischen Impulse aus der Musik – nicht nur in Bewegung, sondern vor allem auch als Bewegung verstanden –, insbesondere aus einer spezifisch musikalischen Körperlichkeit[19] und damit verbundenen (somit auch unmittelbar körperlich erfahrbaren) musikalischen Gestik[20] beziehen. In diesem Zusammen- und Wechselspiel hör- und sichtbarer, aber auch kaum noch und nicht (mehr) hör- und sichtbarer Bewegungen entfalten sich eine Sinnlichkeit und Komplexität, die sich strikten Reglements auf der Seite der Kreation ebenso wie schlichten Erklärungsmodellen auf der Seite der Rezeption instinktiv widersetzen, somit auch einer hierarchisch, d. h. kontrollierend und manipulierend agierenden Wahrnehmungspolitik[21] diametral gegenüberstehen. Stattdessen treten diese Kreationen für eine sensorisch beziehungsweise sensomotorisch bemerkenswert offene und tolerante, weitsichtige und umsichtige, sich stetig neuen Herausforderungen stellende Wahrnehmungspoetik ein.

Ungeachtet der im Einzelnen höchst unterschiedlichen choreographischen Verfahren, die in Schläpfers Arbeiten zu sehen sind und mit nicht weniger vielfältigen Kompositionstechniken und Kompositionsästhetiken in einen spannungsreichen Dialog treten, handelt es sich hierbei grundsätzlich um eine Bewegungspoetik, die sich vor allem in Zwischenräumen der Wahrnehmung entfaltet – jene im Bereich der Phänomenologie viel diskutierten, aber bislang kaum auf die Interaktion von musikalisch-tänzerischen Phänomenen bezogenen „Sinnesschwellen", die Übergänge zwischen Sinnes-Differenzen markieren, ohne sie zu nivellieren oder gar zu negieren:[22] Das Sehen der (physischen) Bewegungen verändert das Hören, und umgekehrt: Das Hören von Bewegungen (letztlich physikalisch-akustischer Schwingungen) verändert das Sehen. Und schließlich: Zwischen dem Hören und Sehen entwickeln sich neue Bewegungen, die – vergleichbar den seit Cage und Cunningham viel beschworenen Emergenz-Effekten (und doch wieder auf grundsätzlich andere Techniken und Verfahren zurückgreifend)[23] – mehr sind als die Summe aller Einzelteile, weil sie etwas grundsätzlich Neues und Anderes entstehen lassen.

Um diesen zweifellos schwer fassbaren und daher umso spannenderen Bewegungen zwischen den hör- und sichtbaren Aktionen auf die Spur zu kommen, soll neben der bereits angesprochenen körperlich-gestischen Kinetik von Musik der ebenso selbstverständliche, aber doch gerade in musikchoreographischen Diskussionen noch viel zu wenig beachtete Sachverhalt berücksichtigt werden, dass Musik – neben ihrer vielstrapazierten Besonderheit eine Zeitkunst zu sein – auch eine Raumkunst ist. Denn auch ohne Klangkunst im engeren Sinne sein zu müssen, vermittelt sich Musik – sowohl in Bezug auf die Musikproduktion wie die Musikrezeption – über Klänge als Bewegungen im Raum, die nicht nur Räume verwandeln, sondern auch die Räume, in denen die Musik erklingt, überhaupt erst als solche konstituieren.[24] Diese obgleich nicht sichtbaren, so doch hörbaren und auch körperlich/leiblich beziehungsweise sensorisch/sensomotorisch wahrnehmbaren Bewegungen im Außenraum ebenso wie im Innenraum des Klanges – dem Tonraum, der durch eine Neustrukturierung des Tonmaterials, aber auch neue Arten der Ton-/Klangproduktion seine räumliche Dimension und körperliche Disposition verändern kann – stellen für einen Tänzer zweifellos eine besondere Herausforderung dar: Körperräume des Klanges und Klangräume des Körpers treten miteinander in einen Austausch, um neue Körper-Klang-Räume entstehen zu lassen.[25]

Ohne an dieser Stelle auf das noch lange nicht erschöpfte Thema der Körperlichkeit, Gestik und Räumlichkeit von Musik – insbesondere in ihrer Interaktion mit sichtbaren (Körper-)Bewegungen und Gesten im Raum – weiter eingehen zu können, soll mit diesen ersten theoretischen Überlegungen Folgendes zumindest angedeutet werden: Musik kann neben ihrer im gängigen Tanzmusikverständnis bislang vorherrschenden Eigenschaft, Zeit rhythmisch zu strukturieren, auch und gerade durch ihre unsichtbare Kinetik vielfältige (Wahrnehmungs-)Räume eröffnen, die wertvolle Ansatzpunkte zu einer choreographischen Auseinandersetzung bieten. Dennoch müssen die hierfür erforderlichen hörbaren Bewegungen keineswegs zwanghaft sichtbar gemacht, geschweige denn illustriert werden, um einen strukturell-analytischen Denkens fähigen Zuhörer nicht zu entmündigen oder gar abzulenken. Vielmehr geht es darum, künstlerische Freiräume zu eröffnen, die die Sensibilität für Überraschungen und Neuentdeckungen, Widerstände und Konfrontationen intensivieren, somit den ästhetischen Erfahrungs- und Erwartungshorizont erweitern.[26] Die sich hierbei idealerweise einstellende, gleichermaßen hörend sehende Bewegungswahrnehmung ist ebenso konzentriert wie dezentriert – nicht im Sinne einer Zerstreuung, sondern einer Offenheit für ständige Perspektivenwechsel: Es reicht nicht mehr, ‚nur' zu hören oder ‚nur' zu sehen, sondern es gilt, gleichzeitig gespannt und entspannt zu hören und zu sehen, um die vielfältigen Bewegungsinteraktionen wahrnehmen zu können. Dieses Zuhören und

Zusehen kann – auch ohne eine intermediale Überreizung oder Abflachung der Sinne – so fordernd sein, dass sich die Frage aufdrängt, ob gleichzeitiges Hören und Sehen überhaupt möglich ist. Zumindest erfordern derart differenzierte Wechselbewegungen ein Hören und Sehen, dem etwas genauer nachzuhören und auf das hinzusehen lohnenswert erscheint.

Vom Konzertsaal zur Bühne: Klassiker choreographieren

Seit der historischen Tanzavantgarde zu Beginn des 20. Jahrhunderts – im großen Stil eingeleitet durch die Ballets Russes, in kleineren Formaten initiiert von den Pionieren des amerikanischen Modern Dance und den Protagonisten des spezifisch deutschen Ausdruckstanzes – schien die sogenannte klassisch-romantische Ballettmusik der Suche nach neuen choreographischen Verfahren und insbesondere nach neuen Ausdrucksdimensionen nicht mehr vollends zu genügen. Daher bedienten sich innovativ gesinnte Choreographen und Tänzer immer ungenierter eines musikalischen Repertoires, das zunächst für ausschließliches und vorzugsweise auch ein möglichst andachtsvolles, ‚absolutes' Hören[27] im Konzertsaal bestimmt war. Was anfangs als Sakrileg galt, sollte zum Usus werden: Nachdem sich Auftragskompositionen für das Ballett von einer (mehr oder weniger) standardisierten Meterware des 19. Jahrhunderts zu einem musikalisch anspruchsvollen Genre gemausert hatten – nicht zuletzt forciert durch Igor Strawinskys unerschrockene Vorstöße auf dieses zunächst wenig prestigeträchtige Feld – und sie mittlerweile für die permanent angespannten Budgets von Ballettensembles kaum noch erschwinglich sind, verwundert es tanzinteressierte Musikkenner nicht, auf den Spielplänen einschlägiger Ensembles beinahe das gesamte klassische Musikrepertoire[28] wiederzufinden. Besieht – und ‚behört' – man dieses Phänomen (so unvoreingenommen wie möglich) etwas näher, so lässt sich daran sehr anschaulich aufzeigen, wie unterschiedlich Musik (durch körperliche Bewegung) gehört werden kann, welche kompositorischen Parameter in der jeweiligen choreographischen Gestaltung in den Vordergrund rücken und welche grundverschiedenen Assoziationen ein und dieselbe musikalische Vorlage auslösen kann.

In Bezug auf Martin Schläpfer fällt dabei sogleich ein sehr unkonventioneller Zugang zu den sorgfältig ausgewählten Kompositionen auf. Auf der Basis fantasievoll nuancierter Bild- und psychologisch vertiefter Bewegungsimaginationen werden im choreographischen Prozess – in einem unmittelbaren und intensiven Austausch mit den jeweiligen TänzerInnen-Persönlichkeiten – zwischen die Bewegungen der Instrumentalstimmen körperlich bewegte Stimmen eingewebt, denen ungeachtet ihrer spezifisch tänzerischen Energetik nicht zuletzt originär musikalische Kompositionstechniken zugrunde liegen. Als augenfälligstes Beispiel hierfür sind kanonische und imitatorische beziehungsweise kontrapunktische[29] Stimmführungen auf der tänzerisch-choreographischen Ebene zu nennen, durch die diese visuellen Bewegungen – jenseits handwerklicher Pedanterie, stattdessen gleichermaßen analytisch durchdrungen wie ideenreich aufgeladen – mit den auditiven Bewegungen in einen musikchoreographischen, letztlich audiovisuell kinästhetischen Dialog treten. Dieses Verfahren lässt sich sehr anschaulich an Schläpfers Annäherung an Johann Sebastian Bachs *Kunst der Fuge* aufzeigen, auf die daher als Einstieg in ein weites Praxisfeld näher eingegangen werden soll.[30]

Ausgehend vom Fugenprinzip mit seiner primär melodisch-horizontalen Ausrichtung bei gleichzeitig beibehaltener harmonischer Vertikalität zeichnet sich Schläpfers gleichnamige Choreographie durch klar strukturierte Bewegungsführungen im Raum aus, bei denen durch den punktuellen Einsatz der Spitze ebenso eine vertikale Bewegungsharmonik (in einem choreutischen Verständnis)[31] akzentuiert wird. Jenseits insistierender Verweise des Tanzes auf markant hervorstechende, melodische oder rhythmische Charakteristika der Musik – eine Kuriosität, die vermutlich eher pädagogischen als künstlerischen Ambitionen gerecht zu werden vermag – konfrontiert die Choreographie die architektonische Struktur der Komposition mit einer choreographischen Architektonik, die beiden Künsten gleichermaßen eine neue Tiefendimension verleiht. Durch fein ziselierte Figurationen, aber auch eine vergleichsweise bodenständige, die Schwerkraft betonende, groteske Ornamentik werden die physischen Bewegungslinien (vergleichbar der thematischen Engführung einer Fuge) zunehmend dichter verwoben und verschlungen – ohne deshalb an Kontur zu verlieren, sondern um ihre Konturen vielmehr kontrastreich zu variieren. Auf diese Weise wird von der musikalischen Vorlage ausgehend – vielleicht eher intuitiv als bewusst intendiert – auch dem die Tanzästhetik um 1700 prägenden Prinzip der ‚Varieté' bei gleichzeitig beibehaltener ‚Unité' in idealer Weise entsprochen.[32] Doch anstatt bei einem historischen Wirkungskonzept stehen zu bleiben, wird es in eine zeitgenössische Wahrnehmungsästhetik übertragen, um unterschiedliche Räume und Zeiten trotz oder gerade wegen ihrer Differenzen miteinander in Verbindung zu bringen.

Dabei wechseln betont innerliche, introvertierte Passagen und zaghafte Bewegungsansätze aus einem vermeintlichen Stillstand – vergleichbar einer ‚sprechenden Pause' zur Steigerung der Konzentration, um eine neue Wahrnehmungsschwelle übertreten zu können – mit impulsiven Bewegungssequenzen, die unvermittelt in dramatisch-expressive, auch hochgradig explosive Abschnitte umkippen können. Als betont theatralisch inszenierte Passage – eine spektakuläre Repräsentation in einem ebenso barocken wie modernen Verständnis – sticht die choreographische Gestaltung des fünften Contrapunctus heraus, in dem die einzelnen Tänzerinnen und Tänzer auf einem schma-

Abb. 1: *Kunst der Fuge*, Choreographie von Martin Schläpfer, hier in der Wiederaufnahme mit dem Ballett am Rhein (2009), im Bild: Anne Marchand. Foto: © Gert Weigelt

len, sich nach vorne verjüngenden Pfad vergleichbar einem Laufsteg vom Bühnenhintergrund zur Rampe stolzieren. Die individuell sehr unterschiedlich profilierten, eigenwilligen und sonderbar exzentrischen Gangarten, die auf dieser kurzen, frontal und geradezu aggressiv auf die Zuschauer ausgerichteten Strecke durchexerziert werden, persiflieren unverkennbar den hoch- und x-beinigen, geschickt-ungeschickt schlacksigen, lässig-gehetzen Schritt professionell geschulter Models. Ungeachtet der Komik dieser Szenerie, die Bilder aus anderen Wirklichkeiten, wenn nicht sogar (virtuellen) Parallelwelten wachruft, erinnert die Struktur dieses choreographischen Abschnitts an ein kunstvoll gewähltes, durch kleinschrittige Läufe gekennzeichnetes Fugen-Soggetto, das über einen eindeutig und klar nachvollziehbaren Affekt- beziehungsweise Stimmungsgehalt verfügt und mit nur wenigen, einprägsamen Motivwendungen auskommt, um das in ihm verborgene, kreative Potenzial im geistreich fortgesponnenen Detail zu entfalten.

Die Gesamtanlage dieses tänzerischen Contrapunctus ist streng dreiteilig und schließt mit einer kleinen Sprechszene auf Japanisch ab, die ein vergleichsweise spontan improvisiertes Begrüßungsritual suggeriert und in ein musikloses Tanzduett überleitet. Wer hier auf naheliegende Erklärungen setzt, wird enttäuscht und findet sich auf entlegenem Terrain wieder – vermutlich nicht entlegener, als die metaphysische Abgeklärtheit dieses kontrapunktischen Schwanengesangs Bachs Zeitgenossen erscheinen musste. Und vermutlich auch nicht fremder, als uns diese Komposition erscheinen würde, hätten wir sie nicht schon so oft gehört, dass wir sie – jederzeit auf CD griffbereit –, auch ohne genau hinzuhören, als uns ge-‚hörend' empfinden. In einem Zeitalter technisch überstrapazierter Reproduzierbarkeit von Musik eröffnet Martin Schläpfers choreographische Auseinandersetzung mit Bachs *Kunst der Fuge* erfrischend befremdende, aber deshalb nicht zwangsläufig verfremdende Blick- und Hörwinkel auf diese Komposition. Die zweifellos einprägsam starken, sichtbaren Bewegungsereignisse lenken dabei keineswegs vom Hörerlebnis ab, sondern fügen der Komposition neben äußerst humorvollen Momenten auch sehr nachdenklich stimmende Facetten hinzu. Die Choreographie fragt behutsam suchend danach, wie man sich dieser gleichermaßen hoch organisierten wie sich frei im Raum entfaltenden Musik im Hier und Jetzt des 21. Jahrhunderts (kreativ) nähern kann, reibt dabei zeitlich divergierende Hörwelten aneinander, die einander vertraut und sich doch wieder so fremd sind. Dabei maßt sie sich nicht an, verbindliche Lösungen aufzuzeigen, geschweige denn, dass sie sich der Musik – trotz unverkennbarem Respekt – hingebungsvoll unterwirft:[33]

> Mein Ausgangspunkt ist nicht, mit der Musik in einen Wettstreit zu treten, sondern ihr eine andere Ebene gegenüberzustellen. Ich versuche nicht, Bachs *Kunst der Fuge* zu deuten, zu sagen: so ist das Werk zu verstehen. Ich zeige vielmehr Bilder, die ich zu Bachs Musik sehe und dann mit meinen Tänzern erarbeite. Das ist legitim, denn Tanz ist eine genauso große Kunstform wie Musik. b.02 ist ein Theaterabend, kein *Kunst der Fuge*-Abend.[34]

Abb. 2: *Kunst der Fuge* (s. o.), zentral im Bild: Julie Thirault. Foto: © Gert Weigelt

Grundsätzlich anders verhält es sich mit Martin Schläpfers choreographischer Annäherung an einen weiteren großen Klassiker und somit auch an ein klischeebeladenes Meisterwerk europäischer Musikgeschichte, das bei ihm in einem erfrischend neuen Licht erstrahlt – wie auch die Ausstattung und Kostüme der Stuttgarter Bühnenbildnerin rosalie sogleich augenfällig signalisieren: Ludwig van Beethovens 7. Symphonie, die Richard Wagner in seinem *Kunstwerk der Zukunft* zu einer „Apotheose des Tanzes" erklärte,[35] erklingt nun in einem durch zwei Sprungbretter symbolisch markierten und durch eine einheitlich milchig-weiße Grundierung angenehm abkühlenden Schwimmbad. Durch den nur mit zwei Eingängen für die Tänzer versehenen Bühnenraum werden der einst gängige Formmodelle sprengenden, sich gleichzeitig neue Klang-(raum)dimensionen erobernden Komposition klare Grenzen gesetzt – ohne sie deshalb einzuengen: Die transparente Quadratform dieses Raums ist ebenso geschlossen wie offen in eine unbegrenzte Weite hinaus weisend.

Gota de Luz, „ein Tropfen Licht", nennt Martin Schläpfer seine Choreographie[36] entgegen seiner sonst auffallenden Zurückhaltung bezüglich illustrierender Titel – obgleich oder gerade weil diese Choreographie kaum (im herkömmlichen Sinne) narrative, geschweige denn programmatische Momente enthält,[37] stattdessen der symphonischen Klassik mit einer neoklassischen Bewegungssprache begegnet, die eine Hommage an den Altmeister Balanchine darstellt, sich aber gleichzeitig von ihm löst, um überraschend neue Wege einzuschlagen. Dementsprechend sind es vor allem die großen, weißen, von einer offenen Decke heruntergelassenen und geradezu schwerelos im Raum schwebenden Tropfen, die auf den Titel der Choreographie Bezug nehmen und dabei zwischen dem Bühnenraum, dem Bewegungsraum und dem Klangraum vermitteln, letztlich aber vor allem metaphorisch zu verstehen sind: In seiner immer wieder durch plastische Anschaulichkeit frappierenden bildreichen Sprache vergleicht Schläpfer die Musik mit Lichttropfen, auf die er – so ist man versucht, diesen Gedankengang fortzusetzen – tänzerisches Licht tropfen lässt.

> *Gota de Luz* heißt ein Tropfen Licht. Ich habe das aus einem Gedicht von Juan Ramón Jiménez herausgeschält [...] da die Komposition kraftvoll, voller Licht ist, aufwärtsstrebend, nicht unbedingt erhöhend, dafür ist sie zu rhythmisch [...] Das ist ein wunderbarer Titel, der ist mir irgendwie zugefallen, ja, gefällt mir einfach [...]. Die Siebte strahlt, die strahlt so. Bei der Siebten sind es die Themen, ist es dieses Monothematische, diese fast zwanghafte Rückkehr und dieses Hämmernde der Rhythmen. Eine große Schwierigkeit ist dieser Puls, wie geht man damit um. Brechen kann man ihn nicht: Er ist übermächtig. Brechen wäre mir auch zu oldfashioned, zu altmodisch, nur noch brechen ist abgelatscht. Man muss da auch eine Form finden, wie man mit diesem Rhythmus umgeht – auch den Fluß einhält, mit dem Rhythmus, aber nicht ihm verfällt. Und dann ist dieser Beethoven da, der trutzig darüber hockt.[38]

Insofern sind es gerade nicht die „hämmernden", „übermächtigen", vermeintlich tänzerischen Rhythmen die Schläpfer zu einer choreographischen Auseinandersetzung mit dieser Symphonie anregten. Stattdessen betont die Choreographie, wie durch die überaus raffiniert instrumentierte Satzstruktur, die bereits als solche über ein hohes Maß an Beweglichkeit verfügt,[39] ein geradezu choreographisch angelegter Klangraum suggeriert wird, der die Komposition als eine hochgradig energetisch aufgeladene Bewegungsdynamik im Raum erscheinen lässt – ein Sachverhalt, den Wagner als genuiner Musikdramatiker intuitiv erkannte und dabei einem Tanzverständnis Ausdruck verlieh, dessen Innovationspotenzial nicht nur seinerzeit unverstanden blieb, sondern bis heute weitgehend verkannt wird.

Beethoven verstand es in dieser Symphonie, die Themen erst allmählich und vor allem durch einen sich behutsam entfaltenden Einsatz des Orchesters zu entwickeln, um schließlich zu jenem ekstatischen Überschwang zu gelangen, der Wagner in besonderem Maße fasziniert haben mochte. Auch Schläpfers Choreographie steht ganz im Zeichen des Développé in der engeren tanztechnischen wie in einer erweiterten Bedeutungsdimension, d. h. im Sinne eines behutsamen Entwickelns des Bewegungsvokabulars der einzelnen Tänzer sowie ihres Einsatzes im Gesamtensemble, das somit zu einem Orchester avanciert – jedoch ohne deshalb den Tänzern bestimmte Instrumentalstimmen zuzuordnen, die sie mehr oder weniger penibel nachzeichnen sollen (ein Kunstgriff, der im vergangenen Jahrhundert noch Bewunderung zu wecken vermochte). Vor diesem Hintergrund kommt es zu bewegungstechnischen Extensionen und Explosionen, die im letzten Satz ihren Kulminationspunkt erreichen: Als denkbar stärkster Kontrast zu den betont, wenn nicht sogar überspitzt balanchinesken Figurationen des 3. Satzes, der vor allem den Tänzerinnen vorbehalten bleibt, wird im 4. Satz eine kraftvoll geballte Spannung aufgebaut, die augenzwinkernd Männerterrain markiert. Und wurden schon im 2. Satz in die Armführungen athletische Kraulbewegungen eingearbeitet, um sich durch die auditiven Energieballungen durchzuarbeiten beziehungsweise sie durch eine auch optisch erkennbare, kraftstrotzende Körperlichkeit dezent ironisch zu überhöhen, so scheint für den 4. Satz Arnold Schwarzenegger in seinen besten Bodybuilding-Jahren motivisch-thematisches Material geliefert zu haben. Bis hin zu einem korporalisierten Tremolo einzelner Muskelpartien als Ostinato im Bühnenhintergrund (Bogdan Nicula) wird dieses Ausgangsmaterial derart kunstvoll verarbeitet, dass derjenige, der hier als Vorbild diente, zweifellos von seinem Imitat lernen könnte: Gerade durch die virtuose Überspannung wird der energetische Überschuss abgeschüttelt und kippt in befreinden Humor um. Der Umstand, dass die heroische Schlusspose – eine Apotheose des Développé – dann doch wieder einer Dame, noch dazu einer besonders temperamentvollen Tänzerin vorbehalten bleibt (Marlúcia do

Amaral), ließe sich auch als logische Konsequenz beziehungsweise dramatische Essenz dieser ‚abstrakten' Choreographie interpretieren – soweit es gewinnbringend ist, das Paradoxon einer vermeintlich ‚absoluten' oder ‚autonomen Musik' auf den Bühnentanz zu übertragen, um zu betonen, dass dem tänzerischen Geschehen keine stringente Handlungsdramaturgie zugrunde liegt und es bereits in seiner Eigensprachlichkeit über einen semantischen Gehalt verfügt.[40]

Und doch wäre es ein fatales Missverständnis, wollte man die Wirkung dieser Choreographie allein durch ihr avanciertes Bewegungsvokabular erklären – quasi als Selbstzweck vor einer auditiven Stimmungskulisse. Der Clou besteht gerade darin, wie die hör- und sichtbaren Bewegungen durch ihre Interaktion an Bedeutung gewinnen, wie die Komposition durch Körperbewegungen kommentiert und parodiert wird – verstanden in der wertneutralen Bedeutung des musikwissenschaftlichen Parodiebegriffs, nur mit dem Unterschied, dass hier nicht ein Lied umtextiert wird, um ihm eine neue Bedeutungsdimension zu verleihen, sondern eine Instrumentalmusik mit sichtbaren Bewegungen versehen wird, die ihr etwas hinzufügen, ohne ihr etwas nehmen (beziehungsweise sie dekonstruieren) zu müssen: Die Komposition bleibt in ihrer originalen Gestalt unangetastet.

Schläpfers Choreographie zu Beethovens 7. Symphonie bietet für diese Art eines audiovisuell kinästhetischen Wechselspiels ein besonders überzeugendes Beispiel und veranschaulicht dabei bezwingend, dass sich Musik eben nicht nur als Zeit strukturierende Kunst für einen tänzerischen Dialog eignet, sondern auch und vor allem durch ihre klanglich-energetische Dimension als räumlich bewegte Dynamik für eine choreographische Auseinandersetzung anbietet. Die Spannung zwischen den hör- und sichtbaren Bewegungen entpuppt sich dabei als Spiel auditiver und visueller Bewegungsenergien, die in immer wieder neuen Ansätzen dazu vorstoßen, eine unbändige, d. h. letztlich nicht zu bändigende innere (emotionale und imaginäre) Bewegungsdynamik zu modellieren und zu kanalisieren, um sich – ebenso mutig wie übermütig und hochmütig – zu den äußersten Grenzen menschenmöglicher Energieballungen emporzuschwingen. Die Bewegungstechnik ist unter dieser Voraussetzung ein Mittel zum Zweck der Formung von Energetik, keinesfalls formaler Selbstzweck.

Tanzmusik ‚vertanzen' – Choreographien zwischen Introversion und Exzentrik

Mit seinen Choreographien zu Tanzkompositionen von Franz Schubert (*Pezzi und Tänze*[41]) sowie von Johann Strauß Vater und den Söhnen Johann und Josef (*Marsch, Walzer, Polka*[42]) begibt sich Martin Schläpfer auf einen per se gefährlich rutschigen Tanzboden: Es läge nur allzu nahe, sich von den schwungvollen Tanzrhythmen mit-

und wegreißen zu lassen. Der Umstand, dass diese Gefahren in den Kompositionen von Schubert wieder ganz anders gelagert sind als in jenen der Strauß-Dynastie, führte Schläpfer zu sehr unterschiedlichen choreographischen Lösungsansätzen, bei denen die jeweils spezifischen kulturellen Entstehungskontexte der ausgewählten Musik mitberücksichtigt werden.

Dass Schubert nicht Publikumsrummel suchte, stattdessen im kleinen Freundeskreis sein künstlerisches Lebenselixir fand, gehört zu jenen Allgemeinplätzen der Musikgeschichte, die vor allem dann von Interesse sind, wenn sich hieraus Rückschlüsse auf die Kompositionstechnik und Ästhetik ableiten lassen. Einen solchen Ansatz verfolgt Ulrich Dibelius, wenn er von dem „sozialen Klima" Schuberts ausgeht, um der Beschaffenheit seiner „Klang-Erfindung" nachzugehen.[43] Seine Feststellung, dass vor diesem Hintergrund selbst den größeren Orchesterkompositionen Schuberts ein kammermusikalischer Charakter innewohne, ist dabei nicht ebenso ausschlaggebend wie seine Erkenntnis, dass

> die Durchbildung des Satzes, die Individualisierung der Stimmen, aber auch – und da löst sich der Einzelfall Schubert von den Begriffen des Kammermusikalischen im allgemeinen – eine bestimmte Gestik dieser Musik, die auf Einvernehmlichkeit, auf wechselseitiges Reagieren, sich Zuhören, sich Unterstützen und miteinander an der Übereinstimmung Freuen abgestellt ist, also die gewünschte Haltung des Freundseins musikalisch propagiert.[44]

Hieraus resultiere „eine Art der musikalischen Subjektivierung", die Schuberts „thematischen Objekten eine eigene, jeweils ganz individuell gefärbte Aura [mitgebe]",[45] erörtert Dibelius am Beispiel von Schuberts 2. Symphonie – ein Sachverhalt, der sich durchaus auch auf vordergründig so schlichte Kompositionen wie Schuberts Tänze übertragen lässt. Wer sich allein auf die für Gesellschaftstänze scheinbar (hörbar) so zentrale rhythmische Stringenz (um nicht zu sagen: Monotonie) oder das funktionsharmonische Umkreisen der Tonika konzentriert, wird bald genug von dieser Musik haben. Dagegen eröffnet ihre räumliche Zeitgestaltung und gleichzeitig klangliche Zeiterfahrung[46] neue Hör- und Bewegungsräume: Diese essenziellen und gleichzeitig existenziellen Bewegungsmomente, die Schuberts Kompositionen wesenhaft durchziehen und in seinen Liedern auch explizit verbalisiert werden – man denke nur an das immer wiederkehrende Motiv des Wanderns als Synonym für ebenso glückliches wie tragisches Leben –, werden in seinen Tänzen abstrahiert, um sie über spezifisch musikalische Bewegungsgestaltungen in eine hörbare, wenn auch nicht sichtbare Kinetik zu verwandeln. Dabei unterstreicht der Umstand, dass Schläpfer bei seiner Choreographie eine Einspielung der ursprünglich für das Klavier bestimmten Tänze in einem Arrangement für Violine und Gitarre erklingen lässt, das zuvor angesprochene, intime

‚soziale Klima', dem diese Kompositionen entsprungen sind, durch den freundschaftlichen Dialog zweier Saiteninstrumente und verleiht den Stücken zugleich noch mehr (klang-)räumliche Tiefe.

Die Choreographie selbst überträgt die in Schuberts Musik immer wieder thematisierte Zeitlichkeit des Lebens auf den Bewegungsraum. Sie erscheint wie eine Zeitreise durch unterschiedliche Lebensräume, deren psychische Dimensionen durch physische Bewegungen nun auch sichtbare Konturen annehmen: Eine Tänzerin (Yuko Kato) ertastet sich die zunächst nur spärlich beleuchtete Bühne mit kleinen, bedächtigen Schritten, vermag sich jedoch binnen kürzester Zeit – schon bei der ersten Wiederholung des ersten Achttakters – in einen Freudentaumel hineinzusteigern, der unbeschwert übermütige, kindlich spielerische Ausgelassenheit assoziieren lässt. Mehrfach fällt sie zu Boden und nutzt die Schwerkraft, um rasch emporzuschnellen, kauert sich zusammen, um sich mit geballter Energie öffnen zu können, wird von energetischen Extremen durchschüttelt, bevor sie ihre Balance finden kann. Auf diese Weise erobert sie sich nicht nur unterschiedliche Dimensionen in der Horizontale und Vertikale des Bühnenraums, sondern steckt vor allem auch das gesamte Gefühlsspektrum ihres ‚Innenraums' zwischen ungetrübter Freude, angsterfülltem Bangen und untröstlicher Betrübtheit ab. Die unbeirrt regelmäßig durchgehenden 3-er Takte liefern somit weitaus mehr als messbare, strukturierende Zeit – sie avancieren zu einer intensiv gelebten, d. h. erlebten und erfahrenen Zeit, die durch Bewegungen im Raum reflektiert wird.

Im weiteren Verlauf der Choreographie wird die zunächst deutlich akzentuierte Bodenhaftung der Bewegungen allmählich und insbesondere mit dem Eintreten eines (Lebens-/Tanz-)Partners (Jörg Weinöhl) transzendiert:[47] Das vorsichtige aneinander Herantasten und die ersten gemeinsamen Walzerschritte verwandeln sich zunehmend in beschwingt flüchtige Bewegungen, die Freude und Leiden erfüllter Zweisamkeit ebenso widerspiegeln wie sie den unausweichlichen Alterungsprozess mit gegenseitiger Unterstützung, auch aneinander Klammern bei nachlassenden Kräften andeuten. Die in der Nähe des Ländlers und Walzers stehenden, typisch allemandenartigen Armfiguren – im süddeutsch-österreichischen Raum auch als ‚Fenster' bezeichnet – mutieren in diesem Kontext zu einem Tor in einen neuen Lebensraum, der die Physis irdischen Lebens metaphysisch transformiert. Das behutsame Aufrichten aus dem erwartungsvoll-gespannten Zusammenkauern und schließlich das einträchtige Davonschreiten in die Dunkelheit des Bühnenhintergrunds verleihen den sich aus ständigen Repetitionen speisenden 8- und 16-Taktern eine psychologische Tiefendimension, die geläufige Umschreibungen dieses kompositorischen Genres als ‚funktionale' Musik, ‚Gebrauchsmusik' oder gar ‚Trivialmusik' wohl kaum erfassen können.[48]

Abb. 3: *Pezzi und Tänze*, Choreographie von Martin Schläpfer, hier in der Wiederaufnahme mit dem Ballett am Rhein (2010), im Bild: Yuko Kato und Jörg Weinöhl. Foto: © Gert Weigelt

Abb. 4: *Marsch, Polka, Walzer*, Choreographie von Martin Schläpfer, hier in der Wiederaufnahme mit dem Ballett am Rhein (2009), im Bild: So-Yeon Kim, Chidozie Nzerem. Foto: © Gert Weigelt

Einen diametral gegenüberliegenden Pol zu Schuberts introvertierter Tanzmusik bildet die tanzkompositorische Exzentrik des Vaters Johann und der Söhne Johann und Josef Strauß. Da sie in derselben Stadt wie Schubert lebten, steckt gerade diese Polarität sehr unterschiedliche Facetten eines Kulturraumes in seinem zeitlichen Wandel ab. Doch auch den Strauß'schen Tänzen wird man mit der fragwürdigen Kategorie ‚Gebrauchsmusik' kaum gerecht.[49] Bereits Eduard Hanslick, jener prominente Verfechter von ‚tönend bewegten Formen' jenseits programmatisch-dramatischer Intentionen und gleichzeitig lautstarke Wortführer einer vermeintlich ‚absoluten Musik', in der Gefühle weder Zweck noch Inhalt von Musik seien,[50] verheddert sich in seinem Nachruf auf Vater Strauß in denkwürdigen Widersprüchen zu seinen ästhetischen Dogmen:

> Unsere Anforderung an die Tanzmusik geht dahin, daß [sie] nicht blos das Stampfen der Tänzer im Takt erhalte, sondern deren Seelenleben verstehe, ihre Stimmung und Leidenschaft interpretire, steigere, veredle. Der unterste Grad der Tanzmusik hat nur mit den Füßen zu thun, auf höherer Stufe spricht sie zur Phantasie, zum Gefühl, zum Geist.[51]

Die ehrgeizige Ambition, Tanzmusik als (orchestral) großformatige Konzertmusik zu etablieren und mit ihr zu einem Hörgenuss bei diszipliniertem Bewegungsstillstand einzuladen – eine Herausforderung, die den ‚Roi de Quadrille' Philippe Musard ungeachtet größter Opernballerfolge am Pariser Tanztaumel verzweifeln und schließlich in Vergessenheit geraten ließ –, sollte den Wiener Walzerkönig Johann Strauß junior unvergesslich machen: Ebenso wie Schubert aus unmittelbarer scharfer Beobachtung (nicht zwangsläufig auf der Basis eigener Tanzpraxis) um die geheimnisvollen Kräfte körperlicher Erfahrbarkeit von Musik wissend, schuf Strauß Kompositionen, denen ein latent konzertanter, mit Operndramatik und Programmmusik liebäugelnder Anspruch innewohnt und die dadurch gleichermaßen körperliche Nähe und hörende Distanz zum Publikum schaffen. Diese innere Spannung – allerdings als körperliche Nähe und sehende Distanz – überträgt Martin Schläpfers Choreographie auf den Bühnenraum, um den Sog des musikalischen Tanztaumels durch sein exaktes Gegenteil – eine geradezu zum Programm erhobene Körper- und Bewegungskontrolle – nochmals zu überbieten.

Beispielsweise zelebrieren Marlúcia do Amaral und Bogdan Nicula in ihrem Pas de deux ab dem vierten Donau-‚Binnen'-Walzer jeden Taktschwerpunkt derart genüsslich, dass der Eindruck einer subtilen Streckung der musikalischen Zeit – behutsamen Muskeldehnungen vergleichbar – entsteht: Spätestens an dieser Stelle ist nicht mehr zu übersehen und zu überhören, dass nicht die Musik die Tänzer, sondern die Tänzer die Musik voll und ganz im Griff haben. An die Stelle bewusstseinsentgrenzender Drehmomente, mit denen der Walzer im 19. Jahrhunderts Massenpsychosen und kollektive Hysterien auszulösen vermochte, treten nun Pirouetten und Promenaden, die ein imaginäres Publikum zu hypnotisieren suchen. In der denkbar weitesten Entfernung zu jenem flüchtigen Tanzrausch, mit dem seinerzeit einschlägige Tanzlokale kaum noch überschaubare Publikumsscharen anlockten, um breitflächige Kontrollverluste zu initiieren, tasten sich in Schläpfers Choreographie exakt gesteuerte, millimetergenau kalkulierte Battements, Développés und Penchées ebenso behutsam wie zielstrebig, beharrlich und kontinuierlich bis an die äußersten Grenzen tänzerischen Kontrollvermögens vor – ohne dabei auf ein diesen Anstrengungen angemessenes, üppig aufgetragenes, letztlich aber doch vor allem schelmisch verschmitztes Pathos zu verzichten. Der Kontrast einer physischen Energie, die wie in Zeitlupe unter einem Vergrößerungsglas seziert erscheint, zu musikalischen Kräften, die bislang noch jeden Widerstand auszuhebeln vermochten, ist vor allem deshalb so frappierend, weil die sichtbaren Bewegungen nicht gegen die hörbaren angehen, sondern mit ihnen gehen, um Letztere mit ihren eigenen Waffen – größtmögliche Akkuratesse im Einsatz der Mittel – zu schlagen.

Und es wäre keine Choreographie von Martin Schläpfer, würden nicht zu der darauf folgenden *Annen-Polka*, den sich daran anschließenden *Sphärenklängen* sowie dem abschließenden *Radetzky-Marsch* wieder grundsätzlich andere Szenarien entworfen werden, wobei alle Szenerien eine zwischen Komik und Tragik indifferent changierende Grundstimmung verbindet – eben jene von Otto Brusatti treffsicher diagnostizierte, Distanz schaffende Nähe von Hanswurst und Eroica, die so vermutlich nur in Wien gedeihen konnte.[52] Dem siegesgewissen Glamour der schönen, blauen Donau als tänzerische Eroica von heroischer Erotik begegnet die *Annen-Polka* als Hymne an das Scheitern: Die Serie von Fouettés gleich zu Beginn (Carolina Francisco Sorg) mutiert zu einer Hanswurstiade auf Odile im *Schwanensee* und kippt schon bald in eine Variation über das Stolpern und Humpeln um, wohldosiert untermischt mit lautlos korporalisierten Schluchzern und Schreien im unerbittlich fortschreitenden 2/4-Takt. Dagegen wird der dem Feldmarschall Graf Radetzky ehrfurchtvoll gewidmete Marsch in eine Pantomime verwandelt (Jörg Weinöhl), die sich der gebieterischen Gewalt des Rhythmus mit geradezu vorauseilendem Gehorsam unterwirft, um ihr als fratzenhafte Offizierskarikatureske einen Spiegel vorzuhalten. Letztlich handelt es sich bei diesen Interaktionen von hör- und sichtbaren Bewegungen um ein hochprozentiges Destillat der Physiognomie des gesamten Wiener Kaiserreichs – jenem mentalitätsgeschichtlich faszinierenden Kulturen-Biotop, ohne dem sich ein musikalisches Phänomen wie das der Strauß-Dynastie vermutlich niemals hätte entwickeln können.

Oper und Anti-Oper zwischen einem choreographisch inszenierten und durchchoreographierten Musiktheater

Die obligatorischen Tänze oder zumindest Tanzmelodien in Opernkompositionen – insbesondere in dem originär tanzdurchdrungenen französischen Musiktheater[53] von den frühen Ballets de Cour über Comédie-ballets, Tragédies/Comédies lyriques und Opéra-ballets[54] bis hin zu Opéras comiques, Grands opéras und Opéra bouffes[55] –, deren anfänglich enge Anbindung an das musikdramatische Geschehen zwischenzeitlich immer wieder zu routinierten Einlagen verflachte, stellten die Tanzreformer des 20. Jahrhunderts, die im Dreispartenbetrieb staatlich geförderter Theater überleben wollten, vor neue große Herausforderungen. Insofern ist auch die Häufigkeit, mit der sich die an städtischen Bühnen tätigen Ausdruckstänzer mit Opernchoreographien auseinandersetzten (auseinandersetzen mussten), weniger erstaunlich als die Art und Weise, wie sie es taten.[56] Auf diesem Gebiet hat Kurt Jooss als künstlerischer Wegbereiter von Pina Bausch zweifellos große Verdienste,[57] zumal Letztere ihre Wuppertaler Anfangszeit vor allem mit seinerzeit provokanten Tanzopern bestritt und sich auf dieser Basis neue Herangehensweisen an Verfahren der Musikalisierung choreographierter Bewegungen erschloss.[58] Mit ihren in diesem Zusammenhang entwickelten Montage- und Collageverfahren, die nicht zuletzt auf Praktiken der Filmmusik zurückgreifen, übte sie einen nachhaltigen Einfluss auf die unmittelbar folgende Tanztheater-Generation aus[59] – und sollte schließlich auch maßgebliche Impulse zu jenen spektakulären Anti-Oper-Performances geben, mit denen Alain Platel als bekennender Pina-Bausch-Verehrer immer wieder tradierte Opernkonventionen aufmischt.[60]

Doch im Gegensatz zu solchen, eingeschworene Opernliebhaber lautstark verschreckenden Annäherungen an diese traditionsträchtige Sparte wartet Martin Schläpfer in seiner choreographischen Inszenierung von Jean-Philippe Rameaus Tragédie lyrique *Castor et Pollux* mit leiser verstörenden Musiktheater-Fühlungnahmen auf.[61] Im Bewusstsein der Problematik einer Übertragung von opernhafter Handlungsdramatik in eine nonverbale Bewegungssprache, die nicht illustrieren oder gar (pantomimisch) verdoppeln möchte, sondern das Geschehen vor allem energetisch aufzuladen und psychologisch zu vertiefen sucht, steht auch er in der Linie von Pina Bausch, gelangt jedoch aufgrund seiner spezifischen Ausdrucksästhetik zu grundsätzlichen anderen Lösungsansätzen.

Die Choreographie scheut sich nicht vor einer Auseinandersetzung mit dem sogenannten Barocktanz[62] und reflektiert ebenso den essenziellen Stellenwert des Tanzes im französischen Musiktheater um die Mitte des 18. Jahrhunderts: Der Umstand, dass Rameaus Tanzkompositionen im Vergleich zu jenen seines einflussreich-mächtigen

Vorgängers Jean-Baptiste Lully rhythmisch und melodisch beweglicher gestaltet, zudem harmonisch und klanglich angereichert, nicht zuletzt dramatisch weiter ausdifferenziert sind, dürfte ein Grund für die wenn auch unverkennbar figurierten und gestisch akzentuieren, dennoch grundsätzlich dynamisch fließenden Bewegungsgestaltungen sein. Die sich unter diesen Vorzeichen formierenden Bewegungs- und Raumfigurationen werden immer wieder in sich verschoben und verschachtelt, wiederholt ‚off balance' gebracht, um die bisweilen allzu schwerfällige Statik ‚barocker' Tanzkunst, die schon fast zwanghaft betonte Vertikalität des Körpers und konzentrische Ausrichtung seines Bewegungsradius sowie seiner geometrisch-arithmetisch angelegten Raumwege aufzulockern[63] – eben jenem ästhetischen Wandel zu entsprechen, der sich zwischen dem späten 17. bis zur Mitte des 18. Jahrhunderts im Tanz vollzog und sich auch an der (Bühnen-)Tanzmusik zwischen Lully und Rameau ablesen lässt. Für das der Affektenpoetik innewohnende heroisch-tragische Pathos sorgt die Symbolik einzelner Posen hinreichend – durch Ausstattungselemente und Requisiten geradezu signalhaft überhöht. Bewegungsimpulse werden vor allem in periphere Körperzonen verlagert, wobei einerseits dekorative Bewegungsornamentik ein sichtbares Pendant zu den hörbaren Verzierungen bildet (ohne dass deshalb Musik und Tanz synchron geführt werden), andererseits Hip-Hop-verwandte Bewegungspassagen mit Breakdance-Elementen die Taktschwerpunkte betonen und gleichzeitig virtuos umspielen.[64] Hierdurch werden stilistische Charakteristika der historischen Bewegungskunst schemenhaft, fast schimärisch nachgezeichnet, so dass dieser choreographischen Annäherung an die ‚barocke' Tanz(musik)ästhetik auch nicht der geringste Hauch von Antiquiertheit anhaftet.

Obgleich Rameaus *Castor et Pollux* (1737/1754) noch im Vorfeld seiner ‚Reformoper' *Zoroastre* (1749/1756) lokalisiert ist – jener Tragédie lyrique, die in Zusammenarbeit mit dem seinerzeit wegweisenden Tanzpoetiker, Schriftsteller und Librettisten Louis de Cahusac entstand und ästhetische Ideen des späteren Ballet d'Action modellhaft in einem musiktheatralen Kontext umsetzte –, fällt bereits in dieser tragischen Opernkomposition dem Tanz eine dramatische Schlüsselposition zu. Beispielsweise wird Jupiters Entschluss, beiden Brüdern Unsterblichkeit zu verleihen (mit der Konsequenz ihrer symbolischen Erhebung in das Himmelsfirmament), nicht etwa durch einen besonders virtuosen Einsatz der seinerzeit raffinierten Bühnenmaschinerien, sondern durch einige bedeutungsvoll aufgeladene Tanzsätze zum Ausdruck gebracht: ein Entrée grave (et fier!), eine lebhaft beschwingte Gigue und eine obligatorisch abschließende, jedoch hier besonders ausladend und kunstreich variierte Chaconne.[65] Dennoch klammert sich Martin Schläpfers choreographische Inszenierung dieser Tragédie lyrique nicht an diese Tanzsätze, sondern durchdringt die Gesamtkomposition mit psychologisch motivierten Bewegungen. Sie beginnt mit einer musiklosen Bewegungsszene vor der Ouvertüre – quasi eine Tanz-Ouvertüre, die das dramatische Geschehen skizzenhaft vorwegnimmt – und bringt anschließend nicht nur die Tänze in Bewegung, sondern überspringt auch einzelne Tanzsätze[66], um stattdessen vokale oder instrumentale (nicht tänzerisch intendierte) Partien[67] und ebenso einzelne Sänger[68] umso nachdrücklicher in Bewegung zu versetzen. Auf der wirkungsästhetischen Ebene werden hierdurch die Grenzen zwischen den affektisch motivierten, einerseits primär hörbaren und andererseits spektakulär sichtbar gemachten Bewegungen im Fluss gehalten, während auf der wahrnehmungsästhetischen Ebene die (uns heute als allzu gekünstelt erscheinende, d. h. willkürlich geschaffene) Kluft zwischen rationalem Verstehen (der Gesangspartien) und sinnlichem Wahrnehmen (der Tanzpassagen) überbrückt wird.

Der Jesuitenpater und bis weit in das 18. Jahrhundert einflussreiche Tanzpoetiker, letztlich Spektakel-Theoretiker Claude François Ménéstrier, an dessen *Les Ballets anciens et modernes selon les Règles du Théâtre* (Paris 1682) Cahusacs Ausführungen zur *Danse Ancienne et Moderne ou Traité historique de la danse* (La Haye 1754) unmittelbar anknüpfen,[69] betonte, dass im Bühnentanz auf der Basis von „mouvemens exterieurs" („mouvemens du corps") „movemens (sentimens) interieurs" zum Ausdruck gebracht würden.[70] Dagegen formulierte Pina Bausch, es interessiere sie nicht, „wie sich Menschen bewegen, sondern was sie bewegt".[71] Beide umkreisen mit ihren Äußerungen die zentrale Thematik einer (typisierten) Darstellung bzw. (modellhaften) Widerspiegelung innerer/unsichtbarer Bewegungen als Beweg-Grund für äußere/sichtbare Bewegungen im (Musik-/Tanz-)Theater, nähern sich ihr jedoch aus diametral gegenüberliegenden Bewegungsrichtungen: einerseits von der Außenseite der Bewegung (als der sichtbaren Bewegungskontur), um – vor dem Hintergrund einer kartesianisch geprägten Affektenlehre des 17. Jahrhunderts – deren Innenseite (als den unsichtbaren Beweg-Grund) ‚nachzuahmen', andererseits von der Innenseite der Bewegung, um – auf der Basis der Tiefenpsychologie des 20. Jahrhunderts – ihre Außenseite zu formen. Wenn nun wiederum bei Schläpfer die TänzerInnen zu Spiegelbildern der SängerInnen avancieren, die Letztere als sie kommentierende und mit ihnen interagierende Schatten begleiten,[72] um deren Gefühle gleichsam nach außen zu kehren, d. h. unsichtbare Bewegungen sichtbar zu machen, so tritt die affektdramatisch geprägte Tanzpoetik im Umfeld von Rameaus Tragédies lyriques mit psychologisierenden Inszenierungen des 20. Jahrhunderts, nicht zuletzt den Tanzopern Pina Bauschs in eine spannungsvolle Beziehung. Entscheidender als die Reibung eines älteren Inszenierungskonzeptes an einem jüngeren erscheint jedoch wiederum die Intention, kenntnisreich von einer historischen Wirkungsästhetik auszugehen, um ihr aus einer zeitgenössischen Wahrnehmungsperspektive neue Verständlichkeit zu verleihen – und auf diese Weise zwischen unterschiedlichen

(Bewegungs-)Räumen und Zeiten zu vermitteln beziehungsweise zwischen verschiedenen Arten des Hörens und Sehens von Bewegungen Brücken zu bauen, jedoch ohne deshalb Komplexitäten einzuebnen und in schlichte Pauschalisierungen abzurutschen.

Abb. 5: Jean-Philippe Rameaus *Castor und Pollux* in einer choreographischen Inszenierung von Martin Schläpfer mit dem Ballett am Rhein (2012). Foto: © Gert Weigelt

Um einen wieder gänzlich anderen Brückenbau geht es in Schläpfers Auseinandersetzung mit Morton Feldmans Bühnenkomposition *Neither*, die unter dem Label Oper, aber auch Anti-Oper oder Monodrama gehandelt wird.[73] Ebenso wie sich die Textvorlage von Samuel Beckett ‚eigentlich' einer musiktheatralen Vertonung widersetzt, sträubt sich auch die Komposition ‚eigentlich' gegen eine Inszenierung und insbesondere gegen eine choreographische Interpretation – vorausgesetzt, man hält an einem traditionellen Opern- beziehungsweise Ballettverständnis fest.[74] Doch gerade die unaufgelösten Widersprüche zwischen Becketts Text, Feldmans Komposition und Schläpfers Choreographie,[75] die (unmögliche) Konkretisierung von hör- und sichtbarer Abstraktion, das scheinbar unverbunden nebeneinander, jeweils ganz auf sich selbst konzentrierte ‚Schweben'[76] auditiver und visuell-kinetischer Ereignisse lässt die unterschiedlichen Künste in einen fremdartig-vertrauten, einer Wahrnehmungstäuschung vergleichbaren Dialog zwischen Hören und Sehen treten, der ihre jeweils eigenen, gleichzeitig sehr eigenwilligen Ausdrucksqualitäten intensiviert statt nivelliert.

Erwartungsgemäß greift Martin Schläpfer das metaphorische Ringen um das ‚Selbst' und ‚Unselbst' der Beckett'schen Textvorlage in seiner *Neither*-Choreographie nicht vordergründig auf – ebenso wie auch Feldmans Komposition nicht in einem direkten Bezug zu Becketts ‚Opernlibretto' steht, jenen 87 Worten widerspenstig negierenden Charakters, die einer letztlich unmöglichen Selbstvergewisserung Ausdruck verleihen.[77] Nicht nur hierdurch erhält die choreographische Auseinandersetzung mit Text und Komposition ihre Legitimation, sondern es liegt auch nahe, die bildliche Suggestionskraft von Beckett und Feldman[78] mit kinetischen Energien aufzuladen, um sie auf einer visuellen Ebene in ihrer Tiefendimension zu dynamisieren – deshalb aber nicht durch bildhafte Illustrationen erstarren zu lassen.

Anknüpfungspunkte der Choreographie an die Komposition zeigen sich am deutlichsten in ihrer gleichermaßen (klang-)flächigen Konzeption – jedoch nicht etwa durch eine penible Übersetzungsarbeit der Feldman'schen Pattern in choreographische Muster,[79] sondern durch deren Übertragung in Bewegungen, die sich über die psychische und daraus resultierende physische ‚Gestimmtheit' der einzelnen Tänzer konstituiert. Der Umstand, dass Feldman in *Neither* in besonderem Maße daran interessiert war, die Komposition als einen Reflexionsprozess zu begreifen, bei dem ausschließlich der Vorgang des Komponierens im Zentrum der Komposition steht und der damit auch unweigerlich einen Selbstbewusstwerdungsprozess des Komponisten bedingt – wobei die Notation dieses Prozesses derart exakt ist, dass sie Irritationsmomente und Unschärfen hervorruft, die wiederum die Unmöglichkeit dieses Unterfangens widerspiegeln[80] –, dürfte Schläpfer dazu angeregt haben, auf der Ebene der Bewegungskreation und insbesondere mit den Tänzern als kreative Interpreten seiner Bewegungsideen ein vergleichbares Verfahren zu entwickeln: Feldmans Postulat, dass seine Kompositionstechnik nur „funktionieren [kann], wenn man mit dem Material mitgeht und sieht, wie es sich formt",[81] entspricht seiner Vorgangsweise, sein Ensemble in einem (u. a. auf Improvisationen zurückgreifenden) Probenprozess zunächst zu beobachten und mit ihm ‚mitzugehen', um einen indifferent schwebenden Bereich zwischen „totaler Spontanität und Intuition" sowie „extrem Festgelegten"[82] anzusteuern.

> Während der Proben habe ich die Choreographie immer mehr in die Partitur eingependelt, indem ich solange gewartet und beobachtet habe, bis sich ein klares musikalisches Reagieren einstellte, das ich durch Wiederholungen überprüfte, um es schließlich festzulegen. Zugleich verlange ich jedoch, dass alles jederzeit neu erfüllt wird, als würde es gerade erst entstehen – und auf diese Weise wie rau bleibt. Nicht die korrekte Bewegung ist bis ins Detail definiert, sondern es geht mir vielmehr um Temperaturen, um Qualitäten und Bewegungen, die aus dem physischen

Zentrum entspringen, aus dem Innenraum der Tänzerinnen und Tänzer motiviert sind. [...]
Dadurch erhoffe ich mir eine größere Durchlässigkeit. Ich bin auf der Suche nach einem Dazwischen, ohne aber mit Mitteln zu arbeiten, die der Tanz nicht kann. [...] Um die Atmosphäre anders zu gestalten, habe ich vor jeder Probe eine Bestandsaufnahme der Befindlichkeiten und Gefühle der Tänzerinnen und Tänzer gemacht und diese in einem Tagebuch festgehalten. Jeder konnte frei heraus sagen, was er gerade denkt und fühlt. Gegen Ende hatten wir eine Vielfalt an Aussagen, die in ihrer Masse, aber auch Emotionalität und Tiefe geradezu erschlagend waren. Sie alle aneinandergereiht könnten so etwas wie eine Dramaturgie meines Ballettes sein.

Abb. 6: Morton Feldmans *Neither* als durchchoreographiertes Musiktheater von Martin Schläpfer mit dem Ballett am Rhein (2010). Foto: © Gert Weigelt

Vor diesem Hintergrund entsteht eine seltsam unwirkliche choreographische Wirklichkeit, vielleicht vergleichbar einem üppig bepflanzten und belebten Meeresgrund, von dem ungeachtet seiner verlockenden Behaglichkeit auch eine düster flirrende, bedrückende Atmosphäre ausgeht. Je nach Wellengang auf einer weit über diesem seltsam utopischen Areal liegenden auditiven Fläche verändern sich die Dichtegrade des sich gleichermaßen quallenartig fortbewegenden und krakenhaft ausbreitenden Ensembles, ziehen sich dessen Extremitäten an verschiedenen Ecken und Enden zusammen, um sich anschließend wieder allmählich, kaum merklich auszudehnen. Seine Bewegungen erscheinen dabei ebenso unvorhersehbar und orientierungslos wie zentriert und fokussiert, wobei sich das dynamisch weitgehend gleichförmige Treiben vor allem an der

Horizontalen ausrichtet, nur selten in die Vertikale ausreißt: Die choreographierte Zeit definiert sich dementsprechend in erster Linie über eine sich diskret in unterschiedlichste Richtungen ausbreitende Fläche, die in ihrer inneren Konsistenz permanent changiert.[83] Daher erfordert diese Choreographie auch eine – im herkömmlichen Ballett eher ungewöhnliche – flächig abstrahierende Sichtweise, die analog zu Feldmanns bildlicher Konzeption der Komposition[84] das Tanzensemble weniger in seiner Zusammensetzung aus Solisten, vielmehr als einen hochgradig ausdifferenzierten „Organismus" wahrzunehmen vermag – ein „Organismus", der auf Umwegen wieder den Bogen zur Partitur schließt.

> Mir erscheint diese Partitur wie ein Organismus, wie eine Lunge oder auch ein Dschungel, den man durchschreitet, ohne zu wissen, ob der Weg, den man wählt, der richtige ist – oder radikaler formuliert: Jeder Weg könnte richtig sein. Man geht in eine Welt hinein, die einen an einen völlig anderen Ort versetzt – und wenn man am Ende aus dieser wieder herausgefunden hat, ist man zumeist tangiert, vielleicht auch verändert, aber man weiß nicht warum. Das Stück hat ein ganz eigenes Klima, erscheint mir wie ein warmer Humusboden, der dampft. Der äußere, formale Bau ist sehr klar strukturiert, fast metallig-kühl. Aber in scharfem Kontrast dazu steht ein sehr dichtes und lebendiges, geradezu vibrierendes Innenleben, wie ein Bienennest bei kaltem Wetter oder ein fiebernder Körper. Dieses Bild habe ich meinen Tänzerinnnen und Tänzern bei den Proben immer wieder gegeben: „Stellt Euch vor, Ihr hättet Fieber!"[85]

An die Stelle eines mimetischen Aufzeigens narrativer Vorgänge (von der Textebene ausgehend) oder struktureller Imitationen (an konkrete Kompositionstechniken anknüpfend) treten somit körperliche Befindlichkeiten und hieraus resultierende energetische Qualitäten, die im Epizentrum der choreographischen Arbeit – als einer sich permanent hinterfragenden Vergewisserung des tanzenden und choreographierenden Selbst – stehen. Somit begegnet Martin Schläpfer Becketts düsterem Existenzialismus und Feldmans fein ziselierter Esoterik mit einer spezifisch tänzerischen, vergleichsweise bodennahen, anders formuliert: bodenständigen Spiritualität. Der Bewegungsansatz und gleichzeitig der Beweg-Grund, das unsichtbare psychische Movens der physisch sichtbaren Motionen, ist im wörtlichen und übertragenen Sinn vor allem in der Körpermitte lokalisiert, um jene Bewegungsmomente zu erreichen, „in denen man ganz bei sich ist und sich zugleich vergisst und damit auch nicht mehr kalkuliert bewegt" – und auf diese Weise zwischen ‚Selbst' und ‚Unselbst' changiert.

> Diese Pole von „da stehe ich" und „da könnte es mich umhauen, aber ich stehe noch in der Mitte" haben mich sehr interessiert. Entsprechend suche ich in *Neither* nach einer Archaik in der Tanzsprache, nach dem Moment in der Bewegung, dem die Intuition ihre Flügel verleiht. Ich möchte die Bewegungen dort einfrieren, wo sie gerade erst entstehen, was natürlich eine Illusion ist, aber vielleicht finde ich

auf diese Weise zumindest eine Annäherung an das, was man als Abstraktion bezeichnet. [...] Man exponiert sich mit einer solchen Arbeitsweise extrem – aber vielleicht gelingt auf diese Weise ein neuer Typ von Ballett, findet man für die Tanzkunst eine neue Nuance.[86]

Becketts unauflösbar abstrakt-absurdem Seelendrama und Feldmans hypnotisierenden Klangraffinessen mit ihren rhythmisch und dynamisch hypersensitiven Schattierungen[87] wird auf diese Weise eine körperliche Bewegtheit entgegengesetzt, deren hellwaches Bewusstsein in einem lebhaften Austausch mit unbewussten Ressourcen kreativer Energien steht. Dabei bleibt alles in einer diskret irritierenden und gerade dadurch faszinierenden Schwebe – in jener Schwebe, die sich Feldman ausdrücklich von den Textzeilen wünschte, die ihm Beckett trotz aller Zweifel und Bedenken an einem „gemeinsamen Opernprojekt" versprach, und die allein die Unmöglichkeit einer choreographischen Auseinandersetzung mit dieser textlichen und kompositorischen Vorlage möglich machen kann.[88]

Neue Musik für ein zeitgenössisches Ballett – Bewegungen neu hören und sehen

Von Martin Schläpfers zahlreichen Choreographien zu Neuer Musik sollen – in Anbetracht der sich auch hier eröffnenden kreativen Vielfalt und Fülle[89] – im Folgenden drei Produktionen zu Kompositionen von György Ligeti, Helmut Lachenmann und Witold Lutosławski exemplarisch herausgehoben werden, die der eingangs angesprochenen Geburt eines zeitgenössischen Balletts aus dem Körper der Musik nochmals sehr deutliche Konturen verleihen. Die im Vorangegangenen mehrfach erwähnten Begriffe der Räumlichkeit, Gestik und Körperlichkeit von Musik, die letztlich im Verbund mit einem musikalischen Embodiment[90] stehen – im Sinne einer Einkörperung als einem körperlich aktiven Wahrnehmungsprozess, im Gegensatz zu einer Verkörperung zwecks Darstellung –, werden dabei wiederum in erster Linie aus einer musikchoreographischen Perspektive erörtert, d. h. unmittelbar von Beobachtungen über Zusammenspiele von hör- und sichtbaren, aber auch kaum noch oder nicht (mehr) hör- und sichtbaren Bewegungen abgeleitet.

Der Chronologie der Premieren folgend bietet es sich an, diesen Reigen mit Schläpfers Choreographie zu Ligetis *Ramifications* zu beginnen. Wie viele seiner Komponistenkollegen und doch, im Vergleich zu anderen Ansätzen, musikalisch besonders überzeugend forschte Ligeti seit Beginn seiner kompositorischen Laufbahn über neue Zugänge zu den Parametern Raum und Zeit. Während seiner Arbeit an den *Ramifications* für ein zwölfstimmiges Streichorchester (ad libitum zwölf Solostreicher) im Winter 1968/69 äußerte er zu seinem musikalischen Raumbegriff, dass er sich weniger auf den akustischen Umraum, vielmehr einen Raum im Innern der Musik konzentriere: „Für mich spielen räumliche Assoziationen innerhalb der Musik eine sehr große Rolle, aber es ist ein rein imaginärer Raum. [...] Raum zu suggerieren, oder Raum assoziativ hervorzubringen, das war etwas, was ich in meinen Stücken angestrebt habe."[91] Eine wichtige Voraussetzung hierfür bildete sein (seinerzeit) neuartiger Zugang zur Klangproduktion auf traditionellen Instrumenten, der das herkömmliche Kompositionsverständnis als Zusammensetzen (*componere*) von präexistentem, als selbstverständlich vorausgesetztem Tonmaterial in Frage stellte: Bei Ligeti beginnt die Komposition bereits mit der Ausarbeitung des Ton- bzw. Klangmaterials. Durch die polyphone Überlagerung kleingliedrig strukturierter Pattern, die in langatmigen Repetitionen vielfältig verästelt werden, entstehen in seinen *Ramifications* komplexe Klanggewebe, die der Komposition als materielle Basis dienen. Diese Klangtexturen weisen zwar Intervall- und Rhythmusstrukturen (d. h. vertikale und horizontale Dimensionen des Tonraums) auf, aber

> [...] man kann sie einfach nicht hören. Nicht sie sind formbestimmend, sondern eine komplexere Kategorie, nämlich: die Verflechtung zahlreicher Intervall- und Rhythmenstimmen. Das musikalische Geschehen findet also nicht mehr auf der Ebene von Harmonie und Rhythmus statt, sondern auf jener der Netz- und Gewebestrukturen des Klanges [...].[92]

Hierdurch hinterlässt die Komposition beim Hören (und vor allem in der Erinnerung an das Hörerlebnis) den Eindruck eines statischen Klangkörpers, der – vergleichbar Plastiken der Bildenden Kunst[93] – der Zeit enthoben zu sein erscheint. Das Fehlen zielstrebiger melodischer Linienführungen und klar abgegrenzter, d. h. deutlich erkennbarer rhythmischer Strukturen hat eine Richtungslosigkeit der Klangereignisse zur Folge, die vielfach mit einem Stillstand der Zeit verglichen wurde. Doch der (Hör-)Eindruck täuscht: Die „inneren Vernetzungen und Verästelungen des Klangkörpers"[94] verleihen der Gesamtform hohe Elastizität und Mobilität. Die Makrostruktur von *Ramifications*, ein (in der Wahrnehmung) vermeintlich stillstehender Klangkörper, wird durch kaum merkliche Verästelungen der Klangereignisse auf der Mikroebene permanent umstrukturiert und in Bewegung gehalten. Dementsprechend lässt sich zu der musikalischen Raum-, Zeit- und Bewegungskonzeption der *Ramifications* festhalten: Durch die Erschließung neuer Dimensionen auditiver Räumlichkeit in der Tiefe des Klanges und durch die (wahrnehmungsästhetische) Negation von Zeit auf der Ebene des (gesamten) Klangkörpers, dessen Material aus (aus der Perspektive der Wahrnehmung) rhythmisch-melodisch indifferenten, jedoch klanglich hochgradig ausdifferenzierten, mobilen Texturen besteht, zeigt Ligeti durch ein kompositorisches Paradoxon ebenso eindringlich wie eingängig auf, dass Musik nicht nur eine sich in Raum und

Zeit bewegende Kunst, sondern vor allem auch eine in ihrem Innersten räumlich/zeitlich beziehungsweise raumzeitlich bewegte Kunst ist.

Auf eine derart konzipierte Komposition choreographisch zu reagieren, stellt eine Herausforderung dar, der gerecht zu werden zunächst vergleichbar unmöglich erscheint wie eine tänzerische Auseinandersetzung mit Morton Feldmans *Neither*. Und um sich auch in diesem Fall nicht mit vordergründigen Analogien zwischen Klang und Bewegung oder assoziativen Bebilderungen zu begnügen, setzt Martin Schläpfer wiederum in erster Linie auf der kompositionsästhetischen Ebene an, die er tanzspezifisch transformiert. Einen ersten Ansatzpunkt hierzu bietet die spezielle harmonische Einfärbung von Ligetis *Ramifications* durch eine vierteltönige Höherstimmung der ersten, aus vier Geigen, einer Bratsche und einem Cello bestehenden Streichergruppe. Das musikalische Gewebe wirkt auf diese Weise verschmutzt, hinterlässt über weite Strecken einen unreinen und verdorbenen Höreindruck. Dieser Effekt ist von Ligeti dezidiert beabsichtigt, *Ramifications* sei ein Beispiel dekadenter Kunst, betont der Komponist, denn: „Verwesung ist in die Musik eingezogen".[95] An dieses Bewusstsein der Dekadenz einer tradierten Kunstform – allerdings nicht der ‚klassischen Musik', sondern des ‚klassischen Tanzes' – knüpft Schläpfers Choreographie an, indem sie wie eine zeitgenössische Hommage an Anna Pavlovas *Sterbenden Schwan* erscheint.[96]

Noch bevor die Musik beginnt, betritt Marlúcia do Amaral, mit der Schläpfer ein Solo zu dieser Komposition Ligetis erarbeitete, mit nachdenklich gesenktem Kopf, melancholisch in sich versunken die Bühne. Aus dieser introvertierten Resignationshaltung entfaltet sie allmählich eine betont extrovertierte, geradezu heroische Pose, indem sie den rechten Arm bis zu einer maximalen Streckung emporschraubt und durch das nach hinten im pointé ausgestreckte linke Bein vergleichbar einer durch den Körper verlaufenden Diagonale verlängert. In dieser Position scheint sie den Applaus für die letzte große Ballerina des Abendlandes entgegenzunehmen – allerdings mit dem Rücken zum Publikum gewandt, so dass der Zuschauer ein Geschehen beobachtet, von dem er ausgeschlossen bleibt. Nur wenig später überrascht die einsam auf der Bühnenweite positionierte Solistin mit einer grotesken Verzerrung klassischer Bewegungsideale: Aus einer parallel gestellten zweiten Position neigt sie ihren Oberkörper mit zurückgeworfenem Kopf, nach hinten angewinkelten Armen und gespreizten Fingern langsam, wie von Schmerzen gekrümmt, seitlich zum Boden. Erst nachdem sie sich wieder behutsam in eine aufrechte Position aufgerollt hat, setzt die Musik mit einem quasi elektrisch aufgeladenen hohen Flirren im Pianissimo – wie aus weiter Ferne – ein. Auf dieses sich allmählich nähernde Klangfeld reagiert do Amaral mit nervös zuckenden Armschwüngen, als müsse sie ihren von einem engen Lichtkegel begrenzten Bewegungsradius gegen einen unerwünschten Eindringling verteidigen – ein Eindringling, der durch seine allein auditive Erscheinung gestaltlos bleibt. Die nun verstärkt zum Einsatz kommenden Beinbewegungen, mit denen sie sich zunehmend (Frei-)Raum erobert – kurze Battements und Développés sowie flüchtige Attitüden und Arabesquen –, gleichen nicht selten Drohgebärden. Doch Positionen sind niemals solche von Bedeutung, sondern treiben als Passagen den hektischen Bewegungsfluss voran, der von einem eng abgesteckten Platz ausgehend sich zunehmend weiter ausgreifende Raumdiagonalen erschließt und sich gleichzeitig – einerseits durch Bewegungen auf Spitze, andererseits durch rollende und tastende Fortbewegungen auf dem Boden – die Höhen- und Tiefendimensionen des Tanz(um)raumes aneignet. Dabei verdichtet sich der gesamte Körper gleichsam zu einer einzigen Bewegungstextur mit einerseits (in ihrer Mikrostruktur) subtil changierenden, andererseits (in größeren zeit-räumlichen Dimensionen vergleichbar einer Makrostruktur) sehr kontrastreichen Bewegungsdynamiken.

Die Bewegungen, die hierbei zum Einsatz kommen, korrespondieren mit den Klangqualitäten der Musik und konfrontieren sie mit spezifisch tänzerischen Ausdrucksqualitäten: Klangliche Nuancierungen, die auf synästhetische Assoziationen verweisen und gleichzeitig eine Körperlichkeit des Klanges suggerieren – wie z. B. nah/fern in Bezug auf die imaginäre räumliche Positionierung des Klanges, schwach/stark seine Dynamik betreffend, klar/vage in Hinsicht auf die Klangkontur, stehend/bewegend die klangliche Mobilität betreffend usw. –,[97] werden nun in physische Energien verwandelt, die mit den Klängen interagieren. Eine unabdingbare Voraussetzung hierfür ist jenes kinästhetische Hören, das Musik nicht nur in Bewegung, sondern auch als körperliche Bewegung im Raum versteht. Musik wird in ihrer unsichtbaren, jedoch hörbaren Physis sehr unmittelbar physisch erfahren, um sich zu Bewegungsimaginationen anregen zu lassen und (emotional) bewegt zu werden – beziehungsweise im Fall einer Choreographie: durch physische Bewegungsgestaltungen jenseits schlichter (Handlungs-)Narrationen oder dekorativer Ornamentik mit ihr in einen unmittelbar körperlichen, kinästhetischen Dialog zu treten. Dabei wird das choreographische Bewegungsmaterial direkt aus dem Klangmaterial entwickelt, korrespondiert mit ihm insbesondere in seiner ästhetischen Beschaffenheit auf der Basis einer intermedialen Übertragungsarbeit, jedoch nicht die Differenzen der beiden künstlerischen Medien kaschierenden Übersetzungsarbeit. Im Gegensatz zu einem kinetischen Hören, das reflexartig auf Musik reagiert,[98] begegnet ein vor diesem Hintergrund definiertes kinästhetisches Hören den auditiven Ereignissen gleichermaßen intuitiv, kreativ und reflektiert, trennt nicht zwischen Fantasie und Verstand, Spontanität und kenntnisreichem (Körper-/Bewegungs-)Wissen.

Abb. 7: *Ramifications*, Solo von Martin Schläpfer, hier in der Wiederaufnahme mit Marlúcia do Amaral vom Ballett am Rhein (2010), die auch in der Uraufführung tanzte. Foto: © Gert Weigelt

War Ligeti in seinen *Ramifications* insbesondere an einer mit imaginär visuellen Vorstellungen gekoppelten Räumlichkeit im Innern des Klanges interessiert, um nicht nur eine spezifische Körperlichkeit des Klanges zu suggerieren, sondern auch ein zwischen Synästhesie und Paradoxie (im Sinne einer Wahrnehmungstäuschung) changierendes Hörerlebnis – im Verbund mit einer spezifisch taktilen Intelligenz bei der Klangproduktion[99] – zu befördern, so treten bei Helmut Lachenmann verstärkt Aspekte einer körperlich erfahrbaren Gestik und Haptik in den Vordergrund, um den Prozess des Hörens kompositorisch zu reflektieren.[100]

> Der Gegenstand von Musik ist das Hören, die sich selbst wahrnehmende Wahrnehmung. […] Solche Form des wahrnehmenden Hörens bietet sich nicht unbefangen an, sie muß erst freigelegt werden. Freilegen aber heißt, Dazwischenliegendes wegräumen, jene in der Gesellschaft vorgegebenen dominierenden Hörgewohnheiten, Hörkategorien außer Kraft setzen, aussperren. Hören ist schließlich etwas anderes als verständnissinniges Zuhören, es meint: anders hören, in sich neue Antennen, neue Sensorien, neue Sensibilitäten entdecken, heißt also auch, seine eigene Veränderbarkeit entdecken und sie der so erst bewußtgemachten Unfreiheit als Widerstand entgegensetzen; Hören heißt: sich selbst neu entdecken, heißt: sich verändern.
> Bei solcher Überwindung der Unfreiheit des öffentlich vorgeprägten Hörens geht es also nicht um den Ausflug (oder die Ausflucht) in ‚neue', ‚unbekannte' Klänge im Sinn von neuen akustischen Welten, sondern um die Entdeckung neuer Sensorien, neuer Sensibilität, und um neue, veränderte Wahrnehmung. Diese wird keine Berührungsängste haben vor unbekannten Hörerfahrungen, aber sie bewährt sich nicht zuletzt darin, daß sie das Vertraute noch einmal als etwas Neues, als plötzlich wieder unbekannte klingende Welt entdeckt.[101]

In Hinblick auf eine choreographische Annäherung an diese Kompositionsästhetik ist bemerkenswert, dass Lachenmann Hören unter anderem als einen „Abtastprozess"[102] versteht. Dieses abtastende Hören umfasst in der Klangproduktion wie der Rezeption eine genuin haptische Tätigkeit und nähert sich damit – gewiss unbeabsichtigt und dennoch nicht gänzlich zufällig – jenem Hörkonzept der Kontaktimprovisation, das ‚Listening' als Berührung (‚Touch') im wörtlichen und übertragenen Sinne umschreibt.[103] Hören wird (auch ohne akustische Ereignisse zu vernehmen) somit unmittelbar greifbar, spürbar und geht (emotional) direkt unter die Haut. Mehr noch: Hören ist eine Form umfassender Wahrnehmung, erweitert Grenzen unserer Vorstellungskraft und fordert unsere Aufmerksamkeit – als Fähigkeit uns in unserer Welt zu situieren und zu reflektieren – kontinuierlich heraus. Eberhard Hüppe fasst dementsprechend zu dieser hörend-abtastenden Wahrnehmung – im Kontext seiner Skizzierung von Lachenmanns Kompositionsästhetik als „Topographien der ästhetischen Neugierde" – zusammen:

Neues Hören für ein neues Sehen von Bewegungen

Abb. 8: *Tanzsuite*, Choreographie von Martin Schläpfer, hier in der Wiederaufnahme des Balletts am Rhein (2011), im Bild: Marlúcia do Amaral und Jörg Weinöhl. Foto: © Gert Weigelt

> Abtasten meint [bei Lachenmann, St. Sch.]: beobachten, kennen lernen, Eigenschaften ablesen, an ihnen entlang fahren, übertragen, sie als Ausgangspunkt für Erleben nutzen. Abgetastet werden Oberflächen von Körpern, Räume auf Inhalte, sowie Wege, Zeichen und Strukturen. Etwas abtasten heißt, sich eine räumliche Vorstellung verschaffen, sich die Topographie, die Topologie oder Topik von etwas aneignen und die Erkenntnisse nutzen. Abtasten schließt auditiv-motorische und auditiv-haptische Aspekte ein, jene Zusammenhänge, die in dem Ohr-Hand-Feld existieren und mental repräsentiert sind. Kognitiv und ästhetisch können wir gar nicht anders, als uns ständig räumlich zu vergewissern. Der Ausdruck des Abtastens bildet außerdem so etwas wie eine Brücke zwischen der Erzeugung von musikalischen Strukturen, die werkimmanent sind, den konkreten Erfahrungen, die mit dem Hören und dem Musizieren und der ethnischen, sozialen, symbolischen, metaphorischen, psychologischen, physikalischen und zeichenhaften Welt des Auratischen gemacht werden.[104]

Dagegen betont Reinhart Meyer-Kalkus in seinen Ausführungen zu Helmut Lachenmanns Hörkonzept weniger den räumlichen, vielmehr den körperlichen Aspekt dieser neuen ‚Schule des Hörens' und spricht daher von einem „verkörperten Hören", das wiederum an eine „Klangmotorik" gekoppelt sei, durch die wir (neurowissenschaftlichen Erkenntnisse zufolge) Musik auch zuallererst ‚be-greifen':[105] Lachenmanns Kompositionen lägen „virtuelle Bewegungsmuster" zugrunde, die uns als Verständnisschlüssel dienen, formuliert Meyer-Kalkus zunächst noch behutsam in Form einer rhetorischen Frage, um dann zu konstatieren: „Wir lassen uns von dem bewegen, was selbst bewegt ist und virtuelle Bewegungsmuster in uns aufzurufen geeignet ist. ‚Musik ist innere Bewegung, sie fördert die Bewegungsphantasie', heißt es einmal lakonisch bei Robert Musil."[106] Bei Lachenmann resultiere hieraus eine spezifische Hörlust – ein „verkörpertes Hören" auf der Basis körperlich erfahrbarer Klänge als auditives Pendant zu körperlichen Aktionen, somit eine genuine „Körpermusik"[107] –, mit der wiederum eine besondere Reflexionslust (u. a. über Bedingungen musikalischen Hörens und seiner Prägung durch unsere Musiktradition) einhergehe.

> [Lachenmanns] Musik ist in einem ganz elementaren Sinn auf Tasten und Greifen sowie auf Atem- und Sprechwerkzeuge bezogen, eine Musik für Hände und Münder, immer handgreiflich-mundgerecht, nicht klangsymbolisch-visionär. Mit dem Körper hören – diese Formel erfährt eine Erweiterung hin zur Klangmotorik und zur synästhetischen Integration der verschiedenen Sinnesvermögen. Im verkörperten Hören werden diese Komponenten nicht neutralisiert, sondern bewusst oder unbewusst aktiviert. Ohren ohne Unterleib sind jedenfalls nicht die Adressaten von Lachenmanns Musik.
> Es ist allerdings die Kunst und das Geheimnis von Lachenmanns Kompositionen, dass sie nicht nur das verkörperte Hören, sondern zugleich die Reflexion auf das Hören in ungewohnter Weise provozieren. Die Lust an klangmotorischen Prozessen (besonders in Kompositionen der mittleren Periode wie *Tanzsuite mit Deutschlandlied*, 1979/80; *Harmonica*, 1981/83 und *Mouvement (– vor der Erstarrung)*, 1982/84)

wird von einer Lust an der Reflexion begleitet. Solche Reflexionslust wird von der Klangmotorik, wie es scheint, recht eigentlich in Gang gesetzt und angetrieben, so als sei es die körperliche Affizierung, die auch unseren Geist elektrisiere. „Sons et sens", Klänge und Gedanken, finden sich in ein neues Verhältnis gesetzt.[108]

Wie lässt sich eine unter solchen Prämissen komponierte Musik choreographisch umsetzen?[109] Meines Erachtens begegnet Martin Schläpfer in seiner Choreographie zu Lachenmanns *Tanzsuite mit Deutschlandlied* dem zuvor beschriebenen „verkörperten", gleichzeitig sehr produktiv widerständigen Hören wiederum vor allem mit einem kinästhetischen, nicht weniger kreativ widerspenstigen Hören.[110] An dieser Stelle wird die Differenz, aber keineswegs Ausschließlichkeit zwischen unterschiedlichen Hörmodi im Kontext von Körperbewegungen besonders offensichtlich: Im Unterschied zu dem körperlichen Hören der Sound Studies („coporeal listening") oder dem semiotisch grundierten Körperhören[111] tritt hier ein an Lachensmanns Kompositionsästhetik geschultes verkörpertes Hören, das akustische Ereignisse sensorisch/sensomotorisch wahrnimmt, um sie vor dem Hintergrund eines abtastenden Be-Greifens zu verstehen, einem kinästhetischen Hören gegenüber, das Musik in und als – wenn auch nicht sichtbare, so doch hörbare – (körperliche) Gestik und Kinetik in Raum und Zeit versteht, um sich von ihr emotional (im wörtlichen und übertragenen Sinn) berühren beziehungsweise bewegen zu lassen und sie imaginär oder choreographisch (d. h. durch auch sichtbare körperliche Bewegungen) zu formen und zu gestalten.

Neben dem Transfer von Lachenmanns verkörpertem Hören in ein kinästhetisches Hören wird in Schläpfers Choreographie die von Lachenmann intendierte sensorisch/sensomotorische Hörreflexion aber auch auf ein ebenso abtastend be-greifendes Sehen übertragen: Zu der hörenden Einkörperung (Embodiment) tritt ein körperlich aktives Sehen.[112] Durch die Kombination dieses spezifischen Hörens mit einem ebensolchen Sehen wird die Komplexität und Intensität des Gesamterlebnisses zweifellos weiter gesteigert. Lachenmanns eingängiger Formel, dass Musik „nicht hörig, sondern hellhörig" machen solle,[113] begegnet Schläpfer (um wiederum auf Lachenmann Bezug zu nehmen) mit dem ‚Angebot', dass Ballett nicht süchtig, sondern (hin-)sehend machen solle – wenn es nicht sogar ‚hellsichtig' zu machen vermag als einem Sehmodus in einem hellwachen Bewusstseinszustand, an dem alle Sinne beteiligt sind (vgl. hierzu weiter unten).

Dabei wird Lachenmanns durchaus humorvolle, keineswegs puristisch asketische Kritik an unserem abendländischen Musikhören um nicht weniger kritisch schalkhafte, unmittelbar auf Alltägliches und Allzumenschliches rekurrierende Reflexionen über unser Bewegungssehen erweitert: Selbst wenn es sich bei dieser Choreographie zweifellos in besonderem Maße um ein ‚Hör-Ballett' handelt, gibt das weitgehend aus einem nervös flimmernden Fernsehtestbild mit diversen Zapping-Sequenzen bestehende Bühnenbild ebenso zu verstehen, dass das Bewegungsgeschehen nicht nur um Hörirritationen, sondern auch um Sehstörungen kreist – somit in besonderem Maße jene eingangs erwähnten Reibungen aufgreift, die tradierte Erwartungshaltungen produktiv stören, um unseren Wahrnehmungshorizont zu erweitern. In keiner anderen seiner Choreographien rückt Schläpfer ebenso unerschrocken-frech dem (neo-)klassischen Ballettvokabular zu Leibe wie in seiner *Tanzsuite*, in der die Tänzer mit knallbunten Ganzkörpertrikots ausgestattet sind, um die Musik möglichst ungefiltert auf sich einwirken zu lassen und möglichst ungehindert mit ihrer gesamten Körperfläche ‚abtasten' zu können. Entsprechend Lachenmanns Unterscheidung zwischen einem Hin-Hören und Zu-Hören (vgl. hierzu das folgende Zitat), fühlt man sich in Schläpfers Choreographie aufgefordert, nicht ‚nur' zu-zusehen, sondern insbesondere hin-zusehen, d. h. jenseits eingefahrener Gewohnheiten und damit verbundener, habitualisierter Wahrnehmungsblockaden möglichst unvoreingenommen und unbefangen sehen zu lernen.

> Basierend auf einem sogenannten „Dialektischen Strukturalismus", der eine bewusste Beschwörung konventioneller Strukturen als Voraussetzung für deren Brechung begreift, unterscheidet Lachenmann zwei Wahrnehmungsmodi, die gleichermaßen in einem dialektischen Verhältnis zueinander stehen: Hin-Hören und Zu-Hören.
> Während das „Zuhören" auf die historisch präformierte und konventionell geprägte syntaktische Dimension der Musik gerichtet ist, zielt das „Hinhören" auf ihre akustischen und physikalischen Eigenschaften, auf die „Anatomie des klingenden Geschehens". Im erstgenannten Wahrnehmungsmodus lässt sich der Hörer voll und ganz auf die vorgeprägten und bekannten Strukturen ein, wodurch ein Zustand der „Magie" entsteht. Der zweite Modus, das „Hinhören", kommt dadurch zustande, dass aufgrund einer „Brechung" der Konvention – etwa durch Verfremdung oder Rekontextualisierung der Teilmomente – beim Hörer eine Irritation erzeugt wird. In diesem Fall erfährt der Hörer einen Zusand von „gebrochener Magie".
> Die Dialektik besteht nun darin, dass das Verständnis der Funktionsweise der traditionell bestimmten Tonsprache eine notwendige Voraussetzung darstellt, um deren Brechung begreifen zu können. Die durch die Brechung der Konvention hervorgerufene Irritation kann Hörer dazu bringen das musikalische Material „abzutasten", um dadurch ein neues strukturelles Ordnungsprinzip zu erkennen.
> Lachenmanns ästhetischer Ansatz der „musique concrète instrumentale" zielt nicht nur auf die mechanisch-energetischen Bedingungen der klanglichen Resultate, sondern auch auf eine Veränderung des Hörens. Sie versteht sich als „Angebot an den Hörer, zu hören", im Gegensatz zum bloßen Zu-Hören. Dieses Hören enthält aber zugleich auch eine reflexive Komponente, denn die Abweichung von der Konvention (etwa der instrumentalen Klangerzeugung) schafft ein erweitertes Bewusstsein beim Hörer. Dies führt letztendlich zu einer Art Meta-Wahrnehmung, die auf die Voraussetzungen des eigenen Hörens gerichtet ist.
> Hörer können in einer wahrnehmenden Auseinandersetzung mit Lachenmanns Kompositionen lernen, die Bedingungen der eigenen musikalischen Rezeption zu

reflektieren, sich der Beschränkungen des eigenen Hörens bewusst zu werden und gegebenfalls auf dieser Basis eine Veränderung der Wahrnehmung zu erreichen. Das Hören, wie Lachenmann es versteht, hat dabei aber auch einen essentiell kognitiven Anteil: „Hören heißt hier auf keinen Fall wieder: zustimmend mitvollziehen, sondern heißt: Rückschlüsse ziehen, umschalten – denken."[114]

Zu den irritierendsten Momenten von Schläpfers choreographischen *Tanzsuite* zu der gleichnamigen Komposition von Lachenmann gehört die sich immer wieder aufdrängende Frage, ob die befremdenden Klänge von den sich nicht weniger befremdlich bewegenden Gestalten produziert werden oder ob nicht umgekehrt die fremdartigen auditiven Impulse die Bewegungen dieser merkwürdigen Fremdlinge (vielleicht außerirdischen Musik-Lemmingen vergleichbar) bewirken. Die frappierende Präzision dieses Irritationsspiels schärft zweifellos das Hören und das Sehen – ohne dabei den Lachmuskel zu vernachlässigen. Klänge jucken da auf einmal am ganzen Körper wie Flöhe und Läuse in einer besonders unbequemen Kombination, verursachen ein höchst unangenehmes Kratzen und Zucken, aber auch neugierig forschendes Erspüren und Tasten. Oder ist es nicht doch das deftige Stampfen, zierliche Hüpfen und grazile Trippeln, durch das diese widerspenstigen Instrumentallaute zuallererst hervorgerufen werden? Zwischen den vielfach komisch-grotesken Bewegungen – noch nie wurde in einem Ballett europäischer Provenienz das Bewegungsartikulationspotenzial des allerwertesten Hinterteils menschlicher Lebewesen vergleichbar differenziert ausgeschöpft – blitzen immer wieder vertraute Fragmente klassischen Bewegungsvokabulars hervor, die sogleich klanglich verformt werden: Selten kann man die Energetik von Sprüngen und Drehungen so deutlich hören, in keinem anderen Ballett klingen Posen und Positionen ähnlich intensiv. In Analogie zu Lachenmanns fragmentarischen Zitaten wohlbekannter Melodien, die bis zur Unkenntlichkeit verfremdet werden,[115] entdeckt man in Schläpfers *Tanzsuite* immer wieder kleine Passagen aus Klassikern des Ballettrepertoires – in der Düsseldorfer Wiederaufnahme der *Tanzsuite* sticht da die Schaubudenszene aus Michail Fokins *Petruschka* mit der Ballerina und dem Mohren am augenfälligsten heraus –, die dennoch (schon allein durch ihre ungewohnte Kontextualisierung) frappierend neuartig erscheinen. Der konkreten Klangrealistik Lachenmanns begegnet Schläpfer mit drastischen Bewegungskonkretisierungen, die vor skurrilen Absurditäten nicht zurückschrecken, um eingefahrene Bewegungsforme(l)n und kinetische Ordnungsmuster aufzubrechen. Somit sieht man sich unversehens ebenso zerklüfteten Klanglandschaften wie abenteuerlichen Bewegungslandschaften ausgesetzt, durch die sich durchzuschlagen, nicht nur das von Lachenmann kultivierte „botanische Hören"[116], sondern auch ein von Schläpfer protegiertes ‚botanisches Sehen' hilfreich ist.

Insofern überträgt Schläpfer auch Lachenmanns gebrochene „Magie" (s. oben) auf den Tanz: Seine *Tanzsuite* lässt sich vorzugsweise über einen Wahrnehmungsmodus rezipieren, der sich blinder Ballettomanie ebenso verweigert wie klischeebeladenen Vorurteilen diametral gegenüberliegender Strömungen. Kontraproduktive Polarisierungen lösen sich vor dem Hintergrund der hier omnipräsenten augenzwinkernd-hintergründigen Offenheit, Flexibilität und Sensibilität als kleinformatige Zwistigkeiten in Nichts auf. Und im Gegensatz zu Zusammenspielen von Musik/Klang und Tanz/Bewegung, die durch eine beschwörende Bewegungs- und Klangmagie den Zuhörer/-schauer zu verzaubern (d. h. in einen Zustand der Bewusstlosigkeit zu versetzen) suchen oder spannungsvolle (dialektische) Hörerlebnisse lieber auf ein Minimum reduzieren, um dem Publikum das Bewegungsgeschehen (vermeintlich) näher zu bringen – bisweilen geschieht das mit einem bombastischen Klangaufgebot oder einer rigorosen Verweigerung jeglicher Klanglichkeit –, wird man in Schläpfers *Tanzsuite* dazu angeregt, mit dem ganzen Körper (zudem bekanntlich auch ein Kopf gehört) wahrzunehmen und zu reflektieren. Dass sich Lachenmann über diesen Zugang zu seiner Komposition sehr positiv äußerte – ein Ansatz, den er gewiss nicht intendierte –, sollte nicht erstaunen:

> Martin Schläpfers choreographische Umsetzung meiner *Tanzsuite mit Deutschlandlied* ist genial, weil darin kein Takt und keine Nuance dieser meiner bei aller Vitalität zerbrechlichen und von einem „rein" strukturalistischen Ansatz konzipierten Musik für die Wahrnehmung verloren ging. Der Virtuosität der Tänzer ging offensichtlich ein virtuos einfühlender Reflektionsprozess voraus, bei dem Respekt vor der musikalischen Struktur und angstloser kreativer Zugang eine zugleich intensive und heitere Präsenz von Bewegungs-, Raum- und Zeit-, auch Licht- und Farberfahrung ermöglichten, die beides bewirkte: Transparenz und Transzendenz. Jedenfalls habe ich beim Erleben angefangen, meine Tanzsuite neu zu lieben, weil sie liebevoll verwandelt, das heißt neu entdeckt wurde.[117]

Nur wenige Monate nach seiner Choreographie zu Lachenmanns *Tanzsuite mit Deutschlandlied* kreierte Martin Schläpfer sein *Streichquartett* zu der gleichnamigen Komposition von Witold Lutosławski, das 2007 im Moskauer Bolschoi-Theater mit dem international renommierten *Prix Benois de la Danse* in der Kategorie ‚Beste Choreographie' ausgezeichnet wurde.[118]

Lutosławski 1964 entstandenes *Streichquartett* basiert auf einer Kompositionstechnik, die generell als ‚begrenzte Aleatorik' oder auch ‚aleatorischer Kontrapunkt' bezeichnet wird. Es handelt sich hierbei um ein Verfahren, bei dem jeder Ensemblespieler bestimmte Passagen innerhalb eines durch akustische Signale festgelegten Rahmens wie ein Solist – d. h. unabhängig von seinen Mitspielern – ausführt. Mit diesem kollektiven Ad-libitum-Spiel bemühte sich Lutosławski einerseits um eine neue Aufführungspraxis im Bereich der Ensemblemusik und beabsichtigte andererseits ein spezifisches Klangresultat, das sich gleichermaßen über einzelne Tonfolgen wie über Klangfelder definiert, dabei subtil zwischen der Exponierung einzelner Töne und ihrer Verschmelzung in einen Gesamtklang changiert. Zudem verfügen die Klangfelder durch ihre (strikt durchorganisierte) gegenseitige Verschiebung in Kombination mit der zeitlich vergleichsweise freien (disordinierten) Ausführung durch die vier ‚Ensemble-Solisten' über eine besondere Beweglichkeit: Sie entwickeln eine innere (kontrollierte) Dynamik, die aufgrund der begrenzten Aleatorik niemals zu einem Klangchaos führt, sondern ganz im Gegenteil den Eindruck eines in sich geschlossenen, mobilen Klanggebildes hinterlässt.[119]

Abb. 9: *Streichquartett*, Choreographie von Martin Schläpfer, hier in der Wiederaufnahme mit dem Ballett am Rhein (2011), im Bild: Helge Freiberg, So-Yeon Kim, Martin Chaix. Foto: © Gert Weigelt

Das musikalische Ausgangsmaterial hierzu bietet die zwölftönige chromatische Skala, die – nachdem sie sich sukzessiv herausgebildet hat – im Verlauf der Komposition immer wieder erklingt, da jedem der vier Streichinstrumente bestimmte Ausschnitte aus diesem Tonvorrat zugeordnet werden. Im Zentrum steht hierbei zweifellos die Tonqualität ‚c', mit der – allein oder in Oktavrepetitionen ausgeführt – ohrenfällig markante Gliederungssignale zwischen den musikalischen Abschnittsbildungen gesetzt werden (sie erklingen im 1. Satz besonders häufig, bleiben zu Beginn des 2. Satzes zunächst aus, um sich gegen Ende wieder in Erinnerung zu rufen). An der zweiteiligen Form dieser Komposition mit einem *Introductory Movement* und einem *Main Movement* ist zudem bemerkenswert, dass die Einleitung nicht dazu dient, Themen zu exponieren, die dann im Hauptsatz durchgeführt werden. Vielmehr kommt in beiden Teilen das gleiche kompositorische Verfahren zur Anwendung, das in der Einleitung vergleichsweise klar entwickelt wird, während im Hauptsatz die aus den mobilen Klangfeldern erwachsenden Ausdrucksmöglichkeiten stärker ausgeschöpft werden: Vor allem im 2. Satz entwickelt Lutosławskis *Streichquartett* eine Expressivität, die sich von einer sporadisch beängstigenden Grundstimmung bis hin zu einer erbarmungslos unausweichlichen, katastrophenähnlichen Gesamtatmosphäre steigert und erst abflaut, nachdem der letzte Hoffnungsschimmer verblasst ist. Abgesehen von Passagen, die frappierend an Ligetis rostig verstimmte *Ramifications* erinnern – worauf auch kurze Momente der Choreographie Martin Schläpfers verweisen, die sich wiederum auf seine choreographierten *Ramifications* beziehen –, drängen sich kurz vor dem Ende des *Streichquartetts* (um Ziffer 49) Assoziationen mit dem verzweifelten Piepsen sterbender Vögel unwillkürlich auf. Lutosławski selbst bestätigte diesen Eindruck – selbst wenn er in einem Gespräch mit Tadeusz Kaczyński von einem nicht in dieser konkreten Bedeutung beabsichtigten, zumindest nicht mit Olivier Messiaens *Catalogue d'oiseaux* vergleichbaren, stattdessen ‚abstrakten' ‚Vogel-Element' sprach.[120]

Vögel durchziehen diese Komposition aber auch noch auf einer anderen Ebene: Lutosławskis Kompositionstechnik wird gerne mit einem Verfahren verglichen, bei dem einzelne ‚Schlüsselideen' aus einer ‚Vogelperspektive', d. h. einer Gesamtschau von oben, zusammengefügt werden. Dass Martin Schläpfer – ungeachtet seiner Kenntnis der kompositionstechnischen und -ästhetischen Charakteristika des *Streichquartetts* – sehr eigenständige, spezifisch choreographische Vogelflüge zu dieser Musik entwickelt, mag vor allem seiner künstlerischen Intuition zu verdanken sein: Auch ohne Ornithologe zu sein, flattert dem Zuschauer/-hörer in dieser Choreographie sogleich eine beeindruckende Vielfalt von Federvieh, von der Fledermaus über den Kolibri bis zum Aasgeier, entgegen – selbstverständlich in einer ‚(Bewegungs-)Abstraktion', die auch Lutosławskis Vogel-Element (auf der akustischen Ebene) innewohnt. In ihrem kinetischen Epizentrum kreist diese Choreographie um jene Geschöpfe, auf die schon so mancher menschliche Zweibeiner (nicht nur Tänzer) in Anbetracht seiner kargen Fortbewegungsmöglichkeiten neidisch blickte: Fliegen gehört zu den urmenschlichsten Bewegungswünschen – in der gesamten Bedeutungsskala im wörtlichen wie übertragenen Sinn, d. h. vom Höhenflug bis zum bitteren Absturz. Die Bewegungskreationen folgen bei ihren Flugversuchen den Windrichtungen der Musik: Wesentliche energetische

Abb. 10: *Streichquartett* (s. o.), im Bild: Ordep Rodriguez Chacon, Julie Thirault.
Foto: © Gert Weigelt

Impulse zu den ebenso ätherisch fragilen wie (sprung-)kraftvoll geerdeten Bewegungsgestaltungen, die das neo-klassische Bewegungsvokabular anreichern und überformen, geben Lutosławskis mobile Klangfelder mit den immer wieder herauspiepsenden Tonfolgen einzelner Streicherstimmen. Bemerkenswert ist, wie augen- und ohrenfällig

Schläpfer hierbei von Lachenmanns körperlichem Hören ausgeht, um diskret-synästhetische Bewegungsvorstellungen – jenseits illustrativer Programmatik, stattdessen vergleichbar mit Ligetis klanglich suggerierten Visualität – zu entwickeln und durch ein kinästhetisches Hören choreograpisch auszuformen. Es scheint naheliegend, dass er in seinem *Streichquartett* Hör-Erfahrungen seiner unmittelbar vorangegangenen Produktionen – sowohl seiner *Ramifications*, die kurz vor der *Tanzsuite* zur Uraufführung kam, als auch Letzterer, die wiederum kurz vor dem *Streichquartett* entstand – einfließen ließ, kreativ miteinander verband und weiterentwickelte.

Dass Martin Schläpfers beständiges, hartnäckiges und produktiv-widerständiges Suchen so rasch kein Ende nehmen wird, ist nicht nur zu hoffen, sondern darf sein Publikum mit neugieriger Spannung erwarten. Ihm ist hingegen zu wünschen, dass man ihm im Lachenmann'schen Sinne zu-zuhören und zu-zusehen vermag, um seine Choreographien nicht nur Magie-süchtig zu bewundern, sondern auch hellwach begreifen zu können: als immer wieder neu und anders herausfordernde, künstlerisch einfühlsame Bewegungskreationen, die in einer unmittelbaren Korrespondenz zu vielfältigsten, emotional und imaginär aufgeladenen Klangräumen und Körperklängen (ent-)stehen, um nicht nur zu faszinieren, sondern vor allem auch (emotional) tief zu bewegen, zu berühren.[121]

---

[1] Letztlich führt es immer wieder zu großen Missverständnissen, eine Bühnentanz-Tradition, die mittlerweile auf eine mehr als 500-jährige Entwicklung zurückblicken kann, einfach mit dem Etikett ‚Ballett' zu versehen, zumal sie ästhetisch so grundsätzlich verschiedene Formen herausbildete wie Ballets de Cour (in ihren sehr unterschiedlichen Spielarten), Comédies-ballets, Opéras-ballets, Ballets d'action und Ballets pantomimes – darunter wiederum jene Ballets féeries und fantastiques, die allein als ‚romantische Ballette' im engeren Sinne zu bezeichnen sind – und schließlich (durch den Transfer einer europäischen Kultur nach Russland) ‚Grands Ballets' (ein anachronistisches Pendant zu den Grands opéras) bzw. ‚Klassisch-romantische Ballette' (ein nicht weniger irreführendes Label). Von Letzteren gingen wesentliche Impulse zu den sogenannten neoklassischen Balletten des 20. Jahrhunderts aus, die wiederum über die USA ihren Weg zurück nach Europa fanden. Bei dieser Zeit-Reise durch sehr unterschiedliche Tanztopographien ist noch nicht berücksichtigt, dass bisweilen auch nur die Bewegungstechnik, die in diesen Formen zum Einsatz kam/kommt, pauschal als ‚Ballett' bezeichnet wird (vgl. Anm. 12) – bedenkt man also die äußerst divergierenden Formen, Techniken und Stile, die mit diesem Terminus großzügig zusammengefasst werden, so stellt sich die Frage, inwiefern diesem Begriff noch irgendeine definitorische Schärfe innewohnt (als Beispiel für derzeit virulente Unschärfen sei auf den Ballett-Begriff bzw. das Ballettverständnis von Jörg Rothkamm in Anm. 6 verwiesen).
Insofern neige ich dazu, das breite Spektrum westlich geprägten Bühnentanzes, das man landläufig als ‚Ballett' bezeichnet, zunächst sehr generell als ‚Tanztheater' zu umschreiben – in der Bedeutung eines sich primär über Tanz bzw. choreographierte Bewegungen vermittelnden Theaters und nicht im engeren Sinne des von Pina Bausch entwickelten (somit unter dem Einfluss von Ausdruckstanz und Modern Dance stehenden) Tanz-

Theaters verstanden (diese auf Rudolf von Laban zurückgehende Schreibweise wird gerne zur Unterscheidung der Sparte Tanztheater von deren spezifischer Ausprägung als TanzTheater herangezogen). Von hier aus nähere ich mich einzelnen Tanztheater-Formen mit ihren genrespezifischen Bezeichnungen (soweit vorhanden) und versuche den Begriff des ‚Balletts' ohne einen Zusatz, der zu seiner Spezifizierung beiträgt, nur dann zu verwenden, wenn ich dezidiert auf dessen vages, wenn auch für den alltäglichen Gebrauch pragmatisches Verständnis hinweise.

Eine ähnliche Begriffsdefinition liegt der für die deutschsprachige Musiktheaterforschung maßgeblichen *Pipers Enzyklopädie des Musiktheaters* zugrunde (hrsg. von Carl Dahlhaus und dem Forschungsinstitut für Musiktheater der Universität Bayreuth unter Leitung von Sieghart Döhring), die unter den Begriff des ‚Musiktheaters' sämtliche Theaterformen subsummiert, die sich in erster Linie musikalisch vermitteln (Oper, Operette, Musical bis hin zum Ballett), und keineswegs nur das ‚experimentelle', sich von tradierten Opernformen abgrenzende MusikTheater des 20. Jahrhunderts meint. Da diese Enzyklopädie in den 80er Jahren des vergangenen Jahrhunderts konzipiert und zwischen 1986 und 1997 publiziert wurde, ist es verständlich, dass jüngere Musik- und Tanztheaterformen hierin nur ansatzweise Eingang fanden. Letztere und insbesondere den Musik- und Tanztheater-Begriff überschreitende, gleichzeitig den ‚Werkbegriff' sprengende Formen – von einem ‚Komponierten Theater' (s. Anm. 2) bis hin zu Performances und Installationen etc. – werfen die Frage auf, ob ein ‚enzyklopädisches Printmedium' überhaupt noch dem zunehmend diversifizierenden Theaterleben gerecht werden kann oder nicht vor allem permanent erweiter- und veränderbare, digitale Speichermedien den derzeitigen Entwicklungen stand zu halten vermögen. Vgl. hierzu beispielsweise den auf Initiative des „Tanzplan Deutschland" entwickelten *Digitalen Tanzatlas. Kulturerbe Tanz in Deutschland*, getragen von der Akademie der Künste, Berlin: www.digitaler-atlas-tanz.de (letzter Zugriff: 06.05.2012).

2 Im Gegensatz zu dem Begriff ‚Ballett' ist mit dem Terminus ‚Musik' selbstverständlich nicht nur eine Bühnenform bzw. bühnenspezifische Musikpraxis gemeint. Dennoch gerät auch die ‚Musik' – gerade in Hinblick auf die Bühnenpraxis bzw. performative Praktiken – zunehmend unter Verdacht, einen Exklusivitätsanspruch zu erheben, d.h. Ausschließungsstrategien zu verfolgen: Beispielsweise umfasst die ‚Musik' nicht zwangsläufig jene Phänomene, die im angloamerikanischen Sprachraum als ‚Sound' umschrieben werden. Letzterer gewinnt jedoch gerade in jüngeren Entwicklungen des Musik- und ebenso Tanztheaters sprunghaft an Bedeutung und meint deutlich mehr als sein deutsches Pendant ‚Klang': Abgesehen von der nachdrücklich betonten Räumlichkeit der akustischen Ereignisse werden mit ‚Sound' auch Geräusche und alltäglicher Lärm jenseits kompositorischer Strategien und dennoch theatralen/performativen Anspruchs umschrieben. Zur generellen Problematik des Musikbegriffs vgl. u. a. die sich dieser Thematik widmende Ausgabe der *Positionen. Texte zur aktuellen Musik*, Heft 90 (Februar 2012), mit dem bezeichnenden Titel: *Musik?* Zur Bedeutung der Sound Studies für die aktuelle Theaterpraxis vgl. die soeben erschienenen Publikationen: *Composed Theater: Aesthetics, Practices, Processes*, hrsg. von Matthias Rebstock und David Roesner, Bristol 2012, sowie *Theatre Noise: The Sound of Performance*, hrsg. von Lynne Kendrick und David Roesner, Cambridge 2011.

3 Dieses Forschungsfeld wurde in den letzten Jahrzehnten vor allem im englischen Sprachraum federführend von Stephanie Jordan aufgebaut, vgl. hierzu dies., *Moving Music. Dialogues with Music in Twentieth-Century Ballet*, London 2000; dies., *Stravinsky Dances. Re-visions across a century*, London 2007; sowie dies., „Choreomusical Conversations: Facing a Double Challenge", in: *Dance Research Journal* (CORD), 43/1 (Summer 2011), S. 43–64; und der von ihr gemeinsam mit Simon Morrison herausgegebene Symposionsband: *Sound*

Moves. An International Conference on Music and Dance, Roehampton University London 2005.

4   Ich beziehe mich hierbei auf Michail M. Bachtins Begriff des „Chronotopos", den ich jedoch nicht ausschließlich im Sinne einer kulturwissenschaftlich orientierten Literaturwissenschaft verstehe, sondern ihn ebenso für Ansätze zur Analyse musikchoreographischer Wechselspiele als anregend erachte, da sich die kinästhetisch gestalteten, hör- und sichtbaren Phänomene nicht nur in Raum und Zeit vermitteln, sondern auch sehr unterschiedliche Räume und Zeiten unmittelbar miteinander verbinden bzw. konfrontieren können (beispielsweise durch eine zeitgenössische Choreographie zu sogenannter Alter Musik etc.). Bachtin, *Chronotopos*, Berlin 1986/2008.

5   Vgl. hierzu Julia Stenzels Studie zu Ansatzpunkten einer kognitionswissenschaftlich informierten, theater- und tanzwissenschaftlichen Inszenierungs- bzw. Aufführungsanalyse: *Der Körper als Kartograph? Umrisse einer historischen Mapping Theory*, München 2010, insb. S. 114.
Zu ausschließlich auf tänzerische Phänomene fokussierten kognitionswissenschaftlichen Studien vgl. z. B. *The Neurocognition of Dance. Mind, Movement and Motor Skills*, hrsg. von Bettina Bläsing, Martin Puttke und Thomas Schack, Sussex/New York 2010; zudem das von Ivar Hagendoorn herausgegebene Sonderheft „Dance and Cognitive Science" der Zeitschrift *Phenomenology and Cognitive Science*, 11/1 (2012).
In anthropologischen Studien, insbesondere in jenen, die sich ethnischen Kulturen widmen, gehört die Einbeziehung von tänzerischen Phänomenen in musikalische Kontexte (und umgekehrt) zu einer Selbstverständlichkeit, die keiner weiteren Erklärung bedarf. Umso bemerkenswerter ist die (von wenigen Ausnahmen abgesehen) weitgehend dezidierte Trennung dieser beiden Bereiche in musik- und tanzwissenschaftlichen Forschungen. Eine diesbezügliche Wende zeichnet sich einerseits innerhalb der – in jüngster Zeit deutlich zunehmend – an Populär(musik)kulturen interessierten angloamerikanischen Musik- und Tanzwissenschaft ab. Andererseits weiß die Musikwissenschaft des gleichen Sprachraums durch ihr verstärktes Interesse an kognitionswissenschaftlichen Ansätzen um die Notwendigkeit der Berücksichtigung von Bewegungsaspekten im Kontext von Musikproduktion wie Musikrezeption für das Verständnis musikalischer Perzeption (vgl. hierzu weiter unten Anm. 20).

6   Einem Wiederaufleben dieses Mythos, wenn nicht sogar neuen Mythenbildungen hat sich jüngst Jörg Rothkamm in seiner musikwissenschaftlichen Habilitationsschrift *Ballettmusik im 19. und 20. Jahrhundert* angenommen, in der er „originäre Ballettmusik" auf der Basis eines sehr nachdenklich stimmenden Ballettverständnisses „historisch-philologisch sowie strukturanalytisch-dramaturgisch" (S. 22) als eine „Gattung" zu etablieren sucht. Bei den knapp 20 „zentralen Werken", die er stellvertretend für einen „zwischen Beethoven und Schnittke" lokalisierten, d. h. knapp 200 Jahre umfassenden Zeitraum als „repräsentative Ballettmusiken" „exemplarisch analysiert und interpretiert" (so der Klappentext der Publikation, weiteres hierzu in der „Einleitung"), handelt es sich einerseits um die uns heute am meisten bekannten, daher auch vergleichsweise leicht zugänglichen „Ballette" des 19. Jahrhunderts sowie einige „Werke" des 20. Jahrhunderts, die zumindest durch ihren „Titel" oder „Untertitel" Ballett-Nähe suggerieren bzw. „Traditionsbezug signalisieren", wie der Autor erklärt (S. 27). Bei den Ansätzen zu einer etwas präziseren Begründung seiner ‚Werk'-Auswahl entwickelt Rothkamm ein rhetorisches Geschick, das den Leser bisweilen in ein abenteuerliches Gedankenlabyrinth entführt. So begründet er beispielsweise in einer geradezu akrobatischen Argumentationsschleife, warum sein am klassisch-romantischen Ballett orientiertes, da insbesondere auf Handlungs- bzw. Nummerndramaturgien fixiertes Ballett(musik)verständnis durchaus auch Kompositionen wie Mauricio Kagels *Pas de cinq* einzubeziehen vermag: „Obwohl *Pas de cinq* als ‚Instrumentales Theater' außerhalb der Gattungstradition des Balletts zu stehen

scheint, bewegt sich Kagels Notation insofern innerhalb dieser Tradition, als der Zeitpunkt, wenngleich nicht die Art und Weise der Bewegungen notiert werden. Auch bezieht sich der Titel auf die Tradition einer Choreographie für fünf Solotänzer, nicht jedoch auf die Pas-Musik-Tradition. Bei Kagel gilt vielmehr ein Primat der Musik, da diese Ursache rhythmisch-metrischer Elemente der Choreographie ist." (S. 353f.) Demzufolge wäre für die Zuordnung einer Komposition bzw. deren Notation zu der ‚traditionsbewussten' ‚Gattung originärer Ballettmusik' vor allem entscheidend, dass (möglichst exakt) festgelegt ist, zu welchem (musikalisch oder geräuschhaft signalisierten) ‚Zeitpunkt' ‚Bewegungen' stattfinden, wobei sekundär (wenn nicht sogar gänzlich unbedeutend) ist, um welche Art von Bewegungen es sich dabei handelt. Zwar wird an anderer Stelle dann doch wieder ausdrücklich eingeräumt, dass der *Pas de cinq* „kein Ballett im herkömmlichen Sinne, angesehen vom fehlenden Traditionsbezug des Bewegungskodex und der musikalischen Dramaturgie" sei (S. 320), dennoch sei „historisch höchst interessant", dass „Mimik und Gestik nicht notiert sind" (S. 321). „Bewusst oder unbewusst stellt sich Kagel damit nämlich in eine vierhundertjährige Traditionslinie, die vom ersten in Musik wie Choreographie überlieferten Bühnenschautanz von 1589 über die Werke des 17./18. Jahrhunderts bis in das frühe 19. und gar mittlere 20. Jahrhundert reicht. Schon immer haben Choreographen – aber auch Komponisten – versucht, vor allem die Schritte rhythmisch genau zur Musik zu notieren, während sie auf die Niederschrift der jeweils vorhandenen Gestik und Mimik häufig verzichteten." (ebd.) Unabhängig von dieser rekordverdächtigen Verkürzung komplexer tanzhistorischer Sachverhalte, auf deren atemberaubendes Fazit an dieser Stelle nicht weiter eingegangen werden kann, ist an dieser Konturierung einer ‚Gattung originärer Ballettmusik' aus einer historiographischen Perspektive bemerkenswert, dass hier eine Notationsform, die vor allem die „rhythmische Synchronizität zwischen Musik und Choreographie" (so die Überschrift des Kapitels zu Kagels *Pas de cinq*, S. 305) in den Mittelpunkt des ästhetischen Interesses rückt, ausschlaggebend für die Einordnung der entsprechenden Komposition in das nähere Umfeld von Balletten ist. Hiermit wird in einer geradezu bizarren Plastizität ein Mythos von einer im Ballett alles beherrschenden Rhythmik fortgeschrieben – als Garant für ein einträchtiges Zusammenspiel von Musik und Tanz –, der zweifellos in dem zunächst vor allem von rhythmisch-metrischen Parametern geprägten Tanzmusikverständnis des 16. Jahrhunderts seinen Ursprung hat, aber doch nach 400 Jahren gewiss nicht mehr den gleichen Stellenwert in Bezug auf die Ästhetik eines Balletts bzw. der entsprechenden Komposition besitzt.
Doch nicht nur der Umstand, dass Kagels *Pas de cinq* innerhalb der sieben ‚zentralen' Werke rangiert, die Ballettmusik im 20. Jahrhundert repräsentieren, erstaunt – frappierend ist auch das Ergebnis der ‚exemplarischen' Analyse und Interpretation: Nach einer tabellarischen Aufschlüsselung der „Schritte und (Geh-)Stockschläge" der Musiker-Darsteller in ihrer sekundengenau geregelten Abfolge (S. 306f.) sowie einer ausführlichen Partituranalyse (S. 309ff.) mit dem durchaus irritierenden Hinweis, dass Kagel ungeachtet der „Stepptanzvariante" stellvertretend für einen ‚Charaktertanz' (gemeint ist jener in der ‚Tradition' der Handlungsballette des 19. Jahrhunderts) hier „ein von etablierten Ballett(musik)strukturen unabhängiges und ‚absolutes' Tanzstück konzipiert [habe]" (S. 315), kommt Rothkamm zu dem Schluss, dass der *Pas de cinq* Ansätze eines „Imaginären Theaters" in sich berge, so dass „alle [in der vorliegenden Studie, St. Sch.] erwähnten Werke und weite Teile originärer Ballettmusik damit – zumindest in Hinsicht auf Gestik und Mimik – als ‚Imaginäres Theater' rezipiert werden könnten, da sie auch ohne choreographische Realisierung diese zumindest teilweise implizieren." (S. 322, ebs. im Schlussresümee S. 355.) Nachdem also zunächst mit durchaus fantasievollen Begründungen dargelegt wurde, dass Kagels *Pas de cinq* als ‚absolutes Tanzstück' in einer Ballett(musik)tradition stehe, von der es sich gleichzeitig emanzipiere, werden nun von einem

‚Werk', das de facto nichts mit einem Ballett zu tun hat, unversehens Rückschlüsse auf ‚weite Teile originärer Ballettmusik' gezogen. Wäre dem zuzustimmen, so würde es sich dabei zweifellos um eine willkommene Voraussetzung für Ballettmusikanalysen handeln, die notfalls auch mit einer Imagination szenischer Vorgänge auf der Basis der Komposition auskommen: Die Choreographie mag eine willkommene Zutat sein, im Zentrum steht jedoch vor allem die Partitur. Anders formuliert: Die Partitur rangiert vor der Choreographie und das Ballett verschwindet hinter der Musik.

Vor diesem Hintergrund zeigt Rothkamm dann auch am Beispiel von Kagel *Pas de cinq* ‚exemplarisch' auf, dass ‚Ballettmusiken' (bzw. Stockschläge) Hinweise zur Choreographie (bzw. Schritte in ihrer räumlichen Disposition auf einer Bühne) implizieren, so dass Letztere unbedingt berücksichtigt (d. h. vermutlich in ihrer gesamten quellenphilologischen Breite erschlossen) werden sollten, um die kompositorische Intention bzw. Imagination vollends erfassen zu können: „Im Werk intendiert ist stets eine choreographisch-szenische Komponente, die oft sehr konkret vom Komponisten zumindest in der zeitlichen Ausdehnung und Koordination bereits mitgedacht wurde. Originäre Ballettmusik sollte deshalb nicht unabhängig von jenen Aspekten der Choreographie betrachtet werden, die für die Entstehung und Struktur der Musik maßgeblich waren. Es ist das Verdienst von Mauricio Kagel, dass er dies – abseits jeder theoretischen Verlautbarung – durch *Pas de cinq* selbst so anschaulich deutlich gemacht hat." (S. 322). Bei allem Erstaunen darüber, dass dieses ‚Forschungsergebnis' ausgerechnet auf der Basis von Mauricio Kagels *Pas de cinq* gewonnen wurde, wenn nicht sogar zu einer praktisch veranschaulichten Erkenntnis dieses (Ballettmusik-?)Komponisten erhoben wird, mag man vielleicht verstehen, dass sich dieser Sachverhalt durchaus so darstellen kann, wenn sich bei dem Bemühen um die Etablierung einer ‚Gattung originärer Ballettmusik' der Blick in erster Linie auf einzelne Partituren richtet, die mikroskopisch operierend zerlegt und anschließend puzzleartig aneinandergereiht werden, um sich über 200 bis 400 Jahre erstreckende Entwicklungsverläufe möglichst zielgerade, im Sinne eines stetig fortschreitenden Kontinuums nachzeichnen zu können (den Ausführungen zu Kagels *Pas de cinq* ging ein Kapitel zu Bernd Alois Zimmermanns *Présence* voraus, wobei Zimmermanns Begriff eines ‚imaginären Balletts' Rothkamm vermutlich dazu angeregt hat, Kagels *Pas de cinq* zu einem ‚imaginären Theater' innerhalb der ‚Traditionslinie' des Balletts zu deklarieren). Einen der fragwürdigen methodischen Ausgangsbasis – einer vermutlich in erster Linie doch vor allem persönlich und pragmatisch motivierten Selektion ‚repräsentativer Ballettmusiken' – entsprechend enttäuschenden Kulminationspunkt findet das ehrgeizige Unternehmen schließlich in dem Fazit, dass im 20. Jahrhundert die „Ränder" der ‚Gattung Ballettmusik' „unschärfer gestaltet sind" (S. 355): Von den eingangs aufgestellten ‚gattungsspezifischen Kriterien' „Besetzung, Form, Charakter, Funktion, Text und Satzstruktur" (S. 31) bleibt für das 20. Jahrhundert schließlich nur noch die an Kagels *Pas de cinq* exemplarisch herausgearbeitete „(choreographisch-)szenische Komponente, die oft sehr konkret vom Komponisten zumindest in der zeitlichen Ausdehnung und der grundsätzlichen Koordination bereits mitgedacht wurde", übrig (S. 355, im Gegensatz zu der früheren Erwähnung dieser Sentenz wird an dieser Stelle der choreographische Anteil besagter Komponente schon vorsorglich eingeklammert). Wäre also das Kapitel zu Kagels *Pas de cinq* in dieser Studie, die sich zum Ziel gesetzt hat, ‚repräsentative Ballettmusiken' des 19. und 20. Jahrhundert ‚exemplarisch' zu analysieren und zu interpretieren, sinnvollerweise ersatzlos gestrichen worden, so hätte man auf das letzte noch übriggebliebene ‚gattungsspezifische' Kriterium ‚originärer Ballettmusik' verzichten müssen. (Der Umstand, dass dieses Kapitel in der Unterüberschrift – ohne weitere Begründungen – als „Exkurs" ausgewiesen wird, mag ein Indiz dafür sein, dass dem Autoren die Problematik seiner Ausführungen zumindest in Ansätzen bewusst war. Da jedoch just an Kagels *Pas de cinq* essenzielle ‚gattungskonstituierende' Merkmale von Ballettmusik –

Rothkamms Ballettverständnis zufolge – erörtert werden, konnte dieser ausfluchtartige ‚Ausflug' von bemerkenswert irrelevanter Relevanz selbstverständlich nicht eliminiert werden.) Das eigentliche Manko dieser Gattungstheorie besteht allerdings darin, dass die wesentliche Frage, welche Bedeutung das jeweils spezifisch gestaltete Zusammenspiel von Musik und Tanz für die künstlerische Aussage eines Balletts bzw. dessen Spezifik hat und welche grundsätzlichen Bedeutungsverschiebungen diesbezüglich zwischen dem 19. und 20. Jahrhundert stattfinden, weitgehend unbeantwortet bleibt, weil sie nebensächlich erscheint bzw. in der Fülle penibelster Partiturdeskriptionen untergeht. – Jörg Rothkamm, *Ballettmusik im 19. und 20. Jahrhundert. Dramaturgie einer Gattung*, Mainz 2011 (die Seitenzahlen der Zitate sind oben jeweils angegeben).

[7] Letztlich handelt es sich hierbei um ein wirkungs- bzw. wahrnehmungsästhetisches Phänomen, dessen kognitionswissenschaftliche Untersuchung noch weitgehend aussteht (vermutlich jedoch – gerade in Bezug auf künstlerische Produktionen – auch nicht zu seiner endgültigen Klärung beitragen kann): Während in den letzten Jahren sowohl musikalische als auch tänzerische Ereignisse zu willkommenen Untersuchungsobjekten kognitionswissenschaftlicher Studien avancierten, bleibt das Zusammenspiel der auditiv und visuell kinetischen ‚Reize' – bei dem die Komplexität der neuronalen Prozesse zweifellos sprunghaft zunimmt – überwiegend Terra incognita. Zu einer bemerkenswerten Ausnahme, bei der kognitionswissenschaftliche Forschungen unmittelbar in eine künstlerische Praxis überführt werden, vgl. den Beitrag von Fogelsanger und Afanador zu diesem Band sowie von den gleichen Autoren: „Parameters of Perception: Vision, Audition, and Twentieth-Century Music and Dance", in: *Continuing Dance Culture Dialogues: Southwest Borders and Beyond. Congress on Research in Dance*, Conference Proceedings Tempe/Arizona 2006, S. 56–65.

Aus einer historischen Perspektive betrachtet verbirgt sich hinter der hartnäckig tradierten Symbiose-Ästhetik von Musik und Tanz im Theater vor allem die über Jahrhunderte hinweg etablierte Vorstellung, dass eine (Ballett-)Komposition die choreographierten Bewegungen – aufgrund ihrer sich ‚nur' nonverbal vermittelnden Ausdruckssprache – neben dem immer wieder überstrapazierten zeitlichen Regulativ quasi rezitativisch-deskriptiv und klanglich-illustrierend zu unterstützen habe, um sie in ihrer (zweifellos lange Zeit an Handlungen orientierten) Dramatik und Dramaturgie verständlich zu machen. Erst in jüngerer Zeit – nicht zuletzt im Zuge postdramatischer bzw. performativer Ästhetiken – wird choreographierten Bewegungen auch jenseits (handlungs-)dramatischer Intentionen bzw. zeichenhafter Verweisfunktionen Eigensprachlichkeit zugestanden, wobei dieser Sachverhalt auch (und gerade!) das neoklassische Ballett des 20. Jahrhunderts maßgeblich prägte. Anstelle einer zwangsläufig brüchigen, wenn auch um das Kaschieren von Diskontinuitäten sichtlich bemühten Gattungsgeschichte von Ballettmusik (vgl. Rothkamm, *Ballettmusik im 19. und 20. Jahrhundert*, Anm. 6) erscheint es daher – insbesondere bei nicht mehr vorhandenen Choreographien zu überlieferten Partituren oder auch Kompositionen, die zunächst für keine choreographische Umsetzung intendiert waren – zielführender, Analysemodelle zu entwickeln, die nach der intendierten Wirkung auf der produktionsästhetischen und nach möglichen Wahrnehmungsmustern auf der rezeptionsästhetischen Seite fragen, um dem Wechselspiel der Künste auf die Spur zu kommen. Dieses Vorhaben ist allerdings nur auf der Basis dem jeweiligen Gegenstand angepasster, flexibler musikanalytischer Parameter durchführbar, die auch in angemessener Weise tanzpraktische und tanzästhetische, nicht zuletzt sinnstiftende kulturhistorische/-wissenschaftliche Kontexte zu berücksichtigen vermögen. Unter dieser Voraussetzung könnten dann auch – jenseits von Geschichtsschreibungen, die weiterhin einen Meisterwerkskanon zu etablieren suchen – längst in Vergessenheit geratene und grundsätzlich neu zu bewertende Tanztheater-Produktionen wieder an Bedeutung gewinnen, die nicht weniger wertvolle Rückschlüsse auf sich zeiträumlich stetig wandelnde Hör-

und Sehgewohnheiten erlauben. Anders gesprochen: (Musik-/Tanz-)Theaterproduktionen, ebenso Performances und Produktionen im Bereich der Film- und Medienkunst (etc.), rechnen bei ihren Gestaltungen des Zusammen- und Wechselspiels auditiver und visueller Bewegungen mit spezifischen Hör- und Sehgewohnheiten, die sie bedienen oder in Frage stellen, um sie (gewollt oder ungewollt) zu verändern. Hierin liegt meines Erachtens ein spannender Ansatzpunkt, um dem Dialog hör- und sichtbarer, aber auch kaum noch oder nicht (mehr) hör- und sichtbarer Bewegungen in ihren Emergenz-Effekten – auch in historischen Dimensionen – nachgehen zu können.

[8] Aus einer historischen Perspektive gehört die ‚Minutage' zu den eindrucksvollsten Belegen eines unverkennbar hierarchisch strukturierten Kreationsprozesses. Während sich dieser Usus im 19. Jahrhundert etablierte und auch noch bei Auftragskompositionen zu (Handlungs-)Balletten des 20. Jahrhunderts in der Nachfolge dieser Ästhetik (modifiziert) zum Einsatz kam, konnten sich spätestens seit Cage und Cunningham wesentlich freiere Formen des Zusammen- und Wechselspiels komponierter und choreographierter bzw. ein- oder beidseitig improvisierter Bewegungen herausbilden. Hierfür liefern auch Choreographien von Martin Schläpfer zu Auftragskompositionen des englischen Komponisten, Musiker und Performer Paul Pavey anschauliche Beispiele, die gleichzeitig belegen, dass sich derart flexible Interaktionen (u. a. mit Passagen freier Musikimprovisationen) ebenso im Bereich des Balletts realisieren lassen. Vgl. hierzu die Produktionen des ballettmainz unter der Leitung von Martin Schläpfer zu Auftragskompositionen von Paul Pavey: *in my day and night* (2004), *ein Wald, ein See* (2006), *3* (2007), *5* (2009); sowie für das Ballett am Rhein unter Schläpfers Leitung: *Unleashing the Wolf* (2011). Das jüngste mir aus dem deutschsprachigen Raum bekannte und sehr eindrucksvolle Beispiel einer äußerst kooperativ ausgewogenen künstlerischen Zusammenarbeit von einer Komponist(in) mit einem Choreographen zeigte sich in dem „Szenischen Konzert" *Nicht ich. Über das marionettentheater von kleist* von Isabel Mundry und Jörg Weinöhl, einem langjährigen Tänzer des Ensembles von Martin Schläpfer (Uraufführung am 26. Juni 2011 in der Tonhalle Zürich).

[9] Hierfür lassen sich bereits vor dem Frühlingserwachen der Tanzavantgarde des 20. Jahrhunderts, markiert durch den epochemachenden *Sacre du printemps* von Igor Stravinsky und Vaslav Nijinsky (1913), im Bereich des sogenannten Balletts stichhaltige Hinweise finden. Beispielsweise irritierte die choreographische Umsetzung von Beethovens 6. Symphonie am Londoner King's Theatre von Robert Nicolas Charles Bochsa (1829) grundlegend das etablierte Rezeptionsverhalten, obgleich sie letztlich musikästhetische Tendenzen (die dramatische/programmatische Konzeption von Instrumentalmusik, insbesondere Orchestermusik) nur konsequent zu Ende dachte. Seit den Symphonischen Balletten des frühen 20. Jahrhunderts mit vergleichbaren Intentionen ist man über solche Ambitionen ebenso wenig erstaunt wie auch Tchaikovskys *Dornröschen*-Komposition mittlerweile kaum noch zu verstören vermag, seinerzeit jedoch als kapitaler Misserfolg verbucht wurde (offensichtlich wurde die Konsequenz, mit der Tchaikovsky das traditionelle Ballettmusikverständnis in *Dornröschen* nochmals grundlegend ausdifferenzierte, als zu radikal bzw. neuartig empfunden wurde). Eine besondere Herausforderung besteht daher nicht nur darin, dem beständigen Wandel von Hör- und Sehgewohnheiten (auch in historischen Dimensionen) nachzugehen, sondern auch seine (wirkungsästhetischen) Ursachen und (wahrnehmungsästhetischen) Konsequenzen aufzuspüren. Vgl. James Q. Davies, „Dancing the Symphonic: Beethoven-Bochsa's Symphonie Pastorale", 1829", in: *19th-Century Music*, XXVII/1, S. 25–47; Horst Koegler, „Petipa: Spjaschtschaja krassawiza (Dornröschen)", in: *Pipers Enzyklopädie des Musiktheaters*, hrsg. von Carl Dahlhaus und dem Forschungsinstitut für Musiktheater unter Leitung von Sieghart Döhring, Bd. 4, München 1991, S. 724–729.

10 Zu der grundsätzlichen Unschärfe der Attribute ‚neu', ‚modern' bzw. ‚avantgardistisch', letztlich der Frage, worin das Neue der ‚Neuen Musik' besteht, vgl. Andreas Ballstaedt, *Wege zur Neuen Musik. Über einige Grundlagen der Musikgeschichtsschreibung des 20. Jahrhunderts*, Mainz 2003.

11 Letztlich müsste man fragen, ob eine solche Haltung tatsächlich möglich ist, zumal kulturelle Prägungen auch unbewusste (ästhetische) Entscheidungen bzw. einen ‚unbewussten Modus des (ästhetischen) Denkens' beeinflussen. Vgl. hierzu Rancière, *Das Ästhetisch Unbewusste*, Zürich, Berlin 2008.

12 Gemeint ist hiermit eine Tanztechnik, deren Wurzeln zwar bis in das 17. Jahrhundert zurückreichen, die jedoch insbesondere seit Beginn des 19. Jahrhunderts in den europäischen Tanzmetropolen – allen voran Paris – nicht zuletzt durch die Entwicklung des Spitzentanzes bis heute nachwirkende ästhetische Konturen annahm. Im Zuge dieser Entwicklung bildete sich zunächst eine französische und italienische Schule heraus, zu der gegen Ende des Jahrhunderts – mit dem Export europäischer Bühnentanz-Traditionen nach Russland – eine spezifisch russische Schule hinzutrat. Der neoklassische Stil entstand wiederum durch eine weitere Anpassung dieser Technik an Bedingungen und Bedürfnisse der großen Kulturmetropolen an der Ostküste der USA um die Mitte des 20. Jahrhunderts – federführend initiiert durch den in Russland ausgebildeten, jedoch über London nach New York emigrierten Tänzer und Choreographen George Balanchine – sowie deren Rückimport nach Europa. Derzeit zeigt sich eine kontinuierliche Weiterentwicklung des neoklassischen Balletts vor dem Hintergrund sehr individuell geprägter Handschriften der jeweiligen Choreographen, die durchaus auch Einflüsse moderner und postmoderner Tanzästhetiken jenseits ‚klassischer' Traditionen in ihre Arbeit einfließen lassen – ein Phänomen, das im Œuvre von William Forsythe zweifellos die radikalsten Züge annahm. Vgl. hierzu u. v. a. *William Forsythe. Tanz und Sprache*, hrsg. von Gaby von Rauner, Frankfurt/Main 1993; *William Forsythe. Denken in Bewegung*, hrsg. von Gerald Siegmund, Berlin 2004, sowie ders. in seiner Monographie *Abwesenheit. Eine performative Ästhetik des Tanzes. William Forsythe, Jérôme Brel, Xavier Le Roy, Meg Stuart*, Bielefeld 2006, insb. S. 233–316.

13 Diese These scheint am ehesten auf einzelne Spielarten des Ballet de Cour zuzutreffen, jene zwischen dem späten 16. Jahrhundert und der Herausbildung der Tragédie lyrique am französischen Hof kultivierte Form musikalisch-tänzerischer Spektakel, die u. a. politischen Repräsentationsbedürfnissen, letztlich fulminant inszenierten Machtdemonstrationen dienten. Innerhalb dieser Entwicklung lassen sich aber ebenso (vor allem im Bereich der Ballets mascarades bzw. der späteren Ballets grotesques und Ballets comiques) Gegentendenzen feststellen. Historische Prozesse sind immer widerspenstiger, als dass man sie – durch bewusst oder unbewusst gewählte Selektionskriterien – auf eindimensionale Verläufe reduzieren könnte, um zu plakatieren anstatt zu differenzieren. Zu multiperspektivisch angelegten Darstellungen früher Ballettformen vgl. Mark Franco, *Dance as Text: Ideologies of the Baroque Body*, Cambridge 1993; Margaret McGowan, *Dance in the Renaissance. European Fashion, French Obsession*, New Haven, London 2008; Georgia J. Cowart, *The Triumph of Pleasure. Louis XIV & the Politics of Spectacle*, Chicago, London 2008; sowie insb. zu frühen ‚komisch-grotesken' Bühnentänzen Stephanie Schroedter, „‚Ballet comique et crotesque' – ‚Ballet comique ou crotesque'? ‚Barocker' Bühnentanz zwischen bewegter Plastik und choreographiertem Schauspiel", in: *Maske und Kothurn*, 51. Jg., Heft 4/2005, S. 377–391.

14 Zweifellos lassen sich auch einige der frühen Choreographien von Forsythe als ‚zeitgenössische Ballette' umschreiben. Im Folgenden soll jedoch ein Ansatz zu einem ‚zeitgenössischen Ballett' vorgestellt werden, der einerseits das neoklassische Vokabular nicht dekonstruiert, sondern transformiert, um es ‚zeitgenössisch' zu gestalten, und der an-

dererseits gerade auf der Ebene der musikchoreographischen Verfahren einer zeitgenössischen Wahrnehmungsästhetik verpflichtet ist.

15 Die Gründung einer *Academie royale de la danse* (1662) zum Zweck einer ‚akademischen' Kodifizierung und Reglementierung des Bewegungsvokabulars und grundsätzlicher Bewegungsprinzipien – zweifellos ein Macht- und Kontrollmechanismus, der allerdings auch (indirekt) subversive Strategien provozierte (s. o. Anm. 13) – verlieh der offiziell sanktionierten Tanzkunst einen gesellschaftspolitisch unangefochten hohen Status, den sie seit deren Auflösung (1780) nie mehr erlangte. Der Preis für die mit dieser Institutionalisierung verbundenen Protektion war allerdings mindestens ebenso hoch, büßte doch der ‚akademisch regulierte' Tanz gerade dadurch an seinem ursprünglichen Facettenreichtum empfindlich ein – wie sich immer wieder bei direkten Einflussnahmen von Politik auf künstlerische Belange bzw. Institutionalisierungen von Kunst feststellen lässt. Insofern beschränkt sich dieses Phänomen keineswegs ausschließlich auf den ‚akademischen Tanz', selbst wenn es dort besonders augenfällige Konturen erhielt.

16 Zu zeitgenössischen Tanztechniken, die in der aktuellen Ausbildungspraxis mit einem ‚klassischen' Training kombinieren werden, um Bewegungen nicht nur einzutrainieren, sondern auch zu reflektieren, vgl. den von Ingo Diehl und Friederike Lampert herausgegebenen Band: *Tanztechniken. 2010 Tanzplan Deutschland*, Leipzig 2011.

17 Zu einer Definition dieses kinästhetischen Hörens – ein Begriff, der mir in der einschlägigen Fachliteratur bislang nur einmal (allerdings in einer von meinem Verständnis divergierenden Bedeutung) begegnete – vgl. vor allem den abschließenden Abschnitt dieses Beitrages „Neue Musik für ein zeitgenössisches Ballett – Bewegungen neu hören und sehen", dort insb. Anm. 98.

18 Wenn sich solche Verfahren zeigen, so sind sie eher als Parodie oder als Ironie zu verstehen, insofern ein punktuell eingesetztes Stilmittel, jedoch kein leitendes choreographisches Prinzip. – Zu den u. a. auf Forschungen aus dem Bereich der Filmmusik zurückgreifenden Begriffen der ‚(Musik-)Visualisierung' und des ‚Mickey Mousing', die durchaus differenzierter zu fassen sind, als es zumeist geschieht, vgl. den Beitrag von Stephanie Jordan zu diesem Band, sowie dies., *Moving Music* (s. Anm. 3), S. 74, und Barbara White, „‚As if they didn't hear the music,' or: How I Learned to Stop Worrying and Love Mickey Mouse", in: *The Opera Quarterly*, 22/1 (Winter 2006, Sondernummer „Sound Moves", hrsg. von Jordan und Simon Morrison), S. 65–89, hier insb. S. 69ff.

19 Anregende Ausführungen zur Körperlichkeit von Musik bzw. einer musikalischen Körperlichkeit und einem damit zusammenhängenden körperlichen Hören finden sich – neben den in diesem Zusammenhang immer wieder aufgegriffenen Essays von Roland Barthes (vgl. hierzu insb. die Zusammenstellung „Der Körper der Musik", in: ders., *Der entgegenkommende und der stumpfe Sinn*) und Jean-Luc Nancy (*Corpus*, Zürich, Berlin 2007; *Zum Gehör*, Zürich, Berlin 2010) – auch im Kontext von Studien zu neuen Musikkulturen. Vgl. hierzu beispielsweise das Themenheft „Körper" der *Neuen Zeitschrift für Musik. Das Magazin für neue Töne*, 4/2006 (Juli/August) sowie Stefan Drees, *Körper-Medien-Musik. Körperdiskurse in der Musik nach 1950*, Hofheim 2011. Zudem finden sich wertvolle Hinweise zu dieser Thematik in primär musikpädagogischen bzw. musikdidaktisch ausgerichteten Studien wie beispielsweise: Renate Wieland und Jürgen Uhde, *Forschendes Üben. Wege instrumentalen Lernens. Über den Interpreten und den Körper als Instrument der Musik*, Kassel 2002; Alexandra Pierce, *Deepening Musical Performance through Movement. The Theory and Practice of Embodied Interpretation*, Bloomington 2010. Schließlich wird auch gerade von Tanzkorrepetitoren diese Thematik immer wieder aufgegriffen, vgl. z. B. Katherine Teck, *Ear Training for the Body. A Dancer's Guide to Music*, Hightstown NJ 1994, sowie Harriet Cavalli, *Dance and Music. A Guide to Dance Accompaniment for Musicians and Dance Teachers*, Gainsville 2001.

[20] Diesem Aspekt widmen sich in dem vorliegenden Band auch Helen Julia Minors und Lawrence Zbikowski, die sich im Kontext von Forschungen zur (körperlichen) Wahrnehmung von Musik – Musik-Konzeptualisierungen bzw. einem ‚music embodiment' im kognitionswissenschaftlichen Verständnis – jener spezifisch musikalischen Gestik annehmen, die im Verbund mit aufführungspraktischen Fragen auch unter dem Label ‚expressive performance' untersucht wird. Vgl. hierzu auch Zbikowski, *Conceptualizing Music. Cognitive Structure, Theory, and Analysis*, Oxford 2002; Robert Hatten, *Interpreting Musical Gestures, Topics, and Tropes. Mozart, Beethoven, Schubert*, Bloomington 2004; *Music and Gesture*, hrsg. von Anthony Gritten und Elaine King, Aldershot 2006; *New Perspectives on Music and Gesture*, hrsg. von dens., Farnham 2011; *Musical Gestures. Sound, Movement, and Meaning*, hrsg. von Rolf Inge Godøy und Marc Leman, New York 2010. Zum Unterschied zwischen einem kognitionswissenschaftlich und kulturwissenschaftlich verstandenen Embodiment-Begriff vgl. Julia Stenzel, „Embodiment. Von der Produktivität interdisziplinärer Missverständnisse", in: *Maske und Kothurn. Internationale Beiträge zu Theater-, Film- und Medienwissenschaft*, 55. Jg. 2009, Heft 1–2 (Themenheft: *Theater/Wissenschaft im 20. Jahrhundert*, hrsg. von Stefan Hulfeld und Birgit Peter), S. 347–358.

[21] Diesen, meines Erachtens nicht sehr glücklich gewählten (und dennoch vor allem auf die Rezeption der Zusammenarbeit von John Cage und Merce Cunningham durchaus zutreffenden) Begriff bringt Roger Copeland im Kontext seiner Ausführungen zu Merce Cunninghams Ästhetik ins Spiel; vgl. Roger Copeland, „Merce Cunningham and the Politics of Perception", in: *What is Dance? Reading in Theory and Criticism*, hrsg. von dems. und Marshall Cohen, Oxford 1983, S. 307–323; ders. „Fatal Abstraction", in: *Dance Theatre Journal*, 14/1 (1998), S. 38–42.

[22] Vgl. hierzu Bernhard Waldenfels, *Sinnesschwellen. Studien zur Phänomenologie des Fremden 3*, Frankfurt/Main 1999, dort insb. die Kapitel „Vom Rhythmus der Sinne", S. 53–85, und „Lebenswelt als Hörwelt", S. 179–199; ders., *Sinne und Künste im Wechselspiel. Modi ästhetischer Erfahrung*, Berlin 2010, dort insb. die Kapitel „Klänge und Töne aus der Ferne", „Lautwerden der Stimme" und „Leibliche Bewegung im Tanz", S. 159–240. Zu einer musikspezifischen Phänomenologie vgl. Peter Szendy, *Écoute. Une histoire des nos oreilles*, Paris 2001; ders., *Membres fantômes. Des corps musiciens*, Paris 2002; ders., *Sur écoute. Esthétique de l'espionnage*, Paris 2007; zudem Daniel Schmicking, *Hören und Klang. Empirisch phänomenologische Untersuchungen*, Würzburg 2003.
Einen kritischen Einblick in phänomenologische Ansätze im Bereich der Tanzforschung gewährt das dieser Thematik gewidmete Heft des *Dance Research Journal. Congress on Research in Dance* 43/2 (Winter 2011): „Dance and Phenomenology: Critical Reappraisals"; einen instruktiven Überblick über die entsprechenden philosophischen Strömungen bietet zudem Miriam Fischer, *Denken in Körpern. Grundlegung einer Philosophie des Tanzes*, München 2010; eine Übertragung dieser Ansätze auf die Tanzpraxis finden sich insbesondere im Bereich der somatischen Arbeit, vgl. hierzu u. a. *Klassiker der Körperwahrnehmung. Erfahrungen und Methoden des Embodiment*, hrsg. von Don Hanlon Johnson, deutsche Ausgabe hrsg. von Thea Rytz, Bern 2012.
Entgegen der auch hier wiederum deutlich erkennbaren Trennlinie zwischen musikalischen und tänzerischen Phänomenen ist Adrienne Brown in ihrer Dissertation *Meaning Indicators in Twentieth-Century Music and Dance* (PhD Diss. University College Dublin 2011) um eine Verbindung der beiden Künste vor dem Hintergrund eines phänomenologischen Ansatzes bemüht. Einen Einblick in ihre Arbeit gewährt ihr Beitrag zu diesem Band. In der Praxis sind beide Künste verbindende Ansätze vor allem im Bereich der Improvisation zu finden, vgl. hierzu beispielsweise Heilke Bruns, „*Am Anfang war Berührung". Kontaktimprovisation. Auswirkungen auf Körperbewusstsein, Bewegungsverhalten und musikalische Improvisation*, Hamburg 2000.

23 Zu einem sehr instruktiven Einblick in Techniken und Verfahren des musikchoreographischen Zusammenspiels bei Cage und Cunningham vgl. Julia H. Schröder, *Cage & Cunningham Collaboration. In- und Interdependenz von Musik und Tanz*, Hofheim 2011. Ihr Beitrag zu dem vorliegenden Band gewährt einen Einblick in diese Arbeit.

24 Insofern lassen sich auch die derzeit in den kulturwissenschaftlich orientierten Gesellschafts- und Geisteswissenschaften durchexerzierten Raumdiskussionen ebenso auf die Musik- und Tanzwissenschaft übertragen, wobei sich auch hier disziplinäre Grenzziehungen zwischen Musik und Tanz bzw. Klang und (physischer) Bewegung bemerkbar machen: Das Zusammenspiel der beiden Raum-/Zeit-/Bewegungskünste bleibt wiederum weitgehend ausgespart. Vgl. hierzu neben den kulturwissenschaftlich orientierten Überblickswerken: *Raumtheorie. Grundlagentexte aus Philosophie und Kulturwissenschaften*, hrsg. von Jörg Dünne und Stephan Günzel, Frankfurt/Main 2006; *Raumwissenschaften*, hrsg. von Stephan Günzel, Frankfurt/Main 2009, mit dem Beitrag „Musikwissenschaft" von Nina Noeske, S. 259–273; sowie *Raum. Ein interdisziplinäres Handbuch*, hrsg. von dems., Stuttgart 2010, mit einem sehr punktuell konzipierten Einblick in ‚Musik und Tanz'-Wechselspiele von Michaela Ott, S. 71–76. Schließlich dürfen an dieser Stelle auch nicht die einschlägigen Publikationen von Helga de la Motte zur Klangkunst bzw. Klanginstallationen übergangen werden: Stellvertretend sei hier auf den von ihr herausgegebenen, überblicksartig konzipierten Band *Klangkunst: Tönende Objekte und klingende Räume*, Laaber 1999, hingewiesen. Weitere Einblicke in dieses weitreichende Themenfeld bieten das Themenheft *Klangkunst* der *Musik-Konzepte (Neue Folge. Sonderband)*, hrsg. von Ulrich Tadday, München 2008; die Themenhefte *Zeit/Raum* und *Musik/Räume* der *Neuen Zeitschrift für Musik. Das Magazin für neue Töne* 5/1999 und 5/2011 (jeweils September/Oktober); sowie der historisch breit angelegte Sammelband *Musik und Raum. Dimensionen im Gespräch*, hrsg. von Annette Landau und Claudia Emmenegger, Zürich 2005 (soweit nur einige Beispiele).

Aus einer tanzwissenschaftlichen Perspektive, überwiegend auf die jüngere Tanzszene bezogen, seien hier exemplarisch herausgehoben: Gabriele Brandstetter, „Intervalle. Raum, Zeit und Körper im Tanz des 20. Jahrhunderts", in: *Zeit-Räume,* hrsg. von Martin Bergelt und Hortensia Völkers, München 1991, S. 225–269; Gerald Siegmund, „Zwischen Bild und Bild: Der Raum des Körpers im zeitgenössischen Tanz", in: *Szenische Orte – Mediale Räume*, hrsg. von David Roesner, Geesche Wartemann und Volker Wortmann, Hildesheim 2005, S. 149–166; den von Yvonne Hardt und Kirsten Maar herausgegebenen Band *Tanz. Metropole. Provinz*, Hamburg 2007 *(Jahrbuch Tanzforschung* Bd. 7); der Sammelband *Räume in der Kunst. Künstlerische, kunst- und medienwissenschaftliche Entwürfe*, hrsg. von Sabiene Autsch und Sara Hornäk, Bielefeld 2010, dort insb. die Beiträge von Petra Maria Meyer, „Blaubart – Beim Anhören einer Tonband-Aufnahme von Béla Bartóks Oper ‚Herzog Blaubarts Burg'", und Isa Wortelkamp, „Choreographien der Leere. Zur Eröffnung des Jüdischen Museums und des Neuen Museums in Berlin", S. 29–52 bzw. S. 53–66; zudem in dem Sammelband *Raum in den Künsten. Konstruktion – Bewegung – Politik*, hrsg. von Armen Avanessian und Franck Hofmann, München 2010, die Beiträge von Kirsten Maar, „Die Erfindung der Kartographie im Modus des Choreographischen", Isa Wortelkamp, „Choreographien der Landschaft: Feldstudien von Junko Wada und Hans Peter Kuhn", ihr Interview mit Anna Huber: „Raum nehmen | Raum geben", und Angela Lammert, „Trisha Brown – Tänze auf Papier und Zeichnungen in der Luft", S. 113–126 und S. 127–136.

25 Mit einem konzeptuell-performativen Ansatz leistet hierzu Louise Wagner sehr avancierte Vorstöße, die auf diese Weise einerseits ihre Verwandtschaft mit Richard Wagner offen legt und sich andererseits doch von der älteren musikdramatischen Tradition dezidiert abhebt. Vgl. hierzu beispielsweise ihr Konzept einer auf Improvisationen basierenden Performance in einer beweglichen Klanginstallation von Bernhard Leitner, einem

federführenden Pionier im Bereich der Klangkunst: *Sound / Space / Body. A Process*, Berlin 2011 (mit einer umfangreichen Dokumentation in einem 130 Seiten umfassenden ‚Programmheft' incl. DVD).

26 Es wäre jedoch ein Kurzschluss, hieraus abzuleiten, dass jegliche Musik, die Räumlichkeit suggeriert und über eine spezifische Gestik verfügt, nur über (imaginäre oder inszenierte) Visualisierungen verstanden werden kann – oder gar jegliche Musik auf eine ihr innewohnende Räumlichkeit und Gestik ‚abhören' zu müssen. Insofern erachte ich auch Rainer Nonnenmanns Kritik an überstrapazierten Bebilderungen von Konzertmusik für durchaus berechtigt. Vgl. Rainer Nonnenmann, „Das Konzert ist tot – Es lebe das Konzert! Öffnungen und Perspektiven der Musik im ‚iconic turn' des Digitalzeitalters", in: *Musik und Ästhetik*, 14. Jg., Heft 56, Oktober 2010, S. 26–43.
Zudem kann eine kinästhetische Erfahrung von Musik durchaus mit bildlichen Vorstellungen bzw. einem imaginären Sehen korrespondieren, sie muss es aber nicht. Sie vermittelt sich zwar über das Auge, wird jedoch primär körperlich erfahren. Insofern sind auch jene choreographischen Umsetzungen von Musik, die in erster Linie versuchen, musikalische Strukturen zu visualisieren bzw. Musik zu bebildern grundsätzlich von Choreographien zu unterscheiden, die in die innere, nicht sichtbare Kinetik der Musik (durchaus visuelle Vorstellungen zu Hilfe nehmend) vorzudringen suchen, um mit ihr in einen Dialog zu treten. Schließich sei an dieser Stelle auch darauf hingewiesen, dass eine Musik, die imaginäre Bewegungsräume eröffnet, nicht zwangsläufig mit narrativen, geschweige denn dramatischen Intentionen verbunden sein muss – wie es beispielsweise in der Programmmusik des 19. Jahrhunderts geschah, die damit letztlich Tendenzen der zeitgleichen Opern- und Ballettmusik aufgriff (zu dem Unterschied zwischen tänzerischen Bebilderungen von Musik einerseits und andererseits Choreographien, die einer imaginären Visualität entspringen vgl. auch Anm. 34).

27 Zu den (sehr widersprüchlichen) Bedeutungsdimensionen des Begriffs einer ‚absoluten Musik', die meines Erachtens weniger eine Musikpoetik vielmehr Strategien einer Hörpolitik widerspiegeln, vgl. ausgehend von Carl Dahlhaus grundlegenden Erörterungen in *Die Idee der absoluten Musik*, Kassel 1978, Wilhelm Seidel, „Absolute Musik", in: *Musik in Geschichte und Gegenwart*, Bd. 1, Sp. 15–24; sowie die von Albrecht von Massow verfassten Einträge „Absolute Musik" und „Autonome Musik" in dem *Handwörterbuch der musikalischen Terminologie*, hrsg. von Albrecht Riethmüller, Stuttgart 1992 und 1993 (Einlageblätter ohne Gesamtpaginierung).

28 Gemeint ist an dieser Stelle insbesondere Instrumentalmusik (Kammer- und Orchestermusik) vom 17. bis frühen 20. Jahrhundert. Dennoch erstaunt, wie häufig auch Vokalkompositionen bis hin zu Oratorien, Messen und selbstverständlich auch Opernkompositionen (komplett) choreographisch umgesetzt werden. Zu dem Unterschied zwischen choreographisch inszenierten und ‚durchchoreographierten' Opernkompositionen – Letztere werden auch als Tanzopern bezeichnet – vgl. weiter unten den Abschnitt „Oper und Anti-Oper zwischen einem choreographisch inszenierten und durchchoreographierten Musiktheater".

29 Meine Umschreibungen einer kanonischen und imitatorischen bzw. kontrapunktischen Stimmführung beziehen sich somit ausschließlich auf die tänzerisch-choreographische Ebene und nicht auf das Zusammen-/Wechselspiel von Musik und Tanz, zu dessen Beschreibung diese Termini – aufgrund der unterschiedlichen Medialität der beiden Künste – durchaus umstritten sind. Vgl. hierzu (mit Bezug auf Michel Chion) White, „‚As if they didn't hear the music,' or: How I Learned to Stop Worrying and Love Mickey Mouse" (s. Anm. 18), hier insb. S. 74.

30 Die Uraufführung fand am 10. November 2002 mit dem ballettmainz im Staatstheater Mainz statt, Wiederaufnahmen erfolgten mit dem Ballett am Rhein am 5. Dezember 2009 im Theater Duisburg und am 19. Dezember 2009 im Opernhaus Düsseldorf. In

	den folgenden Ausführungen beziehe ich mich auf meine Besuche von Wiederaufnahmen in Mainz (7. April 2007) und in Düsseldorf (19. Dezember 2009) sowie einer theaterinternen Aufzeichnung der Düsseldorfer Generalprobe am 4. Dezember 2009.
31	Ohne hiermit direkt an die von Rudolf von Laban entwickelte *Choreutik* als „Raum-Harmonielehre des Tanzes" anknüpfen zu wollen, soll auf diese Weise auf Parallelen zwischen einem musikalischen und einem spezifisch tänzerischen Harmonieverständnis aufmerksam gemacht werden, das sich gleichermaßen auf horizontale und vertikale Bewegungen im Raum (in ihrer unterschiedlichen Dynamik) konzentriert. Vgl. Rudolf von Laban, *Choreutik. Grundlagen der Raum-Harmonielehre des Tanzes*, Wilhelmshaven 1991; ders., *Die Kunst der Bewegung*, Wilhelmshaven 1988.
32	Zu entsprechenden Erörterungen in dem tanzpoetischen Diskurs zwischen dem späten 17. und frühen 18. Jahrhunderts vgl. meine gegenüberstellende Analyse entsprechender Tanzbücher französischer, englischer und deutscher Provenienz: *Vom „Affect" zur „Action". Quellenstudien zur Poetik der Tanzkunst vom späten Ballet de Cour bis zum frühen Ballet en Action*, Würzburg 2004, hier insb. S. 197ff.
33	Wie sehr Martin Schläpfer Bachs *Kunst der Fuge* nicht nur schätzt, sondern sich auch eingehend mit dieser Komposition auseinandersetzte, belegt seine sorgfältige Zusammenstellung unterschiedlicher Einspielungen für seine Choreografie: „Zu allererst habe ich primär die Streichquartett-Fassung gehört und sehr gemocht. Diese war schließlich der Grund, dass ich dieses Stück gewählt habe. Dann dachte ich, ich könnte ja vielleicht unterschiedliche Einspielungen mischen. Ich habe sehr viel gelesen […] und mit Hilfe dieses Lesens habe ich mich dann für eine Abfolge und Gruppierung entschieden, die mir einleuchtete: die einfachen Fugen mit Streichquartett, die Gegenfugen und Spiegelfugen mit Cembalo, die Doppelfugen im Wechsel von Blockflöten- und Saxophon-Quartett, die Kanons wieder mit Streichquartett, und zum Schluss die unvollendete Tripelfuge mit Klavier. Dies war eine lange, harte Arbeit. Aufnahmen, die ich liebte, musste ich sterben lassen, z. B. Reinhard Goebels Einspielung mit Musica Antiqua Köln, weil ich sonst zwei Cembalo-Interpretationen gehabt hätte. Was mir an dieser Aufnahme besonders gut gefällt, ist dieses Beschwingt-Tänzerische, das Barocke, das z. B. in der Einspielung des Keller-Quartetts völlig fehlt. Ich hoffe, dass es mir gelingt, meine große Achtung vor dieser Musik zu zeigen. Gleichzeitig sollte man sich ihr aber nicht vollständig unterwerfen, im Gegenteil: Das darf man als Tanzender, als jemand, der in dieser Kunst arbeitet, auf keinen Fall tun – trotzdem ist die Musik immer eine Quelle für mich." An anderer Stelle: „Ich denke, dass diese Musik sehr unterschiedliche Herangehensweisen erlaubt. Sie ist groß, und deshalb kann und wird sie alles verzeihen. Ich bin mir dieser Größe mehr als bewusst, ob ich sie einlösen kann, ist eine ganz offene Frage. Meine Arbeit an der *Kunst der Fuge* ist aber auch ein Geschenk an meine Compagnie. Ich habe das Gefühl, dass ich sehr nahe an meinen Tänzern dran bin." Zitiert aus dem Programmheft der Mainzer Wiederaufnahme vom 7. April 2007, S. 19f.
34	Zitat von Martin Schläpfer aus dem Programmheft der Düsseldorfer Wiederaufnahme im Rahmen des Ballettabends b.02 vom 19. Dezember 2009, S. 10. An dieser Äußerung wird deutlich, dass es Schläpfer – ungeachtet der kontrapunktischen Komposition – nicht um eine Bewältigung der Unmöglichkeit geht, der Musik durch den Tanz kontrapunktisch zu begegnen (s. Anm. 29), allerhöchstens ähnliche Verfahren auf der tänzerisch-choreographischen Ebene zu entwickeln und der Musik – auf gleicher Höhe, d. h. weder unter- noch übergeordnet, geschweige denn in ein (kontraproduktives) Konkurrenzverhältnis tretend – zur Seite zu stellen.
	Da Schläpfers Äußerung zur Bildhaftigkeit seiner Choreographien durchaus missverständlich ist, wenn man nicht seine Arbeit näher kennt, möchte ich an dieser Stelle nochmals hinweisen auf den Unterschied zwischen choreographischen Bebilderungen von Musik einerseits sowie andererseits Bewegungskreationen, die aus bildlichen bzw. visu-

ellen Imaginationen schöpfen, ohne deshalb konkrete Umsetzungen von Bildvorstellungen zu intendieren. Während Bebilderungen zu tableauxartigen Effekten neigen, dabei eine bereits in der Musik enthaltene Aussage (mehr oder weniger hintergründig) duplizieren, fügen imaginären Bildvorstellungen entsprungene Bewegungskreationen der Musik etwas hinzu, das in dieser Weise nicht zwangsläufig in ihr enthalten bzw. unmittelbar erkennbar/hörbar ist. Dass vor allem der zuletzt genannte Sachverhalt auf Martin Schläpfers Choreographie zutrifft, wird an anderen Hinweisen noch deutlicher, die ich dem Programmheft zur Mainzer Wiederaufnahme am 7. April 2007 entnehme: „Poesie nicht Philologie. […] Alles bei Bach ist musikalisch motiviert – kann es tänzerisch motiviert sein? Somit entsteht der Gewinn durch das, was da ist, erst durch das, was nicht da ist. Die Dynamik des Abstrakten ist die Dynamik der Stille. […] Gleichgültigkeit: alles ist mir gleich gültig. Abstract means: Ohne Interpretation im Raum sein. […]." – Vor diesem Hintergrund wird auch verständlich, warum Schläpfer nicht primär an die zahlreichen tänzerischen Momente in Bachs Kompositionen choreographisch anknüpft, sondern auf der kompositionstechnischen und ästhetischen Ebene ansetzt, ohne deshalb ausschließlich strukturell zu arbeiten: „Ich brauche auch ‚Schlamm' in einer Musik. Ich muss das Leben spüren. Ich arbeite im Moment sehr stark daran, wie man Emotionen einsetzt. Man müsste sie destilliert anwenden, wie einen homöopathischen Tropfen. Vielleicht ist das der Grund, weshalb ich plötzlich solch eine Musik [*Die Kunst der Fuge*, St. Sch.] wähle. Sie fordert mich heraus, konzentrierter, vielleicht intellektueller, an die Sache heranzugehen." Ebd. S. 18.
Zweifellos hängt der bemerkenswerte Boom an Choreographien zu Musik von J. S. Bach, der sich seit dem Beginn des 20. Jahrhunderts in der historischen Tanzmoderne ebenso wie im Neoklassischen Ballett ausbreitete, mit der rhythmisch klar strukturierten, gleichzeitig räumlich/architektonisch angelegten und nicht zuletzt gestisch und affektisch durchdrungenen Konzeption vieler seiner Kompositionen zusammen. Einen profunden Einblick in die konkreten Tanzbezüge von Bachs Kompositionen bieten Meredith Little und Natalie Jenne, *Dance and the Music of J. S. Bach*, Bloomington 1991. Zweifellos wurde durch diese und vergleichbare Publikationen (vgl. hierzu beispielsweise auch Wye Jamison Allanbrook, *Rhythmic Gesture in Mozart: Le Nozze di Figaro and Don Giovanni*, Chicago 1986, basierend auf ihrer Dissertation *Dance as Expression in Mozart Opera*, Stanford 1974) in der angloamerikanischen Musikforschung ein verstärktes Interesse nicht nur an dem Verhältnis von Musik und Tanz, sondern auch Musik und körperlicher Bewegung (im Kontext der Instrumentalpraxis) – auch in historischen Dimensionen – initiiert; vgl. hierzu als jüngere Publikation: Elisabeth Le Guin, *Boccherini's Body. An Essay in Carnal Musicology*, Berkeley 2006.

[35] Nur am Rande sei zu dieser vielzitierten und fast ebenso häufig missverstandenen Äußerung angemerkt, dass Wagner hiermit nicht nur den Höhepunkt, sondern vor allem auch den Endpunkt des sich über Jahrhunderte hinweg erstreckenden Einflusses von Tanzmusik auf maßgebliche Formen der Instrumentalmusik festzulegen suchte, gleichzeitig seinem eigenen und nicht unbedingt Beethovens Tanzverständnis Nachdruck verlieh.

[36] Die Uraufführung fand am 10. Februar 2006 mit dem ballettmainz am Staatstheater Mainz statt, eine Aufzeichnung dieser Produktion wurde 2006 im ZDF theaterkanal/3 sat unter der Regie von Andreas Morell ausgestrahlt. Ich beziehe mich bei meinen Beobachtungen auf meinen Besuch der Premiere und auf die genannte Aufzeichnung.

[37] Zu den zahlreichen programmatischen Deutungen dieser Symphonie vgl. Albrecht Riethmüller, „7. Symphone A-Dur, op. 92", in: *Beethoven. Interpretationen seiner Werke*, Bd. 2, hrsg. von dems., Carl Dahlhaus und Alexander L. Ringer, Laaber 1994, S. 45–62, hier insb. S. 59ff.

38	Diese Äußerung Martin Schläpfers ist dem Vorspann zu der TV-Aufzeichnung (s. Anm. 36) entnommen.
39	Diesen Aspekt vermag Peter Gülke in seinen Ausführungen zu der Beethoven'schen Symphonik generell, aber auch insbesondere in seiner Analyse der 7. Symphonie sehr anschaulich darzulegen, vgl. ders., „… *immer das Ganze vor Augen"*. *Studien zu Beethoven*, Stuttgart 2000, hier insb. S. 37–66.
40	Dieser Versuch wurde bereits mit dem Begriff eines ‚abstrakten Tanzes' unternommen, wobei sich diejenigen, deren Choreographien hierfür paradigmatisch stehen sollten, vehement gegen solche Etikettierungen wehrten: George Balachine und Hans van Manen. Der Gewinn solcher Terminologien scheint vor allem darin zu liegen, die Grenzen des Begrifflichen – als Annäherungsversuche an die nonverbalen Raum-Zeit-Bewegungskünste Musik und Tanz – aufzuzeigen und auf die Eigensprachlichkeit des Tanzes zu verweisen.
41	In dieser Choreographie werden Giacinto Scelsis *Tre Pezzi* für Sopransaxophon mit 15 Walzern aus den *36 Originaltänzen* op. 9 (D 365) von Franz Schubert in einem Arrangement für Violine und Gitarre in der Einspielung von Gil Shaham (Violine) und Göran Söllscher (Gitarre), 2002 von der Deutschen Grammophon auf CD veröffentlicht, kombiniert. Die Uraufführung fand am 8. November 2008 mit dem ballettmainz im Staatstheater Mainz statt, Wiederaufnahmen erfolgten mit dem Ballett am Rhein am 12. Juni 2010 im Opernhaus Düsseldorf und am 21. Januar 2011 im Theater Duisburg. In meinen folgenden Ausführungen beziehe ich mich auf meine Beobachtungen während der Mainzer Premiere und der Duisburger Wiederaufnahme, zudem auf die TV-Sendung *1000 Jahre Mainzer Dom: Ballett im Dom* im ZDF Theaterkanal/3sat (2009), die eine Aufführung dieser Choreographie im Mainzer Dom wiedergibt.
42	In dieser Choreographie erklangen *An der schönen blauen Donau*, Walzer op. 314, und die *Annen-Polka* op. 117 von Johann Strauß (Sohn), *Sphärenklänge*, Walzer op. 235, von Josef Strauß sowie der *Radetzky-Marsch* op. 228 von Johann Strauß (Vater). Die Uraufführung fand am 10. Februar 2006 mit dem ballettmainz im Staatstheater Mainz statt, Wiederaufnahmen erfolgten mit dem Ballett am Rhein am 16. Oktober 2009 im Opernhaus Düsseldorf und am 13. März 2010 im Theater Duisburg (b.01). Eine Aufzeichnung der Mainzer Produktion wurde 2006 im ZDF theaterkanal/3 sat unter der Regie von Andreas Morell ausgestrahlt. In meinen Ausführungen beziehe ich mich auf die Düsseldorfer Wiederaufnahme und auf die genannte Aufzeichnung der Mainzer Produktion.
43	Ulrich Dibelius, „Ein Musiker der Unöffentlichkeit. Schubert und das soziale Klima seiner Klang-Erfindung", in: *Musik-Konzepte. Sonderband Franz Schubert*, hrsg. von Heinz-Klaus Metzger und Rainer Riehn, München 1979, S. 26–49.
44	Ebd. S. 30.
45	Ebd. S. 39.
46	Vgl. hierzu – wenn auch wiederum nicht direkt auf Schuberts Tanzkompositionen bezogen, so doch auf sie übertragbar – Dieter Schnebel, „Auf der Suche nach der befreiten Zeit. Erster Versuch über Schubert", in: *Musik-Konzepte. Sonderband Franz Schubert* (s. Anm. 43), S. 69–88; ders., „Klangräume – Zeitklänge. Zweiter Versuch über Schubert", in: ebd., S. 89–106. Grundlegenes zu dem Verständnis der Schubert'schen Tänze in ihrem kulturellen Kontext bieten zudem die Arbeiten von Walburga Litschauer: „‚Halt's enk zsamm'. Tänze und Märsche für Klavier", in: *Schubert Handbuch*, hrsg. von Walther Dürr und Andreas Krause, Kassel 1997, S. 436–450; sowie dies. zusammen mit Walter Deutsch, *Schubert und das Tanzvergnügen*, Wien 1997.
47	Mit Bezug auf kompositorische Aspekte von Schuberts Tanzmusik wird dieser Sachverhalt sehr überzeugend von Ulrich Mahlert dargestellt: „Bodenhaftung und Transzendenz. Zu Schuberts Tänzen", in: *Zwischen Komposition und Hermeneutik. Festschrift für*

Hartmut Fladt, hrsg. von Ariane Jeßulat, Andreas Ickstadt und Martin Ullrich, Würzburg 2005, S. 168–186.

48 Hierzu u. a. Hans Heinrich Eggebrecht, „Funktionale Musik", in: *Archiv für Musikwissenschaft*, 30. Jg., Heft 1 (1973), S. 1–25. Der Umstand, dass in der neuen Ausgabe der für den deutschen Sprachraum maßgeblichen Musikenzyklopädie *Musik in Geschichte und Gegenwart* (MGG) zwischen einer ‚funktionalen Musik', die der Musikpsychologie zugewiesen wird, und einer ‚funktionellen Musik', die in den Bereich der Musiksoziologie fällt, unterschieden wird, bekräftigt die Dichotomie zwischen Zweckfreiheit und Funktionsgebundenheit durch das Bemühen um ihre weitere Ausdifferenzierung. Vgl. Helmut Rösing: „III. Angewandte Musikpsychologie. 4. Funktionelle Musik" innerhalb des Überblickartikels „Musikpsychologie", in: MGG, Bd. 6, Kassel 1997, Sp. 1583–1585 sowie Christian Kaden: „Musiksoziologie", insbesondere der Abschnitt „I. Ortbestimmung", in: MGG, Bd. 6, Kassel 1997, Sp. 1618–1620. Zu einer Zusammenfassung des musikästhetischen Diskurses vgl. auch die Einträge „Funktionale Musik" (Albrecht von Massow, 1993) und „Gebrauchsmusik" (Stephen Hinton, 1987) im *Handwörterbuch der musikalischen Terminologie*, hrsg. von Albrecht Riethmüller, Stuttgart (Einlageblätter ohne Gesamtpaginierung).

49 Vgl. hierzu auch die sehr anregenden Ausführungen von Andreas Ballstaedt, „Die Walzer von Johann Strauß (Sohn) – Gebrauchsmusik oder Werk?", in: *Johann Strauß. Zwischen Kunstanspruch und Volksvergnügen*, hrsg. von Ludwig Finscher und Albrecht Riethmüller, Darmstadt 1995, S. 76–96.

50 Vgl. Eduard Hanslick, *Vom Musikalisch-Schönen. Ein Beitrag zur Revision der Ästhetik der Tonkunst*, (1. Auflage) Leipzig 1854, insb. S. 15, 32 und 96. Bemerkenswert ist die hierdurch in weiterer Folge vorgenommene Trennung von ‚Werk' und ‚Rezipient' bzw. ‚Objekt' und ‚Subjekt', die bis heute in musikwissenschaftlichen Diskussionen nachwirkt.

51 Eduard Hanslick, „Tanzmusik und die Söhne von Strauß und Lanner [1850]", in: ders., *Aus dem Concert-Saal. Kritiken und Schilderungen aus 20 Jahren des Wiener Musiklebens 1848–1868*, (2. Auflage) Wien 1897, S. 29.

52 Vgl. hierzu die sehr aufschlussreichen Erörterungen von Anne do Paço, der Dramaturgin von Martin Schläpfer: „Walzertraum und Tanzekstase", im Programmheft der Düsseldorfer Auftaktproduktion b.01 vom 16. Oktober 2009, S. 4–7 (s. Anm. 42).

53 Der Begriff des ‚Musiktheaters' bezieht sich hier in Analogie zu dem des ‚Tanztheaters' nicht nur auf jene sich seit Beginn des 20. Jahrhunderts von traditionellen Opern absetzenden Kompositionen, sondern generell auf die vielfältigsten Formen eines sich primär über Musik vermittelnden Theaters, um von diesem – vergleichsweise neutralen – Oberbegriff ausgehend weitere Differenzierungen vornehmen zu können (s. Anm. 1).

54 Vgl. hierzu meine Skizzierung grundsätzlicher Entwicklungen aus einer dramaturgischen und ästhetischen Perspektive: „Modelle der Interaktion von Tanz und Musik im französischen Theater des 17. und 18. Jahrhunderts: Ballet de Cour, Comédie ballet, Tragédie lyrique und Opéra Ballet", in: *L'Europe Baroque. Oper im 17. und 18. Jahrhundert / L'Opéra aux XVIIe et XVIIIe siècle*, hrsg. von Isolde Schmid-Reiter und Dominique Meyer, Regensburg 2010, S. 73–94.

55 Zu grundsätzlichen Tendenzen der Bedeutung von Tanzszenen in diesen Opernformen vgl. meinen Beitrag: „Der Ballsaal in der Oper und die Oper im Ballsaal. Populäre Tanz- und Musikkulturen des 19. Jahrhunderts", in: *Jenseits der Bühne. Bearbeitungs- und Rezeptionsformen der Oper im 19. und 20. Jahrhundert* (Symposionsbericht der Konferenz der Internationalen Gesellschaft für Musikforschung, Zürich 2007), hrsg. von Hans-Joachim Hinrichsen und Klaus Pietschmann, Kassel 2011, S. 140–160.

56 Weit über den deutschen Sprachraum hinaus wirkten diesbezüglich ebenso einflussreich wie richtungsweisend der Theaterreformer Adolphe Appia im Verbund mit dem Komponisten und Musikpädagogen Émile Jaques-Dalcroze in Hellerau, deren Inszenierung

von Glucks *Orpheus und Eurydike* (1912/13) einen künstlerischen Höhepunkt markiert. So mag es auch kein Zufall sein, dass nicht nur die nachfolgende Ausdruckstänzer-Generation immer wieder auf Glucks (Reform-)Opern zurückgriff, sondern auch Pina Bausch für ihre ersten ‚Tanzopern' Gluck'sche Vorlagen auswählte (s. Anm. 58). Vgl. hierzu Selma Landen Odom, „Choreographing Orpheus: Hellerau 1913 and Warwick 1991", in: *Dance Reconstructed, A Conference on Modern Dance Art. Past, Present and Future. Proceedings of the Sixteenth Annual Conference of the Society of Dance History Scholars*, New Brunswick, New Jersey 1993, S. 127–136; sowie zur weiteren Wirkungsgeschichte: *Theater ohne Fluchtpunkt. Das Erbe Adolphe Appias: Szenographie und Choreographie im zeitgenössischen Theater*, hrsg. von Gabriele Brandstetter und Brigit Wiens, Berlin 2010.

[57] Beispielsweise war Jooss an zahlreichen Inszenierungen von Opern und Oratorien Georg Friedrich Händels beteiligt (ab 1924 bis 1972) und schuf bereits 1926 – in Zusammenarbeit mit dem seinerzeit führenden, auf ‚Alte' (und ebenso auf ‚Neue') Musik spezialisierten Musikwissenschaftler Edward J. Dent – Choreographien für Henry Purcells erste und einzige Opernkomposition *Dido and Aeneas*, die immer wieder für choreographische Auseinandersetzungen herangezogen wird (s. Anm. 58 und 59). Einer Gestaltung des *Tannhäuser*-Bacchanales für das Stadttheater Münster (1925), das auch nach Bayreuth exportiert wurde (1930), folgten u. a. Choreographien für Giuseppe Verdis *Aida* (1926), Jacques Offenbachs *Die schöne Helena* (1932), Johann Strauß' *Nacht in Venedig* (1932) und *Wiener Blut* (1933), Wolfgang Amadeus Mozarts *Zauberflöte* (1942) und *Hochzeit des Figaro* (1942) bis hin zu Arthur Honeggers *Johanna auf dem Scheiterhaufen* (1954) und Carl Orffs *Catulli Carmina* (1955). Nach der seinerzeit epochemachenden Wiederentdeckung von Emilio de' Cavalieris *Rappresentatione di anima e di corpo* unter der musikalischen Leitung von Bernhard Paumgartner für die Salzburger Felsenreitschule (1968) entdeckte Jooss schließlich auch die – im deutschsprachigen Raum seinerzeit weitgehend unbekannten – Opern Rameaus für seine choreographische Arbeit: 1962 war er für die Inszenierung von dessen *Castor und Pollux* für das Schwetzinger Rokokotheater verantwortlich, in der die Sänger an den Seiten der Bühne und der Chor im Orchestergraben positioniert waren, während das Geschehen auf der Bühne überwiegend mimisch umgesetzt wurde (die Ausstattung besorgte Jean-Pierre Ponelle, der kurz darauf seine äußerst erfolgreiche Karriere als Opernregisseur startete). Vgl. hierzu ausführlich Patricia Stöckemann, *Etwas ganz Neues muß nun entstehen. Kurt Jooss und das Tanztheater*, München 2001, S. 450ff.

[58] Vgl. hierzu ihre frühen Tanzopern zu Christoph Willibald Glucks *Iphigenie auf Tauris*, 1974 (mit drastischen Kürzungen, denen auch die Tanzeinlagen zum Opfer fielen), und dessen *Orpheus und Eurydike*, 1975 (mit einer Duplizierung der Tänzer durch Sänger), aber auch zu Kurt Weills *Die sieben Todsünden* (die George Balanchine bereits 1933 choreographisch umsetzte) und Béla Bartóks *Blaubart*, beide 1977, schließlich *Café Müller* mit einer Collage von Purcell-Kompositionen, u. a. der Abschiedsarie aus *Dido and Aeneas*.

[59] Besieht man die Absolventen der Essener Tanztheater-Kaderschmiede (Folkwang Hochschule), so hat sich Reinhild Hoffmann am konsequentesten mit dem Musiktheater auseinandergesetzt, während sich Joachim Schlömer am unerschrockensten mit ihm anfreundete, um sich in eine mittlerweile kaum noch überschaubare und auch in ihren Grundzügen kaum unterscheidbare Produktivität zu stürzen (vgl. www.joachimschloemer.com). Zu Hoffmanns avanciertesten Projekten im Bereich choreographischer Musiktheater-Inszenierungen gehört Beat Furrers *Begehren*, dessen szenische Erstaufführung 2003 beim Steirischen Herbst stattfand, sowie die am Nationaltheater Mannheim begonnene Zusammenarbeit mit Isabel Mundry in *Das Mädchen aus der Fremde* (2005), die sich noch im selben Jahr mit *Ein Atemzug – die Odyssee* an der Deutschen Oper Berlin fortsetzte.

Aber auch Vertreter des Postmodern Dance standen/stehen dem Musiktheater durchaus aufgeschlossen gegenüber: Trisha Browns choreographische Inszenierung von Monteverdis *Orfeo* unter der musikalischen Leitung René Jacobs' (1998) wurde von der Presse als überwältigendes Zusammenwirken von Tanz und Musik im Theater gefeiert, 2001 folgte Sciarrinos *Luci Mie Traditrici*, 2006 dessen Kammeroper *Da Gelo a Gelo* und 2010 auch eine Komposition von Jean-Philippe Rameau: seine „Acte de ballet" *Pygmalion*.
Einen schroffen Gegensatz dazu markiert die Auseinandersetzung der amerikanischen ‚Punk-Ballerinera' Karol Armitage mit Georg Friedrich Händels *Terpsichore*-Prolog, der seinerzeit am Beginn der Zusammenarbeit von Händel mit Marie Sallé stand (1734). Sie kombinierte diese Choreographie mit Händels *Apollo e Dafne* (1997). 2003 wagte sie sich auch an Glucks *Orfeo ed Euridice*, ein Jahr später folgte Rameaus *Pygmalion*.
Dagegen stellte sich William Forsythe mit seiner *Decreation* (2003) – sein künstlerischer Abschied aus dem Frankfurter Drei-Sparten-Betrieb – der Herausforderung einer ‚Opern-Dekonstruktion': Von einem ‚Opernlibretto' (Anne Carson) ausgehend rückt er dem traditionell opernhaften Formenarsenal gehörig zu Leibe, indem einerseits die Arien- und Rezitativ-Fragmente bis hin zu eingängigen Tanzrhythmen pointiert diminuiert und augmentiert werden, andererseits das tradierte affektische Spektrum – die immer wieder um Liebe, Vertrauen, Eifersucht, Betrug und Tod kreisenden Themen und Topoi – aufgerollt, fratzenhaft parodiert und karikiert wird. Das sich vor diesem Hintergrund entwickelnde Spiel, das sich auch als solches deutlich zu erkennen gibt, schraubt sich in eine erschütternde Dramatik jenseits größerer narrativer Zusammenhänge hoch, um anschließend in ernüchternde (Schein-)Objektivität umzukippen. Dem Publikum eröffnete sich auf diese Weise eine Achterbahn der Gefühle, ein musikalisch teils dicht komponierter – David Morrow präsentiert sich mit seinem Keyboard direkt auf der Bühne –, teils hochakrobatisch-bewegter Gefühlszirkus, dessen Nummern – auf der gestischen wie klanglichen Ebene – immer wieder unvermittelt in eine verzweifelte, nicht weniger artifizielle Banalität umschlagen. Über dieses scheinbar so lapidar entworfene Kunstwerk reflektieren die Darsteller selbst auf offener Bühne: „It's dramatic like Wagner" wird mehrfach quasi als Gradmesser für die Opernhaftigkeit der Darbietung in die Runde gerufen, wobei die Intonation dieser Phrase entscheidender ist als die abgrundtiefe Schlichtheit der vermeintlichen Provokation. Zum Einsatz musikalischer bzw. klanglicher Elemente in Forsythes Produktionen (der sich – nebenbei bemerkt – vor seiner Zusammenarbeit mit Thom Willems choreographisch immer wieder mit ‚klassischer' Konzertmusik auseinandersetzte und dabei seine außergewöhnliche Musikalität unter Beweis stellte), vgl. Freya Vass-Rhee, „Dancing music: The Intermodality of The Forsythe Company", in: *William Forsythe and the Practice of Choreography*, hrsg. von Steven Spier, London 2011, S. 73–89; dies., „Auditory Turn: William Forsythe's Vocal Choreography", in: *Dance Chronicle* 33/3 (2010), S. 388–413.
Soweit nur wenige Stichproben, die auf ein noch weitgehend brach liegendes Forschungsterrain aufmerksam machen sollen. Zum Spektrum von choreographischen Musiktheater-Inszenierungen über durchchoreographierte Musiktheater-Produktionen (alias ‚Tanzopern') bis hin zu Musiktheater-Dekonstruktionen sowie generell zu den fließenden Grenzen zwischen dem Tanz- und Musiktheater vgl. Frieder Reininghaus, „Choreographen als Opernregisseure: Anmerkungen zur Arbeit von Alain Platel, Joachim Schlömer, Jan Fabre und Kollegen", in: *Tanz im Musiktheater. Tanz als Musiktheater*, hrsg. von Thomas Betzwieser, Anno Mungen, Andreas Münzmay und Stephanie Schroedter, Würzburg 2009, S. 393–405; sowie meine Beiträge „Tanz – Musik – Theater. Formen und Möglichkeiten des Zusammenspiels von Tanz und Musik im Theater", in: *Die Tonkunst. Magazin für Klassische Musik und Musikwissenschaft*, Januar 2008, Nr. 1, Jg. 2 (2008), S. 55–66; „Mit Tanzgeschichten Tanzgeschichte schreiben: Henry Purcells *Dido and Aeneas* zwischen Historie, Historiographie und künstlerischer Kreativität", in: *Original und Revival*.

Geschichts-Schreibung im Tanz, hrsg. von Christina Thurner und Julia Wehren, Zürich 2010, S. 101–116; „Neue Klangräume für neue Bewegungsformen und Bewegungsformate", in: *Neue Musik in Bewegung: Musik- und Tanztheater heute*, hrsg. von Jörn Peter Hiekel, Mainz 2011, S. 134–158.

60 Vgl. hierzu insbesondere Platels Produktionen *Wolf oder wie Mozart auf den Hund kam* (2003) und *pitié!* (2008; auf der Basis von Bachs *Matthäus Passion* in einer sehr freien Bearbeitung von Fabrizio Cassol) sowie jüngst *C(h)œrus* (2012; auf Chorkompositionen von Giuseppe Verdi und Richard Wagner zurückgreifend).

61 Ich beziehe mich in den folgenden Ausführungen auf meinen Besuch der Freundeskreis-Premiere am 31. Januar 2012 im Opernhaus Düsseldorf sowie eine theaterinterne Aufzeichnung der Premiere am 28. Januar 2012.
Deutliche Indizien dafür, dass diese Verstörung in idealer Weise geglückt ist, liefern zahlreiche Kritiken dieser Inszenierung, nicht zuletzt jene des überaus repertoire- und kenntnisreichen Horst Koegler, der hier jenen Scharfsinn, den man seinen Äußerungen sonst immer wieder entnehmen kann, auf ein paar oberflächlich spitzzüngige und wenig geistreiche Beobachtungen reduzierte. Hier zeigt sich besonders eindringlich, dass er einer Generation mit anderen Sehgewohnheiten angehörte, wobei er an diesem Punkt nicht mehr bereit war, sich auf neue Sichtweisen – letztlich den unaufhaltsamen Wandel der Zeit – einzulassen. Vgl. hierzu seine Rezension vom 2. Februar 2012 in seinem „koeglerjournal" auf www.tanznetz.de (letzter Zugriff: 04.02.2012).
Gerade in jüngerer Zeit bemühte man sich immer wieder bei Inszenierungen von Rameaus Kompositionen für das Musiktheater auch den – seinerzeit dramatisch und dramaturgisch essenziellen – Tänzen die ihnen gebührende Aufmerksamkeit zu schenken. Hier sei insbesondere an die aufwendigen Pariser Inszenierungen erinnert, die in den letzten Jahren für Furore sorgten: *Platée* (1999 an der Opéra Garnier, mit Choreographien von Laura Scozzi), die Tragédie lyrique *Les Boréades* (2003 ebd., mit Choreographien von Édouard Lock), den Opéra-ballet *Les Indes galantes* (2003 ebd., mit Choreographien von Blanca Li), *Les Paladins* (2004 am Théâtre du Châtelet, mit Choreographien von José Montalvo), die Tragédie lyrique *Hyppolyte et Aricie* (2012 an der Opéra Garnier, mit Choreographien von Natalie Van Parys).

62 Auch der Begriff ‚Barocktanz', dem im deutschen Sprachraum ohnehin ein pejorativer Beigeschmack anhaftet, trägt eher zu groben Pauschalisierungen als differenzierten Bewertungen bei. Ganz davon abgesehen, dass seine etymologische Wurzel seinerzeit einem Schimpfwort gleichkam und er daher in zeitgenössischen Ausführungen zu der entsprechenden Tanzästhetik/-praxis nicht zu finden ist, wird damit zumeist eine Spanne von ca. 200 Jahren umschrieben, in der die Tanzkunst einem einschneidenden Wandel unterlag: Die Bedeutung choreographischer Figuren, die in Anlehnung an neuplatonisches Gedankengut makrokosmische Konstellationen in mikrokosmische Formate zu übertragen suchten, nahmen zugunsten der Entwicklung einer affektgeladenen Gestik ab, d. h. der Blick wendete sich von überirdischen Konstellationen ausgehend zunehmend auf den Menschen in seiner affektischen Konstitution. Vor diesem Hintergrund wich die Darstellung statischer, wenn auch sehr kontrastreich gegenübergestellter Affekte allmählich einer gestisch nuancierteren Umsetzung von Affektschwankungen, um schließlich kleine Handlungen tänzerisch darbieten zu können. Da man sich aber durchaus bewusst war, dass komplexe narrative Vorgänge – wie die in den auf antike Stoffe zurückgehenden Tragédies/Comédies lyriques – nicht allein auf der Basis des ‚akademisch' kodifizierten Bewegungsvokabulars verständlich werden können, wurden die Tänzen von Airs bzw. Chœurs umrahmt, die das Geschehen gesanglich verbalisierten. Hierdurch ergab sich nicht nur eine Verdoppelung des Dargestellten durch Gesang und Tanz, sondern es wurde auch die Kluft zwischen einer primär sinnlichen Wahrnehmung (non-verbaler Vorgänge) und rationalem Verstehen (verbalisierter Ereignisse) deutlich markiert –

zweifellos nicht zuletzt ein Reflex kartesianischen Gedankenguts. Zu einer ausführlichen Analyse des Tanzdiskurses um 1700, auf dessen Basis sich diese Entwicklung sehr anschaulich nachzeichnen lässt, vgl. meine in Anm. 32 genannte Studie *Vom „Affect" zur „Action"*.

63 Vgl. hierzu beispielsweise die Gigue in der 7. Szene des V. Aktes, die Martin Schläpfer dramatisch stimmig als Gigue à deux hommes (stellvertretend für Castor und Pollux) umsetzt (seinerzeit gehörten choreographierte Männer-Duos zum Standardrepertoire), sowie die anschließende Chaconne, die einst dazu dienen sollte, makrokosmische Konstellationen (das Himmelsfermament) auf mikrokosmische Dimensionen (auf den Tanzboden) zu projizieren. Nicht nur durch die figurale Umsetzung dieser Tanzmelodie, sondern auch an der mit Bedacht gewählten Anzahl der in den Variationen zum Einsatz kommenden Tänzer/innen ist zu erkennen, wie intensiv sich Schläpfer mit der entsprechenden Ästhetik auseinandergesetzt hat: Er entwickelt ein Zahlenspiel zwischen 1 (Solo), 3 (bzw. 3 mal 2, d. h. 3 Pas de deux) und 5 sowie Gesamtensemble, um zu unterschiedlichen Dichtegraden der tänzerischen Figurationen – gleichermaßen kalkuliert wie ornamental verspielt – zu gelangen.

64 Vgl. hierzu insbesondere die Tambourin-Choreographien in der Ouvertüre.

65 War man seinerzeit bedacht, Tanz und insbesondere gestische Bewegungen eng in das dramatischen Geschehen einzubinden, um den nonverbal-sichtbaren Bewegungen durch hörbare und gleichzeitig verbalisierte Bewegungen (Gesangspartien und Choreinsätze) – mangels Vertrauen in die Eigensprachlichkeit des Tanzes – zusätzliche Verständlichkeit zu verleihen (s. Anm. 62), so geschieht das in dieser Tragédie lyrique durch einen bemerkenswerten Abwechslungsreichtum der musikalischen Mittel innerhalb einer dramaturgisch in sich abgerundeten, geschlossenen Gesamtkonzeption, die ein kontrastreich gegenübergestelltes Affektenspektrum absteckt: Die Tänze des I. Akts (Marsch, Airs und „Entrée et combat figuré" von zwei Athleten am Ende der 4. Szene) stehen ebenso wie die Schlussapotheose des V. Aktes im Zeichen eines siegreichen Triumphs, bilden somit einen festen, auch betont festlichen Rahmen um ein wechselvolles Bewegungsgeschehen, in dem zunächst Hébé und ihre Dienerinnen alle Annehmlichkeiten überirdischen Lebens tänzerisch vor Augen führen und musikalisch zu Gehör bringen (Entrée, Air und Sarabande in der 5. Szene des II. Aktes), bevor im III. Akt die Dämonen mit unterirdischem Schrecken aufwarten (4. Szene), um im IV. Akt mit einer Loure, Gavotte und zwei Passepieds wieder Frieden – wenn auch nur den des Schattenreichs („Ombres heureuses") – einkehren zu lassen (2. Szene, mit jeweils anschließenden Gesangsnummern im gleichen rhythmisch-melodischen Duktus, d. h. mit einem ständigen Wechsel von Tanz und Gesang in konstant beibehaltenem G-Dur, somit einer einträchtigen Harmonie auch im übertragenen Sinne). Zu einem Einblick in Rameaus Tanzkompositionen im Kontext seines Opernschaffens vgl. Rebecca Harris-Warrick, „Ballett, Pantomime und Gesang in den Opern von Jean-Philippe Rameau", in: *Tanz im Musiktheater. Tanz als Musiktheater* (s. Anm. 59), S. 51–82, und Françoise Dartois-Lapeyre, „Divertissements dansées dans les Opéra de Rameau", in: *Jean-Philippe Rameau. Colloque Dijon 1983*, Actes hrsg. von Jérôme de La Gorce, Paris, Genève 1987, S. 501–518 (beide Autorinnen bereiten derzeit umfangreiche Studien zu diesem Themenkomplex vor).

66 Beispielsweise bleibt in der 4. Szene des III. Aktes die zweite Air der Dämonen ‚unvertanzt' – sie bildet stattdessen einen Vorspann zu Phébés innerem Kampf in der 5. Szene –, zudem kommt ausgerechnet der IV. Akt, der die meisten Tanzsätze enthält, weitgehend ohne Choreographien aus. Schließlich wurden in der Ouvertüre die Gavottes und das erste Menuett gestrichen.

67 Die dramatische Erlösung versprechende „Symphonie melodieuse" in der 4. Szene des V. Aktes wird durch einen betont lyrischen, eine friedliche Lösung ankündigenden Pas de deux umgesetzt.

68 In der 2. Szene des IV. Aktes beginnt Castor zu tanzen, ebenso wie kurz darauf die singende „Schattin" („une ombre") tanzt, während die Tänzer das Geschehen weitgehend unbewegt beobachten.

69 Rameaus Librettist Louis de Cahusac steht in der Traditionslinie von Claude-François Ménéstrier, dessen Poetik er aufgrund der zwischenzeitlich gewandelten Ästhetik weiterentwickelte und ausdifferenzierte. Vgl. hierzu ausführlich meine in Anm. 32 genannte Studie *Vom „Affect" zur „Action"*, insb. S. 154–169 und 184–195.

70 Vgl. hierzu meine in Anm. 32 genannte Studie *Vom „Affect" zur „Action"*, insb. S. 171–175.

71 Zitiert nach Norbert Servos, *Pina Bausch. Wuppertaler Tanztheater oder Die Kunst, einen Goldfisch zu dressieren*, Seelze-Velber 1996, S. 219.

72 Besonders eindringliche Beispiele hierfür liefern die gleichermaßen affektisch wie psychologisch motivierten, letztlich metaphorisch zu verstehenden Bewegungsgestaltungen der ‚Tänzer-Schatten' in der 1. Szene des II. Aktes, die Pollux' innere Zerrissenheit widerspiegeln, indem sie einerseits an seinen Armen hin- und herzerren, ihn quasi zu zerreißen drohen, andererseits aber auch behutsam auf Händen tragen, somit beschützen; zudem die 5. Szene im III. Akt und die 1. Szene des V. Aktes, in denen Phébés ‚Tanzschatten' (Marlúcia do Amaral) nicht nur die Enttäuschung, Wut und Verzweiflung der Sänger-Protagonistin in einen auch deutlich sichtbaren Bewegungsausdruck transferiert, sondern Phébe an ihrem ‚Tanzschatten' auch eben diese Gefühle abreagieren, gleichsam kompensieren kann.

73 Zu Feldmans diesbezüglichen Aussagen vgl. Sebastian Claren, *Neither. Die Musik Morton Feldmans*, Berlin 2000, S. 27.

74 Meyer-Thoss warnt in seinen Erörterungen zu einer (möglichen) szenischen Umsetzung von Feldmans Komposition eigens vor „figürliche[r] Turbulenz" und merkt hierbei an, dass gerade ein „Ballett" „eine sehr kritische Lösung" für eine Inszenierung wäre. Zweifellos ist dem zuzustimmen, vorausgesetzt man geht hierbei von einem konventionellen ‚Ballett'-Begriff aus. Hierbei darf man nicht vergessen, dass in einer der ersten Inszenierungen von Feldmans Komposition der als Regisseur verpflichtete italienische Künstler Michelangelo Pistoletto im Hintergrund der Bühne ein ‚Corps de ballet' auftreten ließ – das allerdings weder den Zuspruch der Kritiker noch den von Feldman selbst fand. Vgl. Claren, *Neither* (s. Anm. 73), S. 429f; Gottfried Meyer-Thoss, „Facetten des Transluziden. Zu einer Inszenierung von Morton Feldmans Oper Neither […]", in: *Musik-Konzepte: Morton Feldman*, Heft 48/49, hrsg. von Heinz-Klaus Metzger und Rainer Riehn, München 1986, S. 122–134, hier insb. S. 128.

75 Die Uraufführung fand am 30. April 2010 im Düsseldorfer Opernhaus statt. Ich beziehe mich in meinen Beobachtungen sowohl auf die Premiere als auch auf eine theaterinterne Aufzeichnung dieser Produktion vom 30. Mai 2010.

76 Claren erörtert, dass sich Feldman „einen Text, der ‚noch in der Schwebe' ist und nur den Hauptgedanken wiedergibt" von Beckett erbat. Claren, *Neither* (s. Anm. 73), S. 361.

77 Zu einer sehr eingehenden Besprechung von Becketts Textvorlage im Kontext der Entstehung von Feldmans Komposition vgl. Claren, *Neither* (s. Anm. 73), hier insb. S. 22ff.

78 Claren betont im Zusammenhang seiner Analyse von *Neither*, dass Feldman in Bezug auf die Orchestrierung „technische und musikalische Neuerungen […] hier tatsächlich zum ersten Mal verwendet, [… um] eine neue ‚instrumentale Bildsprache' zu schaffen, die ein Gegengewicht zu Becketts ‚Bildsprache' darstellen kann". Claren, *Neither* (s. Anm. 73), S. 361.

79 Vgl. hierzu Martin Schläpfers Äußerung in dem Programmheft zu der Düsseldorfer Premiere, S. 44: „Es gibt im Bewegungsmaterial in der Tat Momente, die sich wiederholen. Aber ich konstruiere keine Bauteile, um diese dann immer wieder leicht nuanciert einzusetzen. Ein solcher analoger Bau zur Musik interessiert mich nicht, ich muss mich

vielmehr fragen, was ich einer Musik entgegenzusetzen habe. Mich treibt etwas ganz anderes um."

80 Vgl. hierzu ausführlicher Marion Saxer, die als künstlerisches Bindeglied zwischen Becketts Text und Feldmans Komposition einen spezifischen „Selbstbewusstseinsbegriff" hervorhebt, der sich als „permanent sich erneuernde[] Klangsituationen bzw. -muster, die das Selbst als Prozeß vergegenwärtigen", manifestiert, wobei allerdings „eine in sich geschlossene ‚Darstellung' der (Selbst-)Erfahrung des kompositorischen Subjektes [...] sowohl durch die nicht-integrierbare Klangbilderfolge der Muster wie auch das Betonen der Differenz zwischen Notiertem und Erklingendem als ein uneinlösbares Unterfangen aufgedeckt wird." Marion Saxer, *between categories. Studien zum Komponieren Morton Feldmans von 1951 bis 1977*, Saarbrücken 1998, S. 240–256, hier insb. S. 250, 254 und 256.

81 Morton Feldman in seiner „Middelburg Lecture" vom 2. Juli 1985 in De Kloveniersdoelen/Middelburg (Niederlande), hier zitiert nach der Transkription in dem Band der *Musik-Konzepte: Morton Feldman* (s. Anm. 74), S. 3–63, insb. S. 52.

82 Diese und die folgende Äußerung findet sich in dem Programmheft zu der Düsseldorfer Premiere (s. Anm. 75), S. 45.

83 Vgl. hierzu auch Ernstalbrecht Stiebler, „Feldmans Zeit", in: *Morton Feldman in Middelburg. Worte über Musik. Vorträge und Gespräche*, Bd. 1, hrsg. von Raoul Mörchen, Köln 2008, S. 18–23 (Edition MusikTexte 010).

84 Vgl. hierzu Walter Zimmermann, „Morton Feldman – Der Ikonoklast", in: *Morton Feldman Essays*, hrsg. von dems., Kerpen 1985, S. 10–23.

85 Zitiert nach dem Programmheft der Düsseldorfer Premiere (s. Anm. 75), S. 39.

86 Zitiert nach dem Programmheft der Düsseldorfer Premiere (s. Anm. 75), S. 46.

87 Auf Feldmans Klangschattierungen nimmt auch das Bühnenbild von rosalie Bezug, das ungeachtet seiner rasterhaften Zusammensetzung gleichförmiger Quadrate, permanent und kaum merklich in sich bewegt immer wieder neue Farbschattierungen entwickelt.

88 Vgl. Anm. 76.

89 Schläpfer erarbeitete Choreographien zu Kompositionen von György Ligeti (*Musica Ricercata*, 2003; *Ramifications*, 2005, Wiederaufnahme mit dem Ballett am Rhein, Düsseldorf 2010, Duisburg 2011; *Lontano*, 2009 für das Niederländische Nationalballett Amsterdam, Wiederaufnahme mit dem Ballett am Rhein, Düsseldorf 2012), Luciano Berio (*Ritirata notturna*, 2004; *Rendering*, 2005), Sofia Gubaidulina (*Violakonzert/II*, 2008 für das Bayerische Staatsballett München), Gija Kantcheli (*Vom Winde beweint*, 2000), Wilhelm Killmayer (*Sinfonien*, 2009), Helmut Lachenmann (*Tanzsuite*, 2005, Wiederaufnahme mit dem Ballett am Rhein, Düsseldorf und Duisburg 2011), Witold Lutosławski (*Streichquartett*, 2005, Wiederaufnahme mit dem Ballett am Rhein, Düsseldorf und Duisburg 2011), Giacinto Scelsi (*Pezzi und Tänze*, 2008, Wiederaufnahme mit dem Ballett am Rhein, Düsseldorf 2010, Duisburg 2011), Alfred Schnittke (*Drittes Klavierkonzert*, 2000, Wiederaufnahme mit dem Ballett am Rhein, Düsseldorf und Duisburg 2011; *Concerto grosso*, 2001; *Violakonzert*, 2002, Wiederaufnahme mit dem Ballett am Rhein, Düsseldorf 2012) und Salvatore Sciarrino (*Obelisco*, 2007) (wenn nicht anders genannt, entstanden sämtliche Choreographien für das ballettmainz unter Schläpfers Direktion).

90 Vgl. zu diesem zweifellos sehr einflussreichen, aber auch – durch seinen vielstrapazierten Einsatz im jüngeren Wissenschaftsdiskurs – sehr diffusen Begriff das gleichnamige Themenheft der *Positionen. Texte zur aktuellen Musik*, Heft 83, Mai 2010; dort insbesondere den Beitrag von Deniz Peters, „Embodiment ... Elektorakustische Musik und Expressivität", S. 2–5.

91 Dieses Zitat wurde folgendem Beitrag entnommen, in dem sich leider kein Hinweis auf die ursprüngliche Quelle befindet: Christian Martin Schmidt, „Zum Aspekt des musikalischen Raumes bei Ligeti", in: *György Ligeti. Personalstil – Avantgardismus – Popularität*, hrsg. von Otto Kolleritsch, Wien, Graz 1987, S. 60.

92 Ligeti, *Compte-rendu de mon propore travail*, in: Begleittext zur Schallplattenkassette WER 60095, S. 29, hier zitiert nach Ivanka Stoïanova, „Über Klang-Verästelungen und über die Form-Bewegung", in: *György Ligeti. Personalstil – Avantgardismus – Popularität* (s. Anm. 91), S. 225.
93 Zur Affinität von Ligetis Kompositionsästhetik mit künstlerischen Intentionen der modernen Malerei und Plastik bzw. Bildenden Kunst vgl. Elmar Budde, „Musik – Klang – Farbe. Zum Problem der Synästhesie in den frühen Kompositionen Ligetis", in: *György Ligeti. Personalstil – Avantgardismus – Popularität* (s. Anm. 91), S. 44–59, insb. S. 50ff., und Herman Sabbe, „Synästhesie und Beziehungen zu visueller Kunst", in: *Musik-Konzepte: György Ligeti. Studien zur kompositorischen Phänomenologie*, Heft 53, hrsg. von Heinz-Klaus Metzger und Rainer Riehn, München 1987, S. 84–90. Ligetis Werken werden immer wieder kompositorisch immanente Synästhesien bescheinigt, wobei auch vereinzelt – und eher in Randbemerkungen – auf kinästhetische Momente seiner Musik hingewiesen wird (vgl. Anm. 97)
94 Vgl. hierzu und zum Folgenden ausführlicher: Stoïanova, „Klang-Verästelungen" (s. Anm. 92), S. 226ff.
95 Zitat aus dem Programmblatt der Uraufführung, in deutscher Übersetzung abgedruckt in: Ove Nordwall, *György Ligeti. Eine Monographie*, Mainz 1971, S. 113.
96 Ich beziehe mich in den folgenden Ausführungen auf meinen Besuch der Mainzer Premiere am 26. Februar 2005 sowie deren Aufzeichnung; zudem die TV-Aufzeichnung einer Wiederaufnahme dieser Produktion im Mainzer Dom auf 3sat: *1000 Jahre Mainzer Dom: Ballett im Dom* (s. Anm. 41) und einen Besuch der Duisburger Wiederaufnahme am 17. März 2011.
97 Vgl. Sabbe, „Synästhesie und Beziehungen zu visueller Kunst" (s. Anm. 93), der in diesem Zusammenhang – vorsichtig im Konjunktiv formuliert – synästhetisch-kinästhetische Dimensionen von Ligetis Musik andeutet: „Ihrer materiellen Beschaffenheit zufolge könnte man die Musik Ligetis auch mittels der Metaphern des Energetischen beschreiben und so einen weiteren Zugang zu einer synästhetisch-kinästhetischen Deutung schaffen", ebd. S. 86. Vgl. dort auch weiter die aufschlussreichen Erörterungen zum Begriff der „Körperlichkeit" im Vergleich zu dem einer „anderen Gegenständlichkeit" und schließlich den „Klanggebärden" in Ligetis Musik auf S. 87f.
98 Einen einzigen Nachweis zum Begriff eines ‚kinästhetischen Hörens' in einschlägiger Fachliteratur fand ich bei dem amerikanischen, systematisch-kognitionswissenschaftlich orientierten Musikwissenschaftler David Huron, der allerdings damit ein Hören umschreibt, das ich als kinetisches Hören bezeichnen möchte: In seinem Referat „Listening Styles and Listening Strategies", das er am 1. November 2002 auf der Konferenz der Society for Music Theory in Columbus/Ohio hielt, zählte er 21 „Listening modes" auf, darunter auf dem vorletzten Platz Nr. 20: „Kinesthetic listening. This form of listening is characterized by the auditor's compulsion to move. Feet may tap, hands may conduct, or the listener may feel the urge to dance. The experience is not so much one of ‚listening' to the music, as the music ‚permeating' the body. Kinesthetic listening is best described as ‚motivation' rather than ‚contemplation'." Vgl. hierzu das entsprechende Handout, das auch im Internet einzusehen ist: http://www.musiccog.ohio-state.edu/Huron/Talks/SMT.2002/handout.html (letzter Zugriff: 03.03.2010).
99 Vgl. hierzu ausführlich das Nachwort von Reinhart Meyer-Kalkus zu dem Band von György Ligeti und Gerhard Neuweiler, *Motorische Intelligenz. Zwischen Musik und Naturwissenschaft*, Berlin 2007, S. 79–102. Vgl. zudem auch weiter unten Anm. 106.
100 Neben einschlägigen Ausführungen von Lachenmann selbst – z. B. „Hören ist wehrlos – ohne Hören. Über Möglichkeiten und Schwierigkeiten", in: *MusikTexte. Zeitschrift für Neue Musik*, Heft 10, Juli 1985, S. 7–16 (Nachdruck in: *Helmut Lachenmann. Musik als existentielle Erfahrung. Schriften 1966–1995*, hrsg. von Josef Häusler, Wiesbaden 1996,

S. 116–135); „Vier Grundbestimmungen des Musikhörens", in: *Neuland. Ansätze zur Musik der Gegenwart*, Jahrbuch Bd. 1, hrsg. von Herbert Henck, Köln 1980, S. 66–75 (Nachdruck in: *Lachenmann. Musik als existentielle Erfahrung*, s. o., S. 54–62); zudem: „Herausforderung an das Hören", in: *Lachenmann. Musik als existentielle Erfahrung*, s. o., S. 352–356 –, vgl. zu diesem Themenkomplex auch „Nicht hörig, sondern hellhörig. Helmut Lachenmann im Gespräch mit Frank Hilberg", in: *MusikTexte* 67/68, Januar 1997, S. 90–92; Markus Neuwirth, „Strukturell vermittelte Magie. Kognitionswissenschaftliche Annäherungen an Helmut Lachenmanns *Pression* und *Allegro Sostenuto*", in: *Musik als Wahrnehmungskunst. Untersuchungen zu Kompositionstechnik und Hörästhetik bei Helmut Lachenmann*, hrsg. von Christian Utz und Clemens Gadenstätter, Saarbrücken 2008, S. 73–100, dort insb. den Abschnitt „Lachenmanns Begriff des Hörens", S. 77f.

101 Lachenmann, in: „Hören ist wehrlos – ohne Hören. Über Möglichkeiten und Schwierigkeiten" (s. Anm. 100), S. 117f.; zum Begriff des ‚Abtastprozesses' vgl. dort S. 123.

102 Neben Lachenmanns eigenen Äußerungen zu diesem ‚Abtastprozess' (vgl. hierzu die Literaturhinweise in Anm. 100) spitzt Meyer-Kalkus den Sachverhalt sehr pointiert zu, indem er einerseits darauf hinweist, dass sich dieser Abtastprozess auf die Klangerzeugung bzw. das Hören während der Klangproduktionen wie die Rezeption bezieht, andererseits auf eine Zeitverschiebung bzw. Zeitumkehrung in diesem Abtastprozess hinweist, und dieses Phänomen schließlich dem synästhetischen Hören, das primär visuelle Vorstellungen hervorruft, gegenüberstellt, um unter dieser Voraussetzung auch die Frage der Bildlichkeit von Lachenmanns Musik aufzugreifen: „‚Abtastprozess' meint mithin ein Doppeltes: den Akt der materiellen Hervorbringung der Musik, bei der die materiellen Klangmöglichkeiten sukzessive wie in einem großen Arpeggio entfaltet werden; zugleich aber – auf Seiten der Zuhörer – der Prozess des Hineinhörens und Hinein-Imaginierens, der sich in diesen unbekannten Räumen tastend orientiert. […] Der Hörer wie auch die Instrumentalisten sind gleich Blinden, die sich taktil und akustisch in unbekannten Klangräumen zu orientieren versuchen und erst retrospektiv, in der Erinnerung, die Teilklänge zur Form zusammenfügen. […] [Es ist] der Versuch, den Begriff eines veränderten Hörens, eines verkörperten Hörens zu exponieren, das der Motorik des Hörens ebenso wie der synästhetischen Integration der Sinnesvermögen im Akt der Hörwahrnehmung gerecht wird. Akustische Erfahrungen aus dem Horizont haptischer Erfahrungen und Assoziationen zu erschließen, ist freilich alles andere als selbstverständlich. Wenn schon Musik synästhetisch verstanden wurde, dann zumeist aus dem Blickpunkt der visuellen Wahrnehmung. Messiaens Kirchenfensterpracht, Boulez' kinetischen Lichterspiele und Ligetis surrealistische Bilderrätsel sind Konfigurationen imaginären Sehens, übersetzt ins Akustische. Sonderbarerweise sind Lachenmanns Kompositionen eindrucksvoll und stark, obgleich sie unser visuelles Imaginäres nicht primär ansprechen. […] Denn dieses Zittern, Bibbern, Klirren mit den Lippen und Instrumenten [gemeint ist Lachenmanns *Mädchen mit den Schwefelhölzern*, St. Sch.] wird von Lachenmanns Musik eben nicht primär in visueller Anschauung vergegenwärtigt, sondern haptisch-phonetisch, also durch Bewegungen von Hand- und Mundwerkzeugen, die ihrerseits die Motorik der Hörer affizieren. Natürlich sind diese Bewegungen stets auch von visuellen Assoziationen begleitet. Rückübersetzt in die Synchronizität unseres Vorstellungsvermögens können sie als Bilder, als ‚frozen images' gedeutet werden – freilich um den Preis dessen, was Musik als bewegliche Kunst als Spezifikum hat, nämlich ihrer temporal-rhythmischen Dimension. Dieser Lachenmanns Musik innewohnende Konflikt zwischen motorisch-haptischer Beweglichkeit und visueller Anschaulichkeit verweist auf die tiefe Zweideutigkeit von Musik selber. […] Für Lachenmanns musikalisches Denken seit den 90er Jahren ist diese ‚Dialektik' ein nervus rerum von Musik überhaupt. In seinen Ausklang-Kompositionen wird die Beweglichkeit musikalischer Figuren immer wieder mit der Statik ihrer Resonanzen konfrontiert, um am Ende in

Scheinbewegung zu erstarren: *Mouvement (– vor der Erstarrung)*, so heißt eine seiner Kompositionen. Ein Erstarrungsprozess im aufgehobenen Hören, der die Kehr- und Komplementärseite zur Klangmotorik des verkörperten Hörens darstellt. Die Dynamik vorwärtseilender Bewegung wird immer wieder durch die Geste des Nachhörens und Lauschens gebrochen – wie in melancholischer Versenkung und Meditation über das Ephemer-Verklingende, die das Sich-Entziehende festzuhalten, fest zu greifen bestrebt ist. Das Leben wird nach vorwärts gelebt und nach rückwärts verstanden, so hatte Kierkegaard gemeint." Reinhart Meyer-Kalkus, „Klangmotorik und verkörpertes Hören in der Musik Helmut Lachenmanns", in: *Der Atem des Wanderers. Der Komponist Helmut Lachenmann*, hrsg. von Hans-Klaus Jungheinrich, Mainz 2006, S. 91–110, hier S. 104ff.

103 Vgl. hierzu den Beitrag von Gabriele Brandstetter in diesem Band. – Schließlich darf auch nicht übersehen werden, dass Hör-/Tast-/Gleichgewichts- und Bewegungssinn im Ohr unmittelbar benachbart sind.

104 Eberhard Hüppe, „Topographien der ästhetischen Neugierde. Versuch über Helmut Lachenmann", in: *Nachgedachte Musik. Studien zum Werk von Helmut Lachenmann*, hrsg. von Jörn Peter Hiekel und Siegfried Mauser, Saarbrücken 2005, S. 96.

105 Meyer-Kalkus, „Klangmotorik und verkörpertes Hören" (s. Anm. 102).

106 Ebd. S. 93f. Das Zitat ist Robert Musils *Der Mann ohne Eigenschaften*, 2. Bd., Reinbek 1978, S. 422, entnommen. Vor dem Hintergrund der Phänomene ‚Klangmotorik' respektive ‚motorische Intelligenz' erörtert Meyer-Kalkus Gemeinsamkeiten und Unterschiede von Ligetis und Lachenmanns Hörkonzepten: „Von anderen Prämissen als Ligeti aus setzt Lachenmanns Musik nämlich einen Begriff der Klangmotorik und des verkörperten Hörens voraus, der ohne motorische Intelligenz und ohne die synästhetischen Wechselbeziehungen zwischen Hören und Tasten nicht denkbar ist." Während nämlich Ligeti „die Exploration des musikalischen Imaginären (mit Trompe-l'œil-Effekten, imaginären Tönen und Rhythmen, die nicht gespielt werden, usw.) [suchte]", kennzeichne Lachenmann „das materialistisch anmutende Interesse an der Körperlichkeit der Klänge und ihrer Hervorbringung." Meyer-Kalkus, „Klangmotorik und verkörpertes Hören" (s. Anm. 102), S. 94 und 97.

107 Vgl. hierzu auch die weiteren Ausführungen von Meyer-Kalkus: „Lachenmann legt seinem Komponieren eine haptisch-phonetische Konzeption zugrunde, in deren Zeichen Stimme und Instrument, Mund- und Greifwerkzeuge, sprachliche Artikulation und Abtasten von Instrumenten als Äquivalente ein und derselben motorischen Energie zusammenrücken. […] Seine instrumentell-handgreiflichen Fantasien gehen […] mit seinen phonetisch-sprachlichen Hand in Hand – eine Behauptung, die jedem einleuchten wird, der einmal mitangehört hat, wie ingeniös er selber instrumentale Stimmen lautmalerisch nachahmen und dabei ein ganzes Orchester imaginär zum Klingen bringen kann. In einem anderen Leben wäre er wahrscheinlich Musikkomiker geworden, ein Karl Valentin redivivus. […] Lachenmanns Musik ist Musik für Hände und Münder – und für den Kopf. Was er von den Sprech- und Singwerkzeugen fordert, verlangt er auch von den Instrumentalisten: Körpermusik, die sich an Widerständen, an konsonantischen Engen und Sperren reibt und dadurch die Widerstände des Materials ebenso wie die virtuellen Motoriken von Hand- und Mundwerkzeugen ins Bewusstsein hebt. Alle Töne und Geräusche von Lachenmanns Kompositionen verweisen auf die Materialität der Klangkörper zurück wie auch auf ihre Produzenten und deren Anstrengungen, sie hervorzubringen." Meyer-Kalkus, „Klangmotorik und verkörpertes Hören" (s. Anm. 102), S. 100f.

108 Meyer-Kalkus, „Klangmotorik und verkörpertes Hören" (s. Anm. 102), S. 106f.

109 Vgl. hierzu auch den Beitrag von Gerald Siegmund zu diesem Band, der sich Xavier Le Roys Auseinandersetzungen mit Musik von Lachenmann widmet.

110 Ich beziehe mich in den folgenden Ausführungen auf meinen Besuch der Mainzer Uraufführung am 20. Mai 2005 sowie deren Aufzeichnung, zudem auf den Premierenbesuch der Düsseldorfer Wiederaufnahme am 29. Oktober 2011 mit entsprechender Aufzeichnung.

111 Von diesem „verkörperten Hören" ist der Begriff des „körperlichen Hörens"/„coporeal listening" wie ihn Holger Schulze im Kontext der Sound Studies bzw. einer historischen Anthropologie des Klanges entwickelt ebenso zu unterscheiden wie Steffen Schmidts an kulturwissenschaftlichen Fragestellungen orientierter Begriff des „Körperhörens". Vgl. Holger Schulze, „Bewegung Berührung Übertragung", in: *Sound Studies: Traditionen – Methoden – Desiderate. Eine Einführung*, hrsg. von dems., Bielefeld 2008, S. 143–165, insb. S. 149; Steffen Schmidt, „KörperHören", in: *Die Tonkunst*, Heft 1, 2008, S. 67–73, sowie sein Beitrag zu diesem Band. Zu dem von Roland Barthes protegierten „Körperhören" vgl. auch den Beitrag von Martin Günther, „‚Nur leise andeutend […]‘ Kunstlied und kulturelle Inszenierung im 19. Jahrhundert", in diesem Band.

112 Vgl. hierzu aus einer philosophischen Perspektive: Alva Noë, *Action in Perception*, Cambridge/Massachusetts 2006; bzw. aus einem kunsttheoretischen Blickwinkel, der einen vergleichbaren Ansatz auf Aspekte der Bildwahrnehmung überträgt: Horst Bredekamp, *Theorie des Bildakts*, Berlin 2010; ders. und John Michael Krois, *Sehen und Handeln*, Berlin 2011.

113 Vgl. hierzu beispielsweise seine entsprechende Äußerung in dem Interview mit Frank Hilberg „Nicht hörig, sondern hellhörig" (s. Anm. 100), S. 91.

114 Neuwirth, „Strukturell vermittelte Magie" (s. Anm. 100), S. 77f. (die in Anführungszeichen gesetzten Passagen beziehen sich auf Äußerungen Lachenmanns).

115 Vgl. zu einer detaillierten Analyse: Milena Stawowy, „Fluchtversuch in die Höhle des Löwen. Helmut Lachenmanns *Tanzsuite mit Deutschlandlied*", in: *MusikTexte. Zeitschrift für Neue Musik*, Heft 67/68, Januar 1997, S. 77–90.

116 Vgl. hierzu den Abschnitt „Botanisierendes Hören" in Lachenmanns Interview mit Frank Hilberg „Nicht hörig, sondern hellhörig" (s. Anm. 100), S. 92.

117 Dieses Zitat ist dem Programmheft der Düsseldorfer Wiederaufnahme entnommen, das in gewohnt vorbildlicher Art – für die Programmheftgestaltung ist Anne do Paço maßgeblich verantwortlich – auch noch weitere, höchst aufschlussreiche Informationen, u. a. zur Bühnenbildgestaltung enthält. Ich möchte an dieser Stelle nicht vergessen eigens darauf hinzuweisen, dass an deutschen Theaterhäusern Programmhefte für die Ballettsparte nur sehr vereinzelt mit vergleichbarer, kontinuierlich beibehaltener Sorgfalt betreut werden.

118 An dieser Stelle soll nicht unerwähnt bleiben, dass Schläpfer selbst 2010 von der die deutsche Tanzszene maßgeblich kommentierenden Zeitschrift *tanz* zum besten Choreographen des Jahres ernannt wurde.
In den folgenden Ausführungen beziehe ich mich auf meinen Besuch der Mainzer Uraufführung am 9. November 2005 sowie auf die Generalprobenaufzeichnung vom 8. November 2005, zudem eine Generalprobenaufzeichnung vom 15. Juni 2006 für eine Einstudierung dieser Choreographie mit dem Het National Ballet. Zudem besuchte ich die Premiere der Düsseldorfer Wiederaufnahme am 9. April 2011.

119 Vgl. hierzu und zu dem unmittelbar Folgenden ausführlicher: Witold Lutosławski, „Über Rhythmik und Tonhöhenorganisation in der Kompositionstechnik unter Anwendung begrenzter Zufallswirkung", in: *Musik-Konzepte. Die Reihe über Komponisten*, Heft 71/72/73, hrsg. von Heinz-Klaus Metzger und Rainer Riehn, München 1991, S. 3–32; Martina Homma, „‚Vogelperspektive‘ und ‚Schlüsselideen‘. Über einige Aspekte der Kompositionstechnik Lutosławskis anhand kompositorischer Skizzen", in: ebd., S. 33–51; dies., *Witold Lutosławski. Zwölfton-Harmonik – Formbildung – „aleatorischer Kontrapunkt"*, Köln

1996; Christian Martin Schmidt, „Witold Lutosławski: Streichquartett", in: *Die Musik der sechziger Jahre. Zwölf Versuche*, hrsg. von Rudolf Stephan, Mainz 1972, S. 154–162.

[120] Vgl. hierzu: *Conversations with Witold Lutosławski by Tasdeusz Kaczyński*, translated from the Polish by Yolanta May, London 1984, S. 19.

[121] Vgl. hierzu – mit Bezug auf musikalische Belange – auch die jüngste Veröffentlichung des Instituts für Neue Musik und Musikerziehung Darmstadt (Bd. 52): *Berührungen. Über das (Nicht-)Verstehen von Neuer Musik*, hrsg. von Jörn Peter Hiekel, Mainz 2012.

Bewegungen zwischen Phänomenologie und Kognitionswissenschaft

GABRIELE BRANDSTETTER

‚Listening' – Kinaesthetic Awareness im zeitgenössischen Tanz*

Listen! – Dieser Appell gilt gemeinhin der Aufmerksamkeit eines Gegenübers. Der amerikanische Musiker und Performer Max Neuhaus berichtet von einer Serie von ‚Lecture Demonstrations', die er in den 60er-Jahren durchführte, unter dem Titel: *LISTEN*:

„Mich interessierte", so schreibt er,[2] zunächst „der Imperativ, den ‚Listen' ausdrückt"; und er erzählt eine private Anekdote, wie er zu diesem Thema kam: „Meine damalige Geliebte – sie war französisch-bulgarischer Abstammung – schrie dieses Wort, wenn sie wütend war, um dann mit Gegenständen nach mir zu werfen." Seine erste Arbeit als freier Künstler bestand darin, die Besucher seines ‚Konzerts' auf einen Weg, einen ‚Spaziergang' durch Manhattans Lower Eastside zu führen: Er drückte den Zuhörern, die zu einem Konzert gekommen waren, mit einem Gummistempel das Wort ‚listen' auf die Hand und durchquerte mit ihnen bestimmte Straßen und Viertel. Während dieser Führung durch die alltägliche Umgebung schwieg er, konzentrierte sich ganz auf das Hören „und ging einfach los"[3]. „Zunächst war es den Leuten natürlich etwas peinlich", so Neuhaus, „aber meine Konzentration wirkte in der Regel ansteckend." Nach dem aufmerksamen Gang durch diese alltäglichen Klanglandschaften „hatten viele für sich selbst eine neue Art des Hörens gefunden"[4].

So weit Max Neuhaus. Und wer würde sich bei dieser Lecture Demonstration des Hörens nicht an die als Klavierstück angekündigte Performance *4'33* von John Cage erinnern; jenes stille Stück, in dem das Solo-Instrument, das Klavier, *nicht* erklingt? Stattdessen aber wird ein Raum der Aufmerksamkeit geöffnet für die vielfältigen Geräusche und Klänge innerhalb und außerhalb des Konzertsaals.

‚Listen': die Polung der sinnlichen Aufmerksamkeit auf ein ‚Hören' wird in nochmals anderer Weise von Xavier le Roy eingesetzt, in seiner Solo-Performance *Self Unfinished* (1998). Le Roy beginnt das Stück damit, dass er beim Betreten des leeren weißen Raums auf einen Kassettenrecorder zugeht und einen Knopf drückt – wie zum Start von Musik für ein (Tanz-)Stück. Es erklingt jedoch weder Ton noch Musik, noch Geräusch. Le Roy setzt die *Geste* der (Er-)Öffnung einer Klangdimension, und er *bewirkt* damit ein ‚Listening': Die Aufmerksamkeit des Publikums auf ein *mögliches* Hörereignis verändert das Hören *und* die Aufmerksamkeit. Diese Fokussierung eines ‚Listening' ermöglicht – synästhetisch gedacht – eine *andere* Wahrnehmung des Raumes und der Bewegung. „*Listen!*": der Bewegung lauschen, die Körper-Raum-Bewegung hören, dies bedeutet, dass das Sehen eine andere, eine zusätzliche sinnliche (kinästhetische) Qualität erhält. Mit Paul Valéry, für den das Ohr der bevorzugte Sinn der Aufmerksamkeit ist, könnte man sagen, das Ohr „wacht gewissermaßen an der Grenze, jenseits derer das Auge nicht mehr sieht."[5]

‚Listening' ist ein Terminus, der zum Grundvokabular der Kontaktimprovisation zählt. Ich möchte im Folgenden der Verwendung des Begriffs nachgehen und Verknüpfungen mit Diskussionen und Praktiken der ‚kinaesthetic awareness' betrachten. Cheryl Pallant bemerkt in ihrer Einführung zu *Contact Improvisation* als einer „Dance Form"[6], dass ‚Listening', ‚Listening to Motion' ein Begriff sei, der regelmäßig in der Kontaktimprovisation verwendet wird:

> Listening, according to Contact Improvisation's metaphorical use of the word, refers to paying attention to all sensory occurrences arising from touch, from the play of weight as partners move through space, and from the event of one body encountering the presence of another. Listening refers to noticing stimuli not only within oneself but also from another.[7]

Das Feld der Bedeutungen, die mit ‚Listening' angesprochen sind, bezieht sich auf eines jener – offenen – Szenarien des Metaphorischen, die Lakoff als „metaphors we live by"[8] bezeichnete. Mit dem Bild der Aufforderung eines ‚Listen'/‚Listening' ist somit ein nicht nur auf Akustisches begrenztes Wahrnehmungsfeld des Sensorischen benannt: Es ist ein syn-ästhetisches Beziehungsgeflecht von Erfahrungen des Körpers, seiner inneren und äußeren Zustände (‚states') in Ruhe und Bewegung. Es geht um ‚awareness', die in der Contact Improvisation auf mannigfaltige Weise in und durch synästhetisch-kinästhetische Adressierungen der Wahrnehmung geübt und verfeinert wird: Eine Auswahl an Sätzen von Cheryl Pallant, die zu solcher (synästhetischen) Wahrnehmung anleiten, möge diese Spiel-Breite von ‚Listening' illustrieren:

- Listen to the click of cartilage, the slap of skin, of the whisper of your will typically silenced by a shout.
- Notice a part of your body for which you have no name, no history, no awareness [...].
- Feel weight push into your stubbornness, your expectations, against your habit of always yielding to aggression or constantly fighting it. [...].
- Sniff the circumstances, the leg extending into view, the hand urging direction [...].
- Watch time dissolve [...].
- Follow the sound into the garden past the bench in the corner on [...].
- Tend your body as if it were the body of a lover [...].

- Drink the elixir of expansion, the release within repose [...].
- Find the edge between comfort and discomfort, the familiar and the unknown. Balance there, however precariously.
- Devolve into protozoa. [...]
- Let your body call you back into yourself [...].[9]

Aus dieser Liste von Adressierungen einer sinnlichen Wahrnehmung, die für die Vorbereitung und Einstellung in der Contact Improvisation wichtig ist, wird ersichtlich, dass ‚Listening' sich nicht so sehr auf ein *Hören* als sensorische Form der Erfassung akustischer Ereignisse bezieht (auch wenn dies ein Teil davon ist), sondern vielmehr einen sehr breiten, offenen Zustand der sinnlichen/sensorischen Wahrnehmung meint. Es beinhaltet auch das Abtasten, die Taktilität des Berührens. ‚Listen' richtet sich also nicht in erster Linie auf ein Hör-Ereignis. Vielmehr ist damit ein Vorgang der Kreuzung von Aktion und Ereignis gemeint, der im Deutschen mit den Begriffen ‚Zuhören', ‚Hören auf', ‚Horchen und Lauschen' differenzierbar ist – und damit den Selbstbezug ebenso wie den Bezug zum Anderen (Partner) und zum Raum impliziert.[10] ‚Listen', ‚Listening to motion' referiert in Contact Improvisation auf synästhetische und kinästhetische Formen der Wahrnehmung, wobei damit sowohl bewusste als auch unbewusste ‚subliminale' Wahrnehmungen umfasst werden.

Contact Improvisation und Kinästhesie

Contact Improvisation ist eine Tanzpraktik, in der zwei (oder mehr) sich bewegende Partner, stets in Berührung, ihre Bewegungsmöglichkeiten erkunden. Curt Siddall, ein früher Vertreter der Contact Improvisation, definiert diese Tanzform als „a combination of kinesthetic forces: Contact Improvisation is a movement form, improvisational in nature, involving two bodies in contact. Impulses, weight, and momentum are communicated through a point of physical contact that continually rolls across and around the bodies of the dancers."[11] Historisch geht diese Bewegungspraxis auf Steve Paxtons Bewegungs- und Improvisationsexplorationen am Oberlin College 1972 zurück. Seither hat sich diese Tanzform international etabliert und differenziert, als Improvisations-Performance ebenso wie als ‚social dance' in Form von regelmäßigen Jams, als Übungsform in Verbindung mit unterschiedlichen Release-Techniken, die wiederum die Ästhetik des zeitgenössischen Tanzes prägen. „The physical training of Contact Improvisation emphasizes the release of the body's weight into the floor or onto a partner's body [...]", schreibt Ann Cooper Albright, „the experience of internal sensations and the flow of the movement of two bodies is more important than specific shapes or formal positions."[12] Steve Paxton hebt in einem frühen Artikel (in: *The*

Drama Review, 1975) die sechs wesentlichen Elemente von Contact Improvisation hervor: „attitude, sensing time, orientation to space, orientation to partner, expanding peripheral vision, and muscular development, which includes centring, stretching, taking weight, and increasing joint action."[13]

Abb. 1: Who leads? Andy Wichorek and Kelly Lane[14]

Abb. 2: Establishing a Contact Point: Corrine Mickler and Brandon Crouder

Abb. 3: Relying on kinesthetic intelligence, centeredness, and counterbalance: Veronica Ramon and Cheryl Pallant

Die Betonung von motorischen Seiten der Bewegung – wie z. B. die Arbeit mit ‚momentum', ‚gravity', ‚mass'/‚weight', mit ‚chaos' und ‚inertia', die Aufmerksamkeit auf höchst differenzierte Zustände des Muskeltonus zwischen Entspannung und Anspannung (‚release'/‚inertia' und ‚contraction'/Widerstand) und schließlich das ‚shifting' der räumlichen Wahrnehmung zwischen dem Fokus auf das Innere des Körpers und das Äußere des Raumes machen klar, dass ein Akzent des Gesamtkonzeptes von Contact Improvisation auf der bewussten Arbeit mit dem ‚sixth sense', der Kinästhesie, liegt.

Dabei greifen hier zwei Felder des Kinästhetischen ineinander: die kinästhetische Propriozeption und die Arbeit mit kinästhetischer Kommunikation – durch Berührung und Körperkontakt sowie durch Verschiebungen des Gewichts und der räumlichen Lage (Position), welche Verschiebungen der dynamisch interagierenden Tänzer-Körper sind.

„Both the gross motor awareness of kinesthesia and the less conscious sensory feedback mechanism of proprioception form the basis of the physical dialogue which is so pivotal to creating dance", schreibt Cheryl Pallant.[15] Erfahrene ‚Contacter' wie z. B. Nancy Stark Smith betonen deshalb immer wieder die räumliche, nicht nur durch den Blick, sondern durch die gesamt-körperliche Wahrnehmung sich herstellende Orientierung: ein Zustand, den sie „telescoping awareness"[16] nennt, ein „shifting between narrow and wide views, from up-close sensation to perceptions of the wider world."[17] Und zugleich: die „sensation of dropping through space", „the forces of gravity, momentum, and mass"[18].

Eine höchst ausdifferenzierte *Praxis* der tänzerischen Arbeit mit Kinästhesie steht einer Verzögerung der theoretischen Auseinandersetzung mit Ergebnissen der physiologischen, phänomenologischen und neurowissenschaftlichen Kinästhesie-Forschung gegenüber. Diese hat – im Feld der Tanzwissenschaft – erst seit Kurzem eine breitere Beachtung gefunden.[19] Einen ersten Anstoß zu dieser Diskussion gab der schon aus den 80er-Jahren stammende Artikel von Mary M. Smyth „Kinesthetic Communication in Dance".[20] Die Forschungen und Entdeckungen zu ‚Kinesthesis' als Lage- und Bewegungs-Sinn des Körpers von Sherrington (1906)[21] bis zu Gibson (1966)[22] werden von Smyth daraufhin befragt, in welcher Weise „watching someone dance could link to the movement system of the observer".[23] Diese Frage bleibt zuletzt für Smyth nicht beantwortbar[24] – ihre Arbeit spielt mehrere Hypothesen durch, jedoch bevor die neueren Erkenntnisse zur Funktion von Spiegelneuronen in Tanz und Tanzwissenschaft rezipiert wurden.[25] Das Thema ‚Kinästhesie' hingegen ist in der Tanzforschung aktuell, seit sich das Interesse auf die Bedeutung von ‚Energie', ‚Rhythmus', ‚Synchronisation' von Bewegungen im modernen und zeitgenössischen Tanz richtet. So widmet Dee Reynolds ihre Untersuchung zu „Rhythmic Subjects"[26] den „uses of energy" und den Fragen von Kinästhesie, nicht nur bezogen auf Körperposition, Muskelspannung und Bewegung, sondern auch im Blick auf kinästhetisch ‚verkörperte' kulturelle Vorstellungen und Einstellungen des Kinästhetischen. Rudolf von Labans Konzept von ‚effort' und phänomenologische Theorien (Edmund Husserl und Maurice Merleau-Ponty) informieren ihren Ansatz. Mit dem Begriff der ‚kinesthetic imagination', der sich nicht nur auf die subjektiven Seiten der Propriozeption, sondern auch auf Fragen der kulturellen Prägung und der Übertragung von Energie bezieht, gelingt es ihr, das Phänomen der Kinästhesie aus dem Feld der Selbstwahrnehmung in der Tänzer-Praxis zu lösen und zu öffnen für Fragen der (syn-)ästhetischen Wahrnehmung des Beobachters.[27]

In der Praxis von unterschiedlichsten Körpertechniken, die für den zeitgenössischen Tanz (aber nicht nur für diesen) Relevanz besitzen, ist eine Thematisierung des Kinästhetischen von zunehmendem Gewicht; selbst dann, wenn der Terminus ‚Kinästhesie' nicht zum Vokabular des Diskurses zählt. So gaben etliche RepräsentantInnen von Körpertechniken – wie Feldenkrais, Alexander-Technik, Body Mind Centering – bei einer kürzlich veranstalteten Interviewserie an, mit Grundprinzipien von Kinästhesie zu arbeiten, längst bevor sie den Begriff und entsprechende Forschungen zur Kenntnis nahmen. So antwortet z. B. der Tänzer Julyen Hamilton, dass seine Arbeit stark räumlich ausgerichtet sei: „This spatial sense is highly informed through the kinesthetic sensing of the inner body." Mehr noch: die „choices", die immer Bewegungsentscheidungen seien, würden dadurch beeinflusst, dass sie nicht von außen – „via an outside eye" gemacht würden, sondern „choices made from the proprioceptive abilities within the body as it senses itself and its environment." Das Ergebnis sei ein „radically spatial event permitted by the public and performers sharing of space."[28] Susan Klein, die Begründerin der ‚Klein Technique™' betont die außerordentliche Wichtigkeit des Kinästhetischen, sowohl als „tool that allows us to understand the body" als auch für die künstlerische Arbeit: „For me the beauty and excitement in kinesthetics is bringing a body-felt understanding of movement to consciousness. It is fine-tuning our ability to feel, on subtle levels. […] Kinesthetics is our tool to bring the body into a deep state of balance, to its optimal state of movement potential."[29] Der damit verbundene „process of discovery", der geradezu eine Um-Schreibung von fixierten Blockaden, von Haltungen von Muskeln, Knochen und Gewebe auszulösen vermag, führt zu einem kinästhetisch informierten „internal knowing".[30] Das Ziel ist – wie in den meisten Konzepten von Körpertechniken, die mit ‚Body Mind Centering', ‚Ideokinese' oder ‚Functional Integration' (wie z. B. die Feldenkrais-Methode) arbeiten: „body alignment, ease of movement and overall body harmony in dance", wie Linda

Rabin formuliert.³¹ Nicht ein ‚schönes' Körperbild, das einem durch einen ästhetischen Stil oder Bewegungscode vorgegebenem Training folgt, ist hier – in allen Arbeiten von kinästhetisch ausgerichteten Praktiken – leitend für die Idee von Tanz und Choreographie, sondern die von Linda Rabin gestellte Frage: „What would dance performance be like if dancers drew from this essential source?"³²

Aufmerksamkeit: kinaesthetic awareness

Ein Schlüsselbegriff, der in nahezu allen Texten und Diskursen der genannten Körpertechniken und der Contact Improvisation eine zentrale Rolle spielt, ist jener der Aufmerksamkeit – im doppelten Sinn von ‚attention' und ‚awareness', von gerichteter Aufmerksamkeit (aufmerken) und ‚auffallen', wie der Philosoph Bernhard Waldenfels im Rückgriff auf phänomenologische Theorie (bei Husserl und Merleau-Ponty) unterscheidet.³³

„It all starts with paying attention", so sagt Linda Rabin.³⁴ „Kinesthetics, the sense that tells us where and how we exist in our internal environment and how we connect and relate to our external environment",³⁵ kann zu einem bewussten Wahrnehmen führen. Interessant ist dabei insbesondere die *Spaltung* der Aufmerksamkeit. Susan Klein folgend: „It requires a split level of consciousness: one level is doing while the other level is observing what is done. Kinesthetic awareness allows us to keep track of what we are doing with our bodies as well as how we are doing it."³⁶

Aufmerksamkeit – als ‚attention' und ‚awareness' – umfasst das gesamte Sinnes- und Handlungsszenario, das z. B. in den Bewegungsexplorationen von Contact Improvisation angesprochen wird. Aufmerksamkeit impliziert Achtsamkeit – auf die Prozesse der eigenen Körperlichkeit ebenso wie auf die Erfahrungen der Berührung mit dem Anderen. Aufmerksamkeit öffnet damit den gesamten Fächer des Begriffs, wie er in einer anthropologisch-phänomenologischen Spezifizierung beschreibbar ist. Waldenfels weist mit Rekurs auf Immanuel Kant darauf hin, dass damit die Aspekte der willentlichen Steuerung von Aufmerksamkeit (‚attentio', ‚abstractio', ‚distentio'), das Bemerken (‚animadvertere') und das Beobachten (‚observare') ineinander übergehen.³⁷ Hinzu kommt noch der Modus der Selbstaffektion, d. h. „die Affektion des inneren Sinnes durch uns selbst mit einem ‚Actus der Aufmerksamkeit'."³⁸ Eben diese Doppelung von nur teilweise steuerbarer ‚awareness' und Selbstaffektion durch Bilder in der (inneren) Wahrnehmung markiert das Potenzial von Kinästhesie und „kinesthetic imagination" (Dee Reynolds). Genau hier öffnet die Schlüsselformel ‚Listening' das synästhetisch-kinästhetische Spektrum der Möglichkeiten von Aufmerksamkeit:

als ‚perception' und ‚awareness'. Eine kleine Episode mag die Verschiebungen und Übertragungen zwischen Bewegen und (Beobachter-)Wahrnehmen illustrieren:

Im Sommer 2010 fuhr ich mit zwei Team-Mitarbeitern durch die sommerliche brandenburgische Landschaft in ein Dorf, zu einer Art ‚Tanzland'-Farm, genannt ‚Ponderosa', wo ein Workshop zu Contact Improvisation mit Nancy Stark Smith, einer der bekanntesten Persönlichkeiten in diesem Feld, stattfand. Wir waren angemeldet, hatten die Erlaubnis, als kleine Forschergruppe den Workshop zu beobachten. In einer großen, etwas baufälligen Scheune, inmitten eines verwilderten holunderduftenden ‚Paradieses' – wie ein Relikt aus den Hippie-Zeiten der 70er-Jahre – fand der Workshop statt: in einem lichten, großen, durch Holzbalken gestützten Raum, dessen Atmosphäre alle Teilnehmer einstimmte – durch seine Weite, räumliche Öffnung, Konzentration, Ruhe *und* Dynamik, durch die rhythmische Teilung des Raumes durch Fenster und Balken. 19 Teilnehmerinnen des Workshops – und wir Beobachter – verteilten sich in diesem Raum; auffallend war, wie sehr dieser Raum, seine Auf-Teilung den gesamten Prozess des Workshops und die unterschiedlichen Aktionszentren der Bewegung und der ‚Kontakte' *mit* hervorbrachte. *Partizipation* war hier nicht nur ‚sharing the space', sondern zugleich und gleichermaßen: ein Konstituieren von ‚space' im Handeln, im Bewegen und Zuschauen.

Die Frage nach dem Verhältnis von ‚movers' (Workshop-Teilnehmern) und uns als Beobachtern war während des gesamten Prozesses lebendig – und sie veränderte sich! Die Beziehungen transformierten die Wahrnehmung.

Der Workshop intendierte „to pay special attention to the delicate transition from intimate, private authenticity to art making intended to be viewed by the public. […] Are the subtle experiences of perception and action inside improvised dance visible to the watcher?"[39] Diese *Erfahrungen* und diese *Fragen* wurden geteilt: Wir wurden am Ende gefragt: „what did you see?" – im Blick auf einen Bewegungsprozess, der sich mit einem beständigen Wechsel von „dance, watch, listen, being watched" beschäftigte. Ohne hier ins Detail zu gehen, lassen sich folgende Aspekte herausheben, die die ‚Arbeit' an Synchronisation und Partizipation verdeutlichen und differenzieren. Dabei ist es bemerkenswert, dass alle Themen und Prozesse, die in dem Workshop vorkamen, mit ‚Aufmerksamkeit' verknüpft waren: Aufmerksamkeit als sensorisch-kinästhetischer Modus von Partizipation.

Zu den Fragen, die sich – aus der Beobachtung dieses (und anderer) Workshops – ergaben, gehört auch die Überlegung, in welcher Weise das Vokabular der Kommunikation und des Szene-Diskurses die Erfahrung und damit auch die Formen und Möglichkeiten der Partizipation beeinflussen. Zuerst waren wir der Meinung, dass im Verlauf des Workshops das Wort ‚task' – bezogen auf unterschiedliche Bewegungshandlungen – des Öfteren verwendet wurde. Es stellte sich bald heraus, dass wir uns ‚verhört' hatten: nicht von ‚task' (wie in der ‚task-based improvisation'), sondern von ‚taste' war die Rede! „To taste... the moment, the contact, the weight, the line or space" oder „all the tastes in the background". Handlungsmodell und sinnliche Wahrnehmung verschränken sich genau darin – und es ist eine Erfahrung, an der ‚movers' und ‚observers' in unterschiedlicher Weise teilhaben.

Zwischen kleinen Gruppen und auch zwischen allen Workshop-TeilnehmerInnen fanden sehr verschiedenartige Formen der Bewegungs-Synchronisation statt. Es ist hier nicht der Raum, darauf einzugehen. Eine kleine Episode von Synchronisation möchte ich jedoch erwähnen, die sich zwischen ‚movers' und ‚observers' herstellte, weil sie zugleich die Emergenz des ‚sharing' – des Grundgedankens der Contact Improvisation[40] – beleuchtet. Auf die Frage, die im abschließenden Gespräch mit allen TeilnehmerInnen an uns gestellt wurde: „What did you see?", antwortete einer aus unserer Forschungsgruppe, das Eintreten (und sharing) in diesen Workshop-*Raum* und *Rahmen* sei eine markante Erfahrung gewesen. Weshalb? Wegen der Differenz zwischen einer Situation von Stress (vorhergehende Arbeitssituation, Uni-Alltag, anstrengende Fahrt) zu einem Raum und den Begegnungsmöglichkeiten von großer Ruhe, Freiheit der Selbst-Organisation, Lösung von Perfektionszwängen. Dieses Feedback an die Workshop-Teilnehmer wurde sehr positiv aufgenommen. Es war deutlich, dass die Erfahrung der Lösung von Spannung, des Raumgebens für differenzierten ‚contact' (‚taste') und die Distanz zur (leistungsorientierten) Arbeitsökonomie dem Konzept des Workshops und der Contact Improvisation unbewusst antworteten. Darüber hinaus aber war es die Erfahrung von Differenz selbst, die hier den von außen kommenden Beobachter als Partizipant – im Sinne von ‚sharing' – in die Gruppe der ‚movers' einschloss.

Für unsere Fragen nach Partizipation schließt sich hier die Überlegung an, ob und in welcher Weise jene Parameter, die das Partizipatorische ausmachen, überdacht werden sollten. In diesem Fall würde dies z. B. auch bedeuten, dass die ‚responsiveness', die sich zwischen Workshop-‚movers' und Workshop-‚observers' herstellte, nicht die ‚Antwort' auf die Frage nach der Partizipation ist. Sondern dass genau darin eine Frage liegt: die Frage nach den Kriterien des Partizipatorischen und ihren kontextabhängigen Veränderungen: Was beispielsweise sagt dies über Formen der Synchronisation und Konzepte der Teilhabe aus, wenn die Lösung von Spannung oder die Veränderung der Atmung als ein (emergenter) Effekt einer solchen Übertragung in einer Gemeinschaft bewertet wird? Und in welcher Weise werden in solchen Prozessen unterschiedliche Dimensionen der Erfahrung und des Wissens angesprochen? Etwa, im Falle unseres Beispiels, in der Adressierung eines „tacit knowledge" (Michael Polanyi) einer liminalen Aufmerksamkeit; es ist ein schwer beschreibbarer Zustand, in dem man für Signale empfänglich ist, die man nicht – intentional – fokussiert; die in einer beweglich-beiläufigen Weise aufgenommen werden.[41]

‚Listening': ‚Small Dance'

Die Fragen, die mit dieser Episode eines ‚Kontakts' zwischen Tänzern und Beobachtern eines Contact-Improvisation-Workshops beleuchtet werden sollten, sind komplex. Weder neurowissenschaftlich noch ästhetisch-theoretisch ist die Vielfalt der Aspekte einfach zu lösen – beispielsweise die Frage: *Wie* sind die diffizilen und mikroskopischen kinästhetischen Prozesse, die während einer Stunde in Susan-Klein-Technik oder in einer Sequenz von Contact Improvisation stattfinden, für einen Beobachter wahrnehmbar?

Im Kontext des Contact-Improvisations-Diskurses ist es ‚Listening' – als eine Qualität der Aufmerksamkeit und des Gewahrseins – worin sich für ‚mover' und ‚observer' das ‚voluntary' und ‚involuntary' der Bewegungsprozesse erschließen: „Remaining present and listening go hand in hand."[42]

Die Kinästhesie – darauf weisen phänomenologische Ansätze von Husserl, Merleau-Ponty bis Waldenfels hin – ist eine körperliche Raum-Zeit-Erfahrung. Als solche nimmt sie eine besondere Gestalt innerhalb eines Hör-Klang-Raums an.[43] Dies impliziert eine „akustische Epoché", d. h. einen Bruch (in) der Re-Sonanz. ‚Listening' bedeutet somit (mit Waldenfels)[44], dass es eines *‚Andershörens'* bedarf, das die Ordnung des Hörens durchbricht, um die synästhetisch-kinästhetische Qualität jenes ‚movere' (im Sinne eines sensorischen und emotionalen Bewegtseins) zu erreichen, um die es im ‚Contact'-Berührungs-Spiel der Contact Improvisation geht. ‚Kinästhese', wie Edmund Husserl den Begriff einführt, ist somit nicht

> als Bewegungsempfindung zu verstehen, die sich nur durch einen speziellen Empfindungsinhalt von anderen Empfindungen unterscheidet, sondern ‚Kinästhese', die das Ich sich selbst zuschreibt, bedeutet ein sich bewegendes Empfinden vor einem sich empfindenden Bewegen, wobei die chiastische Formulierung andeutet, das Kinesis und Aisthesis weder phänomenal noch neuronal völlig zur Deckung kommen.[45]

Dieses Zögern, Verzögern – jene kinästhetische Epoché, die eine Lücke im Verhältnis von Sich-Bewegen und (Selbst-)Wahrnehmung offenhält[46] – wird in den (elaborierten!) Beschreibungen von Kinaesthetics und Contact Improvisation immer wieder markiert. Linda Rabin spricht von der Frage: „what is movement within the movement?"[47];

Nancy Stark Smith betont für die Contact Improvisation stets aufs Neue die elementare Bedeutung der kinästhetischen Erfahrung von ‚disorientation' und eines ‚gap', das die Kontrolle der Bewegungsorientierung unterbricht. An dieser Stelle mag sich die – lange obsolete – Frage wieder einstellen, an welcher Grenze die Arbeit mit kinästhetischer Wahrnehmung zwischen der Praxis von ‚social dance' und künstlerischer Performance verläuft, sich verschiebt, diffundiert. Die Ausrichtung auf „flow", auf „coordinating falling, following momentum, blending with ‚partner's movement'" wendet sich – so Nancy Stark Smith – in ein Spiel „against": „making myself heavy instead of light when a lift starts, […] insisting instead of yielding, adding no to yes. […] I've been in the harmony business a long time now. […] As much as I love running around, I think I'm going to try running *into* things more often, or at least against them."[48] Diese Brechung – von der Seite einer Gegenkraft, eines kinästhetischen Widerstands her – spiegelt das Pendulum, das Balancieren um Bewegung und Stillstand, in dem sich die Potenzialität/Reflexivität des Kinästhetischen artikuliert: Die äußerste Reduktion der Bewegung als ein „deep inner dance" – und die Frage: was geschieht „by reducing the outer movement to a minimum, and by slowing down the speed to a degree, I continued to explore the *inner* world of the dance", so fragt sich Linda Rabin.[49] Sie war gespannt zu erfahren, was „the audience would perceive when all extraneous movement was removed, if the simplicity of a dancer's walk, sitting or raising an arm, could communicate the intriguing world of sensations and feelings coursing through the performer."[50] Auch wenn diese innere Reise, dieser ‚innere Tanz' nicht in allen Details nachvollziehbar sein kann, Verknüpfungen der kinästhetischen Wahrnehmung – ein ‚sharing' auch zwischen ‚mover' und ‚observer' – sind ein wesentlicher Aspekt einer syn- und kinästhetischen (empathischen) Bewegungs-Synchronisation in der Contact Improvisation und anderen hier erwähnten Körperpraktiken.

Die Reduktion, die Fokussierung der Aufmerksamkeit auf den mikroskopischen ‚inner dance' eröffnet ein spezifisches Feld der (kin-)ästhetischen Bewegungserfahrung, an der Grenze des ‚Stillstands'; ein Still-Stehen, das eben nicht ein Stillstand ist, sondern ein Szenario voller riskanter innerer Bewegung: „Even standing, we execute a continuous fall."[51] Wo wären hier Anfang und Ende, Ruhe und Bewegung in einem Tanz, der in nichts anderem besteht als in einem still Da-Stehen? Nancy Stark Smith beschreibt jenen ‚Tanz', den Steve Paxton in den 70er-Jahren erfand und den er *Small Dance* nannte:[52]

Ein Tanz, der in nichts anderem als ‚standing' besteht. Sie kommentiert ihre Erfahrung:

> Relaxing erect, the intelligence of the body is revealed as it fires the appropriate muscles just enough to keep the body mass hovering within the range of its

vertical supports. The micromovements that occur to keep me balanced are so tiny and yet so magnified, and arise from such a deep feeling of stillness and space, that I get giddy, tickled by the impossible magnitude of such subtle sensations. The disorientation in the stand comes from the feeling that inside the apparent solidity and stillness of standing, there is nothing but movement and space![53]

Disorientation, die intensive Bewegung – ein Tumult im Herzen des Still-Stehens – diese Momente der kinästhetischen Erfahrung eines ‚Listening' sind es, die das Potenzial von Bewegungs(er)findung im zeitgenössischen Tanz öffnen und übertragen.

*[1]   Eine erste, englische Version dieses Aufsatzes wurde publiziert in: *Habitus in Habitat III. Synaesthesia and Kinaesthetics*, hrsg. von Joerg Fingerhut, Sabine Flach, Jan Söffner, Bern 2011, S. 51–66.
2   Max Neuhaus, „LISTEN", in: *Auf tönernen Füßen*, Ausst.-Kat. Kunst- und Ausstellungshalle der BRD Bonn (Hrsg.), Göttingen 1994, S. 125–127.
3   Ebd., S. 126.
4   Ebd.
5   Paul Valéry, *Cahiers*, Bd. II, Paris 1974, S. 934; vgl. Bernhard Waldenfels, *Phänomenologie der Aufmerksamkeit*, Frankfurt/Main 2004, S. 198.
6   Cheryl Pallant, *Contact Improvisation: An Introduction to a Vitalizing Dance Form*, North Carolina, London 2006.
7   Ebd., S. 31f.
8   George Lakoff und Mark Johnson, *Philosophy in the Flesh*, New York 1999; Mark Johnson, *The Body in the Mind: The Bodily Basis of Meaning, Imagination and Reason*, Chicago 1987.
9   Pallant, *Contact Improvisation* (s. Anm. 6), S. 7f.
10 Vgl. Jean-Luc Nancy, *À l'écoute*; dt. *Zum Gehör*, aus dem Französischen übersetzt von Esther von der Osten, Berlin, Zürich 2010, S. 15f. und S. 38f. Nancy argumentiert, dass ‚listening' sich auf das gesamte Register der Sinne bezieht, in Berührung und mit dem Unterschied zwischen Innerem und Äußerem.
11 Zit. nach: *Taken by Surprise. A Dance Improvisation Reader*, hrsg. von Ann Cooper Albright und David Gere, Middletown 2003, S. 206.
12 Ebd., S. 206. Es ist hier nicht der Ort, um auf die historischen und ästhetischen Strukturen von Contact Improvisation näher einzugehen. Albright hat darauf hingewiesen, dass es ein „tricky business" sei, eine kohärente Beschreibung von Contact Improvisation zu geben: „the form has grown exponentially over time and has travelled through many countries and dance communities. Although it was developed in the seventies, Contact Improvisation has recognisable roots in the social and aesthetic revolutions of the sixties." (Ebd., S. 205) – Zur Geschichte der Contact Improvisation s.: Cynthia Novack, *Sharing the Dance. Contact Improvisation and American Culture*, Madison 1990.
13 Steve Paxton, zit. nach: Pallant, *Contact Improvisation* (s. Anm. 6), S. 12f.
14 Alle Abbildungen zitiert aus: *Contact Improvisation: An Introduction to a Vitalizing Dance Form*, © 2006 Cheryl Pallant by permission of McFarland & Company, Inc., Box 611, Jefferson NC 28640. www.mcfarlandpub.com.
15 Pallant, *Contact Improvisation* (s. Anm. 6), S. 32.
16 Vgl. Albright/Gere, *Taken by Surprise* (s. Anm. 11), S. 153.
17 Ebd., S. 154.
18 Ebd., S. 157.

[19] Vgl. Barbara Montero, „Proprioception as an Aesthetic Sense", in: *The Journal of Aesthetics and Art Criticism*, Vol. 64/2 (2006), S. 231–242; und Jonathan Coleman/Barbara Montero, „Affective Proprioception", in: *Janus Head*, Vol. 9/2 (2002), S. 299–317.

[20] Mary M. Smyth, „Kinesthetic Communication in Dance", in: *Dance Research Journal*, Vol. 16/2 (Herbst 1984), S. 19–82.

[21] Charles Sherrington, *The Integrative Action of the Nervous System*, New Haven 1906.

[22] James J. Gibson, *The Senses Considered as Perceptual Systems*, Boston 1966.

[23] Smyth, „Kinesthetic Communication in Dance" (s. Anm. 20), S. 19.

[24] Mary M. Smyth stellt fest, dass: „Somehow remains a gap in the process. Even if dancers were happy that such a process could in any way relate to the experiences which they called ‚kinesthetic communication', we still do not know how it is effected [...] We do not yet know how seen movement can do this." (Smyth, „Kinesthetic Communication in Dance" (s. Anm. 20), S. 22.)

[25] Giacomo Rizzolatti et al., *Mirrors in the Brain: How our Minds Share Actions, Emotions, and Experience*, Oxford 2008.

[26] Dee Reynolds, *Rhythmic Subjects. Uses of Energy in the Dances of Mary Wigman, Martha Graham and Merce Cunningham*, Hampshire 2007.

[27] Vgl. Susan Leigh Foster, „Movements Contagion: The kinesthetic impact of performance", online publication: University of California, International Performance and Culture Multicampus Research Group, Juni 2008, in: http://uc-ipc.com/wp-content/uploads/2008/06/movementcontagion-11.pdf (letzter Zugriff: 17.10.2011); zu Kinästhesie und Empathie siehe auch: Susan Leigh Foster, *Choreographing Empathy, Kinesthesia in Performance*, London 2010.

[28] Vgl. Sabina Holzer und Katrin Roschangar auf Corpus.web vom 28.09.2010: „Kinesthetics: Four questions. Answered for Corpus by Andrey Andrianov, Rosemary Butcher, Julyen Hamilton, Susan T. Klein, Jeremy Krauss, Steve Paxton, and Linda Rabin.", in: http://www.corpusweb.net/kinesthetics-four-questions.html letzter Zugriff: 17.10.2011).

[29] Ebd.

[30] Ebd.

[31] Ebd.; Linda Rabin arbeitete mit Lulu Sweigard mit ‚Ideokinesis', erlernte ‚Alexander-Technik' (durch Rika Cohen), praktizierte ‚Body Mind Centering®' (gegründet von Bonnie Bainbridge Cohen) und wurde schließlich Lehrerin des ‚Continuum Movement' (gegründet von Emile Conrad).

[32] Ebd.

[33] Vgl. Waldenfels, *Phänomenologie der Aufmerksamkeit* (s. Anm. 5).

[34] Holzer/Roschangar, „Kinesthetics: Four questions" (s. Anm. 28).

[35] Susan Klein in: Holzer/Roschangar, „Kinesthetics: Four questions" (s. Anm. 28).

[36] Ebd.

[37] Waldenfels, *Phänomenologie der Aufmerksamkeit* (s. Anm. 5), S. 230f.

[38] Ebd., S. 231.

[39] Nancy Stark Smith in der Workshop-Ankündigung.

[40] Vgl. Cynthia Novack, die ihr – immer noch grundlegendes Buch zu Contact Improvisation – so benannt hat: Novack, *Sharing the Dance* (s. Anm. 12).

[41] Unsere Fragen konzentrieren sich demgegenüber auf Modi von Partizipation, die durch solche Formeln und Kriterien nur unzureichend zu beschreiben sind: Beispielsweise wie bin ich zugehörig und ‚included' in einen Prozess von Aktionen, Übungen, Bewegungen – wie bei jenem Contact-Improvisations-Workshop im ‚Tanzland' Ponderosa –, auch wenn ich als ‚audience', observer, als spectator ‚dabei' bin und doch außerhalb bleibe, was mit der Bezeichnung ‚exclusion' oder ‚not belonging' nicht genau erfasst wäre. Besteht nicht eben darin das interessante Potenzial eines ‚rethinking of participation', das aus der Erfahrung und der Theorie von Performance stammt? In der Beobachtung, dass

die Zuweisungen von aktiv und passiv (wie Rancière betont) und die Reichweite des Begriffs von ‚Handlung' und von ‚Performance' nicht eindeutig festzulegen sind, ja dass gerade durch die Beweglichkeit der Beziehungen (z. B. von Performern und Zuschauern) und durch die Verschiebungen von Rahmen die unterschiedlichsten temporären Möglichkeiten von Partizipation emergieren.

42 Pallant, *Contact Improvisation* (s. Anm. 6), S. 34.
43 Vgl. Waldenfels, *Phänomenologie der Aufmerksamkeit* (s. Anm. 5), S. 199; Vgl. Carman Taylor, „The Body in Husserl and Merleau-Ponty", in: *Philosophical Topics*, Vol 27 (1999), S. 205–286.
44 Ebd., S. 194.
45 Vgl. Bernhard Waldenfels, *Sinnesschwellen*, Frankfurt/Main 1999, S. 68ff.
46 Waldenfels, *Phänomenologie der Aufmerksamkeit* (s. Anm. 5), S. 221.
47 Holzer/Roschangar, „Kinesthetics: Four questions" (s. Anm. 28).
48 Nancy Stark Smith in einem Artikel in *Contact Quarterly* 1984, zit. in: Albright/Gere, *Taken by Surprise* (s. Anm. 11), S. 162.
49 Holzer/Roschangar: „Kinesthetics: Four questions" (s. Anm. 28).
50 Ebd.
51 Ann Woodhall formulierte dieses zentrale Paradox, zit. in: Albright/Gere, *Taken by Surprise* (s. Anm. 11), S. 157.
52 Zu Steve Paxtons genauer Anweisung von ‚Small Dance' vgl. die ‚Rekonstruktion' von Nora Heilmann (2006), „Rupture in Space", in: http://www.ruptures.wordpress.com (letzter Zugriff: 17.10.2011); vgl. Erin Mannings Kommentar „A Mover's Guide to Standig Still" in Bezug auf Steve Paxtons ‚Small Dance' in: *Relationscapes. Movement, Art, Philosophy*, Cambridge/Massachusetts, London 2009, S. 43–49.
53 Zit. in: Albright/Gere, *Taken by Surprise* (s. Anm. 11), S. 162f.

ALLEN FOGELSANGER AND KATHLEYA AFANADOR

A Mirror in Which to Dance: Actions and the Audiovisual Correspondences of Music and Movement*

In a previous paper (Fogelsanger & Afanador, 2006) we proposed a framework for thinking about how music and dance go together (or not), in which the following sorts of possible correspondences between sound and movement are pertinent:

(1) matching or intertwining *pulse* or rhythm;[2]
(2) alignment of *structural temporal aspects* other than pulse;
(3) analogous cross-modal *qualities*; and
(4) complementary *referents*.[3]

One of our aims in the earlier paper was to engage with research in experimental psychology that would shed light on how the coincidence of auditory and visual events might be perceived and contribute to a sense of congruency where this was not directly intended, in particular in the case of the work of Merce Cunningham and John Cage. In this paper we would like to further explore the role of simultaneity in multisensory integration and consider more carefully what contributes to a sense of analogous cross-modal qualities between sound and movement. Our explanation is ultimately based on what might be considered an innate kinesthetic response to movement—perceived visually and/or auditorily—that both reflects and shapes an understanding of the action observed.

Perceiving Actions

The source of this kinesthetic response is the *mirror neuron* system, a network of neural pathways discovered in monkeys and postulated in humans for which evidence has been accumulating over the last twenty years.[4] Mirror neurons activate both when an animal sees an action and when it executes that action itself, thus providing an embodied basis for perceiving movement.[5] Hagendoorn (2004) offers a thorough study of how the mirror neuron system may mediate the impact of a dance on observers.[6]

More recent research has led to the discovery of *audiovisual* mirror neurons that activate not only when an animal hears a sound but also when it sees the action producing the sound or does the action itself. Such cells have been found in monkeys, which have neural pathways that activate at the sound of a peanut breaking, to the sight of someone breaking a peanut, or while executing the action of breaking a peanut (Kohler et al. 2002; Keysers et al. 2003). While audiovisual mirror neurons, like mirror neurons, have been found in monkeys but not humans, indirect proof of their existence in humans is provided by non-intrusive brain imaging (Aglioti & Pazzaglia 2010).

This neurological connection between seeing, hearing and doing may help explain how we judge the appropriateness of a music and dance combination, so it is worth delving into the particulars of this connection in more depth, especially in the context of action[7] as it affects both performance and perception. The role of action in perception was given a theoretical basis by the psychologist James J. Gibson (1966; 1979), who brought an ecological perspective to bear on cognitive psychology. He hypothesized that animals and humans have evolved their perceptual systems to take advantage of information available in their environment, and a key advantage of that information is in how we can quickly find objects and locations that we can use. Such discovered items in our environment offer what Gibson termed *affordances*, meaning the organism-specific advantages that an object presents. For instance, a twig offers humans the capacity to start a fire, but for a bird it may afford shelter when built into a nest, and for some other animal it may be of no use at all. Given the force of evolution, it is likely that our perceptual apparatus does more than just form objects out of colors, edges and shapes but would be especially sensitive to those objects upon which we may usefully act—and this leads to the hypothesis that potential action must come into play during the process of perception, in which case there should be connections between the motor areas of our neurological systems and our perceptual processes. It furthermore follows that the perception of objects might be closely connected to the perception of the actions they afford.

It was within this theoretical paradigm that the work leading up to the discovery of mirror neurons took place.[8] In fact there are two distinct response systems to actions: one constituted by mirror neurons and another based on what are called *canonical* neurons.[9] Canonical neurons and mirror neurons are alike in being activated when a person executes an action, but differ in their sensory properties. While both types discharge when the action is seen, canonical neurons (but not mirror neurons) also discharge when objects that are the focus of a given action are seen. Fadiga & Craighero (2003) interpret this to mean that the canonical neuron system is primed for the quick use of objects while the mirror neuron system is more focused on the imitation and understanding of actions. The former seems a perfect example of the perceptual system framed as a Gibsonian affordance; the latter seems more likely to come into play while watching dance.

While utilitarian appreciation of objects and locations is fundamental to the idea of affordance, Gibson's insight does extend to watching dance and to observing performance in general. In the context of performance, Mullis (2008) points out that affordances are not species-specific but in fact vary for individuals, and that performers train themselves to take advantage of their environments (and themselves) in ways that are not available to the untrained. The pointe shoe offers affordances to ballerinas and not to others. Mullis further notes[10] that the skill of observers, like that of performers, is the result of training, and that part of that training can be the practicing of performing: the experience of performing contributes to seeing more in others' performance. An expert performer has intimate knowledge of the affordances available to another performer and so brings insight to observing a performance that influences the experience of watching it. More fundamentally, the performer's expertise is embodied in their mirror neuron system,[11] sensitizing their perception so that their appraisal of the performing is automatic and acute.

Turning to auditory perception rather than visual[12] we find the neurological bases less understood (Chen et al. 2009, Lewis et al. 2011); in particular it is not clear whether there is any auditory parallel of the canonical neurons that respond to the sight of objects (Chen et al. 2009). Objects after all are something we cannot hear—unless they are involved in an action. Everything we hear is the result of some action that disturbs the air and sends sound waves to our ears,[13] but what we see includes much more than just actions—we usually see the actors,[14] the objects acted upon, and the setting in which the action occurs—all of which, whether moving or not, reflect light to our eyes.[15]

Studies have shown that there are categories of sounds that are processed in distinct ways in the brain (cf. Giordano et al. 2010, Lewis et al. 2011). Giordano et al. (2010) found that we evaluate the sounds of living organisms (such as their vocalizations and locomotion) differently from other sounds, and that furthermore we discriminate between the sounds of object-directed actions, especially those involving tools, and environmental sounds like thunder and rain. Lewis et al. (2011) present a paradigm of auditory cognition that distinguishes four broad categories of sounds other than vocalizations: human-produced action sounds, animal-produced action sounds, mechanical sounds,[16] and environmental sounds. They report the existence of distinct neural networks for processing these categories. Such results are in line with Gibson's focus on the interaction of a species (and individual organisms) with the environment, which results in the evolution of perceptual mechanisms that are particularly effective for recognizing affordances when they are offered.

What can be gathered from these results is that listeners tightly associate the sounds they hear with the actions, organisms and events that produce them and, given that the recognized organisms and events go hand in hand with the actions they cause, a focus on action is not out of place in the evaluation of sounds—including musical ones. The large exception to this is the category of human vocalizations, which we attend to so closely not in order to hear what someone is doing but to in order to hear what they are saying. Lewis et al. (2011) specifically exclude speech in their categorization of sounds after noting that there is already abundant evidence that there are preferential neural networks for processing it, and Giordano et al. (2010) in fact find that listeners tend to focus on symbolic information even when hearing human vocalizations including snoring, breathing, coughing and shushing, but focus on acoustical information when hearing other sounds.[17]

Combining Sights and Sounds

If sounds, including music, are strongly connected to actions, then a focus on the interplay of the actions implicit in sound with the actions observed directly on stage may prove useful in thinking about dance and music. It is too easy to restrict musical analysis to notes rather than the actions that produce them, or the larger actions they constitute, and we propose that a re-centering of music and dance analysis on action may provide fresh insights into and new explanations of music-dance relationships. To flesh this proposal out we consider the results of a number of studies on relatively direct relationships between sound and movement and then suggest appropriating a perspective on sound and action from the area of acousmatic music.

The simplest sound-making actions may be the collisions of two hard objects, for instance two billiard balls or a wooden mallet and a wood block. In these examples the produced sound is short and sharp, though other collisions may produce much more enduring results, as when a clapper rings a bell or a hammer strikes a piano string, because one of the objects continues to vibrate for an extended period; however even in these cases it is the sudden onset of sound that indicates an event—the action—and the long decay is of less importance to our perceptual system. A swift attack gains our attention: just a click can prime us to see something happen. Mere coincidence can alter perception.

The power of a sound's onset on visual perception may be seen in the "bounce-inducing effect" found by Sekular et al. (1997) in which viewers are shown two identical discs moving directly towards each other and passing through each other. If a sound is presented at the time the discs meet they are instead seen to bounce off of each other. A more complex auditory cueing occurs in the "visual freeze illusion" found by Vroomen & de Gelder (2000): an abrupt sound can seem to 'freeze' a visual stimulus presented as part of a quickly progressing series of displays. Participants heard repeated sequences of low and high tones whilst viewing displays of dots flashing briefly onto a screen, including one target display which showed four dots forming a diamond shape in one of its corners; the other displays were distractors. When a high tone coincided with a target, the target's detection by participants was improved: "it looks as if the sound is pinning the visual stimulus for a short moment so that the visual display 'freezes'" (1584). A third example is the "pip and pop" effect found by Van der Burg et al. (2008); their study, like the previous one, shows that a sound alters participants' performance during a search for a target object, but in this case the visual distractors were presented all at once instead of one after another. Participants were looking for a horizontal or vertical line segment surrounded by distractor line segments placed at non-orthogonal angles, all of which were switching colors between red and green at random intervals, like the target itself. If they heard an audio "pip" synchronized with the target's visual changes they were able to find it much faster—it was seen to "pop" out of the crowded visual display.

While these might seem like contrived instances of sound influencing visual perception, the contrivances are necessary for experiments in order to lessen the chance that other complicating factors of everyday life might contribute to the phenomenological effects. Yet these effects can show up in somewhat more realistic settings: our perception of motion—something that is seen every day and is perhaps of more relevance to dance—is also affected by the presence of coincident sound. Arrighi et al. (2009) to some extent explore how the latter two sorts of auditory capture of visual perception described above—the "freeze" of a visual scene within a sequence of events demonstrated by Vroomen & de Gelder (2000) and the "pop" of a visual event in a crowded field demonstrated by Van der Burg et al. (2008)—might combine. They made a point-light walker[18] video of a tap dancer, but filmed only his feet with one marker on each ankle, heel and big toe (amounting to six light points). This was converted into an abstract video of six black dots on a white background, to which moving distractor dots were added.[19] Audio varied from trial to trial and consisted of one of the following: silence, the original audio (cleaned up to remove background noise but leaving not just taps but also shuffles and other shoe sounds), an abstracted audio with a single standardized tap sound replacing the original taps and with other shoe sounds removed, a noisy abstracted version that had random standardized taps added to the abstracted audio, or finally audio made up only of random occurrences of the standardized tap sound. Participants were presented with two videos in sequence, one with the point-light tapping embedded within distractors, the other comprising distractors only; the task was to determine which video contained the point-light tapping, and was aided (or deterred) by the presentation of the various auditory conditions. The finding was that synchronous auditory information enhances detection of point-light tap dancing from a noisy field of light points. Participants sometimes reported the "pop-out" effect named by Van der Burg et al. (2008), but in this case it was for a sequence of events rather than for a single event.

A sequence of visual movements[20] correlating with an auditory event sequence is exactly what observers experience when watching a dance. The "pop-out" effect in dance is hardly unknown: a striking instance occurs in the last movement of Kathleen Fisher's dance *Finite and Infinite Games* (2010).[21] In the midst of copious movement and a swirl of repetitive musical notes,[22] there is a point at which a dancer slowly walks in from stage left while long low tones are sounded; within all the activity this slow-tempo musical line helps bring attention to the parallel visual correspondence of the dancer.[23] The more general choreographic assignment of single dancers or groups of dancers to various musical instruments in the dance's accompaniment of course has a long history.[24] What assignments are made depends on more than just the coincidence of notes and steps: the correspondence between sounds and movements usually seems to be appropriate in some way that involves the quality of the sounds and the quality of the movements and not only their synchrony. This need for an appropriate audio-visual match is, like audio-visual synchrony, showing up at a much deeper level of cognitive processing than one might think.

Barraclough et al. (2005) tested macaques for neurons that responded to both visual and auditory stimulus and found instances were the appropriateness of the union of sound and sight modulated the response. For instance, the neuronal response to the sight of lip-smacking by a human face was increased by the coincident sound of lip-smacking but not by the coincident sound of either a macaque pant-threat or a macaque coo. It is presumed that the existence of similar neurons in humans is likely, and in fact there is evidence of similar perceptual behavior. Thomas & Shiffrar (2010) for instance found that point-light walkers are easier to perceive if they are accompanied by the sounds of footfalls, but not if they are accompanied by simple tones.[25] As in several of the experiments detailed above theirs was a study in detection of a masked target, though in this case the mask was a version of a walker itself, with the points scrambled randomly to different positions but preserving their local motion profiles. Participants were shown movies presenting either a masked walker or a masked scrambled walker and asked whether each movie contained a walker. Some movies included the sounds of footfalls in synchrony with the visual footfalls, others included 100 ms samples of a 1000 Hz tone in synchrony with the visual footfalls, and others were in silence. Detection was improved by auditory footfalls but not by the tones.[26]

In these cases the congruency or incongruency of auditory and visual stimuli seems closely related to whether or not they normally occur together in our environment, as would be expected from a Gibsonian evolutionary standpoint. The question of congruency for music and dance is a step removed from the natural world in that it involves higher order cognitive judgments (in addition to lower order perceptual responses), including considering whether the music and choreography are somehow similar and not just whether they are perceptually indicative of the same event or action; but how might one measure that similarity between a sound and a movement?

One possible answer is provided by Friberg et al. (2000), who used the vertical force curve of footfalls for the amplitude envelope of synthesized sounds and found that the quality of motion corresponding to the gaits creating the footfalls could be recognized from the sounds. They used a force platform to measure the vertical force exerted by the feet of a dancer and an untrained participant; the dancer improvised to different types of music while the untrained participant walked in three ways: energetically, tiredly, and solemnly. The force measurements were mapped to the sound amplitude of the pitch G3 (196 Hz) played by a synthesizer programmed for an "organ timbre," and different sets of four identical sound-mapped footfalls were played at different tempi[27] for listeners who made judgments about how to describe them, or who rated them on adjective scales. Listeners were found to perceive different motion in each sound pattern, and the heard motion in many cases correlated with the physical gait recorded to make the sounds.

Friberg et al. (2000) thus show that information about an action may be used to artificially modulate a sound (thus transferring data about the action to the sound) so that listeners may perceive the action information in the constructed audio signal and relate this new audio signal to the original action. The sound itself is not the sound produced by the action, but it retains some characteristic—in this case a temporal amplitude envelope—that allows the correspondence to be recognized. An interesting experiment would be to combine the work of Friberg et al. (2000) with that of Thomas & Shiffrar (2010) to determine whether the artificial tones used in the former improve detection rates of point-light walkers more than the simple tones used in the latter. Such work offers a little verification for a perspective that understands sounds—and music—as evoking actions.

A Music of Actions

While the evidence presented above may point towards a close relationship between sounds and actions, one may ask whether results at such a granular level of experience extend to larger time scales. In answer we turn to a form of music whose practitioners have been deeply interested in the question of the relationship between artificial sounds and real or imagined actions: acousmatic music. Accusmatic music is music that is realized only through the medium of loudspeakers. It includes material not traditionally considered music, such as environmental sounds and the results of electronic processing. The origins of acousmatic music can be traced to *musique concrète*, the sonic art first made in the 1940s using nascent tape recorders. The sounds submitted to tape might be natural—music, speech, or environmental sounds—or they might have been produced electronically. The captured material could be sliced, stretched, or looped; it could be further manipulated through the use of analog filters, amplifiers, and other pre-computer audio electronics and the results mixed and re-recorded to create compositions of sound in a fixed form.[28] Primary originators of this music were Pierre Schaeffer and Pierre Henry working at Radiodiffusion Française in Paris, although the musical interest in found sounds and noise is seen in the writings of John Cage at the same time or even slightly earlier, and is traceable back to the first decades of the century in the persons of Edgar Varèse and the Italian Futurists.[29]

A primary concern in acousmatic music is the relation between a sound and its source—the action that made it. As the existence of audiovisual mirror neurons shows, an action that makes a sound is intimately associated with hearing the sound and seeing the action that makes it. This applies not only to breaking peanut shells but also to making music. A percussion note is struck, a pizzicato note is plucked, a trombone glissando is slid, and a vibrato is vibrated. Music-making actions are often well enough known that they may be practiced by non-musicians, as is the case with playing air guitar.[30] The sound-image relationship may be bi-directional: the sound can trigger an image of the action, and the action can trigger an image of the sound.[31] Note that with "air playing" the association of image, sound, and action does not necessarily depend on prior experience of doing; it can be built up simply from seeing and hearing—and knowing that the seen action produces the heard sound.

Thus there is not only a relation between a sound and an action, but also between the sound and the imagery of that action.[32] In acousmatic music the sounds are often synthesized or processed; whether they are of electronic origin or not they may be altered to such an extent that the acoustic characteristics identifying the actions that produced them have been reshaped so that they no longer point to the sources. In that case, to what do such artificial sounds point?

The composer Denis Smalley (1997: 110) argues that we unavoidably make connections between sounds of any kind—natural or artificial—and presumed sources extrinsic to the sounds themselves.[33] He calls this act of association *source bonding* and posits that our reception of an acousmatic work relies not only on the play of intrinsic sounds we perceive, but additionally on the play of extrinsic sources we imagine (for we do not see them).

Source bonding occurs not with an object but with an action—that clunk in the music is imagined to be made by a human hand bringing a hard object into contact with a resonant one at high velocity. In Smalley's analysis such a gesture is "an *energy-motion trajectory* which excites a sounding body,"—an action that is seen to be the cause of a sound in a traditional music performance or is associated with a sound heard over speakers (111). In acousmatic music the range of sounds is expanded beyond the realm of "real" sounds and the additional processed sounds (either synthesized or recorded and modified) likewise produce associations with actions deemed to have produced them. The imagined actions of acousmatic sounds are inferred from similar real actions associated with similar real sounds.[34]

In addition to direct connections between sounds and the actions of their production, Godøy (2010: 60) considers action images that go beyond what is necessary to produce the sound.[35] Strictly speaking, actions of vibrato and muting are not sound-producing but sound-modulating, but there is obviously a kinesthetic link between the actions that alter the characteristics of a sound's mode of production and the evolution of the sound produced. There are also sound-tracing actions that musicians perform which emphasize expressive units larger than single notes, such as a full-bodied sweep of the upper arms as the pianist triumphantly runs off a Lizstian scale, or the steps a standing violinist takes into and out of a phrase. Godøy lastly includes actions not necessary to either produce or shape our perception of the sound, but which often accompany music, such as foot-tapping. In summary, actions that may be associated with sounds include, at the least, sound-producing actions, sound-modifying actions, sound-tracing actions, and sound-accompanying actions.

A key question here is, are there measurable attributes of the actions and of their associated sounds that link them together, or is the connection only the association borne of long experience? Godøy (2006) argues that sounds and actions do have attributes that link them, and that a scheme drawn up by Schaeffer (1966/1977) of a typology (classification system) and morphology (description criteria) of what Schaeffer calls *sound objects* is a useful starting point for organizing those links.[36] Schaeffer

(1967/1995) provides numerous examples of sound objects, and Godøy (2010) points out that these are simply chunks of sound that are perceived as wholes.[37] The perception of sounds *as heard* is exactly what Schaeffer (1966/1977) stresses,[38] thus directing attention to their attributes *as sounds* (Hamilton 2007: 99–100).[39] Indeed one of Schaeffer's methods for studying a sound was to place it in a tape loop and listen to it repeatedly, thereby draining the sound of its associations and bringing to the forefront the characteristics and shape of the sound object (Godøy 2006: 151),[40] resulting in what he called *reduced listening*.[41] Godøy's appropriation of Schaeffer's sound object is motivated by the observation that Schaeffer's categorization of sound objects is in parallel with a categorization of the gestures required to produce and modulate sounds, regardless of the fact that Schaeffer's reduced listening is meant to divorce the sound from its source. Schaeffer classifies sound objects in part by whether they are *impulsive*, *sustained* or *iterative*,[42] which Godøy pairs with "discontinuous, continuous, and iterative excitatory gestures" (2006: 154). Schaeffer describes the shapes of sound objects using criteria[43] that register qualities that may change over time, such as changes in sound spectrum, changes in timbre, changes in amplitude, changes in pitch (melodic profile) that on musical instruments require adjustments in bow angle, lip position, angle and position of striking, finger pressure or other small actions. The instrumental techniques of tremolo, vibrato, glissando, harmonics, and flutter tongue all require nuanced motions that produce sound variation identified by Schaeffer's morphological criteria. Godøy finds implicit gestures associated with Schaeffer's sound objects despite their being considered apart from their sources; in removing the source yet acknowledging the duration-velocity characteristics of the sound, Schaeffer achieves an abstracting of the sound from the sounding object while retaining the characteristics of the sounding action.[44]

Audiovisual Play

What might the close connections among sounds, actions, and imagery theorized in the study of acousmatic music have to do with the perception of how music and dance work together on the stage? First we note the similarities between acousmatic music and contemporary dance. Without the basic unit of the musical note, the analysis of acousmatic music becomes much more concerned with timbre, texture, space, and *movement* than traditional music theory.[45] Smalley (1997) writes about motion and growth processes in acousmatic music, using terms such as "oscillation," "undulation," "rotation," "spiral," "spin," "agglomeration," "dissipation," "contraction," and "convergence." He conceives music as exhibiting movement (or its lack) using words such as "rootedness," "contour energy," "inflection," "push/drag," "flow," "rise," "throw/fling," "drift," "float," and "fly." He describes textures as having qualities and dimensions such as "streaming," "flocking," "turbulence," "continuous/discontinuous," "iterative/sustained," "periodic" and "accelerating." This language is not dissimilar to a description of dance, most famously the movement analysis of Rudolph Laban centered on "spreading/enclosing," "rising/sinking," and "advancing/retreating" (Davies 2001).[46] For both Smalley and Laban the focus is not on discrete conventional units such as notes or steps but on actions, trajectories, and movement qualities. Thinking about music[47] as actions and modulations rather than as notes and chords places it in the same conceptual space as dance, reframing the relationship between movement and sound as an interaction between seen actions and heard ones. So what is the relationship between these two types of actions?

At the simplest level we might expect many instances of choreography that links sounds to images of the actions that made them; however, this seems to be relatively rare. For instance, consider the pas de deux from Balanchine's *Agon*, well documented by Stephanie Jordan in her film *Music Dances* (2002). Here there are many instances of *music visualization*,[48] for example where the male dancer lets go of a foot at the sound of a pizzicato, or skitters sideways on the floor to the sound of a tremolo.[49] Note that these are not images of sound-producing actions (at least not for the sounds we hear); instead they are at a slight remove—the same actions being done with different parts of the body, in instances of *motor equivalence* (Godøy 2006: 154–155; 2010: 56). Consider as a third instance that the striking motion that produces a sound from a percussion instrument is usually executed by one of the upper limbs, but that action is easily abstracted and copied to a parallel realization by a lower limb. This principle of taking movement originally done by one part of the body and transferring it to another is a well-known choreographic technique for generating material. Observers can recognize the motor equivalence of two gestures and thus see the connection between them; likewise, they can recognize the motor equivalence between the action seen and the action heard and thus see a music visualization.

The sound action and the visual action may however be still further apart than might be considered motor equivalence and yet still share characteristics that allow them to be seen as linked. For instance *any* sharp motion can be seen as sharing the qualities of striking—a sudden impulse with a sudden stop—regardless of whether the action is actually a striking action or its motor equivalent. Thus while a "plucking" action would be seen as congruent with the sound of pizzicato, that sense of congruency may also be satisfied simply with a hand's clear, sudden release of a foot—an action that shares the same sharp onset. This abstraction of a sound's qualities is what Godøy values in Schaeffer's typology and morphology: Schaeffer abstracts numerous action qualities, and his abstracted qualities could equally well be used for an analysis of dance movement. Of course there are already tools for analyzing dance movement, but some extension of Schaeffer's thinking could bring both sound actions and movement actions within the same classificatory, descriptive, and analytical framework—leading to a more direct analysis of the relationship between music and dance.

Beyond sound-producing actions, a perhaps more important set of actions are sound-modifying actions. Tremolos and vibratos, dynamics, and changes in timbre of an individual note are not available if the sound is produced by striking; they are accessible to musicians if note production requires continued action and require for example movement of bow positions or changes of pressure. While the movements used to shape the sound may be quite small, the resulting changes in sound are quite noticeable and may be very pertinent. In this case motor equivalence is a practical necessity if a movement parallel to the sound modification is to be readable on stage. The abstractions of the motor controls for modifying sound are transferable and can be recognized by observers when a dancer employs them in alternative body actions. The "skittering" in *Agon* mentioned above is an example of a sound-modifying action—the finger vibration required for tremolo—transferred through motor equivalence to the whole body.[50]

Somewhat comparably sound-tracing actions (Godøy 2010: 60) likewise require continued action, but rather than applying to a single note they indicate how multiple notes go together to form a larger yet single action in what Godøy (56) calls *coarticulation*, meaning that small units are sequenced together as a chunk so that, for instance, the relevant action becomes the sweep of the scale rather than the articulation of individual notes. The time scale of such gestures is often around one to five seconds, and choreography is much more likely to recognize the larger motions of coarticulation and modification than the simpler sound-producing actions.

In conclusion, a dance is a play of audiovisual actions that in theory may be analyzed under a single framework sensitive to energy-motion trajectories. By Gestalt principles of similarity and proximity, actions occurring at the same time will tend to be perceptually grouped together and actions that are alike will be grouped together.[51] It may be especially satisfying to see/hear like actions occur simultaneously, but a contrapuntal mix of dissimilar actions happening together or similar actions being separated in time may have its own attraction.

When we hear and see things simultaneously, our brains try to combine them into a single logical event, an instance of cross-modal integration. Sound and vision work together to help us process bursts and streams of information into percepts that guide our responses to relevant events and activities in our environment. This multisensory integration may come into play by allowing choreography to "bring out" something particular in a piece of music or allowing music to "bring out" something particular in a piece of choreography. In the experience of watching sound and movement simultaneously, a viewer inevitably makes perceptual connections between the two, even when no connection has been intended. Neurologically, the relationship between our auditory and visual perception is a very close and interconnected one: what we see can change how we interpret what we are hearing, and what we hear can change how we interpret what we are seeing.

The rapidly growing research on audio-visual-kinesthetic links may be applied to the study of the creation and reception of dance. At very short time periods it is possible that perception itself may help dance designers create events; as the time frame increases the movement-sound interaction becomes more conceptual and structural. The literature on the perception and cognition of actions may provide an inspiration for design ideas and a framework for richer readings of dances.

---

* [1]   Portions of this paper were presented in earlier forms as parts of "Cross-Modal Perception and Dance" at the World Dance Alliance Global Dance Event, New York, 2010, and "The Play of Visual and Sonic Actions: Watching Dance with Music" at the Congress on Research in Dance conference, Philadelphia, 2011.

2   We differentiate between pulse-following audiovisual interactions and those not perceived within a beat framework, not only because a musical pulse sets up traditional opportunities for choreographic play that are not otherwise available, but additionally because there is evidence that a beat context makes a difference in how well we perceive rhythm. Whilst Essens & Povel (1985) found that auditory rhythms capable of being perceived within a beat framework are more easily reproduced, Grahn & Brett (2007) confirmed this and furthermore reported that certain areas of the brain respond more to rhythms with a beat than those without. Fitch & Rosenfeld (2007) provide an introduction to the psychological study of syncopation that might be a starting point for considering the syncopation of dance. Phillips-Silver, Aktipis & Bryant (2010) propose a general framework for considering how humans coordinate rhythmic movement, including perceiving it. Visually presented pulse tends to be harder to perceive and to imitate than auditory pulse (Kolers & Brewster 1985; Repp & Penel 2002, 2004) and it is harder to imitate non-isochronous rhythmic sequences presented visually than auditory ones (Glenberg et al. 1989, Semjen & Ivery 2001). In the case of both modalities being present, changes in finger tapping tend to follow the auditory stimulus (Repp & Penel 2002, 2004). Cook, Van Valkenburg & Babcock (2011) showed that above a certain threshold of complexity, observers show increased likelihood of perceiving synchrony even when audio and visual events are out of synchrony; this would be applicable to seeing fast dancing to fast music and in rough agreement with Collins & Olofsson (2006) writing on the practical considerations of synchronizing music and video in a DJ/VJ environment. The detection of audiovisual rhythm synchrony can be modulated by experience with the actions observed (Petrini et al. 2009a, 2009b, 2010). For a review of research on the detection of asynchrony in audiovisual stimulus see Vatakis & Spence (2010).

3   Clarke (2005: 48–61) argues that sounds refer to the world in many ways, presenting a nuanced analysis of Jimi Hendrix's "Star Spangled Banner" that examines the multiple associations available to listeners. Cook (1998) offers a general account of how musical meanings combine with visual ones, though his in-depth readings are limited to video (Madonna's "Material Girl," the *Rite of Spring* section of Disney's "Fantasia," and Godard's "Armide"). How external references of dances work with those of their music, and color the perception of the steps, sounds, phrasing and structure of the dance and the music, is a very large task even for a single piece, but an example of such analysis is provided by Jordan (2007: 411–505); she compares various versions of *The Rite of Spring* and elucidates how its meaning has been individualized by each choreographer.

4   See Rizzolatti & Craighero (2004) for an overview.

5   For more on the connection between perception and action see Gallese & Lakoff (2005), Hurley (2001), Mossio & Taraborelli (2008) and Wilson & Knoblich (2005).

6   The idea that kinesthetic response is at the root of our appreciation of dance may be found well before the discovery of mirror neurons. For example Martin (1939: 52–55) lays out an explanation of our reaction to dance that is closely parallel to Hagendoorn's account relying on mirror neurons; however, it is presented as a special and more intense case of an "inner mimicry" (47–52) that results when perceiving even inanimate objects. The mirror neuron system is not theorized as responding to inanimate objects; instead it "re-acts" to actions.

7   We prefer the term "action" over "gesture" because it doesn't connote communication.

8   See Brass & Rüschemeyer (2010) for a quick overview or Rizzolatti & Sinigaglia (2008) for a thorough study.

9   Both are types of visuomotor neurons (Fadiga & Craighero 2003, Chen et al. 2009).

10   Citing Hagendoorn (2004).

11   That movement expertise is embodied in the mirror neuron system is shown by studies by Calvo-Merino et al. (2005) and Cross et al. (2006). In the first study, researchers showed video of similar ballet and capoeira moves to expert ballet dancers, expert capoeira dancers and a control group of non-experts. They found that participants' responses depended on whether they had training in the style of dance viewed, showing stronger responses in mirror neuron areas when seeing actions they were expert at doing, even compared to similar actions in another genre. In the second study, modern dancers learned a new sequence of unfamiliar movement. After five weeks of rehearsing one hour a day five days a week, a trained dancer showed a stronger brain response when observing someone performing the training sequence than when seeing someone performing a similar yet unfamiliar sequence.

12   Although Gibson's framework covered all the senses, he most developed it with regard to visual perception (1979).

13   Or disturbs the water and sends sounds waves through the water to us if we are underwater.

14   But not always, as for instance in the case of wind.

15   There are of course occasions when the light we see is not reflected but produced by what we see, but a dance performance is not one of them.

16   Lewis et al. (2011) acknowledge that mechanical sounds have been in our world for too little time to have stimulated the evolution of any specialized systems for dealing with them per se, but note that their unique characteristics such as extreme regularity and repetitiveness, often at high frequencies, make them easily recognizable from basic attributes of their acoustic signals.

17   They also found that presenting vocalizations after a presentation of other sorts of sounds would increase the focus on acoustical information, thus discovering a simple

18 strategy for nudging listeners away from asking, "what is being said?" to asking, "what is making this sound?"

19 The seminal paper on the perception of point-light walkers is by Johansson (1973). Maas (1971) made a video on Johansson's work which is online at http://www.youtube.com/watch?v=1F5ICP9SYLU as of April 2012. The point-light walkers are an early version of the motion-captured figures seen in Merce Cunningham's dance *Biped* (1999). Oakes (2012) shows a short video demonstrating a point-light dancer online at http://vimeo.com/3028400 as of April 2012.

20 The article by Arrighi et al. (2009) is available without cost online at http://journalofvision.org/9/4/25/ and includes links to short movies showing examples of their audio and video testing materials.

21 An open question is how important it is that the motion be biological for perceptual cross-modal integration to be helped by auditory information. Arrighi et al. (2009) note that their experiment does not address this, but cite Arrighi et al. (2006) as an example of research on audio-visual integration (involving point-light drumming) that did not find a difference between natural and artificial stimuli. On the other hand Brooks et al. (2007) showed that an audio signal moving in the same direction as a point-light walker aided detection of the walker from a background of distractors, but this was not true if the point-light walker was upside-down, thus showing that useful auditory information may not always help in the detection of non-biological movement; training, however, may mitigate this effect (Petrini et al. 2010).

22 As seen in the film by Muna (2010).

23 *Knowing the Ropes* by Michael Nyman, performed by the Michael Nyman Band.

24 In RJ Muna's film of the dance the correspondence is further accentuated by a close-up of said dancer; the section starts at 30:01 in the film.

25 See for instance Hodgins (1992). An example of such dancer-instrument correspondences can be seen in George Balanchine's *The Four Temperaments* during the Choleric variation of the 2nd Theme. The opposite approach, where dancers correspond to instruments but move exactly when the instruments are *not* playing, was used by Trisha Brown in *Twelve Ton Rose* during the first movement of Anton Webern's Op. 28; see Fogelsanger (2006).

26 On the other hand, the advantage of footfalls over simple tones disappeared if the point-light walkers were presented upside-down, similarly to the result of Brooks et al. (2007) mentioned above in footnote 20.

27 The article by Thomas & Shiffrar (2010) is available without cost online at http://journalofvision.org/10/12/14/ and includes links to short movies showing examples of their audio and video testing materials.

28 The sounds were always played at the same speed but the time intervals between them were set at different durations for different presentations.

29 Manning (2003) provides an assessment of the impact of recording techniques on the composition of the music.

30 The key Futurist text on noise is Luigi Russolo's manifesto "L'Arte dei Rumori" (1913); Kahn (1999) provides interesting commentary. The history of the development of found sounds is covered by Chadabe (1997). Palombini (1999) concisely summarizes the work of Schaeffer and Henry.

31 In an exploratory study of such "air playing" Godøy, Haga & Jensenius (2006) show that the association of sound with sound-producing actions is quite strong. One method of turning the action of "air playing" back into sound making is described by Crawford (2006).

32 Even a photograph of an image associated with sounds can activate auditory representations in the brain; see Proverbio et al. (2011).

32 If the context is listening to music then the imagery is by definition musical imagery—a subject with a long history. See Godøy & Jørgensen (2001) for a survey.
33 Smalley identifies Nattiez (1990/1987: 102–129) as a precursor to his own discussion.
34 The acousmatic sounds created by Friberg et al. (2000), as noted above, are clearly similar to the real actions of footfalls, but are they similar to the real sounds produced by the footfalls? What makes actions similar, what makes sounds similar, and how action-similarity differs from sound-similarity are all large topics needing to be addressed.
35 See also Barreiro (2010).
36 See also Schaeffer (1967/1995); his phenomenological approach to acousmatic music is applicable to the analysis of traditional music as well. Sources on Schaeffer's work written in English include Chion (2009/1983) and Palombini (1999).
37 Godøy (2010) notes that sound objects tend to be about three seconds in duration. This makes the sound object well-suited for supplying a framework for research on connections between sounds, actions, and imagery: the time duration roughly matches how long it takes people to identify sounds and their characteristics. We can recognize certain features of sounds in well under a second, including pitch, the order of near simultaneous events, and certain qualities of timbre; within a few seconds we can recognize musical styles, tunes, rhythms, scale, and even expressive qualities (57). Schleidt and Kien (1997) find that a human action unit, defined as a sequence of functionally related movements, likewise tends to last around three seconds, and they note that actions in all mammals tend to be structured into segment sequences one to five seconds long. As this is similar to the span for perceiving and holding events in short-term perception and memory, Godøy sees sound objects as a potential conceptual link between audition and vision, cognition, and behavior.
38 The place of phenomenology in Schaeffer's work is discussed by Kane (2007).
39 This is somewhat akin to Cage's interest in sounds, yet Cage thought that *musique concrète* was conventional music; on the other hand Karlheinz Stockhausen and Pierre Boulez dismissed it for having too many real world references (Hamilton 43).
40 Tenney (1988/1961: 25) claims that Schaeffer's formulation of the sound object is inherently colored by the practical aspect of working with tape, and that it is conceived of as taped material that can be manipulated—which regardless of its transformation is still associated with the original recording. He places Schaeffer's emphasis in opposition to his own, which is on the perceptual experience of sound events. Tenney acknowledges his debt to Schaeffer (1952) but would have been unaware of the extended consideration of ways of listening found in Schaeffer (1966/1977). The tension between a sound as an object for perception and as an object for composition is a constant presence in the literature on acousmatic music; see Smalley (1997: 107–109).
41 For more on reduced listening see Chion (2009: 30–32). Hamilton (2007: 95–118) discusses the connections between reduced listening and formalist aesthetics.
42 Perhaps the clearest source in English for understanding Schaeffer's typology is Thoresen (2007). Thoresen revises and extends Schaeffer's typology, reducing the number of and simplifying some of the terms, and adding (with the help of Andreas Hedman) a graphic notation system with the purpose of creating a more practical tool for the analysis and conceptualization of acousmatic music. In doing so he highlights many of the features of Schaeffer's work and explains how he reuses them, in the process providing numerous details of Schaeffer's ideas.
43 Described by Chion (2009/1983: 158–162), Dack (1998: 89) and Thoresen (2007: 130).
44 Additional evidence for the ease with which music is associated with movement is reported by De Poli et al. (2009), who find that "friction," "elasticity," "movement," and "trajectory" are terms easily adopted by subjects in describing musical qualities and events.

45 Kendall (2010) proposes an approach to electroacoustic music roughly parallel to what we outline here, but with an emphasis on events rather than actions; his work likewise may be extended to dance.
46 See also Langer (1953: 175–176): "...one sees the dance driving this way, drawn that way, gathering here, spreading there—fleeing, resting, rising, and so forth; and all the motion seems to spring from powers beyond the performers." Langer is arguing for dance being interpreted as a representation of the play of "virtual powers"—something not unlike source bonding in acousmatic music. In the auditory case, the heard sound is linked with an imagined action; in the visual case, the seen movement is likewise linked with an imagined action.
47 In highlighting the place of action in music we have drawn from the example of acousmatic music because movement is very clearly recognized in its theoretical literature and in the music itself. In music in which the fundamental unit is the note—an idealized sound taking its place within a scale of discrete steps, a metrical grid, and a conceptual space of learned conventions—the conversion of sounds to notes may obscure the actions inherent in the production of the notes, yet movement may still be perceived: see Shove & Repp (1995) and Bharucha et al. (2006).
48 Music visualization here refers to movement that is exactly in rhythmic congruency with the music and possibly reflects other aspects like pitch contour or dynamics; it is often described dismissively as "mickey-mousing" the music (Jordan 2000: xi & 74).
49 Jordan (2000: 151–167) gives a detailed account of *Agon* and its choreography-music relations.
50 Another instance of musical tremolo being matched to a much larger full body vibration can be seen in Jiří Kylián's *Sarabande* set to music by Johann Sebastian Bach (Kylián 1995).
51 Tenney (1988/1961) presents an abstract system for analyzing and understanding time-based compositions that in part builds on Gestalt principles; while the focus of his writing is on contemporary music, the ideas are equally applicable to dance.

Bibliography

Salvatore M. Aglioti and Mariella Pazzaglia, "Representing Actions Through Their Sound," *Experimental Brain Research* 206 (2010), 141–151.
Roberto Arrighi, David Alais, and David Burr, "Perceptual Synchrony of Audiovisual Streams for Natural and Artificial Motion Sequences," *Journal of Vision* 6(3) (2006), 6, 260–268.
Roberto Arrighi, Francesco Marini, and David Burr, "Meaningful Auditory Information Enhances Perception of Visual Biological Motion," *Journal of Vision* 9(4) (2009), 25, 1–7.
Nick E. Barraclough, Dengke Xiao, Chris I. Baker, Mike W. Oram, and David I. Perrett, "Integration of Visual and Auditory Information by Superior Temporal Sulcus Neurons Responsive to the Sight of Actions," *Journal of Cognitive Neuroscience* 17(3) (2005), 377–391.
Daniel L. Barreiro, "Sonic Image and Acousmatic Listening," *Organised Sound* 15(1) (2010), 35–42.
Jamshed J. Bharucha, Meagan Curtis, and Kaivon Paroo, "Varieties of Musical Experience," *Cognition* 100 (2006), 131–172.
Marcel Brass and Shirley-Ann Rüschemeyer, "Mirrors in Science: How Mirror Neurons Changed Cognitive Neuroscience," *Cortex* 46 (2010), 139–143.
A. Brooks, R. van der Zwan, A. Billard, B. Petreska, S. Clarke, and O. Blanke, "Auditory Motion Affects Visual Biological Motion Processing," *Neuropsychologia* 45 (2007), 523–530.

B. Calvo-Merino, D. E. Glaser, J. Grèzes, R. E. Passingham, and P. Haggard, "Action Observation and Acquired Motor Skills: An fMRI Study with Expert Dancers," *Cerebral Cortex* 15 (2005), 1243–1249.

Joel Chadabe, *Electric Sound: The Past and Promise of Electronic Music* (Upper Saddle River, NJ 1997).

Joyce L. Chen, Virginia B. Penhune, and Robert J. Zatorre, "The Role of Auditory and Premotor Cortex in Sensorimotor Transformations," *The Neurosciences and Music III: Disorders and Plasticity*, Annals of the New York Academy of Sciences 1169 (2009), 15–34.

Michel Chion, *Guide to Sound Objects: Pierre Schaeffer and Musical Research*, trans. John Dack and Christine North. ElectroAcoustic Research Site, http://www.ears.dmu.ac.uk/spip.php?page=articleEars&id_article=3597, visited June 2012. Originally published in French in 1983 as *Guide des objets sonores: Pierre Schaeffer et la recherche musicale* (Paris 2009).

Eric F. Clarke, *Ways of Listening: An Ecological Approach to the Perception of Musical Meaning* (Oxford, UK 2005).

Nick Collins and Fredrik Olofsson, "klipp av: Live Algorithmic Splicing and Audiovisual Event Capture," *Computer Music Journal* 30(2) (2006), 8–18.

Laura A. Cook, David L. Van Valkenburg, and David R. Badcock, "Predictability Affects the Perception of Audiovisual Synchrony in Complex Sequences," *Attention, Perception & Psychophysics* 73 (2011), 2286–2297.

Nicholas Cook, *Analysing Musical Multimedia* (Oxford, UK 1998).

Langdon Crawford, *How to Write Music for the Airband*. MM Thesis, New York University, NY (2006).

Emily S. Cross, Antonia F. de C. Hamilton, and Scott T. Grafton, "Building a Motor Simulation de novo: Observation of Dance by Dancers," *NeuroImage* 31 (2006), 1257–1267.

John Dack, "Strategies in the Analysis of Karlheinz Stockhausen's *Kontakte für elektronische Klänge, Klavier und Schlagzeug*," *Journal of New Music Research* 27 (1998), 84–119.

Eden Davies, *Beyond Dance, Laban's Legacy of Movement Analysis* (London 2001).

Giovanni De Poli, Luca Mion, and Antonio Rodà, "Toward an Action Based Metaphor for Gestural Interaction with Musical Contents," *Journal of New Music Research* 38(3) (2009), 295–307.

Peter J. Essens and Dirk-Jan Povel, "Metrical and Nonmetrical Representations of Temporal Patterns," *Perception & Psychophysics* 37(1) (1985), 1–7.

Luciano Fadiga and Laila Craighero, "New insights on sensorimotor integration: From hand action to speech perception," *Brain and Cognition* 53 (2003), 514–524.

W. Tecumseh Fitch and Andrew J. Rosenfeld, "Perception and Production of Syncopated Rhythms," *Music Perception* 25(1) (2007), 43–58.

Allen Fogelsanger, "On the Edges of Music: Trisha Brown's *Set and Reset* and *Twelve Ton Rose*" (2006). Online at www.armadillodanceproject.com/AF/Cornell/Edges2006July.pdf. Revision of paper of same title published in *Sound Moves: An International Conference on Music and Dance, 2005, Proceedings* (2005), 39–46.

Allen Fogelsanger and Kathleya Afanador, "Parameters of Perception: Vision, Audition, and Twentieth-Century Music and Dance," *Continuing Dance Culture Dialogues: Southwest Borders and Beyond: The 38th Congress on Research in Dance Annual Conference* (2006), 56–65.

Anders Friberg, Johan Sundberg, and Lars Frydén, "Music from Motion: Sound Level Envelopes of Tones Expressing Human Locomotion," *Journal of New Music Research* 29(3) (2000), 199–210.

Vittorio Gallese and George Lakoff, "The Brain's Concepts: The Role of the Sensory-Motor System in Conceptual Knowledge," *Cognitive Neuropsychology* 22(3/4) (2005), 455–479.

James J. Gibson, *The Senses Considered as Perceptual Systems* (Boston 1966).

James J. Gibson, *The Ecological Approach to Visual Perception* (Hillsdale, NJ 1979)

Bruno L. Giordano, John McDonnell, and Stephen McAdams, "Hearing living symbols and non-living icons: Category specificities in the cognitive processing of environmental sounds," *Brain and Cognition* 73 (2010), 7–19.

Arthur M. Glenberg, Stuart Mann, Lisa Altman, Tim Forman, and Sean Procise, "Modality Effects in the Coding of Rhythms," *Memory & Cognition* 17(4) (1989), 373–383.

Rolf Inge Godøy, "Gestural-Sonorous Objects: Embodied Extensions of Schaeffer's Conceptual Apparatus," *Organised Sound* 11(2) (2006), 149–157.

Rolf Inge Godøy, "Images of Sonic Objects," *Organised Sound* 15(1) (2010), 54–62.

Rolf Inge Godøy, Egil Haga, and Alexander Refsum Jensenius, "Playing 'Air Instruments': Mimicry of Sound-Producing Gestures by Novices and Experts," in *Gesture in Human-Computer Interaction and Simulation: 6th International Gesture Workshop, LNAI 3881*, ed. Sylvie Gibet, Nicolas Courty, and Jean-François Kamp (Berlin 2006), 256–267.

Rolf Inge Godøy and Harald Jørgensen, *Musical Imagery* (Lisse, The Netherlands 2001).

Jessica A. Grahn and Matthew Brett, "Rhythm and Beat Perception in Motor Areas of the Brain," *Journal of Cognitive Neuroscience* 19(5) (2007), 893–906.

Ivar Hagendoorn, "Some Speculative Hypotheses about the Nature and Perception of Dance and Choreography," *Journal of Consciousness Studies* 11(3-4) (2004), 79–110.

Andrew Hamilton, *Aesthetics and Music* (New York 2007).

Paul Hodgins, *Relationships between Score and Choreography in Twentieth-Century Dance: Music, Movement, and Metaphor* (Lewiston 1992).

Susan Hurley, "Perception and Action: Alternative Views," *Synthese* 129 (2001), 3–40.

Gunnar Johansson, "Visual Perception of Biological Motion and a Model for its Analysis," *Perception & Psychophysics* 14 (1973), 201–211.

Stephanie Jordan, *Moving Music: Dialogues with Music in Twentieth-Century Ballet* (London 2000).

Stephanie Jordan, *Music Dances: Balanchine Choreographs Stravinsky* (video) (New York 2002).

Stephanie Jordan, *Stravinsky Dances: Re-Visions across a Century* (Hampshire, UK 2007).

Douglas Kahn, *Noise, Water, Meat: A History of Sound in the Arts* (Cambridge, MA 1999).

Brian Kane, "L'Objet Sonore Maintenant: Pierre Schaeffer, sound objects and the phenomenological reduction," *Organised Sound* 12(1) (2007), 15–24.

Gary S. Kendall, "Meaning in Electroacoustic Music and the Everyday Mind," *Organised Sound* 15(1) (2010), 63–74.

Christian Keysers, Evelyne Kohler, M. Alessandra Umiltà, Luca Nanetti, Leonardo Fogassi, and Vittorio Gallese, "Audiovisual Mirror Neurons and Action Recognition," *Experimental Brain Research* 153 (2003), 628–636.

Evelyne Kohler, Christian Keysers, M. Alessandra Umiltà, Leonardo Fogassi, Vittorio Gallese, and Giacomo Rizzolatti, "Hearing Sounds, Understanding Actions: Action Representation in Mirror Neurons," *Science* 297 (2002), 846–848.

Paul A. Kolers and Joan M. Brewster, "Rhythms and Responses," *Journal of Experimental Psychology: Human Perception and Performance* 11(2) (1985), 150–167.

Jirí Kylián, *Black and White Ballets* (video), (USA 1995).

Susanne K. Langer, *Feeling and Form: A Theory of Art* (New York 1953).

James W. Lewis, William J. Talkington, Aina Puce, Lauren R. Engel, and Chris Frum, "Cortical Networks Representing Object Categories and High-Level Attributes of Familiar Real-World Action Sounds," *Journal of Cognitive Neuroscience* 23(8) (2011), 2079–2101.

James B. Maas, *2-Dimensional Motion Perception* (Houghton Mifflin Company, 1971), Online at http://www.youtube.com/watch?v=1F5ICP9SYLU visited April 2012.

Peter Manning, "The Influence of Recording Technologies on the Early Development of Electroacoustic Music," *Leonardo Music Journal* 13 (2003), 5–10.

John Martin, *Introduction to the Dance* (Brooklyn, NY 1965); unabridged republication of original edition (New York 1939).

Matteo Mossio and Dario Taraborelli, "Action-Dependent Perceptual Invariants: From Ecological to Sensorimotor Approaches," *Consciousness and Cognition* 17 (2008), 1324–1340.

RJ. Muna, *Finite & Infinite Games* (USA: thisiswater Productions, 2010), finiteandinfinitegamesfilm.com visited June 2012.

Jean Jacques Nattiez, *Music and Discourse: Toward a Semiology of Music*, trans. Carolyn Abbate (Princeton, NJ 1990). Originally published in 1987 as *Musicologie générale et sémiologie* (Paris 1987).

Brian E. F. Oakes, *Marie* (2012). Online at http://vimeo.com/30284008 visited April 2012.

Carlos Palombini, "Musique Concrète Revisited," *Electronic Music Review* 4 (1999), http://www.rem.ufpr.br/_REM/REMv4/vol4/arti-palombini.htm visited June 2012. Republished in Larry Sitsky (ed.), *Music of the Twentieth Century Avant-Garde: A Biocritical Sourcebook* (Westport, CN 2002), 432–445.

Karin Petrini, Sofia Dahl, Davide Rocchesso, Carl Haakon Waadeland, Federico Avanzini, Aina Puce, and Frank E. Pollick, "Multisensory Integration of Drumming Actions: Musical Expertise Affects Perceived Audiovisual Asynchrony," *Experimental Brain Research* 198 (2009a), 339–352.

Karin Petrini, Samuel Paul Holt, and Frank Pollick, "Expertise with Multisensory Events Eliminates the Effect of Biological Motion Rotation on Audiovisual Synchrony Perception," *Journal of Vision* 10(5) (2010), 2, 1–14.

Karin Petrini, Melanie Russell, and Frank Pollick, "When Knowing Can Replace Seeing in Audiovisual Integration of Actions," *Cognition* 110 (2009b), 432–439.

Jessica Phillips-Silver, C. Athena Aktipis, and Gregory A. Bryant, "The Ecology of Entrainment: Foundations of Coordinated Rhythmic Movement," *Music Perception* 28(1) (2010), 3–14.

Alice Mado Proverbio, Guido Edoardo D'Aniello, Roberta Adorni, and Alberto Zani, "When a Photograph Can Be Heard: Vision Activates the Auditory Cortex within 110 ms," *Scientific Reports* 1 (2011), 54, 1–8.

Bruno H. Repp and Amandine Penel, "Auditory Dominance in Temporal Processing: New Evidence from Synchronization with Simultaneous Visual and Auditory Sequences," *Journal of Experimental Psychology: Human Perception and Performance* 28(5) (2002), 1085–1099.

Bruno H. Repp and Amandine Penel, "Rhythmic Movement is Attracted More Strongly to Auditory than to Visual Rhythms," *Psychological Research* 68 (2004), 252–270.

Giacomo Rizzolatti and Laila Craighero, "The Mirror-Neuron System," *Annual Review of Neuroscience* 27 (2004), 169–192.

Giacomo Rizzolatti and Corrado Sinigaglia, *Mirrors in the Brain: How Our Minds Share Actions, Emotions, and Experience*, trans. Frances Anderson (New York 2008).

Pierre Schaeffer, *A la Recherche d'une Musique Concrète* (Paris 1952).

Pierre Schaeffer, *Traité des objets musicaux* (Paris 1966), Expanded reprint 1977.

Pierre Schaeffer, *Solfège de l'objet sonore*, recorded by François Bayle, Agnès Tanguy and Jean-louis Ducarme (Paris 1967). Republished with sound examples by Guy Reibel and Beatriz Ferreyra (Paris 1995).

Margret Schleidt, and Jenny Kien, "Segmentation in Behavior and What It Can Tell Us about Brain Function," *Human Nature: An Interdisciplinary Biosocial Perspective* 8(1) (1997), 77–111.

Robert Sekuler, Allison Sekuler, and Renee Lau, "Sound Alters Visual Motion Perception," *Nature* 385 (1997), 308.

Andras Semjen and Richard B. Ivry, "The Coupled Oscillator Model of Between-Hand Coordination in Alternate-Hand Tapping: A Reappraisal," *Journal of Experimental Psychology: Human Perception and Performance* 27(2) (2001), 251–265.

Patrick Shove and Bruno H. Repp, "Musical Motion and Performance: Theoretical and Empirical Perspectives," Ch. 3 in John Rink (ed.), *The Practice of Performance: Studies in Musical Interpretation* (Cambridge, UK 1995), 55–83.

Denis Smalley, "Spectromorphology: Explaining Soundshapes," *Organised Sound* 2(2) (1997), 107–126.

James Tenney, *META-/HODOS and META Meta-/Hodos*, 2nd ed. Frog Peak Music (1988). *META-/HODOS* orig. pub. Master's Thesis, University of Illinois at Champaign-Urbana (1961); *META Meta-/Hodos* orig. pub. in *Journal of Experimental Aesthetics* 1(1), (1977).

James Philip Thomas and Maggie Shiffrar, "I Can See You Better if I Can Hear You Coming: Action-Consistent Sounds Facilitate the Visual Detection of Human Gait," *Journal of Vision* 10(12) (2010), 14, 1–11.

Lasse Thoresen, "Spectromorphological Analysis of Sound Objects: An Adaptation of Pierre Schaeffer's Typomorphology. Assisted by Andreas Hedman." *Organised Sound* 12(2) (2007), 129–141.

Erik Van der Burg, Christian N. L. Olivers, Adelbert W. Bronkhorst, and Jan Theeuwes, "Pip and Pop: Nonspatial Auditory Signals Improve Spatial Visual Search," *Journal of Experimental Psychology: Human Perception and Performance* 34(5) (2008), 1053–1065.

Argiro Vatakis and Charles Spence, "Audiovisual Temporal Integration for Complex Speech, Object-Action, Animal Call and Musical Stimuli," in *Multisensory Object Perception in the Primate Brain*, ed. Marcus J. Naumer and Jochen Kaiser (New York 2010), 95–122.

Jean Vroomen and Beatrice de Gelder, "Sound Enhances Visual Perception: Cross-Modal Effects of Auditory Organization on Vision," *Journal of Experimental Psychology: Human Perception and Performance* 26(5) (2000), 1583–1590.

Margaret Wilson and Günther Knoblich, "The Case for Motor Involvement in Perceiving Conspecifics," *Psychological Bulletin* 131(3) (2005), 460–473.

Lawrence M. Zbikowski

Music and Movement:
A View from Cognitive Musicology

We know that there is a relationship between the music for a dance and the movements of the dance, but what sort of relationship is it? On the one hand, it seems doubtful that the relationship is as close as A. B. Marx described it in his early nineteenth-century account of the waltz. After noting that the turning figure typical of the dance comprised six steps which spanned two notated measures of music (a set of movements he called the "motive" of the dance) he observed that, as far as musical organization was concerned, "the waltz must bring into prominence this basic motive of movement. Each measure, or, better, each phrase of two measures, must answer to the dance motive marking the first step firmly, and also the swinging turn of the dance."[1] There are, however, any number of waltzes from the early nineteenth century that do not conform with Marx's guidelines: composers of the period clearly viewed the relationships between music and dance as being rather more flexible than did Marx. On the other hand, anyone who has had the experience of being unable to match movements to music (either through a profound lack of competence or through simply not knowing the steps of a dance) is aware that the relationship between movement and music is far from arbitrary. While the steps of a dance do not have to fit every detail of the music, there is still an expectation that correspondences should obtain between music and movement.[2]

In what follows, I would like to propose that there is, at the very least, the potential for substantive connections between music and movement, and that the means to analyze and to study this connection can be found in recent research in cognitive science. As an example of this sort of connection, let me turn to a brief but telling moment in Fred Astaire's choreography for Jerome Kern's "Waltz in Swing Time" from the 1936 movie *Swing Time*, featuring Astaire and Ginger Rogers.[3] The moment comes about a third of the way through the scene featuring the dance, coincident with a reprise of the opening material of Kern's tune which, as shown in Example 1, is a sort of fanfare that sweeps down and then back up through musical space.[4] Up to this point Astaire and Rogers have been engaged in close dancing, but as the fanfare returns they move into a series of coordinated side-by-side steps which include a series of large sweeping gestures, shown in Example 2, that provide a striking visual depiction of the musical materials. The connection between dance and music seems completely undeniable—Astaire and Roger's movements simply *are* the fanfare from Kern's tune—and yet the basis for the connection is obscure: producing gestures of this sort gives rise to little if any sound, and creating the musical sounds need not entail any similar sort of gesture. Again, we have a sense that music and movement connect with one another, but why is this so? To explore this question I would like to turn to recent work in cognitive science that provides evidence for the way physical movements shape conceptual knowledge, and which provides a framework through which we can explain how functionally soundless movement can be correlated with functionally motionless sound.

Grounded Cognition

Although cognitive science emerged as a field more than thirty years ago, it has only recently had anything of substance to say to scholars in the humanities. One barrier was a difference in methodology between cognitive science and the humanities; another was the focus in cognitive science on the mind as individual and incorporeal, and on thought as the exclusive province of language. Although the difference in methodology remains, during the past two decades cognitive science has begun to recognize that the human mind is also a social mind, that experience shaped by the mediation of the human body does much to shape human cognition, and that language captures only a portion of what can properly be called thought. This newer approach has come to be called grounded cognition,[5] and reflects changed views of the relationship between the body and the mind, on the role of the imagination (broadly construed) in mediating this relationship, and on the role of non-linguistic constructs in human thought. As outlined in the following, each of these aspects of grounded cognition can help us to better understand connections between music and movement.

Example 1: Fanfare theme from Jerome Kern's "Waltz in Swing Time"

Example 2: Sweeping gesture in Fred Astaire's choreography for the "Waltz in Swing Time" from the 1936 movie *Swing Time*

The Body and the Mind

Much of the initial impetus for developing an account of the relationship between the body and the mind came from researchers whose primary intellectual formation was in fields such as linguistics or philosophy rather than the sciences. In seeking to account for the role of individual and collective experience in the formation of knowledge these scholars developed the largely theoretical proposal that such experience was informed by the simple fact that minds were situated in bodies.[6] During the 1990s this proposal received empirical support from studies in a range of areas, including the neurophysiology of emotions,[7] the neural representation of motor actions,[8] relationships between motor processes related to visual rotation and the mental rotation of images,[9] and advances in neuroimaging (which made possible the study of the brain and central nervous system as parts of a living organism). From the perspective of connections between music and movement, however, perhaps the most interesting research is associated with what have come to be called mirror neurons.

In 1996 a group of researchers led by Vittorio Gallese reported discovering a group of motor neurons that became active both when macaque monkeys performed a given action and when the monkeys observed a similar action performed by the experimenter.[10] That is, simply seeing an action being performed caused certain groups of neurons to fire, an activation that was a mirror image of what occurred when the monkey performed the same action. Further research has demonstrated that mirror neurons can also be activated by aural stimuli: the same mirror neuron will discharge when a monkey observes an experimenter breaking a peanut and when the monkey hears the peanut being broken without seeing the action.[11] As an example of analogous processes in humans, a recent fMRI study by Valeria Gazzola and her associates showed similar patterns of brain activation when subjects performed a motor action (such as tearing a sheet of paper) and when they heard a recording of the motor action being performed.[12]

It remains to be seen whether research on mirror neurons will have direct applications to humans; at present, all of the research has been conducted on monkeys using invasive techniques of a sort not suitable for human subjects. What this research has done, however, is to stimulate interest in relationships between motor actions and cognition. For instance, Beatriz Calvo-Merino and her colleagues recently showed that when expert dancers observed dance actions that were in their personal motor repertoire the motor areas in their brains showed more activity than when they observed kinematically comparable dance actions that were not in their repertoire.[13]

There is, in sum, evidence for close relationships, at the neuronal level, between performing motor actions, observing another person performing similar actions, and hearing sounds produced by motor actions. While this does not support a *necessary* connection between music and movement, it suggests that such connections reflect a thoroughgoing integration of thoughts, perceptions, and motor actions.

Simulations of Experience

The turn toward embodiment has no doubt yielded a more holistic view of human cognitive processes, and brought the interests of cognitive scientists closer to those of humanists. It is well to bear in mind, however, that in certain situations mental and bodily processes may be decoupled. The psychologist Merlin Donald, in a discussion of the cognitive supports necessary for the evolution of language, stressed the importance of being able to mentally rehearse action patterns so that they could be refined, a process which contributed to the development of the mnemonic structures upon which language relies.[14] In such cases performance of the action patterns would occur subsequent to their refinement. Lawrence Barsalou, in his work on the perceptual bases of human cognition, has developed a quite similar perspective, arguing for the importance of the capacity to simulate perceptual information (including that associated with motor actions) in the absence of actual percepts.[15] According to this perspective, remembering some thing—a chair, for instance—involves a partial reactivation of the perceptual information accumulated on previous encounters with the thing (or things similar to it). The information about the chair that we recall through memory is thus a simulation of the chair—not only how it appears but also its texture, the movements required to sit in it, what if feels like when it supports our weight, its mass when we attempt to move it, and a wealth of similar information.[16] Under normal circumstances, we would not mistake the simulation for the thing itself, but this does not make the simulation any less genuine. In a like fashion, there are also simulations for actions and events (which would include the sort of mental rehearsal envisaged by Donald).

Because simulations of a thing or event are, of necessity, partial, they will also be somewhat approximate. The relative flexibility of such approximations makes possible correspondences with simulations from other domains of experience, which in turn support analogical relationships between these domains. For instance, patterns that emerge during the simulation of a series of physical movements, such as the steps of a dance, can be drawn into a relationship with patterns that emerge during the simulation of a series of musical sounds. A simulation of the experience of taking the weight of one's body on a single foot could thus be correlated with a simulation of the experience of hearing the coincidence of a number of coordinated sound phenomena at a single time point, an event that musicians call a strong beat. And just as we regard simulations as thoroughly genuine, so such correlations may also come to be regarded as inevitable rather than accidental.

Non-linguistic Constructs

Knowledge about music and movement can be supported and articulated through language—indeed, much of our teaching of these "non-verbal" arts relies on language—but most practitioners have a sense that language cannot exhaust the resources of these expressive media. The same could be said of the visual arts, and it was in fact in the rather more prosaic realm of the manipulation of visual objects that cognitive science first confronted the possibility that portions of human thought might be beyond the grasp of language.[18]

Support for the notion of non-linguistic cognitive constructs came, in an indirect way, from Mark Johnson's influential theory of image schemata.[19] Johnson developed his theory as a way to explain the origin of the broad patterns of thought he and George Lakoff identified in their book *Metaphors we Live By*.[20] The theory held that these patterns of thought, which Johnson and Lakoff came to call conceptual metaphors, had their basis in repeated patterns of bodily experience called image schemata (which, in Johnson's reckoning, were not restricted to experiences gathered from vision but reflected knowledge from all perceptual inputs, including proprioception). Expressions such as "My income is going *up*," or "Crime has gone *down*" reflect the conceptual metaphor MORE IS UP, LESS IS DOWN which in turn reflects the VERTICALITY image schema, a product of each individual's countless experiences with the contexts and consequences of a vertical orientation in space. Image schemata, while not in themselves conceptual, provided the means to make sense of experience through providing an embodied grounding for concepts.[21] In some cases, those experiences might be non-linguistic: thus musical pitches are oftentimes (but not exclusively) described in terms of orientation in physical space, with pitches that are the result of more rapid vibrations of the sounding medium characterized as "higher" than pitches that result from slower vibrations of the sounding medium.[22]

My contribution in this area developed from the proposal that basic musical materials (at the level, say, of a theme or short sequence of chords) could be thought of in terms of processes of categorization.[23] A theme could thus be construed as a category, with each different statement of the theme a member of that category. In that some cognitive scientists draw a very close connection between categories and concepts, this led to the idea of concepts specific to music that were independent from language. In subsequent work I have expanded this idea, with the musical materials proper to a category conceived in terms of dynamic properties.[24] From this perspective, the musical materials upon which musical organization is based serve as an analog for a dynamic process. As one relatively straightforward example, the materials Marx identified as being essential to a properly-written waltz serve as an analog for the steps of the dance as they are performed—thus Marx's emphasis on the proper means of composing these materials, taking care to ensure that they mark "the swinging turn of the dance."

Settling the issue of whether music, dance, and other non-linguistic forms of expression are "conceptual" will not, I believe, change significantly the practice of those forms. What it can change are aspects of the way they are studied, especially to the extent that such forms of expression are products of human cognitive capacities generally. What this study can also change is the shape of cognitive science, since to consider the cognitive bases of non-linguistic forms of expression will require that cognitive science move beyond the perspective that the exclusive province of thought is language and toward the notion that language is but one of a range of human communicative resources.

Grounded Cognition, Music, and Movement
Within the past two decades cognitive science has begun to address, in a systematic way, relationships between the body and the mind, the relationship between imagination (or, in Barsalou's somewhat more carefully defined terms, simulation) and motor actions, and the status of non-linguistic constructs. As a consequence, cognitive science is now better able to provide resources for the exploration of topics that are of interest to humanists, including relationships between music and movement. Prior to offering my own perspective on links between music and movement, I would like to briefly consider the cognitive capacity that I view as key to understanding how these two different modes of communication come to be linked: analogy.

Analogy

Douglas Hofstadter placed analogy at the very core of human cognition, arguing that it provided the means by which concepts are assembled and connected to one another.[25] At the very least, there is considerable overlap between judgments of similarity, making analogies, and processes of categorization, all of which contribute to the distinctiveness of human intelligence.[26] Perhaps more striking is that the capacity for analogy is apparently unique to our species. Although other species are able to make some very sophisticated similarity judgments, and there is research suggesting that chimpanzees can make recourse to analogy for spatial reasoning, current evidence indicates that no other species comes close to making or using analogies with the facility and speed of humans.[27]

The characteristic feature of the sort of analogies that distinguish human cognition is the cross-domain correlation of structural elements and relationships *between* structural elements. For example, I described the opening material of Kern's "Waltz in Swing Time" as a fanfare that sweeps down and then back up through musical space. The analogy upon which this description rests draws correlations between musical pitches and points in vertically-oriented space, and between relationships between pitches and relationships between points in space (such that one pitch can be "higher" than another).[28] Once this framework has been established it is but a short step to a characterization of the succession of pitches in terms of a motion between points in space: because there is considerable "distance" between the pitches and because their succession happens at a relatively leisurely pace, "sweeping" seems an apt way to describe this motion.

It bears mention that analogies are always framed relative to some goal.[29] There are, for instance, any number of similarities between the domains of musical pitch and vertically-oriented space—both are invisible, and each is a continuum—but for the purposes of describing musical motion only those features relevant to that goal are placed in correlation with one another. And so while analogical mappings may seem inevitable—for most musicians in the West, the "high" and "low" of pitch relationships seem incontrovertible, even when the cellist's hand moves toward the floor as she plays "higher" notes—they in fact reflect relatively specific goals.

Music and Movement

Let me now return to my opening example—the sweeping gesture that Astaire correlated with Kern's fanfare—to consider what cognitive science might have to tell us about connections between music and movement.

In line with Marx's guidelines for composing a waltz, Kern's music is grouped into two-measure units. In measures 1–4 and 9–12 the melody alternates between the first and fifth steps of the scale (F5–C5–F4–C5, then F5–C5–F5–C6), which gives a clear sense of moving, in a quite deliberate way, through the diatonic space of F major. The harmonies also alternate, but between chords built on the first and *fourth* notes of the scale: F major and B♭, a harmonization that yields a much less clear sense of direction within the key of F major. When taken together this succession of melodic and harmonic material creates an apt analog for a swinging dance, one whose motion is both inevitable and yet not particularly directed. Measures 5–8, by contrast, provide momentary animation through the introduction of eighth notes, a syncopated figure, and (within each two-measure block) movement from tonic to dominant (a harmonic progression that has long been viewed as the motive force behind tonal music).

The still picture of Example 2 captures, of course, but a fleeting moment in a highly dynamic sequence of movements. Perhaps most important is the immediate context for this moment: Example 2 illustrates the point of maximum extension for a movement that begins with the body compact and lightly balanced, and culminates with both arms and the left leg extended, poised on the toe of the right foot. Immediately after this the dancers return to a relatively compact disposition of the body, creating a pivot point for two rapid turns that lead to a repetition of the sweeping gesture. Although the coordination of music and movement is, as one might expect with a choreography this demanding, something less than perfect, the performance of these two sweeping gestures corresponds quite closely with the performance of measures 1 and 3 of Example 1; the performance of the recovery and quick turns corresponds with the performance of measures 2 and 4.

With respect to analogical mappings, the relatively long duration of the melody notes of measures 1 and 3 correlates with the physical extension typical of the sweeping gesture; the counterbalance provided by measures 2 and 4 correlates with the dancers' recovery from the sweeping gesture; and each two-measure unit (the melody of which "descends" through musical space) correlates with a sequence of movements performed by the dancers that progress from expansion to contraction. There are, in sum, a host of analogical mappings between the music and movement—it is indeed not surprising that Astaire and Roger's movements are, to all appearances, the living embodiment of Kern's tune. As the music and dance routine continue, however, these mappings become comparatively fewer. Although the sequence of sweeping gesture and recovery continues against the contrasting material of measures 5–8, the fit seems less apt: the sweeping gesture now serves only to mark the two-measure units of the music, and most of the emphasis seems to be on the quick turns, which match the more animated music. When the fanfare returns in measures 9–12 the dance routine moves into a new phase, with Astaire and Rogers, dancing side by side, describing large circles that fit with the four-measure unit of the fanfare but which otherwise proceed independently from the music.

As noted above, analogical mappings of the sort I have just described reflect correlations—both structural and relational—that appear to be beyond the cognitive capacities of other species: connecting music with movement appears to be a uniquely human activity.[30] Equally important, the knowledge involved in these mappings is not simply abstract. As we observe Astaire and Rogers dance, the part of our own motor cortex that is associated with similar movements becomes active; apart from such activations we can imagine a range of movements which correlate with music, and such simulations could become the basis for a novel choreography; and most, if not all, of this knowledge—extending from patterns of musical sound through the dynamic processes analogized by such patterns to the movements that come to be correlated with such sounds—is non-linguistic. As fascinating as Astaire's choreography is to watch, it is equally fascinating to contemplate the role of human cognitive capacities in the creation and appreciation of such an artful connection of music and movement.

It is to be hoped that a perspective such as this will open up new possibilities for exploring relationships between music and movement. It may also help us to understand the problem of "mickey-mousing,"[31] since the resources of cognitive science offer us a means to study with more precision both the alignment and non-alignment of music and movement. More broadly, thinking in terms of a range of analogical correspondences between music and movement invites the re-examination of any number of historical sources, since such correspondences can extend beyond an account of the specific steps of a given to the social and cultural circumstances under which different sorts of dynamic processes are brought into alignment.

Throughout, my basic assumption has been that there is a relationship between music *and* movement. My intent is not to insist that, in all cases, such a relationship exists, but only to suggest that to the extent we speak of music and movement it is well to keep in mind the cognitive resources that make possible the connection of these two dissimilar media, and the rich expressive possibilities that follow from such a relationship.

---

1   "Das Geringste, was der Walzer zu leisten hat, ist die Hervorhebung dieses Grundmotivs der Bewegung. Jeder Takt, oder besser: jede Klausel von zwei Takten muss also dem Tanzmotive entsprechen, den Antritt fest bezeichnen und die schwingende Wendung des Tanzes." Adolph Bernhard Marx, *Die Lehre von der musikalischen Komposition, praktisch theoretisch*, Leipzig 1837/38, 2: 55.

2   As should be obvious, I am primarily interested in situations in which there is a relationship between music and movement. During the twentieth century, some choreographers called into question the value of such a relationship, or dispensed with music entirely. My perspective here is similar to that of Nicholas Cook, to the extent that, as is he, I am interested in music and movement as an instance of multimedia, in which both mediums participate (although not necessarily equally). See Nicholas Cook, *Analysing Musical Multimedia*, Oxford 1998 and Lawrence M. Zbikowski, "Music Theory, Multimedia, and the Construction of Meaning," *Intégral* 16/17 (2002–03), pp. 251–68.

3   A number of writers on dance have commented on this scene; see John Mueller, *Astaire Dancing: The Musical Films,* New York 1985, pp. 106–8.

4   In point of fact, the authorship of the "Waltz in Swing Time" is slightly complicated. It appears that Kern developed most of the basic musical material but that it was put into its more or less final form by Robert Russell Bennett. For the sake of simplicity I will attribute the work to Kern, keeping in mind that Bennett's contributions may have been equally significant.

5   Diane Pecher and Rolf A. Zwaan, eds., *Grounding Cognition: The Role of Perception and Action in Memory, Language, and Thinking,* Cambridge 2005; Lawrence W. Barsalou, "Grounded Cognition," in *Annual Review of Psychology* 59 (2008), pp. 617–45.

6   Mark L. Johnson, *The Body in the Mind: The Bodily Basis of Meaning, Imagination, and Reason,* Chicago 1987; George Lakoff, *Women, Fire, and Dangerous Things: What Categories Reveal About the Mind,* Chicago 1987.

7   Antonio R. Damasio, *Descartes' Error: Emotion, Reason, and the Human Brain,* New York 1994; Antonio R. Damasio, *The Feeling of What Happens: Body and Emotion in the Making of Consciousness,* New York 1999.

8   Marc Jeannerod, "The Representing Brain: Neural Correlates of Motor Intention and Imagery," *Behavioral and Brain Sciences* 17, no. 2 (1994), pp. 187–245; Marc Jeannerod, *The Cognitive Neuroscience of Action, Fundamentals of Cognitive Neuroscience,* Oxford 1997.

9   Mark Wexler, Stephen M. Kosslyn, and Alain Berthoz, "Motor Processes in Mental Rotation," *Cognition* 68, no. 1 (1998): pp. 77–94.

10 Vittorio Gallese, Luciano Fadiga, Leonardo Fogassi, and Giacomo Rizzolatt, "Action Recognition in the Premotor Cortex," *Brain* 119, no. 2 (April 1996): pp. 593–609. For a review of research on mirror neurons, see Giacomo Rizzolatti and Corrado Sinigaglia, *Mirrors in the Brain: How Our Minds Share Actions and Emotions,* trans. Frances Anderson, Oxford 2008; for a critique of research on mirror neurons, see Gergely Csibra, "Action Mirroring and Action Understanding: An Alternative Account," in *Sensorimotor Foundations of Higher Cognition,* ed. Patrick Haggard, Yves Rossetti, and Mitsuo Kawato, Attention and Performance XXII, Oxford 2008, pp. 435–59.

11 Evelyne Kohler, Christian Keysers, M. Alessandra Umiltà, Leonardo Fogassi, Vittorio Gallese, and Giacomo Rizzolatti, "Hearing Sounds, Understanding Actions: Action Representation in Mirror Neurons," *Science* 297 (2 August 2002): p. 847.

12 Valeria Gazzola, Lisa Aziz-Zadeh, and Christian Keysers, "Empathy and the Somatotopic Auditory Mirror System in Humans," *Current Biology* 16 (19 September 2006), pp. 1824–29. "fMRI" stands for functional magnetic resonance imaging.

13 Beatriz Calvo-Merino, Daniel E. Glaser, Julie Grezes, Richard E. Passingham, and Patrick Haggard, "Action Observation and Acquired Motor Skills: An fMRI Study with Expert Dancers," *Cerebral Cortex* 15 (August 2005): pp. 1243–44.

14 Merlin Donald, "Preconditions for the Evolution of Protolanguages," in *The Descent of Mind: Psychological Perspectives on Hominid Evolution,* ed. Michael C. Corballis and Stephen E. G. Lea, Oxford 1999, pp. 140–43.

15 Lawrence W. Barsalou, "Perceptual Symbol Systems," *Behavioral and Brain Sciences* 22 (November 1999), pp. 577–660.

16 Lawrence W. Barsalou, "Abstraction as Dynamic Interpretation in Perceptual Symbol Systems," in *Building Object Categories in Developmental Time,* ed. Lisa Gershkoff-Stowe and David H. Rakison, Carnegie Mellon Symposium Series on Cognition, Mahwah, New Jersey 2005, pp. 398–401.

17 It is worth mentioning that simulations afford the opportunity for a number of imaginative correlations between different domains. In the standard steps for the *bourrée* in the seventeenth and eighteenth centuries, for instance, the figure used for the initial upbeat and downbeat was a *demi-coupé*: a *plié*—gently bending the knees—followed by an *élevé*—gently stretching the knees to rise. The "strong beat" was thus marked by an upward motion. Pierre Rameau, *The Dancing Master,* trans. Cyril W. Beaumont, New York

18. 1970, p. 78. See also Wendy Hilton, *Dance of Court & Theater: The French Noble Style, 1690–1725*, ed. Caroline Gaynor, Princeton, New Jersey 1981, p. 183.
   Barsalou, "Grounded Cognition" (s. note 5), p. 619; Stephen M. Kosslyn, William L. Thompson, and Giorgio Ganis, *The Case for Mental Imagery*, Oxford Psychology Series, New York 2006.
19. Johnson, *The Body in the Mind* (s. note 6).
20. George Lakoff and Mark L. Johnson, *Metaphors we Live By*, Chicago 1980.
21. The theory of image schemata can be seen to anticipate important aspects of Barslou's Perceptual Symbol Systems theory; see Barsalou, "Perceptual Symbol Systems" (s. note 15).
22. Lawrence M. Zbikowski, *Conceptualizing Music: Cognitive Structure, Theory, and Analysis*, New York 2002, pp. 63–65; Lawrence M. Zbikowski, "Metaphor and Music," in *The Cambridge Handbook of Metaphor and Thought*, ed. Ray Gibbs, Jr., Cambridge 2008, pp. 502–24.
23. Zbikowski, *Conceptualizing Music* (s. note 22), pp. 58–62.
24. Lawrence M. Zbikowski, "Dance Topoi, Sonic Analogues, and Musical Grammar: Communicating with Music in the Eighteenth Century," in *Communication in Eighteenth Century Music*, V. Kofi Agawu and Danuta Mirka, New York 2008, pp. 283–309.
25. Douglas R. Hofstadter, "Epilogue: Analogy as the Core of Cognition," in *The Analogical Mind: Perspectives from Cognitive Science*, ed. Dedre Gentner, Keith J. Holyoak, and Boicho N. Kokinov, Cambridge, Massachusetts 2001, pp. 499–538.
26. Douglas L. Medin, Robert L. Goldstone, and Dedre Gentner, "Respects for Similarity," *Psychological Review* 100, no. 2 (1993): pp. 254–78; Sam Glucksberg and Boaz Keysar, "Understanding Metaphorical Comparisons: Beyond Similarity," *Psychological Review* 97, no. 1 (January 1990), pp. 3–18.
27. Josep Call and Michael Tomasello, "Reasoning and Thinking in Nonhuman Primates," in *The Cambridge Handbook on Thinking and Reasoning*, ed. Keith Holyoak and Robert G. Morrison, Cambridge 2005, pp. 607–32; Dedre Gentner, "Why We're So Smart," in *Language in Mind: Advances in the Study of Language and Thought*, ed. Dedre Gentner and Susan Goldin-Meadow, Cambridge, Massachusetts 2003, pp. 195–235; Keith J. Holyoak and Paul Thagard, *Mental Leaps: Analogy in Creative Thought*, Cambridge, Massachusetts 1995, chap. 3; David L. Oden, Roger K. R. Thompson, and David Premack, "Can an Ape Reason Analogically?: Comprehension and Production of Analogical Problems by Sarah, a Chimpanzee (Pan Troglodytes)," in *The Analogical Mind: Perspectives from Cognitive Science*, ed. Dedre Gentner, Keith J. Holyoak, and Boicho N. Kokinov, Cambridge, Massachusetts 2001, pp. 471–97.
28. It is worth remembering that not all cultures characterize pitch relationships in terms of "higher" and "lower." For a theoretical account, see Zbikowski, *Conceptualizing Music* (s. note 22), chap. 2; for empirical work on analogical characterizations of musical motion (which draws on contemporary research on metaphor) see Zohar Eitan and Roni Y. Granot, "How Music Moves: Musical Parameters and Listeners' Images of Motion," *Music Perception* 23, no. 3 (2006): pp. 221–47.
29. Holyoak and Thagard, *Mental Leaps* (s. note 27), chap. 1; Medin, Goldstone, and Gentner, "Respects for Similarity" (s. note 26).
30. Other species can, of course, be trained to move to music—by *humans*. There is, however, scant evidence that other species make connections between patterned sound and movement without human intervention, especially when the movement itself produces little if any sound.
31. Inger Damsholt, "Mark Morris, Mickey Mouse, and Choreomusical Polemic," *The Opera Quarterly* 22, no. 1 (2006): 4–21; Barbara White, "'As If They Didn't Hear the Music,' or: How I Learned to Stop Worrying and Love Mickey Mouse," *The Opera Quarterly* 22, no. 1 (2006): pp. 65–89.

Helen Julia Minors

In Collaboration:
Toward a Gesture Analysis of Music and Dance

Gesture adds something crucial to communication.[1]

Where is the mutual point of understanding for dancers and musicians? How is one able to read inter-art, inter-semiotic communication? Katherine Teck, in her book *Ear Training for the Body*, questions the meaning of "musicality," probing how a dancer can develop such a skill in his or her performance.[2] Conversely I have begun to ask the question what is dance-icality? Using dance in its adjectival form, I refer to how a musician understands and is aware of dance within the creative context and performative space. Teck's exploration of musicality suggests that a dancer has an aural experience of dance; I propose that a musician has an embodied experience of music. I aim to illustrate how gesture, as a communicative process within a model for conceptual mapping between the artistic spaces, can be applied to analyse music-dance interrelationships. Though the framework of gesture as an analytical tool stems from musicology, I endeavour to extend and apply this notion in order to negotiate moments of significance, which bear meaning across the varied music-dance relationships. This is an exploratory piece which raises questions and problems as a preliminary step towards considering interdisciplinary gesture in practice. There are various problems in approaching music and dance, not only due to differing terminology in the arts but also in regard to the interface between the visual and the aural dimensions. Equally, gesture is problematic due to its various meanings.[3] Likewise, metaphor becomes contentious due to its pervasive nature in interdisciplinary discourse. Positively, however, these problems raise new awareness for a collaborative artist and promote new thought.

Certain caveats need to be introduced, due to the multiplicity of the issues. To state the obvious, many similarities and differences exist between the two art forms of music and dance; however, one needs to be able to acknowledge where such comparisons lie in order to be able to work within and around them in a collaborative performance. To gain knowledge of another art one first needs to re-define the elements of each art: this establishes a basis for comparison. Such a starting point is problematic as it sets a vocabulary which privileges one medium. As Stephanie Jordan notes in her book *Moving Music*, there is a problem of "language" when we discuss the co-existence of many different arts.[4] Elemental names refer to different parameters within each art; there is a danger that one artist will assume similarity within the other due to language. For example, a musician talks of dynamics in terms of volume and a dancer in terms of muscle exertion—in fact the similarity is situated more with intentional emphasis[5] and gesture, I argue, than within physical intensity. There is a fundamental difference in the aural-visual distinctions of the arts. It is this distinctness of sensory perception balanced against similarities, in terms of a temporal existence, a metaphorical language (meaning by association), and a codification process that sparked the opening questions.

Many writers from different disciplines have acknowledged the audio-visual dilemma: what we see and hear is fundamentally different due to our perception of them. The dance scholar Rachel Duerden stipulates that there "is an invitation to notice and contemplate the difference between the two worlds, to acknowledge the autonomy of each."[6] Likewise, the film scholar Claudia Gorbman claims that "[h]earing is less direct than visual perception" as we do not always identify the source from where the sound comes, as opposed to the visual, where the object is the source of what we see.[7] As analysts or collaborative artists, we question this perceptual dichotomy: at what point do music and dance meet? How, and indeed where, do they relate? As the interdisciplinary theorist Daniel Albright notes, "[t]o allege that all media are one," as we may imply in referring to genre titles such as ballet or film, "may serve paradoxically to call attention to their recalcitrance, their distinctness, their refusal to cooperate."[8] Albright implies an uneasy relationship between the various art forms, which he refers to as "dissonance." Similarly, the musicologist Nicholas Cook has modelled a way in which media similarity and difference might be tested: he claims that most interdisciplinary instances would fail a similarity test and proposes more states of difference. The most extreme state of artistic relationships, that of "contest," metaphorically implies a battle, "each [art] attempting to impose its own characteristic upon the other."[9] Cook's model questions interaction and which medium our interpretation privileges, however it does not readily offer a way for the collaborative artist to apply the model in the creative process, and relies heavily on our metaphorical understanding of the arts. As Duerden cited above, Cook acknowledges "a degree of autonomy"[10] between the arts: independence may exist, but at some stage in the creative process the art forms function at the same time for a similar purpose (the creation of the piece). As such, Kathryn Kalinak's assertion that the arts are "interdependent" is useful in interrogating the communicative effect.[11]

The discussion goes beyond one of similarity and difference, to "one of question and answer, affirmation and negation, appearance and essence."[12] Following Hanns Eisler's statement, gestural conceptual mapping is used to question how artists work, react, create and function together in an interdisciplinary environment. Gesture needs defining, or refining, and then metaphor theory considering due to its invasive history (in language, in our understanding of art, and in most recent inter-arts analyses)[13] before the use of gesture in conceptualising music-dance interactions can be theorized.

What is gesture? A dictionary definition of this noun informs us that it is a movement of the body with the aim of expressing an emotion.[14] It implies intention and that it has the capacity to be read and so understood. Gesture, on this level, is communication through physical means. Gesture for a dancer might simply then be defined as a non-weight bearing movement which has the capacity to project meaning within a wider context. Doris Humphrey clarifies that:

> [...] gestures are patterns of movement established by long usage among men, a sort of language of communication or function, which has been going on since the beginning of time, and which is most useful because it is so recognizable.[15]

Gestures can be learned: if I point at you, you understand to whom I am referring. However other gestures are more personal and subtle. Gestures can be categorised as functional (gesticulations which are often spontaneous and demonstrate a culturally determined meaning, such as indicating stop with a flat palm), social (metaphoric movements which replace words, having a capacity to project meaning through only movement, such as a shrug, nod of the head, friendly wave or stylised walk) and expressive (emotionally imbued movements which supplement words and deepen meaning in a personal manner).[16] These gestures are active, as they hold and deliver meaning, and reactive, as they propagate understanding in the viewer which often warrants a responsive action, whether responding to the functional gesture (such as a conductor's down beat), returning a social gesture (waving) or empathising with an emotional attribute (a pat on the back).

There is a reliance on the embodied creation and understanding of these gesture types in motional terms. The emotional supplements the motional: as Albright interprets, gesture is "a way of carrying oneself... a habitual bit of behaviour."[17] Moreover, Manfred Clynes and Naomi Cummings posit that gesture is a "performative act which is neurophysiologically determined to express a specific affective state."[18] Clearly there is an active mapping between how we read meaning and how we understand movement.

Musical gesture is a performative sonorous act which has duration and shape, expressing significance within the context of the piece. Sloboda and Juslin claim that "only when you carefully explain music in motional terms is there any point in trying to do so in emotional ones."[19] Gestural action and musical action therefore both imply the body but music does not depend upon it in the same sense as dance.[20] Music can be presented as a text or as a performative act, whether live or recorded. As such, a performative body may not be present in the reception of sound. Gesture extends from musicology as a notion for exploring music's meaning (present in score or performance), its structure (in terms of logical grammar, patterns, repetitions) and gesture as a tool for the performer to develop meaningful communication with an audience. A metaphorical understanding arises in that music is not an object that moves; rather we, as listeners, interpret movement. I refer to the writings of Steve Larson, who claims that "[t]o describe a bit of melody as a 'gesture' is to conceptualise music in terms of physical motion."[21] According to David Lidov "[a] true gesture is a precise non-verbal articulation."[22] This raises questions over whether non-semantic communication can be precise. Zbikowski questions "is musical gesture only metaphorical?"[23] Analogies are formed between music and bodily experience, situated on the macro level within a cultural context, and on the micro level within the temporal expanse of the piece. The definition of gesture is highly dependant upon context, temporal experience and intuitive understanding regarding bodily gesture. Gesture, through bodily understanding, supplements meaning produced through other means, such as language. Zbikowski in fact remarks that gesture is "crucial to communication."[24]

Is it possible to experience X (musical gesture) in terms of Y (physical gesture)? Why must we bear reference to some other? Zbikowski, after Michael McCloskey, notes that conceptualising important issues is "central to how we structure our understanding of the world."[25] Interpreting the seemingly intangible, such as the relationship between the arts and within the arts themselves, not only appears difficult but also is apparently impossible without referring to the abstract. By this I refer to our reliance on metaphor in order to discuss either the theoretically possible (but not yet practically demonstrated) or the practically applied which has gone beyond language and perhaps extended outside of our usual referential loci for understanding.

There exists therefore not only problems of language (music-dance terminology) and in the analysis of the varied audio-visual relationships, but also a potential obstacle in that "our ordinary conceptual system… is fundamentally metaphorical in nature."[26] A lack of detail results in insufficient terms of describing and analysing the process of arts relationships if we relate them to something else: we produce a meta level of interpretation as we must first decode the metaphor before understanding what it refers to. Nonetheless, to relieve the situation metaphors are culturally dependent, ensuring some connection to the topic under discussion due to a shared performance context at least. Artists often talk about one art in terms of another, and we also talk of art in metaphors, resulting in metaphorical concepts being grouped, categorised and adapted. Interpretation is selective:

> The very systematicity that allows us to comprehend one aspect of a concept in terms of another (for example comprehending an aspect of arguing in terms of a battle) will necessarily hide other aspects of the concept... a metaphorical concept can keep us from focusing on other aspects of the concept that are inconsistent with the metaphor.[27]

George Lakoff and Mark Johnson's statement acts as a caveat to warn of the potential pitfalls in our ability to talk about gesture, and by extension, all artistic processes.[28]

In line with much of the above, from a dance context, Duerden concludes that: "Gesture can be an elusive term, but in the context of dance-music relationships, it may function in a way akin to metaphor, forging a link that may facilitate the exploration of crucial features of these relationships."[29] Gesture in dance has a different meaning than for music, which Duerden implies, though its use to refer to refined expressive fragments is transferable. The categories of metaphor which are particularly relevant to gesture are the conceptual categories, *spatial* and *conduit* metaphors: the first places our physical experience at the centre of our understanding of time and space; the second is a conceptualization of communication as though the ideas are physically transferred from artist to artist. These metaphor subcategories bear affinity to gesture, in that they are hypothetically considered as physical, embodied. The idea cannot be independent; it must be understood alongside its "experiential basis."[30]

Music and dance recognise elemental features, primarily rhythm and meter, which we perceive as motion: due to our experience of time in a linear fashion and the modification of physical or aural shape understood as development and change, we speak metaphorically. The arts grow in an organic sense: they change, adapt, repeat and vary. Neither in reality grows, builds or develops as a physical entity might. Moreover, music and dance are said to express emotion, ideas, and as such meanings, to an audience. A non-semantic art is able to provoke a response in its audience but that response is experiential and understood metaphorically.

The phrase *music in motion* has been used to describe our embodied experience of music.[31] The physical is imposed on the aural while simultaneously referring the aural to spatial, temporal experience. Motion has been referred to in relation to music throughout the discourse; as Judy Lochhead has noted, it "may be found in virtually all sorts of writing about music."[32] By motion I mean a progression of sound fragments or visual shapes (individual movements) experienced within and through time. A collection of sound fragments are experienced as phrases: in other words the structural level of the piece is perceived. These phrases draw attention to gravity and inertia.[33]

Lidov considers that "music is significant only if we identify perceived sonorous motion with somatic experience," ensuring to privilege bodily experience.[34] Cumming, in discussing semiotic approaches to music, concurs that music is experienced through the body, moreover that "[t]o be realized as 'gestural', a pattern must be embodied in an act of performance."[35] Her reasoning is important; it is not so much the act of performance itself, in a literal production of sound, which is significant, but our somatic "mediation" of the aural: "A performance of a pattern as gestural is a form of 'mediation,' whereby a performer brings an embodied understanding of gestural motion."[36]

Gesture has been presented in some musicology texts as being unlimited and expansive. I suggest, through the lens of somatic experience of sound, that gestures are limited in particular ways. There are only as many gestures as one is able to understand as meaningful and significant. The stylistic context of the piece restricts gesture, in conformance with the whole. The motivation behind the gesture restricts what is produced; one expects a correlation between gesture and motivation if one is to express meaning. Not least, our somatic experience is only as expansive as our bodily understanding of movement. As such, in listening to movement, the gestures we identify are reliant on our own prior experiences and are produced through a combination of artistic technical parameters and the personal expressive capabilities of the performers and interpreters.

Gravity, perceived as a spatial metaphor, is applied as we experience a movement from and to a point in time, as we experience gravity pulling down on the body. We interpret locations in the music, points of change, or the start and finish of an identifiable idea. Inertia, perceived as a conduit metaphor, implies the physical being of an object, whether it is still or continuously moving. Significantly the state of its movement is changed by a force applied to it, if we take the literal meaning of the word. Kinetic energy, the potential for movement, underpins much of the language we use to discuss the performance arts: the "build" of a phrase, the "climatic" moment of the piece, and so forth. Robert Adlington summarises that: "Musical sound does not literally move,… To attribute such things to musical sound is to hear it metaphorically."[37] As such, the physical experience is mapped onto one's aural understanding: in other words, we understand one through the terms of the other.

In time there is an engagement between these arts in a conceptual frame, as a metaphor. Conceptual integration networks (herein CIN) provide a way to represent our experience of identifying patterns and structure across domains where equivalences reside. CIN show processes where cross domain mapping occurs: correspondences are probed between the artistic domains in order to interpret the blended space (the resultant collaboration of the input domains). The metaphorical understanding of the arts, through motion, is utilised in order for us to experience the motivation behind the gesture: Hatten refines his definition noting that gesture is "the 'translation' of energetic shaping through time into humanly produced or interpreted sounds."[38] As Zbikowski notes, CIN do not establish a rigid experience of the work, but rather "[t]hey offer us an image of how we construct our understanding of music."[39]

Gesture arises as a saviour within the context of music-dance mapping as it offers a communicative process in which both arts can be explored, explicating emergent meanings, making useful application of the metaphorical mannerisms at play in academic discourse, while ensuring to retain those caveats set out above, as metaphors cannot elucidate every process and will place one attribute in the foreground over another due to their select nature. One may query what separates gesture from any other interpretative tool; in an allegorical discourse we certainly need to avoid using one label simply to substitute another. Gesture emphasizes the physicality of the arts: the aural and visual shaping of (implied) movement within time, which is marked for its importance, which in turn often "holds" and "delivers" meaning.[40] Although the conceptual and theoretical engagement in art may be metaphorical, gesture uses this suggestive language as a potent force in finding "significance." As Hatten notes: "Gesture…, may be considered provisionally as movement that is marked for its significance, whether by or for the agent or the interpreter."[41] Significance within collaboration is produced through the combination of the arts, where different gestures interact. The creative agent is pluralistic, as it encompasses many artists. This is balanced against many interpretative voices. Many creative voices feed the piece through a turbulent process: each artist must de-code the gesture of another. Such de-coding develops when we each identify "significance" which is highly subjective, dependant on an awareness of the arts in context. Musical gestures are likewise pluralistic, as they can be read "as symbolic of physical as well as verbal gestures."[42]

I formulate a model to consider gesture communication within and between the arts of music and dance through a process of conceptual integration (see Diagram 1: Conceptual Integration Network with Analytical and Gesture Categories). It identifies that gestures can fall into at least three categories: functional, social and expressive. These gestures exist within each art form and feed the blended space. As such, the model explores the interaction, interactivity and interdependency of the arts, mapping the art's individual qualities into a shared blend. These types of gestures should be analysed within the context of a piece. It seems logical to subscribe to the somatic experience of sound, to analyse musical gesture in terms of bodily experience. I draw therefore on the choreographer Doris Humphrey in using four categories outlined in *The Art of Making Dances* to refine the CIN and to interrogate the processes performed in order to understand the types of gestures which communicate within a collaborative piece. Gestures exist in a structure frame: the "design" of the overall piece must be understood to contextualise gestures. Motion, physical or musical, has various characteristics produced through a combination of elements. The "rhythm," pace, pattern and shape of these motives are significant identifiable features. Supplementing this, motion has a "dynamic"; the intensity of the movement contributes to our understanding of social gestures (urgency and speed), to functional gestures (direction and focus), to expressive gestures (intensity adds to the affective state of the motion). Moreover, all these attributes have "motivation"; a reason behind the gesture. As Katharine Everett Gilbert notes, "intention and significance must be present in the parts [gestures] as they animate the whole."[43] The purpose of the gesture is interpreted differently according to one's perspective, but an understanding that meaning is emergent through the gestures suggests the arts' capacity and intent to impart meaning through the vehicle of the piece. All these analytical categories and gestural states need to be discussed with an awareness of the temporal experience of art and the context of the piece, the performers and the spectators.

The model, therefore, could be read in a chronological fashion: within a given context, certain arts input the work; our experience of the arts is active as they "deliver" characteristics in the performance; these arts have motivation, and a design, with rhythmic and dynamic qualities; these qualities produce types of gesture; these are mapped across the domains to produce a blended space which forms "a dynamic cognitive construct"[44] of the whole.

Gesture as a musical analytical device has many meanings,[45] but attention is drawn to physicality. Gesture provides a level of interaction in the arts: the performers interpret the work and the motions of their collaborative artists in performance. If gesture refers to points of significance, with the emphasis on motion and the physical, and relies on the agents' interpretation within a context, then gesture acts as a meeting point, whereby communication takes place. As Jordan notes: "music and dance are seen [and heard] as interactive, interdependent components or voices, each working upon the other so that the whole experience becomes more than the sum of its parts."[46] The arts react and respond to one another, producing moments of "close accord" as well as "subtle divergences" and outright counterpoints.[47] Barbara White questions the ways in which we interpret relationships between the arts: "Perhaps our notions of unity and disparity are too simple, too local, too unimaginative. We need a metalanguage that is precise but also fluid, flexible, and supple, one that honors the intertwining of similarity and difference, of attraction and repulsion, of joining and separating."[48] Gesture, explored within and through CIN, may provide one such metalanguage as the process interrogates specific parameters while acknowledging individual variables between the arts.

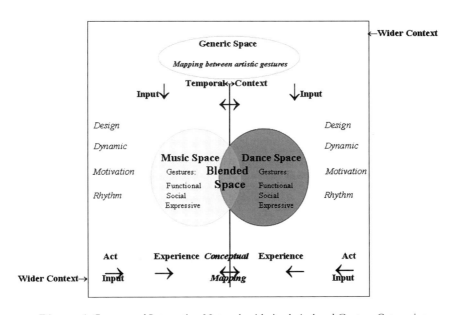

Diagram 1: Conceptual Integration Network with Analytical and Gesture Categories

David Lidov claims that: "Dancing is a special case [within gesture discourse] as it is nearly inseparable from music, making a tight feedback loop."[49] This is a precarious statement for a collaborative working context as it assumes similarity and implies an automatic relationship. This relationship is "special" because both arts are conceptualised in physical terms. There are innate gestures: during improvisation, anger often projects with harsh downward movements, stamping, fist gesticulations, loud shouts and yells. These are all specific physical (visual-aural) gestures. Within a music-dance context the physical gestures of the performers develop over time alongside technique and with experience; as such there may be a universally understood base of gesture; but producing and interpreting refined gestures which have specificity becomes challenging.

Daily gestures and performance gestures differ. We all breathe, it is a necessity for life, but breathing within a performance context alters its function. For wind players and singers breath must be structured and controlled to produce a fluent sustained shape and sound. For pianists breath does not necessarily need such structure but there is precedence for teaching breath control in order to identify shape. The frequency and intensity of breath becomes refined within physical gesture for a collaborator to explore when communicating within a performance context. The process met with Hatten's comment that: "Learning how to perform is thus inseparable from learning how the piece is structured […], how it can physically manifest […] meaning in one's body, and how one can then transfer that bodily gestural meaning to the instrument."[50] In this case the instrument could be dancers'/musicians' bodies as well as musical instruments. The musical experience is therefore embodied and understood by cross domain mapping, reading gesture across elemental categories in visual terms.

In order to explicate gestural interaction between music and dance one needs to refine the field, as both arts are expansive. Humphrey notes that: "The melodic, rhythmic and dramatic aspects of music are those most closely allied to the human body."[51] Following this premise I use a rhythmic example which privileges a specific cultural context and the performers' prior experience. Nursery rhymes, used in the formative educational years, provide a commonly available source. "Mimetic participation," as Arnie Cox notes, "is fundamental to human comprehension."[52] Nursery rhymes connect regular rhythmic patterns with group performance, and often require pedestrian movements in order to create the rhythmic nature of the piece and to add a physical gestural dimension. These pedestrian movements, clapping, walking, stepping, are daily movements and so readily used by all. This provides a level of similarity for both arts to be analysed, reducing complexity. Clapping is a gesture: it is a functional gesture, giving praise to a performance and the need to clap in a regular time in order to produce sound; it is also a social group activity, responding collectively to a performance, especially in punctuating comedy; moreover it can be an expressive gesture, as seen when someone claps while laughing or in shock, as a statement of surprise and acknowledgment. The emphasis given to phrases alters the expressive capacity of the clap. Clapping goes beyond rhythmic accentuation and can develop into a performative act, producing both music and pedestrian movement. It has rhythm and pace, and due to varying articulations it has different designs and resulting expressions.

Nursery rhymes are regular and can be divided into duple and compound time. The musical phrases, in two bar sub phrases, larger four bars phrases, are emphasised by those with an aware musical ear. Or, for those who are aware of the text, the ideas and story might be emphasised, which in nursery rhymes maps onto the phrasing of the music. One event is followed by another, in an A-B pattern. Music Example 1 displays four different nursery rhymes, two in duple and two in compound time, with stretto entries alternating between duple and compound time.[53] In order to test gesture in a practical context I have used this example in teaching and performance warm ups, first by playing these lines individually, then the first two lines in duet, repeating the passage, then in quartet. The cross rhythms alter the corresponding meeting points of the two parts. Strict repetition of the piece and the rhythmic and physical patterns are reminiscent of the learning process, depicting an innate dimension referred to above: what is familiar to all within their cultural contexts can be integrated into the piece. Equally pedestrian movement and educational exercises are often repetitious: for example walking or learning musical scales. As Lidov notes, repetition can be taken for granted, but developed repetition, for example variation, becomes intentional, moving from functional gesture to expressive gesture. Mimetic gestures, as in clapping these passages, where the down beat of each bar and the hitting of the hands correspond, may arise through leadership and "feedback".[54] The motivation of the piece comes from the rhymes, while the dynamic of the piece rests in the intensity of the phrases which are generated through an understanding of the gravity and inertia in a phrase moving to and from a pinnacle point. Rhythmic shapes, once realised, can then become gestural.

It is natural for humans, especially during childhood, to copy visual and aural actions, as "[e]very gesture *seen* sets off within us the resonance of the corresponding circuit,"[55] but a performance needs more than only mimetic shapes if we are to distinguish between types of gesture and create variation. This is a common thread in discussions over relationships between the arts: "Considerations of interdependence, mutuality, and cooperation give way to struggles for primacy, or even paranoid fantasies of domination and destruction."[56] As White notes, mimicking is acceptable in the early stages of creation and education, when it is not conscious. Once aware, however, artists/students tend to avoid it. There seems to be a cycle between accepting to fearing mickey-mousing. In setting up different movement-sound phrases artists are forced to accept their unique role within the group, yet at the same time recognising the structural architecture, tempo cohesion and rhythmic correspondence alongside varying emphasis.

In considering patterns of repetition one might test a canon of four different nursery rhymes. Setting stretto entries ensures that a level of autonomy between the performers is maintained, but also requires them to listen to the movement of the musical phrases in order to retain the rhythmic, bar and phrase correspondences. Emphasis is given to each entry due to the contrasting beat patterns and layered texture. The composer, Aaron Copland, noted that, "the fascination and emotional impact of simple rhythms [...] repeated over and over again [...] is quite beyond analysis,"[57] (not counting later analysis on repetition, for example the recent work of Adam Ockelford),[58] yet gesture has begun to question emotion alongside movement. Horst equally refers to regularity and subscribes to the metaphorical organic way of referring to the movement arts: "metric regularity of pulse is the life-blood of poetry, music and dance."[59]

Within the context of English language nursery rhymes presented through rhythmic canon, music and pedestrian movements are both produced through clapping. The delivery of the nursery rhymes in this way emphasises a sonic experience of movements and an embodied experience of sound. The social-functional gesture, used to praise performance, is here used to generate the piece. The functional manner of the action has the capacity to be expressive: the text, which is not sung or enunciated, holds meanings which a sound-movement work can project. The text offers a set of expressive characteristics within the motivation of the piece: to tell a story. Rhythmic characteristics (real regular four beats, which are subdivided into both duple and compound time) develop beat correspondences which cross in their subdivision (two quavers against three quavers). The dynamic of these phrases grows toward the central point and away again: in organic terms the story progresses from one point to another. "Jack and Jill" move upwards, in their story, only then to return downwards; "Bah Bah" raises a question to be answered by a comment, changing the tone of the text. The articulation, musical dynamics and emphasis given to these motives within the phrase alter the intensity to generate a specific interpretation of the phrase within the motivation of expressing the story.

Musical Example 1: four nursery rhymes

The example 1 demonstrates that a functional gesture can be made into an expressive gesture; that this expression is interpreted through the blended space where both the physical and sonorous experience of the arts meet. The use of clapping in experimental exercises, such as this, refines the characteristic of music and dance to their basic elemental features, upon which the understanding of gesture generated through conceptual blending can be expanded. The example is not thorough. Rather it illustrates the basic premise of this paper that gesture resides in moments which are identified as significant, which are meaning bearing, which produce communication between the arts in a collaborative work, in a reciprocal fashion read through a metalanguage and embodied by a conceptual system. These arts have motivation, and a design, with rhythmic and dynamic qualities; these qualities produce types of gesture; these are mapped across the domains to produce a blended space which forms a dynamic construction[60] of the whole.

Gesture provides a way of understanding each others' arts, providing a form of metalanguage which encompasses functional, social and expressive moments within context, with specific elemental features. Utilising any subjective and innate gestures enables artists to question and identify what constitutes gesture within creating this example, within its specific context, before appreciating the differences between gestures. Although a metaphorical language prevails, this proves to be a benefit in that semantic language is not yet sufficient to describe the arts. A metalanguage, suggested by White,[61] might be semi-provided by interrogating gesture, as it allows for a flexible yet refined discussion while retaining the independence and moreover the co-existence of the arts. It need not compromise how we talk about equivalences or the many differences. It only ensures that we identify between those similarities and differences with an awareness of what we find innate or foreign, recognising our own autonomy, that of our art and of the piece as a whole.

The strength of gesture is situated within the recognition of motion, though with refinement we experience not only rhythmic structures, but also intentional shapes generated between and within the arts. These shapes are diverse, in that one art is visual and another is aural, though the arts can be both. The process of communication and collaboration results in interactivity; as there is reciprocal action the relationships are inter-related and inseparable. Individuals must negotiate their discreet autonomous identity within the diversity of the music-dance work.

Sensitivity to others enables the agent to interpret gesture, be it through musicality or dance-icality. Gesture in collaboration enables problematic questions to be dealt with and explored in practical exercises—even when language fails, gesture (both aural and visual) is allowed to play out the answers in collaborations which are to a certain degree often universally understood. Ultimately, an understanding of gesture enables us to negotiate moments of significance which are meaning bearing, which are in, between and outside of the varied music-dance relationships, and which are conceptualized or actualized through motion by an agent's "dynamic cognitive construct."[62]

Acknowledgements

I am grateful to Stephanie Jordan, Stephanie Schroedter and Lawrence Zbikowski for discussing my ideas and suggesting further reading around this field. Many thanks to Stephanie Schroedter also for inviting me to present the early stages of this piece within 'Bewegungen zwischen Hören und Sehen" at the Forschungsinstitut für Musiktheater, University of Bayreuth (2009). Thanks also to Grant O'Sullivan for his assistance with the musical example.

[1] Lawrence Zbikowski, "Musical Gesture and Musical Grammar: A Cognitive Approach," in *New Perspectives on Music and Gesture*, eds. Anthony Gritten and Elaine King, Farnham 2011, p. 83.

[2] Katherine Teck, "Practicing Musicality in Class," *Ear Training for the Body: A dancer's guide to music*, New Jersey 1994, pp. 3–11. Other writing on this notion of musicality for the dancer can be found in Katherine Teck, "What is Musicality for a Dancer?," *Music for the Dance: Reflections on a Collaborative Art*, New York 1989, pp. 167–184.

[3] Much research has been done into gesture in music; the following are particularly relevant: Naomi Cumming, *The Sonic Self: Musical Subjectivity and Signification*, Bloomington 2000; Robert Hatten, *Interpreting Musical Gestures, Topics, and Tropes: Mozart, Beethoven, Schubert*, Bloomington 2004; eds. Anthony Gritten and Elaine King, *Music and Gesture*, Aldershot 2006. In communication science, the work of Adam Kendon tackles differing ways in which physical gestures are used in daily contexts, *Gesture: visible action as utterance*, Cambridge 2004. Gesture and dance are discussed by Susanne Langer, "Feeling and Form," in *What is Dance? Readings in Theory and Criticism*, ed. Roger Copeland and Marshall Cohen, Oxford 1983, pp. 28–47.

[4] Stephanie Jordan, *Moving Music: Dialogues with Music in Twentieth-Century Ballet*, London 2000, p. ix.

[5] Artistic intention is a complex notion which is not explored here; rather it is taken as an emphasis added by the performers in this context. Zbikowski's remark is pertinent: "Sound [...] is a material fact [...]. Music [...] is an intentional construct." "Conceptual Models and Cross-Domain Mapping: New Perspectives on Theories of Music and Hierarchy," *Journal of Music Theory*, vol. 41, no. 2 (1997), pp. 193–255.

[6] Rachel Duerden, "Dancing in the Imagined Space of Music," *Dance Research*, vol. 25, no. 1 (2007), pp. 73–83.

[7] Claudia Gorbman, "Narratological Perspectives on Film Music," in *Unheard Melodies: Narrative Film Music*, Indiana 1987, p. 11.

[8] Daniel Albright, *Untwisting the Serpent: Modernism in Music, Literature, and Other Arts*, Chicago 2000, p. 7.

9   Nicholas Cook, *Analysing Musical Multimedia,* Oxford 1998, p. 103.
10 Ibid., p. 263.
11 Kathryn Kalinak, *Settling the Score: Music and the Classical Hollywood Film,* Wisconsin 1992, p. 30.
12 Hanns Eisler, *Composing for the Films* (1947), in *Modernism and Music: An Anthology of Sources,* ed. Daniel Albright, Chicago 2004, p. 93.
13 Cook is one strong proponent of metaphor theory in musical analysis: *Music, Imagination, and Culture,* Oxford 1990.
14 *Collins Concise Dictionary, 21st Century Edition,* Glasgow 2001, p. 602.
15 Doris Humphrey, *The Art of Making Dances,* ed. Barbara Pollack, London 1959, p. 114.
16 Others have identified different gestural layers also. Adam Kendon, *Gesture: Visible Action as Utterance,* refers to gesticulation and expressive gestures; Jacques Lecoq, *Theatre of Movement and Gesture,* London 2006, refers to functional and expressive language supplementary gestures.
17 Albright, *Untwisting the Serpent* (s. note 8), p. 110.
18 Manfred Clynes (personal communication) cited in Cumming, *The Sonic Self* (s. note 3), p. 140.
19 Patrick N. Juslin and John A. Sloboda, "Introduction," in *Music and Emotion: Theory and Research,* eds. Juslin and Sloboda, Oxford 2001, p. 50.
20 There are various important writers on gesture, the following are particularly useful: Edward T. Cone, *The Composer's Voice,* Berkeley 1974; Cumming, *The Sonic Self* (s. note 3); Hatten, *Interpreting Musical Gestures* (s. note 3); eds. Gritten and King, *Music and Gesture* (s. note 3).
21 Steve Larson, "Musical Gestures and Musical Forces: Evidence from Music-Theoretical Misunderstandings," in *Music and Gesture,* eds. Gritten and King (s. note 3), pp. 61–74.
22 David Lidov, "Emotive Gestures in Music and its Contraries," in *Music and Gesture,* eds. Gritten and King (s. note 3), p. 30.
23 Lawrence Zbikowski, "Musical Gesture and Musical Grammar: A Cognitive Approach," in *New Perspectives on Music and Gesture,* ed. Gritten and King (s. note 1).
24 Ibid.
25 Zbikowski, "Conceptual Models and Cross-Domain Mapping" (s. note 5), p. 194.
26 George Lakoff and Mark Johnson, *Metaphor We Live By,* Chicago 1980, p. 3.
27 Ibid., p. 10.
28 A number of musicologists and interdisciplinary theorists have referred to Lakoff and Johnson's metaphor study. Two such examples relevant to this study are: Cook, *Analysing Musical Multimedia* (s. note 9); and Robert Adlington, "Moving Beyond Motion: Metaphors for Changing Sound," *Journal of the Royal Musical Association,* vol. 128, no. 2 (2003), pp. 297–318.
29 Duerden, "Dancing in the Imagined Space of Music" (s. note 6), p. 73.
30 Lakoff and Johnson, *Metaphors* (s. note 26), p. 19.
31 Helen Julia Minors, "Music in Motion" (written in 2007, ran 2007–2010), Roehampton University: a second year music-dance module, which explored the intercession between music and dance in a practice based forum. Other scholars have also used this phrase, for example, Stephanie Schroedter, "Paris, qui danse: Movement and Sound Spaces between the July Monarchy and the Second French Empire," paper given at the Dance History Conference: Politics, Practices and Perspectives (13th March 2010), Roehampton University. Conference Proceedings, compiled by Helen Julia Minors, http://www.sdr-uk.org/temp/docs/2010_SDR_dance_history_symposium_proceedings.pdf (last accessed February 2011).
32 Judy Lochhead, "The Metaphor of Musical Motion: Is 'There an Alternative?'", *Theory and Practice,* vols. 14/15 (1989/1990), pp. 83–103.

33 These terms have been used by other writers exploring musical gestures, including Larson (s. note 21) and Hatten (s. note 20).
34 David Lidov, "Mind and Body in Music," *Semiotica*, vol. 66, no. 1/3 (1987), p. 70.
35 Cumming, *The Sonic Self* (s. note 3), p. 136.
36 Ibid., p. 137.
37 Adlington, "Moving Beyond Motion" (s. note 28), p. 301.
38 Hatten, *Interpreting Musical Gesture* (s. note 3), p. 1.
39 Zbikowski, "Conceptual Models" (s. note 5), p. 218.
40 Though hermeneutics are not the topic of this paper, it is interesting to note that a conduit metaphor is used for communication, for both its content and its delivery.
41 Robert Hatten, "Lecture 1: Toward a Characterization of Gesture in Music: An Introduction to the Issues," in *Musical Gesture*, http://www.chass.utoronto.ca/epc/srb/cyber/hat1.html (last accessed February 2012); Hatten, "A Theory of Musical Gesture" (s. note 3), pp. 1–23.
42 Cone, *The Composer's Voice* (s. note 20), p. 164.
43 Katharine Everett Gilbert, "Mind and Medium in the Modern Dance," in *What is Dance?*, eds. Copeland and Marshall (s. note 3), p. 293.
44 Lawrence Zbikowski, *Conceptualizing Music: Cognitive Structure, Theory and Analysis*, Oxford 2002, p. 201.
45 John Rink, "Review: Music and Gesture. Edited by Anthony Gritton and Elaine King. Ashgate, 2006," *British Journal of Aesthetics*, vol. 27 no. 2 (2007), pp. 224–6.
46 Jordan, *Moving Music* (s. note 4), p. ix.
47 I borrow the wording of Rachel Duerden to highlight the fact that we often discuss similarity and differences without finding other ways to discuss the resulting relationships. Duerden questions the relationships between the arts by discussing one in terms of the other, specifically referring to "a glimpse into another world"–the transference from the visual to and from the aural. See Duerden, "Dancing in the Imagined Space of Music" (s. note 6), p. 73.
48 Barbara White, "As if they didn't hear the music, Or: How I Learned to Stop Worrying and Love Mickey Mouse," *Opera Quarterly: Performance, Theory, History*, vol. 22, no. 1 (2006), p. 82.
49 Lidov, "Emotive Gesture" (s. note 22), p. 30.
50 Hatten, "Lecture 3: Embodying Sound: the role of movement in performance," http://projects.chass.utoronto.ca/semiotics/cyber/hat3.html (last accessed February 2012).
51 Humphrey, *The Art of Making Dances* (s. note 15), p. 132.
52 Arnie Cox, "Hearing, Feeling, Grasping Gestures," in *Music and Gesture*, eds. Gritten and King (s. note 3), p. 47.
53 "Patty-Cake Patty-Cake Bakers Man" is in triple time (which has the Roud folk song index number 6486, and first appeared in print in 1698); "Baa Baa Black Sheep" in duple time (Roud index number 4439 and 18267, depending on how one spells Bah or Baa); "Jack and Jill" in compound time (Roud index number 10266); and "Hot Cross Buns!" (Roud index number 13029). The latter three all date from the 18th century. Each story depicts daily life in a topical fashion: farming and taxation; Charles I altering liquid measurements or possibly represents Louis XVI and Marie Antoinette; and Easter food. The Roud folk song index, cataloguing traditional English language songs from Great Britain, Ireland, America and Australia, is accessible through the Vaughan Williams Memorial Library, http://library.efdss.org/cgi-bin/home.cgi?access=off (last accessed 20/03/10) and through Indiana University Library, http://www.libraries.iub.edu/index.php?pageId=2012 (last accessed February 2012).
54 Lidov, "Emotive Gestures" (s. note 22), p. 30.

55 Lecoq, *Theatre of Movement and Gesture* (s. note 16), p. 6.
56 White, "As if they didn't hear the music" (s. note 48), p. 71.
57 Aaron Copland, *What to Listen for in Music*, New York 1939, 1957, p. 38.
58 Adam Ockelford, *Repetition in Music*, Aldershot 2007.
59 Louis Horst and Carroll Russell, *Modern Dance Forms in Relation to the Other Modern Arts*, New York rep. 1972, p. 40.
60 Zbikowski, *Conceptualizing Music* (s. note 44), p. 201.
61 White, "As if they didn't hear the music" (s. note 48), p. 82.
62 Zbikowski, *Conceptualising Music* (s. note 44), p. 201.

Adrienne Brown

Analysis and Meaning

Introduction

In this article, I will address some problems related to 'meaning' in artworks of music and dance against the background of hermeneutic theory. From the evidence of historians, dance and music are seen to have operated together from the earliest records, and that partnering has taken different and shifting perspectives from time to time. To say that dance and music are vital forms of human expression is to assert that expression can be quantified in some way. The analyst may uncover this, the hermeneutist can interpret it, and the purveyor may receive it; here I will show that music and dance render meaning in ways that move away from the linearity of their surfaces.

When we consider a work of art, it is common to hear remarks that convey a personal response: a 'feeling' evocation, a 'reminder' of something, or indeed, puzzlement ("I don't understand what this means"). While academic discourse prides itself on examination, detachment and evidence, within this rigour a problem can arise whereby subjectivism is often considered too 'personal' an approach within analytic discourse. Yet, detailed analytical examination can render constituent elements only, devoid of contextual relations. To examine these matters, I will present an extract of my semiological analysis of Merce Cunningham's dance *Biped* (1999)[1] to music by Gavin Bryars, giving a close reading of both the music and dance texts. I will follow that with a phenomenological appraisal of the results of this analysis.

Problems of Dance Text

When an attempt is made to perform analysis, the first thing to be identified is what is to be analysed? In many examples of fine art (painting, poetry, sculpture etc.) there is a *de facto* article in place, to be considered. With music and dance—which are passing, ephemeral and leave no edifice—the task is more difficult, as it is necessary that the work be 'held still' for long enough, so that the analysis can proceed. Music has its text of course—the score—but one of the central problems related to the analysis of dance is the nature of its proposed 'text,' or whether dance can be referred to as text in the first place. Whilst there has been much debate as to the provenance of many cultural 'texts' in the twenty-first century, nevertheless text can be said to be a fixed or bound event that holds within it a singular concept—that of the template, the instruction—a device to set in motion intentional processes that are both contained within and expressed through it.[2] These processes might be the telling of a story, the sounding of a musical piece, the enactment of a drama or the performance of a dance. A text has a beginning, middle and an end, and its contents are encoded in a way that allows it to be 'read,' perceived or enacted by those who are versed in its typology.

A difficulty in the creation of a dance text lies in the fact that, unlike the early music practices that gave rise to music notation, the art of dance is based on a natural function of human physiology; i. e., the acquisition of motor skills in order to produce movement sequences in a desired fashion. While the same can be said for the use of the human voice in singing (out of which early music notation arose), nevertheless the *particularity* of musical sound itself (the sound wave as it were) is an abstraction, which can be placed within pitch/time values in a music score; whereas the problem of a manifold simultaneity of moving parts in the human body at any one time renders difficulty in placing such simultaneity within a written dance text. Rudolf von Laban, a pioneer in this area, made discoveries that were of vital importance in laying the ground for a philosophy of the moving body in space, with its kinetic properties, and the domain in which it operates. He was the first dance theorist to attempt to render the hidden and not easily verbalised knowledge-workings of the body-in-motion in a systematic and comprehensible way.[3] While his notation system spread throughout the dance world during its initial phase of development, and became highly esteemed, its use did not become universal, or indeed all that prevalent; for while Laban made strides in the recording of movement in the twentieth century, so too came the advance of film and video, far more functional ways of recording dance. The fact remains that the *practice* of dance has not required a written score for its dissemination and performance. Because dance has developed over time largely without written scores, its 'language' is that of the verbal command, the understood step-meaning. That is the central difference between it and the music score, the corollary of which is that the dance score arises from the need to find a method of academic study and analysis of dance; rather than as is the case with music, a proven practical aid to composing/teaching/performing.

The acquisition of dance skills comes through inherent human movement abilities, those same abilities that are used in everyday movement, and that are learnt from infancy. This pathway to natural movement is the same one that delivers the highest level of artistry in dance performance, and it does not require any written documentation to support its acquisition. As oral and physical transmission of information has been more important in the acquisition of dance skills, it is arguable that without kinetic memory or the body's ability to store motor functions, the medium of dance could not have developed at all. Indeed, the choreographic act is still dependent to a great extent on the dancer's ability to internalise and store kinetic and motor functions. The practice of structuring and cross-referencing multifaceted dance compositional processes, therefore, arises out of the dancer's ability to 'store' such instructions accurately. The dancer's ability to store movement instructions for periods of time enables him or her to give accurate feedback to the choreographer, not only of the positions and steps, but the ideas and situations out of which they arose.[4]

While the creation of a dance text poses problems of instability associated with the lack of a written score, dance has been afforded structural, thematic, motivic, narrative, poetic and performance status equal to that of literature or music, *de facto* text transmitted. The modernist, twentieth-century practice of analysing literature, music and other textual surfaces has also been incorporated into dance scholarship, most notably with the use of Labanotation.[5] However, due in part to the particularities of the existence and practice of dance itself much of what constitutes 'analysis' is based on literary practises, kinds of structural analyses denoted by written descriptions of dance passages and their significance. An on-going problem for the investigation of dance as an academic discipline is the definition, or agreement, of what constitutes a dance 'text.' If such a text is 'found,' that text may be the subject of analysis in a similar manner to a music score; even though there has been some debate in recent years as to whether a music score is a site of the musical 'work' at all.[6]

Moreover, when we make an attempt to analyse dance we are faced with a simple human concern: real dancers can never fully become abstractions, that is to say they never exist just as motion or just as line. This is because they cannot discard skin colour, gender characteristics, or the shadings of body, face and motion that suggest personality.[7] Indeed, a crucial aspect that separates materials of dance from those of music can be understood whereby in dance, the mimetic association of movement with true human representation accords with the proverbial Martha Graham injunction that 'the body never lies'; the corollary of which is that the body is always 'truth-telling.' We speak of 'body language' as a way of gauging meaning from another's actions, derived from everyday experiences and actions. We understand body language as we ourselves inhabit a physical body. The language of dance therefore is tied into direct mimetic human interpretation in a way that music is not, and this raises problems in connection with analysis. Nevertheless, despite the difficulties identified above, and taking into account the fact that within the field of dance scholarship there are many divergent practices (both in place and emerging) that propose valuable ways of attending to the task of dance analysis, this is a useful place to start. There is a purpose in 'holding still' the fabric of dance/music as a means to uncover the workings of the piece in question, as a first departure in the attempt to locate avenues of meaning within. I propose to look at *Biped* with its accompanying music score, through the lens of Semiology (after Jean-Jacques Nattiez's appropriation of Semiology to the field of Musicology), asking, whether it is possible to locate 'meaning' within a close reading of the text.

Questions of Analysis

A well-established tradition of analytic practice has been established within the field of Musicology, with its score, as text. Such analysis is not always in search of meaning or expressive purpose, but more commonly, it treats music as definitively abstract. However, not all analytical thinking falls into this characterisation. The twentieth century saw a growth in what became known as the New Musicology which aligned itself toward the musical event or experience, often resolutely from the receiver's perspective and with a strong bias in favour of socio-cultural trends. Thus, it can be said that Musicology on the one hand positions itself in alignment towards the musical work subject to analytic scrutiny, and on the other hand, with the musical work experienced both culturally and personally.

While musical analysis is normative and accepted practice within Musicology, there are, however, pertinent questions to be asked of this discipline. Nicholas Cook (1987) poses a useful question when he asks: what can musical analysis tell us, and what is it useful for? He contends that while we might expect analysis to coincide with our experience of the music, many analyses do not deal with what we hear naturally. For example, he observes, types of motivic analysis often deal in tiny figurations or on the largest of inter-movement associations that are not easily distinguished by the listener.[8] Yet, he defends analytical practices insofar as they can account for 'unconscious listening' processes (after Freud); or from linguistic associations leading to theories of Semiology.[9] He deems Heinrich Schenker, along with Leonard B. Meyer and Rudolph Reti to be purveyors of a psychological approach to analysis, drawing attention to the noticeable tendency in the early twentieth century to follow a 'depth enquiry' after Freudian, Jungian and other psychological theorists who determined the cultural *zeitgeist* at the time. Cook also calls Schenker a 'phenomenologist' insofar as his theory of the tendency of music to forward motion stripped away all dependent circumstances in a process of "phenomenological reduction".[10] He asks: how is this music directed toward a goal? Or, more precisely, how is this music *heard* as directed toward a goal? By placing the recipient as a conduit of musical processes that allow forward direction to be contingent with a combination of the 'fundamental structure' and the *urlinie* or foreground of the music,[11] he claims that the listener hears a more general prolongation of the tonic triad; a fundamental component of Schenkerian theory.[12] Schenker's graphs, from background to foreground, present a coherent mapping of the processes that define a layering of diatonic musical grammar, that in turn gives the perception that the music 'progresses toward a goal.'[13] Cook's account of Schenkerian analysis raises the importance of framing an analysis by asking the right questions. There are, of course, many other questions to be raised in regard to divergent analytic methods, but it is Cook's identification of the importance of the listener's experience in *hearing* what might be uncovered in analysis (or the difficulty thereof) that interests me here.

In my approach to analysis, I am concerned with the identification of a gap that appears between hermeneutics and analysis (or *close reading* and *personal response*), asking whether 'meaning' can be found here? As a means to understanding principles of hermeneutics, musicologist Ian Bent (1994)[14] explains how the Enlightenment frame of mind relied on the exact inspection of natural phenomena based on a scientific, empirical view of the world. The opposite position was a concern with the *inner life* of music, and the attempt to understand it.[15] A process of vacillation between these two processes hypothetically provides a unified interpretation of a text: this is the *hermeneutic circle*. The circle spins synchronously between the whole and the parts, between content and form.[16] While Bent is concerned with eighteenth-century origins of hermeneutics, it can be said that in the twentieth and twenty-first centuries, hermeneutics is aligned with cultural and aesthetic postmodern ideas of 'personal response'—*subjectivity*, and that this, along with postmodern notions of the artwork being considered *not* a closed text, influences our understanding of the hermeneutic principle. For the purpose of clarity here, a polarity is assumed between *close analysis* of the artwork, and the *subjective response* of the individual to its broader scope. Indeed, there are two primary branches to be found in hermeneutic theory. An objectivist theory reasons that meaning lies within the text itself, with a valid interpretation being found through an objective examination of the text and its historical context. There is, I believe, a gap between analytical and interpretative reading—the hermeneutic dialectic—and I note that the anti-positivist hermeneutic standpoint does take account of the process of interpretation, including cultural and phenomenological theories; it is to these that I will turn later.

Biped: *Analysis*

With any kind of dance analysis, identification of salient choreographic features comes about through repeated viewings of the dance; assisted by critical frameworks that point to criteria which control the structure and effect of various juxtaposed events within a dance.[17] The following represents a section of a fuller analysis of the work, and it should be noted that the original analysis incorporated the use of DanceForms computer animation software to create 'dance examples' that matched the music examples listed in the appendices that accompany this article.[18]

Biped (1999) was created using Motion Capture Picture technology, generated by human movement mediated through digital processing; however, in this article I will not be focusing on that aspect of the piece. Appendix 1 shows a tabulation of the dance, consisting mainly of solo dance sections that follow one after another. In this analysis extract I will concentrate on solos 3 and 4, musically bars 20–47. Turning now to the music score, appendix 5, Bryars composed *Biped* with a vertical arrangement of voices comprising Pre-Recorded Tape, Electric Keyboard later changing to Double Acoustic Bass, Electric Guitar, Cello and Violin. Appendix 3 illustrates that Part 1 of *Biped* uncovers eleven paradigms or pattern motifs, which reveal the underlying structure of the opening movement. These eleven paradigms are given letters of identification: A to K. It can be seen that all paradigms from A to G have the same note in the bass as their identifying title, for example all paradigms in A have A in the bass, all paradigms in B have B in the bass, etc. Paradigms H to K represent the cello line which holds the melody in this section. What is noteworthy is that all of the paradigms, except the four cello motifs (which make up the melody line) are entirely composed of sustained chords and single tones. These single sounding events carry through several bars, and are notably bottom-heavy; that is to say, they make up the bottom section of the vertical arrangement of voices on the score. These chords contain a concatenation of consonant and dissonant intervals, with their simultaneity creating a blurred sonority. This has the effect of creating a continuous, soft-sounding hum of tones and pitches: a backwash of sound. What is also noteworthy about these chords and pitches is that they rise, slowly and incrementally, from the beginning of the piece based on the lowest note a, gradually transposing their bass note upwards through the scale to b, c^1 and so on, until they reach g^1. The cello takes a dominant role in Part 1 of *Biped* where, from bar 27, it signals a sound event of a different sort: a motif that develops over several bars. The contours of the cello melody are centred on two main typologies: a falling chromatic line with suspensions, and a simple rising (or falling) leap to a sustained central pitch.

I draw on Jonathan Kramer's "New Temporalities in Music" (1981)[19] in the following section, to illustrate some changes that have influenced musical shaping and listening experiences from teleological and linear music to 'momentness' and vertical listening; which I believe underpin a change in our prior understanding of musical structure and therefore any relationships that accrue in the dance/music work. Goal orientation is deeply imbued in Western Art Music reception, albeit in a manner more loosely constructed since the early to mid-twentieth century. While musical phrases have for a long time pervaded Western music (even multiple and moment forms), and are the final remnants of linearity, however, some works do away with phrase structures, the result being a single, stretched out present of enormous duration—a potentially infinite 'now,' that nonetheless feels like an instant. This may be referred to as 'vertical time.' Whatever structure is there exists at least potentially, for the duration of the performance; even if placed there by the listener or performer. As such, vertical music may be defined by process. Because the rate of motion is so gradual and unceasing, and because there is no hierarchy of phrase structure, temporality is perceived as vertical rather than linear. Bryars' music is grounded in late-twentieth-century ideas of vertical listening, experiencing the vast, drawn-out sound wash as an ever-present 'now,' to use the Cagian term; whilst also referencing the notion of linear listening in the use of phrase (the cello melody line, for example) as a way of orientating the listener towards a possible future goal. The listener is compelled both vertically and in a linear manner in this piece.

Turning now to the dance, appendix 2 shows part of the process of segmentation of the dance that I used in this analysis.[20] Cunningham dance vocabulary is evident from the start. Indeed, it can be said that the very nature of the Cunningham style is that of a multiplex intersection of bodily zones, often apparently creating variables that defy physical execution. A further characteristic is his use of variable tempi over music that holds a different or non-existent pulse, which is echoed in his blending of quick limb-gestural inflection over a strong body-core. All his phrases tend to take on similar characteristics of axial shift, contrapuntal torso and limb connections, along with strongly executed balances and jumps.

Turning to Solo 3,[21] we can observe speediness of flight and rapidity of gesture, together with long-held still poses and travelling jumps. The dancer's arms are held in position over several phrases of travel, a feature of the Cunningham idiolect. There are repeats of long dance phrases in this solo, and a held position, drawing attention to the downstage left area of the stage. Musically, at the beginning of the solo (bar 20), we hear a C major chord in bass over a shift from bass b to $c^1\#$, along with some percussive notes on tape, and a D major chord sounds in bar 29. The cello melody commences during this solo in bar 27 with a modulation of the bass note to d^1 with a repeat in the dance of the balance in second position, on the downstage left spot mentioned above.

In solo 4 the dancer enters upstage left (bar 33) just after the cello melody line has resumed from its previous rest, continuing chord bass d^1 with a D major chord sounding on guitar. The cello melody line has a singular $f\#^1$ completing this chord. There is a modulation to bass note e^1 (bar 40) at the end of the cello line. The melody resumes (bar 42) and holds until the end of this solo. The dancer's entrance-phrase derives from a balance position and shift of torso, with arm inflection. This solo comprises a mixture of jumps, articulated leg and arm variations along with a repeat of the entrance phrase, performed in reverse. Motion Capture Picture affects appear for the first time during this solo, showing virtual 'dancers' one in apparent distance from the other, doing a sequence of turns.

Looking now at appendix 4, the syntagmatic chart, we can see whether and how the dance mimics or ignores musical dictates according to the manner in which dance paradigms interact with those of the music.

Solo 3 begins on motif C1, with a continuation of C2, C3 and C4, along with A, D, E and H motifs, ending without significant paradigmatic markers.

Solo 4 comes in just after the beginning of variant H2, followed by B6; and A, D, E, I and J paradigms fill the texture throughout. It ends one bar after the close of variant J1.

Because Merce Cunningham explicitly sought to keep dance and music separate, the above findings may be construed as accidental, or synchronistic.

The above analysis of *Biped* gives interesting evidence of either accidental or intentional points of contact between music and dance, along with a degree of familiarity of constituent parts due to repeated viewing/listening. It does not reveal, however, any true site of *meaning* other than structural processes, compositional idiolects, and those underlying patterns at work against the background of cultural *zeitgeists*.[22] It becomes clear, therefore, that close analysis does not confer quantifiable meaning, in the sense of "what does this work mean to me?" Moreover, there is no clear demarcation of the presence and role of the percipient/Subject in this endeavour, hearkening back to Cook's earlier comments about the function of analysis being to collate the *heard* musical event with the musical *structured* event. Yet, if it can be shown that the percipient of the work is central to the acquisition of meaning, and that the placement of such a persona is the 'missing link' in the hermeneutic dialectic, such theorising can be defined with recourse to theories of Phenomenology, indicating the manner in which the 'moment' of perception arises then fades, on micro and macro levels.

Phenomenology

Meaning is that which is meaningful to the individual person; moreover it is unique in each moment. An interpretation made in one moment may not be what is meant in the following one, or a day later. Meaning is not merely subjective, as the Subject can experience *itself* differently from one time to another, therefore to speak of music/dance meaning anything *to me* is irrelevant. It is more correct to say music/dance indicates meaning by the manner in which "I," the Subject, experience the open-ended immensity of this particular moment of perception, in relation to the art object; as all-that-is by virtue of my consciousness. The art object may be resistant to the designation of absolute meaning, but that does not imply that it is meaningless. While denotation has not been uncovered by close analysis of the text or its form in the world, yet the hermeneutic circle demands that we find a point of synergy between distant perception and close reading that can represent a way of apprehending meaning in a quantifiable way. I will show that it is possible to hold hermeneutic polarity with all its oppositional tension in each phenomenological second that the art object presents to us; enabling us to find meaning via such conflicting impulses.

Existential Phenomenology, after its founder, philosopher Edmund Husserl and later twentieth-century theorists Martin Heidegger, Maurice Merleau-Ponty and others, is often explained with recourse to musical examples as is the case in the following description of terms taken from Husserl. When we see or hear something, it happens according to the rule that what is perceived is extant for an interval, with or without modification. It also appears to us as something temporally 'pushed back.' For example, when we hear a melody, the notes do not disappear when the stimulus of their sounding comes to an end. When the new note sounds, the one just preceding it does not disappear without a trace, if that were the case we would be powerless to establish a relationship between the notes that follow one another. In this way, each presentation is naturally joined in an unceasing series of presentations, which reproduce the content of the preceding one, but in a way that the moment of the past is always attached to the new.[23] However, every tone has a sequential extension: its actual sounding, its continual sounding where it has an ever-new now, and the tone preceding it which changes into something past. This now-point perishes after the duration of its end-point, which is the beginning point of a new interval of time. Therefore, at any instant the whole is established as an act-continuum which is in part memory, a very small part present and a more extensive part expectation.²⁴ To our consciousness, points of temporal duration withdraw in the manner in which points of a stationary object recede when moved away from. Just as the object would remain, the sound retains its time, its temporal point is unmoved, but the sound vanishes into inaccessibility. From the point of view of Phenomenology, "only the now-point is characterised as an actual now, that is, as new."²⁵ This analogy does not only hold true for music, or indeed dance, but for all manifest experiences that exist in time. Phenomenologist Remy Kwant (1969) reminds us that Being in the world is "that which demands creation of us creating art, philosophy or other cultural constructs."²⁶ The fact that the world contains the possibility to appear, and this is actualised by the fact that *a body* begins to see, hear and touch, means that a coming to be of the "I" is accomplished in the self-realisation of the world. Because Being sees in me, touches in me, and hears in me; therefore "I" arise as Subject. Thus, the percipient of the art object, the Subject or Self, is identified under the rubric of Phenomenology.

Sondra Fraleigh (1998) applies theories of Phenomenology to the field of dance studies,²⁷ observing that Phenomenology develops erratically, depending on the contents of consciousness. It depends on immediate experience, but is not devoid of past or future, as both are lived as extensions of the present.²⁸ At each successive instant in a movement trajectory, the preceding instant is not lost sight of; rather, it is merged into the present, instituting the link between here and beyond, now and future, in which the remainder of the movement instants will merely develop. The phenomenological 'Now' is oppositionally—near and far—experienced and recalled. Each new second brings its own revelation of meaning, which is added to those that are contained within our own 'narrativity,' our being-in-the-world. So we can say that music and dance events partake of similarly arising and receding moments, to which we, the Subject/Self are disposed via our senses, in the apprehension of meaning.

This Self is—by its constitution in the Phenomenological sense—a highly discerning entity. Sense experience is a communication with the world which renders it present as a familiar condition of our life.²⁹ Our perception ends in objects, yet we can say that we 'see' but always from *somewhere*. Merleau-Ponty reminds us how the opening-up of space from the point of view of the Subject reveals the manner in which an organizing mind can trace out all directions in space, but has at any moment neither direction, nor space; it is without an actual starting-point, an absolute 'here' which can confer significance on all spatial determinations.³⁰ There is a certain manner, then, of approaching the art object, which is the 'gaze,' experienced as unquestionably my own thought, directly known to me. I use the term 'gaze' here to indicate a manner of intentional address, perception, applicable equally to music and dance events. To see an object is to immerse oneself into it, perceiving it from various angles the central object of my vision. The completed object is shot through from all sides by the infinite number of viewpoints that traverse its depths and leave nothing hidden. Whilst the gaze never suggests more than one aspect of the object, which is to say it can never come up against previous appearances or those presented to other people, it can only do so through the intermediary of language or time.[31]

I return to Husserl to strengthen my argument that the perception of what is around us 'the world-emergent' is entirely subjective. He says that when we look, we reduce the field to its principal given content, observing a range of diversity, with its relations of juxtaposition, superimposition, interpenetration, and unbroken lines that fully encompass a portion of the field.[32] In this interpolation, notice the admonition "when we look"; which places the percipient, the Self, at the centre of the lived experience, the bodily intermediary of the world-emergent. Our sense perception tends to have the characteristic of giving meaning, revealing itself as a centre within a field. The field may be a visual or a sonorous one, and whatever is perceived is recognized as something standing as a locus within a field, while the rest remains absorbed within the field; our perception is structured and we learn to perceive by structuring the field of perception. Our seeing is a visualising of reality, creating its visibility.[33] But, by visualising reality, we are also components of this visual field. The entire field of colours, sounds, odours and flavours exists because they are subjective imprints within us.[34] In this way we can see that the Subject, the "I," is both percipient and mediator of the art object, from the point of view of the absolute 'here' where the intentional gaze reveals the object 'shot through from all sides by the infinite number of viewpoints' that are, unquestionably 'my own.'

Merleau-Ponty adds to this when he says that it is not through conscious activity that the world is rendered as visual, audible and tactile, rather this is something that is already present, having arisen in the intentional contact between the body-subject and the world. Concurring with Barthes' concept of the 'grain' as the bodily root of all signifiers in performance, he says our conscious and free life is a taking up of the bodily life that precedes it, and can only be understood if the bodily root is taken into account.[35] Merce Cunningham identified with this bodily root when he spoke of dance being more primal than the emoting of passion or anger, or some other feeling. This blatancy of dance-energy was certainly a source from which passion or anger could arise, but this energy, geared to power, was high enough to melt steel in some dancers, he contended. Rather than being a *feeling* about something, such energy, this pounding of the mind and body into action, would be so intense that the mind and body would become one. One could say that mind and body would become one in the phenomenological Now. For Cunningham, it was this very fusion that gave the look of detachment and stillness that a fine dancer has. He wittily observed that the body "shooting into space" was not some concept of man's freedom, but was "the body shooting into space".[36]

Conclusion

Cook's question "what is analysis useful for" reminded me that within established disciplines of Musicology there is purpose in asking the most fundamental questions. I used this as a point of departure into close analysis, and as one point of the hermeneutic dialectic. It became clear that close analysis did not confer quantifiable meaning, as it treated the text as a disembodied object; moreover, there was no clear demarcation of the presence and role of the percipient/Subject in this endeavour. I asked: can we find meaning in a dance/music work either by looking closely at the work, or by interpreting it from a greater distance?

Despite difficulties of text appellation and divergent histories of music and dance practice, I found it relevant to proceed with an analysis of the dance/music *Biped* following precepts of Semiology as a discipline of Musicology, while taking note of Cook's pertinent remarks that in many cases analyses do not deal with what we hear naturally. I was alerted, in this remark, to the possibility that Cook was, perhaps unknowingly, making passing reference to the phenomenological act of 'hearing naturally.' The subject of this 'hearing naturally' needed to be identified, or, more precisely, given a persona. I needed to find another perspective to bring the body into the frame. The problem of meaning apprehension which has drawn oppositional poles in the hermeneutic dialectic, from close analysis to global overview, was seen to have a third aspect: the Subject, placed at the interface of all events that arise in the ever-present Now. This Subject is the same one that 'hears naturally,' according to Cook. It was found that acts of perception escape the limitations imposed by mere semiological analyses of textual surfaces: common to both are *felt* components, the *lived body* being central to experienced phenomena. With Phenomenology, I entered into a relationship with music/dance artefacts that took account of the ever-changing nature of experience, and found ways to describe and include that flexibility into a model of perception. The physical body as an interface between internal consciousness and objects-in-the-world is the bridge that links 'mind' with life.

While Phenomenology has impacted on Musicology to some extent,[37] although not as widely as with dance/theatre studies, I wish to assert that the Phenomenological

Subject is entirely different to the 'trap of subjectivity' and can be applied to all manners of analysis and interpretative reading in the discourse of meaning.

Appendices

The following analysis of *Biped* is based on Part 1: bars 1 to 97.

Part 1

1. Bar 1   curtain rises
2. Bars 5 – 14   solo 1 male
3. Bars 14 – 21   solo 2 female
4. Bars 20 – 33   solo 3 male   (camera break)
5. Bars 33 – 47   solo 4 female
6. Bars 47 – 57   solo 5 female
7. Bars 57 – 69   solo 6 male from group pattern
8. Bars 69 – 72   solo 7 female
9. Bars 72 – 81   solo 8a female from group   (camera break)
10. Bars 82 – 86   solo 8b female from group
11. Bars 86 – 89   solo 9 female
12. Bars 89 – 96   solo 8c female from group
13. Bars 96 – 97   solo 10 female from trio

(time 7.32)

Appendix 1

Symbols ○ ●, □ ■, ⊤ ⊥ and ▓ ■ are used to mark dance phrases that repeat either within a solo, or from one solo to another as the case may arise.

1. Solo 3 male: from stage right, four crouching shift walks through a wide 4th *plié*/ arms behind and to the side of the body. ○ Face front in crouch position/ lifted bent leg tuck behind support *plié*/ shift to face side, opening lifted leg and stepping on it/ front leg open to side at 45° and chest lifted ●. Repeat ○ to ● with leg now opening to face front/ two falling steps to the side moving across the stage/ one arm curved up, one extended forwards/ torso and chest raised. Arm to back with smaller shift steps to same direction/ head turning to finish on balance in 2nd position. Pause. Straight low arms, one forward and one back. Contraction to stage left on *plié*, tucking bent back leg into front knee/ shift back through 2nd *degage* landing in extended 4th position *allongé*, back leg straight. Pause. Rise up to pull back leg into 5th position, small *rond de jambe* ⊥ opening to 4th position. *Assemblé* to close feet/ □ jump turn to back and travel around to face front in *coupé jeté*/ run/ *jeté à la seconde*, body leaning forward/ cross arms and legs then open, twice/ jump backwards, chest up/elbows bent, hands on shoulders/ gesture leg in low *passé* ■. Repeat first phrase from low crouch ○ all the way to slow *rond de jambe* ⊥/ slow upstage walk to repeat □ to ■. Exit blocked by camera break.

2. Solo 4 female: entering from upstage left, run/ ○ 4th position shift and hold/ torso tilted, elbows bent, one facing up, one down/ lift and lower upstage arm ●. Two steps forward/ *plié* preparation/ *posé* turn, lifted leg extended straight to the front/ arms wide then *devant* with body leans forward/ step forward into *attitude* turn/ body upright/ arms extended then cross, one in front of the body, one overhead. Close in 5th position *plié* body tilted upstage. □ Step *passé*/ forward *plié* and turn with *battu*/ fall to front leg/ *plié* then *pose* to high *à la seconde* with tilt/ arms high 2nd position. *Plié, pirouette* landing in 4th position, body curved forward/ *pose* to 4th position *relevé*, arms *demi seconde*, head and chest lifted ■. Turn through 4th position with torso tilt/ finish in 1st position facing front. Series of *degagés en croix* with arm variation and torso tilts/ shift to side with double torso change, arms straight, one in front, one up high. Close to 4th position, elbows bent, forearms extending forward from waist. Foot pick-up and turn to side with side torso tilt/ torso lifts, chest up, arms bent up and to the side. Step back bending one arm behind the body, chest up/ front leg closes to 4th position. Pick up back leg and *plié* closing to 5th position front, body bent forward, elbows bent/ arms rise alongside head. ⊤ *Chassé* to side jump with leg in *passé*/ two runs backwards ⊥. Repeat from ⊤ to ⊥ three times, but with runs now forward and moving in semi-circle around the stage. Finish with *detourné* to face front in 5th position *plié*. Two 4th position shifts backwards and repeat ○ to ●. Two steps backwards/ slow pivot *plié arabesque* with body low, arms low and wide. *Relevé* then *plié* again, body rising/ step back to *plié* and *relevé attitude*/ turn to finish in 4th position. Repeat phrase □ to ■ and exit upstage right.

Appendix 2

Analysis and Meaning

Appendix 3

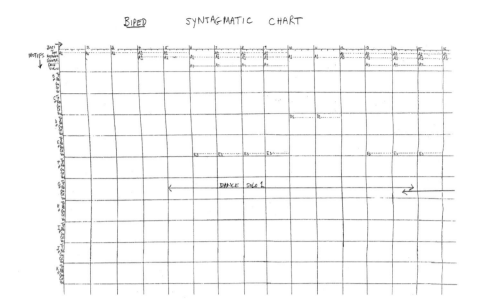
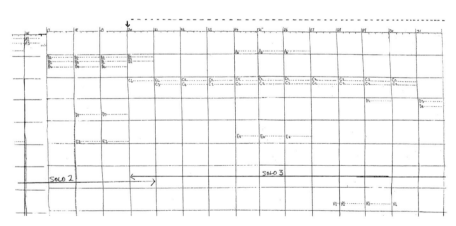

Appendix 4a/4b

Analysis and Meaning

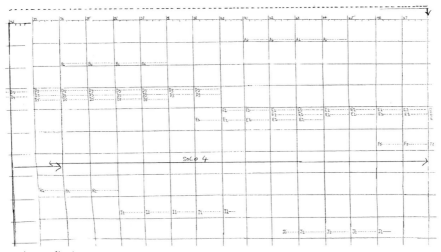

Appendix 4c

Appendix 5a

Appendix 5b/5c

1. Merce Cunningham, "Biped" in DVD *Biped/Pond Way, Deux Ballet Filmes Par Charles Atlas*, ARTE France, MK2 EDV 1264 2005.
2. Jean-Jacques Nattiez, *Music and Discourse: Toward a Semiology of Music,* Princeton, New Jersey 1990, p. ix.
3. Rudolf von Laban, *The Mastery of Movement on the Stage*, London 1950, Reprint 1971, p. 23.
4. Tamas Ungvary, Simon Waters and Peter Rajka, "Nuntius: A Computer System for the Interactive Composition and Analysis of Music and Dance", in *Leonardo*, vol. 25 (1992), no. 1,59.
5. Janet Adshead, *The Study of Dance*, London 1981; id., *Dance Analysis, Theory and Practice*, London 1988; id., *Dancing Texts: Intertextuality in Interpretation*, London 1999; Sophia Preston, *Revealing relationships: an analysis of the structural and expressive characteristics of dance and music in Siobhan Davies's Bridge the Distance*, unpublished PhD Diss. University of Surrey (1995); id., "Tension and release across the borders of dance and music," in *Border Tensions: Dance and Discourse—Proceedings of the Fifth Study of Dance Conference 20–23 April 1995*, University of Surrey/Guildford 1995; "Revealing relationships in the work of Siobhan Davies," in *Proceedings of the Society of Dance History Scholars 19th Annual Conference*, Minneapolis 1996; "'Giving dance room to breathe': dance-music relationships in Siobhan Davies's choreography, 1972–1979", in *Dance Chronicle*, vol. 22 (1999), no. 3; *Dancing off the Page*, eds. Rachel Duerden and Neil Fisher, Alton 2007; Rachel Duerden, "Dancing in the Imagined Space of Music", in *Dance Research: The Journal of the Society for Dance Research*, vol. 25 (2007), no. 01; Stephanie Jordan, *Striding Out: Aspects of Contemporary and New Dance in Britain*, London 1992; id., *Moving Music: Dialogues with Music in Twentieth-Century Ballet*, London 2000; id., *Stravinsky Dances: Re-Visions across a Century*, London 2007.
6. Lydia Goehr, *The Imaginary Museum of Musical Works: An Essay in the Philosophy of Music*, Oxford 1992, pp. 198–203.
7. Ann Dils, "The Ghost in the Machine: Merce Cunningham and Bill T Jones," *A Journal of Performance and Art*, vol. 24 (2002), no. 1, p. 95.
8. Nicholas Cook, *A Guide to Musical Analysis*, Oxford 1987, pp. 215–220.
9. Ibid., p. 221.
10. Ibid., p. 67.
11. Ibid., pp. 29–35.
12. Ibid., pp. 39–40.
13. Ibid., pp. 47–53.
14. *Music Analysis in the Nineteenth Century, Volume II Hermeneutic Approaches*, ed. Ian Bent, New York 1994.
15. Ibid., p. 1.
16. Ibid., pp. 4–7.
17. Jacques Derrida says that within structure there is not only form, relation and configuration, but that the structural perspective taken on by the analyst is one designed to "obtain immediately, on a flat surface, the development of depth vision of objects on the horizon." Jacques Derrida, *Writing and Différence*, trans. Alan Bass, London 1978, p. 5.
18. Adrienne Brown, Meaning *Indicators in Twentieth-Century Music and Dance*, PhD Diss. University College Dublin, 2011.
19. Jonathan D. Kramer, "New Temporalities in Music," in *Critical Enquiry*, vol. 7 (1981), no. 3, pp. 539–556.
20. In writing up the full analysis of *Biped*, I used DanceForms computer software to create files that delineated the moving dance figure; these cannot be included in this instance.
21. Cunningham, *Biped/Pond Way* (s. note 1).
22. This is also due to the fact that the semiological dance sign has not, to date, been fully explained in its role as 'referent,' in comparison to the linguistic or musical sign. I have

written more extensively about this in my PhD thesis, Brown, Meaning *Indicators* (s. note 18), 2011.
23 Edmund Husserl, *The Phenomenology of Internal Time-Consciousness*, ed. Martin Heidegger, Bloomington 1964, pp. 30–31.
24 Ibid., pp. 43–44.
25 Ibid., p. 89.
26 Remy C. Kwant, *Phenomenology of Expression,* Pittsburgh 1969, pp. 32–33.
27 Sondra Fraleigh, "A Vulnerable Glance: Seeing Dance Through Phenomenology," in *The Routledge Dance Studies Reader*, ed. Alexandra Carter, London 1998, pp. 135–143.
28 Ibid., p. 135.
29 Maurice Merleau-Ponty, *Phenomenology of Perception,* London 1962, pp. 52–53.
30 Ibid., p. 247.
31 Ibid., pp. 67–69.
32 Husserl, *Internal Time-Consciousness* (s. note 23), p. 24.
33 Kwant, *Phenomenology of Expression* (s. note 26), pp. 21–22.
34 Ibid., p. 23.
35 Ibid., p. 9.
36 David Vaughan, *Merce Cunningham: Fifty Year*, New York 1997, pp. 86–87.
37 Brian Kane, "Excavating Lewin's 'Phenomenology,'" *Music Theory Spectrum*, vol. 33 (2011), no. 1, pp. 27–36.

Jin Hyun Kim

What Music and Dance Share: Dynamic Forms of Movement and Action-based Aesthetic Empathy

Shared Artistic Characteristics of Music and Dance

Music and dance share significant shaping principles. Both are accomplished through the course of a practice based on a performative activity, and mainly composed of bodily nonverbal expressions. These range from immediate manifestations of arousal to structured organizations shaping abstract patterns of sounds or corporeal gestures; they comprise both presentational expressions—expressions referencing what is inherent to sounds/gestures—and representational expressions—expressions of something external to sounds/gestures, such as a verbal narrative.[1] Such representational expression is not always necessary for music and dance, as their major task is not referencing objects or states of affairs;[2] the nonverbal narratives are constituted by a sequence of presentational expressions. Exceptions include musical genres such as program music and *musique concrète* that use sounds indexically or iconically referencing an extra-musical narrative or natural sounds, and dance genres such as classical ballet composed of a number of formalized postures likewise referencing a concrete story or state.

In most genres of music and dance, however, nonverbal sounds and corporeal movements do not refer to something external. Presentational expressions unfold both in the individual sound/gesture and in the process of shaping a sequence of such sounds/gestures. Bodily states are manifested within both the spatio-temporal changes of the indivisible sound/gesture and of the overarching structure of the artistic whole. These spatio-temporal modulations, underlying both a micro- and macro-structure of music and dance, can be characterized as the dynamic forms of movement considered 'forms of vitality' by the developmental psychologist Daniel N. Stern.[3] According to Stern, movements are a basis for being alive, and vitality is manifested in movement by creating a sense of time, space, force and directionality in the mind.[4] The experience of vitality—a "subjective experience" and "phenomenal reality"—has "a basis in physical action and traceable mental operations"[5] and is "inherent in the act of movement" both physically and mentally.⁶ We experience others on the basis of the experience of vitality, even when others' movements are unobserved. Stern extends this beyond sentient beings, claiming that time-based arts also allow for the experience of vitality: "the time-based arts move us by the expressions of vitality that resonate in us."⁷

Dynamic Forms of Movement in Music and Dance

According to Stern, five dynamic events underlying the experience of vitality—movement, force, time, space and directionality—are, taken together, a *"Gestalt"* creating a "fundamental dynamic pentad."⁸ Such dynamic forms of vitality are also identifiable in momentary sound/gesture events. An individual sound can itself have a temporal contour, with a beginning, flow and end, and a spatial contour as it changes volume; in this way even the smallest musical unit gives the impression of dynamic movement with directionality.

At the end of the 19th century, the musicologist Friedrich von Hausegger discussed sound as having dynamic forms experienced as an expression of mental states, which in turn have a biological basis. In the first part of his seminal monograph "Music as Expression (*Die Musik als Ausdruck*)" (1887) he delineates the casual relation between bodily states and vocalizations, emphasizing the relationship between arousal and vocalization: "vocalizations in their primitive appearances result from momentary arousals."⁹ This relationship stems from the role of muscle contraction, which varies in reliance upon the "grade and kind of arousal":¹⁰ "Vocalization possessing intensity, duration, height and depth" relies on "[this] kind of arousal."¹¹ The duration of a vocal sound depends on the length of respiration, which is dependent on bodily movement as well as the blood circulation affected by that movement. Likewise, the intensity of a vocal sound depends on the force and velocity of muscle contraction; to shape a sound that can be developed further, the impulse should retain its state of arousal. When retaining an aroused state, the affected muscle generally cannot remain in consistent contraction; it thus moves toward periodic activity, in turn influencing the resulting duration, height, and depth of vocalization.¹²

According to Hausegger, shaped vocal sounds/corporeal movements act as expressions of one's aroused state when viewed from the perspective of others, leading to the "co-sense (*Mitempfindung*)" of arousal.¹³ Moreover, human beings tend to understand not only animate beings but also inanimate objects in terms of expression.¹⁴ This arises from the human impetus for movement, which is not directed towards external goals but rather characterized as "play instinct";[15] if this is fulfilled in a satisfying way, pleasure emerges.[16] Hausegger holds that music and dance emerged from vocalizations and corporeal gestures based on the human play instinct, developing as forms to enhance the means of expressions and thus perfect the feeling of pleasure.[17] Music and dance as means of expressions are therefore based on the aroused body causing the "duration, intensity, height, variability and temporal order" of sounds and gestures.[18]

The music pedagogue Alexander Truslit discusses the relation between mentally felt events and bodily events of music inherent in the shaping of music in his monograph "Shaping and movement in music (*Gestaltung und Bewegung in der Musik*)" (1938). He states that the shaping of music is central to and cannot be conceived of as decoupled from musical experience.[19] The shaping of music underlies the musical experience during both the making and perception of music; in addition to the musical creators, listeners inwardly "co-shape (*mitgestalten*)"[20] music through the inward experience of movement, i.e. "the sense of movement; the sense of shaping."[21] Further, he claims that music can be considered a manifestation of movement, as the shaping of music is based on the rule of movement.[22]

The most important elements in the shaping of sounds, according to Truslit, are the duration and intensity of the sound.[23] Beyond these elements, he considers dynamics and agogics fundamental to the process of musical shaping. Dynamics are gradations of sound intensity changing the loudness of sound as perceived; agogics refers to temporal changes of sound causing the sound deceleration or acceleration within the given overall temporal structure. For Truslit, timbre and pitch are of subordinate importance to the process of shaping music, as shaping music without dynamics and agogics—that is, only changing pitch and timbre—results in musical rigidity.[24] In this theory on shaping and movement in music, the primordial element being shaped is the movement, and the rule of movement underlies the making and perception of music. Thus dynamic forms of movement are the basis for each bodily event experienced as an expression of arousal or vitality; the forms are spatio-temporal contours defined by duration, intensity (force), temporal, and spatial change and consequently directionality—Stern's 'vitality forms' and Truslit's 'dynamo-agogics.'

In Western music notation, performance marks may indicate intensity (force) and its change (dynamics) and speed (tempo) and its change (agogics), as well as agogic accents; such marks create vitality forms:[25] degrees of loudness are indicated by marks ranging from gradations of *p* (piano; soft) to those of *f* (forte; loud). A change in dynamics is indicated by *crescendo* (increasing intensity) and *decrescendo* (decreasing). The tempo of a Western musical work is often indicated by beats per minute in reference to a specific note value as the basic temporal unit of the piece. Alternately, it can be indicated by marks ranging from *larghissimo* (very slow; less than 20 bpm) to *prestissimo* (very fast; more than 200 bpm). A change in tempo, related to individual phrases such as the rubato, is indicated by *ritardando* (deceleration) and *accelerando* (acceleration). Agogic accents such as *staccato* (marked by a dot above a notehead indicating the quick cutting-off of a given sound) or *tenuto* (marked by a horizontal line above the notehead calling for sustaining the sound length) function as different expressions of nuance within a single note, allowing musicians to modify the duration of a sound.

Dynamic and agogic expressions as realized in music performance, however, go beyond the dimensions indicated in the notation systems of Western music. Due to increasing academic interest in musical performance over the last three decades, some technologies have been developed to analyze and model dynamic and agogic expressions in performed music.[26] The KTH rule system, developed at the department of speech, music and hearing at KTH Stockholm for music performance within the realm of Western classical, jazz and popular music, comprises a set of principles and parameters relevant to shaping a performance.[27] A number of these, related to dynamic forms of movement, govern phrasing, micro-level timing, metrical patterns and grooves and articulations, as shown in table 1:

Phrasing	
Phrase arch	Create arch-like tempo and sound level changes over phrase
Final ritardando	Apply ritardando at the end of the piece
Micro-level timing	
Duration contrast	Further shorten short notes and lengthen long notes
Metrical patterns and grooves	
Double duration	Decrease duration ratio between two notes to 2:1
Inégales	Introduce long-short patterns over equal note values (swing)
Articulation	
Score legato/staccato	Articulate legato/staccato when marked in the score
Repetition articulation	Add articulation for repeated notes
Overall articulation	Add articulation for all notes except very short ones

Table 1: Rules related to dynamic forms of movement in shaping music from the KTH rule system[28]

Rudolf von Laban developed a graphic coding system for notating dance movement, Labanotation, in the 1920s. This consists of codes designating not only the body's positions and steps, which are crucial to the language of classical ballet, but also the dynamic forms of movement related to changes in the spatial disposition of various parts of the body in performing the movement over time and with different degrees of force.[29]

What Music and Dance Share: Dynamic Forms of Movement and Action-based Aesthetic Empathy

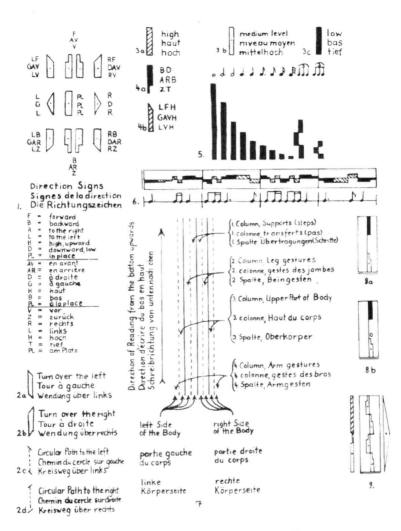

Illustration 1: Codes used in the Labanotation[30]

The notation uses code definitions such as those shown in illustration 1: which part of the body moves (fig. 7); the direction of the movement (fig. 1); the kind of movement (fig. 2) and its level of performance (fig. 3; fig. 4 lists codes designating the kind and level of movement); the duration of the movement (fig. 5); and when it occurs (fig. 8). These codes are placed on a vertical stave akin to the musical horizontal stave, to be read from the bottom upwards (figs. 8 and 9). The duration of the movement is designated by the vertical length of the code (fig. 8), allowing the temporal change in movement and rhythm to be described, in principle, by a sequence of codes of different visual sizes. A gap between successive columns indicates a jump (fig. 8a), whereas a gap with a small circle indicates a pause in movement—i. e., standing still (fig. 8b).

Additional codes designate spatial dimensions of movement (e. g. narrow or wide); intensity (e.g. strong or weak); dynamics such as increasing and diminishing intensity (e.g. crescendo or decrescendo); and bodily states connected to muscle contraction (e.g. tension or relaxation); all means by which dynamic forms of movement in dance can be grasped in a subtle manner (see illustration 2).

Illustration 2: Additional codes of the Labanotation related to dynamic forms of movement in dance[31]

Labanotation was developed in reaction to the emergence of genres such as "free dance" and "modern dance" in the early 20th century, as European and American dancers explored bodily expressions and dynamic experiences beyond the constraints of classical ballet. New dance techniques, named after their developers, emerged from this exploration: the Duncan technique, Graham technique, Humphrey-Weidman technique, et al. Such dance notation, capable of conveying vitality forms in dance, is adequate for most dance forms; only formalized dance consisting of structured steps or postures referring to specific narratives and states perhaps call for additional representation to be (aesthetically) appreciated fully.

In music, too, formalized genres of Western music developed in the common-practice period (from the 17th through 19th centuries) may be better appreciated through knowledge of those musical forms and rules of shaping melodic or harmonic relations; for instance, an appreciation for *fugue* and *sonata* is enhanced by an understanding of counterpoint and tonal structures, respectively. Most genres of music, however, do not require explicit knowledge of music theory for basic aesthetic experience; indeed, a good fugue or sonata can be enjoyed without reference to music theory, as the application of counterpoint and harmonics can add further dynamic forms of movement to the piece.

According to the theories discussed in this section, music and dance share 1) their bases in corporeal action as immediate and sophisticated expressions and 2) basic principles of shaping dynamic forms of movement that can be analyzed by both small units (individual sound/gesture) and larger structures (phrase, section, entire piece). Truslit indicates moreover that those principles of shaping dynamic forms of movement underlie the process of listening to music, which he characterizes as coshaping. Based on this, the next section questions how shaping and co-shaping dynamic forms of movement in music and dance are aesthetically moving, focusing on musical (aesthetic) experience but also applicable to the aesthetic experience of dance.

Being Moved Aesthetically: Action-Based Aesthetic Empathy

The philosopher Mark Johnson, having developed a theory of conceptual metaphor, proposes that we experience music in terms of temporal and spatial movement and moving force as well as on the basis of metaphors.[32] Though he emphasizes the role of conceptual metaphors in describing how musical experience is related to movement, he contends that musical motion is not "a mere manner of speaking about music," but "just as real as temporal motion":[33]

> The experience of musical motion is no less real for being a product of human imagination—which is our profound capacity to experience ordered, meaningful patterns of sensations. If there were no people like us, with bodies and brains like ours, then there would be no musical time and no musical motion. Music "exists" at the intersection of organized sounds with our sensorimotor apparatus, our bodies, our brains, our cultural values and practices, our musico-historical conventions, our prior experiences, and a host of other social and cultural factors. Consequently, musical motion is really experienced by us [...].[34]

This notion is of particular interest in that it does not ground musical experience—considered to be based on the real experience of musical motion—in conceptual metaphors; conversely, the conceptual metaphors that shape the experience of musical motion are conceived of as grounded in bodily experience.[35] This raises a question of whether musical experience may be considered the immediate experience of dynamic forms of movement which do not need be shaped by conceptual metaphors. For Johnson, conceptual metaphors are necessary in understanding Western art music; for this body of music, highly organized in terms of melodic and harmonic relations, "there can be no robust experience of musical meaning without [...] conceptual metaphoric framings [...]."[36] Nevertheless, he acknowledges the existence of non-conceptual bodily experiences of music; for example, "young children dance gleefully to various rhythms without knowing a thing about music history or having any developed conceptualization of music."[37]

Certainly, highly organized music based on inherited cultural knowledge that can and should be learned explicitly, by means of music theory, cannot be grasped without concepts. At the same time, full comprehension of music with any grade of organization requires situating it within a particular socio-cultural environment; even purely rhythmic musical organization varies according to cultural traditions, and is commonly shaped in relation to language accents, rhythms used in work, march or dance forms. Thus some rhythmic forms which can be grasped "without any developed conceptualization of music" nonetheless can lead to specific aesthetic effects varying according to cultural background. More precisely, the perception and apprehension of rhythmic music, which does not entail melody or harmony, are also based on the implicit knowledge of rhythmic organization in sounds each acquired over a lifetime of interacting with others situated in a specific socio-cultural environment.

Therefore, an urgent task in discussing how musical experience moves people is to reconsider the traditional conceptualization of music, and take music consisting only of rhythms and not of melody and harmony as a starting point for aesthetics of music. Up to the present, most writings on the aesthetics of music have focused on Western art music; more precisely, on instrumental music from the common-practice period, although some theoretical accounts[38] may be applied to non-Western music and/or Western non-art music. This might be due to the spread of Western art music across many different cultures, allowing for shared knowledge about that music. Indeed, most music examples in aesthetic theories are taken from Western art music out of pragmatism, providing the largest number of readers access to the exemplifications of the theory at hand. Of course, some authors deal exclusively with Western art music, which is partially legitimized as an object of aesthetics of music based on their own theoretical foundations and assumptions; these include current music philosophers such as Peter Kivy and Steven Davies as well as historical figures such as Eduard Hanslick, all of whom discuss general aesthetic problems solely based on the examples and principles of Western instrumental music, mostly from the common-practice period.[39]

This approach is exemplified by Hanslick's seminal work "On the Musically Beautiful (*Vom Musikalisch-Schönen*)" (1854). Here, Hanslick conceptualizes music as an art of tone, differentiating it from unpitched sound. On the basis of pitch and an artificial tone system, music as an art of tone develops the melody and harmony considered fundamental to the musically beautiful. For Hanslick, in music there is not the beauty of nature but only the beauty of art, for "harmony and melody are not to be found in nature," but "[o]nly a third element in music, [...] existed prior and external to mankind: rhythm".[40] In the same context, he claims that South Sea Islanders' music only consisting of rhythm is "the natural kind of 'music', but it is not *music*."[41] Though his conceptualization of music is very narrow and legitimizes Western art music, Hanslick at least was living in a much less globalized context. Current studies on aesthetics of music, focusing solely on Western art music (especially instrumental music in the common-period practice) and generalizing those results, support that conceptualization of music; these are perhaps more problematic.

The discussion of dynamic forms of movement in music in the previous sections prompts reconsideration of this traditional conceptualization of music. Dynamic forms of movement in music primarily entail changes in the volume and temporal duration of a sound, but not the change of pitch—though melody can be described metaphorically as a spatial form of movement. A sequence of sounds having various durations shapes the rhythm of the whole; pitch can supervene, but is unnecessary for dynamic forms of movement in music. If sounds do not have pitch, melody and harmony do not necessarily unfold from a sequence of such unpitched sounds, invalidating the Euro-centric conceptualization of music. Hence, a generalizing approach in music research most appropriately starts from music consisting only of rhythm.

Tackling the question of how we are moved by music through shaping and co-shaping dynamic forms of movement is likewise best done having discarded the Euro-centric perspective. Hausegger's notion that listeners co-sense what becomes manifest in dynamic forms of movement of music is preceded by Hanslick's argument that, though he ascribes the dynamic motion of music to relations between tones or harmonies,[42] the change of strength and motion related to the "ideas of increasing and diminishing, acceleration and deceleration, clever interweavings, simple progressions, and the like" is audible.[43] Hanslick, however, reduces the perception of the dynamic motion of music to auditory perception which can lead to aesthetic appreciation of musical ideas by means of pure intuition (*reine Anschauung*); for him, aesthetic appreciation of music has nothing to do with the corporeal reactions to music he characterizes as pathological.[44]

Counteracting Hanslick's views, the aesthetics of empathy (*Einfühlung*), an aesthetic theory developed in the context of psychological aesthetics at the end of the 19th century, claims that the imagination of movement, a kind of "inner doing (*inneres Tun*),"[45] is crucial to aesthetic pleasure. *Einfühlung* is the original German term for empathy; currently used to refer to the intersubjective understanding of others' feelings unmediated by the rational mode of thinking,[46] it originally referred to the implicit and immediate processes underlying aesthetic experience related to an aesthetic object—as opposed to both purely objectivist and subjectivist theories of aesthetics.[47] In contrast to objectivist theories, the aesthetics of empathy does justice to feelings emerging during aesthetic experience; the difference from subjectivist theories lies in the focus of the aesthetics of *Einfühlung* on actual feelings unified with reproduced ones, which emerge in the course of "inner imitation (*innere Imitation*)," rather than on those feelings reproduced by the recognition of aesthetic qualities of an object.[48] Theodor Lipps characterizes this process of inner doing as a kind of image of movement, which does not necessarily lead to what he terms organic sensations, such as muscle contraction or relaxation, i.e. kinesthetic sensations. The image of movement Lipps introduces as a basis for aesthetic *Einfühlung* has been characterized by Edward Bradford Titchener—who coined the term "empathy" as "a rendering of *Einfühlung*"[49] in his *Lectures on the Experimental Psychology of the Thought-Processes* in 1909—as the kinesthetic image, distinct from the kinesthetic sensation. He describes the kinesthetic image metaphorically: "Not only do I see gravity and modesty and pride and courtesy and stateliness, but I feel or act them in the *mind's muscle*."[50] Neuroscientific studies on the neural mechanisms of action simulation that is supposed to underlie perception, carried out over the last 15 years since the discovery of mirror neurons, provide empirical evidence of Lipps' core idea of inner action accompanying the perception of meaningful events; however, it should be pointed out that it remains unclear whether the perception of certain types of events always involves action simulation, and whether action simulation not only acts as prediction of action but also leads to kinesthetic sensation beyond the kinesthetic image.

In this context, a recent discourse on kinesthetic empathy[51] appropriating choreographic terms in light of a number of neuroscientific studies on empathy should be carefully examined. In particular, discussion about the extent to which Lipps' notions of inner doing underlying aesthetic empathy can serve to coin the term "kinesthetic empathy"[52] should be elaborated upon. A critical question is whether only the kinesthetic image comes into play, as Lipps contends, or if the kinesthetic image cannot be decoupled from the kinesthetic sensation, which calls for revising Lipps' notion of inner doing underlying empathy. Very recent writings on empathy and kinesthesia,[53] while insightful overall, do not yet clarify how "kinesthetic" is understood when applied to Lipps' aesthetic empathy,[54] or to the term "kinesthetic empathy."[55]

However, what becomes obvious in discussion on aesthetic empathy is that being moved aesthetically can be conceived of as action-based, i. e. based on action executed over a particular length of time. With regard to music, vocalization might logically be considered one of the primary basic actions; however, the philosopher Ellen Dissanayake suggests "view[ing] music in its origin more broadly than as vocalizations, rather, as a multimodal or multimedia activity of temporally patterned movements."[56] Similarly, the developmental psychologists Stephen Malloch and Colwyn Trevarthen conceive of the "pulse" and "modulated contours of expression moving through time" of temporally patterned movements as inherently musical characteristics.[57] In their seminal work "Communicative Musicality: Exploring the Basis of Human Companionship" (2009), Malloch and Trevarthen claim that musicality is "the common ability that, in its emotional richness and structural integrity, makes it possible to share time meaningfully, and for people to participate through anticipation and recollection of pleasure [...]" based on an "expression of our human desire for cultural learning, our innate skill for moving, remembering and planning in sympathy with others that make our appreciation and production of an endless variety of dramatic temporal narrative possible."[58]

A considerable number of empirical studies on early interaction between infants and caregivers have shown that infants respond to changes in intensity, duration, and temporal and spatial patterning of sounds, and to rhythmically composed facial and corporeal movements;[59] further, infants ages three-four months are capable of coordinated engagement with caregivers' corporeal and vocal movements.[60] The infants' interactional response to dynamic forms of movement in others' bodily expressions (including vocalization), which can be characterized as "a sensorimotor engagement,"[61] suggests that the aesthetic experience of music is action-based and not reducible to vocalization. Further, it shows a shared basis of aesthetic experience for music and dance.

We develop our ability to communicate with others in coordinated engagement with the dynamic qualities of sounds and corporeal and facial movements. Hence, it can be assumed that the sense of movement is always involved in our perception, regardless of what kind of modality it is concerned with. A sophisticated form of music or dance that does not allow us to immediately grasp the dynamic forms of movement underlying it due to additional artificial elements and rules to be explicitly learned may therefore call for a cognitive aesthetic attitude; indeed, many Western aesthetic theories have been devoted to this. On the other hand, a kind of music or dance immediately appealing to our sensitivity to dynamic forms of movement in sounds or gestures, e.g. music or dance with strong rhythmic patterns and/or dynamic and agogic flow, gives rise to kinesthetic reactions also shaped over time. Therefore, the aesthetic experience of music and dance can claim a socio-biological origin and basis in action, and thus be characterized as enactive perception; this in turn leads to either action simulation or action execution, which constitutes the aesthetic experience of being moved.

[1] For quite some time, the fine arts have incorporated the characteristics shared by music and dance into its novel temporal form as 'performance'; taking into account that the traditional forms of fine arts are also the product of painters' or sculptors' performativity, the performance can be seen as a genre rendering the fine arts a presentation of the temporal activity and its process in addition to or even beyond its representational character; for detailed discussions on presentational and representational expressions, see Susanne K. Langer, *Philosophy in a New Key: A Study in the Symbolism of Reason, Rite, and Art*, Cambridge MA 1942.

[2] Musical genres such as opera and musical theatre involving verbal narratives are not discussed here, as they are a mixed form comprising both language-based theatre and musical composition.

[3] Daniel N. Stern, *The Interpersonal Word of the Infant*, New York 1985; Daniel N. Stern, "Vitality contours: The temporal contour of feelings as a basis unit for constructing the infant's social experience," in *Early Social Cognition: Understanding Others in the First Months of Life*, ed. Philippe Rochat, Mahwah, NJ 1999, pp. 67–90.

[4] Daniel N. Stern, *Forms of Vitality: Exploring Dynamic Experience in Psychology, the Arts, Psychotherapy, and Development*, New York 2010, p. 4.

[5] Ibid.

[6] Ibid., p. 9.

[7] Ibid., p. 4.

[8] Ibid., pp. 4–5.

[9] Friedrich von Hausegger, *Die Musik als Ausdruck*, Vienna 1887, p. 7; all Hausegger quotes are translated by the author.

[10] Ibid., p. 8.

[11] Ibid.

[12] Ibid., pp. 10–11.

[13] Ibid., p. 42.

[14] Ibid., p. 52.

[15] Ibid., p. 46.

[16] Ibid., pp. 46–47.

[17] Ibid., p. 60.

[18] Ibid., p. 62.

[19] Alexander Truslit, *Gestaltung und Bewegung in der Musik. Ein tönendes Buch vom musikalischen Vortrag und seinem bewegungserlebten Gestalten und Hören*, Berlin 1938, p. 16.

[20] Ibid., p. 20; all Trulist quotes are translated by the author.

[21] Ibid., p. 27.

[22] Ibid., p. 72.

[23] Ibid., p. 27.

[24] Ibid., p. 31.

25 Stern, *Forms of Vitality: Exploring Dynamic Experience in Psychology, the Arts, Psychotherapy, and Development* (s. note 4), pp. 82–83.

26 Cf. Anders Friberg and Johan Sundberg, "Does music performance allude to locomotion? A model of final ritardandi derived from measurements of stopping runner," *Journal of the Acoustic Society of America*, vol. 105 (1999), no. 3, pp. 1469–1484; Bruno H. Repp, "Objective performance analysis as a tool for the musical detective," Journal of the Acoustic Society of America, vol. 93 (1993), no. 2, pp. 1203–1204; Neil Todd, "A model of expressive timing in tonal music," *Music Perception*, vol. 3 (1985), no. 1, pp. 33–58; Gerhard Widmer and Werner Goebl, "Computational models of expressive music performance: The state of the art," *Journal of New Music Research*, vol. 33 (2004), no. 3, pp. 203–216.

27 Anders Friberg, Roberto Bresin and Johan Sundberg, "Overview of the KTH rule system for musical performance," *Advances in Cognitive Psychology*, vol. 2 (2006), no. 2–3, pp. 145–161.

28 Taken from Friberg, Bresin and Sundberg, "Overview of the KTH rule system for musical performance" (s. note 27), p. 148

29 Ann Hutchinson, *Labanotation or Kinetography Laban: the System of Analyzing and Recording Movement*, New York 1961; Rudolf von Laban, *Principles of Dance and Movement Notation*, Brooklyn, NY 1970.

30 Taken from Albrecht Knust, "An introduction to kinetography Laban (Labanotation)," *Journal of International Folk Music Council*, vol.11 (1959), pp. 73–76.

31 Taken from Knust, "An introduction to kinetography Laban (Labanotation)" (s. note 30).

32 Mark Johnson, "Embodied musical meaning," *Theory and Practice*, vol. 22–23 (1997–98), pp. 95–102; Mark Johnson, *The Meaning of the Body: Aesthetics of Human Understanding*, Chicago, London 2007; Mark Johnson and Steve Larson, "Something in the way she moves – metaphors of musical motion," *Metaphor and Symbol*, vol. 18 (2003), no. 2, pp. 63–84.

33 Johnson, *The Meaning of the Body: Aesthetics of Human Understanding* (s. note 32), p. 255.

34 Ibid.

35 Ibid., p. 256.

36 Ibid.

37 Ibid.

38 For instance, those placing emphasis on expectation and anticipation as a basis for music perception such as Leonard B. Meyer, *Emotion and Meaning in Music*, Chicago, London 1956; David Huron, *Sweet Anticipation: Music and the Psychology of Expectation*, Cambridge, MA 2006.

39 Eduard Hanslick, *On the Musically Beautiful*, trans. Geoffrey Payzant, Indianapolis, IN 1986 [1854]; Peter Kivy, *Music Alone: Philosophical Reflections on the Purely Musical Experience*, Ithaca 1990; Peter Kivy, *Introduction to a Philosophy of Music*, New York 2002; Steven Davies, *Musical Meaning and Expression*, Ithaca, London 1994; Steven Davies, *Themes in the Philosophy of Music*, Oxford 2003.

40 Hanslick, *On the Musically Beautiful* (s. note 39), p. 69.

41 Ibid., p. 70.

42 Ibid., p. 11.

43 Ibid., p. 10.

44 Cf. Ibid., p. 63.

45 Theodor Lipps, "Einfühlung, innere Nachahmung, und Organempfindungen," *Archiv für die gesamte Psychologie*, vol. 1 (1903), pp. 185–204, here: p. 186.

46 *The Social Neuroscience of Empathy*, ed. Jean Decety and William Ickes, Cambridge, MA 2009; Mary Gordon, *Roots of Empathy: Changing the World Child by Child*, Canada 2005.

47	Theodor Lipps, "Aesthetische Einfühlung," *Zeitschrift für Psychologie und Physiologie der Sinnesorgane*, vol. 22 (1900), pp. 415–450; Theodor Lipps, *Ästhetik. Psychologie des Schönen und der Kunst. Teil I. Grundlegung der Ästhetik*, Leipzig 1903.
48	Lipps, "Einfühlung, innere Nachahmung, und Organempfindungen" (s. note 45), p. 191; for a detailed discussion on aesthetic empathy see Kim, "Action-based aesthetic empathy in musical behavior," *Mediality and Music*, ed. id. and Uwe Seifert, Bern 2012, in press.
49	Edward B. Titchener, *Lectures on the Experimental Psychology of the Thought-Processes*, New York 1909, p. 21.
50	Ibid., p. 21; italics by the author.
51	*Kinesthetic Empathy in Creative and Cultural Practices*, ed. Dee Reynolds and Matthews Reason, Bristol 2012.
52	Susan Leigh Foster, *Choreographing Empathy: Kinesthesia in Performance*, London, New York 2010; Susan Leigh Foster, "Dancing with the mind's muscles: A brief history of kinesthesia and empathy," Keynote address, presented at the conference *Kinesthetic Empathy: Concepts and Contexts*, University of Manchester, April 2010 (available at <http://www.watchingdance.ning.com>).
53	Foster, *Choreographing Empathy: Kinesthesia in Performance* (s. note 52); Matthews Reason and Dee Reynolds, "Kinesthesia, empathy, and related pleasures: An inquiry into audience experiences of watching dance," *Dance Research Journal*, vol. 42 (2010), no. 2, pp. 49–75.
54	Foster, *Choreographing Empathy: Kinesthesia in Performance* (s. note 52).
55	Ibid.: Reason and Reynolds, "Kinesthesia, empathy, and related pleasures: An inquiry into audience experiences of watching dance" (s. note 53). In discussing "kinesthetic empathy" in watching dance, authors of both publications take up the dance critic John Martin's proposal, presented in the 1930s, that watching dance involves "a kinesthetic sense in working condition" (John Martin, *America Dancing: The Background and Personalities of the Modern Dance*, New York 1936/1968, 11, cited in Reason and Reynolds, "Kinesthesia, empathy, and related pleasures" (s. note 53), p. 53 which relies on "the faculty of 'inner mimicry'" (John Martin, *Introduction to the Dance*, New York 1939, cited: Reason and Reynolds, "Kinesthesia, empathy, and related pleasures" (s. note 53), p. 54). It is clear that, when considering the difference between kinesthetic sensation and image discussed by Titchener, Martin's proposal places emphasis on the kinesthetic sensation felt by the body's muscles while watching dance. On the other hand, his emphasis on the faculty of 'inner mimicry' seems to have an affinity with Lipps' concept of 'inner doing' or 'inner imitation'; the latter is however clearly decoupled from kinesthetic sensation. Therefore, discourse on the term "kinesthetic empathy" taking up both Lipps' empathy and Martin's kinesthetic sensation and inner mimicry requires elaboration of the relationship between kinesthesia and empathy.
56	Ellen Dissanayake, "Antecedents of the temporal arts in early mother-infant interaction," in *The Origins of Music*, ed. Nils L. Wallin, Björn Merker and Steven Brown, Cambridge, MA 2000, pp. 389–410, here: p. 390.
57	*Communicative Musicality: Exploring the Basis of Human Companionship*, ed. Stephen Malloch and Colwyn Trevarthen, Oxford 2009, p. 4.
58	Ibid., pp. 4–5.
59	Mary Catherine Bateson, "Mother-infant exchanges: The epigenesis of conversational interaction," in *Developmental Psycholinguistics and Communication Disorders: Annals of the New York Academy of Sciences* (vol. 26), ed. Doris Aaronson and Robert W. Rieber, New York 1975, pp. 101–113; Stephen Malloch, "Mother and infants and communicative musicality," in *Rhythms, Musical Narrative, and the Origins of Human Communication: Musicae Scientiae, Special Issue*, ed. Irène Deliège, Liège 1999, pp. 29–57; Colwyn Trevarthen, "Emotions in infancy: Regulators of contact and relationships with persons," in *Approaches to Emo-*

tion, ed. Klaus R. Scherer and Paul Ekman, Hilsdale, NJ 1984, pp. 129–157; Colwyn Trevarthen, "Contracts of mutual understanding: Negotiating meanings and moral sentiments with infants," *Journal of Contemporary Legal Issues*, vol. 6 (1995), pp. 373–407.

60 Beatrice Beebe and Frank Lachmann, "The contribution of mother-infant mutual influence to the origins of self- and object representations," *Psychoanalytic Dialogue*, vol. 7 (1988), pp. 133–182; Malloch, "Mother and infants and communicative musicality" (s. note 59); Malloch and Trevarthen, *Communicative Musicality* (s. note 57), pp. 4–5; Daniel N. Stern, "Vitality contours: The temporal contour of feelings as a basis unit for constructing the infant's social experience," in *Early Social Cognition: Understanding Others in the First Months of Life*, ed. Philippe Rochat, Mahwah, NJ 1999, pp. 67–90; Colwyn Trevarthen, "Musicality and the intrinsic motive pulse: Evidence from human psychobiology and infant communication," in *Rhythms, Musical Narrative, and the Origins of Human Communication: Musicae Scientiae, Speical Issue*, ed. Irène Deliège, Liège 1999, pp. 157–213.

61 Joel Krueger, "Empathy, enaction, and shared musical experience," in *The Emotional Power of Music: Multidisciplinary Perspectives on Musical Expression, Arousal and Social Control*, ed. Tom Cochrane, Bernardino Fantini and Klaus R. Scherer, Oxford 2012, in press.

Bewegungen
zwischen
Musiktheater, Tanztheater
und
Performance

Stephanie Jordan

Mark Morris Marks Music, Or: What Did he Make of Bach's *Italian Concerto*?

The spectre of Mr Mickey Mouse still looms over those who make dances with music and those who write about dance and music, even though the term 'Mickey Mousing' has been applied to dance the wrong way round—motion mimicking music, as opposed to the original idea of music mimicking motion. Sometimes we talk about our favourite cartoon character's behaviour in the more respectable terms of music visualisation, the term coined (ca. 1917) by the American modern dance pioneer Ruth St Denis for dances that moved away from her familiar pictorial orientalism.[1] We might consider this behaviour worthy of praise, or the signal of 'musicality' (not to deny the many confusions and inaccuracies which surround that often-used term). After all, we hardly complain when Balanchine proclaims passionately, "I must show them the music. Music must be seen!"[2] At other times, and especially in the world of modern dance, such behaviour is seen as musical tyranny, negating the autonomy of dance, or betraying a certain laziness on behalf of the choreographer, who evades creative responsibility. Or it can be seen as a choreographer's aggressive behaviour, a dumbing-down procedure, with the imposition of unrelated imagery upon the score, and perhaps for overtly commercial purposes.[3] Mickey is now a menace. Perhaps most odd, music visualisation is generally viewed in very simplistic terms. The nature of the term suggests that it is possible for a dance somehow to *be* its music—a kind of redundant position—and the next stage is to imagine that only one choreographic visualisation is possible.

Of all choreographers working today, the American Mark Morris is probably the one most often cited for visualising music (or 'Mickey Mousing'): people note unceasingly how he likes to translate scores into dance and draw our attention to musical detail. Interestingly, musicians seem to love him for this, while the dance world is deeply divided. On the surface, Morris seems to have taken a step back into history. Of all renegade choreographers of his time, he is the one who has reacted the most strongly against the musical absence or minimalism of the previous generation of experimentalists, like Trisha Brown, Lucinda Childs, Laura Dean and Yvonne Rainer. He seems often to have ignored the achievements of earlier modern dance pioneers like Martha Graham and Doris Humphrey, who initiated the quest for the independence of dance from music in the late 1920s. But the unrecognised reality is that Morris's work represents a number of radically different approaches to music, creating different effects and telling different stories, several 'choreomusical' styles, as it were, including some that can hardly be referred to as music visualisation at all. Such breadth of approach and bold switching between tactics is rare amongst choreographers. The common denominator is that choreomusical relations play a central role within his work or, put another way, that you, the audience, are encouraged to listen more attentively when you encounter any of his dances.

As for the choreographer himself, he is sometimes called upon to explain the centrality of music in his work. "People around the world," he says, "except for some super cerebral modern dance types, dance to music... Dancing to music is necessary, it's somatic, it's part of the human body."[4] Then, when asked to justify his visualisation tactics—which he is adamant that he should not have to do—he sternly reminds his interlocutor that his work is about making choices, not about finding *the* dance "locked in the music...and I've released it" or presenting "a thought balloon" of the music.[5] There are many different ways of responding to the same music.

Not one to explain how his individual pieces 'work', however, Morris refrains from discussing just how wide-ranging his approaches to music across his career are. He does not tell us half the story. In this regard, there are a number of surprising dances that remain relatively hidden, outside his regular repertory. They tend to be the smaller dances, and not those that have generated major popular appeal. One such work—which was, perhaps significantly, *not* part of the Mark Morris Dance Group's 2009 London season—is the focus for analysis in this essay: his *Italian Concerto* (2007) to Bach's famous solo harpsichord (piano) work, and I will examine in detail the solo that Morris made for himself within this work. First, however, I give a summary account of the theoretical background to my analysis of this dance.

Increasingly, scholars today who work across more than one medium (including 'choreomusicologists') are using fluid conceptual models: theories of dynamic interaction between the media. In the case of music and dance, this allows us to view the two juxtaposed media as subject to change rather than static entities, operating within a mechanism of mutual implication and interdependence. Rapidly disappearing are the old hard binaries of parallelism and counterpoint.[6] Some recent research emphasises semantic relationships: for instance, employing metaphor as a model for cross-media integration. This has led to the use of conceptual integration networks proposed by linguistic theory (as in the work in linguistics by Mark Turner and Gilles Fauconnier, and in music by Nicholas Cook and Lawrence Zbikowski).[7] But structural relationships (which also lead to meaning) are another focus of scholarly attention. We might, for instance, consider the transfer of rhythmic and dynamic elements between media, the phenomenon of movement exaggerating an event in the music (which may be barely perceptible in the background) and unduly influencing our perceptions of the music. In psychology, this phenomenon is known as 'visual capture', although it has also been described aptly by the psychologist Lawrence E. Marks as one medium "sopping up" attributes from another.[8] In other words, visual stimuli, in this instance, are strong enough to influence people to interpret simultaneously presented auditory stimuli as somehow related. The phenomenon can also work in the opposite direction, as 'auditory capture', sound stimuli affecting our perception of visual information.

Mark Morris dancing to Bach's *Italian Concerto*. Photo: Stephanie Berger

Thus, in terms of music and dance, we are dealing with a composite form, and we also have an awareness of two sensory planes in which the music (which often exists as concert music outside the dance), whilst preserving something of its original identity, now develops a different identity, affected by the dance. Sometimes we might go so far as to conceive of dance and music speaking as two 'voices'—at least two—and muse on the notion of more than one independent *subjectivity* emerging.[9] This relates to the purely musical idea of different voices heard simultaneously in a polyphonic texture, but is highlighted when dance and music are combined, by the fact that we conventionally conceive of media as distinct from, as much as they interact with, each other. Here, the dancer performer, who is experienced by the audience as an independent force, appears to engage in a dialogue with what s/he hears, and sometimes this impression is further enhanced by the presence of a musician performer on stage, visible alongside the dancer.

Looking to the future of choreomusical analytical theory, it may be that the field of cognitive science provides the next useful way forward in helping us understand how we process hearing and seeing within a dance context. In this regard, it is interesting that, within the field of philosophy (including aesthetics), the boundary between the conceptual and empirical has become more porous in recent years: current philosophy is now informed by psychology.[10] But, to date, there is little scientific research on dance and music. Unsurprisingly, the two seminal science articles about dance and music have both been concerned with congruence, matching music and dance, including matching from memory (dance and music presented separately, one after the other). In both cases, participants in experiments perceived dance as reflecting musical formal divisions, pitch level, dynamics and emotions. The earlier, 1997 article by Carol Krumhansl and Diana Schenck, concluded that music and dance operate in a non-interactive manner, the combined effect *not* greater than, or different from, the sum of the two components.[11] The second, 2001 article, by Robert Mitchell and Matthew Gallaher, found that participants sometimes experienced matching when this was not intended, in other words, there seemed to be an innate tendency to look for congruence.[12] In the earlier project, the choice of dance example helped to establish congruence. Tracing participant responses to the Minuet movement of the Balanchine-Mozart *Divertimento No. 15* (1956) was one thing, but the researchers needed only to glance at the surrounding movements in the *same* work to find some very obvious oppositional devices in operation, rhythmic counterpoint, relationships involving tension, pulling in different directions. Yet these articles were important beginnings—the scientists themselves understood the limits of what they were doing—suggesting that there is considerable potential for further research in this dance-science field. The nature of Morris's work certainly encourages us to move in this direction.

Returning now to Morris's *Italian Concerto*, the manner in which I approached this work deserves explanation. In attempting to rationalise the structure of the work as a composite of music and dance, I tried to preserve and remind myself of the intended experience of the work: as in the theatre, all the way through without a break, allowing certain moments to be forgotten, others to be emphasised and remembered. I deliberately avoided sampling moments outside the context of an evolving whole, as analysts often do. I also avoided reading the musical score until late on during research, and I used it then largely as a means of checking observations. I wanted to keep my reactions to sound and visual motion as fresh as possible, undisturbed by the knowledge of the kind of deep structures that come only from close interrogation of the score and detailed cross-referencing. Initial reactions were of the highest importance. Again, I wanted to approximate as far as I could the experience of seeing the piece as an audience member does at a dance concert: all the way through and once only. I even staged *forgetting* the work, leaving breaks between viewings, saving *Italian Concerto* in order to savour it afresh.

In order not to get fixed on just one dance performance (a problem that dance analysts constantly face), I watched as many video/DVD recordings as the Morris Dance Group could supply. These included a video of Morris himself in the solo, made just after the premiere, very poor quality and distant, nevertheless a revealing record of an extraordinary performance. I also saw *Italian Concerto* live in Northampton during the Morris Group's 2009 UK tour. My final encounter with the solo in 2011 was of quite a different order. The dancer John Heginbotham taught me the solo, an experience that not only provided me with further useful information about the dance, but that led to additional thoughts of my own about its structure and meanings.[13]

The central, slow solo for Morris, which is my focus here, is situated between two quick movements, each featuring a pair of other dancers from his company. Morris is on stage at the start, standing next to another man, only to exit and be replaced by a woman as soon as the music begins. At the conclusion, all five join up on stage—Morris the last to return—showing us their distinctive dance motifs in a flurry of counterpoint, sharing some of these across the group and ending up in a smart unison line. So there is clearly a distance between the outside and inside of the piece: Morris at the 2007 premiere, 51 years of age and in black, set apart from his much younger dancers in their brightly-coloured costumes; jubilant extroversion versus a more thoughtful, introverted statement about a single personality; bright daytime lighting contrasting with nocturnal evocation; lightness versus weight, literally and metaphorically. I have always found the central solo intensely moving, whether danced by Morris or by another dancer, such as Samuel Black, who learnt the solo for some of the UK performances, or John Heginbotham, who appears on the best quality recording of *Italian Concerto*.[14] The duets are less intriguing, but they are full of jokes and little shocks, superbly crafted and convincing as a foil for the heart of the piece.

Ex. 1: *Italian Concerto*, Second Movement, bars 1–6

Of course, the central, Andante movement of Bach's concerto is already very different from the other two, with a very different continuity from the cheerful motor rhythms and block ritornello repetitions that are typical of Baroque concerto outer movements. The concerto was originally intended for a two-manual harpsichord with melody and accompaniment separated between the manuals, although it is now often played on the piano, the "richer"[15] instrument that Morris chose to use. The melody line, a long *cantilena*, starts at bar 4, highly complex and embellished further with ornaments (Morris likens it to a "fantasia"). The accompaniment consists of a one-bar rhythmic motif, repeating in the manner of an ostinato or ground bass, strict in tempo (Morris's image is of a "machine"), though varying in pitch pattern (see Ex. 1).

The overall structure of the slow movement is two Parts, with a modulation at the centre from D minor to F major (bar 27), then an abrupt switch back to D minor, with long dominant pedals towards the end of each Part, and finally (at bar 45) a Coda. Although we sense that both Parts have much in common, the general impression is of a free fantasy, movement forwards into new territory in contrast to the *déjà vu* from the blocks of repeated material that characterise the outer movements of the concerto. The ground in the bass is the only real motif, shown by itself as foreground at the beginning of each Part.

Not at all to be expected, Morris sets to this long-line *cantilena* a series of distinct movement images, nearly all of them focusing attention on the hands or arms. Many of these have appeared in the opening Allegro, some of them several times, so we have had a chance to register them. (Others, introduced for the first time in the solo, reappear later in the Presto finale.) Here, in the solo, we ask: why now is Morris, a very different personality, making these same moves? What is his relationship to the first young couple that he should borrow from what they did? Pulling the hand into a fist seems to be the primary motif of the whole work, although it can be both exultant, like taking up a challenge, and the opposite, slow and gentle, as the hand uncurls from, or curls into, the position. Striking reminiscences from the opening Allegro are a full-on, deep-level step, with arms swinging from side to side in big arcs, and a loose *pas de bourrée* and hop, with arms linked above the head when this repeats, facing, or with back to, the audience. But these moves look very different in the solo, especially on Morris, who experiments with the timing, freely working his way around the notes in the *pas de bourrée* step (performed here without the hop), and invests the deep-level step and arm-swing with a kind of forced impatience.

Some ideas read simply, like searching, reaching out (as if Morris 'speaks' directly to us, the audience) or surprise. Other ideas, detailed hand movements especially, are mysterious, secret, but very precious, so much so that the idea of asking Morris in interview what prompted them felt like an impertinence or intrusion. I wanted them to be kept secret. Morris originally worked with verbal images when he created the solo. (As is his usual procedure, he created it on another dancer, in this instance, Dallas McMurray). For example, this is how Heginbotham instructed me in the opening move: "As you walk forward, get bigger and fatter like a Kathakali dancer. It's a gradual transformation. You've been in pencil pants and now you're in this wide skirt." I learnt that there are also passages of "speed skating"—the deep-level step and arm swing—and "milking"—hands alternating as if working an udder—and making the sudden, firm gesture of "unsheathing a sword."

One especially memorable moment occurs during a dissonant musical suspension in the Coda, before final resolution on to the tonic chord: the fingers of his left hand press towards his eye sockets, masking his face, a tragic, deeply upsetting image (bar 44, beats 2–3). Morris told me that this image came from Shakespeare's Hamlet holding the skull of his childhood inspiration, the jester Yorick. (Being party to this kind of information revealed Morris's interesting working process, yet curiously, at the same time, it solidified meaning and reduced the power and fascination of semantic uncertainty and ambiguity. This confirms the point that movement can speak in ways that words that cannot, and with great clarity of another kind.)[16] From the exceptional 'language' of the solo emerges a distilled representation of the protagonist's eloquence and knowledge, and the sheer wealth of movement ideas speaks of an ambitious ranging imagination—always questioning, unable to rest for long in the same mental or physical place. The solo can be seen, at least partly, as a metaphor for a thought process shadowed by a mercurial subconscious. I will return to this point later. I also appreciate the physical presence of Morris, with an older body, quite different from the youthful stereotype of the dancer. Let us now consider how this choreography works alongside Bach's music.

Morris understands the underlying two-part structure of the music and clarifies it, but on his own formal terms. His Part 2 is a telescoped version of Part 1, demonstrating a clear symmetry. There are omissions, but also additions and occasional reversals of direction, upstage to downstage and vice versa. Thus, he creates his own 'choreomusical' form, which is not an entirely choreographic matter: it stems from the *interaction* between the music and his choreography. Choreomusical engagement is further exemplified at a more detailed level. There are several noteworthy instances of visual capture or of the music 'sopping up' visual information. On several occasions, common accents turn into structural signposts, moments in the score pulled out of their *cantilena* surroundings by dance movement, as if 'frozen' out of their context,[17] and thus allocated additional impact.

At the beginning, Morris touches his chest lightly with his right fist, marking each low bass note D (the second and third quavers of bar 2; repeated bar 27 as the introduction to Part 2), the first with a touch, the second with a move forward from the chest extending towards the audience. (Morris told me that he derived this from the Muslim gesture of greeting: "I'm your friend.") Then, with the ornamented entering pitch of the melody (bar 4; repeated bar 28 as the beginning of Part 2), he throws an arm upwards and forwards as if casting an object across water (a chain with a rock attached was Morris's image, but the move also suggests a fishing line).

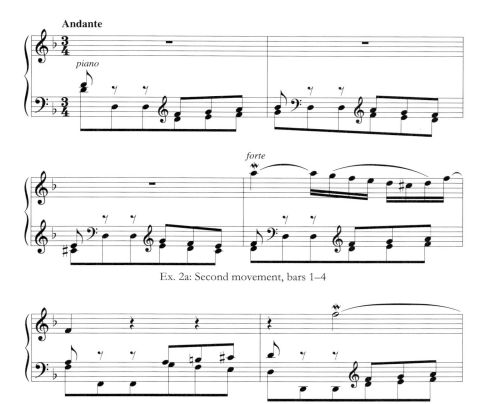

Ex. 2a: Second movement, bars 1–4

Ex. 2b: Second movement, bars 27–8

The entire solo maintains a pathway 'up and down', just off stage centre, and Morris inhabits this line several times with a distinctive lunge and swing out backwards with an arm. He first pulls towards upstage, away from the direction of travel, later in the reverse direction, pulling back towards the audience as he moves upstage. Each time, he draws upon a syncopated leaping interval in the melody line (at the beginning of bars 11, 19, 20, 38 and 39) and the leaps become larger and more urgent. He shows us too that 'up' in music can connote distance (away from place or goal), not simply height in the vertical dimension.

Ex. 3a: Second movement, bar 11

Ex. 3b: Second movement, bars 19–20

Ex. 3c: Second movement, bars 38–39

There are two other moments when he appears to pull an imaginary rope taut (which Heginbotham refers to as "unsheathing an imaginary sword"), drawing attention to another syncopation. This time, it happens on a descending interval: he pulls forward and down, to one side, and then to the other (at the beginning of bars 23 and 25), lowering further with the interval when it repeats without a break (in bar 41).

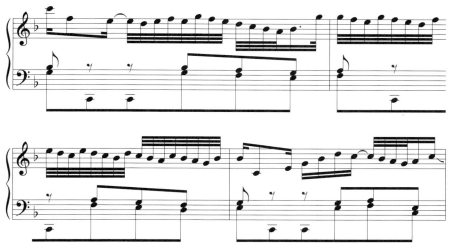

Ex. 4a: Second movement bars 23–25

Ex. 4b: Second movement bar 41

When I learnt the solo, I discovered yet another moment when raised hands and eyes turn round towards the audience and 'blink' (bar 15).

Questions might be asked: is there not a degree of mutual enhancement here? Could auditory capture be argued for rather than visual capture? The argument for visual capture is that the physical movements at these particular points are especially powerful (or, in science language, 'salient') within their context. The syncopated moves, especially, stand out from their context, as major accents, more so than the 'accompanying' musical syncopations, which are part of the regular style of the unfolding *cantilena*. And this 'freeze phenomenon' undoubtedly disturbed the expectations that I had from already knowing the music by itself. Perhaps too these 'common accent' moments can be read metaphorically, as moments of sudden realisation or crystallisation emerging from thought process and the murmuring subconscious.[19]

The continuity of Morris's solo is also striking. This is partly due to the independent rhythms and dynamics within the choreography. In terms of movement ideas,

Morris stages one for each bar of music more or less (each slow bar lasts quite a long time). But we are never encouraged to think in this schematic way because of the liberated timing and lack of predictable, conventional match between the movement and the regular musical beat. Yet Heginbotham taught me the solo using counts as a guide (six in a bar, at quaver rate), and in a way that proved revealing. These counts were not of the kind that drive the body, rather they articulated the movement rhythm. For instance, occasionally, after a long, slow dance bar, time suddenly breaks up into more rapid articulations—and when you try out the movement, the quickening from adagio feels like high drama. "One *two*….." and Heginbotham stressed the 'two', a moment of tension when you suddenly stand upright and hold still. On counts 4-6, you waver, "unstable as if on a raft". Then "one, two, three", a vocal crescendo—you lift an arm, a leg, swing the leg sideways—and end up balancing precariously on the toes.

Furthermore, the assemblage of movement ideas is mosaic-like and fragmentary. Although these make contact with the music at key points, they maintain their own autonomy and distinction, never becoming a consistent part of the musical flow. Morris deliberately made the movements hard to perform and remember as a sequence, "awkward…anti-intuitive…anti-organic", and a particular quality of inner concentration emerges from the dancer. This was his way of dealing with what he perceived as a "tension in the music".

Interestingly, this suggests another way of considering his performance persona, less as a person within a role communicating, through monologue, an imaginary character's inner state, and more as the real Morris, or another dancer, working through a series of tasks. It is quite possible that such a bizarre, tricky cacophony of images leads to this kind of persona, which is more like that of early postmodern choreographers such as Yvonne Rainer. Now I know this from the inside, having performed the tasks myself, except that, unlike in most pedestrian postmodern dance, Morris's 'performance' engages with the detail of musical structure at the same time.

Here, it is worth digressing temporarily to consider the performance theorist André Lepecki's critique of the modernist project of choreography. He refers to it as a "necessary technology for an agitated subjectivity" and of the "entrapment of subjectivity in spectacular compulsive mobility."[20] Perhaps there is, after all, a dark underside to the cheerful, motor-driven outer movements of *Italian Concerto*? Perhaps Morris demonstrates an attitude of resistance in his central solo, showing the body here with agency, *not* motorised by music? At this stage, given the flexibility of performance frame, perhaps we might begin to understand the whole dance as a conceptual, reflexive choreomusical exploration.

Not only does the musical motor appear to drive the bodies in the outer movements, but the musical repetitions also determine the movement patterns of the dancers. The opening Allegro starts with one dancer, then the other (bar 5), shooting a fist into the air on the downbeat, racing the music to emphasise the high note a quaver later.

Ex. 5: First movement, bars 1–8

This is a motif that we see each time we hear the opening music, five times in all. Both dancers perform it in unison and hold the raised-fist position for a surprisingly long time (almost five bars) the last time around. An assortment of distinctive, quick, light steps, turns, and arm or hand gestures forms the material between the recurrences of this striking fist motif. Nearly all these movement ideas are associated with particular musical patterns, mostly repeating one- or two-bar units that form longer stretches of four or six bars. Many of them respond to other aspects of musical detail, such as pitch, accentuation and, of course, hectic motor pulse. Morris's procedure in the finale is much the same, until the dancers from earlier movements return with their motifs and complicate the choreographic texture. Hear the music a second or third time and you are bound to see the moves that were set to it when you first heard it.

Yet Lepecki's critique seems absurdly severe given Morris's numberless ways of nuancing the dance repetitions, in both outer movements, asking the dancers to change facings, to swap roles, to match then not match, to separate into question and answer, 'will you? won't you?' or into hot-on-the-heels canons, or to join in happy unison. Things are always a little different, even though the movement is clearly familiar. Morris's choreography is both a marvel of structural economy and a virtuoso staging of wit and surprise, features that the dancers fully reinforce within their performance. Furthermore, the rare snippets of material that never become familiar and are experienced once only (whether in the movement or the music) retain a particular freshness after repeated viewings of *Italian Concerto*. Perhaps it is significant that I only noticed the genesis of the opening motif of the finale after many viewings. This motif starts with the 'rope-tautening' movement (discussed earlier as it appears within Morris's solo, bars 23, 25 and 41). It continues with the fist of the back arm pushing down, forward and up to draw three quarters of a circle. This clearly matches the contour of the finale melody (a dramatic downward leap followed by a scale-wise progression upwards):

Ex. 6: Third movement, bars 1–4

The woman in the opening Allegro performs these moves as a fleeting, barely-seen transition across bars 120–21. Later, Morris performs them adagio. In both these cases, although there is far more ambiguity than in the finale, the movement encourages us to hear features of complementary contour in the music. Looked at another way, Morris highlights motivic similarities and potential thematic relationships across the three musical movements. For instance, with the fist pushing straight upwards at the start of the first movement, then down before up in the third, he makes us feel more keenly the relationship of inversion between the main musical (ritornello) themes of the outer movements.

    The research has demonstrated that the relationships between music and dance in *Italian Concerto* contain meaning and play a crucial role in revealing the distinction between its outer and inner movements. It is suggested too that *Italian Concerto* can be seen as a reflexive piece that is fundamentally *about* relationships between music and dance. A glance at the wider context of Morris's work supports this, for the work sits within a long tradition of the choreographer shifting his approach to music and disturbing our expectations. Sometimes, he reflects upon dance history, through his unusual practice of referring back to, and commenting upon, a heritage of choreomusical styles. It would be wrong to claim that these are always self-conscious tactics on Morris's part. There are, however, some obvious, striking examples.

In the mid 1980s, Morris responded to Merce Cunningham's radical practice of independent dance and music, which included the independent creative processes of choreographer and composer. He recalls that he suddenly saw the light and "fell apart"[21] in 1984 when he encountered Cunningham's *Quartet* (1982) to a score by David Tudor (actually a quintet featuring, rather like Morris in *Italian Concerto*, Cunningham as the much older, outsider figure). Then in 1985, in an acknowledged tribute to Cunningham, Morris set *Frisson* to Stravinsky's *Symphonies of Wind Instruments*, one of the rare dances when he did not work with the written musical score. Here, there is none of the attention to musical detail that people tend to expect from him: movement between specified cue points is not nailed to sound, nor are the cue points themselves accentuated. But those very tactics allow for the spaciousness of the composite work: opportunities, sound spaces for us literally to hear the dance, the thud of a step in an awkward manoeuvre or of a landing from a fall—and the opposite, many visual pauses that then turn our attention full on to the music. Then, there was *Behemoth* (1990), another Cunningham tribute, Morris's only silent dance, a long, cold, uncompromising slab of movement, welded together by rigorous count systems and severe visual structures.

Only a few years before *Frisson*, another Morris solo *Ten Suggestions* (1981), to piano Bagatelles by Tcherepnin, had been an overt commentary on the music-based work of the early American modern dance pioneers, Ruth St Denis and Doris Humphrey, from ca.1917 into the late 1920s. "I just wanted it to be music visualisation," he said, completely up-front about his purpose, and, borrowing their practice with props: "What do you do with a hoop? You jump through it. What do you do with a ribbon? You swirl it. What do you do with a chair? You sit on it."[22] And all of this can reveal musical detail!

Yet, even when Morris responds to musical detail as much as in the old-style visualisations, he does so in many ways, and often with irony. In *Ten Suggestions*, there is critical distance (again, suggestions of a second persona) as he reflects upon the romantic aspirations of the early pioneers and their dreams of unity with nature and great music. His is sometimes an almost mechanistic response, object-driven (by the hoop and the ribbon and the chair), with isolated body parts one by one showing the struggle to keep up with the pressure of detail, or with tricky full-body manoeuvres underlining a determination to articulate minutiae. The piece is both funny and serious, but fundamentally respectful.

Morris's 1994 solo *Rondo* is another 'visualisation' after his Cunningham 'phase'. Now, in this setting of Mozart's piano Rondo in A minor (K. 511), the response to music is just as detailed as in *Ten Suggestions*, but the movement is more organic. Here, Morris broadens our perspective on the music, makes it seem bigger, more dramatic, etching on to it precise moods and situations, and he becomes more extravagantly human. In pieces like this, it is not just that Morris the choreographer shows us an interpretation of the music, but Morris the dancer (and other dancers who have later performed the solo) crucially adopts a knowing attitude, telling us that he is listening and inviting us to join him.

But there are many statements of independence from music throughout Morris's work. There are the sudden shifts in movement dynamics from small- to large-scale that stand out unprompted by anything in the music, and the crossing accents and metres that betray the influence of George Balanchine, but could just as well have come from Morris's early training in Balkan folk dance. Not to mention Morris's experiments with standard musical forms: he chooses whether (and how) to duplicate in movement or mask the expected repetitions and recapitulations. Whichever way, we are likely to be surprised by the result.

Today, we could well be over-primed for music visualisation in Morris dance concerts, fuelled by the huge critical emphasis on musical issues within his work, particularly all the hype from critics about music visualisation. Once seen, *it* seems to stand out as what we most remember from a dance—we are comforted, or appalled, or we simply enjoy it, but, whatever the case, we are likely to have a reductive understanding of the dance. I suggest a more open, flexible approach to hearing/seeing difference and nuance in his work and to experiencing a range of power relationships between the audio and the visual. Meanwhile, Morris can still conjure up the world of cartoons. He likes them. He states boldly in the foreword to Mindy Aloff's book on Disney animations: "It is where I come from."[23] But he reminds us that animations, like dances, are not straightforward. "People forget that somebody actually choreographed what Mickey Mouse does", he once famously said.[24] Perhaps most important though, Morris trains us to listen and to think about our processes of listening alongside our watching.

I thank Mark Morris himself for his invaluable contribution through interview and checking of a late draft of this article, and John Heginbotham for teaching me the Italian Concerto *solo. I am also grateful to the Leverhulme Trust for a Research Fellowship that enabled the writing of this article as part of preparation for a book on Mark Morris and music (for Dance Books).*

[1] Ruth St. Denis, "Music Visualization," *The Denishawn Magazine*, vol. 1/3 (Spring 1925), pp. 1–7.
[2] Quoted in "Balanchine: An Interview by Ivan Nabokov and Elizabeth Carmichael," *Horizon* (January 1961), p. 47.
[3] Mindy Aloff, *Hippo in a Tutu: Dancing in Disney Animation* (New York, 2008), p. 76.
[4] "Mark Morris" [interview], *Ballett-Tanz* (October 2006), pp. 18–19.

5   Interview with Mark Morris for "Live from Lincoln Center" *Mozart Dances* PBS screening, 2007.
6   For a discussion of this theory in relation to music and dance, see Stephanie Jordan, *Stravinsky Dances: Re-Visions across a Century* (Alton 2007), pp. 7–12.
7   Mark Turner and Gilles Fauconnier, "Conceptual Integration and Formal Expression," *Journal of Metaphor and Symbolic Activity*, vol. 10 (1995), pp. 183–203; Fauconnier and Turner, *The Way We Think: Conceptual Blending and the Mind's Hidden Complexities* (New York 2002); Nicholas Cook, *Analysing Musical Multimedia* (Oxford, 1998), 70. See also Cook, "Theorizing Musical Meaning," *Music Theory Spectrum*, vol. 23/2 (October 2001), pp. 170–95; Lawrence M. Zbikowski, "Music Theory, Multimedia, and the Construction of Meaning," *Intégral*, vol. 16/17 (2002/2003), pp. 251–68; Zbikowski, *Conceptualizing Music: Cognitive Structure, Theory, and Analysis* (Oxford & New York 2002).
8   Lawrence E. Marks, *The Unity of the Senses: Interrelations Among the Modalities* (New York 1978), p. 197.
9   For a useful discussion of the voice concept within music (with implications for dance), see Edward T. Cone, *The Composer's Voice* (Berkeley 1974). See also Carolyn Abbate, *Unsung Voices: Opera and Musical Narrative in the Nineteenth Century* (Princeton, New Jersey 1991). Whereas Cone maintains that the composer talks to us from within a work, Abbate, taking her cue from the post-structuralist programme, refers to multiple subjectivities of other kinds arising from musical discourse.
10 Noel Carroll, *Art in Three Dimensions* (Oxford 2010), p. 491, note 4.
11 Carol L. Krumhansl and Diana Lynn Schenck, "Can dance reflect the structural and expressive qualities of music?: a perceptual experiment on Balanchine's choreography of Mozart's Divertimento No. 5", *Musicae Scientiae*, vol. 1/1 (1997), pp. 63–85.
12 Robert W. Mitchell and Matthew C. Gallaher, "Embodying music: Matching music and dance in memory," *Music Perception*, vol. 19/1 (2001), pp. 65–85.
13 The lesson took place on November 16, 2011 at the Mark Morris Dance Center, New York. Although it is rare practice, I continue to believe that dance analysts might benefit from experiment with movement, or 'do dance', getting into their bodies as part of their analytical process. Embodiment highlights information that we do not necessarily acquire from looking at recordings or even, sometimes, live performances: see Jordan, "Choreomusical Conversations: Facing a Double Challenge", *Dance Research Journal*, vol. 43/1 (Summer, 2011), p. 56.
14 A DVD performance of *Italian Concerto* was shot at Jacob's Pillow Dance Festival, August 9, 2007.
15 The author's interview with Morris, October 8, 2009. Morris also explained that he had first worked with Bach's Two-Part *Inventions* before turning to the 'two-part' texture of the *Italian Concerto*. Unless otherwise indicated, all Morris quotations stem from this interview.
16 Morris also explained that he develops gestural content as a means of avoiding the conventional codes of arm positions and moves.
17 The 'freeze phenomenon' was first noted as working in the opposite direction, with sound enhancing visual perception in Vroomen, Jean and Beatrice de Gelder, "Sound enhances visual perception: cross-modal effects of auditory organisation on vision", *Journal of Experimental Psychology: Human Perception and Performance*, vol. 26/5 (2000), pp. 1583–90.
18 Zohar Eitan and Renee Timmers, "Beethoven's last piano sonata and those who follow crocodiles: cross-domain mappings of auditory pitch in a musical context," *Proceedings of the 9th International Conference on Music Perception and Cognition*, vol. 8 (Bologna, Italy 2006), p. 876.
19 This develops from Cone's idea of music in dance theatre usually operating as analogous to the dancer's subconscious: *The Composer's Voice*, pp. 141–44.

[20] André Lepecki, *Exhausting Dance: Performance and the Politics of Movement* (New York, London 2006), p. 58.
[21] Morris quoted on 'Edinburgh Nights', BBC TV (August 1994).
[22] Joan Acocella, *Mark Morris* (New York 1993), p. 65.
[23] Mindy Aloff, *Hippo in a Tutu: Dancing in Disney Animation*, p. 9.
[24] Joan Acocella, *Mark Morris*, p. 177.

Philippe Guisgand

Demandes et adresses –
Danse et musique chez Anne Teresa De Keersmaeker

Dans *Rosas XX*, le livre anniversaire de la compagnie Rosas, Jean-Luc Plouvier[1] avait écrit, concernant Keersmaeker et la musique :

> On dira sans doute un jour d'elle, légitimement, que le plus grand mérite de l'œuvre d'Anne Teresa De Keersmaeker est d'avoir intensément cherché un nouveau rapport entre la musique et la danse. […] que sa danse dialogue "vraiment" avec la musique.[2]

À l'invitation de la revue française de danse *Repères*, qui publiait en novembre 2007 un numéro spécial « danse et musique », un échange s'était engagé entre Jean-Luc Plouvier et moi à partir de ce que pouvait cacher ce « vraiment » et s'il était subordonné à un « rapport »[3]. Rosas et Ictus ont souvent partagé la scène et Jean-Luc Plouvier avait donc assisté à différents processus de création. J'avais, quant à moi, analysé toutes les pièces (de 1982 à 2002 dans le cadre de ma thèse) avec le point de vue du spectateur danseur. Le pianiste avait remarqué que nous utilisions souvent le terme « s'appuyer » sur la musique, ce qui signalait chez notre chorégraphe une antériorité de la musique sur la danse, une donnée préalable et organisatrice de son travail. De mon côté, j'avais relevé des témoignages de cet amour pour la musique : de nombreux titres de pièces reprenant le nom des compositeurs ou celui de leurs partitions (*Fase, four movements to the music of Steve Reich* ; *Bartók Aantekeningen* ; *Mikrokosmos* ; *Mozart Concert Arias, Kinok, Verklärte Nacht*, etc.) ; les scénographies évoquant le corps de l'instrument ou des relations symétriques entre musique et danse, voire parfois une communauté de gestes ; la musique jouée *live* chaque fois que possible et les musiciens montant sur la scène plutôt que terrés dans la fosse… et allant jusqu'à danser eux-mêmes (*April me*, 2002). Jean-Luc Plouvier ajoutait que, dans *Mikrokosmos* (1987), Keersmaeker avait réservé une partie entière du spectacle à la musique, partie non chorégraphiée, créant les conditions d'une véritable écoute pour un public de danse ; enfin, elle utilisait toujours des œuvres entières, en tant que forme autonome et insécable.

Par ailleurs, mes recherches m'avaient amené à lire le livre de Fernand Schirren sur le rythme[4], livre que Keersmaeker avait préfacé en avouant qu'il était le seul maître qu'elle se reconnaissait. Schirren qui disait : « Le bon chorégraphe est celui qui s'identifie et compose, tandis que le mauvais juxtapose. » Mais Jean-Luc Plouvier amenait aussi un souvenir concret : Keersmaeker n'arrive jamais en studio en disant qu'elle veut chorégraphier telle œuvre mais plutôt en se demandant ce qu'on peut en connaître. Je venais de prendre conscience que contrairement à la danse, qui a tendance à figer la relation danse-musique dans ce qu'elle appelle un « rapport », le lien était en fait une demande qu'un art adressait à l'autre. Et c'est en échangeant sur le statut de l'écriture dans chaque discipline (et en particulier le fait que la danse ne s'écrit pas, même si elle se note *a posteriori*), que nous avons émis l'hypothèse d'une posture initiale, fondamentale et secrète de la chorégraphe à l'égard de la musique. Grâce à l'écriture, la musique lui apparaît plus savante que la danse qui, logiquement en retour, demande à la musique tout ou partie de l'équation de sa mise en forme. Autrement dit : comment la musique peut-elle permettre d'élaborer une composition pour douze danseurs sur un plateau ?

> En comparaison aux autres arts, la musique est ce qu'il y a de plus important pour moi, à côté de la danse. En quelque sorte, la musique a toujours été mon école. J'y ai tout appris : organiser le temps et l'espace, comment chercher le contrepoint. Elle m'a montré comment relier la narration au formalisme absolu et également à étudier les partitions en observant les musiciens au travail.[5]

C'est pour cette raison que musique et danse, chez Keersmaeker, sont nouées par la partition et c'est pourquoi nous avons désigné son travail comme un art du « témoignage mélomane »[6]. Ainsi, l'idée un peu statique et convenue du « rapport » s'écroule pour laisser place à une demande plus dynamique ; demande d'un savoir-faire que la danse possède à un moindre niveau ou qui représente pour l'artiste l'utopie d'une danse mûre, à la fois sensorielle et potentiellement combinatoire, comme l'autorise le maniement du symbolique. La danse de Keersmaeker lit en quelque sorte la musique autant qu'elle l'écoute. Le moment purement instrumental que nous avons déjà évoqué à propos de *Mikrokosmos* illustre cette posture. Les deux pianistes, face à face, jouent Ligeti. Devant eux, le plateau vide ; à leur côté, légèrement en retrait, deux danseuses en tailleur-jupe d'un gris strict. Immobiles dans un garde à vous raidi, absorbées par leur tâche, elles déchiffrent la partition, avant même de l'entendre, afin d'en tourner les pages au bon moment pour chaque musicien. Tout au long du morceau, on attendra en vain qu'elles prennent place devant les pianos et se mettent à danser.

Même si la chorégraphe prétexte toujours « une rencontre amoureuse »[7] avec les musiques sur lesquelles elle travaille, ça n'est jamais ni pour leur dimension imaginaire ou affective, ni pour leur dimension symbolique ou discursive (à partir d'une analyse intuitive utilisant les phrases mélodiques, les anacrouses, les appels, les chutes ou ascensions, à la manière du ballet classique), encore moins pour leur propriété d'ambiance ou (comme elle le dit plaisamment) « comme un papier peint »[8]. C'est pourquoi elle a chorégraphié d'abord – non pas Tchaïkovski et ses arguments narratifs – mais Bach, le sommet de l'écriture du contrepoint, Beethoven et sa *Grande Fugue*, c'est-à-dire la pièce la plus néobaroque, une sorte de retour à Bach avant l'heure, et des contemporains lisibles tels que Bartòk – qui, comme Bach, est un amoureux du nombre d'or et de la série de Fibonacci – Reich ou Ligeti. Keersmaeker choisit ses musiques pour leur structure même, en tant qu'œuvres composées. Le musicien venait donc confirmer techniquement ce que le danseur percevait intuitivement : la danse traversait la musique sans y coller tout en paraissant en respecter la logique interne. Je n'avais en effet jamais détecté d'illustration corporelle (lorsque le temps fort musical et le temps fort du mouvement sont synchronisés) mais toujours des échos, des allusions, des évocations subtiles. De ce point de vue, le titre de l'une de ses pièces *Bartók/Aantekeningen* – ou Bartók/Notes – (1986) pourrait être étendu à toute l'œuvre de Keersmaeker s'appuyant sur la musique savante. La danse commente l'œuvre musicale que l'artiste considère comme « un discours primaire » ; elle constitue ses « annotations corporelles ». La danse, conçue par la chorégraphe comme une « écriture »[9], vient redoubler son approche de la musique comme un livre à ouvrir, celui de la partition. Voilà qui résolvait la question du « vraiment ».

Rosas danst Rosas. Courtesy Rosas, Foto : Herman Sorgeloos

Restait à savoir s'il y avait un « rapport » ou une relation. On utilise couramment ce dernier terme pour désigner le fait que deux termes sont liés, sans que la nature de ce rapport soit nécessairement précisé. C'est le cas de deux personnes dont on dit, sans trop savoir ou vouloir en dire davantage, qu'elles « entretiennent une (ou des) relation(s) ». Dans le cas de la danse et de la musique, il arrive le plus souvent qu'on évoque l'intensité de cette relation pour signifier qu'on a perçu quelque chose de particulier entre elles. Au mieux on qualifie la relation de « métrique », « mélodique », ou encore « convergente ». Ce type d'analyse[10] est révélatrice de la manière dont une approche duelle (ici entre danse et musique) incite à percevoir les entités considérées de manière statique, comme liées et se regardant, mais ignorant du même coup l'extérieur ou les conséquences de cette liaison (sur l'œuvre, sur les spectateurs, etc.).

Au contraire, le musicologue François Nicolas conçoit l'expression musicale de l'œuvre comme une adresse et l'écoute comme un échange perpétuel à trois termes, l'extrayant ainsi de la dualité musique-auditeur calquée sur le schéma de la communication (émetteur-récepteur)[11]. Ainsi dynamisés sous forme de demandes (ou d'attentes) et d'adresses, ces triplets (entre public, œuvre et musicien) incitent à percevoir le lien à l'autre en vue d'une finalité qui les dépasse, ainsi que l'expliquait déjà Jean-Luc Plouvier dans notre article[12] : que demande la danse à la musique pour s'adresser au public ? Qu'attend le public de la musique quand il vient voir de la danse ? Qu'attend de la danse une musique qui n'est pas dite "de danse" pour s'adresser au spectateur ? Etc. La conception de l'adresse de ce musicologue m'a permis de comprendre que chaque composante se tourne vers les autres en deux trajectoires simultanées mais différenciées : directement d'une part, et en passant par le tiers d'autre part. Chez Anne Teresa, la musique s'adresse donc directement au spectateur (mais passe aussi par la danse) ; quant à la danse, elle se donne à voir directement mais passe aussi par la musique pour s'extérioriser.

Cette hypothèse de la demande faite à la partition par la danse, même théorisée sur le plan musicologique, ne répondait pas à la question du traitement allusif ; au fait que la révérence à la musique n'était jamais ni une soumission sur le mode de l'illustration, ni l'application stricte du mouvement au principe musical. Toujours en nous intéressant à l'écoute musicale, nous avions trouvé, chez Peter Szendy, cette idée d'une musique « *à entendre*, à déchiffrer, à percer plutôt qu'à percevoir »[13] et, partant, parfaitement en phase avec la posture de la chorégraphe flamande. En parlant « d'écoute plastique », Szendy pointait une alternative divagante à l'écoute orthodoxe, juste et conforme, qui nous avait interpellés : pourquoi le travail de Keersmaeker n'était-il justement pas de facture académique mais un vrai travail artistique, qui considère comme impossible ce rapport figé à la musique qu'est l'illustration ? Comment ne pas appliquer à la chorégraphe ces lignes de Szendy ouvrant son épilogue : « Je cherche, parmi tous ceux qui flottent autour de mes écoutes, le bon mot. Le mot juste, pertinent, celui qui viendra saisir et prélever dans le flux musical *ce que je veux t'adresser*. »[14] Ce questionnement nous a alors poussés à distinguer trois périodes dans son œuvre – sous l'angle des demandes/adresses – et non pas du « rapport » – de la danse à la musique.

Erts. Courtesy Rosas, Foto : Herman Sorgeloos

Dans un premier temps (1982–1985), que nous avons appelé *temps de la demande*, la partition est abordée entre soumission (au savoir musical) et révolte (contre la structure), comme un maître autoritaire qu'il s'agirait de défier. C'est spécialement criant dans *Fase* (1982) et surtout dans *Rosas danst Rosas* (1983), à travers les constructions mathématiques du compositeur Thierry De Mey. Dans le fameux et très minimal « quatuor des chaises », un des mouvement de *Rosas danst Rosas*, tout le développement dansé est complètement asservi à la forme musicale, séquence par séquence, seconde par seconde. C'est la musique elle-même qui est déduite d'un pur jeu de nombres – du moins en ce qui concerne l'essentiel, le rythme et le déroulement temporel. Elle est en outre scandée avec force, presque avec brutalité, dans une couleur sonore très *rock*. Mais en contraste à cette musique doublement impitoyable (par sa sonorité industrielle et son chiffrage contraignant), répond un matériau gestuel largement composé de postures érotiques : gestes courts et typés de la séduction – la main qui lisse les cheveux, qui recouvre l'épaule dénudée ; les bras tendus entre les cuisses ; la tête jetée en arrière avec émoi ;

l'expiration à bout de souffle. Les bruits, le tempo impitoyable, une combinatoire presque impossible à mémoriser fixent les danseuses dans un espace et les mettent au défi de danser quand même. Certes, cette radicalité s'est adoucie au fil des œuvres. Mais il est difficile de ne pas voir dans *Rosas danst Rosas* le geste fondateur du style Keersmaeker : la danse demanderait à la musique la clé de la forme, qui serait une clé chiffrée. Aux corps de s'y soumettre tout en lui résistant de toutes les manières, et de produire *in fine* un résidu incomptable et glorieux.

Nous avons appelé le second temps *le temps de l'adresse* (1986–1994). Keersmaeker se tourne alors vers des œuvres qui ont une dimension analysable, les grandes œuvres du répertoire (de Bach à Ligeti) et des grandes partitions de la tradition classico-romantique (Beethoven, Bartòk, qui ont davantage de fluidité). Pour nous, l'exemple emblématique de cette deuxième période est la *Grande Fugue* (1992) sur la musique éponyme de Beethoven. Pendant cette période, la danse prend une distance avec la musique comme maître, mais elle en épouse les principes : thématisme (tout le matériel chorégraphique se déduit, non pas de "qualités de mouvement", non pas de processus, mais essentiellement de "phrases de base" dansées, dont la mise au point est préalable aux sessions de répétitions) ; polyphonie sur le modèle du canon (la même phrase chorégraphique se diffracte dans l'épaisseur des lignes multiples) ; variations (avec une préférence marquée pour un procédé musical "pré-baroque", polyphoniste : le palindrome, la lecture inversée) ; traitement attentif de la grande forme, aussi : quête du climax, du moment capital sur le plan formel, où converge toute la complexité de l'œuvre ou, au contraire dans son moment de fracture, de redescente vers l'apaisement et le silence. Il ne s'agit certes pas d'une décalcomanie de la partition sur le plateau, mais plutôt d'une alliance, d'une contamination de la dimension écrite de l'œuvre. À propos de *Grande Fugue* on voit bien qu'il y a un dialogue avec l'écriture musicale qui n'est pas simplement l'exploration de la musique en tant qu'individu esthétique. Les "rôles" des danseurs ne se superposent pas aux instruments (quatre pour huit danseurs) mais en fait, les groupes, les soli se recomposent sans cesse et l'on s'aperçoit finalement que c'est l'occupation de l'espace qui trahit la relation entre musique et danse : ce qui est analysé dans la partition, ce ne sont pas les hauteurs de note ou les timbres mais plutôt la superposition des voix de la fugue qui inspirent les trajectoires des danseurs. L'espace de la danse révèle alors l'idée même de polyphonie. Ainsi, après l'obéissance à la musique vient la lecture de la musique et l'adresse de cette lecture aux spectateurs. C'est un peu l'âge classique de Rosas.

Rain. Courtesy Rosas, Foto : Herman Sorgeloos

Le troisième temps, enfin, est celui de *la surenchère* (1995–2009). Keersmaeker, en se liant avec des jazzmen, a rencontré le monde de l'improvisation. Elle semble peu à peu avoir renoncé à lire la musique par la danse – à rendre compte, de gré ou de force, d'une lecture – pour désormais en compléter le contrepoint. Son inquiétude d'un art plus savant que le sien semble l'abandonner, même si des réminiscences subsistent des expériences passées, les souvenirs d'un ancien rapport plus obéissant à l'œuvre musicale, fait d'exactitude, de correspondances formelles, de concordances temporelles et, fatalement, de contre-pieds insolents. Keersmaeker la mélomane se joue désormais d'elle-même : elle fait *comme si* la musique, dans son déploiement polyphonique, dans ses avancées et ses retours, ses anticipations, ses symétries, dans toute son impérieuse occupation du temps, déclenchait les mouvements des danseurs, guidait leurs variations, leurs canons, leurs spirales... Il faut citer le *Drumming* (1998) puis *Rain* (2001) où elle s'empare de deux grandes œuvres de Steve Reich (faisant chacune une heure). *Rain* en représente le moment d'équilibre magique, celui où les ressorts formels de la partition ne sont plus regardés que de très loin. La danse se tient à distance des processus de l'écriture musicale, et pourtant restitue sans équivoque la saveur de la chose écrite.

D'ailleurs, elle s'aventure à dialoguer avec des musiques qui dépassent ou n'exploitent guère les possibilités que la notation occidentale permet : les modulations individuelles qu'autorise une simple grille d'accord en jazz (*Bitches Brew/Tacoma Narrows*, 2003 ; *A love Supreme*, 2005) ; la musique indienne des ragas, construite sur l'improvisation

(*Raga for the Rainy Season* et *Desh*, 2005) ; les musiques peu écrites telles que les chansons *folk* (Joan Baez pour *Once*, 2002) ou *pop* (*The Song*, 2009, sur le *White Album* des Beatles). La chorégraphe fait semblant d'être guidée par la musique et ses règles. Mais en réalité, la danse est ailleurs, elle écoute la musique au sens où l'entend Szendy, laissant un flottement s'opérer au-delà de l'analyse de la partition. Elle déclenche de nouveaux glissements, appelle de nouvelles logiques, à l'infini. Dans *Zeitung* (2008), la trame musicale prend la forme d'un essai théorique – musicalement composé par le pianiste Alain Franco – : essai d'une histoire de l'harmonie, jouant de l'alternance entre des pièces de Bach, Schoenberg et Webern (par exemple la fugue à six voix de Bach, réorchestrée par Webern en 1936 sur le principe des timbres de Schoenberg). La pièce laisse place à de longues improvisations dansées. Danse et musique semblent s'y croiser – en de savants décalages, contrepoints et échos –, plutôt que de se superposer l'une à l'autre : toujours la surenchère. Dans le même temps, la lumière devient un mode de questionnement des choix scénographiques de Keersmaeker ; ceux-ci vont désormais dans le sens d'une économie de moyens et de réduction à l'essentiel : utilisation d'un velum et d'un unique projecteur (*The Song*), jeu avec la pénombre (*Zeitung*) ou variations des intensités diurnes et nocturnes pour les pièces présentées *in situ* (*Keeping Still*, 2007, *En atendant*, 2010 et *Cesena*, 2011). Cette mise en valeur sobre de la fécondation mutuelle de la danse et de la musique va de pair avec une période que l'artiste qualifie elle-même de « traversée du désert » sur la direction à donner à son travail.

The Song en constitue une illustration évidente. La chorégraphe semble avoir fait le tour du répertoire qu'elle pouvait explorer et se mure, pour cette création, dans un silence cagien. Cependant, une chanson des Beatles fredonnée par un des danseurs vient ponctuer un tout autre dialogue au sein duquel s'estompe l'évidente présence des corps, du mouvement et des trajectoires savantes, comme lecture incarnée des ressorts de la partition. S'y substitue un tête-à-tête entre les danseurs, le son de leurs déplacements sur le plateau et l'univers sonore proposé par la bruiteuse Céline Bernard, elle aussi présente sur scène. La structure de la composition spatiale s'est totalement émancipée de la partition ; l'art des *floors patterns*, progressivement complexifié depuis *Toccata* (1993) et désormais parfaitement maîtrisé, n'oblige plus à s'inspirer du texte musical. Provisoirement, la lumière prend le relais de la musique écrite (mais non du son) et c'est ce médium que l'artiste s'attache à transformer en mouvement. Keersmaeker confie pourtant que dans ses moments de doute, la musique demeure la boussole qui donne sens à son travail de création[15].

Cesena. Courtesy Rosas, Foto : Anne Van Aerschot

On voit d'ailleurs la chorégraphe revenir à la musique savante, mais dans un répertoire éloigné de ses inclinations précédentes. C'est pourquoi j'appellerai cette nouvelle période celle de « l'altérité musicale ». Dès 2010, Keersmaeker crée *3Adieux*, composé avec Jérôme Bel sur « l'adieu » du *Chant de la terre* de Mahler (1907) : une partie d'œuvre que la danseuse commente, chorégraphie, danse puis chante elle-même. Elle avait utilisé une première fois cette œuvre musicale dans un solo (*Keeping Still – Part 1*), reconnaissant que « les impressions que cette musique évoquait [en elle], le désert et le néant, ont eux aussi été déterminants »[16]. Mais la pièce d'alors procédait plutôt d'un jeu sensoriel entre la danse et les traces qu'elle laisse quand elle se déploie sur un sol poussiéreux, dans un nuage de brouillard qu'une puissante lame de lumière traverse. *3Adieux* signale un retour à la musique romantique qu'elle avait peu approchée (*Erwartung/Verklärte Nacht* en 1995 puis 1996 où elle s'était aventurée dans une allusion assez narrative à l'argument de l'œuvre de Schoenberg). La pièce semble renouer avec une forme d'affrontement à la musique qui colorait la première et courte période que nous avions nommée le temps de la « demande-provocation »[17], non plus cette fois justifiée par une fascination pour le savoir musical mais davantage par une attirance face à l'étrangeté d'une musique aux antipodes de sa conception chorégraphique, consistant en un appui sur la structure de l'écriture musicale plutôt que sur les conséquences émotionnelles de son écoute. Dans *3Adieux*, la danse semble incapable de s'ordonner : Keersmaeker est seule sur scène, errant d'une gestualité timide parmi les musiciens.

Plus tard, la musique elle-même y met en scène sa propre mort (les musiciens quittant un à un le plateau ou s'écroulant de manière grotesque et un peu pathétique sur leurs instruments). La danse prenait ensuite le relais de l'anecdote orale, puis se laissait remplacer par le chant de la chorégraphe dans une troisième version, entre ridicule de se démontrer vulnérable et tentative poignante de se risquer là où l'on ne maîtrise rien. Signe d'émancipation et de désir d'aller au-devant de cette altérité musicale, la chorégraphe brise ici la règle que nous avions pointée de ne se consacrer qu'à des œuvres entières. Mais je ne partage pas l'avis de Bojana Cvejic qui voit dans ces trois dernières créations (*Keeping Still – Part 1*, *The Song* et *3Adieux*) une trilogie en forme de « plongée radicale dans le silence, l'immobilisme et l'impuissance »[18]. Certes, l'influence conceptualiste de Jérôme Bel réduit la danse à une esquisse ou un fredonnement corporel dans *3Adieux*. Ce n'est nullement le cas des deux autres opus : dans *Keeping Still*, le jeu d'hésitation avec la lame de lumière, comme le retour à une motricité moins savante, faite de marches et de courses, lorgne davantage vers la danse d'un Vandekeybus que vers un abandon du geste ; de même que, dans *The Song*, la musicalité et la physicalité presque exclusivement masculine du mouvement supplée à l'absentement de la musique.

Les deux dernières créations, *En atendant* (2010) et *Cesena* (2011) constituent un diptyque où la danseuse flamande explore l'Ars Subtilior. Dans cette forme musicale polyphonique du XIVème siècle, le ternaire (lié au chiffre sacré 3) est supplanté par le binaire ; leur mélange autorise des combinaisons rythmiques plus sophistiquées et parfois conflictuelles. La vélocité des voix supérieures est privilégiée. C'est un art du chiffre, presque ésotérique. Cette accumulation de complexité – la perception dût-elle en souffrir – s'érige en lointain écho de la technique de composition, virtuose et flamboyante, chère à Keersmaeker : un style musical rien de moins qu'attirant pour la chorégraphe !

Là encore, le rapport à l'altérité paraît piloter le choix : preuve en est cette confrontation retardée par gêne ou pudeur à l'égard du dialogue avec une musique dont les textes gardent en partie un caractère sacré, malgré l'opposition de l'Église romaine de l'époque : « J'étais réticente parce que je pensais que cette musique était avant tout une musique sacrée et cela me faisait peur, me gênait. »[19] Les deux pièces constituent par ailleurs un retour à une forme de sobriété où chaque danseur croise son parcours à ceux des autres dans des trajectoires linéaires et latérales (*En atendant*) ou en suivant une sobre circularité (*Cesena*), après quasiment deux décennies de compositions complexes en spirales. Un pas sur chaque note et sa durée. Keersmaeker évite une fois encore le support de la pulsation pour explorer l'entrelacs des modulations sonores dans une ambiance faisant une large place aux variations lumineuses (crépuscule pour l'une et aube pour la dernière en date). Dans les effets de masse d'un groupe dont on ne distingue que rarement les musiciens des danseurs, on peut observer les lignes, cercles et ellipses révélateurs d'un jeu sur la variation orchestrique de la demande à la musique : non plus seulement les variations de la mélodie (avec un appui sur chaque note) mais la mélodie des variations possibles de déplacement à partir de ce postulat. De *Cesena* me reste une image forte à deux égards : seize hommes, danseurs et musiciens confondus, chantant alignés en une tangente au cercle de sable tracé sur le sol. D'un côté, l'image souligne une remarque de Jean-Luc Plouvier concernant une nouveauté que je n'avais pas pointée dans nos derniers échanges : instaurer une réflexion sur ce que peut l'artiste hors de ce qu'il est supposé faire ; une réflexion sur son "amateurisme", au sens noble de pratiquer ce qu'on aime. Les danseurs chantent, les musiciens dansent. Il y a dix ans, dans *April Me*, la chorégraphe était restée prudente sur ces territoires communs cantonnant les musiciens d'Ictus à une simple déambulation. Mais dans *Cesena*, et peut-être emportée par sa propre expérience vocale dans *3Adieux*, les rôles sont devenus presque interchangeables :

> La "mise à nu" est valorisée. Ce qui me semble beau, c'est que le "nerf" ainsi dénudé reste totalement indécidable : est-ce l'émotion pure devant l'objet pauvre – mouvement lent du corps, voix nue, rayon de soleil, trace de sable – ou est-ce au contraire la racine formelle, le chiffre primordial, pour ainsi dire accessible à tous ? On n'arrive pas à le dire. L'étroite alliance entre formalisme et émotion, qui est son pari fondamental, s'en trouve encore renforcée. Il ne reste que cela, des corps vulnérables, et les chiffres qui les traversent démocratiquement.[20]

D'autre part, l'image scénique convoque cette expression familière : la chorégraphe "prend la tangente" ; comme pour s'extraire d'horizons trop attendus, tout en restant fidèle au même sillon qu'elle continue de creuser. Ainsi le dialogue s'élargit maintenant à trois registres de vibrations : corps, son et lumière.

Pour conclure, je remarque cependant que la fascination pour l'abstraction et la complexité des idées musicales et de leur architecture interne, d'une part, et, de l'autre, la manière d'éclairer la musique, de la donner à voir et à entendre par le mouvement demeure la priorité artistique de Keersmaeker, la basse continue, tant de son œuvre que de sa conception de la danse. Jean-Luc Plouvier l'avait joliment formulé et sa remarque reste valable : « qu'elle soit suivie avec précision par la chorégraphe, ou très vaguement, c'est toujours elle, la partition, qui se laisse évoquer, rêver, supposer, comme la cause absente »[21]. Une cause absente qui ne se laisse pas d'ailleurs pas facilement discerner : par plaisir ou malice, Keersmaeker superpose des couches de complexités (nombre d'or, suite de Fibonacci, spirales…) pour élaborer ses compositions spatiales virtuoses ;

ces constructions mènent rapidement le spectateur au cœur d'un syncrétisme fascinant mais impénétrable. Le déchiffrage de ces *floors patterns* est tout à fait inenvisageable d'un point de vue esthétique. Nous avons seulement remarqué que ces feuilletés de contraintes spatiales et temporelles généraient un chaos et que – lorsque quelque chose se résolvait au plateau, que se nouait un point d'articulation entre la complexité hermétique et une soudaine ligne claire, dans la faille entre mise en ordre et explosion –, alors jaillissait un éclair de fragilité, incertain et fugitif, un instant de pure beauté.

Si la danse peut apparaître à l'image de la vie toute entière, circulant « rapidement d'un point à un autre, en une sorte de ruissellement électrique », c'est que l'énergie « est toujours en excès »[22]. La danse apparaît alors dans sa fonction d'exutoire de cette surabondance vitalité. Or, pour Fernand Schirren, le maître de Keersmaeker, le rythmique est ce qui ordonne cette dépense vitale dont parle Bataille. « C'est l'intersection du bondissement vital et de la formalisation, qui fait barrage aux automatismes de la spontanéité » écrit Jean-Luc Plouvier[23]. Rien d'étonnant alors à ce que Keersmaeker demande à la musique des mondes sonores saturés de contraintes, mais qui laissent cependant place à l'épanouissement d'une danse humaine et sensuelle.

[1] Pianiste et directeur artistique de l'ensemble de musique contemporaine Ictus, installé à Bruxelles.
[2] Jean-Luc Plouvier, « Fragments fibonacciens. Anne Teresa De Keersmaeker et la musique », in *Rosas XX*, Tournai 2002, p. 280.
[3] Philippe Guisgand & Jean-Luc Plouvier, « Corps d'écriture », *Repères* n° 20, Biennale du Val-de-Marne, novembre 2007, p. 17–21. Que Jean-Luc Plouvier soit ici chaleureusement remercié. Ce texte doit beaucoup à nos échanges, nos écrits et conférences sur ce sujet.
[4] Fernand Schirren, *Le Rythme primordial et souverain*, Bruxelles, éd. Contredanse, coll. « La pensée du mouvement », 1996.
[5] Irmela Kästner & Tina Ruisinger, *Anne Teresa De Keersmaeker / Meg Stuart*, München 2007, p. 54 (je traduis).
[6] Guisgand & Plouvier, « Corps d'écriture », op. cit., p. 19.
[7] Thierry Lassence, « Une interprétation personnelle et amoureuse », *La Libre Belgique*, Bruxelles, 21 septembre 1988.
[8] Philippe Guisgand, *Anne Teresa De Keersmaeker*, Palermo, L'Epos, coll. « Dance for word/Dance forward », 2008, p. 34.
[9] Les expressions entre guillemets sont extraites d'un entretien de Anne Teresa De Keersmaeker avec Rudi Laermans, Bruxelles, 12 mai 1993, documentation interne à Rosas.
[10] Voir par exemple le chapitre consacré à Keersmaeker par Stephanie Jordan dans *Stravinsky Dances : re-visions across a century*, London 2007.
[11] Je me réfère ici à la conférence « Pulsion invoquante et expressivité musicale », donnée le 23 novembre 2002 à l'IRCAM dans le cadre du séminaire Musique et psychanalyse. Voir http://www.entretemps.asso.fr/Nicolas/TextesNic/Ecoute.Priere.Pulsion.html [consulté le 14 novembre 2011].
[12] Guisgand & Plouvier, « Corps d'écriture », op. cit., p. 19.
[13] Peter Szendy, *Écoute, une histoire de nos oreilles*, Paris 2000, p. 18 (l'auteur souligne).

14 Idem, p. 155 (je souligne).
15 Entretien avec Antoine De Baecque, février 2010, accessible via <http://www.rosas.be/fr/production/en-atendant> [consulté le 12 novembre 2011].
16 Entretien avec Elke Van Campenhout, accessible via <http://www.rosas.be/fr/production/keeping-still-part-1>, [consulté le 12 novembre 2011].
17 Guisgand & Plouvier, « Corps d'écriture », op. cit., p. 19.
18 Bojana Cvejic, « Anne Teresa De Keersmaeker, un portrait », in *Rain. Anne Teresa De Keersmaeker*, Opéra National de Paris, mai 2011, p. 39.
19 Entretien d'Anne Teresa De Keersmaeker avec Björn Schmelzer accessible via <http://www.lamonnaie.be/fr/mymm/article/29/Entretien-De-Keersmaeker---Schmelzer>, [consulté le 12 décembre 2011].
20 Jean-Luc Plouvier, mail à Philippe Guisgand à propos de *Cesena*, 24 novembre 2011.
21 Guisgand & Plouvier, « Corps d'écriture », op. cit., p. 17.
22 Georges Bataille, *L'Expérience intérieure*, Paris 1978.
23 Jean-Luc Plouvier, « Géométrie convulsive » in Jean-Marc Adolphe & Charlotte Imbault, « Thierry De Mey », tire à part, *Mouvement*, n° 59, avril-juin 2011, p. 17 [16–17].

GERALD SIEGMUND

Wahrnehmen statt Hören:
Xavier Le Roys szenische Erkundungen
von Helmut Lachenmanns Musik

A vous, les spectateurs!

Die Instrumente haben sie längst ordentlich links neben ihren Stühlen auf den Boden gelegt. Die letzten zehn Minuten von Helmut Lachenmanns erstem Streichquartett *Gran Torso*, das in den Jahren zwischen 1971 und 1988 entstanden ist, finden in fast völliger Stille statt. Ganz in schwarz gekleidet mit hochgekrempelten Ärmeln, so dass die nackten Unterarme der zwei Musiker und zwei Musikerinnen besonders hervorstechen, streichen sich die Musiker über ihre Arme und Oberschenkel. Sie spielen auf ihren Körpern, als wären diese ihre Instrumente, legen die Unterarme übereinander, winkeln sie an, legen sie schräg, strecken eine geöffnete Hand aus oder zupfen an einem imaginären Instrument. Plötzlich stehen sie auf, strecken ihre Arme in die Luft und wackeln mit den Hüften. Dies ist nicht die einzige Auffälligkeit in der Darbietung des Musikstücks. Gleich zu Beginn flankieren vier Gitarristen das Streichquartett und erweitern dessen Corpus auf insgesamt acht Musiker. Das Spielen der Partitur für Streicher übernehmen zunächst die Gitarristen, während die Streicher ihnen stumm zuschauen. Am Ende von *Gran Torso* schließlich beugt sich der Cellist, am rechten Ende des Stuhlhalbkreises sitzend, mit einer kleinen gestischen Reverenz nach vorne, breitet die Arme aus – gerade so als übergebe er das, was in der vorangegangenen Stunde zu hören und zu sehen war, den Zuschauern. *A vous, les spectateurs!* Das Stück *More Mouvements für Lachenmann*, das der französische Choreograph Xavier Le Roy im Juli 2008 auf dem Festival Montpellier Danse uraufgeführt hat, gehört nun endgültig den Zuschauern, die das, was sie gesehen und gehört haben, nach dem Ende der Vorstellung in ihrem Gedächtnis mit nach Hause tragen. Aber es gehörte ihnen schon die ganze Zeit, während sie zuschauten. War es doch ihre Wahrnehmung, die die Verschiebungen zwischen Hören und Sehen, zwischen den sich stumm bewegenden Musikern und Klängen, die ihnen nicht mehr eindeutig zuordenbar sind, ausgelotet hatten.

More Mouvements für Lachenmann besteht aus drei Stücken des 1935 in Stuttgart geborenen Komponisten Helmut Lachenmann:[1] *Pression* für einen Cellisten aus den Jahren 1969/70, *Salut für Caudwell* aus dem Jahr 1977 sowie *Gran Torso*. Schon drei Jahre zuvor, im November 2005, hatte Xavier Le Roy anlässlich des 70. Geburtstags von Lachenmann im Auftrag des Festivals Wien Modern und dessen Dramaturgen Berno Odo Polzer einen dreiteiligen Lachenmann Abend choreographiert. *Mouvements für Lachenmann. Inszenierung eines Konzertabends* begann damit, dass jemand einen Nagel sichtbar und hörbar in den Bühnenboden hämmerte, bevor der Pianist sein Klavier von links nach rechts an den Zuschauern vorbei über die Bühne rollte und verschwand. Le Roy hatte schon 2005 überlegt, *Pression* und *Grand Torso* für die Bühne einzurichten, sich dann aber neben dem *Schattentanz für Klavier* noch für *Mouvements (– vor der Erstarrung)*, bei dem das komplette Kammerensemble Neue Musik Berlin unter der Leitung von Peter Rundel keinen einzigen Ton spielte, und *Salut für Caudwell* entschieden. Letzteres bildet das Mittelstück beider Lachenmann-Abende.

Was ist das also, die Inszenierung eines Konzertabends, dessen Konvention, immer eine Abfolge von drei Stücken zu sein, Xavier Le Roy beibehält? Die Dramaturgin Bojana Cvejić spricht im Zusammenhang von Le Roys Arbeit mit Lachenmanns Musik davon, dass der Choreograph aus der gängigen oder dominanten Praxis musikalischer Darbietung und ihrer Erfahrung das auswähle, was in der Darbietungspraxis „unidentifiziert" bleibe: der „Körper mit all seinen Sinnen".[2] Daraus lässt sich zunächst ganz allgemein Folgendes ableiten: Le Roy geht es nicht in erster Linie um den Klang, sondern um die Erzeugung des Klangs und damit verbunden um den Körper und die Gesten, die ihn erzeugen. Sie erzeugen ihn in einer bestimmten Situation, der Aufführung, in der er produziert, erklingt, gehört, wahrgenommen und gedeutet wird. Verschwindet der Körper beim Spielen eines Musikinstruments hinter dem, was er produziert, den Tönen, Klängen und Melodien, so rückt er in den beiden *Mouvements-für-Lachenmann*-Produktionen als sich bewegender Körper ins Feld der Aufmerksamkeit von Zuhörern und Zuschauern.

Helmut Lachenmann selbst schreibt in Bezug auf seine Komposition für Kammerensemble *Mouvements (– vor der Erstarrung)*: „Erst am erneut einbezogenen unverfremdeten Klang muss sich erweisen, dass es nicht um bloße Brechung des Klingenden außerhalb, sondern um Aufbrechen und Aufbruch der Wahrnehmungspraxis in uns selbst geht."[3] Doch wie kommen alle Sinne, von denen Cvejić spricht, ins Spiel? Wie wird die „Wahrnehmungspraxis in uns selbst" aufgebrochen? Wie sieht also diese neue Verortung der Musik in unserer Wahrnehmung aus? Diesen Fragen, die ein Feld zwischen Klang und Geste eröffnen, möchte ich im Folgenden nun nachgehen. Dabei ist es nötig, dass ich zuerst in paar Worte über Lachenmanns Musikkonzeption sage, bevor ich auf Xavier Le Roys Inszenierung und Erweiterung derselben eingehe. Ich beziehe mich in der Hauptsache auf *Salut für Caudwell* sowie, ergänzend dazu, auf eine weitere Produktion Le Roys: seine Inszenierung von *Le Sacre du printemps*. Beiden ist eine gewisse Theatralität eigen, die sich aus der Verschiebung von Hören und Sehen ergibt und auf die ich im Hinblick auf ein zeitgenössisches Verständnis von Choreographie zum Schluss eingehen möchte.

Das Theater der Klänge und ihrer Wahrnehmung

Xavier Le Roys *Mouvements für Lachenmann* bringt die Musikstücke nicht nur zur Aufführung, was der gängigen Konzersituation entspräche. Sie werden darüber hinaus auch inszeniert, d. h. innerhalb des Live-Events der konzertanten Aufführung geschieht etwas mit den Elementen und Mitteln, die die Aufführung der Musik konstituieren. Sie werden, so will es schon der Titel, in Bewegung versetzt. Diese Bewegung ist bereits Helmut Lachenmanns Art, zu komponieren und musikalische Strukturen aus Tönen, Klängen und Geräuschen zu entwerfen, inhärent. In seinem Konzept der *musique concrète instrumentale*, das er schon in den 1960er-Jahren entwickelt hat, geht es kurz gefasst darum, das Klangspektrum historischer Instrumente auf ungewohnte, erstaunliche Arten und Weisen zu erweitern und zu durchbrechen. Darin wird einerseits die Aufmerksamkeit des Zuhörers auf den Prozess der Produktion der Töne, die oft als Geräusche beschrieben werden, gerichtet. Diese können zunächst deshalb als solche konkret und – wie Lachenmann es will – ‚unverfremdet' erscheinen, weil sie aus einem tonalen oder atonalen System geregelter Abstände und dessen kompositorischer Figuren herausfallen. Sie werden also nicht mehr in ein übergeordnetes Ordnungssystem, das immer auch ein konventionalisiertes Sinnsystem darstellt, eingegliedert. Aus diesem Grund kann Lachenmann davon sprechen, dass es bei zeitgenössischer Musik, seiner Musik, nicht darum gehe, zu hören (was an ein System gebunden wäre), sondern *wahrzunehmen*. Das Feld der Wahrnehmung wird demnach dadurch eröffnet, dass ein Ton als Geräusch aus einem kompositorischen System herausfällt und dieses durchbricht. Dabei geht das Geräusch eine bewusste Relation mit anderen Klängen und Tönen ein; es bildet zusammen mit diesen eine Struktur, innerhalb derer es sich überhaupt nur ereignen kann.[4] Zur Betonung des Produktionsprozesses gehört auch die Echtzeit, die das Geräusch braucht, um zu klingen. Das produzierte Geräusch wird nicht dekontextualisiert und etwa mit Hilfe eines Computers als Sample weiterverarbeitet.[5] Andererseits verschwinden die historischen Referenzsysteme der Tonalität und ihrer Spielpraxis nicht. Der lange durch Druck der linken Hand über die Saiten des Cellos sowie des Cellobogens erzeugte Ton in *Pression* wird später, wie es der Musikwissenschaftler

Ulrich Mosch beschreibt, in einem „langen philharmonischen *des*" gespiegelt.⁶ Das historische codierte Instrument und die klassische Gruppierung der Instrumente etwa zu einem Streichquartett stellen anscheinend die nötige Reibungsfläche bereit, um mit Gegenbesetzungen Erweiterungen im Klagspektrum und damit ein anderes Wahrnehmen von Tönen, Klängen und Geräuschen zu bewirken.

Durch die andersartige Bezugnahme des spielenden Körpers und seiner Bewegungen auf das Instrument als Material des Musikers wird das Klangspektrum des Instruments erweitert. So sehen wir in *Pression* einen Musiker in einem Lichtspot auf einer leeren Bühne Cello spielen, doch, und so erging es zumindest mir beim Zuhören, die Klangfarben der Töne und Geräusche scheinen plötzlich die anderer Instrumente, die einer Gitarre etwa oder gar eines Blasinstruments, zu sein. Schon hier werden Hören und Sehen voneinander gelöst, wird unsere Wahrnehmung geweitet und an unser Vorstellungsvermögen appelliert, eine andere Szene zu imaginieren. Dieser Dynamik zwischen Spiel, Klang und dem Wahrnehmungsvermögen der Zuhörer ist daher zunächst in einem ganz konventionellen Sinn eine gewisse Theatralität eigen, von der noch zu klären sein wird, was in diesem Zusammenhang genau damit gemeint ist: Das Cello und sein Klangspektrum spielen Theater, weil es sich als etwas anderes maskiert, weil es im Bewusstsein des Zuhörers als etwas anderes vorstellig wird.

Xavier Le Roys Inszenierungen eines Konzertabends erweitern dieses Konzept, indem sie die konkrete Aufführungssituation in diese Dynamik einbeziehen. Die Klänge werden als etwas vorgestellt, das ihrer offensichtlichen Produktionsquelle in ihrer historisch tradierten Verwendung zuwiderläuft. Die Schere zwischen Hören und Sehen öffnet sich dabei noch weiter, wenn der Mimetismus der Klangproduktion selbst verräumlicht und damit aufgesprengt wird. Der körperliche Bezug der Musiker zu ihren Instrumenten wird aufgelöst, wobei die Bewegungen der Musiker nicht mehr mimetisch mit der Erzeugung und dem Erklingen von Tönen übereinstimmen. Nehmen wir *Salut für Caudwell* als Beispiel. Es ist ein Stück für zwei Gitarren, doch auf der Bühne stehen vier Stühle leicht versetzt in zwei Reihen hintereinander. Vier Musiker treten in Paaren auf, tragen ihre Notenständer herein und platzieren sie vor ihren Stühlen, bevor sie wieder abgehen. Kurz darauf treten zwei von ihnen erneut auf, diesmal mit ihren Gitarren, setzen sich unter Applaus des Publikums auf die hinteren Stühle und stimmen ihre Instrumente. Die beiden anderen fahren zwei schwarze Stellwände herein und verdecken damit die hintere Reihe. Anschließend nehmen sie auf den vorderen Stühlen Platz. Während die Musiker hinter den Stellwänden unsichtbar für das Publikum anfangen zu spielen, bewegen die beiden sichtbaren Musiker ihre Arme und Hände gerade so, als spielten sie ihr Instrument, das allerdings gar nicht vorhanden ist.

Wahrnehmen statt Hören: Xavier Le Roys szenische Erkundungen von Helmut Lachenmanns Musik

Abb. 1: Hören, was man nicht sieht, und sehen, was man nicht hört.
Foto: Reinhard Werner

Die Bewegungen, die zur Produktion der Klänge führen, werden also vom Klang getrennt, der von woanders herkommt. Doch schon bald schleichen sich Zweifel ein, Zweifel, die den Verweischarakter der Bewegungen auf die Musik und der Musik auf die Bewegungen betreffen (siehe Abb. 1). Plötzlich hören die Musiker hinter den Paravents auf zu spielen, ohne dass die beiden vorderen Musiker aufhörten, sich zu bewegen. Ohne Bezug zur akustischen Ebene sehen ihre Bewegungen jedoch nicht mehr aus wie funktional auf die Erzeugung von Klang gerichtete Bewegungen. Da scheint jemand mit hektischen Auf- und Ab-Bewegungen der Arme Möhren auf einer Reibe zu raspeln, einen Nagel in die Wand zu hauen oder gar Zwiebeln auf einem Brett zu hacken. Später setzen in einer Umkehrung dieser Szene die Bewegungen der Musiker in der ersten Reihe aus, und es erklingt allein die Musik. Auch in dieser Situation stellt sich die Frage, welche Bewegungen denn nun wirklich ausgeführt werden, um die Musik zu erzeugen. Doch selbst wenn Bewegungen und Musik parallel zueinander gesetzt werden, hören die Zweifel nicht auf. Ist etwa das Kratzen am Kopf, das die Musiker immer wieder ausführen, notwendig, um den Ton herzustellen? Gehört es, gerade wenn man Lachenmanns ungewöhnliche Art des Geräusche Erzeugens berücksichtigt, zur Partitur oder ist es eine rein akzidentielle Bewegung? Wenn es aber zufällig oder idiosynkratisch ist, welches Geräusch würde es dann hervorbringen, wie in die Struktur eingreifen, um diese zu verändern? Werden die Töne hinter den

Paravents wirklich mit dem gleichen Körperteil erzeugt, das wir vor den Stellwänden im Einsatz sehen? Wird das hörbare Klopfgeräusch auf den Gitarren tatsächlich durch das Nach-vorne-Stoßen der Köpfe, das wir sehen, hervorgebracht oder vielleicht doch eher konventionell durch ein Klopfen mit den Handknöcheln auf den Klangkörper? Wie verstehen oder lesen wir dann die Bewegung der Köpfe? Fangen wir an, Szenen zu imaginieren, wie das lachende Publikum in *Gran Torso*, das die rhythmischen und synchronen Kopfbewegungen der Musiker, die sich gegen einen ihrer Kollegen richten, der wegschaut, als eine Art Konfrontation verstanden hat? Konfrontation aufgrund eines verpatzen Einsatzes, eines Aussetzers gar? Könnten die Bewegungen der vorderen Musiker wirklich die Musik möglich machen, wie sie von den Musikern in der hinteren Reihe zu hören ist? Sind die Bewegungen gar willkürlich gesetzt, gleichsam choreographiert, ohne überhaupt Bezug zu nehmen zur Musik?

Der Eindruck der Setzung erhärtet sich, bezieht man Xavier Le Roys Beschreibung des Probenprozesses an dieser Stelle in die Untersuchung ein. So genügte es nicht, den Musikern einfach ihre Instrumente aus den Händen zu nehmen, um den Eindruck des Spielens zu erhalten. Gezielte Korrekturen ihrer Gesten, Haltungen und Bewegungen waren nötig, um so nahe wie möglich am Spielen der Partitur festhalten zu können.[7] Die Bewegungen der Musiker sind in der Tat choreographiert. Sie mussten sich ihre eigenen Bewegungen bewusst wieder aneignen. Sie mussten lernen, ihre Bewegungen bewusst zu koordinieren, um den Eindruck zu erwecken, sie spielten tatsächlich ihre Instrumente. Das mit größter Sorgfalt und Präzision rekonstruierte Spiel ist jedoch mehr als die Illustration des Spiels. Durch seine Inszenierung im Rahmen des theatralen Dispositivs, also durch die Trennung des Hörens vom Sehen, erweitert sich die Wahrnehmungssituation im beschriebenen Sinn und führt zu einem Aufbrechen der Wahrnehmung des Zuschauers und Zuhörers.

Räumliche Dispositive: Le Sacre du printemps

Die gleiche Frage nach der Willkürlichkeit der Bewegungen stellt sich in Xavier Le Roys Produktion *Le Sacre du printemps* aus dem Jahr 2007, einem Solo, getanzt von Le Roy selbst, das zeitlich zwischen den beiden Lachenmann-Abenden entstanden ist. Am Ausgangspunkt seiner Auseinandersetzung mit Strawinskys epochemachender Partitur stand deren Einstudierung von den Berliner Philharmoniker unter der Leitung von Sir Simon Rattle im Rahmen eines Projekts mit Schülern, das in seiner dokumentarischen Filmversion *Rhythm' is it!* weltbekannt wurde. Le Roy hat sich die Bewegungen des Dirigenten zum Vorbild genommen und sie durch klassische Nachahmung einstudiert. Die Einstudierung der Bewegungen Sir Simon Rattles, die für Le Roy zu einer choreographischen Struktur wurden, war in doppelter Hinsicht Einschränkungen unterworfen. Zum einen sind die Aufnahmen unvollständig, d. h. in der Filmdokumentation ist Sir Simon Rattle nicht ständig im Bild, so dass Le Roy keine komplette Aufnahme des Dirigats zur Verfügung stand. Zum anderen ist Rattles Körper auch nicht immer in einer Totalen im Bild, d. h. Le Roy sieht nur bestimmte Partien des Körpers, dessen Bewegungen er kopieren will. Das Angebot der Berliner Philharmoniker, ihm andere Probenmitschnitte zur Verfügung zu stellen, um so lückenlos und genauer arbeiten zu können, lehnte Le Roy ab. Er arbeitete also bewusst mit der Lücke, dem Fehler, um sie in der Aufführungssituation produktiv zu machen. Wie die Berliner Musiker dem Choreographen bescheinigt haben, lässt sich Strawinskys Stück, so wie Le Roy es dirigiert, auch unmöglich spielen!

Bereits hier findet also durch die spezifische Arbeit mit der Bewegung eine Ablösung von Musik und Bewegung statt, die doch in einer Art Kausalverhältnis aufeinander bezogen bleiben. Diese Choreographie wird nun in ein szenisches Dispositiv übertragen, das jenes Dispositiv der Orchestersituation wiederholt. Schaut man genauer hin, sind es sogar drei räumlich-szenische Anordnungen, die sich im Stück überlagern. *Le Sacre du printemps* beginnt mit dem Zitat einer traditionellen Opern- oder Ballettaufführung. Das Publikum sieht den Dirigenten, Xavier Le Roy, von hinten, wie er ein unsichtbares Orchester dirigiert. In der Logik der Anordnung steht er vor dem Klangkörper. Noch weiter entfernt vor ihm, verloren im Dunkel der Bühne, findet die Aufführung statt, über der sich der klassischen Ouvertüren-Situation gemäß der Bühnenvorhang noch nicht gehoben hat. Die Zuschauer sehen also weder das Orchester noch die Bühne; sie müssen die Aufführung antizipieren oder imaginieren. Durch die Unvollständigkeit des Ballettdispositivs wird die Aufmerksamkeit des Publikums ständig an die konkrete Aufführungssituation zurückgebunden. Wir wohnen einem zeitgenössischen Tanzstück bei, in dem es nichts Ungewöhnliches ist, dass Tänzer mit dem Rücken zum Publikum stehen und die Musik vom Band eingespielt wird. Zu diesen beiden räumlichen Anordnungen gesellt sich in dem Moment eine dritte, in dem sich der Tänzer umdreht und frontal zum Publikum zu dirigieren beginnt. Le Roy wendet sich nun gerade in jenem Moment um, in dem die Ouvertüre zu Ende ist und sich, wie etwa in der Rekonstruktion von Vaslav Nijinskys Originalchoreographie aus dem Jahr 1913 durch Millicent Hodson, der Bühnenvorhang hebt. Mit dieser Drehung des Tänzers dreht sich der Raum. Plötzlich befinden sich die Zuschauer in der Position des Orchesters, während die Bühne nun hinter ihrem Rücken liegt. Der imaginäre Bühnenvorhang hebt sich über den Zuschauern, die damit zugleich nicht nur Zuschauer und Orchester, sondern auch die Aufführenden sind. Zur eigentlichen Aufführung wird der Orchestergraben, der nun auf die zeitgenössische Tanzbühne gehoben wird.

Unter den Zuschauerbänken befinden sich Lautsprecher, die Strawinskys Musik nach Orchestergruppen getrennt bestimmten Zuschauerblöcken zuordnen. Dass die Musik inmitten der Zuschauerreihen erklingt, macht für das Publikum auch ein anderes Hören der Musik möglich. Die Zuschauer sind demnach die Instrumente, die der Dirigent Le Roy zum Klingen bringen will (siehe Abb. 2).

Abb. 2: Der Tänzer zielt aufs Publikum. Foto: Vincent Cavaroc

Durch die Überlagerung und Verschiebung der drei räumlichen Theaterdispositive kommt es in der Aufführung zu Inkongruenzen der Positionen und Rollen. Das Publikum ist zugleich Publikum im ersten und zweiten Dispositiv, Orchester im dritten und Aufführung sowohl für Le Roy als auch für das imaginäre Publikum, das hinter Le Roy als Dirigent angesiedelt ist. Der Tänzer ist zugleich Tänzer, Dirigent und für das Publikum die Aufführung, die vor ihnen zu sehen ist. Damit stellt sich ein Paradox ein, das jenem der Lachenmann-Inszenierungen ähnlich ist: Die Bewegungen des Dirigenten, deren Zweck darin besteht, den Klangkörper Orchester und damit die Musik organisiert, sinnvoll zum Klingen zu bringen, werden in der Aufführungssituation als nachträglich zur Musik wahrgenommen. Obwohl Le Roy Dirigent ist, tanzt er zur Musik, die seinen Bewegungen vorausgeht. Indem Le Roy beide Positionen zugleich einnimmt, dreht sich das Verhältnis von Ursache und Wirkung immer wieder um. Das Dispositiv Orchester, in dem der Dirigent vor der Musik einsetzen muss, verändert sich im Übergang zu jenem der Tanzaufführung, in der nach der Musik getanzt wird.

Es wird selbst zur Szene, und damit verändern sich die Voraussetzungen. Es sind wir Zuschauer in der Rolle der Musiker, die die Bewegungen des Dirigenten hervorbringen, indem wir sie sehen, hören, deuten, verstehen, indem wir sie auf uns beziehen, um wie die Musiker produktiv zu werden. Die Bewegung der Aufführenden folgt nicht mehr auf die Musik, und die Bewegung des Dirigenten ist nicht mehr Quelle der Musik. So gibt es in den Bewegungen von Le Roy immer wieder besonders expressiv anmutende Stellen, in denen deutlich wird, dass sich die Bewegungen und sein Körper vom Dirigat gelöst haben, um eigenständig nach der Musik zu tanzen. Irgendwann gegen Ende geht Xavier Le Roy einfach von seiner Dirigentenposition ab. Für ein paar Minuten steht er am Bühnenrand und hört der Musik zu, die auch ohne seine Bewegungen weiter spielt. Damit verkehren sich Ursache und Wirkung; die Musik geht dem Dirigenten voraus – eine Beobachtung, auf die ich nun genauer eingehen will.

Vom Index zur Ästhetik

„Décollant le geste du son", schreibt die Kritikerin Rosita Boisseau in *Le Monde* über *Salut für Caudwell*, „sans pour autant le dissocier, [les stratégies de Xavier Le Roy] ouvrent pour les spectateurs une brèche dans laquelle il louvoie avec plus ou moins agilité."[8] Lassen Sie mich diesen Befund, der das gerade Beschriebene gut zusammenfasst, noch ein Stück weit abstrahieren und auf eine zeichentheoretische Ebene heben, um analysieren zu können, was zwischen Hören und Sehen geschieht. Das Trennen des Klangs von seiner körperlichen Hervorbringung löst zunächst das mimetische Verhältnis zwischen Note, körperlicher Aktion und Klang auf. Le Roy etabliert damit, durch die Stellwände und die Verdoppelung der Besetzung zu vier Musikern auch optisch markiert, zwei distinkte Reihen von Vorgängen. Da die beiden zunächst aber in Beziehung bleiben, kann man von einem indexikalischen Verhältnis von Musik und Bewegung sprechen. Die Bewegungen der Musiker zeigen die Musik an, und die Musik verweist ihrerseits auf die Gesten ihrer Erzeugung, die in einem Kontiguitäts- oder Nachbarschaftsverhältnis zueinander stehen, das hier als konkret räumliches Verhältnis (vor und hinter den Paravents) präsentiert wird. Mit den indexikalischen Zeichen ist auch eine kausale Ursache-Wirkungslogik verknüpft. Die Bewegungen bewirken die Musik, die wiederum ihre Ursache in den Bewegungen der Musiker findet.

Durch die vielfältigen Verschiebungen der beiden Reihen des Optischen und des Akustischen auf der Bühne, die ich aufgezeigt habe, wird diese Logik jedoch durchbrochen. Die motivierten indexikalischen Zeichen werden zu abstrakten, willkürlichen Zeichen (und damit zu eigentlichen) Zeichen, die frei kombinierbar sind. Damit hört aber auch die Geste auf, Ursache der Musik zu sein, ebenso wie die Musik nicht mehr Resultat der Geste ist. Statt ihren Referenten im jeweils anderen zu finden, werden sie zu selbstreferentiellen Zeichen, deren Form der Darbietung zugleich ihr Inhalt ist. Die nackten Unterarme der Musiker werden zu abstrakten weißen Linien im dunklen Raum, die anfangen zu tanzen.

Mit der Durchbrechung der indexikalischen Kette des Verweisens überführt Le Roy Musik und Bewegung ins ästhetische Register. Durch die ästhetische Funktion wird als eines ihrer Charakteristika eine Umkehrung des Ursache-Wirkungsverhältnisses erzielt, die produktiv wirkt. Wir haben es mit einer Wirkung zu tun, die gerade dadurch entsteht, dass sie ihre sichtbaren oder hörbaren Ursachen übersteigt, weil sie im Bewusstsein der Zuschauer im Akt der Rezeption Vorstellungen und Assoziationen auslöst, die nicht kausal auf die Geschehnisse auf der Bühne zurückzubinden sind. Niemand hackt auf der Bühne Zwiebeln, und doch erinnern die Bewegungen daran, was einer gewissen Komik nicht entbehrt, einer Komik, die eigentlich für alle Arbeiten Xavier Le Roys in Anschlag gebracht werden kann. Ist es doch zugleich ein wenig absurd und überraschend, wenn die Musiker mit ihren Köpfen nach vorne stoßen, weil es die bloße Realisierung der Partitur übersteigt. Das Überspringen des Abstands, der Lücke zwischen den Ordnungen des Hörens und des Sehens erzeugt ein Theater im Kopf der Zuschauer, das nicht nur performativ eine Wirklichkeit im Vollzug setzt, sondern diese Wirklichkeit immer auch schon wieder infrage stellt, öffnet und in die Schwebe bringt. Mit dieser Feststellung komme ich zu meinem letzten Punkt: der Theatralität.

Theatralität

„Theatralität" sei, so schreibt der französische Denker Roland Barthes schon 1954 in seinem Text über „Das Theater Baudelaires", „[d]as Theater unter Abzug des Textes, eine gewisse Dichte an Zeichen und Empfindungen, die auf der Bühne von der geschriebenen Vorlage aus entsteht, diese Art ökumenische Wahrnehmung der Artefakte, die sich an die Sinne wenden, der Gesten, Töne, Distanzen, Substanzen, Lichter, dieses Untergehen des Textes in der Fülle seiner nonverbalen Sprache."[9] Barthes knüpft diese Form der Theatralität im Folgenden an den Körper des Schauspielers, der ihm auf ganz und gar künstlich anmutende Art und Weise überdeterminiert zu sein scheint. Durch diese Überdetermination, die sich im Körper bündelt, sprengt die Dichte der Zeichen, die eine Sinnlichkeit entwickelt, den engen Rahmen der Semiotik und der Bedeutungszuschreibung. Barthes macht in diesem berühmten Zitat also keinen Unterscheid zwischen Text und Wahrnehmung, zwischen Sinn und Sinnlichkeit. Das eine ist die „Entschreibung", um einen Begriff Jean-Luc Nancys zu benutzen, des jeweils anderen.[10] Der Körper ist der Schnitt- und Angelpunkt von unterschiedlichen Reihen und von Signifikantensystemen, die sich in ihm verknüpfen. Begreift man Theatralität wie es Helga Finter vorgeschlagen hat, als „analytische", so liegt ihr Potenzial gerade in der Durchbrechung habitualisierter Wahrnehmungsordnungen, um die Verbindungen zwischen Hören und Sehen, aber auch zwischen imaginärem Hören und Sehen und damit zwischen Vorstellungen neu und anders herzustellen.[11] Ein solches Verständnis von Theatralität geht davon aus, dass das, was wir als unsere Realität bezeichnen, nicht gegeben, sondern selbst theatral verfasst ist. Xavier Le Roys im wörtlichen Sinn Auseinandersetzung mit Lachenmanns Musik und Strawinskys *Sacre* auf der Bühne arbeitet mit einem solchen Theatralitätsbegriff, der an die Produktivität der Rezipienten appelliert, weil er ihre eigene theatrale Verfasstheit analysiert.

Die zentrale Rolle, die der Körper in dieser Vorstellung von Theatralität spielt, legt einen Bezug zum Tanz im engeren Sinn nahe. Wie generell in Xavier Le Roys Arbeiten hört der Körper auf, Instrument der Mimesis zu sein, wiewohl diese den Ausgangspunkt der Arbeiten darstellt. In der Auflösung des mimetischen Spiels über den Index zum selbstreferentiellen Zeichen konfrontiert sich der Körper mit den Ordnungen der Wahrnehmung, er konfrontiert sich mit ihnen auf andere, nicht habitualisierte Weise. Im Moment der Konfrontation mit einer Struktur (der Partitur Lachenmanns und der Struktur eines Konzertabends, den Filmaufnahmen von Sir Simon Rattle und der räumlichen Anordnung einer Orchestersituation) tritt er als Körper in den Vordergrund. Seine Bewegungen hin zur Struktur und von ihr weg verwandeln ihn in einen choreographierten Körper, der die Beziehung des Menschen zur Ordnung reflektiert und aussetzt.

---

1   Meinen Ausführungen liegt ein DVD-Aufnahme der Vorstellung vom 7. November 2008 in der Halle G des Tanzquartiers Wien zugrunde.
2   „Exposé zu *More Mouvements für Lachenmann*", zitiert in: www.insituproductions.net/_deu/frameset.html (letzter Zugriff: 15.11.2009).
3   Ebd.
4   François Nicolas, „Staging *Salut für Caudwell*. Preliminary Notes and Retrospective Questions", in: L'Inouïe (2006), Nr. 2, zitiert nach: www.insituproductions.net/_pdf/Linoul_n2-2006.pdf (letzter Zugriff: 04.11.2009); zu Lachenmanns Strukturbegriff vgl. *Musik als Wahrnehmungskunst. Untersuchungen zu Kompositionsmethodik und Hörästhetik bei Helmut Lachenmann*, hrsg. von Christian Utz und Clemens Gadenstätter, Saarbrücken 2008, S. 15.
5   Vgl. zum Unterschied der Konzepte ‚musique concrètre instrumentale' und ‚musique concrète': Frank Hilberg, „Geräusche? Über das Problem, der Klangwelt Lachenmanns gerecht zu werden", in: *Helmut Lachenmann. Musik-Konzepte* 146, Neue Folge, hrsg. von Ulrich Tadday, München 2009, S. 60–75.

6 Ulrich Mosch, „Kunst als vom Geiste beherrschte Magie. Zu einem Aspekt von Helmut Lachenmanns Musikbegriff", in: *Lachenmann. Musik-Konzepte* 146 (s. Anm. 5), S. 76–96, hier S. 90.
7 Nicolas, „Staging *Salut für Caudwell*" (s. Anm. 4): „For each musician/instrument, there are specific steps necessary to convert the directions given to make sounds into directions for creating movement."
8 Rosita Boisseau, „Avec Agora, l'Ircam bat le rappel des nouveaux sons", in: *Le Monde*, 08.06.2006, www.insituproductions.net/_deu/frameset.html (letzter Zugriff: 17.11.2009).
9 Roland Barthes, „Das Theater Baudelaires", in: ders., *„Ich habe das Theater immer sehr geliebt, und dennoch gehe ich fast nie mehr hin". Schriften zum Theater*, hrsg. von Jean-Loup Rivière, Berlin 2002, S. 265–274, hier S. 266.
10 Jean-Luc Nancy, *Corpus*, Zürich, Berlin 2007, S. 76.
11 Helga Finter, „Identität und Alterität: Theatralität der performativen Künste im Zeitalter der Medien", in: *Fliegende Bilder, fliehende Texte. Identität und Alterität im Kontext von Gattung und Medium*, hrsg. von Walter Bruno Berg und Klaus Kiewert, Frankfurt/Main, Madrid 2004, S. 233–250, hier S. 242.

Hans-Friedrich Bormann

Schritte in der Leere –
Zum Hör- und Bewegungsraum *Compass* von Allora & Calzadilla

Die ersten beiden Sätze aus Peter Brooks Streitschrift *Der leere Raum* können als These über die räumlichen und sozialen Bedingungen des Theaters verstanden werden:

> I can take any empty space and call it a bare stage. A man walks across this empty space whilst someone else is watching him, and that is all that is needed for an act of theatre to be engaged.[1]

Der Anfang und der Grund des Theaters läge demnach in der Bewegung, genauer: in einer Choreographie – Theater findet statt, sobald jemand sich bewegt/schreibt und ein anderer zuschaut/liest.[2] Brooks „nackte Bühne" wäre ein Äquivalent der leeren Seite, eine *tabula rasa*: Bewegung schreibt sich in den Raum wie Schrift auf Papier. Dessen Leere begründet einen Möglichkeitsraum: Nur dort, wo nichts ist, kann alles geschehen.

Die Emphase, mit der Brook selbst diese Sichtweise nahelegt und gegen soziale, historische, technische und ästhetische Konventionen und Differenzierungen des Theaters in Stellung bringt, verstellt den Blick darauf, dass seine eigene Bestimmung komplex und voraussetzungsreich ist. Dies bezeugt schon der erste Satz, der implizit darauf hinweist, dass weder die Bewegung selbst noch die Existenz des (Bewegungs- und Schau-)Raums, in dem sie stattfindet, vorausgesetzt werden können. Damit sich Bewegung ereignen und sichtbar werden kann, muss zum einen ein leerer Raum vorhanden sein („I can take any empty space") und zum anderen zur Bühne erklärt werden („and call it a bare stage"). Das aber heißt: Noch das einfachste Theater ist zweifach abhängig von einer Stiftung, die ihm gemeinhin nicht zugerechnet wird. Es ist erstens abhängig von vorgegebenen Strukturen, der Macht einer sozialen oder individuellen Instanz (hier: eines Ich), die über die Zugänglichkeit von Räumen und ihre Benutzung zu entscheiden vermag. Es ist zweitens abhängig von der (damit eng verknüpften) performativen Dimension der Sprache bzw. des Diskurses, die solche Zuschreibungs- und Aneignungsgesten ermöglicht. Nach diesem Verständnis wäre der Ursprung des Theaters also weder in der Leere des Raums selbst noch in der Bewegung und ihrer Wahrnehmung zu suchen, sondern in der Souveränität, mit der (s)ein Anfang gemacht wird. Eben diese Anfangsgeste aber vermag auf der Bühne nicht zur Erscheinung zu kommen. Anders gesagt: Die Sichtbarkeit von Bewegung und Körperlichkeit ist nur das Supplement eines dem Blick unzugänglichen Ursprungs, den die Evidenz des theatralen Geschehens zugleich enthüllt und verbirgt.

Dieser Ursprung ist nicht in den gängigen Kategorien der Wahrnehmung zu finden. Er ist vielmehr als eine vorgängige „Aufteilung des Sinnlichen" im Sinne Jacques Rancières zu verstehen, eine Auf- und Unterteilung, die den ästhetischen Gegenstand bzw. seine Wahrnehmbarkeit regelt, das heißt: sie ermöglicht und zugleich begrenzt. In den Fokus rückt die historische und politische Dimension der Wahrnehmung:

> Die Politik ist [...] zunächst die Verhandlung über das, was sinnlich gegeben ist, über das, was sichtbar ist, über die Art, in der es sagbar ist und darüber, wer es sagen kann. Dies richtet eine Verteilung des Sichtbaren, Sagbaren und Machbaren ein, im doppelten Sinn des Wortes Verteilung: Was als gemeinschaftlich gegeben wird, aber auch, was auf die zwei Seiten einer Teilungslinie verwiesen wird, die das Sichtbare vom Unsichtbaren, das Hörbare vom Unhörbaren, das Mögliche vom Unmöglichen unterscheidet, und schließlich auch diejenigen, die sprechen, von jenen, die nicht sprechen, diejenigen, die können von denen, die nicht können usw. Diese erste Ästhetik ist es, was ich Aufteilung des Sinnlichen genannt habe, das heißt die Verteilung der Formen, die die gemeinsame Erfahrung strukturieren.[3]

Im Folgenden möchte ich den Fragen nachgehen, ob und inwieweit dieser Anfang vor dem Anfang im Rahmen einer künstlerischen Unternehmung zur Erscheinung kommen kann und welche Rolle dabei der Raum (bzw. dessen Leere) und die Bewegung spielen können. Ausgangs- und Bezugspunkt ist eine Arbeit mit dem Titel *Compass* des Künstlerpaars Jennifer Allora und Guillermo Calzadilla, die im Jahr 2009 in der Temporären Kunsthalle Berlin zu sehen war. Bereits diese einfache allgemeine Kennzeichnung ist von Vorbehalten bestimmt, die auf die historisch-politische Verfassung unserer Wahrnehmung im Sinne Rancières verweisen: Es ist weder klar, welchem künstlerischen Genre diese Arbeit zuzurechnen ist (Architektur, bildende Kunst, Performance Art, Tanz ...), noch ist klar, welche Rolle die Wahrnehmung des Besuchers dabei spielt und welchem Sinnesorgan bzw. welchem Modus der Wahrnehmung das Primat zukommt.[4] Die Leere des Raums ist dabei ein wichtiger Bezugspunkt, ebenso wichtig ist jedoch, dass sich *Compass* nicht auf die Irritation (oder Freude) über das Fehlen eines sichtbaren Gegenstands begrenzen lässt. Hinzu kommt die akustische Dimension: Geräusche, die weder einen festen Ort noch eine klare Struktur zu haben scheinen. Und selbst wenn weitere Informationsquellen die Voraussetzungen dieser Arbeit zugänglich machen – ihr Gegenstand bleibt unidentifizierbar. *Compass* zeigt, dass Bewegung sich nicht in den Kategorien von Körperlichkeit oder von bestimmten künstlerischen Genres erschöpft, und eröffnet so einen Bewegungs-Raum, der mehr ist als ein Raum für Bewegung. Vielmehr wird Raum selbst hier als bewegt erfahrbar: als eine historisch kontingente und disponible Konstellation des Sozialen.

Die Leere und das Hören

Wer zwischen dem 11. Juli und dem 6. September 2009 die Temporäre Kunsthalle am Berliner Schlossplatz betritt, tut dies nicht voraussetzungslos. Möglicherweise hatte er ein gezieltes Interesse an der Arbeit von Allora & Calzadilla und weiß sogar schon um die Besonderheiten von *Compass*. Wahrscheinlicher ist jedoch, dass ihn der Ort selbst mit seiner exponierten Lage im Zentrum der Hauptstadt und seiner architektonischen Form anzieht. Vielleicht leitet ihn auch das Wissen, dass es sich um einen Ort für die Präsentation zeitgenössischer Kunst handelt, der nur für einen begrenzten Zeitraum existiert. Zu bedenken sind auch negative Rahmungen und Erwartungen, wozu gehört (was sich in unserem Fall noch als wichtig erweisen wird), dass es kein etablierter Ort für Tanz oder Theater ist.

Im Sinne Brooks handelt es sich um einen Raum, der genommen und benannt werden muss, bevor Theater (oder etwas anderes) in ihm zur Erscheinung kommen kann. Bei *Compass* scheint diese Geste sogar selbst an die Stelle der Ausstellung zu treten: Denkbar wäre ein Besucher, der (enttäuscht oder nicht) feststellt, dass gar nichts zu sehen ist außer dem Ausstellungsraum selbst. Einen entsprechenden Eindruck gibt ein von der Kunsthalle veröffentlichtes Dokumentationsfoto (vgl. Abb. 1).

Andererseits ist eben dieser Eindruck geeignet, den architektonischen Eingriff von Allora & Calzadilla zu übersehen: Für *Compass* wurde eigens eine zweite Decke aus Holzplatten eingezogen, die in Farbe und Form dem grauen Betonboden entspricht; die Höhe des Ausstellungsraums wurde dabei von über zehn Metern auf etwa drei reduziert. Die Befestigung der Zwischendecke wurde so konstruiert, dass keine Verstrebungen erkennbar sind; zwischen Wand und Decke ist zudem ein Abstand geblieben, durch den indirekt künstliches Licht fällt. Man kann sagen, dass Allora & Calzadilla damit eine Leere zweiter Ordnung schaffen: Es handelt um eine gestaltete Leere, deren Form und Materialität sowohl die Wahrnehmung als auch die Bewegung des Publikums beeinflusst. Der neutrale Ausstellungsraum, der als ‚White Cube' konzipiert wurde, wird so zu einem spezifischen Ort eines singulären und temporären Eingriffs.[5]

Abb. 1: Allora & Calzadilla: *Compass* (2009). Installationsansicht.
© Temporäre Kunsthalle Berlin/Allora & Calzadilla, Foto: Jens Ziehe

Zu bedenken ist jedoch auch, dass die auf der Fotografie abgebildete Leere kaum repräsentativ für Eindruck eines Betrachters sein dürfte. Denn es ist unwahrscheinlich, dass sich zu den Öffnungszeiten nur eine einzige Person im Raum aufhält. Plausibler ist die Annahme, dass man stets mit anderen Besuchern konfrontiert ist, die allein oder in Gruppen im Raum stehen, umhergehen oder sich auf den Boden setzen. Und das heißt: Jeder Besucher befindet sich in einer Situation, in der nicht die Erfahrung der Leere als solcher, sondern die durch die Leere provozierten Bewegungen und immer neuen räumlichen Konstellationen der anderen die Wahrnehmung bestimmen. Dies eröffnet die Möglichkeit einer kontinuierlichen Selbstreflexion: In dem Maße, wie die anderen Besucher zum Gegenstand meiner Wahrnehmung werden, werde ich genötigt, über meine eigene Rolle als Besucher nachzudenken: ‚Ich sehe, ich werde gesehen' und ‚ich sehe, dass ich gesehen werde'. Solche Relationen treten auch deswegen ins Bewusstsein, weil feste Positionen, die mit bestimmten Rollen verbunden wären, hier weder erforderlich sind noch dauerhaft etabliert werden können.[6] Bringt man dies mit Brooks Vorstellung einer Trennung zwischen Akteur und Zuschauer in Verbindung, lässt sich der Unterschied feststellen, dass die Rollenverteilung in diesem Fall nicht fixiert ist; sie ist reversibel, instabil und unkontrollierbar. Keiner der Besucher kann über seinen Status oder den eines anderen ein Urteil fällen, jeder ist in jedem Augenblick zugleich Akteur und Zuschauer – ohne das eine oder das andere sicher wissen oder es kontrollieren zu können.

Diese Überlegungen basieren bislang ausschließlich auf der räumlichen Dimension und entsprechen damit möglichen Erwartungen, die an eine ‚Kunsthalle' geknüpft sind. *Compass* jedoch ist mit der räumlich-sozialen Dimension nicht vollständig beschreibbar, und dies gilt selbst dann, wenn man die (Selbst-)Reflexion des Betrachters als wesentlich theatrales Moment ansieht.[7] Nach einer Weile nämlich wird jedem Besucher auffallen, dass sich hier noch ein ganz anderes Geschehen vollzieht, ein Geschehen, das sich nicht durch den Blick, sondern durch das Hören erschließt.

Geister-Tänze

Zu den Kennzeichen dieses Geschehens gehört, dass man einige Zeit im Raum verweilen kann, ohne es wahrzunehmen. Oder man nimmt es wahr, sieht es aber nicht als Teil der künstlerischen Intervention an. Dies mag mit dem Primat des Visuellen zusammenhängen, das nicht nur die bildende Kunst, sondern auch Theater und Tanz bestimmt. So werden zumindest Alltagsgeräusche – etwa Schritte und Kleidungsgeräusche der Besucher, ihre Stimmen, zuweilen Lachen und Kindergeschrei, Geräusche von Straßenverkehr oder Bauarbeiten, die von außen oder von anderen Bereichen des Gebäudes kommen – gemeinhin als Störgeräusch angesehen bzw. ignoriert.[8] Bei *Compass* allerdings wird sowohl die Trennung zwischen Visuellem und Akustischem als auch die Unterteilung des Akustischen selbst problematisch: Es ist nicht nur unklar, worin die Intervention der Künstler genau besteht, sondern auch, inwiefern Geräusche (und welche genau) dazugehören.

Aber auch und gerade dann, wenn der Besucher zum Zuhörer wird und seine Aufmerksamkeit sich auf das Akustische richtet, ist es ihm kaum möglich, die Quelle, den Ort und die Art des Geräuschs bzw. die Art und Weise seiner Hervorbringung zu identifizieren. Es dürfte zu den prägenden Erfahrungen der Besucher gehören, etwas zu hören, das der Installation zugerechnet werden muss, ohne damit schon zu wissen, worum es sich handelt. Anders gesagt: Man hört etwas, ohne etwas Bestimmtes zu hören.

Die Ungewissheit, der die Besucher ausgesetzt sind, spiegelt sich im Problem ihrer nachträglichen Beschreibung und Diskursivierung. Dabei lassen sich drei Aspekte unterscheiden: erstens die Qualität der Geräusche selbst, welche nicht zu trennen ist von den akustischen Bedingungen, zweitens ihr Ort bzw. ihre Bewegung im Raum, drittens die Spekulation über die Art der Quelle bzw. der Hervorbringung. Im Folgenden werden diese drei Aspekte getrennt erörtert, nicht jedoch ohne zuvor nochmals darauf hinzuweisen, dass eine solche Aufteilung – nicht zuletzt methodisch – als problematisch anzusehen ist.[10]

Was also lässt sich über die Qualität der akustischen Dimension von *Compass* sagen? Es handelt sich um diskontinuierliche, immer wieder von längeren und kürzeren Pausen durchsetzte, zuweilen diffuse, zuweilen rhythmisch akzentuierte Schleif- und Klopfgeräusche, deren Lautstärke das gesamte Spektrum abdeckt. Ein weiteres wesentliches Kennzeichen ist der lang anhaltende Hall, der die akustischen Details verwischt. Zumindest bei den lauten Passagen gibt es jedoch kaum einen Zweifel über ihren ungefähren Herkunftsort: Sie werden auf und mit Hilfe der Holzkonstruktion erzeugt; diese dient als Membran, während das oberhalb von ihr gelegene, nicht einsehbare Volumen der Kunsthalle als Resonanzkörper fungiert.[11] Die lauten Passagen sind es auch, bei denen klar wird, dass diese Geräuscherzeugung durch einen oder mehrere Körper stattfinden muss, die sich oberhalb der Decke frei bewegen können. Ob es sich jedoch um einen oder mehrere Körper handelt, ob sie von Menschen, Tieren oder Maschinen stammen, bleibt unklar. Und selbst wenn man davon ausgeht, dass sie menschlichen Ursprungs sind, ist die Frage noch nicht beantwortet, ob das Hörbare ihr Zweck ist oder sie auf ein ganz anderes Geschehen hindeuten, etwa auf Bauarbeiten – oder einen unsichtbaren Tanz.

Diese Spekulationen werden hier nicht weiter verfolgt – vor allem deswegen, weil dem an weiterer Aufklärung interessierten Besucher entsprechende Informationen durchaus zugänglich sind. Er hat dafür sogar mehrere Optionen: das Aufsichtspersonal, das am Eingang bereit steht, um Fragen zu beantworten, einen dort verteilten Handzettel, einen Aushang im Ausstellungsraum und schließlich den Katalog, in dem sich weitere Materialien zur Konzeption und Durchführung der Arbeit finden. Diese Quellen klären nicht nur über die architektonische Intervention der Künstler auf, sondern benennen auch die performative Dimension der Arbeit. Eine wichtige Passage des Handzettels lautet:

> Die Installation *Compass*, 2009, nutzt den Raum auf überraschende Weise: Die ursprünglich 10,50 Meter hohe Decke der Ausstellungshalle ist auf eine Höhe von 2,90 Meter abgesenkt. Mit der horizontalen Unterteilung entsteht eine neue Ebene, die den sonst gewaltig wirkenden Raum auf weniger als ein Drittel seiner Höhe reduziert und seinen Proportionen etwas Drückendes verleiht. Von oben ist der Schall von Tritten zu hören: Außer Sicht- und Reichweite, im unzugänglichen Raum dicht über den Köpfen der Besucher, führt ein Tänzer eine Choreografie auf und erzeugt mit den Füßen rhythmische Geräusche, die die gesamte Halle in eine Resonanzkammer verwandeln. Der sich unablässig bewegende, sein Gleichgewicht verlagernde Tänzer durchquert den großen oberen Raum wie ein Geist.

> In einer Art metrischer Sprache deuten seine akustischen Spuren eine sich ständig
> verändernde Landkarte an, die immer wieder neu abgesteckt wird.¹²

Hier erscheint die Irritation der Besucher als Ziel eines konzeptionell und kuratorisch abgesicherten Konzepts und verliert so ihre existenzielle Schärfe. Gleichwohl zeigt eine kritische Lektüre dieses Abschnitts, dass der Versuch, die spezifische Wahrnehmung des einzelnen Besuchers mit einem allgemeinen Programm abzugleichen, potenziell entweder zur Auslöschung der Erfahrung oder zu Redundanzen führt. Der Beginn ist exemplarisch: Eine vorweggenommene Überraschung ist keine mehr, ihre nachträgliche Beschwörung nicht informativ. Handelte es sich bei *Compass* um ein Rätsel, könnte man konstatieren, dass es befriedigend gelöst wird: Wir wissen nun, dass es sich um einen Menschen, einen Tänzer handelt, der sich nach einem bestimmten Plan bewegt. Was aber, wenn die Logik des Rätsels versagt, wenn die Unbestimmtheit der Situation und das in ihr zutage tretende Unbehagen gar nicht von einem Mangel an Wissen hervorgerufen werden, sondern durch das Wissen selbst?

Indiz dafür sind jene Leerstellen, die sich innerhalb des informativen Texts selbst zeigen. Zwei Formulierungen seien herausgegriffen: 1. „Von oben ist der Schall von Tritten zu hören": Also nicht die Tritte selbst? Könnte es sich um etwas anderes als Tritte handeln? Könnten technische Aufzeichnungs- und Wiedergabetechniken im Spiel sein? 2. „[E]in Tänzer [führt] eine Choreografie auf": Also gibt es ein spezifisches Verhältnis von Vor-Schrift und Ausführung, von Inszenierung und Aufführung? Also gibt es – neben dem Tänzer und dem Besucher – noch eine dritte Instanz, den Urheber der Choreografie? Wer spielt diese Rolle?

So wie diese Formulierungen nimmt der Handzettel insgesamt die erwartbare Irritation des Besuchers angesichts der Leere und der Unbestimmtheit der Situation nicht nur vorweg bzw. löst sie auf, sondern vermag seinerseits zu irritieren, eine neue Leere und eine neue Unbestimmtheit, neue Fragen und Antworten hervorzubringen. Ihre Vielzahl legt nahe, dass es sich hier nicht um die Schwäche einzelner Formulierungen oder eines bestimmten Textes handelt, sondern um ein Versagen der Information selbst.

Meine These ist, dass dieses Versagen spezifisch ist. Das heißt: Es hängt eng mit der Konzeption von *Compass* und dem notwendig scheiternden Versuch der Aneignung zusammen. Ausgangspunkt für diese Überlegung ist wiederum die Leere, diesmal allerdings in einem weiter gefassten Sinn, der nicht auf die architektonische und soziale Konstellation zu beschränken, sondern als Lücke zwischen dem Wahrnehmbaren und der Wahrnehmung beschreibbar ist. Man könnte diese Lücke in Beziehung zu jener Abwesenheit setzen, wie sie innerhalb der Tanzwissenschaft seit

Gerald Siegmunds gleichnamiger Studie diskutiert wird.[13] Zugleich geht sie darüber hinaus: Erstens, weil es hier nicht um ein Verhältnis von Sichtbarkeit und Unsichtbarkeit geht, sondern um einen Entzug des Sichtbaren zugunsten des Hörbaren, zweitens, weil im Modus des Akustischen zwar eine körperliche Präsenz bzw. deren Abwesenheit festgestellt werden kann, beide jedoch weder als solche benannt noch definiert werden können, drittens, weil unklar bleibt, ob das, was (nicht) zu sehen und (nicht) wahrzunehmen ist, überhaupt in den Kategorien von Tanz, Körper, Präsenz oder Abwesenheit fassbar ist. Mit anderen Worten: Es geht nicht nur um die Erfahrung, nicht wissen zu können, was man wahrnimmt, sondern darum, weder dem eigenen noch dem fremden Wissen trauen zu können, und das heißt: Nicht wissen zu können, ob es sich um Wissen handelt und in welcher Beziehung es zur Wahrnehmung steht.

Veranschaulichen lässt sich dies auch an einer weiteren Formulierung des Handzettels, die darauf hinweist, dass der Tänzer den oberen Raum „wie ein Geist" durchquere. Die Vertrautheit der sprachlichen Form legt nahe, dass es sich um eine Metapher handelt, die dazu dient, den spezifischen akustischen Eindruck zu verdeutlichen. Dabei ist jedoch zu berücksichtigen, dass im selben Text bereits klargestellt wurde, dass es sich keineswegs um einen Geist, sondern um einen Tänzer handelt (möglicherweise zur Beruhigung des einen oder anderen Besuchers). Die Metapher wechselt dabei fast unmerklich ihre Position, sie wird zu einer präzisen Kennzeichnung der Erfahrung selbst: indem sie den Abstand zwischen Wahrnehmung und Wissen markiert. Schließlich kommt der Tänzer bei *Compass* tatsächlich nur unter den Bedingungen seiner Geisterhaftigkeit zur Erscheinung, Tanz nur als Geister-Tanz: Beide werden genau in dem Maße benennbar, in dem sie sich der Benennbarkeit, erkennbar, in dem sie sich der Erkennbarkeit, vorstellbar, in dem sie sich der Vorstellbarkeit entziehen – und zwar nicht graduell, sondern absolut: Es gibt keinen Weg, die Bewegungen des Tänzers nachzuvollziehen, keine noch so gesteigerte oder verfeinerte Aufmerksamkeit kommt ihm nahe. Es verhält sich sogar genau umgekehrt: Je genauer man versucht, bestimmte Geräusche bestimmten Bewegungen zuzuordnen, und je besser dies (vermeintlich oder tatsächlich) gelingt, desto virulenter wird die Frage, wie der Körper oder die Körperteile beschaffen sind, die sich an diesen Bewegungen beteiligen oder nicht beteiligen. Je präziser die Bestimmung des Hörbaren (etwa: ‚dies sind gewiss Füße, die auf den Boden stampfen'), desto undeutlicher wird der Körper, der dieses akustische Zeugnis hinterlässt: seine Form, seine Zugehörigkeit zu einem geschlechtsspezifisch bestimmten Körper, seine Diskursivität usw. Anders gesagt: Bewegung und Körper sind nicht nur nicht sichtbar, sondern auch nicht vorstellbar. Und je genauer wir versuchen, sie zu identifizieren, desto eher werden wir genötigt, ihre Unbestimmtheit – und das heißt auch: ihre kontinuierliche Veränderung und Veränderbarkeit – anzuerkennen.[14]

Sprache – Schritte – Resonanz

Bezeichnenderweise sehen Allora & Calzadilla selbst weder den Körper noch die Bewegung, ja nicht einmal den Raum als Ausgangspunkt von *Compass* an, sondern die sprachliche Dimension ihrer Zusammenarbeit. In einem Gespräch, das im Katalog zur Ausstellung abgedruckt ist, reflektieren sie dieses Verhältnis: Sprache sei, so Jennifer Allora, auf verschiedenen Ebenen wirksam – allgemein als Mittel der Verständigung zwischen den beiden Künstlern, die aus verschiedenen Kulturen stammen, speziell als Ausgangspunkt für *Compass*. Und in beiden Bereichen gehe es um die Frage der Orientierung, jedoch eben nicht im Sinne einer Schaffung von Sicherheit, sondern um die Entfaltung der jeder sprachlichen Äußerung zugrunde liegenden Unbestimmtheit:

> Für uns ist es ebenso nützlich wie faszinierend zu beobachten, wie Wörter durch Zeiten und Kulturen verschiedene Bedeutungsverschiebungen erfahren, und umgekehrt, in welchem fernen Bedeutungsuniversum ein Wort seinen Ursprung hat und inwiefern dieser etymologische Ursprung sein heutiges Verständnis und seine Verwendung beeinflusst. Bei unserer Arbeit für die Kunsthalle dachten wir an den Begriff der Orientierung. So kamen wir auf das Wort *compass* (dt. „Kompass", „Zirkel"). Wir gingen dem Ursprung des Wortes *compass* nach, das sich aus dem lateinischen *com* („zusammen") und *passus* („Schritt") zusammensetzt. Dabei entstand eine ganze Reihe von Assoziationen, die uns dazu führten, den Vorgang des Gehens oder Schreitens mit den einzelnen Schritten eines Stepptänzers zu verbinden. Wir betrachten den Stepptänzer als eine Art von Zirkel, dessen Bewegungen im Raum eine temporäre akustische Spur hinterlassen.[15]

Allora & Calzadillas Rekurs auf die Sprache ist ein doppelter, in beiden Fällen aber wird er von der Idee der Bewegung bestimmt: Zum einen folgen sie der Etymologie (also dem Wissen von den Ursprüngen der Bedeutung), allerdings nicht, um einen ursprünglichen Sinn zu enthüllen und festzuschreiben, sondern um den Ab- und Umwegen, der Kontingenz und Veränderbarkeit von Bedeutung Raum zu geben. Zum anderen setzt sich eben diese Bedeutungsgeschichte fort, indem sie von den Künstlern zum Ausgangspunkt für weiterführende Assoziationen erklärt wird. Daraus ergibt sich ein spezifisches Verhältnis zwischen der Sprache als (Nicht-)Wissen und der räumlichen bzw. performativen Dimension ihrer Arbeit, das Allora so beschreibt:

> Im Grunde war sicherlich die Sprache unser Ausgangspunkt, wir setzen jedoch ebenso auf jene materiellen und körperlichen Erfahrungen, die bereits vor beziehungsweise unabhängig von Wörtern und Bedeutungen bestehen – bestimmte Arten affektiver Resonanzen. Den Stepptanz, bei dem spürbare Vibrationen erzeugt werden, während die Intensität eines Körpers in einen anderen eingehüllt wird, hielten wir dabei für ein potenziell wirkungsvolles Verfahren zur Übertragung dieser ungeheuren Kräfte.[16]

Für *Compass* bedeutet dies, dass der Versuch, die Arbeit allein von den Kategorien des Raums oder der (tänzerischen) Bewegung her zu verstehen, fehlschlagen muss. An deren Stelle tritt der Begriff der Resonanz, der einen Brückenschlag zwischen dem sprachorientierten Verfahren, der architektonischen und der performativen Dimension und der Wahrnehmung des Besuchers erlaubt.[17] Während also der Versuch, das Geschehen qua Wissen zu veräußerlichen und sich mit Hilfe von Identifikation und Feststellung des Wahrnehmbaren anzueignen, scheitert, erlaubt die Übertragung – in Form eines Mit-Gehens oder Mit-Schwingens –, in ein paradoxes Selbstverhältnis einzutreten. Paradox ist es, weil die Erfahrung der Unmittelbarkeit durch einen doppelten und unüberwindbaren Abstand gestiftet wird: durch den Raum, insofern er leer ist, und das heißt: insofern er Bewegung erlaubt. Sowenig aber diese Leere allein eine Frage der Architektur ist, sowenig ist Bewegung allein eine Frage des Körpers. Vielmehr geht sie aus von der Sprache und kehrt dorthin zurück, sie öffnet sich innerhalb des Diskurses: indem sie Konventionen und Zuschreibungen verunsichert.

Ausgehend von diesen Überlegungen lässt sich auch die Vorstellung des Tanzes in *Compass* nochmals befragen. Es war schon die Rede davon, dass die Verknüpfung der Geräusche mit einem Tänzer nur durch die kuratorische Vermittlung (den Handzettel, den Katalog oder allgemeiner: durch einen bestimmten kunst- bzw. theaterhistorischen Diskurs) erfolgen konnte. In dem Gespräch gehen Allora & Calzadilla noch einen Schritt weiter. Sie setzen die Bewegungen in eine ausdrückliche Beziehung zu einem bestimmten Stil: dem Stepptanz. Man könnte dies für eine konventionelle Geste halten, die der Erfahrung des Besuchers widerspricht. Es ist jedoch zu bedenken, dass die Selbstauskunft der Künstler ihrerseits spannungsreich ist. Zum einen vollzieht sie sich unter dem Primat der Sprachlichkeit, basierend auf dem Verhältnis von Etymologie und Assoziation (*compass* – Zusammen-Schritt, vielleicht eben auch: Schritt-Tanz), ist also als kontingent anzusehen. Zum anderen betonen Allora & Calzadilla die sinnliche Dimension dieses Prozesses. Und tatsächlich setzt der Stepptanz auch in seiner Durchführung auf das Moment einer zugleich akustischen und affektiven Resonanz: Er muss gehört werden, um seine Wirkung zu entfalten, und je virtuoser die Schrittfolgen sind, je höher ihre Geschwindigkeit und Komplexität, desto weniger lassen sie sich auf visuellem Wege nachvollziehen. Allora & Calzadilla allerdings scheinen an dieser Form der Virtuosität tänzerischer Darbietungen gar kein Interesse gehabt zu haben. Das bekannte Auf-der-Stelle-Treten der Stepptänzer scheint ihnen weniger wichtig gewesen zu sein als das Moment ihrer Fortbewegung durch den Raum. Allenfalls die technische Dimension der metallverstärkten Schuhe und manche repetitiven Bewegungsfolgen lassen sich womöglich (wieder-)erkennen.[18] Anders gesagt: Bewegung und Technik bzw. Stil erscheinen in *Compass* entkoppelt. Sofern man den Stepptanz als spezifische Technik mit einer spezifischen Geschichte, einem spezifischen Publikum und dem entsprechenden Diskurs versteht, ist zu konstatieren, dass er in und mit *Compass* seinen Ort und seine Szene verlassen hat: dass er kaum als er selbst wahrgenommen werden dürfte.

Bewegungsraum und bewegter Raum

Das Sinnliche – hier vor allem: Bewegung und Körperlichkeit – erscheint bei *Compass* nicht als vorauszusetzender Gegenstand der Kontemplation, sondern als zugleich reflektierende und affizierende Resonanz (innerhalb) der Wahrnehmung selbst. Damit fordern Allora & Calzadilla nicht nur die konventionelle Trennung zwischen Wahrnehmbarem und Nicht-Wahrnehmbarem heraus, sondern auch die zwischen Wissen und Nicht-Wissen – und den solche Aufteilungen regelnden Diskurs. Sie tun dies, indem sie die Sprache zum Ausgangspunkt machen und der Dynamik von Bedeutungskonstitution und -auflösung folgen, welche dem Prinzip einer unaufhörlichen Bewegung untersteht. Insofern scheint ihre Arbeit dem sprachphilosophischen Konzept der Performativität näher zu stehen als einer am Theater oder Tanz orientierten Sichtweise, die vom Primat der Sinnlichkeit ausgeht. Allerdings – das dürfte bereits der Rekurs auf Peter Brook und Jacques Rancière deutlich gemacht haben – ist diese Aufteilung durchaus fraglich: Auch und gerade das Theater ist als Genre und Institution auf das Funktionieren diskursiver Operationen angewiesen, und es spricht einiges dafür, dass das Primat der Sinnlichkeit eine Maske dieser vorgängigen Machtstrukturen ist. Wird jedoch, wie in *Compass*, diese Sicht- und Hörbarkeit in Frage gestellt, geraten die begründenden Strukturen in den Blick: indem sie den Entzug des Sinnlichen kompensieren oder sogar an seine Stelle treten – indem sie beginnen, selbst und für sich selbst zu sprechen.

Abschließend soll noch ein weiterer Aspekt von *Compass* benannt werden, der mit diesem Prozess korrespondiert: Die Arbeit bietet auch eine Reflexion der historischen Dimension ihrer architektonischen und kulturpolitischen Voraussetzungen sowie deren Beziehungen. Schließlich ist die Temporäre Kunsthalle selbst von einer paradoxen Verschränkung von Begrenzung und Unbegrenztheit bestimmt, von einer spezifischen Ortlosigkeit und, wenn man so will, von einer gewissen Geisterhaftigkeit. Dazu trägt bereits die Bezeichnung ‚Temporäre' Kunsthalle bei, welche das Gebäude programmatisch der Flüchtigkeit oder, anders gesagt, einer grundlegenden, unaufhörlichen Bewegtheit unterstellt. Der Bau besitzt den paradoxen Status einer (Im-)Mobilie: Errichtet wurde er in und auf einem historisch aufgeladenen und zugleich völlig offenen, unbestimmten Niemandsland, auf der Grenze zwischen Vergangenheit und Zukunft: an der Stelle/anstelle des Berliner Stadtschlosses, an der Stelle/anstelle seiner künftigen Wiedererrichtung. Dieser besondere Status wird auch im Konzept der Außenbespielung reflektiert: Der rechtwinklige, streng geometrische Quader (Außenmaße: 20 x 56,25 x 11 Meter) mit seiner fast gänzlich geschlossenen Fassade aus Faserbetonplatten bildet den Ausgangspunkt und buchstäblich den Grund für visuelle künstlerische Interventionen. Dabei fällt auf, dass alle realisierten Entwürfe seine Materialität und Massivität in Frage stellen. Zurzeit von *Compass* war noch die erste Variante nach einem Entwurf des bildenden Künstlers und Musikers Gerwald Rockenschaub zu sehen (vgl. Abb. 2).

Abb. 2: Temporäre Kunsthalle Berlin im Oktober 2008. © Temporäre Kunsthalle Berlin/Architekt Krischanitz ZT GmbH, Foto: Lukas Roth

Durch den zweifarbigen Anstrich mit einer einfachen geometrischen Figuration aus weißer Farbe auf blauem Grund entsteht ein ambivalenter Eindruck: Einerseits wird das Gebäude zu einem artifiziellen Fremdkörper in der Stadtlandschaft, der geeignet ist, unsere Aufmerksamkeit auf sich zu ziehen. Zugleich aber scheint sich das Gebäude aus bestimmten Blickwinkeln in seiner Umgebung aufzulösen – ein Effekt, der in der Abbildung durch die plane Flächigkeit verstärkt wird. Insofern könnte man sagen, dass *Compass* in einem besonderen Sinne *site specific* ist: Sowohl der Bewegungs- und Hörraum in ihrem Inneren als auch die Halle selbst kommen zur Erscheinung, indem und insofern sie sich dem Blick entziehen. Dies betrifft auch und gerade die wissenschaftliche Reflexion als kontinuierliche Erinnerungsarbeit: Ebenso wie *Compass* wird auch die Temporäre Kunsthalle selbst noch vor der Drucklegung dieser Publikation aus dem Stadtbild Berlins verschwunden sein – und zugleich weiter (nicht) existieren: in den fortgesetzten und fortsetzenden Schritten unserer Erinnerung.

1. Peter Brook, *The Empty Space*, New York 1996, S. 9.
2. Der Begriff der Choreographie basiert auf gr. *choros*: Reigen, Tanz(-platz) und *graphein*: ritzen, schreiben. Die Etymologie eröffnet eine Perspektive auf das Verhältnis zwischen Raum und Bewegung, zwischen Bewegung und Schrift und – implizit – zwischen Tanz und Lektüre, die sich nicht auf einen Stand- oder Fluchtpunkt festlegen lässt. Vgl. für eine historische Perspektive Gabriele Brandstetter, Artikel „Choreographie", in: *Metzler Lexikon Theatertheorie*, hrsg. von Erika Fischer-Lichte, Doris Kolesch und Matthias Warstat, Stuttgart u. a. 2005, S. 52–55, sowie für eine exemplarische Entfaltung des Zusammenhangs zwischen Tanz und Raum Isa Wortelkamp, „Choreographien der Landschaft. Feldstudien von Junko Wada und Hans Peter Kuhn", in: *Raum in den Künsten. Konstruktion – Bewegung – Politik*, hrsg. von Armen Avanessian und Franck Hofmann, München 2010, S. 127–136.
3. Jacques Rancière, *Ist Kunst widerständig?*, Berlin 2008, S. 38. Siehe dazu auch ders., *Die Aufteilung des Sinnlichen. Die Politik der Kunst und ihre Paradoxien*, Berlin 2006.
4. Hier wie im Folgenden ist zumeist nicht von ‚Betrachtern', ‚Zuschauern' oder ‚Zuhörern' die Rede, sondern von ‚Besuchern'. Dieser Term betont die räumliche Dimension von Compass, vor allem aber lässt er – wie die Arbeit selbst – offen, auf welche Weise (und ob überhaupt) Wahrnehmbarkeit herzustellen und zu regeln wäre. Darüber hinaus klingt die Frage nach dem Zusammenhang von (ästhetischer) Erfahrung und Gastlichkeit an, die in diesem Zusammenhang nicht weiter verfolgt werden kann. Vgl. dazu Nicolai Reher, „Möglichkeiten performativer Theorie: Zum Ereignis von Gastlichkeit. Empfang und Aufmerksamkeit in Emmanuel Lèvinas' *Totalität und Unendlichkeit*", in: *Performativität und Ereignis*, hrsg. von Erika Fischer-Lichte, Christian Horn, Sandra Umathum und Matthias Warstat, Tübingen u. a. 2003 (*Theatralität*, Bd. 4), S. 57–66.
5. Vgl. zur historischen und ideologischen Dimension des ‚White Cube' und seiner Bedeutung für die Präsentation zeitgenössischer Kunst Brian O'Doherty, *In der weißen Zelle. Inside the White Cube*, Berlin 1996.
6. In diesem Zusammenhang ist die Beobachtung von Interesse, dass diejenigen Besucher, die sich länger im Raum aufhalten, zumeist an den Wänden zum Stehen oder Sitzen kommen. Ein Grund mag die Gelegenheit zur bequemen Gewichtsverlagerung sein. Man könnte diese Entscheidung aber auch als einen Versuch ansehen, eine möglichst große Übersicht zu gewinnen und sich zugleich der kontinuierlichen Betrachtung durch andere (so weit eben möglich) zu entziehen, anders gesagt: die ungeregelte Offenheit der Situation zu begrenzen und wieder in ein konventionelles Gefüge mit einer klaren Rollenverteilung zwischen Akteuren und Zuschauern zu verwandeln.
7. Für eine Diskussion der künstlerischen Installation im Zeichen der Theatralität siehe Julia Rebentisch, *Ästhetik der Installation*, Frankfurt/Main 2003.
8. Vgl. zur Frage des (Zu-)Hörens auch Bernhard Waldenfels, „Lebenswelt als Hörwelt", in: ders., *Sinnesschwellen*, Frankfurt/Main 1999 (*Studien zur Phänomenologie des Fremden*, Bd. 3), S. 179–199, sowie grundlegend zur Frage der Aufmerksamkeit: ders., *Phänomenologie der Aufmerksamkeit*, Frankfurt/Main 2004, bes. S. 13–47.
9. Einen Hinweis darauf, dass die akustische Dimension wichtig sein könnte, gibt es allerdings: An den beiden Eingängen zum Ausstellungsraum sind kleine Stelltafeln positioniert, welche die Besucher mit einer symbolischen Darstellung dazu anhalten zu schweigen. Ausgehend von diesen Tafeln ließen sich Fragen der Konventionalität, der Notwendigkeit und der (Un-)Möglichkeit von Rahmungen entfalten, wozu auch die Schwierigkeit gehört, klar zwischen der ‚eigentlichen' künstlerischen Rauminszenierung und ihrer ‚sekundären' kuratorischen Vermittlung zu unterscheiden. Wenn diesem Raumelement im Folgenden keine weitere Beachtung geschenkt wird, so geschieht dies aus Platzgründen – und ausgehend von dem Befund, dass der damit verbundenen Aufforderung in der Praxis kaum gefolgt wurde, was vom anwesenden Aufsichtspersonal (des-

sen Rolle in einer erweiterten Perspektive ebenfalls berücksichtigt werden müsste) auch nicht sanktioniert wurde.

10 Der Vortrag beim Symposion „Bewegungen zwischen Hören und Sehen", der diesem Text zugrunde liegt, ging von einem kurzen Ausschnitt aus einer Audioaufnahme aus, die vom Verfasser am 9. September 2009 zwischen 16 und 17 Uhr mittels einer digitalen Videokamera angefertigt wurde. Anhand dieses Materials lässt sich zeigen, dass sich das Problem der Unbestimmtheit im Register der technischen Aufzeichnung und deren Wahrnehmung weiter vervielfältigt und radikalisiert.

11 Dass die Geräusche mit Bewegungen oberhalb der Decke korrespondieren, wird auch durch die (allerdings minimalen) Bewegungen der Holzplatten und die (ebenfalls minimalen) Geräusche deutlich, die durch die Konstruktion selbst hervorgebracht werden. Beide Aspekte können übrigens ihrerseits zur Beunruhigung der Besucher beitragen, da sie geeignet sind, Zweifel an der Tragfähigkeit der Konstruktion zu wecken.

12 Handzettel zur Ausstellung *Allora & Calzadilla: Compass*, o. S.

13 Vgl. Gerald Siegmund, *Abwesenheit. Eine performative Ästhetik des Tanzes*, Bielefeld 2006.

14 Von hier aus eröffnen sich zwei Perspektiven auf *Compass*, die an anderer Stelle ausführlich zu verfolgen wären: Zum einen die Geschichte und der Diskurs des modernen Okkultismus, der mit den Klopfgeistern (!) der Geschwister Fox Mitte des 19. Jahrhunderts in den USA beginnt (vgl. dazu Johannes Dillinger und Nicole K. Longen, „Die gesellschaftliche Konstruktion des Totengeisterglaubens. Amerikanischer Spiritismus und deutscher Geisterkult im Vergleich", in: *Trancemedien und Neue Medien um 1900. Ein anderer Blick auf die Moderne*, hrsg. von Marcus Hahn und Erhard Schüttpelz, Bielefeld 2009, S. 57–78). Zum anderen die sozio-politische Dimension der Spektralität, wie sie Jacques Derrida entwickelt hat: *Marx' Gespenster. Der verschuldete Staat, die Trauerarbeit und die neue Internationale*, Frankfurt/Main 1995, bes. S. 199–218.

15 *Allora & Calzadilla: Compass*, Katalog der Ausstellung in der Temporären Kunsthalle, 11.07.–06.09.2009, hrsg. von Angela Rosenberg, Berlin 2009, S. 6.

16 Ebd.

17 Für eine multiperspektivische Darstellung der Implikationen dieses Begriffs siehe *Resonanz. Potentiale einer akustischen Figur*, hrsg. von Karsten Lichau, Viktoria Tkaczyk und Rebecca Wolf, München 2007.

18 Dies betrifft auch die Informationen über die Namen und die Herkunft der beteiligten Tänzer, die sich über einen Aushang im Ausstellungsraum erschließen: Es handelt sich demnach um 16 Tänzerinnen und Tänzer, die alle (auch) als Stepptänzer ausgebildet wurden. Sie führen während der Öffnungszeiten im halbstündigen Wechsel eine individuelle Choreographie aus. Da die Anschlüsse jedoch nicht markiert sind und sich innerhalb der Choreographien selbst viele Wiederholungen und Pausen ergeben, ist die Abfolge nicht nachvollziehbar. Entsprechendes gilt für die im Katalog abgebildeten Bewegungsskizzen von Allora & Calzadilla, die auf visuellem Wege verdeutlichen, dass das Ausmessen des Raumes wichtiger war als die spezifische Schrittfolge (vgl. *Allora & Calzadilla: Compass* (s. Anm. 15), S. 23–35).

19 Die doppelte Bedeutung von ‚Szene' als Ort des Sehens und als soziale Gruppierung ist in diesem Fall besonders aufschlussreich: Die Temporäre Kunsthalle zählt weder zu den etablierten Orten des zeitgenössischen Tanzes noch des Stepptanzes in Berlin; damit korrespondiert, dass sich das entsprechende Publikum allenfalls durch Zufall eingefunden hat. Ein Indiz dafür ist der Befund des Verfassers, dass Rezensionen der Ausstellung vornehmlich unter der Rubrik bildende Kunst veröffentlicht wurden. Als Tanzveranstaltung wurde *Compass* anscheinend nicht wahrgenommen.

JULIA H. SCHRÖDER

Die *Cage & Cunningham Collaboration*: aus ‹akustisch | optisch› wird ‹auditiv + visuell›

Die Komposition und die Choreographie entstanden nach den Maßgaben der *Cage & Cunningham Collaboration*[1] unabhängig voneinander. Das Akustische wurde also getrennt vom Optischen geschaffen. Als Musik und Tanz wurden sie jedoch gemeinsam und gleichzeitig aufgeführt und damit vom Publikum als zusammengehörig wahrgenommen. In der Wahrnehmung wurden Auditives und Visuelles addiert. Im Falle des Komponisten John Cage (1912–1992) und des Choreographen Merce Cunningham (1919–2009) muss man also zwischen verschiedenen Stufen im Herstellungsprozess unterscheiden, will man die Beziehung sowie die fehlende Beziehung von beiden Kunstformen beschreiben. Der Vorgang der Planung und Erarbeitung wird hier als Komposition bzw. Choreographie von der Aufführung, d. h. von Musik und Tanz, unterschieden.

John Cage und Merce Cunningham arbeiteten 50 Jahre lang, von 1942 bis 1992, zusammen,[2] und selbst nach Cages Tod fuhr Cunningham fort, Kompositionen von Cage für seine neuen Choreographien einzusetzen. Die postum verwendeten Kompositionen Cages stellen jedoch Ausnahmen dar, normalerweise vergab Cunningham zu jeder neuen Choreographie einen Kompositionsauftrag an einen zeitgenössischen Komponisten. Zu den weit über 100 Choreographien, die sein Gesamtwerk umfasst, entstanden so mehr als 100 avantgardistische Kompositionen. Fast ein Drittel davon ist von Cage. John Cage war außerdem der musikalische Leiter der Merce Cunningham Dance Company (MCDC) und damit für die Aufführungen der Musik und auch für die Vergabe der Kompositionsaufträge zuständig. In einigen Fällen arrangierte Cage auch Kompositionen für Klavier wie *Socrate* von Erik Satie. Cunningham hatte erste Tänze zu Satie-Kompositionen bereits in den 40er Jahren geschaffen und nahm die Idee 1970 auf Anraten Cages wieder auf. Allerdings verbot Saties Verlag Cages Arrangement für zwei Klaviere, so dass Letzterer kurzfristig eine andere Möglichkeit finden musste. Cunningham hatte den Tanz zu diesem Zeitpunkt schon einstudiert. Cage komponierte also ein Stück, das die Phrasierungen und den Rhythmus der Satie'schen Komposition übernahm, aber die Tonhöhen nach Zufallsverfahren permutierte. Er nannte es *Cheap Imitation*, weil es eine ‚billige Imitation' der Satie'schen Komposition darstellte. Daran orientierte sich Cunningham bei der Bezeichnung seiner

Choreographie und nannte sie *Second Hand*. Der Titel mag sich auch auf die Abhängigkeit von der Musik beziehen, die beinah fatal für die Choreographie geworden wäre. Der Tanz visualisiert sozusagen die musikalische Phrasierung. Er setzt ‚hörbare Bewegung' in ‚sichtbare' um. „[I]t's the last piece I ever made to music",[3] äußerte Cunningham im Rückblick, da er seine Tanzschritte vor und nach diesem Stück[4] unabhängig von Rhythmus und Metrum einer Musik entwickelt hatte. In den folgenden Choreographien Cunninghams gibt die Musik weder Takt noch Phrasierungen vor und folglich finden sich darin zahlreiche Takt- und Tempowechsel. Da der Choreograph die Zeit rhythmisch gestaltete, könnte man von einer visuellen Komposition sprechen. Cunningham übernahm gleichsam die rhythmische Zeitgestaltung in Analogie zu der herkömmlichen Arbeitsweise von Komponisten und übersetzte sie ins Visuelle. Cage hingegen gab die Kontrolle über die rhythmische Gestaltung – wenigstens in seinen indeterminierten Kompositionen – ganz auf. Jede Aufführung dieser Kompositionen hat einen anderen zeitlichen Ablauf. Der Tanz wurde hingegen nach einer Probenphase festgelegt und läuft bei jeder Aufführung gleich ab. Eine zeitlich stets anders strukturierte Musik trifft auf einen gleich bleibenden Tanz. Die Tänzer können sich damit nicht mehr an der Musik orientieren, sondern tanzen den Rhythmus der Choreographie.

Beide Künstler beriefen sich wiederholt darauf, dass die Erfahrungen mit Medien es den Menschen im 20. Jahrhundert ermöglichten, Unterschiedliches parallel zu verfolgen. Klang und Geste müssen nicht mehr abhängig voneinander sein, sondern können auch als zwei Ereignisse verstanden werden.[5] Eine bekannte Filmtechnik, die sich in extremer Form in Musikvideoclips findet, fasst verschiedene Bildeinstellungen durch eine gleich bleibende Musik zusammen (syntaktische Funktion von Filmmusik). Analog dazu kann man Cunninghams aus verschiedenen Tanzsequenzen zusammengesetzte Choreographien als visuelle Ebene sehen, die durch eine Musik, welche anders strukturiert ist, zusammengefasst wird. Außerdem arbeiteten beide auch mit Medien. Cunningham schuf ab den 70er Jahren bedeutende Choreographien für Video- und Filmaufzeichnungen, während sich Cage mit einer Reihe von Medienformaten auseinandersetzte. Im Folgenden soll es um eine Radiokomposition (*Roaratorio*) und einen Tanzfilm (*Points in Space*) gehen.

Roaratorio *(1979) und* Roaratorio *(1983)*

Roaratorio bildet in zweierlei Hinsicht eine Ausnahme von der typischen *Cage & Cunningham Collaboration*: Zum einen tragen Musik und Tanz denselben Titel statt jeder einen eigenen, zum anderen entstand die Komposition einige Jahre vor der Choreographie, nicht wie üblich gleichzeitig mit ihr. Deswegen lehnt sich die Choreographie in mancherlei Hinsicht an die Komposition an, nicht jedoch umgekehrt. Allerdings behauptet der Archivar der MCDC, David Vaughan, dass Cage *Roaratorio* von Anfang an auch als Musik zu einer Choreographie Cunninghams geplant habe: „Although Cage conceived the piece for radio, he had always envisaged it as eventually to be choreographed by Cunningham."[6]

John Cages *Roaratorio* ist ein Hörspiel, das im September 1979 zum ersten Mal im Rundfunk ausgestrahlt wurde.[7] Es bezieht sich auf den Roman *Finnegans Wake* (1939) von James Joyce. Cage verwandte das Buch von Joyce als Grundlage, ohne direkt Textpassagen daraus zu vertonen. Er liest vielmehr eine aus dem Roman abgeleitete Textkomposition, zu der man in Finnegans Wake erwähnte Geräusche und irische Musik hört.[8]

Der Titel *Roaratorio* ist eine Wortneuschöpfung ganz im Sinne von Joyce, die sich aus „roar" und „oratorio" zusammensetzt. Cage hatte diese Wörter in *Finnegans Wake* gelesen und wieder vergessen, unbewusst als Titel gewählt und später im Text wiedergefunden.

> An oratorio is like a church-opera, in which people don't act, they simply stand there and sing. And so an ‚roaratorio' is – well, you don't roar in church but you roar in life, or roars take place in life and among animals and nature and that's what this is. It's out in the world. It's not in the church.[9]

Indem er sich auf ein Oratorium bezieht, betont Cage den konzertanten Aspekt eines Hörspiels. Es gibt im Oratorium im Gegensatz zur Oper keine szenische Handlung. Ebenso sind im *Roaratorio* keine Interpreten zu sehen, weil die Komposition im Rundfunk übertragen wird. (Vielleicht spielt der Titel auch auf ein ‚Radio-Oratorium' an.) Das Sichtbare ist also ausgespart, denn im Hörspiel gibt es keine visuelle Dimension, wohingegen man im Konzert die Musiker den Klang erzeugen sieht. Bei einer Lautsprecherübertragung ist das nicht mehr möglich. Eine Identifikation der Klangquelle wird erschwert oder gar unmöglich. Mit der Absenz des visuellen Teils der Klangerzeugung beschäftigen sich Theorien der elektroakustischen Musik, insbesondere der akusmatischen Musik, seit Mitte des 20. Jahrhunderts. Für Cage war allerdings gerade der Aspekt der Klangerzeugung und damit auch der visuelle Teil interessant. Ab 1960 nahmen die live-elektronischen Kompositionen einen immer größeren Platz in seinem Schaffen ein. Dabei handelt es sich um elektroakustische Stücke, die nicht auf Tonband oder einem anderen Trägermedium gespeichert, sondern aufgeführt werden, so dass die Klangerzeugung – sei sie auch eine mit elektronischen Mitteln – ein Musizieren der Interpreten ist. Vielleicht wünschte der Komponist deshalb, dass Cunningham einen Tanz zu *Roaratorio* schaffe, als sichtbare Ebene.

Ganz im Sinne der Cage'schen ‚Vertonung' von *Finnegans Wake* ist auch Cunninghams ‚vertanztes' *Roaratorio* nicht-narrativ. Weder wird die Handlung des Buches in Tanz umgesetzt, noch stehen die Tänzer für Figuren aus dem Roman. 1983 wurde der Tanz *Roaratorio* zu Cages Hörspiel *Roaratorio. An Irish Circus on Finnegans Wake* (1979) uraufgeführt.

> Cunningham had found in [*Roaratorio*] the feeling of dance that permeates Joyce's book. The first thing he made were a series of jigs that he began to include in Events. Then he choreographed other short dances, including duets.[10]

Cunningham forschte dafür auch in der Dance Collection der New York Public Library. Er fand heraus, dass die Unterschiede zwischen den verschiedenen irischen Tänzen hauptsächlich in wechselnden Taktarten lagen.[11]

> [Merce Cunningham:] I went to the Performing Arts Library and looked up Irish jigs, and I think somebody gave me a book about them.
> [Laura Kuhn:] And you talked to Seamus [einer der irischen Musiker, J. H. S.], I think, also.
> [Cunningham:] Yes. And it's not that I knew a lot about them, they're much more complicated than my experience with them, but I began to understand something about the sixes and the twos and all of that, and to think in that way.[12]

Jigs sind irische Tänze, die meist in einer Art 6/8-Takt stehen, also in „compound time", d. h. in zwei Triolen, während Reels in einer geraden Taktart stehen. Die irischen Jigs sind, so recherchierte Cunningham, in „twos and sixes", also im Zweier- und Sechser-Metrum. In Cunninghams choreographischen Skizzen[13] ist dies zu sehen. Er notiert „steps in 2's" und die Überlagerung von einem 6/8- und einem 3/4-Takt.[14]

> Peter Dickinson: Watching you in *Roaratorio* I was checking to see whether the strong rhythm of the Irish traditional musicians was affecting the dancers.
> Merce Cunningham: No, except that in *Roaratorio* I made up a number of jigs and reels – where the dancers dance separately but at the same time. These do have a folk tempo, so the coincidences that happen – not the same each time – show a connection. The rhythm when the drummers are playing, for example. Peadar Mercier told me after this performance, ‚I tried to keep with your rhythm but you tricked me!'[15]

In der Tanzversion von *Roaratorio* sieht man also Rhythmen von irischer Tanzmusik; man hört sie auch als Live-Musik von irischen Musikern gespielt. Doch diese irische Perkussionsmusik ist nur hin und wieder hörbar, wie auch die Tanzrhythmen nur teilweise das Metrum durchhalten – Cunninghams Choreographie wechselt das Metrum, so dass die Perkussionisten dem Rhythmus der Tänzer nicht folgen können (siehe obiges Zitat). Während der Aufführung geschehen also verschiedene Ereignisse – hör- wie sichtbare – gleichzeitig.

Circus

Eine Besonderheit der *Cage & Cunningham Collaboration* ist die Überlagerung – *superimposition* – von mehreren Ebenen, seien sie sicht- oder hörbar. Tanz und Musik kommen in der Aufführung zusammen, ohne dass sie im choreographischen und kompositorischen Herstellungsprozess synchronisiert worden wären. In Cunninghams Choreographien gibt es verschiedene Tanzsequenzen, die gleichzeitig ausgeführt werden, aber unabhängig voneinander choreographiert wurden. In Cages Kompositionen gibt es unabhängig voneinander komponierte Schichten, die bei einer Aufführung überlagert werden, z. B. die irische Musik in *Roaratorio*, die unabhängig von der Geräuschschicht entstand. Cage hat ein eigenes Genre geschaffen, welches dieses Prinzip ausformuliert, den *Musicircus*. Eine große Anzahl von Musikern und Musikgruppen unterschiedlicher Stile und Richtungen spielen gleichzeitig und unabhängig voneinander in einem großen Raum oder Gelände. Es können auch Filme projiziert werden. Cages erster *Musicircus* fand 1967 an der University of Illinois statt.[16] Auch im Untertitel von *Roaratorio: Ein irischer Circus über Finnegans Wake* kommt der Begriff vor. Auf Schönings Frage, wofür ‚Circus' im Titel stehe, antwortete Cage ausweichend, indem er auf ein buddhistisches Konzept verwies: „It means that there is not one center but that life itself is a plurality of centers. This is a Buddhist idea."[17]

Cages langjähriges Interesse an asiatischer Philosophie zeigt sich in bestimmten, von ihm verwendeten Schlüsselbegriffen wie ‚non obstruction' und ‚interpenetration', also etwa Nicht-Hinderung und gegenseitige Durchdringung. Hier ist es die Vielzahl von Mittelpunkten, realisiert als verschiedene Musiken, die sich gegenseitig durchdringen, aber nicht stören, wenn man mit einer entsprechend offenen Hörhaltung an dem *Musicircus* teilnimmt. Dieses Prinzip zeigte sich schon früher in Cages Zusammenarbeit mit Cunningham. Die mit dem Choreographen entwickelten Grundsätze für ihre Zusammenarbeit hat der Komponist auch auf andere Projekte übertragen. Cunningham behielt die Prinzipien der *Cage & Cunningham Collaboration* auch in Zusammenarbeit mit anderen Komponisten als Cage bei.

In Cunninghams Skizzen findet sich der Begriff ‚circus' schon 1965 im Zusammenhang mit dem Tanzpart von Cages *Variations V*. Darin unterscheidet Cunningham drei Kategorien: „games", „dance" und „circus".[18] Wahrscheinlich bezieht sich ‚circus' auf im Kreis getanzte Sprungfolgen. Auch im Tanzstück *Ocean*, das postum nach einer Idee von Cage 1994 in einem Brüsseler Zirkus aufgeführt wurde, geht

Cunningham von einer runden Tanzfläche mit Publikum an allen Seiten aus. Hinter dem Publikum sitzen, ebenfalls kreisförmig angeordnet, 112 Musiker.[19]

Intermediale Referenzen

Ein Charakteristikum der *Cage & Cunningham Collaboration* ist das Aufgreifen bestimmter Themen oder Methoden im Herstellungsprozess. Das Circus-Motiv findet sich beispielsweise wiederholt in Kompositionen und Choreographien von Cage und Cunningham. Die Bezüge sind jedoch in der jeweiligen Kunstform unterschiedlich umgesetzt. Außerdem sind sie nicht immer in füreinander entwickelten Stücken verwendet worden. Vielmehr bezieht sich Cunningham auf Techniken, die Cage in einem früheren Stück eingesetzt hatte, oder umgekehrt. Beider Œuvres sind auf diese Weise vielfältig verknüpft.

So wie sich Cage auf die Musik- und Klangreferenzen im Roman von Joyce bezieht, wählt Cunningham die darin enthaltenen Erwähnungen von Tanz als Ausgangspunkt seiner Choreographie. „The Wake is so full of references to dancing that I thought it could have that kind of thing in it, but that's where I started."[20]

In gewisser Weise geht es in diesem Tanz um die Umsetzung einer vorgegebenen Musik. Auf einem deutschen Plakat für ein Gastspiel der MCDC in Frankfurt wurde angekündigt: „Cunningham vertanzt Cages Hörstück *Roaratorio*". Auch gibt die präexistente Musik die Dauer des Tanzes vor: Die Komposition dauerte knapp eine Stunde und ist auf Tonband festgelegt. Also schuf Cunningham eine Choreographie, die ebenso lang ist. In vielen anderen Zusammenarbeiten war diese Reihenfolge umgekehrt: Cunningham – oder der Auftraggeber, beispielsweise ein Festival – gab die ungefähre Dauer vor, woraufhin der jeweilige Komponist und der Choreograph Cunningham unabhängig voneinander das Musik- bzw. Tanzstück entwickelten. Da beide teilweise erst zur Generalprobe zusammengesetzt wurden, schrieben die Komponisten mitunter Stücke, die flexibel an die exakte Tanzdauer anpassbar sind. In Cages Kompositionen für Cunningham findet man oft einen Hinweis auf die Anpassung des Endes der Musik an eine Tanzaufführung. So schreibt er in der Partitur zu *FOUR³*, das für Cunninghams Choreographie *Beach Birds* (1991) entstand: „For a theatrical performance the end is brought with a curtain. For a concert performance, it is brought with a blackout (circa 30')."

Cage verlangte von den Aufführenden seiner indeterminierten Kompositionen, dass jede Aufführung vorher durchgeplant und auch die Dauer genau festgelegt wird. Die Musiker stellten also eine Realisationspartitur oder eine Stimme her, in der sie die vom Komponisten offen gelassen Entscheidungen trafen und für eine bestimmte Aufführung festlegten. Improvisation im engeren Wortsinn ist so ausgeschlossen. Bei Live-Aufführungen von *Roaratorio* spielten beispielsweise irische Musiker und Cage rezitierte seine *Mesostics on the Name of James Joyce*. Sie fertigen also vor der Aufführung mittels Zufallsoperationen einen Zeitplan an, auf dem verzeichnet ist, wann sie welche irische Komposition spielen und wann sie pausieren.

Cunninghams Tänze sind hingegen bekannt dafür, dass sie bereits vor der Uraufführung exakt festgelegt sind und von den Tänzern bei jeder Folgeaufführung minuten-, wenn nicht gar sekundengenau wiederholt werden. Obwohl die Tänzer sich nicht am Tempo einer Musik orientieren können, haben sie die wechselnden Tempi der Choreographie so lange geprobt, bis diese automatisiert wurden und bei jeder Aufführung exakt reproduziert werden. Es gibt verschiedentlich verwunderte Äußerungen ob dieser Genauigkeit:

> [Merce Cunningham (1998):] I think over a period of time working at something you get a physical, internal sense of how long something takes. You do that in life. How long it takes you to get someplace. That's because you've done it for years. […] [Laura Kuhn:] You have that now when the dancers rehearse *Ocean* (1994) without sound and they're within a minute over ninety minutes of a piece, consistently. Cunningham: Oh, yes. Physical proportions, your muscular memory about how something goes.[21]

In *Roaratorio* beziehen sich beide Künstler auf ein Drittes, auf ein Referenzmedium. Damit werden Tanz und Musik, die eigentlich unabhängig voneinander sind und nur multimedial gleichzeitig aufgeführt werden, auf der referentiellen Ebene intermedial.

Obwohl Musik und Tanz nicht synchronisiert sind und unabhängig voneinander entwickelt wurden, gibt es doch eine Beziehung zwischen Komposition und Choreographie. Sie liegt in der gleichsinnigen Verwendung bestimmter Methoden und Themen im Herstellungsprozess.

Herstellungsprozess: Komposition und Choreographie

Der Grund für die zeitliche Anordnung der Geräusche in *Roaratorio* liegt im Text von Joyce. Da jedoch der Text selbst nur auszugsweise, also ohne Kontext gelesen wird, ist es dem Hörer nicht mehr möglich, narrative Zusammenhänge zu verstehen. Er kann neue finden, doch sind diese möglicherweise für jeden Hörer anders. Cage schafft eine neue Ordnung, die strukturiert ist, obwohl diese Strukturierung in der Aufführung nicht mehr nachvollziehbar ist. Letztlich sind auch Schaffensprozess und Aufführung voneinander getrennt, ebenso wie der Produktionsprozess der Choreographie unabhängig von dem der Komposition stattfindet. Zusammen führt beide Teile der Rezipient in seinem individuellen Erlebnis der gemeinsamen Aufführung.

In Cages ‚Meta-Kompositionen'[22] wird das Material von der zeitlichen Organisation getrennt. Das Material kann prä-strukturiert sein, wenn es beispielsweise aus Musik besteht oder aus dem Radioprogramm, in dem Musik gespielt wird. Dadurch kann das gleiche Material in verschiedenen Stücken auftauchen. Tatsächlich gibt es zwei weitere Choreographien Cunninghams, zu denen Cage Musik aus *Roaratorio* vorsah: *Fielding Sixes* und *Duets*, beide aus dem Jahr 1980.

Duets (1980) besteht aus insgesamt sechs Tänzen für zwei Tänzer und einem Abschluss, in dem alle sechs Paare gleichzeitig tanzen.[23] Als Musik wurde John Cages *Improvisation III* gespielt, deren musikalisches Material aus Aufnahmen (auf Kassetten) von irischer Bodhran-Musik (Perkussion) bestand, die Paedar und Mel Mercier eingespielt hatten, also Musiker aus Cages *Roaratorio*-Produktion ein Jahr zuvor.[24]

In Cages Partitur zu diesem Stück, einer Verbalpartitur, wird die Choreographie von Merce Cunningham extra erwähnt. Auch die Anzahl der Musiker orientiert sich an der üblichen Besetzung der MCDC-Musiker:

> For four or more musicians, each supplied with the same six different stereo cassette recordings of music or sound of a single kind. When used as an accompaniment to the dance *Duets* (choreography by Merce Cunningham) the cassettes used are of traditional Irish bodhran playing.[25]

Im selben Jahr entstand auch *Fielding Sixes* (1980) mit Cages Musik *Improvisation IV*, das ebenfalls mit Aufnahmen irischer Musik, diesmal für Flöte und Fiedel, gespielt von Matt Molloy und Paddy Glackin. Der Toningenieur der MCDC, John Fullemann, der auch schon die Aufnahmen für die *Roaratorio*-Produktion angefertigt hatte, entwickelte eine Möglichkeit, die Audiokassetten in unterschiedlicher Geschwindigkeit abzuspielen, wie es bei Magnettonbandgeräten möglich ist. Seine Frau Monika Fullemann entwarf das Bühnendekor.[26] Der Titel *Fielding Sixes* spielt darauf an, dass alle Tanzphrasen in einem Sechser-Metrum stehen. Es gibt 64 solcher Tanzteile, alle in schnellem Tempo.

Die Ziffer 64 zieht sich als strukturierende Zahl durch Cages und Cunninghams Kompositionen und Choreographien, weil es die Anzahl der Hexagramme im chinesischen Orakelbuch *I Ching* ist, dessen mehrstufigen Vorgang sowohl Cage als auch Cunningham als Zufallsoperation für ihren künstlerischen Herstellungsprozess adaptierten.

Nachdem Cunningham 64 Tanzphrasen Abschnitte choreographiert und mit Nummern von 1 bis 64 versehen hatte, legte er ihre Abfolge durch Zufallsverfahren fest. D. h. er brachte die Zahlen von 1 bis 64 in eine zufällige Abfolge und erhielt so die Reihenfolge der 64 Tanzteile, die sich jeweils in ihrer Besetzung unterscheiden. Außerdem setzte Cunningham Zufallsoperationen ein, um die Anzahl der Tänzer zu verschiedenen Zeitpunkten der Choreographie auf der Bühne festzulegen sowie die Bühnenpositionen, an denen die choreographischen Abschnitte getanzt werden.

Eines der außermusikalischen und nicht-tanz-immanenten Verfahren, die sowohl Cage als auch Cunningham im Kompositions- bzw. choreographischen Prozess anwendeten, sind die Zufallsoperationen. Hierbei handelt es sich um Verfahren, welche nach bestimmten Techniken eine Zahlenmenge in eine zufällige Reihenfolge bringen oder aus einer Menge eine Auswahl treffen. Sie reichen von einfachem Würfeln bis zu einem aus dem *I Ching* abgeleiteten, komplizierten Procedere. Dabei beziehen sich die Künstler nicht auf die Zukunftsvorhersage und die Weisheitssprüche des *I Ching*, sondern nur auf den Vorgang, mit dem man mittels Schafgarbenstängeln oder Münzwürfen eine von 64 Zahlen ermittelt. Es werden dabei für jedes Hexagramm, das für eine Zahl zwischen 1 und 64 steht, drei Münzen sechsmal geworfen. Cage beauftragte wegen des großen Zeitaufwandes dieses Verfahrens ab etwa 1970 Informatiker mit der Entwicklung von Computerprogrammen, die diese Form der Zufallsgeneration simulieren.[27]

Sowohl Cage als auch Cunningham adaptierten diese Zufallsverfahren für ihre jeweilige Kunstform. Damit schufen sie auf struktureller Ebene eine Beziehung von Komposition und Choreographie. Obwohl Musik und Tanz in der Aufführung unabhängig voneinander sind, weisen Komposition und Choreographie eine Beziehung auf, die auf ihre Herstellungsmethoden zurückzuführen ist.

Dies hat auch Auswirkungen auf ihre Erscheinungsform in der Aufführung, also auf Musik und Tanz, die vom Herstellungsprozess (Komposition und Choreographie) zu unterscheiden sind. Bei beiden setzt sich die Großform aus Versatzstücken zusammen, bei Cunningham sind es einzelne Tanzteile oder -phrasen in einer Größenordnung zwischen meist einer halben und fünf Minuten, welche sich annähernd auch in Cages *Time brackets* finden. Diese kleineren Teile werden per Zufallsverfahren in ihre endgültige Abfolge gebracht, um eine Linearität oder einen ‚großen Bogen' durch die Großform auszuschließen. Die einzelnen Schritte der Komposition werden möglichst getrennt voneinander ausgeführt. Wahrscheinlich lässt sich dies auf ein Paradigma des Serialismus und eine Trennung der unterschiedlichen Parameter zurückführen, wodurch eine wissenschaftliche Haltung in die Kunstproduktion eingeführt wurde. Über die Herstellung von *Roaratorio* sagte Cage:

> [T]hrough chance operations, we had determined what the stereo position of the sound would be, whether it would be short, medium or long – how it would come

in, whether it would fade in, whether it would switch on, whether it would roll in, what its dynamic level would be, or levels, it could have one, two or three levels, and then how it would die away: whether it would fade away, roll off or switch off. All this was done with chance operations. I was doing it at first by hand, but fortunately here in IRCAM[28] the whole thing was able to be programmed – and shortly we had a list of all those instructions. Another composer, whom I don't know, who was here a year or so before, had already put in the programme of the *I-Ging* into IRCAM.[29]

In *Roaratorio* entschied Cage also per Zufallsoperationen, welche Stereoposition der jeweilige Klang haben sollte etc. Er erreichte dadurch eine annähernde Gleichverteilung der Positionen und verhinderte eine Vorhersehbarkeit, wie sie bei einfachen Folgen, z. B. alternierend links und rechts, auftritt. Ganz ähnlich ging Cunningham vor, wenn er z. B. in *Ixion* (1958) per Münzwurf entschied, ob eine Bewegung schnell, mittel oder langsam ausgeführt werden sollte.

Points in Space *und* Voiceless Essay *(1986)*

Ein anderes Tanzstück – ursprünglich ein Videotanz – aus den 80er-Jahren ist *Points in Space*, das sich auf das berühmte Einstein-Zitat „there are no fixed points in space" bezieht. John Cages Komposition zu dieser Choreographie trägt den Titel *Voiceless Essay*. Trotz ihrer unterschiedlichen Titel und Bezüge sind beide Stücke für eine gemeinsame Aufführung entstanden. Sie haben die gleiche Dauer oder das Musikstück ist – nicht nur in diesem Fall – von Cage so konzipiert worden, dass die Musik an die Tanzdauer angepasst werden kann.

    Obwohl *Voiceless Essay* aus einer mit Computern analysierten und bearbeiteten Aufnahme von Cages Lesung eines eigenen Textes besteht, wurde sie in der Bühnenversion des Tanzes dennoch von den Musikern der MCDC aufgeführt. Dafür legte jeder der Musiker vor der Aufführung fest, wie die Aufführung zeitlich ablaufen solle, also zu welchem Zeitpunkt er die Audiokassetten ausschalten würde. Des Komponisten Vorgabe in indeterminierten Stücken besteht darin, dass die Interpreten eine eigene Stimme für jede Aufführung ‚realisieren' sollen. Damit ist der Interpret an bestimmten kompositorischen Entscheidungen beteiligt. Nach Cages Vorgaben sollten diese Entscheidungen jedoch möglichst intentionslos getroffen werden, beispielsweise durch Zufallsoperationen.

    Auch Cunninghams Interpreten, die Tänzer, hatten einen gewissen Einfluss auf den Tanz. Allerdings setzte Cunningham nur in sehr wenigen Tänzen Indetermination ein. Meist wurden im Probenprozess alle Bewegungen detailliert und sekundengenau festgelegt. Während dieser Einstudierungsphase hatten die Tänzer – in Soloparts mehr als in Ensemble-Sequenzen – Einfluss auf die Ausführung und das Timing der in der Choreographie ermittelten Bewegungen und Bewegungsabläufe.

Wahrnehmung / Tanz und Musik

Der Titel *Points in Space* spielt auf eine Errungenschaft aus den frühen 50er-Jahren an, eine Zeit, in der Cunningham seine Choreographien von der hierarchischen Gliederung des Bühnenraums zu befreien suchte. Nicht vorne mittig (oder im goldenen Schnitt) sollte die wichtigste Position sein, auf der das Hauptgeschehen stattfand, während der Bühnenhintergrund nur für ornamentales Geschehen vorgesehen war. Bei Cunningham sollte stattdessen jede Bühnenposition zum Mittelpunkt werden können und jede Richtung, die ein Tänzer einnimmt, sollte ‚vorne' neu definieren können.[30] Dies stellte eine Absage an die frontal ausgerichtete Guckkastenbühne des Proszeniumtheaters dar. Cunninghams Kompanie tanzte auch in Sporthallen, wo das Publikum an allen vier Seiten saß, und ab Mitte der 60er-Jahre in Museen oder auf öffentlichen Plätzen, wo das Publikum stand oder herumlief.

 Ähnlich findet man bei Cage ein Bestreben, die Musiker im Aufführungsraum zu verteilen bzw. statt einer idealen Hörperspektive für jeden Besucher eine individuelle zu schaffen. Er spricht im Kontext des *Musicircus* von einer Pluralität von Zentren (s. o.). Die Auflösung der Zentralperspektive und der Hierarchie des Bühnenraums zugunsten einer Multidirektionalität ist eng verknüpft mit der Idee, dass verschiedene Ereignisse gleichzeitig an verschiedenen Punkten im Aufführungsraum stattfinden. Der Zuschauer muss sich entscheiden, welchem Ereignis er wann seine Aufmerksamkeit schenkt. Er wird sozusagen Regisseur seines eigenen Stücks, indem er eine individuelle Aufführung erlebt, die sich vom Erlebnis anderer Zuschauer unterscheidet.

 Allerdings wird der selbstbestimmte Blick des Zuschauers in den Filmtänzen wieder geleitet, da er der Kameraperspektive folgen muss. Zu sehen ist die Blickrichtung – und damit die Interpretation – der Regisseure; in *Points in Space* sind das Elliot Caplan und Merce Cunningham. Caplan und Cunningham schaffen in *Points in Space* einen endlosen Raum durch ein Hintergrundpanorama des Künstlers William Anastasi und ähnlich gestaltete Kostüme von Dove Bradshaw. Das eckenlose Panorama erzeugt den Eindruck eines Raums ohne Enden. Durch die Nähe der Kamera zu einzelnen Tänzern ergeben sich Vorder- und Hintergrundwirkungen. Doch diese Verhältnisse ändern sich, da sich die Tänzer auch aus dem Hintergrund nach vorne bewegen oder die Kamera sich den Tänzern im Hintergrund annähert. Kamera und Tänzer bewegen sich gleichermaßen. Dadurch entsteht eine simulierte visuelle Nähe oder Entfernung des Betrachters, der die Kameraperspektive als seine eigene akzeptiert, zu den Tänzern.

Diese künstliche Nähe durch den Medieneinsatz, wie den Kamera-Zoom, kann auch im Akustischen durch Mikrofonverstärkung bewirkt werden. Cage prägte in seiner live-elektronischen Musik dafür den Begriff *small sounds*. Dabei handelt es sich um Geräusche, welche so ‚klein', also leise, sind, dass sie verstärkt werden müssen, um musikalisch wirksam werden zu können.

In *Voiceless Essay*, der als Musik zum Tanz entstand, werden auch verstärkte Geräusche verwendet. Es sind aus Cages Sprechstimme gefilterte Konsonanten. Diese Zischgeräusche wirken besonders nah und intim. Sie schaffen eine widersprüchliche Information für den Rezipienten, der einerseits visuell eine Annäherung auf ca. ein bis fünf Meter an die Tanzenden erfährt, andererseits auditiv durch die geringe Mikrofonentfernung bis auf wenige Zentimeter an den Sprecher herankommt. Die optische Information zeigt den ganzen Körper, die akustische einen Ausschnitt, wie er durch extreme Nähe erfahrbar wird. Allerdings gibt es in den Tanzfilmen Cunninghams spätestens ab den 80er-Jahren immer noch eine ‚real'-akustische Ebene der Tänzergeräusche. Beispielsweise ist das Aufkommen der Tänzer nach einem Sprung zu hören, wodurch der Tanz realistischer wirkt, als wenn diese Geräusche im Schnitt wegfallen.[31]

Komposition und Choreographie, die unabhängig voneinander produziert wurden, können als zusammengehörig wahrgenommen werden: Beispielsweise berichtet Earle Brown von einem Sprung, der von einem einzelnen Violinton ‚begleitet' wird.[32] Die Wirkung war sehr überzeugend, obwohl Sprung und Ton zufällig zusammenfielen und nicht als Einheit geplant worden waren. Hier äußert sich die in der *Cage & Cunningham Collaboration* angelegte Möglichkeit, dass durch den Verzicht der Abstimmung der visuellen und auditiven Ebene im Herstellungsprozess beide im Moment des Zusammensetzens etwas Unvorhergesehenes erlebbar machen können. Dieses Moment von *something else* oder Emergenz einer neuen Wahrnehmungsqualität ist nur zu erreichen, wenn bestimmte Faktoren nicht durch die Künstler kontrolliert werden.

Auch der Zuschauer darf und soll Zusammenhänge finden, Kausalität annehmen etc., ohne dass diese von den Künstlern angelegt wurden. Das Publikum darf individuell ‚bewegt' oder gerührt sein, soll aber nicht als Gruppe emotional manipuliert werden.

Cage & Cunningham Collaboration

Die *Cage & Cunningham Collaboration* ist ein Typus einer Zusammenarbeit zwischen einem Komponisten und einem Choreographen. Sie wurde von John Cage und Merce Cunningham entwickelt. Sie beruht auf dem Prinzip der Trennung der verschiedenen Ebenen bei der Verwendung der gleichen Methoden im Herstellungsprozess. Ersichtlich wird das an den unterschiedlichen Titeln von Tanz- und Musikstück, die füreinander geschaffen wurden, ab *Minutiae* (1954) zu *Music for Piano 1–20*.

> Cunningham (1968): The relationship between the dance and music is one of co-existence, that is, being related simply because they exist at the same time.[33]

> Cage (1964): It is assumed that the dance supports itself and does not need support from the music. The two arts take place in a common place and time, but each expresses this Space-Time in its own way. The result is an activity of interpenetrations in time and space, not counterpoints, nor controlled relationships, but flexibilities as are known from the mobiles of Alexander Calder.[34]

Insofern sollte nun der enigmatische Untertitel an Verständlichkeit gewonnen haben: „aus ‹akustisch | optisch› wird ‹auditiv + visuell›". Er bezieht sich auf die Trennung von objektiv und subjektiv, von physikalisch und physisch, auf die Trennung des Produkts von seiner Wahrnehmung. In der *Cage & Cunningham Collaboration* wird in verschiedene Rollen getrennt: in den Komponisten und den Choreographen, die – unabhängig voneinander – der eine etwas potenziell Akustisches und der andere etwas potenziell Optisches schaffen, zudem in die Interpreten, die beides – immer noch unabhängig voneinander, aber zeitgleich und im selben Raum – realisieren und aufführen, und schließlich in die Rezipienten, die Bewegung *hören und sehen* – und sie eventuell als zusammengehörig erleben.

---

[1] Zu diesem speziellen Typus einer Zusammenarbeit zwischen einem Komponisten und einem Choreographen siehe: Julia H. Schröder, *Cage & Cunningham Collaboration. In- und Interdependenz von Musik und Tanz*, Hofheim 2011. Siehe auch: Stephanie Jordan, „Freedom from the Music: Cunningham, Cage & Collaborations", in: *Contact* (Autumn 1979), wiederabgedruckt in: *Merce Cunningham*, hrsg. von Germano Celant, Barcelona 1999, S. 61–67. Sowie: Silke Hilger, „Cage und Cunningham. Chronik einer Zusammenarbeit", in: *Neue Zeitschrift für Musik* (*Cage, Cunningham, Tudor*) H. 5 (September 1995), S. 32–36. In dem folgenden Interview gibt Cunningham eine Übersicht über wichtige Stationen der Zusammenarbeit: Laura Kuhn, „Cunningham + Cage", in: *Ballet Review* Vol. 26, No. 3 (Fall 1998), S. 81–98.

[2] Ende der 1930er-Jahre begann Cunningham seine Ausbildung an einem College in Seattle, der Cornish School. Er nahm auch Unterricht in *modern dance* bei Bonnie Bird, in deren Tanzklasse John Cage korrepetierte. Cunningham ging nach wenigen Semestern nach New York, um in Martha Grahams Kompanie zu tanzen. Als auch Cage, nach einem kurzen Aufenthalt in Chicago, Anfang der 1940er-Jahre nach New York zog, trafen sich die beiden wieder und begannen, gemeinsam zu arbeiten. 1953 gründete Cunningham seine eigene Kompanie, deren musikalischer Leiter Cage war. Nach Cages Tod 1992 übernahm David Tudor die Leitung bis 1995, woraufhin Takehisa Kosugi bis zur Auflösung der MCDC 2011 die musikalische Leitung übernahm.

[3] Cunningham in: Kuhn, „Cunningham + Cage" (s. Anm. 1), S. 88.

4 Tatsächlich schuf Cunningham seine Choreographien auch vorher schon unabhängig von der Musik. Dieses Stück bildete eine Ausnahme in seinem Schaffen ab 1952. Siehe Merce Cunningham, „Choreography and the Dance" (1970), in: *Merce Cunningham* (s. Anm. 1), S. 42ff. Ab 1952 entstehen Komposition und Choreographie unabhängig voneinander, vgl. John Cage, *For the Birds. John Cage in Conversation with Daniel Charles (Pour les Oiseaux* 1968), London 1981, S. 164.

5 Eine Umkehrung, nämlich die Tanzgeste als die Musik auslösende, findet sich in *Variations V* (1965). Darin triggern die Tänzer durch ihre Bewegungen auf der Bühne über Sensoren die musikalischen Ereignisse. Allerdings legte Cage Wert darauf, dass diese direkte Abhängigkeit nicht durchgehend nachvollziehbar ist.

6 David Vaughan, *Merce Cunningham. Fifty Years*, hrsg. von Melissa Harris (Chronicle and Commentary by David Vaughan), New York 1997, S. 222. Das bestätigt auch Klaus Schöning, der das Hörspiel von Cage produzierte: „Immer wieder spricht Cage von diesem Wunsch: *Roaratorio* getanzt vom Merce Cunningham Ballett. [...] Vielleicht irgendwann werden wir den alten Merce Cunningham, der halb Ire ist und den ganzen Iren Joe Heaney, der in Brooklyn lebt, John Cage und die irischen Musiker zusammen das *Roaratorio* singen, tanzen und musizieren hören – im Morgengrauen auf der Insel der Anna Livia Plurabelle." Klaus Schöning „Nichi-nichi kore kô-nichi (Tag um Tag ist ein schöner Tag)", in: John Cage, *Roaratorio. Ein irischer Circus über Finnegans Wake*, hrsg. von Klaus Schöning, Königstein im Taunus 1982, 1985, S. 12–25, hier S. 15.

7 Rundfunk-Hörspiel *Roaratorio*, Erstsendung am 22.10.1979 im WDR3-Hörspielstudio. Realisation: John Cage, John David Fullemann, Stimme: John Cage, Sänger: Joe Heaney, Musiker: Séamus Ennis (Uillean pipes), Paddy Glackin (Fiddle), Matt Malloy (Flöte), Peadher Mercier, Mell Mercier (Bodhran). Technische Mitwirkung: IRCAM Paris. Redaktion: Klaus Schöning. Produktion: Westdeutscher Rundfunk Köln, Süddeutscher Rundfunk Stuttgart, Katholieke Radio Omroep Hilversum.

8 Zur Entstehung von Cages *Roaratorio* siehe: Thomas Köhler, *James Joyce und John Cage. Welt – Klang – Text*, Hannover 2000, insb. S. 286ff. Siehe auch: David Revill, *The Roaring Silence. John Cage: A Life*, London 1992, S. 265–270.

9 Cage (1982) in: John Cage und Klaus Schöning, „Laughtears. Gespräch über Roaratorio", in: Cage, *Roaratorio* (s. Anm. 6), S. 72–114, hier S. 89.

10 Vaughan, *Merce Cunningham* (s. Anm. 6), S. 222f.

11 Ebd., S. 223. Siehe auch: Cunningham (1987) in: *Cage Talk. Dialogues with and about John Cage*, hrsg. von Peter Dickinson Rochester, New York 2006, S. 63.

12 Kuhn, „Cunningham + Cage" (s. Anm. 1), S. 93.

13 Cunninghams Skizzen (*notes*) für *Roaratorio* sind Cage zum Geburtstag 1983 gewidmet und befinden sich im Besitz der Margarete Roeder Gallery in New York. Margarete Roeder vertritt neben John Cages bildkünstlerischem Schaffen auch Cunninghams Zeichnungen. 2007 gab es beispielsweise eine Ausstellung mit seinen Tierzeichnungen in der Margarete Roeder Gallery.

14 Auch die vorangegangene Choreographie *Fielding Sixes* (s. u.) befasste sich offenbar hauptsächlich mit der Sechser-Struktur von Jigs. Hingegen könnten in *Duets* auch auf der metrischen Ebene Zweier, wie in den Reels, eine Rolle gespielt haben.

15 *Cage Talk* (s. Anm. 11), S. 63.

16 Vgl. John Cage, „Re Musicircus", in: *John Cage. An Anthology*, hrsg. von Richard Kostelanetz, New York 1970, 1991, S. 171f. Siehe auch: *John Cage. Composed in America*, hrsg. von Marjorie Perloff und Charles Junkerman, Chicago 1994, S. 5ff. Sowie: Charles Junkerman, „nEw / foRms of living together: The Model of the Musicircus", in: ebd., S. 39ff.

17 Cage/Schöning, „Laughtears" (s. Anm. 9), S. 107.

18	Siehe Cunninghams *Notes zu Variations V* in seinem autographen Nachlass, der als Depositum in der Dance Collection der New York Public Library liegt.
19	Siehe u. a. Vaughan, *Merce Cunningham* (s. Anm. 6), S. 271f.
20	„Merce Cunningham Introducing Roaratorio", BBC Radio 3 (19.07.1987), in: *Cage Talk* (s. Anm. 11), S. 225.
21	Kuhn, „Cunningham + Cage" (s. Anm. 1), S. 84f.
22	Die Partitur –,– – *Circus On* – wurde nach dem Hörspiel verfasst, ist also eine *a-posteriori*-Partitur, die in diesem Fall folgendermaßen ergänzt wird: *Roaratorio, An Irish Circus On Finnegans Wake*. Cage stellte nachträglich eine Art Metapartitur her, mittels derer dieses oder ein ähnliches Stück realisiert werden kann.
23	Mark Lancaster hatte die Kostümfarben so aufeinander abgestimmt, dass eine Farbe jeweils von zwei Paaren getragen wurde, um auf diese Weise eine sichtbare Verbindung zwischen den einzelnen Tänzen herzustellen. Vgl. Vaughan, *Merce Cunningham* (s. Anm. 6), S. 212f.
24	Es gibt also eine – möglicherweise zufällige – Koinzidenz von jeweils zwei Tänzern und zwei Musikern, die ein Duett aufführen. Die insgesamt sechs Tänzer werden durch die vier live agierenden Musiker an den Kassettenrecordern und die zwei ‚virtuell' auf dem Tonband zu hörenden Trommler reflektiert. Jedenfalls schreibt Cage in seiner Partitur sechs Audiokassetten vor, also die gleiche Anzahl wie die der Tänzer. Die Aufnahme, die ich zu einer Wiederaufführung 2007 hörte, waren verschiedene, sich überlagernde Trommelrhythmen, so dass sich eine gewisse Ähnlichkeit zu *Minimal Music* ergab.
25	John Cage, *Improvisation III* („Duets") (1980), four or more musicians with stereo cassette recordings, Frankfurt/Main (EP 67845).
26	Vgl. Vaughan, *Merce Cunningham* (s. Anm. 6), S. 213.
27	Die ersten Computerausdrucke mit Zufallszahlen stammen aus den späten 1960er-Jahren, aus der Zeit, als Cage mit Lejaren Hiller an der Computerkomposition *HPSCHD* (1969) arbeitete. In den späten 1980er- und frühen 1990er-Jahren programmierte Andrew Culver verschiedene Programme für Cage, die er im Internet zugänglich gemacht hat: http://www.newmus.net/filelib.htm (letzter Zugriff: 14.03.2012).
28	Cage produzierte *Roaratorio* im Pariser Institut de Recherche et Coordination Acoustique/Musique (IRCAM), dessen Gründung der Komponist Pierre Boulez initiiert hatte, und das Komponisten die Möglichkeit bietet, elektroakustische und live-elektronische Kompositionen zu realisieren.
29	Cage/Schöning, „Laughtears" (s. Anm. 9), S. 72–114, hier S. 103.
30	Das ist bei Cunningham ab *Suite by Chance* (1953) der Fall, in der die Raumrichtung per Zufallsoperationen ermittelt wurden. Vgl. dazu: Sabine Huschka, *Merce Cunningham und der Moderne Tanz. Körperkonzepte, Choreographie und Tanzästhetik*, Würzburg 2000.
31	Wenn die im Film zu sehenden Bewegungen keine hörbare Auswirkung haben, erscheinen sie seltsam unwirklich. Dieser Effekt wird im Film bevorzugt in Traumsequenzen verwendet.
32	Earle Brown im Dokumentarfilm [ca. 1:07]: Charles Atlas, *Merce Cunningham. A Lifetime of Dance* (= *American Masters*), Thirteen/WNET, INA, La Sept ARTE, BBC, NPS et al. 2000, DVD 2001, WHE 73137.
33	Merce Cunningham, *Changes. Notes on Choreography*, hrsg. von Frances Starr, New York 1968, S. 28.
34	John Cage, „A Movement, A Sound, A Change of Light" (1964), in: ders., *John Cage. Writer*, hrsg. von Richard Kostelanetz, New York 1993, S. 91.

Christa Brüstle

Performance Art und Musik –
Bewegung in Grenzbereichen: Yoko Ono, Jerry Hunt

Performance Art *und Musik*

> Performance became accepted as a medium of artistic expression in its own right on the 1970s. At that time, conceptual art – which insisted on an art of ideas over product, and on an art that could not be bought and sold – was in its heyday and performance was often a demonstration, or an execution, of those ideas. Performance thus became the most tangible art form of the period. Art spaces devoted to performance sprang up in the major international art centres, museums sponsored festivals, art colleges introduced performance courses, and specialist magazines appeared.[1]

Es erscheint heute durchaus sinnvoll, sich die Geschichte und Entwicklung künstlerischer Performances im Sinne der *Performance Art* in Erinnerung zu rufen. Denn häufig wird diese Kunstform auf wenige Schlagworte verkürzt: Durchführung und Vollzug von Aktionen, Ausstellung von Körpern, Erzeugung und Inszenierung von Präsenz. Dabei gibt es zahlreiche Aspekte, die nicht in dieses reduzierte Bild passen beziehungsweise die diese Vorstellung von *Performance Art* zu erweitern oder sogar zu revidieren vermögen, sofern Entstehung und Kontexte von Performances näher betrachtet werden. Allein die Verkoppelung von Konzeptkunst und Performance oder die Entstehung von Performance aus oder vor dem Hintergrund von Konzeptkunst zeigt, dass bereits bestehende Pläne, Skizzen, Texte, Konzepte, Vorstellungen, Assoziationen, das heißt die Arbeit in und mit der Re-Präsentationskultur, nicht ausgeblendet wurden, sondern grundlegender Anteil von *Performance Art* geblieben sind.[2] Die komplexe Eigenheit von ‚künstlerischen Direktmitteilungen' belegen auch Zitate aus den 1970er-Jahren, als man das Genre eben erst zu etikettieren versuchte.

> Die Performance unterscheidet sich von ihren Vorgängern, wie dem Happening, der Aktion, Fluxus etc. durch eine exakte Festlegung der Rolle des Betrachters. Er soll durch das Erleben der direkten künstlerischen Mitteilung, unmittelbar mit dem artifiziellen Schaffensprozeß konfrontiert werden. Er ist nicht mehr der Handelnde, der am Geschehen unmittelbar Beteiligte, sondern hat eine fast ausschließlich beobachtende Funktion. […] Psychische Momente und Ideenvermittlungen stehen im Vordergrund. Die Sicht des Menschen ist wichtig. Dieses Zentrieren

auf das Humane hat aber auch eine festlegende Bestimmung des Künstlers zur Folge. In der Performance wird die Handlung auf den eigenen Erfahrungsbereich reduziert. Der Performer ist der bewußt subjektive Icherzähler, der dem Betrachter Teilbereiche seiner eigenen Erfahrungen, Empfindungen und Deutungen der Welt mitteilt. Die Problematik der auf das Ego bezogenen Interpretation steht im Vordergrund.[3]

Auch in dieser Zusammenfassung wird deutlich, dass in Performances zwar das Publikum mit der Unmittelbarkeit von Aktionen konfrontiert werden soll, jedoch auf der produktiven Seite eine ganze Reihe von Vorbedingungen und Prädispositionen eine Rolle spielt, die spontan oder improvisatorisch ausgeführte Handlungen ebenso wie genau geplante Abläufe mitbestimmen oder sogar von Grund auf determiniert. Zu unterscheiden ist allerdings Performance und ‚Ereignis', also die Gesamtkonstellation einer Aufführung und das Geschehen zu einer bestimmten Zeit an einem bestimmten Ort, wie dies Dieter Mersch beschrieben hat: „performative Kunst unterliegt einem kalkulierbaren Umgang mit Materialien und Semiosen, sie beerbt die Instrumente des Theaters wie die Institutionen der Kunst […]. *Und doch geht das Ereignis nirgends in ihnen auf.*"[4]

Ein zweiter Hinweis, mit dem ebenfalls ein mehrdimensionales Verständnis von *Performance Art* unterstrichen werden soll, gilt spezifischen Verbindungen oder Beziehungen zwischen bildender Kunst, zum Beispiel Skulptur oder Malerei, und *Performance Art*. Ein gutes Beispiel dafür ist die Performance *Site* (1964) von Carolee Schneemann und Robert Morris, bei der das Gemälde *Olympia* (1863) von Edouard Manet zum Vorbild genommen wurde, eine Iteration, wobei sich bereits zu dem Gemälde mit der liegenden nackten Frau zahlreiche Vorbilder anführen lassen (Giorgiones *Schlummernde Venus* oder Tizians *Venus von Urbino*). Manets *Olympia* zeigt einen reliefartigen Frauenakt, der aufgrund seines Motivs (eine Prostituierte) sowie aufgrund der Malweise (die Flächigkeit der Darstellung) im 19. Jahrhundert skandalös und irritierend wirkte. Die Performance von Schneemann und Morris in den 1960er-Jahren ‚verlebendigte' das Bild. „Schneemann and Morris, in fact, insist on thinking about *Olympia* in terms other than those of painting. Whatever *Site* is – tableau, theater, dance, sculptur – it re-presents painting, and leaves it behind."[5] Die beiden Ebenen, Repräsentation und Präsentation, sind demnach bei dieser Arbeit gleichwertig zu berücksichtigen, weil sich ihre Differenzen erst durch diese Doppelperspektive ergeben. Darüber hinaus geht diese Arbeit in der Feststellung der Differenzen nicht auf, sondern es kommen neue Aspekte hinzu, etwa die bewegliche Rahmung der lebenden Skulptur.

> Morris makes the famous Manet painting his ‚found' object as a live entity on the stage. She [Schneemann als *Olympia*, C. B.] remains transfixed while he manipulates

the plywood board, making a moving sculpture of body and object, with the additional visual effect of shifting relationships between Morris, the odalisque, the small white box, and the stationary vertical board.[6]

Damit gab Morris auch einen kritischen Impuls gegen die Festschreibung von Kunst und Kunstregeln, er erklärte:

> What is revealed is that art itself is an activity of change, of disorientation and shift, of violent discontinuity and mutability, of the willingness for confusion even in the service of discovering new perceptual modes.[7]

Veränderung, Flüchtigkeit und Vergänglichkeit von Kunst werden durch Aufführungen immer in besonderer Weise deutlich. Performances im Kontext von *Performance Art* waren und sind darauf ausgerichtet, diesen Aspekt zu unterstreichen beziehungsweise ‚Ereignisse' herauszufordern. Dazu gehörte allerdings nicht nur oder sogar manchmal weniger die Improvisation oder der zufällige, spontane Vollzug von Aktionen als vielmehr sehr genau geplante Handlungen beziehungsweise ein sehr genau geplanter Ablauf von Aktionen, der umgesetzt wird, auch wenn kein oder kaum Publikum anwesend ist. *Performance Art* ist in diesem Sinne zu verstehen „als darstellende Realisierung eines künstlerischen Konzepts in einer konkret erfahrbaren, zeitlich und räumlich strukturierten Situation".[8] Zu den spezifischen Aufführungssituationen im Kontext von *Performance Art* gehörten Reproduktionsmedien von Bildern oder Klängen beinahe von Anfang an dazu, auch dies trägt dazu bei beziehungsweise sollte dazu beitragen, nicht ausschließlich die Präsenz von Körpern, Objekten oder Stimmen in den Vordergrund zu stellen. Stattdessen ist in der *Performance Art* gerade die Arbeit mit den Differenzen der Erscheinungsweisen des Präsentierten ein elementarer Faktor, zu denen auch der Unterschied zwischen einem Körper auf der Bühne und seinem gleichzeitig ‚anwesenden', wie auch immer aufgezeichneten und gerahmten Körperbild gehört.[9]

Nach dieser kurzen Zusammenfassung einiger Bestimmungen von *Performance Art* stellt sich nun die Frage, inwiefern Musik in dieser Kunstrichtung eine Rolle spielte. Für Aufführungen, in denen vor allem die Klangproduktion und ihre Sichtbarkeit, manchmal auch ihre regelrechte Inszenierung im Vordergrund steht, tauchte der Begriff ‚Musikperformance' auf, wobei seine Herkunft und Entstehung unklar sind und vermutlich auf den Bedarf eines deutschsprachigen Umgangs mit der Geschichte von Performances zurückgehen, in der Musik oder die Erzeugung von Klängen einschließlich Geräuschen eine besondere Aufmerksamkeit zukommen sollte.[10] Der Begriff ‚Musikperformance' ist jedoch im Prinzip problematisch, weil Performances den traditionellen Musikbegriff nicht selten geradezu torpediert haben, obwohl die Realisierung von Partituren und damit auch die Re-Präsentation eines Werks – wie etwa bei Aufführungen von John Cage – nicht ausgeschlossen waren (gerade die Werke und Aufführungen von Cage stehen für den Beginn von Musikperformances). Sinnvoller als ‚Musikperformance' erscheinen aber möglicherweise die Bezeichnungen ‚Vokalperformance' oder ‚Instrumentalperformance', ‚Klangperformance' oder ‚Geräuschperformance' beziehungsweise in konkreten Fällen die Benennung der Rolle und Art der Musik- oder Klangproduktion.

In der Performance Art mit Musik und Klängen haben sich parallel zur Performance Art mit Körpern, Objekten oder Medien einzelne Künstler profiliert, die als „composer-performer" bezeichnet werden.[11] Zu ihnen gehören beispielsweise Vokalperformer und -performerinnen wie Meredith Monk oder David Moss, Instrumentalperformer wie etwa Charlemagne Palestine oder Fred Frith oder Medienkünstlerinnen und -künstler wie Laurie Anderson oder Robert Ashley. Das Konzept einer Präsentation sowie dessen Ausführung liegen häufig in einer Hand, musikalische ‚Komposition' und ‚Interpretation' fallen im Aufführungsprozess einer Performance zusammen, wobei es allerdings fraglich ist, ob die traditionellen Auffassungen von Komposition und Interpretation hierbei tatsächlich noch relevant sind. Michael Kirby bestimmte die Rolle des Aufführenden in einer von ihm sogenannten „non-matrixed performance" als „the execution of a generally simple and undemanding act".[12] Auch bei der Aufführung einer Performance mit anderen Personen gelte: „The creation was done by the artist when he formulated the idea of the action. The performer merely embodies and makes concrete the idea."[13] Interpretatorische Akte sind dabei sicherlich nicht auszuschließen, aber sie beziehen sich weniger auf einen ausformulierten Text oder auf eine ausnotierte Partitur, sondern eher auf einen mitgeteilten Gedanken, auf eine Notiz, auf ein Skript, das für die Aufführung selbst eine konkrete Planung und Festlegung von Abläufen erfordert.[14] Dabei können improvisatorische und/oder experimentelle Prozesse der Klangproduktion durchaus Bestandteile von Performances sein, sofern sie beispielsweise auch als Extensionen vorhergegangener privater oder halböffentlich präsentierter Improvisationen oder Klangexperimente entstehen. So ist bei Musik-, Klang- oder Vokalperformances demnach ebenfalls mit einer großen Bandbreite von Ausführungsmöglichkeiten und -situationen zu rechnen. Sie reicht etwa von einem Konzertabend mit Meredith Monk, bei der (bekannte) Solostücke ihrer Vokalperformances in einer genau festgelegten Reihenfolge erklingen, bis hin zu einer Improvisation mit dem Gitarristen Fred Frith, bei der zwar auch wiedererkennbare ‚Klangaktionen' eine Rolle spielen (können), aber der Gesamtablauf nicht genau geplant ist. Die Realisation eines Konzepts kann sich verschränken mit der Entdeckung von neuen Klangdimensionen, die nur in einem bestimmten Moment der Aufführung oder nur in einer bestimmten, singulären Aufführungssituation, bedingt durch ein einmaliges synergetisches Zusammenwirken der aktuellen Situationskomponenten entstehen. Dies betrifft sowohl die Arbeit mit dem Körper, mit der Stimme und mit akustischen Instrumenten als auch die Arbeit mit verschiedenen elektro-akustischen Medien.

Im Folgenden soll auf Aspekte von Performances im Musikbereich eingegangen werden, welche die genannten Aufführungsmodi einschließen und erweitern. Hierfür werden eine Künstlerin und ein Künstler als Beispiele herangezogen, die in ganz unterschiedlicher Form an der Entstehung und Etablierung von *Performance Art* beteiligt waren. Erstens geht es um eine weltweit bekannte Künstlerin, die allerdings auf dem Gebiet der Musik nicht besonders geschätzt wird (vielleicht auch deshalb, weil sie angeblich die Musikgeschichte des 20. Jahrhunderts entscheidend mitbestimmt hat) – es handelt sich um Yoko Ono.[15] Zweites Beispiel ist ein beinahe unbekannter Musiker, Komponist und Performancekünstler, den nur ein exklusives Spezialpublikum kennt, der jedoch (in der zweiten Hälfte des 20. Jahrhunderts) ebenfalls als eine der Zentralfiguren der amerikanischen Avantgarde gilt. Seine Kunst ist angesiedelt zwischen einer großen Rätselhaftigkeit und einer radikalen Selbstveräußerung, einer durchaus wortreichen, sprachlich dichten Selbstveräußerung, die allerdings immer enigmatisch oder verschlüsselt erscheint. Diese Kombination erstreckt sich bis zu seinem selbst gewählten und selbst bewerkstelligten Tod – die Rede ist von Jerry Hunt, der sich am 27. November 1993 mit Kohlenmonoxid vergiftet hat, nicht ohne eine genaue Anleitung zur Technik dieses Selbstmords zu hinterlassen.

Zunächst werden diese beiden künstlerischen Persönlichkeiten kurz porträtiert, dabei wird der Schwerpunkt auf der jeweils spezifischen Ausprägung ihrer Arbeit liegen, soweit sie die Verknüpfung oder die Einheit von *Performance Art* und Musik betrifft.

Yoko Ono – Präsenz des Imaginären

Yoko Ono, 1933 in Japan geboren, erhielt an einer der besten Schulen Japans nach westlichem Vorbild eine gründliche Musikausbildung (Klavier sowie Opern- und Liedgesang), Ende 1952 kam sie mit der Familie nach New York. Ono studierte dann bis 1955 am modernen Sarah Lawrence College für Frauen (mit den Schwerpunkten Literatur und Komposition), wo fast zehn Jahre später auch Meredith Monk eingeschrieben war. Nach ihrem Studium heiratete Yoko Ono 1956 den Pianisten und angehenden Komponisten Toshi Ichiyanagi, durch den sich eine enge Anbindung an die künstlerische Avantgarde um John Cage in New York ergab.[16] In diesem Umfeld begann Yoko Ono ihre eigenen künstlerischen Arbeiten fortzuführen, die zunächst aus einer Reihe von verbal notierten Instruktionen als *event pieces* bestanden. Einfache Vorgänge wurden beispielsweise aus ihren Alltagskontexten herausgehoben und sollten als Aufführungen vor Publikum zu ‚Ereignissen' werden, so beispielsweise in ihrem *Lightning Piece*: „Light a match and watch till it goes out" (entstanden im Herbst 1955, aufgeführt in New York und Tokio 1961 und 1962).[17] Im Vergleich zu George Brecht oder La Monte Young, denen sie mit solchen Konzepten an die Seite zu stellen ist beziehungsweise denen sie damit chronologisch eindeutig vorausging (Brecht begann sich erst 1958/59 mit *events* zu beschäftigen, und La Monte Young begann mit seinen *score pieces* 1959/60),[18] bezieht sich Ono nicht nur auf Alltagsereignisse, sondern zunehmend auch auf Vorgänge, die irreal und fantastisch erscheinen oder auf besondere Weise den imaginären Raum betreffen. Die Serie ihrer sieben *Card Pieces* (von 1964) beginnt beispielsweise folgendermaßen: „Walk to the center of your Weltinnenraum. Leave a card."[19]

Musik und Komposition waren, wie erwähnt, für Yoko Ono bereits Schwerpunkte ihres Studiums am Sarah Lawrence College, und sie scheint dort auch einige Tendenzen der aktuellen musikalischen Avantgarde kennengelernt zu haben (Henry Cowell, Edgard Varèse, John Cage).[20] Offenbar waren ihr diese Kenntnisse hilfreich bei ihrem Versuch, Naturgeräusche zu notieren, als sie sich nicht in der Lage sah, die konventionelle musikalische Notation dafür zu nutzen. So entstand im Sommer 1953 eine erste Komposition in Form einer verbalen Instruktion, genannt *Secret Piece*, mit der Anweisung: „Decide on one note that you want to play. Play it with the following accompaniment: The woods from 5 a.m. to 8 a.m. in summer."[21] Diese Anweisung, so fügt Ono in Klammern dazu, sei jedoch die spätere Revision des Originals, das nachstehend zwei Notensysteme mit Violin- und Bassschlüssel, die Notierung des Tons *f* im Basssystem (zwei übergebundene Halbe) und die ergänzende Erklärung aufweist: „with the accompaniment of the birds singing at dawn".[22] Mindestens drei Aspekte sind an dieser Stelle anzusprechen, die diesem *Secret Piece* inhärent sind: erstens, es ist eine Partitur beziehungsweise eine Aufführungsanweisung, die von musikalischer Notation ausgeht; zweitens, im Prinzip handelt es sich um ein Konzert, bei dem ein Ausschnitt aus der akustischen Umgebung als Begleitung definiert wird; drittens, es ist ein Konzept (lange bevor ab Mitte der 1960er-Jahre von Konzeptkunst gesprochen wurde), weil Yoko Ono nicht nur eine Ausführung ihrer Instruktionen anregt, sondern auch die Idee beziehungsweise den imaginären Raum einer solchen Ausführung eröffnet im Sinne von ‚stellt Euch vor, wie es wäre, wenn dies passieren würde'. Aus ihren nachfolgenden Konzeptstücken, die nicht nur Musik, sondern auch Bilder, Zeichnungen oder Objekte, architektonische Planungen, Filmproduktionen oder Tanzveranstaltungen anregen sollten und die sie 1964 in ihrer Publikation *Grapefruit. A Book of Instruction and Drawings* zusammengefasst hat, geht hervor, dass sie vor allem den zuletzt genannten Gesichtspunkt der Ansprache oder der Anstöße und Entfaltung persönlicher Vorstellungswelten oder persönlicher, individueller Vorstellungsräume intensiv weiter verfolgt hat. 1966 äußerte Ono:

> ‚Idea' is what the artist gives, like a stone thrown into the water for ripples to be made. Idea is the air or sun, anybody can use it and fill themselves according to their own size and shape of his body ... instruction painting makes it possible to explore the invisible, the world beyond the existing concept of time and space. And then sometimes later, the instructions themselves will disappear and be properly forgotten.[23]

Yoko Onos Konzeptkunst ist Alexandra Munroe zufolge eine „invitation to a magical unlocking of the mind",[24] auch wenn Ono zum Beispiel mit ihrem 1964 in Kioto uraufgeführten berühmten *Cut Piece* keineswegs nur die Fantasie der Anwesenden angerührt und aufgeweckt hat. Mit ihren Musikstücken (beziehungsweise den Stücken, die sie als ‚Musik' bezeichnet) jedenfalls wird zunehmend der „Weltinnenraum" angesteuert sowie „the bridge from idea to act"[25], obwohl auch hier alltägliche Objekte, Handlungen und Erfahrungen, (akustische) Naturerscheinungen oder Elemente des aktuellen Musiklebens (zum Beispiel Orchester, *Tape Music*, Konzertsituation, Gesang und Stimme) gedankliche Ankerpunkte bilden.

Dazu seien einige ausgewählte Beispiele aus *Grapefruit* angeführt: *Laugh Piece* (1961) „Keep laughing a week" oder *Cough Piece* (1961) „Keep coughing a year", basierend auf alltäglichen körperlichen Aktivitäten, die aufgeführt vor Publikum zu geräuschhaften, möglicherweise ansteckenden, aber durchstrukturierten besonderen Ereignissen werden können, lassen den Rezipienten durch ihre angegebene Dauer in die Überlegung ‚Was wäre, wenn' hineingleiten, und genau dadurch enthebt Ono die Stücke auch einer einfachen konzeptuellen Selbstreferentialität. Das *Cough Piece* hat die Künstlerin später selbst realisiert.

> In a sound work with the same title [*Cough Piece*, C. B.], produced in 1963, an electronic rumble ebbs and flows through thirty-two and a half minutes of alternatingly soft and surging passages punctuated by the gentle clicking of what appear to be claves (rhythm sticks) and by the artist's occasional coughing. Ono's cough can sound intrusive at first, with its sudden shot of realism into the spare, swimming mix, but a listener soon hears it as a well-integrated musical element in an unfolding soundscape that lacks obvious cadences but immediately sustains an expansive, meditative mood. Ono, like early pioneers of electronic music and sound art, fused performance and composition in the making of her original recorded works. Now the tape recorder – primitive by today's standards and offering only a few tracks – had become not only a device for documenting a performance, but a vital tool in the making of the compositions it preserved.[26]

Earth Piece (1963) „Listen to the sound of the earth turning" und *Water Piece* (1963) „Listen to the sound of the underground water" sind beides Instruktionen für Zuhörer, die Aufmerksamkeit auf bestimmte akustische Phänomene zu richten, die jedoch erst in ihrer Vorstellung entstehen beziehungsweise nur imaginär wahrzunehmen sind (wenn überhaupt). Dabei tritt etwas in Erscheinung, das für den Einzelnen präsent ist und eine gewisse zeitliche Gestalt hat. „Something that emerged from instruction" nannte Ono in einem Statement vom 1964 einmal „instructure".[27]

Bicycle Piece for Orchestra (1962) „Ride a bicycle anywhere you can in the concert hall. Do not make any noise", *Concert Piece* (1963) „When the curtain rises, go hide and wait until everybody leaves you. Come out and play" sowie *Tape Piece IV* (1963) „Moving Piece. Take a tape of the sound of the stars moving. Do not listen to the tape. Cut it and give it out to the people on the street. Or you may sell it for a moderate price". Diese Stücke haben gemeinsam, dass sie Elemente des Musiklebens (inklusive Musikmedien) aufgreifen, aber sich gegen ihre rituellen Besetzungen und gegen ihre konventionelle Nutzung richten oder neue Nutzungen vorschlagen, deren mögliche Durchführung sowie deren potenzielle Ergebnisse und Konsequenzen in der Vorstellung ‚nachwirken' (und zum Nachdenken anregen). Die Stücke lassen sich nicht auf die Kritik an den Institutionen oder an bestimmten sozialen Praktiken (des Musiklebens oder des Kunstmarkts) festlegen, sondern sie evozieren darüber hinaus mentale Szenarien, zu denen auch Klänge (einschließlich Stille) gehören.[28] Solche Prozesse hat Yoko Ono in einem Text erläutert, den sie als Fußnote zu einem Vortrag an der Wesleyan University vom 13. Januar 1966 ausgegeben hat. Sie schreibt in diesem Text: „If my music seems to require physical silence, that is because it requires concentration to yourself – and this requires inner silence which may lead to outer silence as well", wobei sie einige Zeilen später ergänzt: „The only sound that exists to me is the sound of the mind. My works are only to induce music of the mind in people."[29] Damit hängt der von Ono geprägte Begriff ‚insound' zusammen, den sie folgendermaßen definierte: „IN: like really in-within-inner-non-un-insane-crazed […] Insound is a practice rather than music. Most of the insound pieces are spread by word of mouth."[30]

An dieser Stelle sei das kurze Porträt von Yoko Ono abgeschlossen, nicht ohne jedoch zwei Fragen zu formulieren, die später nochmals aufgegriffen werden sollen: Erstens, in welchem Verhältnis stehen Onos Phantasmen, die häufig auch das ‚real Vorstellbare' überschreiten (ähnlich wie die Konzepte von Nam June Paik),[31] zur Auffassung von Performance Art als einer besonderen Kunst der Präsenz, der Produktion und Erfahrung von Präsenz und von Ereignissen, der Selbstreferentialität und der Selbstinszenierung? Zweitens, inwiefern wird Onos Zielsetzung einer „music of the mind" mitbestimmt durch die Spezifik von Musik als ‚Kunst der Innerlichkeit' im

Sinne von Musik als einer Kunst, die sich hauptsächlich perzeptiv und kognitiv beim Hören konstituiert (abgesehen vom Lesevorgang einer Partitur und der damit verbundenen Konstituierung von Imaginationen)? Hierzu noch zwei weitere Zitate von Ono, welche die beide Fragen erneut aus anderen Perspektiven beleuchten: „The sounds and music in your mind [...] exist without the physical limitations of the real world", und „sounds you hear in silence [...] [when you] start to feel the environment and tension and people's vibrations [...] the sound of fear and darkness, like a child's fear that someone is behind him".[32]

Jerry Hunt – Ritual und Enigma

Auch die Musikprojekte von Jerry Hunt, die hier ebenfalls nur kurz vorgestellt werden können, führen in Grenzbereiche, weniger allerdings in Grenzbereiche der Ausführung von Instruktionen oder des Vorstellbaren, sondern vielmehr in Grenzbereiche der Kommunikation: Jerry Hunts Rituale sind zwar in der Regel relativ übersichtliche und konzentrierte Aktionen einer Person, die auch minimalistische Tendenzen aufweisen, aber es überlagern sich gestische, musikalische und/oder sprachliche Artikulationsschichten und Zeichen, deren Bedeutungen häufig rätselhaft sind oder – wie zu Beginn gesagt – verschlüsselt erscheinen (und es ist fraglich, ob eine Entschlüsselung überhaupt relevant ist). Hunt wurde abwechselnd als Magier, als Schamane oder als Scharlatan bezeichnet.[33] Er wurde zehn Jahre nach Yoko Ono, 1943, in Texas geboren, wo er auch zeitlebens beheimatet geblieben ist. Bis 1969 war er als Pianist aktiv und in dieser Zeit beschäftigte er sich intensiv mit aktueller Klaviermusik (in Europa und Amerika, von John Cage bis Karlheinz Stockhausen, Pierre Boulez, Morton Feldman usw.). Gleichzeitig fing er an (ebenfalls unter dem Einfluss von John Cage, Robert Ashley, Gordon Mumma und anderen), sich experimentell mit elektroakustischen und audiovisuellen Medien zu befassen, wobei er auf diesem Gebiet ganz eigene Ideen verfolgte (Live-Elektronik mit Synthesizer, Entwicklung interaktiver elektronischer Systeme, Einbezug von Video, Programmierung von Software). 1978 begann Jerry Hunt mit Performances, die er selbst als „interrelated electronic, mechanic and social soundsight interactive transactional systems"[34] beschrieb. Der amerikanische Musikwissenschaftler Kyle Gann bezeichnete Jerry Hunts Equipment bei Auftritten als die Bühne füllende Mischung aus Dutzenden von Kabeln, einer Reihe von elektroakustischen Geräten und verschiedenen Keyboards/Synthesizern, aus Videoaufnahme- und Videoabspielgeräten, aus Objekten wie Spielzeug, Koffern, Amuletten, Stöcken und sonstigen Gegenständen zur Erzeugung von Geräuschen und zur Verwendung bei Gesten, wobei Klang, Bild und Bewegung durch Sensoren (zum Beispiel einfache, umgebaute Bewegungsmelder) und Aufnahmegeräte in einem interaktiven elektronischen, zum Teil durch Programme gesteuerten System verbunden waren, in dem gegenseitige Einflussnahmen (etwa die Veränderung von Klang durch Bewegung) möglich waren, aber nicht zwingend ausgelöst wurden.[35] Jerry Hunt hat einige seiner Performances für Video produziert (für ihn waren solche Produktionen „translations"), wobei auf einen bedeutenden Punkt seiner Auftritte hinzuweisen ist: Klang beziehungsweise Sound war für ihn ein ununterbrochener akustischer Strom, was an den oder einen Bewusstseinsstrom ebenso wie an die Akustik der Natur und an ein klingendes Universum erinnert. Demzufolge betrachtete er die sichtbaren Aktionen folgendermaßen:

> The visual and gestural components of what I do I regard as subordinate to and dependent upon the sound stream. The visual and gestural parts are signals, overlays of the course of development that the musical stream takes.[36]

Am Beispiel von *Birome [zone]: plane (fixture)* (1992) – eine Video-Translation der Performance *Birome (zone): plane* (1986), die wiederum auf die Rauminstallation *Birome (zone): Cube* (1983) zurückgeht („installation system of microrobotic sensor mannequin artifact, interactive video-audio system, complements of adaptive control systems"[37]) – lassen sich die genannten charakteristischen Elemente der Auftritte von Jerry Hunt nachvollziehen. Die folgende Beschreibung mag einen Eindruck vom Ablauf der Performance geben:

> Jerry shakes convulsively, as though possessed. The accompanying music is also convulsive, a relentless stream of sampled instrument trills with a host of percussion sounds thrown in. Jerry holds a variety of implements: staffs, magic wands, flags, talismans, bells and rattles (the latter heard as well as seen). Additional talismans occasionally enter from outside the frame. Often Jerry points or gestures with one hand while holding an implement in another. At other times he blows a horn, cries out or hits himself with a switch, self-flagellant style. In a live performance Jerry would pace around the stage, chewing obsessively on smokeless tobacco or gum while performing his ceremony. The humor here is in the irony of the scenario: the sublime pretensions of the activity being carried out by an utterly mundane-looking man.[38]

Was hier beschrieben wird und im Video zu sehen ist – eine Performance in medialisierter Form –, ist Jerry Hunt zufolge weder ein Konzert noch eine Performance, sondern eine Konvention, eine Konvention im Sinne eines Geschehens vor Publikum, das sich in der Zeit abspielt und ein Verhältnis zwischen dem Akteur oder zwischen den Akteuren und den zuhörenden Betrachtern herstellt.[39] Dieses Verhältnis ist jedoch ebenso unklar wie die Funktionen und Resultate des aufgebauten elektronischen Interaktionssystems, das Signale der Aktivitäten im Raum verarbeitet. Jerry Hunt hat das offene Verhältnis zu seinem Publikum in einem Interview folgendermaßen kommentiert:

> Why am I displaying for you? Why are you allowing yourself to watch me? What are you getting out of me? What can I extract from you?, and, How can we do this with the convention of the music being made?[40]

In diesem Zusammenhang definiert er seine Objekte, die er während der Aufführung benutzt, nicht als Symbole, sondern als „seeders that seed the attention" im Rahmen von „mimetic transactional exercises".[41] Diese wiederum werden immer unterschiedlich angelegt:

> There are specific scenarios for each of these works that involve certain relationships with objects, what objects I carry, what are available. I have a list of strategies and a list of goals and interests and pursuits and exercises and desires that I'd like to work out with the audience. Some very personal, some confrontational and violent, some overtly sexual, some pretentious, some apologetic, some friendly. They're all just interpersonal games with tools.[42]

Auch über Jerry Hunt ließen sich noch viele weitere Details und Aspekte anführen. Diese kurze Darstellung soll zumindest einen ersten Einblick in seine Arbeit und in sein Denken geben.

Bewegung in Grenzbereichen – Aspekte und Fragen

Zum Abschluss des Beitrags werden nun einige Thesen und Fragen zur Diskussion gestellt, die sich aus dem Nachdenken über die Verbindung von *Performance Art* und Musik bei Ono und Hunt ergeben. Dabei liegt mein Interesse – um dies vorwegzunehmen – aber nicht etwa darin, die von Petra Maria Meyer im Rahmen der Diskussion von „Performance im medialen Wandel" aufgeworfenen „postperformativen Fragestellungen" weiterzuführen, denn Letztere sind in meinen Augen keine nachgeordneten Problemstellungen, sondern von Anfang an relevant.[43] Vielmehr geht es um die Ausführung von drei alternativen Thesen zu und über Ono und Hunt, die jedoch erweiterbar sind, zunächst aber für den vorliegenden Beitrag entwickelt wurden.

Die erste These bezieht sich auf den Ausgangspunkt von Performances in Form von Partituren und damit auf den Status von Partituren. Partituren wurden und werden bis heute nicht selbstverständlich als ‚Instruktionen' betrachtet, sondern als Repräsentationen eines Werks.[44] Insofern wird dem Spannungsverhältnis zwischen der Repräsentation einer Idee (eines Komponisten, einer Komponistin) in Form einer

Partitur und der Umsetzung beziehungsweise Realisierung, Ausführung oder Verkörperung einer Idee oder eines Werks durch die ‚Interpreten' sowie dem daraus resultierenden schöpferischen Potenzial für eine Performance gewöhnlich nicht genügend Aufmerksamkeit geschenkt. Es wird von verschiedenen Interpretationen eines Werks ausgegangen, kaum jedoch von den Ereignissen, die damit verbunden sind und die Dimensionen des Vorstellbaren überschreiten können. Yoko Ono wurde aufgrund ihrer ‚Partituren', die diese Grenzüberschreitung geradezu herausfordern, von George Macunias als erste Fluxuskünstlerin propagiert, ja mit Onos ‚Partituren' kam überhaupt die Idee von Fluxus durch Maciunas in Umlauf. Ausgangspunkt waren ihre ‚musikalischen Partituren' als ‚Instruktionen', die auch in die anderen Künste ausstrahlten.[45]

Die zweite zu diskutierende These berührt die Frage der Bestimmung von Performance als Erzeugung und Inszenierung von Präsenz. Gerade bei Yoko Onos Projekten und Konzepten stellt sich bei einer beabsichtigten Umsetzung, Realisierung oder Ausführung das Problem der Grenze von Realität und Fiktion, von Realität und Fantasie beziehungsweise Präsenz und Absenz sowie die Frage nach der in diesem Zusammenhang relevanten Bedeutung der Machbarkeit oder Realisierbarkeit eines Konzepts und der Wahrnehmbarkeit der Realisierung eines Konzepts. Häufig fragt man sich bei Yoko Onos Konzepten als Partituren und Projekten (und deren Umsetzung), was wie ‚präsent' ist, wenn es (nur) in der Vorstellung oder in der Fantasie ‚präsent' ist. Dies sind eher phänomenologische und philosophische Fragen, die im Diskurs von *Performance Art* (noch) nicht ausreichend diskutiert worden sind und insbesondere im Bereich der Verbindung von Performance und Musik an dieser Stelle nur angedeutet werden können.

Mit der dritten These wird das Verhältnis von Produktion, Aufführung, Inszenierung und Publikum angesprochen. Bei Jerry Hunt wird die musikalische Aufführung und Performance zur einer Herausforderung des Verhältnisses von Akteur, Aktionen und Publikum, womit ein wesentlicher Aspekt der *Performance Art* vorliegt. Diese Herausforderung ist vor allem deshalb umfassend, weil der Künstler den performativen Prozess der Bedeutungszuweisung (also die Entstehung der Bedeutung eines Zeichens in einem sich verschränkenden Wahrnehmungs- und Verstehensprozess) unterläuft oder immerhin durchgehend erheblich erschwert (obwohl oder gerade weil vermeintlich Zeichenhaftes und Symbole in den Performances immer integriert sind).[46] Sofern darüber hinaus die Performances und „translations" von Jerry Hunt im diskursiven Rahmen von *Performance Art* als Präsentation von Klang beziehungsweise als Erlebnis der Präsenz von Klängen betrachtet werden, ist zu berücksichtigen, dass seine körperlichen Aktivitäten nur mittelbar mit seinen körperlich produzierten Klängen zu tun haben. Die wahrnehmbaren Klänge werden zum Teil (unmerklich) von der Elektronik hervorgebracht; dabei ist vor allem zu bedenken, dass die Möglichkeiten der Speicherung und Reproduktion von Klängen eine eigene Ebene der Präsentation von Klängen (Entstehung von Klangereignissen) ausprägen, zu der Plötzlichkeit und Unvorhersehbarkeit gehören, aber auch Wiederholung und Umkehrung. Dadurch ergibt sich bei Jerry Hunt ein Wechselspiel zwischen ‚authentischen' Körperklängen, zum Beispiel auch vokalen Artikulationen, und einer Erzeugung von Klangereignissen, die nicht ‚körperlich' klingen, sondern die der Maschinerie technischer Modulation und Manipulation abgelauscht sind, ganz abgesehen von Klängen, die tatsächlich elektro-akustisch hervorgebracht werden.[47]

1. RoseLee Goldberg, *Performance Art. From Futurism to the Present*, erweiterte und überarbeitete Edition, London 2001, S. 7.
2. In der Konzeptkunst geht es primär um eine „Recherche der Konstitution von Bedeutung", die in der Performance Art nicht abgelegt, sondern in einem anderen Format weitergeführt wird, vgl. dazu Thomas Dreher, *Konzeptuelle Kunst in Amerika und England zwischen 1963 und 1976* (*Europäische Hochschulschriften*, Reihe 28, Kunstgeschichte, Bd. 138), Frankfurt/Main 1992, S. 18ff.
3. Georg F. Schwarzbauer, „Performance. Anmerkungen zum Themenbereich artifizieller Direktdarstellungen", in: *Kunstforum International* 24, 1977, S. 39–54, hier S. 39f.
4. Dieter Mersch, *Ereignis und Aura. Untersuchungen zu einer Ästhetik des Performativen*, Frankfurt/Main 2002, S. 233.
5. Henry M. Sayre, *The Object of Performance. The American Avant-Garde since 1970*, Chicago, London 1989, S. 70.
6. Jill Johnston, „The Object", in: *Village Voice*, 21.05.1964, zitiert nach: ebd., S. 71.
7. Erklärung von Morris 1970, zitiert nach: ebd., S. 70.
8. Vgl. Dorothea von Hantelmann, „Inszenierung des Performativen in der zeitgenössischen Kunst", in: *Theorien des Performativen* (*Paragrana*, Bd. 10, 2001, Heft 1), hrsg. von Erika Fischer-Lichte und Christoph Wulf, Berlin 2001, S. 255–270, hier S. 255.
9. Vgl. Barbara Engelbach, *Zwischen Body Art und Videokunst. Körper und Video in der Aktionskunst um 1970*, München 2001; vgl. auch *Performance im medialen Wandel*, hrsg. von Petra Maria Meyer, München 2006.
10. Vgl. Volker Straebel, „‚What I hope is that the Europeans will become more American'. Gegenseitige Einflüsse von Europa und Nordamerika in der Geschichte der Musikperformance", in: *Musik, Labyrinth, Kontext* (*Das Innere Ohr. Festival zeitgenössischer Musikperformance*), hrsg. von Thomas Dészy und Christian Utz, Linz 1995, S. 80–94. Vgl. auch Valerian Maly, „Qu'est-ce que c'est que cela? Notizen zur Musikperformance", in: *MusikTexte* 62/63 (1996), S. 12–16, sowie Barbara Barthelmes, „Der Komponist als Ausführender und der Interpret als Komponist. Zur Ästhetik der Musikperformance", in: *Improvisation – Performance – Szene* (*Veröffentlichungen des Instituts für Neue Musik und Musikerziehung Darmstadt*, Bd. 37), Mainz 1997, S. 9–18.
11. Vgl. ebd., S. 9ff. Vgl. auch Barbara Barthelmes und Matthias Osterwold, „musik – performance – kunst", in: *Klangkunst*, Katalog, hrsg. von der Akademie der Künste Berlin, erschienen anlässlich von „sonambiente. festival für hören", 09.08.–08.09.1996, betreut von Helga de la Motte-Haber, München, New York 1996, S. 233–239.
12. Michael Kirby, *Happenings. An Illustrated Anthology*, New York 1965, S. 17.
13. Ebd.

14 Vgl. Richard Schechner, „Drama, Script, Theater, and Performance", in: *Performance Theory*, New York, London 1988, Reprint 1994, S. 68–105. Schechner geht davon aus, dass reproduzierbare „scripts" als „patterns of doing" Ritualen zugrunde liegen, die mündlich oder im Lehrer-Schüler-Verhältnis überliefert werden (vgl. S. 70f.). In der zeitgenössischen *Performance Art* entstehen erst solche „scripts", die von den Beteiligten memoriert werden (und im Bedarfsfall, zum Beispiel bei wiederholten Performances, auch wieder aufgerufen und wieder aufgeführt und/oder aktualisiert werden können).

15 Vgl. Jonathan Cott und Christina Doudna, *Die Ballade von John & Yoko*, München 1984; James Woodall, *John Lennon und Yoko Ono. Zwei Rebellen – eine Poplegende*, Berlin 1997; Katrin Berndt, *Yoko Ono – In Her Own Write. Ihr musikalisches Schaffen und der Einfluß von John Lennon*, Marburg 1999.

16 Vgl. Alexandra Munroe, „Spirit of YES. The Art and Life of Yoko Ono", in: *YES. YOKO ONO*, Katalog, New York 2000, S. 11–37; Edward M. Gomez, „Music of the Mind from the Voice of the Raw Soul", in: ebd., S. 230–237.

17 Vgl. Munroe, „Spirit of YES. The Art and Life of Yoko Ono" (s. Anm. 16), S. 19.

18 George Brecht konzipierte im August 1958 sein *Room Poem*, 1958 seine ersten Partituren *Confetti Music* und *Three Lites*, 1959 begann die erste Phase seiner „event scores" mit *Candle-Piece for Radios*, *Card-Piece for Voice* und *Time-Table Music*. Im Oktober/November 1959 wurde Brechts Ausstellung *Toward Events: An Arrangement* in der Reuben Gallery in New York gezeigt. Vgl. *George Brecht. Events – Eine Heterospektive*, hrsg. von Alfred M. Fischer, Köln 2005, S. 300 und S. 309. La Monte Young komponierte seine ersten Textpartituren *Vision* 1959 und *Poem for Tables, Chairs, Benches, etc.* im Januar 1960. Im Oktober 1960 traf La Monte Young in New York ein und begann gleich darauf mit Yoko Ono eine Veranstaltungsreihe von Performances (im Dezember 1960, *Chamber Street series*) im Loft von Yoko Ono, vgl. Henry Flynt, „La Monte Young in New York, 1960–62", in: *Sound and Light. La Monte Young/Marian Zazeela*, hrsg. von William Duckworth und Richard Fleming, Lewisburg, London, Toronto 1996, S. 44–97, hier S. 49f., 55f.

19 Vgl. Yoko Ono, *Grapefruit. A Book of Instructions and Drawings* (1964), New York, London, Toronto, Sydney 2000, o. S.

20 Vgl. Gomez, „Music of the Mind from the Voice of the Raw Soul" (s. Anm. 16), S. 232, der Lehrer von Ono war der in Wien ausgebildete Pianist und Komponist André Singer (1907–1996).

21 Vgl. Ono, *Grapefruit* (s. Anm. 19).

22 Vgl. *YES. YOKO ONO* (s. Anm. 16), S. 230. Vgl. dazu La Monte Youngs *Composition 1960 #7* „to be held for a long time" (Quinte *h/fis*).

23 Zitiert nach: Munroe, „Spirit of YES. The Art and Life of Yoko Ono" (s. Anm. 16), S. 22.

24 Ebd., S. 13.

25 Kristine Stiles, „Being Undyed. The Meeting of Mind and Matter in Yoko Ono's Events", in: *YES. YOKO ONO* (s. Anm. 16), S. 145. Der Begriff ‚Weltinnenraum' geht zurück auf Rainer Maria Rilke, vgl. ebd., S. 146.

26 Gomez, „Music of the Mind from the Voice of the Raw Soul" (s. Anm. 16), S. 233.

27 Vgl. Munroe, „Spirit of YES. The Art and Life of Yoko Ono" (s. Anm. 16), S. 12; sowie „Commentaries by Jon Hendricks", in: *YES. YOKO ONO* (s. Anm. 16), S. 303.

28 Mit dem freien Angebot oder dem Verkauf von Objekten oder Objektfragmenten, Karten und anderen Readymades reagierte Yoko Ono mit ähnlichen Strategien auf die Regeln des Kunstmarkts und der Kunstinstitutionen, vgl. dazu Jon Hendricks, „Yoko Ono and Fluxus", in: *YES. YOKO ONO* (s. Anm. 16), S. 39–50.

29 Siehe Yoko Ono, „To the Wesleyan People", in: dies., *Grapefruit* (s. Anm. 19), o. S.; siehe auch Yoko Ono, *Between the Sky and My Head*, Katalog, Köln 2008, S. 196–199.

30 Yoko Ono, „On insound", in: *YES. YOKO ONO* (s. Anm. 16), S. 12.

31 Vgl. *Nam June Paik. Niederschriften eines Kulturnomaden. Aphorismen, Briefe, Texte*, hrsg. von Edith Decker, Köln 1992.
32 Yoko Ono in Interviews 1971 und 1982, zitiert nach: Gomez, „Music of the Mind from the Voice of the Raw Soul" (s. Anm. 16), S. 233, siehe Anm. 18 und 19 (ebd. S. 237).
33 Vgl. Rod Stasick, „Schamane der Schallplatte. Der US-amerikanische Pianist und Elektroniker Jerry Hunt", in: *Neue Zeitschrift für Musik* 165, November/Dezember 2004, S. 36–41.
34 Zitiert nach: Michael Schell, *Unlikely Persona: Jerry Hunt (1943–1993)*, www.jerryhunt.org (letzter Zugriff: 12.08.2010).
35 Siehe Kyle Gann, *American Music in the Twentieth Century*, New York 1997, S. 176.
36 *Interview between Leon van Noorden and Jerry Hunt*, März 1988, www.jerryhunt.org (letzter Zugriff: 12.08.2010). Vgl. VHS-Video Jerry Hunt, *Four Video Translations*, OO Discs Inc., Black Rock, CT, 1995.
37 „Jerry Hunt: Work Listing", www.jerryhunt.org (letzter Zugriff: 12.08.2010).
38 Michael Shell, „Jerry Hunt. Four Video Translations", Kommentar zu: Hunt, *Four Video Translations* (s. Anm. 36).
39 Steve Peters, „Jerry Hunt: Performance Artifacts", 1994, www.jerryhunt.org (letzter Zugriff: 12.08.2010).
40 „Stompin' and Beatin' and Screamin'. Interview with Jerry Hunt", Interview: Gordon Monahan, vermutlich 1986, www.jerryhunt.org (letzter Zugriff: 12.08.2010).
41 Ebd. (s. Anm. 40).
42 Ebd.
43 Vgl. Meyer, *Performance im medialen Wandel* (s. Anm. 9), S. 38ff.
44 Vgl. dazu Klaus-Jürgen Sachs und Thomas Röder, Art. „Partitur", in: *MGG2*, Sachteil, Bd. 7, Kassel u. a. 1997, Sp. 1424–1438.
45 Vgl. Hendricks, „Yoko Ono and Fluxus" (s. Anm. 28), S. 39ff.; mit der Ausstellung *Paintings & Drawings by Yoko Ono* in der AG Gallery in New York im Juli 1961 gab Maciunas Yoko Ono eine erste Plattform und kam dadurch zur Entwicklung der Fluxus-Idee.
46 Vgl. Günter Abel, *Interpretationswelten. Gegenwartsphilosophie jenseits von Essentialismus und Relativismus*, Frankfurt/Main 1993. Vgl. dazu auch Dreher, *Konzeptuelle Kunst in Amerika und England zwischen 1963 und 1976* (s. Anm. 2).
47 Vgl. etwa *Volta (Kernel)* von 1977, siehe Jerry Hunt, *Lattice*, CD 713, Composers Recordings, Inc., New York 1979.

BETTINA BRANDL-RISI

Still in motion: Bewegung und Unterbrechung zwischen Performance, Bild und Musik

Die folgenden Überlegungen zum Verhältnis von Bewegung und Unterbrechung in zeitgenössischen Arbeiten aus Musiktheater, Tanz und Performance zwischen visueller und akustischer Wahrnehmung stellen das Verhältnis von angehaltener Körper-Bewegung und akustischen Ereignissen im Modus der Unterbrechung ins Zentrum, wobei es mir ebenso um Musik wie um Geräusch, um Sprechen wie um Stille zu tun ist.

‚Unterbrechung' bezeichnet in erster Linie eine spezifische Weise der Rhythmisierung, des Umgangs mit der Bewegung von Klängen und Körpern, hörbarer und sichtbarer Bewegung, etwa in dem Sinne wie Unterbrechung bei Heiner Goebbels im Doppel von „Puls und Bruch"[1] thematisiert wird. Spezieller auf mediale Konfigurationen ausgerichtet ist der Modus der Unterbrechung häufig reklamiert worden, um die Operationen etwa des Films mit Schnitt und Montage zu markieren. In diesem Sinn hat etwa Gabriele Brandstetter „Unter-Brechung" als das „technisch-filmisch organisierte Struktur-Muster der Unterbrechung (des Schnittes, der rhythmisch wiederholten Disjunktion)" für die Ästhetik der Theater- und Tanz-Avantgarde evident gemacht.[2] Brandstetter argumentiert dabei mit der filmischen Umprägung der Wahrnehmung von Bewegung auf der Bühne durch das Verfahren der Montage; jedoch ließe sich die Geschichte der Unterbrechungen als Stillstellungen von Bewegungen, wie ich sie hier in den Blick nehmen möchte, auch – mit Rebecca Schneider – im Sinne von *stills „in passing"*, *„passing by"*, *„ongoing by still passing"*[3] als eine ältere denn die der Reproduktionsmedien erzählen, als eine Geschichte, die Unterbrechung von Bewegung als Stillstellung in der Pose als Befragung der Darstellungsbedingungen von Bild und Performance erfahrbar macht. Hier möchte ich einer theaterhistorischen Fährte folgen, für die die Konzepte des *tableau vivant* und des Theater-Tableaus stehen.

Die regungslose räumliche Konfiguration, die das *tableau vivant* auszeichnet, korrespondiert mit der zeitlichen Disposition als gedehntem Augenblick. Das Stillstellen in der Pose fungiert dabei als Zäsur: einerseits im zeitlichen Sinn des Aufhebens von Sukzession in die andere Zeitlichkeit von Wiederholung und Zitat; andererseits verstanden als mediale Zäsur der Darstellungsmittel, die im Verhältnis von Verfestigung und Verflüssigung in Bewegung gebracht werden. So ließen sich die Operationen des *tableau vivant* als Einspruch des Bildes gegen das Theater und seine Bestimmung des Performativen verstehen, und zwar in dem Sinne, dass es die *liveness*[4] und Transitorik des Theaters als Vorstellung unwiederbringlich verlorener Zeit durchkreuzt. Entscheidend ist dabei, das A-Chronische, die andere Zeit des Augenblicks, der gedehnt wird, als Herausforderung jener prävalenten Ästhetik des Theaters zu begreifen, die Transitorik und Ereignishaftigkeit als Definiens der ästhetischen Funktionsweise von Theater und seiner Performativität erklärt. Auf dem Spiel steht damit eine eigene Zeitlichkeit des *tableau vivant*, die an den Augenblick gebunden ist und Durchgehen durch ein Bild impliziert, ohne dass Anhalten/Still/Pose hier als Bildlichkeit und gegen die Performanz gerichtet verstanden werden darf. Das Verhältnis von Stillstand und Bewegung, das mit der Operationalität von *tableaux vivants* verknüpft ist, entspricht demgemäß nicht einer binären Opposition Bild versus Performance.

Dass die Dogmatisierung und Ontologisierung des Ephemeren und des Verschwindens in der Performance-Theorie mehr als problematisch ist, haben nicht zuletzt die Arbeiten von Rebecca Schneider zum Verhältnis von Bildlichkeit und Performance und den „Performance Remains" gezeigt.[5] Die Binarismen von Stabilität, Überdauern und verloren Gehen in der Zeit herausfordernd und dekonstruierend, schlägt Schneider gegenüber dem, was das Bild mit einem traditionellen ‚Archiv'-Konzept teilt, das Verfahren des *re-enactment* als einer kulturellen Praxis vor, die als Akt, als Ereignis operiert, aber zugleich immer schon iterativ gedacht ist.

Unterbrechung wird also operativ in dem Sinne, dass eine Vorstellung der linearen, unaufhaltsam verstreichenden Zeit der Handlung im dramatischen Theater unterbrochen wird von jenem distanzierenden Mittel der exponierten (und retardierend wirkenden) Geste, das Walter Benjamin für das epische Theater reklamierte.[6]

Zuletzt stellt sich so die Frage, inwiefern die Gleichzeitigkeit von Akustischem und Visuellem als Synchronisierung von Sehen und Hören wirkt oder inwiefern Unterbrechung hier als Verschiebung, Synkope, Potenzial wirksam wird und einen kritischen Gestus der Öffnung mit sich bringt. Tritt in der Interaktion von Visuellem und Akustischem in Bewegung und ihrer Unterbrechung zuallererst eine Dimension von Sinnhaftigkeit hervor (die Pose, die Bedeutung in der Bewegung erst ermöglicht und die akustisch (re-)semantisiert werden kann) oder die Unterbrechung von Sinn selbst?

Erste Variation: Ich sehe, was ich höre (1) – ich höre, wie ich sehe.

Die Aufzeichnung des Adagios aus dem Grand Pas de Deux des Finalakts von *Don Quijote*[7], getanzt von Denis Matvienko und Svetlana Zakharova, markiert auf den ersten Blick ein Verhältnis von Hören und Sehen von Bewegungen, das in der Ballettkomposition (genauer: in einem Ballettdirigat) auf den Punkt/auf die Pose genau akustisch rhythmisch verdoppelt bzw. *highlighted* wird.[8] Jedoch gibt es in dieser Filmaufnahme einen Einbruch einer anderen Art von Unterbrechung, der medialen Unterbrechung des hörbaren Schließens der Blende eines Fotoapparats. Diese akustischen Klicks wirken als Punktierung und Unterbrechung fließender Bewegung, ähnlich wie mein Posen-gewohnter Blick die tänzerische Bewegung segmentiert erinnert. Eine Art der Erinnerung an Bewegung, die gemäß Bergson („Materie und Gedächtnis") statt des Prozesses der Bewegung die Linie/Figur als Gedächtnisbild erinnert, das „aufeinanderfolgende Stellungen – Körperbilder, Posen, Raumwege – als ‚Erinnerung' supplementiert", so Brandstetter.[9]

Bei Denis Matvienko und Svetlana Zakharova wird die Operation der Unterbrechung als Wahrnehmungsmuster der Stillstellung zur Pose und Erinnerung als Bild durch die Apparatur akustisch verdoppelt: Das Klick des Auslösers macht jene zäsierende Wahrnehmung von Bewegung als Folge von Bildern überdeutlich hörbar, die sonst allenfalls als Einschnitt zwischen und Abwesenheit von Schritten akustisch wahrnehmbar wäre. Unterbrechung funktioniert hier als rhythmische Markierung, die in der Bedienung der Apparatur den begehrenden Blick des schöne Figuren und extreme Schwierigkeiten herauspickenden Betrachters hörbar macht, naturgemäß aber nur solche Figuren, die sich als Fotografie erzählen, nicht den Drehtaumel der *32 fouettés*. Diese mediale Auflading von Bewegungswahrnehmung operiert innerhalb einer Multiplikation medialer Verschiebungen, die das Standbild im Bewegtbild, transformiert in das Internet-Format, über die Live-Situation der Ballettaufführung schiebt.

Die Klicks des Fotoapparats funktionieren allerdings anders als zum Beispiel bei der Chronofotografie: Es geht nicht darum, die Bewegung durch die Zerlegung in einzelne Komponenten zu analysieren, sie zu mechanisieren, um zu verstehen, wie sie funktioniert, sondern darum, jene Haltepunkte zu markieren, die als ‚schöne' Stellen/Stellungen im Posengedächtnis der Ballettzuschauer eingebrannt sind, um – ähnlich wie die bewegten Figuren gemalter oder skulptierter *figurae* – aus der Stillstellung der medialen Transformation heraus die in der Pose latent aufgehobene Bewegung als imaginative Bewegung des Betrachters auszulösen. Die rhythmische Markierung des fotografischen Verschlusses markiert diese Operation, ‚markiert' im Sinne eines akustischen Setzens von Halte-Markierungen ebenso wie im Sinne theatralen oder musikalischen Nicht-Ausspielens, nur Andeutens, als ein paralleler Soundtrack unseres fotografisch eingestellten Auges – ein wenig entlarvend auch, da mein Blick als eine etwas plumpe, auch etwas träge Wahrnehmungsmaschine gedoppelt/gedoubelt wird, und auch wieder amüsant, da ich im Laufe des Betrachtens des Videos Wetten abzuschließen beginne, welche Augenblicke fotografierenswert und fotografierbar sind und ob der

Fotograf antizipierend – mit seiner eigenen ‚Préparation' – oder nachstolpernd – die Pose noch erhaschend – auslösen wird.

Zweite Variation: Ich sehe, was ich höre (2) – aber sehe ich wirklich das, was mir als Erwartung hörend geweckt wird, und in welcher Zeit stehe ich, wenn ich das hörend sehe?

Mein zweites Beispiel startet mit einer Unterbrechung: In Lindy Annis' Performance *Shorts (An Encyclopedia of Tragic Attitudes)* von 2002/06[10] stoppt der Rocksong in dem Moment, in dem die Performer, Lindy Annis und Xavier Le Roy, ihre Positionen auf dem Podest vor den Zuschauern erreicht haben, und in die entstandene Stille hinein spricht Lindy Annis die Titel dessen, was wir zu sehen bekommen: „figure one", „figure two" etc. Es ist eine stillgestellte Bewegung, die durch die Ansage des Bildes ausgelöst wird. Worte fungieren hier als Rhythmisierung und Zäsur, ebenso wie Bilder Bewegung anhalten und zerlegen. Die erinnerten Ausdrucks- und Bild-Posen entstammen einem ikonografischen, auch verbal identifizierbaren kulturellen Repertoire.

Abb. 1a/b: Lindy Annis kündigt die Posen an, die Xavier Le Roy einnimmt. Screenshots der Aufzeichnung von Lindy Annis' *Shorts*. Berlin, Podewil, 2002. © Lindy Annis

Wenn die amerikanische Performerin Lindy Annis, die in Berlin lebt und arbeitet, die Praxis der Attitüden der Emma Hamilton als körperliches Nachstellen und Verkörpern von Vasenbildern, Reliefs und Skulpturen aufgreift,[11] transformiert sie die Ausdrucksqualitäten der Praxis des 18. Jahrhunderts in eine Vorführung der Destabilisierung von Ausdruck und Bedeutung im historischen Prozess, den das Theater und seine Zuschauer seitdem durchschritten haben. Lindy Annis liest, mit Blick ins Publikum, aus einem Skript, ähnlich einer Bildunterschrift, die Bezeichnung einer Attitüde vor. Xavier Le Roy nimmt jeweils aus derselben Ausgangsposition heraus langsam und konzentriert eine Pose ein, die den Körper in der Drehung an die Zweidimensionalität des Bildes annähert, und hält dort an, beobachtet ebenso von Lindy Annis wie von den Zuschauern. Ich erkenne einige der Attitüden wieder, die mir in meiner Beschäftigung mit dem historischen Bildmaterial begegnet waren, einige Affekte, die Mänaden auf der Flucht, Niobe und die „Niobe after Hamilton". Die Dramaturgie der Performance weist diesen ersten Teil des Abends als Vorbereitung und Einübung in das Affektvokabular der Attitüden aus und macht mich als Zuschauerin zur Schülerin der Semiotik der Posen, die ich im nächsten Teil – der in Posen zersetzten Solo-Performance von Arthur Millers *Death of a Salesman* durch Lindy Annis – anzuwenden aufgegeben bekomme.

Kann man in denjenigen performativen Künsten, die in erster Linie bewegte Körper ausstellen (Tanz, aber auch Attitüden, *tableaux vivants*), einerseits Stillstellung als Voraussetzung von Ausdruck und der Semantisierbarkeit von Bewegung bezeichnen, so bezieht die Performance vor allem in diesem zweiten Teil aus dem Clash mit dem, was schon für Diderots Ästhetik des theatralen Tableaus zum Problem wurde, nämlich wie die Stillstellung in den Gang der Handlung und buchstäblich in den *Gang*, die Dynamik der Bewegung, zu integrieren sei, ihr irritierendes, destabilisierendes Moment. Die Dramatik des psychologischen Realismus und den zugehörigen naturalistischen Darstellungsstil, der auf der Kohärenz eines Bewegungskonzepts aufbaut, die sich gerade in einer geschmeidigen Abbildung und Ausstellung von Beiläufigkeit, scheinbarer Uninszeniertheit ausdrückt, streicht sie durch in der Zerhackung und Punktierung durch Posen des Affektausdrucks, die dem Klassizismus und seiner Doktrin pathetischer Überhöhung entstammen. Mit dem Textbuch ganz nah vor der Nase kappt Lindy Annis nie die Verbindung zum Text, gerade indem sie diese als Verstellung des/ihres Blicks ausstellt, Illusionierung verhindert, wie sie dies in der Überlagerung des stillstellenden und des fließenden Bewegungsmusters von Darstellung ebenfalls tut. In der Performance *Shorts* werden Posen zu nicht mehr lesbaren Bildern, deren äußere Zeichen der Darstellung nicht mehr kurzzuschließen sind mit inneren Zuständen oder mit Sprach-Zeichen.

Abb. 1c/1d: Lindy Annis mit ihrer Version von *Death of a Salesman*. Screenshots der Aufzeichnung von Lindy Annis' *Shorts*. Berlin, Podewil, 2002. © Lindy Annis

Lindy Annis' enzyklopädische Posen lassen nun den Status der Bewegung und ihrer Unterbrechung genauer bestimmen: Der Zwischenzustand zwischen *still* und *motion* ist es ja gerade, der gemäß der Überlegungen Gabriele Brandstetters die Pose als „herausgehobene Raum-Zeit-Figur" zwischen Bild und Performance markiert,[12] und an dieser Schnittstelle von Bewegtheit und Stillstellung setzt die Aktualisierung überlieferter ikonografischer Muster ein. Aby Warburgs Diagnose des „Nachlebens" der Bilder gewinnt hier an Gewicht, insofern sie einen Anachronismus auch der Wahrnehmung impliziert: das Nachleben der Bilder, das in der Performance seltsam spürbar, wenn auch blind geworden ist;[13] ein Anachronismus übrigens auch in der Trennung von Hören und Sehen, wie wir sie zu Beginn der Performance erleben.

Das *tableau vivant* lässt sich in dieser Spannung und im Rückgriff auf Lessings Theorie des „fruchtbaren Augenblicks" (Laokoon) auch lesen als eine Theorie des prägnanten Augenblicks, also eines Augenblicks, der ‚schwanger geht' mit Bewegung (mehr denn als mit ‚Bedeutung'). Es handelt sich bei diesem Augenblick um den Moment der Stillstellung einer Bewegung oder Handlung, die den Moment selbst zur

Darstellung bringt. Diese Bewegtheit des Bildgegenstands bezogen auf die Figuration wird durch die Transformation in ein *tableau vivant* nun in dem Sinne forciert, dass an den lebendigen Darstellern Anzeichen von Bewegung naturgemäß immer sichtbar bleiben und das Bewegen in die Pose und aus der Pose heraus gleichermaßen als imaginierte und tatsächlich stattfindende Bewegung sichtbar wird.

So sind *tableaux vivants* Figuren in dem Sinne, in dem Roland Barthes ‚Figur' definiert als „das, was sich vom angespannten, gestrafften Körper stillstellen läßt". Das Verhältnis von Bild und Bewegung ist dabei alles andere als einfach: Das Still möchte ich verstehen als Bewegung in Latenz; das Verhältnis Still – Motion/Bewegung verstehe ich demgemäß nicht als Gegensatz, als sich ausschließende Optionen, vielmehr geht es mir um die Bewegung im Still (das Verwackeln, Zittern) und um die Stills in der Bewegung (nämlich durch die Wahrnehmung, die immer wieder neue Bilder konfiguriert). Um einen Sprung aus der Historie zurück in die Gegenwart zu machen: Das Medium, welches das technisch festhalten, aber in potenzierter Form auch erst hervorbringen kann, ist eben Film bzw. Video: *motion pictures – still in motion*.

So rückt die darstellungs- wie wahrnehmungstheoretische Übergängigkeit des Kipp-Moments von Bild und Bewegung in den Blick, die destabilisierende, transformatorische Unabgeschlossenheit des ‚noch nicht' und ‚nicht mehr' als Einspruch des Bildes gegen die Performance und als Einspruch der Performance gegen das Bild in der unhintergehbaren Verschränkung von Verflüssigung und Verfestigung, zwischen Bild und Performance, zwischen dem stillstellenden und dem dynamisierenden Blick, als Sehen, Erinnern und leibliches Affiziertsein in diesem Spiel der Dynamisierung der Verhältnisse.

Dritte Variation: Sehe ich, was ich höre? Ich sehe, indem ich hörend imaginiere; das Hören unterbricht das Sehen, verschiebt es permanent.

Doch ist es in Heiner Goebbels *Landschaft mit entfernten Verwandten* nicht wie bei Lindy Annis die zu hörende sprachliche Anweisung aufs Bewegen und Sehen, sondern eine hörbare Anweisung auf die Imagination, die ein zweites Bild zu dem gezeigten ersten Bild produziert, und es sind Sprache wie Musik, die Bild und Bewegung hervorbringen.

Die soeben aufgerufene Theorie des Augenblicks lässt sich in einem weiteren Schritt auch im Sinne des Deleuze'schen *image-temps* in Hinblick darauf weiterdenken, inwiefern in einem solchen Bild Zeit sichtbar wird. Deleuze wendet sich in seinen Kino-Büchern von jenen herausragenden Momenten ab, die mit spezifischen Posen verknüpft sind („Momentbilder"), die als „unbewegte Schnitte der Bewegung" erscheinen und denen unsere Aufmerksamkeit bisher primär galt, und konzentriert sich auf die sogenannten *images-temps*: Bilder der Dauer, der Veränderung, der Relation, jenseits von Bewegung.[15] Damit geht es nicht um eine Darstellung von Zeit, sondern die Exponierung der Zeit selbst[16] in einer rein optischen (und möglicherweise akustischen) Situation. Augenblicke des lebenden Bildes können, so meine Hypothese, auf beides verweisen: die prägnanten, lesbaren Momente und die gesteigerte Wahrnehmung von Zeitlichkeit. In diesen Zeit-Bildern, in Deleuzes Worten: dem „Kristall", gewahre man „die unablässige Gründung von Zeit".[17] Ein solches Erscheinen von Zeit reklamiert beispielsweise Lehmann jenseits des Kinobildes für das sogenannte postdramatische Theater, im dem Zeit als solche, als Zeit, zum Gegenstand theaterästhetischer Erfahrung wird: das auffällig Werden von Zeit als Dauer, als Bild-Zeit, als Tableau, die den „Eindruck einer eigenen Zeit erweckt".[18] Jedoch nähert sich hier vielleicht am auffälligsten die visuelle Erfahrung der akustischen Wahrnehmung von Musik, ganz wie Hans Heinrich Eggebrecht Musik als Zeit versteht, nämlich als „Spiel mit Sinnesreizen in Form einer Stiftung von Zeit".[19]

Das theatrale Tableau in dem Sinne, wie es Diderot im 18. Jahrhundert vorschwebte, versprach Sinnproduktion gewissermaßen in Überbelichtung, eine Licht- und Sichtbarkeitsmetapher, die sich nachdrücklich noch in Roland Barthes' Definition des Tableaus spiegelt als „reiner Ausschnitt mit sauberen Rändern, der seine ganze unbenannte Umgebung ins Nichts verweist und all das ins Wesen, ins Licht, ins Blickfeld rückt, was er in sein Feld aufnimmt".[20] Die Kategorie der Handlung erscheint dabei nicht im Sinne einer zielgerichteten, finalen, auf Kausalität gegründeten Entwicklung; d. h. statt durch einen linearen Zeitverlauf wird die Struktur durch Sprünge von Zuständen in andere bestimmt. Tableaus erscheinen gewissermaßen ‚herausgeschnitten', und zwar zunächst im wörtlichen Sinn ‚in einen Rahmen gestellt' und auf einer übertragenen Ebene aus dem Theater des Dramas herausgelöst, ausgeschlossen aus dem zugrundeliegenden ästhetischen Konzept. Zentral ist dabei eine Dominantsetzung des Visuellen, indem häufig eine größere Anzahl von Darstellern einbezogen und mit ihnen eine bestimmte proxemische Konstellation (in einem möglicherweise eigenen – gerahmten – Bildraum) realisiert wird, dabei das temporale Konzept einer nichtlinearen Zeit, etwa im Sinne der angehaltenen Zeit/des gedehnten Augenblicks oder der Wiederholung, verfolgend.

Wenn das Tableau als schon historisch intermediale Figur zwischen Bild, Körper, Bewegung, Sprache und Musik (mit einer langen Tradition auch in der Oper) in den Blick kommt, so steht dabei die Frage der Zeitwahrnehmung zwischen Zeit des Bildes, Zeit des Theaters und der Zeitwahrnehmung in akustischen Räumen im Zentrum, die Musik als „Stiftung von Zeit" (Eggebrecht) erfahrbar macht. Zeiterfahrungen der Duration, Zirkularität und des Stillstands entstehen aus dem spezifischen Zusammenspiel von Bewegung und Bewegungslosigkeit, insbesondere in der Figur der Unterbrechung, die akustisch als Aussetzen, Wechsel von Musik zu Geräusch und phonetischem Rauschen oder andererseits in einer neu einsetzenden Rhythmisierung bestehen kann, die eine andere Zeitlichkeit erzeugt. Vielleicht ließe sich für diese Zeiterfahrung des Stillstands in der Musik der Begriff der Fermate reklamieren und auch ein wenig metaphorisieren: Die Fermate verleiht dem Augenblick eine unbestimmte Dauer. Das gespannte Warten auf das Wieder-Einsetzen der vorwärtsdrängenden und verstreichenden Zeit ergänzt die Suspension der Chronologie durch einen Stillstand der Bewegung – ein *tableau vivant* der Beteiligten. Die Fermate ist insofern ebenso sehr eine Pause wie eine Pose/Posa, ein temporal wie räumlich bestimmter Aus- und Einschnitt, ein Moment des Verstummens (und traditionell der ungestörten Entfaltung virtuoser Improvisationskunst), mit dem eine Stillstellung der Körper zum lebenden Bild einhergeht. Musik und Zeit gerinnen zum Bild, kondensiert zum musikalischen Augenblick, der ein bildlicher Augenblick ist, also ein Augenblick im doppelten Sinn als sichtbarer und hörbarer.

In Heiner Goebbels' Oper *Landschaft mit entfernten Verwandten*[21] sind die Stills – hörend und sehend – nicht (oder nicht in erster Linie) Bewegungs-Schnitte und Moment-Bilder, sondern Dauern. Das Tableau-Prinzip als ein spezifischer Umgang mit Zeit und Bewegung fungiert hier gleichwohl als Herausschneiden (vgl. Barthes) aus der Umgebung, als Zäsur. Kurz andeuten möchte ich drei Variationen von Tableaus in dieser Aufführung, die ich probeweise ‚Imaginationstableau' (Sprache, Musik, projizierte und theatral erzeugte Bildlichkeit), ‚Tableau der Überlagerung' (Zirkularität der Musik und Bewegung) und ‚leeres Tableau' (reine Sichtbarkeit, ‚Zeitkristall') nennen möchte.[22]

An mindestens zwei Stellen werden Bilder von Akteuren sprachlich beschrieben, während gleichzeitig etwas gezeigt wird, zum Beschriebenen nicht synchron ist. Musik hat dabei die Funktion eines grundierenden Zeitkontinuums (eines Pulses). Die Dauer, die sich hier herstellt, entspringt der Bild-Zeit im Sinne der Wahrnehmungs-Disposition der Bildbetrachtung, aber im Sinne einer imaginierten Visualität bzw. des permanenten Abgleichs von Dargestelltem und Imaginiertem.

So hören wir über wiederum eine grundierende musikalische Figur gesprochen, die als permanent wiederholte, sequenzierte absteigende Tonfolge in sich zu kreisen scheint, eine der berühmtesten Bild-Beschreibungen, Foucaults *Las-Meninas*-Analyse aus dem ersten Kapitel von *Les mots et les choses*[23], gesprochen zunächst auf Spanisch, während dessen andeutungsweise ein *tableau vivant* des Velazquez-Bildes bzw. der Foucault-Beschreibung gestellt wird, das aber auf das Phänomen der Sichtbarkeit hin inszeniert ist.

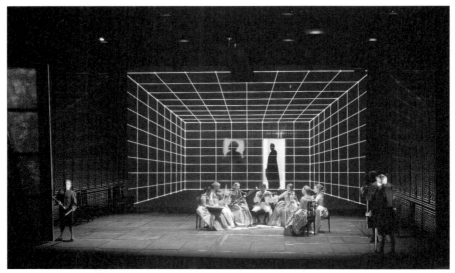

Abb. 2: Heiner Goebbels: *Landschaft mit entfernten Verwandten* (2002).
© Heiner Goebbels, Foto: Wonge Bergmann

Die Bedingungen der Sichtbarkeit als Frage des Repräsentierbaren sind hier ebenso augenfällig wie der sukzessive Aufbau des Bildes, der dem Fortgang der Beschreibung und Analyse entspricht: Wir sehen neben den kostümierten Körpern projizierte Gitterraster, Ein- und Ausblendungen der Tür und des Fensters mit Schattenrissen im Hintergrund, am Schluss die Wegblendung der *Meninas*. Der rhythmisch akzentuiert gesprochene Text – wie so häufig in nicht für alle Zuschauer verstehbaren Sprachen – handelt ausschließlich von der Frage der Sichtbarkeit (wer sieht was bzw. was nicht). Das Imaginationstableau über Velazquez und Foucault katapultiert uns in die Zeit der Bild-Betrachtung und des Hörens, Umsetzens und Imaginierens der Bild-Beschreibung. So geht es gerade nicht um theatrale Darstellung als Bebilderung und Verkörperung, sondern deren Infragestellung durch Verhinderung von einfacher Präsenz und Ereignishaftigkeit.

Es war ganz am Anfang schon die Rede davon, dass *tableaux vivants* gleichermaßen von der Einmaligkeit des Augenblicks ihrer Präsenz bestimmt sind wie von einer unhintergehbaren Wiederholungsstruktur, einer gleichzeitigen Zeitlichkeit des Zäsierens von Sukzession und der Ersetzung von Ereignishaftigkeit durch Wiederholung und Vergegenwärtigung des schon Gewesenen. Ebenso konstitutiv wie die scheinbare Singularität des Ereignisses ist damit das Prinzip der Wiederholbarkeit, das mit Derrida konstitutiv für Zeichenhaftigkeit überhaupt ist. Ereignis so verstanden meint jenes, das als Ereignis in sich verdoppelt, verspätet, wiederholend ist. *Tableaux vivants* sind in dieser Weise selbst schon „Wiederholung" und erscheinen als zitationale Phänomene par excellence, als „durch die Wiederholung in [ihrem] ‚ersten Mal' geteilt". Die Vorstellung einer „Falte", einer „inneren Verdopplung", die „dem Theater, dem Leben usw. die einfache Präsenz seiner präsenten Handlung in der ununterdrückbaren Bewegung der Wiederholung raubt",[24] lässt die Präsenz des *tableau vivant* als immer schon unmögliche, aufgeschobene erscheinen.

Exemplarisch erfahrbar wird in den Imaginationstableaus der Bildbeschreibungen und Re-Inszenierungen zudem die Suspension der Aktiv-/Passiv-Zuordnung von Akteuren und Betrachtern und die hervorbringende Leistung der Betrachter, die zuallererst ein Bild als Wahrnehmung der ikonischen Differenz von Figur und Grund, Figuralem und Nicht-Figuralem, Sukzession und Simultaneität erzeugt. Die Wahrnehmung von Bildern ist damit nicht eine Frage von räumlichen Konzepten, sondern impliziert das Überdenken der spezifischen Zeitlichkeit, die diese Art der Wahrnehmung mit sich bringt. Die Zeitlichkeit der Bildwahrnehmung changiert so zwischen der „Erfahrung visueller Simultaneität"[25] und der Prozessualität des Sehens von Details, der Bewegung des Auges über das/im Bild. Der Körper des Betrachters in seiner Bewegtheit und in seiner Imaginationsfähigkeit tritt in diese Wahrnehmungsszene des theatralen Bildes ein, wie visuelle Wahrnehmung überhaupt affiziert ist von der notwendigen Bewegtheit des Blicks und der notwendigen Korrespondenzbewegung des Objekts: Nur das tanzende, zitternde Auge ist in der Lage, ein statisches Objekt wahrzunehmen. So gibt es nur dann die von André Lepecki beschriebenen still acts im Tanz, wenn der Blick und der Körper des Betrachters tanzt.[26]

Das Tableau der Überlagerung, wie ich die Szene der tanzenden Derwische nennen möchte, macht die Zeit des Tableaus als Dauer, als nicht fortschreitende, zirkuläre Zeitlichkeit besonders augenfällig. Die musikalische Faktur evoziert eine orientalische Atmosphäre in einem vor allem durch Licht erzeugten orientalisierenden Raum, produziert durch die unendliche Melodie und die Rhythmisierung, welche die Kombination Flöte und Trommel bzw. Klarinette und Trommel hervorbringen. Dabei erzeugt die Musik die Bewegung der Darsteller – ein kreiselndes Drehen, eine aufblähende Bewegung der Röcke –, die durch die Projektion (einer Art weißer Vogelsilhouetten) auf die sich bewegenden Körper bzw. Kostüme aber fast den Bewegungsaspekt verliert[27] und in erster Linie eine überwältigende, einen Sog erzeugende Visualität produziert: mein Wunsch, dass es nicht aufhören soll; zugleich ein fragiles Gebilde, da von Scheitern (im Sinne von nicht gekonnter Bewegung) bedroht.

Abb. 3: Heiner Goebbels: *Landschaft mit entfernten Verwandten* (2002).
© Heiner Goebbels, Foto: Wonge Bergmann

Im Zentrum der *Landschaft*-Aufführung steht eine Zäsur: ein Tableau auch das, aber eines, das sich sehr deutlich von den anderen unterscheidet. Noch radikaler ist dieses Konzept, vor allem was die Zeiterfahrung angeht, in der Szene, in der (aus dem Off?) der Schauspieler David Bennent *Emplie de* von Henri Michaux spricht, einen Text über die Falte, der um den immergleichen Vokal ‚i' kreist, den Zuhörer in ein andauerndes phonetisches Spiel mit plis, also mit Falten, einfaltend.[28] Währenddessen wird auf eine Leinwand im Vordergrund der Bühne eine gleißend weiße Projektion geworfen, die nichts sichtbar macht außer Licht: Projektionsfläche für all das, was imaginiert wird, und Eröffnung eines Zeit-Raums, der nur mit dem angefüllt ist, was das phonetische Rauschen des Michaux-Textes an Assoziationen weckt. Die weiße Leinwand als das Bild aller Bilder gewissermaßen, das Double des Bildes, das Bild als Zitat der Bedingung von Sichtbarkeit schießt hier nicht von ungefähr mit der von Derrida ausgespielten Figur der Falte zusammen. Besonders stark wird der Eindruck, sobald Bennent aufhört zu sprechen und keine Musik, kein anderes Geräusch zu hören ist, also eine völlige Stille und Bewegungslosigkeit die Szene vom Rest der Aufführung scharf abtrennt. Dann tritt ein, was mit Lehmann als das Bewusstwerden der Zeit im postdramatischen Theater beschrieben werden kann: die Dehnung der Zeit, die Ausstellung von nichts als der Zeit[29] – und nichts als der Visualität, die nur darauf verweist, dass etwas zum Erscheinen kommt, ohne dieses etwas jedoch zu bezeichnen. Und hier tritt nun, da

Still in motion: *Bewegung und Unterbrechung zwischen Performance, Bild und Musik*

die Erfahrung der gleißenden Lichtprojektion auf die bühnenfüllende Leinwand und die akustische Wahrnehmung der verstärkten Stimme Bennents sich in der medialen Transposition in das fotografische Bild nicht zeigen würde, meine Beschreibung an die Stelle der Aufführung.

Das, was wir sehen und hören, ist gewissermaßen ein leeres Tableau, ein offenes Tableau, reduziert auf die Minimalbedingung der angehaltenen Zeit, musikalisch/akustisch realisiert durch das Fehlen von Musik, den Bruch mit der Tonspur, die Stille, und die Reduktion auf Visualität, das reine Licht als die Grundbedingung von Sichtbarkeit – der menschliche Körper hat in diesem Szenario seinen Ort verloren.

Das ‚Stille‘ in ‚Stillstellen‘ verwiese so letztlich vielleicht auf ein Doppeltes: ‚Stillstellen‘ ließe sich auch verstehen als ‚stille Stellen‘, als stumme Szene, die Stille mit der Bewegungslosigkeit verknüpft, eine Stille, die wieder zum ‚Schweigen der Bilder‘ selbst zurückführt, das Dieter Mersch beschreibt, „insofern sie den Betrachter anschweigen wie sie umgekehrt zum Schweigen auffordern. Sie sprechen nicht: sie zeigen, indem sie sich in die Stille aus-setzen. Ihre Stille ist die *Stille des Zeigens*."[30]

Abb. 4: Hiroshi Sugimoto: *Metropolitan L.A., Los Angeles*, 1993. Gelatin silver print. 50.8 x 61 cm, aus der Serie *Theaters*. Zitiert nach: Sugimoto, *Portraits*, Ausstellungskatalog Deutsche Guggenheim, Berlin 2000, S. 55.

So bleibt am Ende ein anderes Bild: Zeit selbst ins Bild gesetzt durch eine Projektion von Licht: die gleißend weiße Leinwand. Was man in den Fotos aus Hiroshi Sugimotos *Theaters*-Serie sieht, erinnert an das *Emplie-de*-Tableau aus *Landschaft*, aber exponiert nicht nur Zeitlichkeit als Dauer, sondern gleichzeitig Historizität, das Vergehen von Zeit innerhalb des angehaltenen Moments. Auf den ersten Blick meint man nur eine Aufnahme des Zuschauerraums eines bestimmten (historischen) Kinos zu sehen mit einer leeren Leinwand. Jedoch ist diese Leinwand auf den zweiten Blick naturgemäß zu hell – was also sichtbar wird auf diesen Leinwänden und in diesen Bildern, ist die Emanation von Licht aus dem oder in das Bild, die aus derjenigen Belichtungsdauer resultiert, welche die Projektion des in diesem Kino gezeigten Filmes selbst einnahm.

[1] Heiner Goebbels, „Puls und Bruch. Zum Rhythmus in Sprache und Sprechtheater", in: *Komposition als Inszenierung*, hrsg. von Wolfgang Sandner, Berlin 2002, S. 99–108.

[2] Gabriele Brandstetter, „Unter-Brechung. Inter-Medialität und Disjunktion in Bewegungs-Konzepten von Tanz und Theater der Avantgarde", in: dies.: *Bild-Sprung. TanzTheaterBewegung im Wechsel der Medien*, Berlin 2005, S. 175. Vgl. ebd.: „Unterbrechung – der Moment der Brechung von Zeit- und Wahrnehmungs-Fluss – ist die Voraussetzung für die Momente der Selbst-Reflexion, die ein Charakteristikum moderner Kunst darstellen. Inter-Ruption, als Innehalten, aber auch – schärfer – als Bruch, erzeugt die Distanz des Innewerdens, die Schnittstelle für die Konfrontation des Heterogenen und die Lücke, in die Umkehrungen und Gegenlektüren einzuschießen vermögen."

[3] Rebecca Schneider, „Still Living. Performance, Photography, and Tableaux Vivants", in: *Point & Shoot. Performance and Photography*, hrsg. von France Choinière und Michèle Thériault, Montreal 2005, S. 61–71, hier S. 67 und 68 (Hervorhebung im Original).

[4] Zum komplexen Verhältnis von *liveness* und Mediatisiertem vgl. Philip Auslander, *Liveness. Performance in a mediatized culture*, New York, London 1999.

[5] Vgl. hierzu: Rebecca Schneider, „Performance Remains", in: *Performance Research* 6 (2001), Nr. 2, S. 100–108; dies., „Still Living. Performance, Photography, and Tableaux Vivants", in: *Point & Shoot* (s. Anm. 3), S. 61–71; dies. „Eine kleine Geschichte beweglicher Bilder", in: *Bild und Einbildungskraft*, hrsg. von Bernd Hüppauf und Christoph Wulf, München 2006, S. 278–293.

[6] Vgl. Walter Benjamin, „Was ist das epische Theater?" (1) [1931], in: *Gesammelte Schriften*, hrsg. von Rolf Tiedemann und Hermann Schweppenhäuser, Bd. II.2, Frankfurt/Main 1977, S. 519–531; ders.: „Was ist das epische Theater?" (2) [1939], in: ebd., S. 532–539.

[7] Choreographie: Marius Petipa; Musik: Ludwig Minkus; Libretto: Petipa, UA 1869 Moskau/1871 St. Petersburg.

[8] http://www.youtube.com/watch?v=ZxeaIytegwI&feature=related (letzter Zugriff: 01.10.2010), insbesondere ab Minute 1'02 bis 3'12.

[9] Gabriele Brandstetter, „Choreographie und Memoria. Konzepte des Gedächtnisses von Bewegung in der Renaissance und im 20. Jahrhundert", in: *Körper – Gedächtnis – Schrift. Der Körper als Medium kultureller Erinnerung*, hrsg. von Claudia Öhlschläger und Birgit Wiens, Berlin 1997 (*Geschlechterdifferenz & Literatur*, 7), S. 196–218, hier S. 199.

[10] Lindy Annis, *Shorts (An Encyclopedia of Tragic Attitudes, Part I)*, Aula Milchhof, Berlin, gesehene Aufführung 17.02.2006.

[11] Eine andere Performance von Lindy Annis widmete sich ganz konkret der (auch biografischen) Aufarbeitung von *Lady Hamiltons Attitüden* (Berlin 2004).

[12] Gabriele Brandstetter, „Pose – Posa – Posing. Zwischen Bild und Bewegung", in: *Hold it! – Zur Pose zwischen Bild und Performance* (Recherchen 89), hrsg. von Bettina Brandl-Risi, Gabriele Brandstetter und Stefanie Diekmann, Berlin 2012 (im Druck), S. 41–51, hier S. 46.

[13] Vgl. Aby Warburg, *Der Bilderatlas Mnemosyne* (*Gesammelte Schriften*, Zweite Abteilung, Band II.1), Berlin 2000. Anknüpfend daran: Georges Didi-Huberman, „Nachleben oder das Unbewusste der Zeit. Auch die Bilder leiden an Reminiszenzen", in: *Singularitäten – Allianzen. Interventionen 11*, hrsg. von Jörg Huber, Zürich 2002, S. 177–187.

[14] Roland Barthes, *Fragmente einer Sprache der Liebe*, Frankfurt/Main 61988, S. 16.

[15] Gilles Deleuze, *Das Bewegungs-Bild. Kino 1*, Frankfurt/Main 1997, S. 26. Ebd. zu den drei unterschiedlichen Arten von Bildern im Anschluss an Bergson: „1. Es gibt nicht nur Momentbilder, das heißt unbewegte Schnitte der Bewegung; 2. es gibt Bewegungs-Bilder, bewegliche Schnitte der Dauer (die Einstellung); 3. es gibt schließlich Zeit-Bilder, das heißt Bilder der Dauer, Veränderungsbilder, Relationsbilder, Volumenbilder, jenseits noch der Bewegung [...]."

[16] Vgl. Gilles Deleuze, *Das Zeit-Bild. Kino 2*, Frankfurt/Main 1997, S. 58.

[17] Ebd., S. 112: „Der Kristall existiert ständig an der Grenze, er ist selbst die ‚zurückweichende Grenze zwischen der unmittelbaren Vergangenheit, die schon nicht mehr ist, und der unmittelbaren Zukunft, die noch nicht ist [...], beweglicher Spiegel, der unablässig die Wahrnehmung in der Erinnerung reflektiert.'" Vgl. auch ebd., S. 132: „Der Kristall enthüllt ein unmittelbares Zeit-Bild, nicht länger ein indirektes Zeit-Bild, das von der Bewegung herrührt."

[18] Hans Thies Lehmann, *Postdramatisches Theater. Ein Essay*, Frankfurt/Main 1999, S. 331f.

[19] Hans Heinrich Eggebrecht, *Musik als Zeit*, hrsg. von Albrecht von Massow u. a., Wilhelmshaven 2001, S. 22. Vgl. auch ebd., S. 21: „Die Töne, die von Erregern erzeugten Schwingungen der Luft, brauchen nicht Zeit, sie sind das Ertönen von Zeit, ein beständiges Anfangen, Wären und Enden in unendlich vielfältigem und miteinander kombinierbarem Dauern und Gewichten, Gliedern und Schichten, Proportionieren und Destruieren, Raffen und Dehnen, Abbrechen und Neuanfangen, Verdichten und Weiten und all dem unendlich Vielem, das an Bewegungsformen der Sinnesreize sich ereignen kann, indem es zugleich Zeit setzt."

[20] Roland Barthes, „Diderot, Brecht, Eisenstein", in: ders., *Der entgegenkommende und der stumpfe Sinn. Kritische Essays III*, Frankfurt/Main 1990, S. 95.

[21] Uraufführung Genf 2002; gesehene Aufführung Berlin, Februar 2003; Bühne: Klaus Grünberg; Kostüme: Florence von Gerkan.

[22] Ein jüngerer Versuch, das Konzept des Tableaus für die Analyse des zeitgenössischen Musiktheaters fruchtbar zu machen, findet sich in der Zeitschrift *Positionen. Beiträge zur neuen Musik*, deren Heft 59 (Mai 2004) dem ‚Tableau' gewidmet ist.

[23] Michel Foucault, *Les mots et les choses* [1966], Paris 1995, S. 19ff.

[24] Jacques Derrida, *Die Schrift und die Differenz*, Frankfurt/Main 1976, darin: „Das Theater der Grausamkeit und die Geschlossenheit der Repräsentation", S. 374.

[25] Gottfried Boehm, „Repräsentation – Präsentation – Präsenz. Auf den Spuren des homo pictor", in: *Homo Pictor*, hrsg. von dems., München, Leipzig 2001 (*Colloquium Rauricum*, 7), S. 8.

[26] André Lepecki, „‚Am ruhenden Punkt der kreisenden Welt'. Die vibrierende Mikroskopie der Ruhe", in: *ReMembering the Body. Körperbilder in Bewegung*, hrsg. von Gabriele Brandstetter und Hortensia Völckers, Ostfildern-Ruit 2000, S. 348f.

[27] Vor allem den Körperaspekt, hierin nicht unähnlich den Lichteffekten von Loïe Fuller.

[28] Henri Michaux, „Emplie de", in: ders., *La vie dans les plis* [1949], Paris 2005, S. 221.

[29] Vgl. Lehmann, *Postdramatisches Theater* (s. Anm. 18), S. 330.

[30] Dieter Mersch, *Was sich zeigt. Materialität, Präsenz, Ereignis*, München 2002, S. 81f.

Matthias Rebstock

Drama der Stimmen.
Zum Verhältnis von Körper und Stimme
in David Martons *Wozzeck*

In Nicolas Stemanns Inszenierung von *Nathan der Weise* am Hamburger Thalia Theater[1] sehen die Zuschauer zunächst nichts anderes, als dass ein Lautsprecher auf die Bühne herabgelassen wird, über den der gesamte erste Teil des Abends eingesprochen wird. Die Zuschauer sehen also ein Objekt, das sich eigentlich nur an unsere Ohren richtet, das sich Gehör verschaffen soll und das dies hier gerade durch den sichtbaren Auftritt als Akteur auf einer Theaterbühne tut. Hier wird Hören inszeniert. Die Schaubühne wird zur Hörbühne, und zwar nicht dadurch, dass das Sichtbare ausgeklammert würde, sondern dadurch, dass es die Funktion übernimmt, *Hörhaltungen* oder *Hördispositionen* hervorzubringen.

Das Interesse am Hören und an der Inszenierung von Stimmen, an der Arbeit mit dem, was Roland Barthes die „Körnung der Stimme"[2] genannt hat, zeichnet das Sprechtheater schon seit Längerem aus. Man denke an *Stunde Null. Die Kunst des Servierens* von Christoph Marthaler, die Arbeiten von René Pollesch, natürlich Einar Schleefs Sprechchöre, aber auch das gegenwärtig zu beobachtende Interesse der Theatermacher am Hörspiel. Überhaupt die Konjunktur von Live-Hörspielen oder hörspielähnlichen, szenischen Settings auf der Bühne, etwa bei Forced Entertainment oder Rimini Protokoll. Nimmt man dann noch die Entwicklungen in der Performance dazu, die Audio und Video Walks und die Klangkunst, deren Grundanliegen es ist, intensive Hörsituationen zu schaffen, dann scheint es tatsächlich so, dass wir es mit einem *acoustic turn* zu tun haben, wie ihn Petra Maria Meyer in ihrem umfassenden Sammelband ausgerufen hat.[3] Mit diesem *acoustic turn* meint sie nicht, dass es wiederum einen neuen, modischen Trend gäbe. Sie weist vielmehr darauf hin, dass das, was insbesondere mit dem performative turn ins Zentrum des Interesses gerückt ist, nämlich das Ereignishafte, der Vollzugscharakter von Aufführungen, das Einmalige, Flüchtige, Unwiederbringliche des Hier und Jetzt, dass dies alles im Grunde der Typik des Hörens näher steht als der Typik des Sehens[4] und dass das Hören in diesen Zusammenhängen jeweils neu bestimmt und unsere Aufmerksamkeit für das Hören neu gestimmt werden muss.

Wenn sich zumindest ein Teil des gegenwärtigen Sprechtheaters als „Theater der Stimmen"[5] bezeichnen lässt, welche Konsequenzen hat das für das Musiktheater? Müsste dann nicht erst recht das Musiktheater der Raum sein für die Inszenierung der Stimmen und des Hörens? Müsste man Musiktheater nicht als dasjenige Theater begreifen, das sich die Arbeit an so etwas wie einer Phänomenologie des Hörens auf die Fahnen schreibt? Und weiter: Ließe sich daraus nicht sogar auch ein Ansatz für den Umgang mit Repertoireopern gewinnen. Müsste es hier nicht viel mehr um die Inszenierung der Stimmen gehen und um ein Spiel mit ihrer „Körnung"? Müsste also nach dem Angriff des Regietheaters auf den Text und dem noch umstritteneren Angriff auf die musikalische Partitur nun der Angriff auf die Stimmen der Oper erfolgen? Oder, etwas weniger emphatisch: Ließe sich aus dem Inszenieren des Hörens bzw. der Stimme ein Regieansatz gewinnen – als Arbeit an der Wahrnehmung des Phänomens Oper?

Ich möchte mich im Folgenden mit dieser letzten Hypothese beschäftigen, und zwar am Beispiel einer Inszenierung, die mir in dieser Hinsicht außerordentlich geglückt zu sein scheint, nämlich David Martons *Wozzeck*[6] an der Berliner Volksbühne 2007. Dabei handelt es sich nicht so sehr um eine Aufführung der Berg'schen Oper, sondern vielmehr um ein eigenes Stück, das sich mit Bergs Oper auseinandersetzt und gleichzeitig oft auf Büchners Dramenfragment zurückgreift. Das Stück ist drastisch gekürzt und auch die Besetzung auf nur drei Spieler reduziert: Wozzeck, gespielt vom singenden Schauspieler Max Hopp; Marie, gegeben von Marie Yelena Kuljic, einer Jazz-Sängerin und Vokalkünstlerin, die gleichzeitig auch noch den Hauptmann spielt; und Sir Henry, der als Live-Musiker auf der Bühne agiert und in verschiedene Rollen schlüpft, u. a. in die des Doktors. Die Musik kommt entweder als Zuspiel über die auf der Bühne von Sir Henry bediente Elektronik oder wird von ihm live am Klavier gespielt.

Ich werde im Folgenden am Beispiel dreier zusammenhängender Szenen untersuchen, wie die Gestaltung von unterschiedlichen Hördispositionen und das durch diese vorgezeichnete Spiel mit unterschiedlichen Verhältnissen zwischen Körperlichkeit und Stimmlichkeit als wesentliche Inszenierungselemente eingesetzt werden und wie mit diesen die Handlung von *Wozzeck* ‚erzählt' wird.

Auf den ersten Blick verlegt Marton die Handlung in ein Radiostudio: Beherrschendes Bühnenelement ist die Scheibe, die den Regieraum vom Aufnahmeraum trennt. Eine Türe verbindet beide Räume, die visuell aufgrund der Glasscheibe gar nicht getrennt sind, wohl aber akustisch. Tatsächlich haben wir es aber mit einem Raum zu tun, der seine Spielmöglichkeiten einer Dekonstruktion bzw. einer Dekomposition des Rundfunks als Institution von Sprach- und Musikproduktion bzw. -distribution verdankt. Geradezu systematisch werden alle Formen der Musikproduktion durchgespielt und jede dieser Formen versetzt das Publikum in eine andere Hörhaltung. Das szenische Spiel mit diesen Formen dient also dazu, Hörsituationen bzw. Hördispositionen zu schaffen.

Martons Vorgehen, eine bestimmte institutionelle Form des Musikbetriebs zu dekomponieren und daraus szenisches Material zu gewinnen, das dann neu komponiert wird, erinnert an den frühen Mauricio Kagel. In *Sur Scene* oder *Sonant* werden beispielsweise typische Charakteristika einer musikalischen Probe bzw. des Konzerts dekomponiert. Und Kagels *staatstheater* lässt sich insgesamt als kritische Analyse des Opernbetriebs beschreiben. Wichtig erscheint mir hier aber, dass es bei Marton nicht um die Selbstreflexion der Mittel des Theaters und der Institution Theater geht, wie es für Kagel typisch war. Vielmehr geht es darum, die Theatermittel selbst zum Sprechen zu bringen, d. h. die Arbeit an den Mitteln und an der Wahrnehmung als im Sinne der Figuren und der Handlung sinnstiftende Verfahren einzusetzen: Der Konflikt zwischen Wozzeck und Marie wird im Wesentlichen über die unterschiedlichen Hördispositionen und die verschiedenen Spannungsverhältnisse zwischen Körper und Stimme erzählt. Und die Entscheidung für ein angedeutetes Radiostudio als Bühnenraum begründet sich genau dadurch: ein Spielfeld zu schaffen, in dem diese Spannungsverhältnisse gestaltet werden können.

Erstes Beispiel

Zu Beginn des Stückes befinden wir uns in der Situation einer Rundfunkaufnahme: Sir Henry ist der Aufnahmeleiter oder Tonmeister, Max Hopp steht im Aufnahmeraum hinter der Glasscheibe und spricht bzw. singt Passagen aus der 2. Szene des I. Aktes zu dem von Sir Henry eingespielten ‚Orchestertrack' von Alban Berg. Wir sind als Zuschauer bei einer Rundfunk- oder Plattenaufnahme dabei, also einer Situation, die eigentlich nicht für das Zuschauen bestimmt ist und bei der alles, gerade auch alles Sichtbare und Körperliche, darauf ausgerichtet ist, den optimalen musikalischen Moment herzustellen und festzuhalten. Die Körperlichkeit der Akteure und ihre Bewegungen stehen vollständig im Dienst der Realisierung einer bestimmten, idealen klanglichen Vorstellung. Max Hopp singt den Wozzeck, ohne ihn zu verkörpern, er leiht ihm nur seine Stimme. Gleichwohl stellt sich durch seine ins Extrem gesteigerte Aufmerksamkeit zusammen mit den Sätzen, die er singt: „S'ist kurios still" oder „Der Platz ist verflucht", sofort die für Wozzeck charakteristische unterdrückte, aufgestaute Überspanntheit her.

Auch die Zeitlichkeit der Musik in der Aufnahmesituation ist eine andere als die der Musik selbst: Die Aufnahme kann jederzeit unterbrochen und eine Passage wiederholt werden – was auch tatsächlich mehrfach passiert. Der Zuhörer wohnt also einer Situation bei, die ihn eigentlich gerade ausschließt. Statt musikalischem Fluss erlebt man eine Art musikalischen Stillstands von äußerster Konzentration, ein Hineinkriechen in die pure Gegenwart und ein Ausmessen der gestisch-emotionalen Räume, welche die Berg'schen Gesangslinien mit ihren extremen Sprüngen aufreißen – Räume, die Sir Henry in einer Art Dirigat ins Sichtbare übersetzt. Die Situation des verfluchten Platzes, wie sie Wozzeck erlebt, wird hier durch die Spannung der gestauten, statischen Musik und den leisen, intimen Charakter von Hopps Sprechgesang umgesetzt, d. h. eine räumliche Situation wird gänzlich mit musikalischen und stimmlichen Mitteln ‚dargestellt'.

Zweites Beispiel

In dieser gespannten Atmosphäre tritt Yelena Kuljic auf, in einen mondänen Pelzmantel gehüllt, der Auftritt einer Diva. Langsam und lasziv lässt sie ihren Mantel fallen, abwechselnd Sir Henry und Max Hopp fixierend. Dann dreht sie sich nach vorne, tritt an eines der Standmikrofone und singt einen halbseidenen Song, begleitet von Sir Henry am Klavier. Der Hörraum verändert sich: Das Aufnahmestudio verwandelt sich in einen Konzertraum, einen Club oder eine Bar. Die Aufnahmesituation, die uneigentlich ist, sofern sie auf etwas anderes zielt, nämlich die fertige CD, weicht dem Live-Auftritt, der nichts anderes meint und will als das Hier und Jetzt. Kuljic singt direkt ins Publikum. Und es sind nicht oder nicht nur dieser Song und die bewusst klischeehafte Erotik im Auftreten von Yelena Kuljic, die uns etwas über die Beziehung von Wozzeck und Marie und ihre Sehnsüchte erzählen sollen. Diese Erotik wird nicht einfach nur dargestellt, sondern sie stellt sich tatsächlich her, und zwar nicht vordergründig auf der visuellen Ebene, sondern durch den Wechsel der Hördisposition des Zuschauers und durch die plötzliche Körperlichkeit von Kuljics Gesang.

Exkurs: Anleihen bei der Phänomenologie des Leibes von Hermann Schmitz

Um diesen Wechsel zu beschreiben, möchte ich einen kurzen Exkurs einschieben und mich einiger Begriffe der Phänomenologie des Leibes von Hermann Schmitz bedienen. Das ist zugegebenermaßen eklektizistisch, aber sie erlauben etwas fassbar zu machen, was sonst nur schwer zu greifen ist. Gemeint sind die Begriffe ‚Engung' und ‚Weitung' als Richtungen der ‚Dynamik des Leibes' und die ‚Bewegungssuggestion' als von außen auf meinen Leib einwirkender Übertragungsimpuls, der eine leibliche Empfindung von Engung oder Weitung bewirken kann.[7] Der Leib kommuniziert mit seiner Umwelt. Er nimmt die Bewegungssuggestionen, also die von außen auf ihn einwirkenden Impulse, auf und wird in seiner eigenen Dynamik von Engung und Weitung dadurch affiziert. Schmitz spricht hierbei von verschiedenen Formen der „Einleibung". Im Fall der „solidarischen Einleibung" z. B. wirken die Bewegungssuggestionen „ansteckend": Sie schließen „die Teilnehmer durch einen gemeinsamen Impuls ohne gegenseitige Zuwendung zusammen, z. B. in Angriff oder Flucht, beim Gesang, in der feierlichen oder albernen Hochstimmung eines Festes, beim gemeinsamen Rudern, Sägen und Musizieren".[8] Bei der „antagonistischen Einleibung" geht es hingegen um „gegenseitige Zuwendung", beispielsweise im Blickwechsel: „Vom fremden Blick wird man getroffen und beengt; man weitet sich aus dieser Engung durch Zurückblicken, das wieder den anderen trifft, und so bildet sich ein beide Leiber übergreifender vitaler Antrieb im Ineinandergreifen leiblicher Richtungen."[9] Die leibliche Kommunikation besteht also darin, dass wir durch die Einleibung von Bewegungssuggestionen unterschiedlichste Formen von Engung und Weitung spüren. Wenn uns also eine bestimmte Musik oder Stimme etwas bedeutet, dann heißt das nach Schmitz nicht so sehr, dass wir ihren Ausdrucksgehalt verstanden haben, sondern dass wir uns durch ihre Bewegungssuggestionen in unserer leiblichen Dynamik berühren lassen.

Kehren wir zurück zum angesprochenen Wechsel der inszenierten Hörräume – vom Aufnahmeraum in den Club oder die Bar – und versuchen wir den damit verbundenen Wechsel der Hördispositionen zu beschreiben. Die Aufnahmesituation der ersten Szene hält uns als Zuschauer zunächst einmal auf Distanz, da sie sich – scheinbar – nicht an uns wendet. Wir sind nur ihr Zeuge. Gleichzeitig ist die Situation von einer extremen Konzentration geprägt, sowohl durch die Konzentration der Beteiligten auf den perfekten Moment, als auch durch die gestaute und unter der Spannung des Moments regelrecht erstickte Musik Bergs. Mit Schmitz könnte man nun sagen: Die Hörhaltung ist geprägt durch eine Bewegungssuggestion, die im leiblichen Empfinden eine Engung hervorruft. In dem Moment, in dem Kuljic ans Mikrofon tritt, ändert sich die Bewegungssuggestion, löst sich die Engung und fließt in eine Weitung aus. Es schwappt förmlich herein, was die Aufführungssituation grundsätzlich charakterisiert, was aber auch unterschiedlich stark ausgeprägt sein kann, nämlich die, nach Fischer-Lichte, „autopoetische Feedbackschleife" zwischen Bühne und Publikum.[10] Oder, um es mit Schmitz zu sagen: Die Hörhaltung ist nun nicht mehr von einer einseitigen antagonistischen Einleibung, sondern von solidarischer Einleibung geprägt. Diese Weitung und Öffnung des Leibes bewirkt ein völlig anderes Zuhören. Ein Zuhören, in dem

Kuljic uns nicht nur zuzuhauchen scheint: „Hör mir zu", sondern auch ein „Sprich mit mir" oder gar, wie Roland Barthes sagen würde, „*Hör mir zu* heißt *Berühre mich*".[11]

Der Wechsel in der Hördisposition wird neben der Modulation des Hörraums mindestens so stark durch die Modulation des Verhältnisses zwischen Körperlichkeit und Stimmlichkeit bewirkt. Max Hopp singt vollkommen bewegungslos, konzentriert vorgebeugt ins Mikrofon, von der Außenwelt ist er abgeschirmt durch einen Kopfhörer und durch die Glasscheibe noch mehr vom Publikum distanziert. Er singt körperlos und nur mit der sogenannten Randstimme. Das bereits erwähnte ‚Dirigat' von Sir Henry könnte man als eine körperlich-gestische Simultanübersetzung der Berg'schen Gesangslinie auffassen, die ihre Rhythmik, ihre extremen Intervalle und den Wechsel von Spannungs- und Entspannungsmomenten ganz aus dem Sprachgestus nimmt. Diese Gestik von Sir Henry gleicht der viel gescholtenen Operngestik, der Sänger typischerweise bedienen, um die Klänge an die richtigen Resonanzräume ihres Körpers zu bringen oder um die Imagination des idealen Klangs physisch zu unterstützen.[12] Und tatsächlich scheint es in der Szene weniger darum zu gehen, dass das Dirigat etwas auslöst, wie normalerweise bei einem Dirigenten; ebenso wenig scheint Sir Henry die Bewegungssuggestion aus der Musik von Hopp aufzunehmen. Vielmehr haben wir es mit einer Trennung von Körper und Stimme zu tun: Wir sehen und hören auf zwei Körper verteilt, was eigentlich in einem Körper vereint sein müsste: ein zerrissener, schizophrener, aber vollkommen musikalisch erzeugter Zustand, der uns gleichwohl etwas über den seelischen Zustand Wozzecks erfahren erzählt, und zwar leiblich, nicht semiotisch.

Wenn Yelena Kuljic ans Mikrophon tritt, löst sich dieser zerrissene Zustand auf. Ihre Stimme lebt in ihrem Körper. Ob sie sanft – wie an dieser Stelle – ins Mikrofon haucht oder in späteren Szenen mit dem vollen Volumen ihrer Stimme losröhrt, dass man den Körper, aus dem diese Stimme kommt, förmlich vibrieren zu spüren meint: Ihre Stimme, ihr Körper und mein Körper als Zuschauer gehen eine besondere Beziehung ein, die Clemens Risi als erotische Beziehung beschrieben hat, allerdings am Beispiel der „ausgebildeten Gesangsstimme", womit er die Opernstimme meint. In seinem Aufsatz „Hören und gehört werden als körperlicher Akt"[13] weist Risi auf den Erotik-Begriff von Georges Bataille hin, der „vorwiegend grenzüberschreitende (transgressive) Erfahrungen *existenzieller Gefährdetheit*" meine, und Risi folgert daraus: „Die Singstimme ist mit Verführung und Gefahr besetzt."[14] Und es ist genau diese Gefahr, die in der Verführung durch und der Verfallenheit an die Stimme von Kuljic liegt, die Stimme als Droge, „von der man abhängig werden kann",[15] wie Risi sagt, und deren Entzug zu unkontrollierbaren Folgen führen kann, die wiederum etwas von der Art der Liebe Wozzecks zu Marie spürbar werden lassen.

Ein weiterer Aspekt von Batailles Erotik-Begriff scheint genau auf die Situation Wozzecks zu passen. Er schreibt: „Ich gehe im wesentlichen von dem Grundsatz aus, dass die Erotik in die Einsamkeit versetzt [...] Sie kann nicht öffentlich sein [...] auf irgendeine Weise liegt die erotische Erfahrung immer außerhalb des gewöhnlichen Lebens."[16] Wozzeck, so kann man das zumindest lesen, scheitert oder wird zum Scheitern getrieben, weil er seine Liebe in das alltägliche Leben nicht integrieren kann. Und es ist wiederum die Art, wie Stimme inszeniert wird, hier durch das Herausstellen des erotischen Moments zwischen Sängerin und mir als Zuschauer/Zuhörer, die den Konflikt Wozzecks erlebbar macht.

Und noch ein letzter Aspekt: Kuljic tritt auf wie ein Star. Sie hat in der erwähnten erotischen Beziehung Macht über mich: Das Hören ihrer Stimme macht hörig. Dieses Hören – wie das Hören der Sirenen – lässt einen erliegen, führt zu Kontrollverlust, führt in die Irrationalität, ist also für beide Seiten potenziell existenzbedrohend: für Sängerin und Zuhörer beziehungsweise für Marie und Wozzeck.

Drittes Beispiel

Nachdem sich aus dem ans Publikum gerichteten Song nahtlos und in Überlagerung der Berg'schen Musik und des Chansons ein Dialog zwischen Marie und Wozzeck ergeben hat – es handelt sich um die 3. Szene des I. Aktes, in der Wozzeck seinen düsteren Visionen nachhängt –, kommt es zu einem musikalischen Schnitt. Als würde man abrupt im Radio zu einem anderen Sender wechseln, verändert sich der Hörraum. Wir befinden uns in einer von Sir Henry moderierten Live-Sendung mit Interviewgast, Yelena Kuljic. Über einer belanglosen, jingleartigen Wohlfühlmusik moderiert Sir Henry seinen Gast auf Englisch an und richtet die erste Hörerfrage an Kuljic. Diese antwortet eloquent – auf Serbisch.

Wie lässt sich die mit dieser Szene verbundene Hördisposition beschreiben und was wird dadurch ‚erzählt'? Wiederum haben wir es mit einer Situation zu tun, die sich als Radiosendung ‚eigentlich' ganz an unsere Ohren richtet und nicht an die Augen. Was wir auf der Bühne sehen, so wird suggeriert, ist nebensächlich. Gleichzeitig haben wir es mit einer – im Gegensatz zum vorherigen Dialog – öffentlichen Situation zu tun: Der Moderator vermittelt zwischen den Fragen seiner Hörer und den Antworten seines Gastes im Studio. Wir bekommen Radio ganz im Brecht'schen Sinn vorgeführt als demokratisches und in beide Richtungen durchlässiges Medium. Im Alltag schenkt man solche Sendungen als einem unterhaltsamen Geplänkel allerdings meist nur halbes Gehör. Die Aufmerksamkeit zerstreut sich ins Unverbindliche.

Die so beim Zuschauer/Zuhörer erzeugte Hördisposition, sich nämlich berieseln zu lassen und passiv und meist allein an einer irgendwie gearteten Öffentlichkeit teilzunehmen, macht wiederum einen Moment von Wozzecks Situation leiblich erlebbar: Mit dem Wechsel des Senders, dem Schnitt vom Dialog in die Radiosendung, wird auch Wozzecks Stimme ‚abgeschaltet'. Die akustische Verbindung zwischen Aufnahme- und Regieraum wird gekappt. Wir *sehen*, wie er von seinen Visionen bedrängt wird, sehen ihn hinter der Scheibe zum Aufnahmeraum wahnsinnig werden und schreien, *hören* ihn aber nicht. Und durch die Bewegungssuggestion der Entspannung und Antriebslosigkeit, die von der dahinplätschernden Radiosendung ausgeht, entwickelt sich eine gewisse Gleichgültigkeit gegenüber seinem Schicksal. Wir erleben am eigenen Leib die Trennung zwischen Wozzeck und der Gesellschaft und deren Gleichgültigkeit, die ihn letztlich zum Mörder machen wird. Und wieder ist es die gezielte Arbeit mit den Hördispositionen, die als erzählerisches Mittel eingesetzt wird und gleichzeitig die Spielregeln fixiert, nach denen das Verhältnis zwischen Stimmlichkeit und Körperlichkeit geformt werden kann.

Die Körperlichkeit der Radiosprecher spielt für den Hörer keine Rolle bzw. nur, sofern sie sich über die Stimme vermitteln kann. Im Bezug auf die Kommunikation am Telefon vermerkt Roland Barthes hierzu, dass der Sprecher „seinen ganzen Körper in der Stimme zusammenballen"[17] müsse. Sir Henrys Stimme klingt voll, ruhig und angenehm, eine professionelle Radiostimme, die so jeden Tag zur gleichen Zeit ‚angelegt' werden kann wie eine Arbeitskleidung und die über den persönlichen Zustand ihres Sprechers nichts verrät. Die Stimme, so einnehmend und sympathisch sie ist, ist eine Maskierung, ist keine körperlose, aber doch eine entpersonalisierte Stimme, die uns aus dem Lautsprecher des Radios entgegenkommt. Yelena Kuljics Stimme klingt hingegen privat: Man spürt eine Person hinter der Stimme. Der Klang der Stimmen steht nicht zuletzt hier deswegen so sehr im Fokus der Wahrnehmung, weil die inhaltliche Dimension in den Hintergrund tritt bzw. gänzlich unbedeutend wird. Kann man den englischen Fragen von Sir Henry zunächst noch folgen, dürfte kaum einer im vermutlich vorwiegend deutschsprachigen Publikum Kuljics Antworten verstehen.

Aber Kuljics Stimme klingt nicht nur privat, sie klingt gleichzeitig routiniert. Für diese Figur scheint der Umgang mit der Öffentlichkeit selbstverständlich zu sein. Der Kontrast zwischen dem intimen Ton ihrer Stimme in der kurzen Dialogpassage und der durch die Hörsituation geforderten Routiniertheit der öffentlichen Stimme ist groß. Und dieser Kontrast lässt uns die Distanz zwischen Marie und Wozzeck, der in der vorigen Dialogsituation quasi hängengeblieben ist, als bewusst gegen Wozzeck gerichtete Distanzierung erleben.

Die Musikalisierung der Situation, die durch die Fremdsprachen und den Fokus auf die Lautlichkeit angelegt ist, wird weitergetrieben, indem Kuljic ab der zweiten Antwort schon in die Fragen von Sir Henry hinein antwortet. Frage und Antwort schieben sich so immer stärker übereinander, offenbaren mehr und mehr, dass sie gar nichts miteinander zu tun haben. Aus der Dialogsituation entsteht – durch Loops und Zumischen von Orchestersamples gesteigert – eine pure Gleichzeitigkeit, ein Durcheinanderreden, eine Art Rauschen der Stimmen, als würde man mehrere Radiosender zugleich oder gar alle Radiowellen, die uns umgeben, gleichzeitig hören.

Dieses immer weiter anschwellende gleichzeitige Reden, bis ein undurchdringbares Rauschen der Stimmen entsteht, finden wir häufig auch bei Marthaler, der dieses Prinzip als „Ballung" bezeichnet.[18] Marton, der selbst zeitweise bei Marthaler als Pianist gespielt hat, bedient sich solcher Ballungen mehrfach in seiner *Wozzeck*-Inszenierung. Und es ist interessant, dass er das nicht oder nicht nur im Hinblick auf die musikalische Gesamtform tut, also nicht wie Marthaler aus kompositorischen Gründen, sondern um bestimmte Räume musikalisch spürbar zu machen, und zwar Räume, die auf den ersten Blick ganz gegensätzlicher Art sind. Hier steuert das Stück auf die Begegnung zwischen Wozzeck und Marie in ihrer Wohnung in der 1. Szene des II. Akts zu. Am Ende des Abends finden wir genau die gleiche Anlage: erneut eine solche aus der Hörsituation Radio entwickelte Ballung, die wiederum – wenn man so will – auf eine Begegnung zwischen Marie und Wozzeck hinführt, diesmal aber draußen am See: Wozzeck trägt die bereits tote Marie auf dem Rücken.

Kehren wir zur ersten Ballung zurück: Das stetige Zunehmen an Lautstärke und Chaos – übrigens ohne dass die Stimmen selbst an Aggressivität zunehmen – wirkt beklemmend, löst, mit Schmitz gesprochen, eine starke leibliche Engung aus. Als Zuschauer empfinde ich die körperlosen, medialen Stimmen als bedrohlichen, gewaltsamen Akt, vor dem ich mich schützend in mir zusammenziehe. Auf dem Höhepunkt rennt Max Hopp auf die Bühne bis vor auf den Catwalk mitten hinein ins Publikum, Yelena Kuljic springt ihm auf den Rücken – und dann ist nichts. Stille. Ausatmen. Weitung. Da sind nur sie beide, Wozzeck und Marie, ganz allein, ganz präsent, sich ganz nah. Die Gewalttätigkeit der Stimmen, der Gesellschaft, wie ein Spuk verflogen, vielleicht nur irgendwo draußen. Aber nicht hier, nicht hier bei uns, bei Wozzeck, Marie und uns im Publikum. Die dramaturgische Funktion, die bei Büchner der Ort der Szene übernimmt, nämlich „Mariens Stube" als Schutzraum, übernimmt bei Marton der schlagartige Kontrast der Hördispositionen: Die leiblich spürbare Weitung nach der Ballung, der Schutz der plötzlichen Stille, ermöglicht die ebenso leiblich spürbare Intimität und Direktheit in der Begegnung zwischen Marie und Wozzeck und uns als Zuschauer. Und genau weil es um diese ‚leibliche Wertigkeit' geht, kann bei der Wiederholung der Szene der gleiche Wechsel in der Hördisposition auch den Ort draußen vor der Stadt am See markieren: Wozzeck allein mit der bereits toten Marie. Wieder wird etwas, in diesem Fall der konkrete Ort, nicht dargestellt, sondern es wird über das Inszenieren der Hördisposition eine unmittelbar leiblich spürbare Situation geschaffen, welche die Handlung bestimmt.

Schluss: Viertes Beispiel

Anders als bei Büchner und Berg findet der eigentliche Mord nicht hier draußen am See statt, weit weg von der Wozzeck demütigenden Gesellschaft, sondern in direkter Auseinandersetzung mit ihr, wiederum verkörpert durch das Massenmedium Radio und umgesetzt als Kampf zweier Hörräume. Hopp steht hinter der Scheibe und fragt Marie jene Sätze aus der 2. Szene des III. Akts: „Was meinst Du, wie lange es noch dauern wird?" Bei Büchner antwortet darauf Marie: „Ich muss fort". In Martons Inszenierung geht Marie stattdessen zum Radioapparat und sucht einen neuen Sender. Hinter dem Rauschen droht die Stimme von Wozzeck zu verschwinden, der gegen das Rauschen anzuschreien beginnt. Plötzlich schnappt ein Sender ein, spielt eine laute psychodelisch düstere Musik, zu der Yelena Kuljic über das Standmikrofon zu singen beginnt. Im selben Moment, in dem der Sender einschnappt, reißt der Kontakt zu Hopps Stimme hinter der Scheibe ab. Man sieht ihn weiter schreien, er kann sich aber kein Gehör mehr verschaffen, von der Technik im Stich gelassen, abgehängt, mundtot gemacht. Aus dieser stimmlichen Verdrängung heraus greift Wozzeck zum Messer, sticht immer wieder auf Marie ein (man sieht nur die Bewegung und das Blut spritzen), während Yelena Kuljic, die vor der Scheibe mit ihrem immer lauter und exzessiver werdenden Gesang als Marie die Ausgrenzung Wozzecks selbst betreibt und sich gleichzeitig vor Schmerz die Seele aus dem Leib singt.

---

[1] Premiere am 03.10.2009 am Thalia Theater in Hamburg.
[2] Vgl. Roland Barthes, *Die Körnung der Stimme. Interviews 1962–1980*, Frankfurt/Main 2002.
[3] Vgl. *Acoustic turn*, hrsg. von Petra Maria Meyer, München 2008.
[4] Vgl. hierzu Wolfgang Welsch, „Auf dem Weg zu einer Kultur des Hörens?", in: *Der Aufstand des Ohrs. Die neue Lust am Hören*, hrsg. von Volker Bernius, Göttingen 2006, S. 29–47.
[5] Vgl. Hans-Thies Lehmann, *Postdramatisches Theater*, Frankfurt/Main 32005, S. 274ff.
[6] Premiere am 08.11.2007, Volksbühne am Rosa-Luxemburg-Platz, Berlin. Musikalische Bearbeitung: Sir Henry.
[7] Siehe Hermann Schmitz, „Leibliche Kommunikation im Medium des Schalls", in: *Acoustic turn* (s. Anm. 3), S. 75–90.
[8] Ebd., S. 79.

9 Ebd., S. 78.
10 Vgl. Erika Fischer-Lichte, *Ästhetik des Performativen*, Frankfurt/Main 2004, S. 61ff.
11 Roland Barthes, „Zuhören", in: ders., *Der entgegenkommende und der stumpfe Sinn*, Frankfurt/Main 1990 (1976), S. 255.
12 Clemens Risi hat auf diese Begründung der Sängergestik hingewiesen. Vgl. Clemens Risi, „Die bewegende Sängerin. Zu stimmlichen und körperlichen Austausch-Prozessen in Opernaufführungen", in: *Klang und Bewegung*, hrsg. von Christa Brüstle und Albrecht Riethmüller, Aachen 2004, S. 137.
13 Clemens Risi, „Hören und gehört werden als körperlicher Akt", in: *Wege der Wahrnehmung*, hrsg. von Erika Fischer-Lichte, Barbara Gronau, Sabine Schouten und Christel Weiler, Berlin 2006, S. 98–113.
14 Ebd., S. 107.
15 Ebd., S. 105.
16 Ebd., S. 109f.
17 Barthes, „Zuhören" (s. Anm. 11), S. 255.
18 Vgl. Christoph Marthaler im Interview mit Hans Petith am 26.02.1999, abgedruckt in Hans Petith, *Intermediale Tendenzen zwischen Musik und Theater am Beispiel von Christoph Marthalers Bühnenproduktionen*, unveröffentlichte Staatsexamensarbeit, Universität der Künste, Berlin 1999.

Katja Schneider

Sprache, Stimmen, Bewegung.
Zur visuellen und akustischen Kopräsenz
bei Richard Siegal

In Performances des amerikanischen Choreographen und Tänzers Richard Siegal spielt Sprache eine zentrale Rolle: Dabei handelt es sich um Sprache, die klingt und damit zu hören ist, und Sprache, die zu sehen ist, insofern sie als (dynamisierte) Schrift erscheint. Der Rezipient einer solchen Performance erlebt sich in einer komplexen theatralen Situation, in der – neben den übrigen Elementen wie Musik und Licht, Bühnenarchitektur und Kostüm – in auffallender Weise körperliche Bewegung, Tanz, Sprache und Klang miteinander verschaltet sind. Diese (synchrone) Verschaltung ist – wie zu zeigen sein wird – in Schleifen organisiert, die sich multizentrisch aufbauen und sukzessiv wahrgenommen werden und so Verweisungszusammenhänge aufspannen, die „in Wahrnehmung und Kommunikation Räume für Anschlussmöglichkeiten eröffnen und dabei zugleich einschränken – und eröffnen, weil sie einschränken".[1]

Im Folgenden werde ich mich auf den Umgang mit Visualität und Auditivität am Beispiel des Verhältnisses von Stimme, Schrift und Bewegung in zwei Stücken des amerikanischen Choreographen und Tänzers, *Homo Ludens* und vor allem *As If Stranger*, konzentrieren. Diese Stücke unterlaufen Konventionen psychologischen Darstellens (die Sprechpassagen in *Homo Ludens* – die Kombinatorik medialer Bilder in *As If Stranger* – die Verfügung der Performer über das mediale Setting) und stellen mittels Textzuspielungen und -formatierungen sowie Bilder-Produktionen Reflexionen an hinsichtlich Formatierungen und Funktionen von Kunst.

Klang, Bild, Sprache. Live verschaltete Schöpfungsakte

Zu Beginn hört man viel und sieht wenig. Laute, elektronische Schläge überfallen den im Dunkeln sitzenden Zuschauer. Synchron zu den akustischen Schlägen blitzt Licht auf, umrisshaft ist einen Moment lang die Szenerie zu erkennen: zwei weiße, im rechten Winkel aufgestellte, großflächige Leinwände stehen – wie ein aufgeschlagenes Buch mit weißen Seiten – dicht an der Rampe. 28-mal wiederholt sich dieser ‚Urknall', mit dem die Bühnenperformance *Homo Ludens* des amerikanischen Tänzers und Choreographen Richard Siegal beginnt.² Danach sind auf den beiden Leinwänden geometrische Balken zu sehen, digital erzeugte Raster und Figuren, die mehr und mehr menschliche Gestalt annehmen.³

Ein anderes Stück von Siegal, *As If Stranger*⁴, setzt ebenfalls mit extremer Lautstärke ein. Hier ist es ein maschinell anmutender Klangcluster, der – wieder zäsiert von Stille – viermal hintereinander die Dunkelheit von Bühne und Zuschauerraum durchbricht. Seitlich wird ein Tisch von einer Lampe und kleinen Monitoren erhellt. Daran sitzt ein Mann, Richard Siegal selbst, mit tief in die Stirn gezogener Kapuze und hantiert an einem Mischpult. Anscheinend ist er es, der händisch, per Regler, die Maschinengeräusche generiert. Der Performer selbst ist nur spärlich beleuchtet und kaum zu erkennen, seine ‚Handarbeit' jedoch, mit der er wie ein DJ die Knöpfe und Regler bedient, wird extra beleuchtet. Das Publikum sieht, wie hier manuell Sounds und Soundschleifen gesteuert werden, die sich variativ und akkumulativ wiederholen.

Auch in *Homo Ludens* erzeugt der Performer mit seinen Aktionen mediale Anteile des Bühnengeschehens. In erster Linie jedoch nicht Klang, sondern Schrift. Parallel zu seinen Gesten und Bewegungen (ein federndes Gehen, das Ausstrecken erst eines Arms, dann des anderen, das Schwingen beider Arme) verwandelt sich die abstrakte Figur auf der Projektionswand so, dass sie deutlich menschliche Züge trägt und sich seriell vervielfachen sowie in verschiedenen Bewegungsstadien übereinander geblendet werden kann. Schließlich organisieren sich Vierecke des Rasters, in die einzelne tanzende Figuren eingeblendet sind, und bilden den Satz „here he grows". Diese Wortkombination ergänzt sich im Verlauf des Stücks mehrfach zu dem ins Englische übersetzten Hölderlin-Zitat „Wo aber Gefahr ist, wächst das Rettende auch" (im Englischen: „But where the danger is, grows the saving power also") und zerfällt wieder in isolierte, gruppierte, kombinierte Elemente.

In *Homo Ludens* ‚verschleiert' Siegal zunächst sowohl die Dissoziation der Mittel als auch ihre Gemachtheit. Greift der Performer in *As If Stranger* deutlich sichtbar händisch ein, um die einzelnen Medien miteinander zu verschalten, geht er in *Homo Ludens* nicht so offensichtlich vor. Die Generierung von Schrift und Text auf der Leinwand erfolgt zwar durch den Performer, aber computergestützt.⁵ Während dynamisierte grafische Muster schon vor dem ersten Auftreten⁶ des Live-Performers zu sehen sind, scheint die Manifestation von Schrift/Text mit seinen Aktionen zusammenzuhängen, da sie ihnen zeitlich nachgeordnet ist und Bewegungsformen des Live-Performers in denen der tanzenden Figuren in den Rasterfeldern zu erkennen sind, welche die Buchstaben bilden. Der Tanz ist hier im Schrift-Bild präsent, ist ihm inhärent. Insofern bildet sich das Verhältnis von tanzendem Live-Performer und Schrift auch in der Präsentationsform der Schrift ab. Die pixel-ähnlichen Felder, aus denen sich die einzelnen Buchstaben bilden, setzen sich quer und längs über die Leinwände immer neu – auch variert von Zoom-Effekten – auf der Fläche zusammen. Die so dynamisierte Schrift hat eine dekorativ-grafische und eine semantische Funktion. Sie macht deutlich, dass ‚Lesen' ein Prozess ist, dass sich Bedeutung durch die Tätigkeit des Lesers erst allmählich bildet, dass Teilsätze eine andere Bedeutung ergeben als der ganze Satz und somit das semantische Spektrum erweitern.

Wenn etwas später der zweite Performer, Kenneth Flak, die Bühne betritt,[7] sieht er zunächst dem tanzenden Siegal eine Weile zu, dann steht er auf und begegnet seinem Partner, der – völlig unvermittelt – die erste tänzerische Kommunikation mit ihm initiiert: eine Kommunikation, die geführt wird über die Bewegung, über die Mimik, über parasprachliche Äußerungen und augenscheinlich auch per Sprache – darauf lassen die Lippenbewegungen und einzelne Ausrufe schließen, für den Zuschauer hörbar ist das, was sie sagen, allerdings nicht.

Zuvor ‚verschwand' die Bewegung in der Sprache, indem sie ein dekoratives Element der Pixel und als solches von der für alle sichtbaren Semantik des Texts dominiert wurde. Nun reduziert sich hier die Sprache auf einen Privatcode zwischen den Performern, der dem Publikum (akustisch) nicht/kaum zugänglich ist. Unsere Wahrnehmung, die durch die Erfahrung der Schrift auf den Projektionsflächen auf die sinngenerative Kraft der Sprache zu Beginn der Performance quasi ‚trainiert' wurde, erlebt so, daß ein sowohl für das System Sprache als auch für das System Theater typischerweise erwartbarer Darstellungs- und Kommunikationszusammenhang nicht erfüllt wird. Zwei Darsteller sprechen miteinander, ohne dass man hörte, was sie sagen, und ohne dass sie – nach den Regeln repräsentativer Darstellung – ‚flüstern' spielten.

Unterlaufen traditioneller Darstellungs- und Rezeptionsweisen

Blockiert wird hier in *Homo Ludens* der routinierte Anschluss unserer Erfahrung an das in diesem Kontext Erwartbare, das besagt: Wo Lippenbewegungen und unserem gewohnten Rhythmus von Rede und Gegenrede folgender Austausch zweier Menschen auf der Bühne, da hörbare Sprache. Sinnroutinen werden hier außer Kraft gesetzt. Hingegen verschiebt sich die frustrierte Aufmerksamkeit auf das Bewegungssystem und dessen Strukturierung. Parallel zu den Lippenbewegungen figuriert auch Bewegung ‚Sprache' (mimisch durch Blicke, gestisch durch – bestätigendes – Kopfnicken, parasprachlich durch Ausrufe) und etabliert einen dem System Sprache vergleichbaren nonverbalen Code von Regeln und Verständigungsparametern.

Dem Einsatz der Schrift auf der Projektionsfläche war der bewegte Körper vorgängig, nun wird er hier in seinem Kommunikations- und Verständigungspotenzial als äquivalent und als parallel laufende Spur zum verbalen Dialog etabliert (wenn auch in modifizierter ‚Sprechsituation'). Gleichzeitig wird die Semantik der verbalen Sprache unterlaufen, weil man sie nicht hört.[8]

Anders in dem Stück *As If Stranger*: Hier greift nach etwa einer Minute Spielzeit und dem ersten akustischen Störgeräusch der Performer zum Mikrofon und trägt litaneiartig, in einem bisweilen schwer verständlichen Singsang folgenden Text vor:

> Conceptual artists / are mystics rather than rationalists. / They leap to conclusions that logic cannot reach. // If the artist changes his mind midway through the execution of the piece / he compromises the result / and repeats past results.[9]

Nach einem erneuten Geräuschcluster greift der Performer wieder zum Mikrofon, man hört einen neuen Text, der mit dem markanten Satz „Repeating, then, is in everyone" beginnt.[10] Allerdings ist nicht nur der Sprachduktus nun ein völlig anderer, auch Höhe und Färbung der Stimme sind verändert: Der recht zügig und neutralisiert präsentierte Text scheint von einer weiblichen, technisierten Stimme (aus dem Off) zu stammen. Gleichwohl sieht man, wie Siegal über dem Mikrofon den Mund bewegt. Gleichzeitig bewegt er seine rechte Hand unter einer Lampe, nimmt sie mit einer Live-Cam auf und projiziert diesen Ausschnitt auf eine große Leinwand im Bühnenhintergrund. Das Spiel der Finger, die Formen und Bewegungen, die er ausführt, erinnern an einen ‚sprechenden' Schnabel, an einen verfremdet dargestellten Mund, an artikulierende Lippen, durch die bisweilen die ‚Zunge' stößt. Der Frauenstimme, die den Text von Gertrude Stein spricht, wird eine zweite Stimme (mit leichtem Echoeffekt[11]) zugespielt.[12]

Die komplexe Textur dieser Szene irritiert das Publikum gleich in den ersten Minuten der Performance, indem konventionelle Erwartungen an den Einsatz von Stimme und Text auf der Bühne unterlaufen (und damit zugleich aufgerufen und negiert) werden.

Im Gegensatz etwa zum traditionellen Sprechtheater handelt es sich bei Siegals Performances um intermediale Werke, in denen alle theatralen Mittel als prinzipiell gleichwertig angesehen werden. Die verwendeten Medien stehen in einem Wechselspiel, das keinen traditionellen Vorstellungen von einer Hierarchisierung der theatralen Mittel verpflichtet ist. Siegal folgt damit einer Tradition der Moderne:

> Im Zuge einer Enthierarchisierung der künstlerischen Mittel im 20. und frühen 21. Jahrhundert werden Klanglichkeit und Lautlichkeit als gleichwertige Gestaltungselemente neben und mit Textualität, Visualität, Körperlichkeit oder auch Räumlichkeit ins Spiel gebracht, ohne dass eine dieser Dimensionen privilegiert würde.[13]

Dies hat, so Doris Kolesch, für die Stimme zur Folge, dass sie „zum Medium und Material eines situativen, ereignishaften und atmosphärischen Geschehens" wird.[14] Die Irritationen beziehen sich also auf die Ebene der Darstellung und der Semantik: Der Text ist akustisch schwer zu verstehen und in welchem Zusammenhang er mit der aktuellen oder vorangegangenen Aktion steht, erschließt sich zunächst nicht.

Siegals Arbeit bricht ebenfalls mit traditionellen Konventionen des künstlerischen Tanzes, sowohl des Balletts als auch des – in seinen Anfängen von den Literaten wie Hofmannsthal und Valéry als Paradebeispiel der „stummen Künste"[15] gefeierten – modernen Tanzes. Doch mit der Integration von Sprache in Tanz folgt Siegal wiederum Traditionslinien innerhalb der Moderne. Rudolf von Laban experimentierte mit Sprache und lautlicher Artikulation 1913 auf dem Monte Verità in seinem Unterricht in „Tanz – Ton – Wort":

> Jeder künstlerischen Bewegung wird ein Geräusch anhaften, ein, wenn auch noch so ferne liegender, logischer Zweck, Sinn, Begriff verbunden sein. Jeder Ton wird durch Bewegung erzeugt und hat ursächlichen und auswirkenden Zusammenhang.[16]

Verstoßen wurde damit gegen „zwei kanonische Elemente der Tradition im Tanz: Erstens hat der Akt des Tänzers stumm zu sein. Zweitens muss die erlaubte (vorgeschriebene) klangliche Dimension musikalischer Art sein. [...] Es ging darum, die Vorherrschaft der Musik zu zerstören und sie durch andere Klangquellen zu ersetzen [...]."[17] In diesem Zusammenhang – dem Verstoß gegen traditionelle Aufführungs- und Rezeptionsweisen – müssen meines Erachtens auch Verfahren des Postmodern Dance gesehen werden: Deborah Hays Performance, in der sie nur redete, oder Trisha Browns *Skymap*, das die Zuschauer auf dem Boden liegend und zuhörend verfolgten. Oder das Sprechen in Pina Bauschs Tanztheater, in dem die Tänzer u. a. Auskunft über sich, ihre Kindheitserlebnisse und Wünsche geben.

Siegals Arbeit lässt sich also verbinden mit inzwischen lange schon traditionalisierten Irritationsstrategien, die bereits in der Tanzmoderne des 20. Jahrhunderts erprobt wurden. Des weiteren ‚stört' den gewohnten Einsatz von Sprache auf der Bühne die Materialität der Stimme (der leise Singsang), der ‚Gender-Trouble' (man sieht einen Mann den Mund bewegen und hört eine weibliche Stimme) sowie die bildliche Permutation der Sprechwerkzeuge (des Munds) durch die Hand.

Siegal dissoziiert auf diese Weise Verbindungen, die traditionellerweise als verbunden wahrgenommen werden: die Semantik des Texts von der Stimme, die diesen Text spricht; die hörbare Stimme von ihrer Körperlichkeit (weibliche Off-Stimme), wozu auch gehört, dass die hörbare Stimme und die Figur, die – mimisch/gestisch –

‚spricht', einander nicht entsprechen.[18] Der dislozierte Mund lenkt die Aufmerksamkeit darauf, dass wir im Feld von Sprache und Text so stark auf den körperlichen Konnex zwischen Sprache und Mund konditioniert sind, dass wir Bewegungen der Hand als ‚Mund' wahrnehmen können. In der Ablösung des Sprechens vom Mund, also dem leiblichen Ort der Artikulation, und der Übertragung auf einen anderen Körperteil, die Hand (die durch die Nahaufnahme im Videobild zusätzlich exponiert wird), entkoppelt Siegal Mund und Stimme und betont die Materialität, das Gemachte jeder einzelnen Äußerungsform sowie deren Medialität.[19]

Solche Strategien, traditionelle Verwendungs- und Rezeptionsweisen theatraler Elemente zu unterlaufen, kennzeichnen zeitgenössische Tanz- und Theaterproduktionen[20] und wurden vielfach beschrieben. Im Zuge der kulturellen Turns rückt der *acoustic turn*, wie ein Sammelband betitelt ist,[21] zu Recht die Materialität des Akustischen ins Zentrum der Aufmerksamkeit. Dabei betont die Herausgeberin Petra Maria Meyer, nicht einer „Einzeldisziplin zu neuem Recht zu verhelfen, sondern ins Bewusstsein zu rücken, dass jeder dieser ‚turns' auch eine akustische Dimension impliziert."[22] Die – so ist zu ergänzen – hinausgeht über „die Stimme diesseits des Zeichens und die Stimme jenseits von Logos und Sinn."[23] und die Stimme nicht auf ein „Medium der Aussage"[24] reduziert. Diese Aufwertung der Materialität des Akustischen geht einher mit bzw. verdankt sich der Aufwertung des Körperlichen, der Verkörperung, die durch den *performative turn* und vor allem die Tanz- und Theaterwissenschaft der vergangenen Jahre angeschoben wurde (wobei vice versa der *performative turn* die Akzeptanz der Tanzwissenschaft befördert hat). Wie in der Tanzwissenschaft wird auch in der Beschäftigung mit akustischen Phänomen entsprechend nachdrücklich darauf verwiesen, dass die Stimme nicht „Vehikel des Gedankens"[25] sei, wie aus sprachtheoretischer Perspektive meist angenommen wird. Für den künstlerischen Bereich (Theater, Performance, Hörbuch) konstatiert Kolesch:

> Im Zuge einer exponierten Präsentation von Hörbarkeiten geht es weniger um die Darstellung von Wirklichkeit oder um die Vermittlung von Bedeutung, sondern um die Hervorbringung eigenwertiger akustischer Phänomene.[26]

Diese konstatierte Eigenwertigkeit des Mediums – sei es im Hinblick auf die Stimme oder den Körper (in Bewegung) – ist, denke ich, mittlerweile in der einschlägigen Forschung Konsens, kann aber nicht oft genug betont werden.

Kulturelle Rahmungen: Programmatik und Autopoetik

Im Rückgriff auf den sich sukzessive herausbildenden Hölderlin-Satz (in *Homo Ludens*) zeigt sich die allmähliche Verfertigung von Sinn in der Schrift; in den Aktionen des Performers und in deren Wahrnehmung seitens des Rezipienten führt Siegal vor, wie entscheidend die kulturelle Rahmung für die Sinnproduktion ist. Dabei legt Siegal durch variative Repetition ‚Sinn-Schlaufen'. Man kann in dieser nicht-linearen Entwicklung performativ erleben, was Mieke Bal zur Funktionsweise der Sinnstiftung erläutert:

> Mag sein, daß sich die Sprache in linearer Weise entfaltet, doch diese Entfaltung erklärt keineswegs die vielfältigen Signifikationen, die unterwegs durch Deutung zustande kommen und manchmal schon vor Erreichen des Satzendes in den Staub sinken. Sinn läßt sich nicht atomisieren; er ist auch nicht schlichtweg akkumulativ. Daher kann es zwar sein, daß das Nacheinander der Wörter den Anschein der Linearität erweckt, aber Sinnstiftung ist nicht linear.[27]

Sinnstiftung, und darunter sind auch unvorhergesehene Sinnhorizonte zu verstehen, baut sich multizentrisch auf und lässt sich auch nur so beschreiben.

Siegal konfrontiert den Zuschauer zu Beginn von *As If Stranger* und *Homo Ludens* mit sukzessiv, komplex und intermedial eingeführten Sinnhorizonten, die von den projizierten (*Homo Ludens*) beziehungsweise live und aus dem Off eingespielten (*As If Stranger*) Texten aufgespannt werden. Bei *Homo Ludens* ist der Dialog der Performer aus Passagen von Don DeLillos Roman *White Noise* komponiert. Dem kundigen Publikum wird das allenfalls bei der Nennung[28] der Droge Dylar deutlich, die nur in der fiktionalen Welt des Romans existiert.[29] Auch wenn die Quellen der zitierten Texte nicht genannt werden, ist für das Publikum doch offensichtlich, dass sie aus dem literarischen beziehungsweise künstlerischen Bereich stammen und in ihrer Semantik nicht zu vernachlässigen sind.[30] Im Folgenden wird zu zeigen sein, wie Siegal die Kontexte der verwendeten Texte und deren kulturelle Rahmung nutzt, um in der intermedialen Komplexion von Bewegung, Akustik und Visualität sowie über Variation und Repetition seines Materials beim Zuschauer die Wahrnehmung für Abweichungen und Differenzen zu steigern und damit dessen Reflexionsfähigkeit zu erhöhen.

Solche Semiotisierungsleistungen stimuliert Siegal in *As If Stranger* gleich zu Beginn: Die Kleidung des Performers (Siegal selbst), die legere dunkle Hose und der braune Pulli, dessen Kapuze sehr weit in die Stirn gezogen ist, entsprechen der Kleiderordnung, wie sie in der House-Scene verbreitet ist; das Bild des technikaffinen Nerds wird gestützt von einem dicken Kabelstrang, der neben dem Mischpult wie eine künstlerische

Kabelinstallation hängt, die auch zu Beginn wie eine solche ausgeleuchtet wird. Aus diesem Kabelgewirr ziehen sich zwei verschlungene Kabelstränge über die Bühne und münden in Motorradhelmen, die auf dem Boden liegen.[31]

Abweichend von dieser technoiden Umgebung evoziert Siegals Phänotyp auch die ikonographische Bildformel des mystischen Kapuzenmanns, die sich in mindestens drei Rollenfiguren aufspaltet, zum einen in den Mann mit Kapuze als Krimineller in fiktionalen und faktualen Genres, zum andern in die unheimliche Gestalt im Fantasy-Kontext sowie zum dritten in den Mönch.

Verweisen Dunkelheit und der extrem laute Ton, der als fast schmerzhaftes Störgeräusch wahrgenommen wird, auf den unheimlichen Anteil des Kapuzenmanns, aktualisiert sich mit Beginn des monotonen Singsangs die Mönchs-Konnotation. Das einförmige, wie ein Mantra sich wiederholende Auf und Ab der männlichen Stimme erinnert an das leise Absingen von Texten. Daran angelagert sind Assoziationen wie die einsame, händisch ausgeführte künstlerische beziehungsweise kunsthandwerkliche Tätigkeit (zu der traditionellerweise auch das Kopieren kanonischer Schriften zählt).

Die Korrelation von Kapuzenmann und Kunst wird weiter vorangetrieben durch den Text des Singsangs, jene oben zitierten parataktischen Sätze über Konzeptkünstler. Mit dem visuellen Zitat des Kapuzenmanns verschränkt sich so das Textzitat. Die in ihrer gesprochenen Abfolge kryptischen, da sich tendenziell widersprechenden Sätze stammen aus Sol LeWitts 1969 veröffentlichtem Text *Sentences on Conceptual Art*[32] (es handelt sich um Satz 1 – der aus zwei Sätzen besteht – und Satz 6 von 35). Die Sätze thematisieren die Kunstrichtung des Minimalismus und den Begriff der *Conceptual Art*, der von dem amerikanischen bildenden Künstler geprägt wurde. In Siegals Stück evozieren sie zudem eine Ästhetik, die sich im zeitgenössischen Tanz seit den 1990er-Jahren mit Rückgriff auf den amerikanischen Postmodern Dance etabliert hat: den sogenannten Konzepttanz.[33]

Siegal fokussiert mit der Auswahl des Texts auf den nicht-rationalen Aspekt der konzeptuellen Kunst („Conceptual artists / are mystics rather than rationalists. / They leap to conclusions that logic cannot reach.") und reflektiert ihn durch die stimmliche Präsentation (des mönchischen Singsangs) auf einer (wie die spätere Gesangspräsentation des Texts zeigen wird) potenziell auch ironischen Metaebene.

Mit dem zweiten Text, der mit dem Satz „Repeating then is in everyone" beginnt, zitiert Siegals Stück eine Passage aus dem Roman *The Making of Americans* von Gertrude Stein, der – geschrieben zwischen 1903 und 1911–1925 publiziert wurde:

> Repeating then is in every one, in every one their being and their feeling and their way of realising everything and every one comes out of them in repeating. More and more then every one comes to be clear to some one.
> Slowly every one in continous repeating, to their minutest variation, comes to be clearer to some one. Every one who ever was or is or will be living sometimes will be clearly realized by some one. Sometime there will be an ordered history of every one. Slowly every kind of one comes into ordered recognition. More and more then it is wonderful in living the subtle variations coming clear into ordered recognition, coming to make every one a part of some kind of them, some kind of men and women. Repeating then is in every one, every one then comes sometime to be clearer to some one, sometime there will be then an orderly history of every one who ever was or is or will be living.[34]

Beide Texte aus unterschiedlichen Phasen der historischen Avantgarden vereinen Autopoetik und Programmatik. Dominiert im Kommentar des bildenden Künstlers, Sol LeWitt, die Konzeption von Künstler und (konzeptuellem) Kunstwerk, kreist hingegen der literarische Text der Schriftstellerin Gertrude Stein um das Phänomen der Wiederholung in anthropologischer Perspektive. Wiederholen wird hier als permanente Aktion in physiologischen, kognitiven und emotionalen Prozessen verstanden, die konsekutiv zu Bewusstseinserweiterung und Erkenntnis führt. Als Utopie – „sometime" – stiftet das Wiederholen (als permanent laufendes Programm) ‚Ordnung' in Wahrnehmungs- und Erkenntnisprozessen nicht nur des einzelnen Subjekts, sondern potenziell aller: jedermann, der gelebt hat, lebt und leben wird.

Indem Richard Siegal beide Texte in den ersten Minuten seines Stücks direkt nacheinander inszeniert, präsentiert er zwei markante künstlerische Positionen, die im Verlauf von *As If Stranger* variierend wiederholt werden und zueinander in Beziehung treten. Er selbst nimmt als Tänzer/Performer eine intermediäre Funktion zwischen beiden Positionen ein, indem er beide Texte artikuliert, inszeniert und sich so in ein Verhältnis zu ihnen setzt. Dabei behandelt er die beiden Texte unterschiedlich:

LeWitts Sätze zäsiert Siegal durch das kurze, laute ‚Störgeräusch', das er per Schaltung am Mischpult zwischen den von ihm selbst live gesprochenen Text einblendet. Steins Text aus dem Off – von ihr selbst gesprochen[35] – unterbricht er nicht, sondern unterlegt ihn mit ebenfalls live am Mischpult generiertem andauerndem vibrierendem Ton sowie punktuellem, metallischem Krispeln. Menschliche Stimme und elektronischer digitaler Sound alternieren im ersten Fall und überlagern sich im zweiten. Beide Male bildet sich in dieser Paarung ein Kontrast, der durch die spezifische Artikulation der Texte konstituiert wird.

Die Sätze LeWitts artikuliert Siegal im erwähnten verschliffenen ‚mönchischen Singsang', der repetitiven und darin variierten Tonfolge, die an das Absingen von Glaubenssätzen erinnert. Das eingespielte ‚Störgeräusch', das häufig Text- und Elementewechsel ankündigt, steht zur stimmlichen Präsentation im Kontrast von Melodie und ‚Lärm', von menschlicher Stimme und elektronischem Sound. Ebenso kontrastiert der Kontext von künstlerischem Manifest mit dem des sakralen Singens. Wie vom Lexem „mystics" in LeWitts Text getriggert, aktualisiert Siegal mit seiner Artikulation des Texts eine spezifische Lesart, in der entsprechend dem religiösen Kontext LeWitts Sätze zur Kunst an der Schnittstelle zur Litanei präsentiert werden. Solcherart aufgeladen interpretiert Siegals Artikulation LeWitts Text als quasi religiösen; er öffnet somit ein Bedeutungsfeld, in dem die *Sentences on Conceptual Art* einen über die Kunst hinausgehenden, anthropologisch relevanten Textstatus erhalten. Ein semantisches Feld bildet sich, in dem der Künstler als Bahnbrecher wirkt, der ‚Kunstjünger' seinen Platz hat und Kunst wie Kunstausübung quasireligiösen Status erhalten.

Komplexion intermedialer Verschränkungen: die Materialität des Körpers – widerständiges Medium und ‚Relais'

Auch Steins Ausschnitt aus *Making of Americans* ist kontrastiv gesetzt, wenn auch nicht hinsichtlich der zugeschalteten Tonspur oder einer fokussierenden Artikulation. Denn die Off-Stimme einer Frau (Stein selbst) spricht den mäandernden, in sich repetitiven Text neutral, ohne besondere Heraushebungen und Betonungen, doch in klarer Gliederung. Kontrastiv wirkt hierzu nicht die Artikulation, sondern die Aktion Siegals, der weiterhin am Mischpult hantiert, zugleich aber synchron, wenngleich nicht hörbar, zu der weiblichen Stimme live in ein Mikrofon zu sprechen scheint (vielleicht kaut er aber auch nur Kaugummi). Die weibliche Stimme im Ohr und den männlichen ‚Sprecher' vor Augen, splittet sich die Wahrnehmung des Rezipienten auf. Akustischer und optischer Sinn widersprechen sich in ihren Informationen und Qualitäten. Der Körper des Performers, der bislang mit seinem Aussehen und seinen funktionellen Aktionen am Mischpult zwischen den verschiedenen Medien für relative Kohärenz sorgte, schiebt sich nun buchstäblich dazwischen. Siegal führt hier vor, wie die Körperinszenierung als widerständiges Medium fungiert.

Irritiert zunächst nur der durch die Aktion des (intakten) Körpers vollzogene Widerspruch zwischen Auge und Ohr, steigert Siegal die Befremdung im zweiten Schritt durch die mediale Transponierung von Körperteilen, der Finger, in Großaufnahme auf die Projektionswand links im Hintergrund.[36] Die Hände, die vorher als durch das Licht aus der Dunkelheit hervorgehobene Körperteile sichtbar waren und mit dem Bedienen der Mischpultregler zielgerichtete Tätigkeiten vollführten, bewegen sich nun unter der Lampe, vor der Kamera, ornamental. Der Einsatz von Kamera und Projektion erzeugt eine Verdoppelung des Blicks sowie unterschiedliche Rahmung und Proportionierung. Was Situation ist, wird nun auch spezifisches Bild. Das Körperfragment auf der Leinwand zoomt auf die Beschaffenheit der Hände, deren Form, den Spalt zwischen den Fingern, auf das Weiße der Fingerknöchel, wenn sich die Hand schließt und die Haut über den Knochen strafft.

Neben der akustischen und optischen Wahrnehmung wird nun die haptische betont. Das Spiel der Finger transformiert die Körperteile zur Körperlandschaft, das zielgerichtete Hantieren zum zweckfreien Spiel und betreibt die Abspaltung des materiellen Körpers von Stimme und Text. Der Körper und seine Bewegungen etablieren sich als Material, das Ton und Text gleichwertig ist und ein groteskes Körper-Bild figuriert.[37]

In dieser Sequenz wiederholt sich die Einspielung der weiblichen Stimme mit dem Echo einer männlichen Stimme, wobei Siegal diesen – wohl von ihm selbst – gesprochenen Text der weiblichen Stimme zuspielt. Aus dem akustischen Solo wird so ein Duett, wobei dem männlichen Part die zweite Stimme zukommt.

Text wird in *As If Stranger* jedoch nicht nur stimmlich wiederholt und gedoppelt, er wird auch für das Auge schriftlich präsentiert und dabei zudem dynamisiert. Nach ca. 19 Minuten Spielzeit wiederholen sich die zäsierenden ‚Störgeräusche' vom Beginn. An der rückwärtigen (linken) Wand beginnt von unten senkrecht nach oben der Text von Gertrude Stein als Schriftprojektion zu ‚laufen'. Sie setzt ein mit dem Satz „Repeating then is in everyone." Die schriftliche Präsentation erleichtert dem Rezipienten zum einen das semantische Verständnis des Texts, zum andern führt sie eine weitere Materialisation von Sprache ein: die Schrift. Beide Materialisationen werden miteinander konfrontiert, indem der Satz etwas später von der schon bekannten weiblichen Stimme aus dem Off wiederholt wird, wobei das Sprechtempo die projizierte Schrift überholt. Wieder benutzt Siegal seine Finger zum Regeln des Mischpults und als ornamentale Körperlandschaft, wie man im Bild auf einem kleineren Monitor unterhalb der projizierten Schrift erkennt. Durch die positionelle Überlagerung scheint der projizierte Text aus dem Monitorbild aufzusteigen. Diese Bilder im Hintergrund erscheinen zugleich als Wiederholung wie als auch als Variation, denn der Text wiederholt sich, seine Präsentationsweise hingegen ist neu – aufgespalten nun in gesprochene Sprache und bewegte Schrift. Beide werden in der nächsten Wiederholung in ihrer Präsentation annähernd aufeinander abgestimmt;[38] zwar ist die Sprechstimme immer noch schneller als die projizierte Schrift, aber Schrift und Rede ergeben nun deutlichere Sinneinheiten, da der O-Ton durch Pausen rhythmisiert ist.

Parallel dazu ertönt eine sanfte Klaviermelodie[39] und Siegal agiert auf der Tanzfläche: in aufrechter Position, skulptural, in sich verflüssigenden Bewegungen, von der

Live-Cam auf den kleinen Monitor übertragen. Irgendwann stoppt die Sprechstimme, während der projizierte Text weiterläuft und das Kratzgeräusch erneut einsetzt.

Nachdem der Performer händisch die elektronischen Medien gestartet und gesteuert hat, agiert er nun – von ihnen umstellt und via Monitor dupliziert – ornamental, nicht funktional.

Aus dieser selbstbezogenen, tänzerischen Aktion heraus stoppt Siegal abrupt, springt zur Seite, wechselt damit zwischen der Position des Tänzers und der des technische Medien nutzenden Performers. Ruckartig zieht er sein T-Shirt hoch. Auf seinen nackten Oberkörper wird ein Film seines ‚sprechenden Ohres' projiziert, darüber neigt er im Dunkeln den Kopf und spricht in ein Mikrofon:

> I am who he is / I am where he must be / I am how he is to be recognized / I am how he is to be characterized / I am how a constant surveillance is to be exercised over him in a particular way.[40]

Der Ton endet, wie er begonnen hat, mit einer geisterhaften Luftinhalation. Siegal rollt das T-Shirt wieder hinunter, sein Körper duckt sich weg, rollt auf dem Boden, die Klaviermusik setzt wieder ein.

Sprachen vorhin, im ersten grotesken Körperbild, die Finger tonlos, ‚spricht' nun das Ohr, das Siegal synchron zu seinem Sprechen wie einen Mund bewegt. Das Ohr plappert als ‚Puppe' quasi mit. In der Dislozierung der Sprache und der Fragmentarisierung des Körpers wird wiederum die Materialhaftigkeit des Körpers betont und zudem die Verfügungsgewalt des Performers über seine Mittel, der das Ohr zum Sprechorgan mutieren lassen kann und den Bauch zur Projektionsfläche für seinen Kopf.

Mit videotechnischen Mitteln setzt Siegal seinen Körper in seinem Sprechakt neu zusammen. Zugleich spricht er das erste Mal von einem ‚Ich'. Der Text stammt aus dem prominenten Werk *Überwachen und Strafen*[41] von Michel Foucault, in dem dieser Aussagen darüber macht, wie das Individuum überwacht und normiert wird. Siegal verändert Foucaults Text an zentraler Stelle, indem er mit dem Shifter ‚Ich' sprachlich die Subjektposition besetzt und so eine Ich-Figur mit den allgemeinen Merkmalen des ‚Subjekts', das der staatlichen Überwachung unterworfen ist, identifiziert. Die Spannung zwischen „I" und „he" in der Sprache entspricht der visuellen zwischen sprechendem Subjekt und ‚sprechendem Ohr'.

Auch der Text eines weiteren Konzeptkünstlers wird – wie Steins Text – in der Kombination von projizierter bewegter Schrift und gesprochener Sprache präsentiert. Während Siegal tanzt (sein Bewegungsvokabular erweitert sich u. a. um kleine Sprünge, die Vertikale wird nun stark betont), ist aus dem Off eine leise, gleichwohl klare, suggestiv gefärbte Stimme (zum Teil durch Hall verstärkt[42]) zu hören, die den Text *Art Work* (1970) des amerikanischen Konzeptkünstlers Robert Barry spricht. Zugleich läuft dieser Text in roter Schrift von rechts nach links, also entgegen der Leserichtung, auf der (rechten) Wand hinter der Kabelinstallation.

> It is always changing. / It has order. / It doesn't have a specific place. / It's boundaries are not fixed. / It affects other things. / It may be accessible but go unnoticed. / Part of it may also be part of something else. / Some of it is familiar. / Some of it is strange. / Knowing it changes it.[43]

Alle Texte in *As If Stranger*, so ist anzunehmen, sind dem Zuschauer im Moment der Aufführungssituation nicht selbstverständlich per kulturellem Wissen verfügbar. Dafür sichert das Prinzip der Wiederholung und der schriftlichen Projektion deren (ungefähres) Verständnis. So bilden sich Sinnschlaufen, die im Verlauf des Stücks immer wieder aktualisiert werden. Schließlich mündet eine solche Schlaufenbewegung in einer Szene, in der Siegal eine quasi-natürliche Subjektposition einnimmt: Als Off-Ton spult sich eine pausenlose Litanei von Namen ab. Die rote Laufschrift bleibt bei den Worten „for you", einem neuen Textelement, stehen, wenn Siegal, am Mischpult sitzend, im Modus der Ansprache an das Publikum seine nächste Aktion ankündigt, nämlich den Text eines Konzeptkünstlers „for you", also für uns, das aktuelle Publikum, zu singen, um diesen – als Tribut an den Künstler – einem größeren Publikum zugänglich zu machen:

> I like to sing for you some of these sentences that Sol Le Witt has written on conceptual art. I'll do this as a tribute for him. In that I think that these sentences have been hidden too long in the pages of exhibition catalogues and perhaps that by my singing them for you it will bring these sentences to a much larger public.[44]

Während er am Mischpult sitzt, zieht über seine Knie und an der Wand hinter ihm die deutsche Übersetzung der Sentenzen von Robert Barry vorbei, von links nach rechts, beginnend mit dem letzten Satz.

> (Er)kennen verändert es. Einiges davon ist fremd. Einiges davon ist vertraut. Ein Teil davon kann auch Teil von etwas anderem sein. Es kann zugänglich sein, aber es verläuft unbemerkt. Es wird von anderen Dingen beeinflusst.[45] Es wirkt sich auf andere Dinge aus. Seine Grenzen sind nicht festgelegt. Es hat keinen bestimmten Platz. Es hat Ordnung. Es verändert sich andauernd.[46]

Im nächsten Schritt verbindet er die Texte beider Konzeptualisten miteinander: LeWitts Sätze über die Konzeptkunst singt er in einem rosa (später grünen) Lichtspot in der Mitte der Bühne, das Mikro haltend, sich zu den projizierten Sätzen an der (linken)

Rückwand umdrehend, über die wie skandierend ein roter Lichtball hüpft.[47] Nach dem ersten – im früheren Singsang dargebotenen – Satz, wird es dunkel, das Störgeräusch ertönt und Siegal wechselt hastig die Position, seine eigene als auch die des Beamers, der die Schrift im Hintergrund projiziert, so dass der Fokus nun wieder auf der rechten Wand liegt, über die der Text von Barry läuft, über den nun auch noch Filmbilder[48] projiziert sind.

Anschließend wechselt er zurück zu LeWitts Text (dessen zu Beginn des Stücks verwendeten Text er nun noch um die Sätze 2, 5 und 4 ergänzt: „Rational judgements repeat rational judgements. / Irrational thoughts should be followed absolutely and logically. / Formal art is essentially rational"[49] – gesungen nun auf die Melodie der amerikanischen Nationalhymne sowie des Schlagers *Tea for two*, rhythmisch vertrackt und semantisch dekonstruiert) und wieder zurück zu Barrys Text.

Der Live-Performer fungiert hier zum einen als Sprachrohr beider Textspender, zum andern als musikalisch iniitierte ‚Umschaltfigur', die beide Positionen alternierend akzentuiert. Er singt LeWitts Text live und inszeniert Barrys Text als Installation. Durch den Körper des Performers realisieren sich die Texte zwischen Hören und Sehen. Der Performer zwingt sie im Live-Moment zusammen und stellt sich buchstäblich dazwischen. Durch seine Aktionen (Singen, danach Drehen des Beamers) und die Ausrichtung seines Körpers bündelt Siegal beide Texte für den Zuschauer („for you") und stellt seine Aktionen mit der Nennung von Sol LeWitt als Textspender erstmals explizit in den konzeptuellen Kontext und bezeichnet das Zitat der Sätze als „tribute" an den Künstler.

Im Vergleich zu den meisten seiner bisherigen verbalen Äußerungen nimmt der Performer hier eine kommentierende Ebene ein. Er wendet sich an das Publikum und gibt paratextuelle Informationen über Elemente der Aufführung (Autor des Zitats), er kündigt seine nächste Aktion (Singen des Zitats) an und gibt Auskunft über die Motivation dazu (Tribut). Damit holt er eine Information nach, die nicht nur Aufschluss über das gibt, was noch kommt, sondern auch an den Anfang von *As If Stranger* verweist, als Siegal schon einmal den Text von Lewitt gesungen hat. Im indirekten Bezug auf diese Stelle aktualisiert die akustische *und* optische Präsentation des Lewitt-Texts auch die Texte von Stein und Barry, indem sie das Phänomen der variierten Wiederholung und der optischen Inszenierung performativ erlebbar und bewusst macht. Die Unvermitteltheit der einzelnen theatralen (und damit auch textuellen) Elemente des Stücks erfährt durch die variierende Wiederholung und Siegals erläuternden Kommentar eine Ordnung, indem die jeweiligen Elemente eine Funktion erhalten beziehungsweise in ihrer Funktion bestätigt werden wie beispielsweise das Störgeräusch vom Beginn, das nun wieder als akustisches Unterbrechungs- und Trennsignal fungiert.

Eine weitere Schlinge legt Siegal damit, dass sein Singen (inklusive dem Vorspruch) – unkommentiert – die vokale Performance des LeWitt-Texts durch John Baldessari reproduziert.[50]

Materialität von Körper, Klang und Sprache: Kontextualisierungsstrategien des Körpers

In der technoiden Umgebung von *As If Stranger* erweist sich, wie beschrieben, der Körper des Performers gleichermaßen als aktiver Agent der Technologie wie als reaktives Medium. Am Beginn von *As If Stranger* führt Siegal vor, wie er verschiedene Medien miteinander verschränkt. Dabei arbeitet er mit vorproduziertem Material[51], das er mit live generiertem anreichert, akkumuliert und übereinanderlagert. Er tut dies im Sitzen, am Computer bzw. Mischpult wie ein DJ, der am Rand der Bühne untergebracht ist. Dann lenkt er den Fokus auf physische Aktionen, führt zunächst die Stimme ein, rückt die Extremitäten, die Hände, ins Blickfeld, bevor er seinen Platz am Mischpult verlässt.

Zäsiert von der veränderten akustischen und visuellen Situation (leises kratzendes Geräusch; das Aufleuchten und Wiedererlöschen zweier Glühbirnen), liegt Siegal anschließend als Körperbündel zwischen den beiden am Boden liegenden Kabelsträngen, die jeweils in einem Motorradhelm enden und so eine ‚Gasse' bilden. Gekrümmt, in Butoh-Stellung reibt er seine erhobenen, an den Körper gezogenen, einwärts gedrehten nackten Beine aneinander, überkreuzt sie, beginnt sich zu schieben, zu schlängeln, zu rollen. Auf seinem Weg durch diese Bahn streifen seine Beine über einen Steuerungskasten, berührt sein Finger, sein Fuß einen Schalter. Unterschiedlichste Geräusche, wie Schläge (auf die Siegal in seiner Bewegung mit ‚Stop and go' reagiert), Töne etc. begleiten ihn, bis er diese Gasse verlassen hat und bis zum linken Bühnenrand rollt – weiterhin dicht am Boden, das Gesicht von Kapuze und Händen verborgen. Während er am Rand der Bühne liegt und sich in der beschriebenen Weise weiterbewegt, erscheint (s)ein Gesicht auf der Leinwand im Hintergrund, grotesk verzerrt, mit zwei sich unterschiedlich bewegenden Augen.[52] Der Mensch erscheint hier im Bild als Objekt einer Deformation (die medial durch Film-Trickverfahren produziert wurde), ist nicht mehr Herr seiner Organe. Und die begleitende Artikulation in ihrer vokalen Gedrängt- und Gepresstheit, in der überhetzten Wort- und Satzabfolge überfordert das Verständnis des Rezipienten und zeigen eine ‚Störung' beim Sprecher an. Der Wortlaut erschließt sich als wissenschaftliche Fachsprache, eine psychologische Studie über ein Experiment mit Lügnern und negativen Emotionen. Verbales und nonverbales Verhalten wird kommentiert und den Ausführungen lässt sich ein Konzept der Person entnehmen, das Alterität und Störungen des Selbst impliziert. Als Störung wiederum innerhalb dieses elaborierten Texts erscheint die Formulierung „nineteen eighty-crap nineteen ninety", als weitere Störung auf der akustischen Ebene werden kehlige Klänge wie Hunde- oder Wolfsbellen eingespielt, die sich zu geisterhaftem Gröhlen und Stöhnen erweitern.[53]

Dies stellt verbal erstmals eine vage Entsprechung zum Titel des Stücks her, zu den Vokabeln „as if" und „stranger". Eine intertextuelle Entsprechung liefert später Barrys Satz „Some of it is strange". Doch nicht nur eine solche Meta-Aussage über das Kunstwerk lässt sich auf den Titel beziehen, sondern auch die im Bild präsentierten Körper-Objekte sowie die Entwicklung der Bewegungsformen zur Deformation und Defiguration. Die Installation der Helme (metonymisch für Kopf und Gehirn) am Ende der Kabel steht bildrhetorisch für Energieverbindung und Informationsfluss wie auch potenziell für Fremdsteuerung.

Zwischen beiden physischen Zuständen – dem steuernden DJ und dem reaktiven Körperbündel – wechselt Siegal im Verlauf der Aufführung hin und her. Das groteske Körperbild der Handlandschaft ist in zielgerichtete Regler-Aktionen eingebettet, auf die Körperbündelsequenz und das verzerrte Gesicht auf dem Screen – durch Dunkelheit und veränderte Akustik eindeutig markiert – folgt eine weitere Sequenz am Mischpult. Als dritter Körperzustand, der deutlich von den genannten abweicht, sind die tänzerischen Passagen zu nennen, die mit der Zeit größer und elaborierter werden. Siegal beginnt auf dem Boden, richtet sich kurzzeitig zum Sitzen auf, dann zum Stehen, schließlich geht er, bevor er wieder auf dem Boden robbt, sich dreht, windet.

Die tänzerischen Passagen, begleitet von der Klaviermelodie, werden zunehmend raumgreifender und virtuoser, sind dabei von großer Varianz innerhalb eines umrissenen Bewegungsspektrums aus weichen Drehungen, Verschraubungen sowie einem nuancierten Spiel der Hände und Arme. Ohne Kapuze sieht man nun sein Gesicht, hört seinen Atem. Akustisch wird wiederholt Wolfs- oder Hundegeheul kurz eingespielt, was die Materialität des Physischen/Animalischen betont.

Die Körperaktionen, die Bewegungen des Live-Performers variieren und kontextualisieren die Textpassagen. War Siegal im Verlauf der Aufführung immer wieder als aktiver Agent tätig, scheinen gegen Ende der Aufführung technisch projizierte Schrift und aus dem Off eingespielte Sprache mit den Bewegungen des Tänzers auf paralleler Spur zu laufen. Die Schrift wird dynamisiert, sie läuft schnell, so schnell, dass die einzelnen Buchstaben verwischen, sie wechselt die Laufrichtung. Ihr semantischer Gehalt jedoch bleibt immer gleich. Eine laute Kakophonie, ein Klangteppich mit Helikopter-Sound und Raketen-Pfeifen, setzt ein, Bilder und Schrift ziehen rasch vorbei, man hört ein parasprachliches Schreien, Wimmern, Wolfsgeheul.

Währenddessen wiederholt sich der Satz von Gertrude Stein „Repeating then is in everyone", nun aber von einer Männerstimme (möglicherweise Siegal selbst) aus dem Off gesprochen.[54] Zwischen den gleichsam unaufhörlichen Wiederholungen ertönt jeweils ein perkussiver Schlag als zäsierendes Element. Die Wiederholung der Off-Stimme (plus Schlag) wird nicht vom Performer, sondern vom Tonpult außerhalb gesteuert und präsentiert sich als vorproduziertes Klang-Text-Element.

Die Darstellung von Steuerung durch den Performer erweist sich im Gesamtverlauf durch verschiedene technisch ‚von außen' verfügte Momente als Teil einer durchkomponierten Gesamtkomposition aus unterschiedlichen Zuspielungen, denen ein Gesamtskript, eine medientechnische Choreografie, zugrunde liegt. Dafür sei noch ein Beispiel genannt: Optische und akustische Ebene erweisen sich als technisch direkt miteinander gekoppelt und in Verfügung durch eine Steuerung, welche die technischen Parameter szenisch selbst ‚zum Sprechen bringt', wenn die Glühbirnen direkt auf den Lautsprechern angebracht und miteinander verschaltet sind und dort ihre Leuchtintensität und ihr Flackern – gleichsam im Dialog – als Klang hörbar wird.[55]

Das „Repeating"-Textzitat wird zugleich auch schriftlich auf die Rückwand projiziert: senkrecht nach oben, schnell, wie herausgeschleudert gegen die Schwerkraft. Flankiert wird der Text von zwei Bildprojektionen: einem Live-Bild des tanzenden Performers und einem statischen des Schaltpults. Optisch rückt nun der Tanz in den Vordergrund, zum einen nimmt er auf der hell erleuchteten Bühne den Raum nahe der Rampe ein, akustisch sind die Live-Geräusche des Tanzenden zu vernehmen, sein zunehmend lauteres Atmen, parasprachliche Rufe. Doch die Dynamik der Bewegungen wandelt sich, sie werden zunehmend manischer, ‚verzweifelter', fast stolpernd. Siegals Atem ist schwer und deutlich hörbar. Er tanzt weiter, als die Stimme aus dem Off längst verstummt ist. Doch das Prinzip der Wiederholung ist für den Tänzer nicht beliebig lang fortzusetzen. Irgendwann geht er zu Boden, bleibt liegen. „Sorry", sagt er.

Als Siegal sich wieder erhebt, wendet er Blick und Körper zum Schaltpult, nach kurzer Gestik des Nachdenkens und Überlegens trennt er ein großes Kabel, indem er den Stecker zieht.[56] „Okay", sagt er. Es wird dunkel, die Klaviermusik setzt wieder ein.

Danach erscheint auf der Rückwand eine Filmproduktion: eine über einer waagerechten Linie hantierende animierte Halbfigur schreibt einen Text, der sich in Leserichtung aufbaut und dessen Zeilen mit beiden Händen nach oben gehoben werden – als Trickfilmmontage. Zu lesen ist in großen Lettern: „Throw not away the hero in your soul". Wenn der Schriftzug fertig ist, duckt sich der Akteur unter der Linie weg, der Satz bleibt noch einen Augenblick lang stehen, dann zerfällt er in einzelne Elemente, die auseinanderdriften.

Der Satz stammt – leicht verändert – aus Friedrich Nietzsches *Also sprach Zarathustra*[57], in dem dieser das Tanzen preist. In einem Selbstkommentar über dieses „eigentliche Höhenluft-Buch" bindet Nietzsche die richtige Erkenntnis an das Auditive:

> Man muss vor Allem den Ton, der aus diesem Munde kommt, diesen halkyonischen Ton richtig *hören*, um dem Sinn seiner Weisheit nicht erbarmungswürdig Unrecht zu tun.[58]

Mit der letzten Texteinspielung, die wie ein Epilog das Stück *As If Stranger* beschließt, macht Siegal noch einmal deutlich, dass Texte nicht nur technologisch vorproduziert sind, sondern auch kulturell. Quasi umstellt von vorproduzierten Formaten, führt der Performer vor, wie eine aktuelle Präsentation dieser Texte hergestellt und mit dem Körper verschaltet wird. Wobei diese ‚Verschaltung' nicht als eindimensional technologische zu verstehen ist, sondern als operative eines Resonanzkörpers. Der „Performance-Körper" stehe „in Kommunikation mit erinnerten, gefilmten, projizierten oder imaginierten Körpern",[59] führt Huschka zu der spezifischen Qualität der Tänzer bei William Forsythe aus, zu dessen Ensemble Richard Siegal von 1997 bis 2004 gehörte. Zu diesen Körpern, das führt Siegal hier vor, zählen auch Text-Körper.

Intermediale Verschaltungen: Resonanzkörper und Künstlerfigur

Zusammenfassend lässt sich sagen, dass Richard Siegal in *As If Stranger* mobile, akustische und visuelle ‚Texte' inszeniert, indem er innerhalb einer linearen Dramaturgie – beginnend mit der ‚Bricolage' am DJ-Pult bis zum Durchtrennen der Stromzufuhr – die unterschiedlichen Medien miteinander verschaltet. Bestimmende Organisationsprinzipien sind dabei variative Repetition, Dynamisierung und Kopräsenz der verschiedenen Medien, wobei sich der Körper des Performers als operativer Resonanzkörper erweist. Die zunächst einzeln ‚aufgerufenen' Medien werden dadurch zu Informations- und Datenströmen, die sich kreuzen, partiell parallel verlaufen und sich wieder verzweigen. Zugleich etablieren sie akustische und visuelle Räume, die zum einen klar voneinander getrennt sind (durch wechselnde Beleuchtung und akustische Signale), zum anderen sich überlagern.

Auf der Klangebene des Geschehens, das wird schon früh im Verlauf des Stücks deutlich, findet eine auf Prinzipien der Wiederholung, Transformation und Schichtung basierende Verdichtung und Komplexion statt[60], die sich elaborierter technischer Vorproduktion verdankt. Solche elaborierten Soundtracks fungieren nun nicht nur als Klangkulisse, die einfach parallel zum Bühnengeschehen abläuft, sondern wirken durch das Hantieren und Agieren des Performers in dessen situativen Kontext eingebunden. Die performative Situation wiederum enthält Aspekte der Präsentation und Steuerung sowie der Darstellung von Präsentation/Steuerung.

Mit dargestellt ist autopoietisch also das Machen dieser künstlerischen Hervorbringung – wobei der Anteil und das Verhältnis von Live-Performanz und technischer Vorproduktion für das Publikum im Vollzug nicht deutlich offengelegt wird. Allerdings macht schon die reine Quantität, dazu noch die Serialität im Einsatz von Film- und Tonmaterial deutlich, dass sich in der Präsentation bzw. der Darstellung der Präsentation der Live-Performen als Vermittler solchen Materials inszeniert. So wie am Anfang sein Körper als bildgebendes Material in einem Kontext künstlerischer Experimente der Moderne fungiert und vom Monitorbildchen zur ersten Filmprojektion erhoben wird, integriert sich sein Figürchen am Ende ins dynamische Schriftbild der letzten Botschaft. Mit dieser Filmprojektion verlässt der Performer den Aktionsraum und verabschiedet sich gleichsam mit dem Eintritt in den Text-Bild-Raum. Was zugleich wiederum eine Verdoppelungsoperation bedeutet: Der Akteur reproduziert sich im Medium Film – und demonstriert dabei, dass mediales Erscheinen auf technischen Manipulationen (figuriert in Form des ‚Trickfilms') beruht. Auch hier agiert die Performer-Figur als Text zitierender, nachvollziehender/realisierender Vermittler.

Repräsentieren die akustischen Elemente eine große Bandbreite an Geräuschen, Klängen und Stimmen, fokussieren die visuellen dominant auf kunstreflexive Strategien: Die Bühnenelemente wie die Kabelinstallation, die Monitore, auf denen das Setting via Live-Cam zu sehen ist, und vor allem die projizierten Texte kreisen thematisch um das eigene Medium ‚Kunst', sei es explizit wie bei LeWitt und Barry, sei es poetologisch wie im Text von Stein. Mündlich präsentiert, live oder aus dem Off zugespielt, variieren die Texte durchaus in der Darbietungsform (gesprochen, gesungen, im Echo, als Litanei, als Singsang) und im Inhalt (nicht schriftlich zu sehen sind das Foucault-Zitat, die psychologische Studie und die Litanei mit Namen berühmter Künstler-Genies[61]). In dieser Rede ohne Punkt und Komma, ohne Pause, werden im Off-Ton Namen von Schriftstellern, Denkern, Wissenschaftlern, Malern, Musikern aneinandergereiht und mit Formulierung wie „really grand men and women" und „very titanicly" verbunden als exemplarische Genies qualifiziert. Zu den Name aus diesem kulturellen Universum zählt auch „Friedrich Wilhelm Nietzsche".

Der Live-Performer verfügt also über dieses und situiert sich in diesem Setting, einem Kosmos von zitierten Künstlern und künstlerischen Positionen. Die literarische Position Steins schlägt sich produktionsästhetisch nieder (Wiederholung als Prinzip des Stücks), die künstlerische LeWitts erweist sich als die vom Performer direkt (wenngleich kunsthistorisch kopiert) an das Publikum vermittelte, die Barrys als performative Umsetzung des Zitats (Wiederholung wie performative Vermittlung findet sich historisch bereits in den Textrealisationen Steins und Baldessaris) – wobei Siegal tendenziell hinter die zentrale Position der Konzeptualisten, die Trennung zwischen Idee und materiellem Kunstwerk aufzuheben, zurückfällt, gleichzeitig jedoch dieses Konzept als historisch, temporär markiert und damit auch offen- und bereithält zur eigenen Verfügung.

Dieser Akt, diese Geste des Verfügens über das Material kulminiert im selbstbestimmten Akt des Steckerziehens, der freilich ein Akt der Darstellung ist, denn der tatsächliche Bühnenstrom wird damit nicht abgestellt. Damit ist die Live-Performance beendet, nicht aber die Aufführung selbst. Der Videoclip, in dem die Trickfilmfigur den modifizierten Nietzsche-Satz schreibt und ‚hochstemmt', damit die Zuschauer ihn lesen können, wirkt wie ein Kommentar zum Status der Künstlers als Vermittler: Die Worte appellieren in emphatischem Sinn an ein gesteigertes (Innen-)Leben. Was bleibt, sind eine leere Projektionswand, die wenigen Takte einer Melodie, dann die Stille – die nach den knapp 60 Minuten der Aufführung in der Tat eine halkyonische ist. Und als solche macht Siegal sie dem Besucher erfahrbar.

[1] Dirk Rustemeyer, *Diagramme. Dissonante Resonanzen: Kunstsemiotik als Kulturtheorie*, Weilerswist 2009, S. 11.

[2] Entstanden mit Siegals Kollegen von der Produktionsplattform The Bakery, wurde *Homo Ludens* im Februar 2009 am ZKM in Karlsruhe uraufgeführt. Ich habe das Stück live gesehen in München (17.02.2009 und 05.11.2009 in der Muffathalle) und in Hamburg auf Kampnagel anlässlich des 2. Tanzkongresses (07.11.2009). Außerdem konnte ich auf DVD-Mitschnitte zurückgreifen, die mir freundlicherweise von The Bakery zur Verfügung gestellt wurden: Es sind Mitschnitte der Aufführungen am ZKM Karlsruhe (14.02.2009), in der Viehauktionshalle in Weimar beim pèlerinages Kunstfest Weimar (25.08.2009) sowie in der Muffathalle im Rahmen des Science Festival Performing Inter Mediality des Forschungszentrums Sound and Movement an der Ludwig-Maximilians-Universität München (05.11.2009).

[2] Barbara Mailos Tibald beschreibt die Eingangssequenz von *Homo Ludens* als „Entwicklung vom Pixeltorso zum Menschen", vgl. Barbara Mailos Tibald, „Vom Spielen. Zur Dynamisierung medialer Konstellationen in Richard Siegals ‚Homo Ludens'", in: *PerformingInterMediality. Mediale Wechselwirkungen im experimentellen Theater der Gegenwart*, hrsg. von Jürgen Schläder und Franziska Weber, Berlin 2010, S. 10–39, hier S. 14.

[3] *As If Stranger* (UA 2008, Danspace Project New York) ist der letzte Teil einer Trilogie, die Siegal 2004 mit *Stranger* begonnen und 2006 mit *Stranger/Stranger Report* fortgesetzt hat. Live gesehen habe ich die Aufführungen am 26.05.2008 und am 02.02.2011 in der Muffathalle München, außerdem liegt mir der DVD-Mitschnitt einer Aufführung am ZKM Karlsruhe vor. Bei beiden Stücken existieren unterschiedliche Schreibungen des Titels (Einsatz von Klein-, Großbuchstaben oder durchgängig Versalien).

[4] Richard Siegal arbeitet hier mit einer *motion-recognition*-Technologie und generiert durch seine Bewegungen die der digitalen Figuren auf den Projektionsflächen. Diese Interaktion ist technisch so konzipiert, dass der Eindruck eines klaren Ursache-Wirkungs-Prinzips verwischt wird, insofern in den digitalen Figuren auf den Projektionsflächen zeitlich nachgeordnete Posen aus Siegals Live-Performance zu erkennen sind, aber auch Bewe-

6   gungen, die antizipiert erscheinen; vgl. Mailos Tibaldi, „Vom Spielen" (s. Anm. 3), S. 18f. Dies unterscheidet sich etwa von anderen interaktiven computergestützten Arbeiten, etwa von Chris Ziegler, der – an seinem Rechner am Bühnenrand sitzend – sehr klar macht, wie interaktive Aktionen vor sich gehen.

6   DVD Richard Siegal, *Homo Ludens*. Filmed at the pèlerinages Kunstfest Weimar, August 25th, 2009, Viehauktionshalle Weimar. Produktion: The Bakery Paris/Berlin, 2009. Time-Code 03:00.

7   Sichtbar auf der DVD ab 10:20. In dieser Aufführung bleibt er auf das kameraübertragene Schriftbild auf einem Monitor fixiert, bevor er sich Siegal bei 11:12 zuwendet.

8   Mailos Tibaldi beschreibt es als generelles Merkmal der medialen Einheiten in *Homo Ludens*, dass sie sich in horizontaler und vertikaler Richtung ausdifferenzieren: „Durch die Überlagerung dieser beiden Bewegungen – doppelt gerichtete Ausdifferenzierung und wechselnde Konstellierungen über den Aufführungsverlauf – entsteht eine Netzstruktur, die durch ihre potenziell zufällige, weil nicht logisch-hierarchische Strukturierung Bedeutungszuschreibungen dynamisiert und einen spielerisch-explorativen Charakter produziert" (Mailos Tibaldi, „Vom Spielen" [s. Anm. 3], S. 30).

9   DVD Richard Siegal, *As If Stranger*. Produktion: The Bakery, Paris/Berlin 2007. 00:56 bis 01:26.

10   Ebd., 01:36 bis 02:38.

11   Die Dimension der komponierten und performten Klänge ist reichhaltiger als bisher beschrieben. So ist etwa zu Beginn vor/nach dem Geräuschcluster in der Stille ein Geräusch wie von Wassertropfen zu vernehmen, das mit Echo einen Klangraum aufspannt; bei der ersten Rede der weiblichen Stimme breitet sich gleichsam darüber oder darunter ein Raum elektronischer Schwingungen aus. Solche Klangereignisse und -räume können nicht in aller Detailliertheit dargestellt und analysiert werden, da mein Interesse hier der sprachlichen Ebene gilt.

12   DVD Siegal, *As If Stranger* (s. Anm. 9), 02:56 bis 03:59 und 04:19 bis 05:20.

13   Doris Kolesch, „Wer sehen will, muss hören. Stimmlichkeit und Visualität in der Gegenwartskunst", in: *Stimme. Annäherung an ein Phänomen*, hrsg. von ders. und Sybille Krämer, Frankfurt/Main 2006, S. 40–64, hier S. 48.

14   Ebd.

15   Vgl. hierzu Gabriele Brandstetter, *Tanz-Lektüren. Körperbilder und Raumfiguren der Avantgarde*, Frankfurt/Main 1995, S. 287 sowie Claudia Junge, *Text in Bewegung. Zu Pantomime, Tanz und Film bei Hugo von Hofmannsthal*, Diss. phil. Johann-Wolfgang-Goethe-Universität, Frankfurt/Main 2007, http://deposit.ddb.de/cgi-bin/dokserv?idn=983254893&dok_var=d1&dok_ext=pdf&filename=983254893.pdf (letzter Zugriff: 14.02.2012), S. 7; Junge weist darauf hin, dass Hofmannsthals ästhetische Überlegungen „auf das Wie des Schweigens" abzielen und er entsprechend „die Frage nach der spezifischen Medialität der Künste" ins Zentrum stellt.

16   Rudolf von Laban, *Die Welt des Tänzers. Fünf Gedankenreigen*, Stuttgart 1920, S. 185.

17   Laurence Louppe, *Poetik des zeitgenössischen Tanzes*, Bielefeld 2009, S. 274.

18   Eine solche Dissoziierung unterscheidet sich grundlegend von einem anderen Verfahren der Sprachverwendung im modernen Tanz bei Mary Wigman und Doris Humphrey: in deren Wunsch, so Louppe, „jenes historisch zerstörte oder durch die Ontogenese eines menschlichen Subjekts zersplitterte ‚anthropologische Kontinuum' wiederzufinden: jenes Kontinuum, das Artaud in anderen Zivilisationen suchte, die nicht wie die unserige den historischen Schnitt zwischen Sprache und Körper erlebt haben" (Louppe, *Poetik des zeitgenössischen Tanzes* [s. Anm. 17], S. 275).

19   Ich folge hierin Kolesch, „Wer sehen will, muss hören" (s. Anm. 13), S. 54: „Die Zusammenfügung verschiedener Medien und Wahrnehmungsformen erlaubt die beständige Transformation des Geschehens, indem in und mit einem Medium und einer Wahrneh-

20 mungsform eine Alterität, eine andere mediale Verfasstheit wie auch ein anderes Wahrnehmen in An- und Abwesenheit gespiegelt wird."
Der Status beispielsweise von Sprache, Text und Stimme im postdramatischen Theater ist nach Hans Thies Lehmann „mit den Begriffen Dekonstruktion und Polylogie zu beschreiben. Die Sprache erfährt wie alle Elemente des Theaters eine De-Semantisierung. [...] Das Prinzip der Ausstellung ergreift neben Körper, Gestik, Stimme auch das Sprachmaterial und greift die Darstellungsfunktion der Sprache an. Statt sprachlicher Dar-Stellung von Sachverhalten eine ‚Stellung' von Lauten, Worten, Sätzen, Klängen, die kaum von einem ‚Sinn', sondern von der szenischen Komposition gelenkt werden, von einer visuellen, nicht textorientierten Dramaturgie" (Hans-Thies Lehmann, *Postdramatisches Theater*, Frankfurt/Main 1999, 3. veränd. Aufl., 2005, S. 263, 266).

21 *Acoustic turn*, hrsg. von Petra Maria Meyer, München 2008.

22 Ebd., S. 14.

23 Sigrid Weigel, „Die Stimme als Medium des Nachlebens: Pathosformel, Nachhall, Phantom", in: *Stimme. Annäherung an ein Phänomen*, hrsg. von Doris Kolesch und Sybille Krämer, Frankfurt/Main 2006, S. 16–39. hier S. 22.

24 Ebd., S. 20.

25 Sybille Krämer, „Die ‚Rehabilitierung der Stimme'. Über die Oralität hinaus", in: S*timme. Annäherung an ein Phänomen*, hrsg. von ders. und Doris Kolesch, Frankfurt/Main 2006, S. 269–295, hier S. 280.

26 Kolesch, „Wer sehen will, muss hören" (s. Anm. 13), S. 49.

27 Mieke Bal, *Kulturanalyse*, hrsg. u. mit einem Nachw. versehen von Thomas Fechner-Smarsly und Sonja Neef, Frankfurt/Main 2002, S. 256.

28 DVD Siegal, *Homo Ludens* (s. Anm. 6), 38:53. Auf der Bühne wird auch (DVD 32:16, 38:24) mit einem damit beschrifteten Apothekerglas hantiert. Vgl. Katja Schneider, „‚Think of them as words' – Bewegung und Text in *Homo Ludens* von Richard Siegal", in: *PerformingInterMediality. Mediale Wechselwirkungen im experimentellen Theater der Gegenwart*, hrsg. von Jürgen Schläder und Franziska Weber, Berlin 2010, S. 256–278.

29 Don DeLillo, *White Noise*, New York 1984, etwa Teil 3 „Dylarama", S. 165ff.

30 Insofern entsprechen beide hier behandelten Performances von Richard Siegal in ihrer Textverwendung nicht der von Hans-Thies Lehmann im sogenannten postdramatischen Theater konstatierten Verwendung, wenn er Sprache als dominant desemantisiert beschreibt und Text häufig mutieren sieht zum „semantisch irrelevanten Libretto und zum Klangraum ohne feste Grenzen" (Lehmann, *Postdramatisches Theater* (s. Anm. 20), S. 263, 276).

31 Dieser Kabelbaum erweist sich als spezifischer Ort im Setting (in späteren Aufführungen ist hier der Cellist Wolfgang Zamastil postiert), er wird aber nicht bespielt – in Unterscheidung etwa zum Kabelmast in *Menske* von Wim Vandekeybus/Ultima Vez.

32 Zuerst veröffentlicht 1969, in der von Vito Acconci und Bernadette Mayer herausgegebenen Zeitschrift *0 to 9* und in der ersten Nummer von *Art-Language* (Mai 1969, S. 11–13). Wiederabgedruckt u. a. in: *Sol LeWitt. A Retrospective* [Ausstellungskatalog des San Francisco Museum of Modern Art], hrsg. von Gary Garrels, New Haven 2000, S. 372. Der Text ist auch verschiedentlich im Internet zu finden.

33 Zu den Vertretern des sogenannten Konzepttanzes (diesen fragwürdigen Begriff hier zu diskutieren, würde zu weit führen) zählen u. a. Jérôme Bel, Xavier Le Roy, deufert & plischke.

34 Gertrude Stein, *The Making of Americans* [Nachdruck der Ausgabe von 1925], Champaign, IL./London 1995, S. 248; gekürzte Ausgabe: *The Making of Americans. The Hersland Family*, New York 1934, hier S. 206. Stein selbst hatte auf Lectures von einer Metaebene aus ihren Text zitiert: „The Gradual Making of *The Making of Americans*", in: dies., *Selected Writings*, hrsg. und mit einer Einleitung und Anmerkungen versehen von Carl Van Vech-

	ten, New York 1946, hier S. 214. Bei Siegals späterer Schriftprojektion des Textes ist „every one" zusammengeschrieben.
35	Die Aufnahme der Lesung (The 1956 Caedmon Recordings) ist auf Tonträgern wie Schallplatte (*Gertrude Stein reads from her Work*, Soundmark, 1956) und Audiocassette (HarperAudio, 1996) verbreitet und beginnt mit den Worten „Extracts from *The Making of Americans*". Der O-Ton wird auch verwendet in einer Gertrude Stein gewidmeten Multimedia-Performance von Luiz Päetow und Nathalie Fari (November 2006): http://www.youtube.com/watch?v=JSasaNEk13Q&fmt=18 (letzter Zugriff: 14.02.2012).
36	DVD Siegal, *As If Stranger* (s. Anm. 9), ab 02:52. Das Setting beinhaltet zwei Rückwände, da die Positionierung der Zuschauer zwei Seiten in rechtem Winkel zueinander umfasst und entsprechend zwei Wände in rechtem Winkel den Bühnenraum nach hinten abschließen. Der Kabelbaum ist nahe der Ecke, das Mischpult des Performers daneben an der ‚rechten' seitlichen bzw. Rückwand positioniert.
37	Zum Grotesken in Tanz und bildender Kunst vgl. Susanne Foellmer, *Am Rand der Körper. Inventuren des Unabgeschlossenen im zeitgenössischen Tanz*, Bielefeld 2009: Die Bildfindung und -komposition von Siegals Projektion steht in der Tradition surrealistischer Kompositionen von Körperteilen zu Figurationen und Objekten.
38	DVD Siegal, *As If Stranger* (s. Anm. 9), 20:38.
39	Ebd., ab 20:31. Es handelt sich um *In a Landscape* von John Cage, einem Protagonisten der Moderne (siehe das Interview mit Richard Siegal in der Zeitschrift *Accents* n° 39 (September–Dezember 2009 und im Netz unter www.ensembleinter.com/accents-online/?p=1425 [letzter Zugriff: 14.02.2012]). In den Münchner Aufführungen wird die musikalische Ebene zusätzlich durch Live-Musik des Cellisten Wolfgang Zamastil repräsentiert, mit dem der Performer in einer Sequenz auch interagiert.
40	DVD Siegal, *As If Stranger* (s. Anm. 9), 27:00.
41	Michel Foucault, *From Discipline & Punish. The Birth of the Prison*, translated from the French by Alan Sheridan, New York 1995, S. 199.
42	DVD Siegal, *As If Stranger* (s. Anm. 9), ab 29:36.
43	Der Text findet sich etwa in Lucy R. Lippard, *Six Years. The Dematerialization of the Art Object from 1966 to 1972*, Berkeley 1997, S. 178, sowie (teils in anderen Textversionen) im Internet u. a. unter http://www.abandon.nl/metacrea.htm und http://radicalart.info/concept/MetaConcepts/index.html.
44	DVD Siegal, As If Stranger (s. Anm. 9), ab 33:18.
45	Dieser Satz ist durch Kameraperspektive/Bildschnitt auf der DVD nicht zu sehen, lässt sich aber per Implikation erschließen.
46	DVD Siegal, *As If Stranger* (s. Anm. 9), ab 33'.
47	Ebd., ab 35:27
48	Sie wirken wie ein Zusammenschnitt verschiedener (historischer) Aufnahmen von Künstlern, teils in Aktion, die sich vielleicht der Konzeptkunst und Body Art zuordnen ließen.
49	Vgl. Anm. 32.
50	Baldessaris Videoperformance datiert von 1972, vgl. http://www.youtube.com/watch?v=udljwzJcTiU (letzter Zugriff: 01.05.2012).
51	Beigetragen haben dazu der Komponist Amaury Groc, der Videokünstler Philip Bußmann und der Lichtdesigner Antoine Seigneur-Guerrini.
52	DVD Siegal, *As If Stranger* (s. Anm. 9), ab 15:22.
53	Ebd., ab 18:02.
54	In der auf der DVD Siegal, *As If Stranger* (s. Anm. 9), dokumentierten Aufführung erfolgt diese Wiederholung in der Stille nach der Kakophonie (ab 38:30).
55	Ebd., ab 06:52, 07:03.
56	Ebd., 43:00.

57 Im Kapitel „Vom Baum am Berge" beschließt diese Passage die Rede Zarathustras an den in der geistigen Entwicklung befindlichen, in die Höhe strebenden Jüngling: „Aber bei meiner Liebe und Hoffnung beschwöre ich dich: wirf den Helden in deiner Seele nicht weg! Halte heilig deine höchste Hoffnung! – Also sprach Zarathustra." Zitiert nach: Friedrich Nietzsche, *Werke in drei Bänden*, München 1954, Bd. 2, S. 309.

58 Friedrich Nietzsche, *Ecce Homo. Wie man wird was man ist, in: ders., Werke in drei Bänden*, München 1954, Bd. 2, S. 1067.

59 Sabine Huschka, „Media-Bodies. Choreographierte Körper als Wissensmedium bei William Forsythe", in: *Theater und Medien/Theatre and the Media. Grundlagen – Analysen – Perspektiven. Eine Bestandsaufnahme*, hrsg. von Henri Schoenmakers, Stefan Bläske, Kay Kirchmann und Jens Ruchatz, Bielefeld 2008, S. 309–318, hier S. 317.

60 Zum Beispiel die Wiederholungsüberlagerung von Tönen mit jeweils höherer Frequenz (DVD Siegal, *As If Stranger* [s. Anm. 9], ab 00:30) oder der Micky-Maus-Effekt eines schnelleren Abspielens der Text-Tonspur bei einer der Wiederholungen des Stein-Textes (ebd., ab 05:20).

61 Ebd., ab 31:39.

BEWEGUNGEN
ZWISCHEN
HISTORIOGRAPHIE,
HISTORISCH INFORMIERTER
KÜNSTLERISCHER **PRAXIS**
UND
KULTURWISSENSCHAFTLICHER **THEORIE**

Hanno Siepmann

Bach inszenieren –
Ein Blick in die Werkstatt
eines inszenierenden Komponisten
am Beispiel der Szenen 1–3
aus der Produktion *Kantate 21*

Als Komponist hat mich schon früh die Frage interessiert, inwiefern sich kompositorisches Denken auf außermusikalische Bereiche anwenden lässt, zum Beispiel auf den Umgang mit Schnittrhythmen im Film, mit differenzierten Bewegungstempi im Theater oder mit den Aspekten der Variation und der Wiederholung in der Literatur. Dabei entstand auch die Idee, ältere Musik aus einer heutigen kompositorischen Sicht zu inszenieren – und zwar insbesondere solche, die ursprünglich nicht für die Bühne geschrieben worden ist. Meine Absicht war, Theatrales direkt aus einer musikalischen Partitur heraus zu gewinnen, Strukturen einer Komposition durch Theater aufzudecken und sie im Sinne des Theaters weiterzudenken. Auf diese Weise sollten Aspekte eines musikalischen Werkes, die in einer konzertanten Aufführung üblicherweise verborgen bleiben, offengelegt und in neuem Licht gezeigt werden, und gleichzeitig sollte ein Theater entstehen, das von der Musik inspiriert und direkt aus dieser generiert wird – ein ‚musikalisches Theater'. Im Mittelpunkt meines Interesses stand dabei die Musik von Johann Sebastian Bach, mit der ich mich als Pianist und Komponist bereits eingehend beschäftigt hatte.

Mit der Gründung des Ensembles BACH theater im Jahr 2006, einer Gruppe von 14 professionellen Chorsängerinnen und -sängern, die sich zum Ziel gesetzt hatten, Musik von Bach als Theater auf die Bühne zu bringen, stellte ich mir zunächst die Frage, was aus meiner Sicht eines inszenierenden Komponisten eigentlich das Besondere an dieser Musik sei. Dabei kristallisierten sich zwei mir wesentlich erscheinende Aspekte heraus:

1. Bachs Musik ist doppelgesichtig – und zwar in einem dialektischen Sinne. Kompositorische Struktur und inhaltliche Bedeutung, Materialbewusstsein und musikalische Verspieltheit, ästhetische Strenge und leicht verständliche musikalische Geste stehen in einem reizvollen, komplexen Verhältnis zueinander und ver-

schmelzen in vielen der Bach'schen Werke scheinbar mühelos zu etwas Ganzem. Dieses Verschmelzen von intellektuellem Diskurs und musikalischer Fantasie wird von Interpreten und Zuhörern seiner Musik immer wieder als besonders geglückt und beglückend empfunden.

2. Bachs Musik weist durchweg eine (nicht nur für seine Zeit) ungewöhnliche strukturelle Dichte auf, die ein umfassendes Verstehen seiner Werke beim ersten Hören fast unmöglich macht. Man könnte sagen, dass sich seine Musik hinter ihren Strukturen verbirgt, sich gleichzeitig aber auch durch diese ausdrückt. Wenn man eine Einzelstimme – etwa aus einem Bach'schen Chorsatz – aus dem Zusammenhang herausgelöst singt oder spielt, hat man den Eindruck, dass diese Stimme bereits eine in sich schlüssige musikalische Botschaft vermittelt, die ebenso spannend ist wie das Zusammenspiel der Stimmen im vollen Satz, die aber in der Dichte des Gesamtklanges kaum oder gar nicht wahrgenommen werden kann. Bachs Musik offenbart ihren musikalischen Reichtum also teilweise verdeckt, was dazu führt, dass sie eine Art Sogwirkung entfaltet: Wer sich eingehend mit seinen Werken beschäftigt, möchte immer mehr entdecken und verstehen, auch und gerade das, was er beim ersten Hören bzw. Studieren nur erahnen konnte. Man hat den Eindruck, dass die Expeditionen ins Innere der Bach'schen Musik, haben sie erst einmal begonnen, immer weitergehen müssen.

Diese beiden Merkmale – die Dialektik zwischen Konstruktion und musikalischer Empfindung auf der einen Seite und die Attraktivität eines halb verborgenen künstlerischen Reichtums, den es aufzudecken gilt, auf der anderen Seite – lassen eine theatrale Auseinandersetzung mit der Musik von Bach nicht nur naheliegend erscheinen, sondern verlangen aus meiner Sicht geradezu danach. Das Ensemble BACH theater und ich postulierten zu Beginn unserer Arbeit über die Kantate BWV 21 (*Ich hatte viel Bekümmernis*) sowie über die Eingangschöre der Kantaten BWV 2 und BWV 3 (*Ach Gott, vom Himmel sieh darein* und *Ach Gott, wie manches Herzeleid*) die Absicht, diese Stücke aus einer heutigen Sicht neu zu interpretieren, da sie unserer Meinung nach über die historische Distanz zu ihrer Entstehungszeit hinweg und über ihre religiösen Inhalte hinaus mehr mitteilen können, als das in Konzertaufführungen oder im kirchlichen Kontext möglich ist. Der Sakralmusik Bachs, so fanden wir, müsse man durch die ‚Infizierung mit Theater' gewissermaßen helfen, mehr von sich zu zeigen, als es das Publikum gewohnt ist. Auf diese Weise sollte der Musik auch etwas von ihrer ursprünglichen Wirkung wiedergegeben werden, die Erstaunen, Überraschung und möglicherweise auch Erschrecken beim Zuhörer mit einschließt.

Abb. 1: Der Tenor Thomas Kalka steht am Ende der ersten Szene von *Kantate 21* als „letzter verbliebener Chorsänger" einsam im Zentrum der Bühne. Foto: Iko Freese[1]

Szene 1: Wie wird aus einer Konzertsituation Theater?

Die 14 Mitglieder des neu gegründeten Ensembles[2] waren bereit, dieses Projekt ohne garantierte Gagen und ohne Orchester, nur mit Klavier begleitet, im Rahmen einer freien Produktion durchzuführen. Diese erstreckte sich über die Dauer eines Jahres und wurde unter meiner szenischen und musikalischen Leitung von nur wenigen Mitarbeitern (einer Ausstatterin, einem Stimmbildner, einem Bewegungstrainer und Assistenten)[3] und ohne die Förderung durch öffentliche Gelder durchgeführt. Wir arbeiteten in einem Raum, der wenig genug mit einem Konzertsaal gemein hatte und auch nur entfernt an einen Kirchenraum erinnerte, nämlich in einer leeren Pakethalle der Post in Berlin-Mitte, deren Säulen und Deckengewölbe noch aus dem 19. Jahrhundert stammen.[4] Gemeinsam mit der Kostüm- und Bühnenbildnerin Kathrin Hauer stellte ich mir an diesem Ort folgende Fragen: Was geschieht, wenn in einem solchen Raum ein Konzertchor auftritt? Kann aus einer Konzertsituation Theater werden?

Wir platzierten die Chorsänger in einem Lichtspot, dessen Focus wir – fast unmerklich – nach und nach verengten, und forderten sie auf, zunächst nur dort zu verharren, ohne zu singen. Aus dieser Situation heraus entstand eine improvisierte Geschichte: Jeder der Sänger will im Licht stehen, aber es wird zu eng für alle; die am Rand Stehenden werden herausgedrängt oder verlassen die Gruppe von sich aus; anstatt ein Konzert zu geben, zerfällt der Chor in Einzelgestalten, die sich feindselig gegenüberstehen. Am Ende dieses Vorgangs bleibt nur ein einziger Chorsänger mit aufgeschlagenen Noten im Lichtspot stehen, der noch zum Konzert bereit ist. Die anderen geraten in Handgreiflichkeiten, in deren Verlauf sie sich selbst und auch gegenseitig ihre Konzertkleidung herunterreißen. Nun erscheinen die ehemaligen Chormitglieder als Individuen in ärmlicher Alltagskleidung; aus eleganten Konzertsängern sind einsame Gestalten geworden, die, im halbdunklen Raum verstreut, mit nur mühsam unterdrückter Wut Unverständliches vor sich hin zischeln, plötzlich aufschreien, sich Textfragmente zurufen oder resigniert vor sich hin summen. Wir sind über eine Konzertsituation zum Theater gelangt – aber sozusagen noch nicht bei Bach angekommen: Der Eingangschor der Kantate BWV 2 (*Ach Gott, vom Himmel sieh darein*) wird in dieser Szene nur in melodischen und sprachlichen Bruchstücken hörbar, die kaum an das Original erinnern; er wird in einem zerrissenen, quasi vormusikalischen Zustand präsentiert.

Szene 2: Inszenierung des Eingangschores der Kantate BWV 2 im Original

Erst ab dem Moment, da der einzige noch im Lichtspot stehende Chorsänger zu singen beginnt, erklingt der Eingangschor im Originalsatz (aber ohne Continuobegleitung). Die im Raum verstreuten Gestalten lassen von ihren erbitterten Kämpfen ab und stimmen in den Gesang des letzten verbliebenen Chorsängers ein, bewegen sich hörend und suchend durch den Raum und finden wieder zu Paaren und zu kleinen Gruppen zusammen. Diese Szene macht die tröstende und versöhnende Wirkung der Bach'schen Musik zum Thema; gleichzeitig aber analysiert sie auch die kompositorische Struktur des Chorsatzes und macht diese über den Raum erlebbar, wie ich im Folgenden erläutern möchte.

Abb. 2: Ein Konzertchor ist auseinandergefallen. Die 14 Sängerinnen und Sänger haben ihre konventionelle Chorformation aufgegeben, sich voneinander abgewandt und über den gesamten Bühnenraum zerstreut. Aus einer Konzertsituation heraus entsteht Theater. Foto: Iko Freese

Bach generiert diesen Chorsatz überaus konsequent aus der Melodie des Chorals *Ach Gott, vom Himmel sieh darein*. Die Choralmelodie erscheint in dem vierstimmig polyphonen, imitatorisch angelegten Satz auf drei verschiedene Arten:

1. Als Cantus Firmus, also zeilenweise und Ton für Ton zitiert, in ganzen Noten;
2. in variierter Form mit hinzugefügten chromatischen Zwischenschritten und wenigen rhythmischen Veränderungen, vorwiegend in halben Noten;
3. in freier melodischer und rhythmischer Fortspinnung, welche aber jeweils im Sinne des Textinhaltes erfolgt, den Text also auf eigene Weise vertont und deutet.

Es ist bemerkenswert, wie bewusst Bach in diesen drei Materialschichten auch drei verschiedene Haltungen zur Originalmelodie einnimmt:

- Mit dem Zitieren der Melodie als Cantus Firmus tritt er als Subjekt in den Hintergrund; die Töne des Cantus Firmus sind gewissermaßen fremdes Material, durch dessen unkommentierte Präsentation das Stück formal gegliedert wird.
- Durch das Variieren der Originalmelodie macht Bach sich diese zu eigen und färbt sie in seinem Sinne ein: Das Hinzufügen chromatischer Zwischenschritte

- und das Setzen rhythmischer Unregelmäßigkeiten (Synkopen) bedeuten ein Aufladen der Melodie mit emotionalem Ausdruck; sie ‚erzählt' in dieser veränderten Form auf subjektivere Weise von Trauer und Schmerz als das schlichtere Original.
- In der freien Fortspinnung verlässt Bach schließlich die Originalmelodie und verhält sich individuell zum Text. Hier äußert er sich nicht als Bewahrer einer überlieferten Botschaft, sondern als Person, als komponierendes Subjekt.

Es wird deutlich, wie reflektiert Bachs Verhältnis zur Geschichte ist. Er sieht sein Komponieren in einem Bezug zum Überlieferten; er negiert das Überlieferte nicht, sondern entwickelt es eigensinnig weiter. Beides, das Überlieferte und das Eigene, geht in einem Chorsatz auf, der wirkt wie ein sich nach vorn wälzender Fluss, in dem Altes und Neues mitgeführt wird, aus dem die Töne des Cantus Firmus wie Steine herausragen und in dem aller menschliche Schmerz und alle Trauer ‚aufgehoben' erscheinen – im doppelten Sinne des Wortes.

Dieses bewusste ‚Verhalten' eines Komponisten, nämlich sich verschieden nah an einem vorgefundenen Objekt zu bewegen (bei Bach ist das Objekt die überlieferte Choralmelodie, in unserer Produktion ist es der von Bach daraus generierte Chorsatz), haben wir als inspirierend für die Theaterarbeit empfunden. Auch das Theater kann sich dicht an Vorgefundenem bewegen bzw. dieses einfach nur präsentieren; es kann aber Vorgefundenes auch variieren und dadurch interpretieren; oder es kann sich frei assoziierend dazu verhalten und auf diese Weise völlig Neues entstehen lassen. Schon in diesem Sinne kann Theater von einem Komponisten wie Bach viel lernen.

‚Analytisches Inszenieren': Vom Theater hergestellte musikalische Transparenz

In der hier besprochenen Szene verändert das Theater die Musik im Wesentlichen nicht; es will in erster Linie die Struktur der Musik transparent machen. Ich nenne diesen Ansatz ‚analytisches Inszenieren'. Die hierfür angewandten Maßnahmen – vor allem das Streuen von Einzelstimmen und Stimmgruppen im Raum – sorgen allerdings dafür, dass gleichzeitig eine Geschichte über Menschen erzählt wird, nämlich über Chorsänger, die ihr Kollektiv verloren haben und nun auf sich selbst gestellt sind.

Technisch gesehen bedeutet ‚analytisches Inszenieren', Maßnahmen durchzuführen, die die kompositorische Anlage der zugrundeliegenden Musik hör- und sichtbar machen. In diesem Fall habe ich zwei solcher Maßnahmen angewendet:

1. Ich habe den vierstimmigen Chorsatz gemäß seiner drei Materialschichten (Cantus Firmus, veränderter Cantus Firmus und freie Fortspinnung des Cantus Firmus) in Soli- und Tuttipassagen aufgeteilt, die auch an bestimmte Lautstärken (forte oder piano) und Bewegungsmodi (in Bewegung oder stillstehend) gekoppelt sind. Dies ist im Grunde eine Instrumentationsmaßnahme bzw. ein musikalisch-szenisches Arrangement, das folgendermaßen funktioniert:
   - Die erste Materialschicht, also der Cantus Firmus selbst (der schon im Original ausschließlich dem Chor-Alt zugeordnet ist), wird in unserer Fassung von drei Frauen, die wieder zu einer Gruppe zusammengefunden haben, im Forte gesungen.
   - Die zweite Materialschicht, also das von Bach bereits variierte Cantus-Firmus-Material, wird ebenfalls im Forte, aber ausschließlich solistisch, von einsam im Raum stehenden Gestalten aus allen Stimmgruppen, gesungen.
   - Die dritte Materialschicht, also die frei fortgesponnenen Passagen, werden grundsätzlich im Piano, aber immer von mehreren Sängern gemeinsam (die sich einzeln, als Paar oder zu dritt durch den Raum bewegen) gesungen.

Zur Kennzeichnung und Unterscheidung der Materialschichten wird hier also ein mehrfacher Kontrapunkt zwischen musikalischen und theatralen Parametern hergestellt, nämlich den Parametern Tutti-/Sologesang, Dynamik (laut oder leise), Stimmgruppenzugehörigkeit und Bewegungsmodus.

2. Die sich aus diesem Arrangement ergebenden Einzelsänger, Paare und Stimmgruppen habe ich möglichst weit voneinander entfernt in der Tiefe und der Breite des Raumes positioniert bzw. geführt, so dass die drei Materialschichten visuell und akustisch als Einzelschichten deutlich wahrnehmbar werden. Die Materialverwandtschaft dieser Schichten, also die Art, wie sie miteinander kommunizieren und ihre kunstvolle Verflechtung im vierstimmigen Satz, kann vom Publikum auf der Grundlage einer solchen vom Theater hergestellten Transparenz im Detail nachvollzogen werden (was bei einer konzertanten Aufführung durch einen Chor, der blockartig zusammensteht und den ganzen Satz im Tutti sowie in nahezu einheitlicher Lautstärke singt, kaum möglich sein dürfte).

Abb. 3: ‚Analytisches Inszenieren': Die im Chorsatz von Bach eng verschlungenen Materialschichten werden in der 2. Szene von *Kantate 21* Einzelsängern, Paaren bzw. Gruppen von Sängern zugeordnet, an bestimmte Lautstärken gebunden und durch die Verteilung im Raum ‚entzerrt'. Auf diese Weise legt das Theater die Kompositionsstruktur des Satzes offen; gleichzeitig entsteht eine theatrale Erzählung über Einsamkeit und Trost. Im Vordergrund: der Bariton Nico Brazda, rechts dahinter: die Cantus-Firmus-Gruppe mit den Altistinnen Birgit Wahren, Tanja Rosner und Friederike von Möllendorf. Foto: Iko Freese

Ein Cantus Firmus als Nicht-Bewegung

Die Inszenierung ist in dieser Szene doppelgesichtig, so wie die Bach'sche Musik es ist. Sie hat, wie die Musik, einen strukturell-analytischen und einen subjektiv-emotionalen Aspekt, indem sie – zur gleichen Zeit und durch die gleichen Maßnahmen – sowohl die zugrundeliegende Musik analysiert als auch eine Geschichte über Menschen erzählt; über Menschen, die auf der Suche nach Klang und auf der Suche nach anderen Menschen sind. Einige von ihnen finden im Verlauf der Szene wieder zueinander, so auch die Sängerinnen der Alt-Gruppe: Sie kümmern sich um eine verletzt am Boden liegende Frau, trösten sie und versuchen ihr aufzuhelfen. In den Momenten allerdings, in denen sie gemeinsam den Cantus Firmus singen, halten sie in ihren Handlungen inne und richten ihren Gesang einheitlich nach vorne:

Ach Gott, vom Himmel sieh darein –
Und lass dich's doch erbarmen. –
Wie wenig sind der Heil'gen dein –
verlassen sind wir Armen. –

Dein Wort man nicht lässt haben wahr, –
der Glaub' ist auch verloschen gar –
bei allen Menschenkindern.

(Text: Martin Luther, Umdichtung des 12. Psalms, 1524)

Eine Inszenierung, die Musik interpretieren und sie nicht bloß illustrieren will, muss sich immer wieder fragen, welche Bedeutung musikalische Termini für das Theater haben können. Diese Frage haben wir uns unter anderem in Bezug auf den Begriff ‚Cantus Firmus' gestellt: Was meint dieser Begriff eigentlich? Er bezeichnet eine ‚zeitlose' Überlieferung, eine Botschaft von zentraler Wichtigkeit, die dem Zuhörer Ton für Ton vorgehalten, quasi vorbuchstabiert wird. Ein Cantus Firmus ist keine subjektive Äußerung, sondern verkörpert etwas Allgemeines, das dem Strom der Geschichte enthoben zu sein scheint. Er wird nicht wie ein melodisches Ereignis wahrgenommen, sondern eher wie ein Code, der regelmäßig und zeilenweise über dem musikalischen Geschehen aufleuchtet. Ein Cantus Firmus dehnt die Zeit – durch Augmentation der einzelnen Noten und durch das Schweigen zwischen den Choralzeilen – in einer Weise, dass sie nahezu stillzustehen scheint. Dementsprechend habe ich in meiner Inszenierung die Gruppe der drei Altistinnen an den Stellen, an denen sie den Cantus Firmus singt, wie in einem Standbild verharren lassen. Das szenische Geschehen wird angehalten, um einer entscheidenden Botschaft (dem Klagegesang der Frauen angesichts einer Schwerverletzten und in einem weiteren Sinne dem Klagegesang über das trostlose Dasein des Menschen) Raum zu geben: das Zeitlose eines Cantus Firmus als Nicht-Bewegung.

Szene 3: ‚Machtübernahme' des Continuos

Bis zu dieser Stelle haben wir den Eingangschor der Kantate *Ach Gott, vom Himmel sieh darein* in zwei extrem verschiedenen Versionen erlebt: Zunächst in einem – wie ich es oben genannte habe – vormusikalischen Zustand, nämlich in Form von nicht zusammenhängenden und zudem verzerrten sprachlichen und melodischen Fragmenten (Szene 1); dann im Bach'schen Originalsatz – jedoch unter Weglassung der Continuobegleitung (Szene 2). In der dritten Szene des Abends wird die gleiche Musik noch ein weiteres Mal, und wieder auf andere Weise, präsentiert und untersucht. Diesmal richtet sich der Blick der Inszenierung auf die Continuostimme, also auf etwas, das zuvor bewusst ausgelassen worden ist. Natürlich sage ich als Regisseur damit auch etwas über die Komplexität (den ‚halb verborgenen Reichtum') der Bach'schen Musik aus: Ich habe allein in der Continuobegleitung soviel musikalisches Material für das Theater gefunden, dass es mir unbefriedigend erschien, den gesamten musikalischen Satz auf einmal aufzuführen; stattdessen bin ich dem Bedürfnis gefolgt, Teile bzw. Schichten desselben Musikstückes in drei aufeinander folgenden Szenen einzeln unter die Lupe zu nehmen (eine Freiheit, die sich wohl kaum ein Dirigent in herkömmlichen Konzerten nehmen würde). Für das Theaterpublikum ergibt sich durch diese Art der Präsentation die Möglichkeit, sonst nur beiläufig wahrgenommene Schichten der Musik, wie zum Beispiel die Continuostimme, ganz neu zu hören – und auch zu sehen: Isoliert von den Chorstimmen, denen er sonst als Begleitung dient, erscheint der Continuosatz wie ein freigelegtes Fundament, in das die Hauptlinien des Chorsatzes eingezeichnet sind, das aber auch eigene rhythmische Elemente in die Musik hineinträgt – und in diesem Falle auch sichtbare Bewegung im Raum veranlasst.

Wieder haben wir uns zunächst die Frage gestellt: Was bedeutet eigentlich ‚Continuo'? Dieser Begriff bezeichnet eine klar definierte Aufgabe, die von einem oder mehreren Musikern fast durchgehend übernommen wird. Es begleitet andere, die im Vordergrund agieren; es kann diese aber auch antreiben und das musikalische Tempo der Aufführung beeinflussen. Den zuletzt genannten Aspekt haben wir in dieser Szene besonders herausgestellt: Continuo wird als Motor für Bewegung interpretiert. Es versetzt die Sänger in ständige, rastlose Betriebsamkeit. Sie räumen die Bühne auf, indem sie herumliegende Notenhefte und Fetzen ihrer Konzertkleidung einsammeln und wegschaffen; eine der Frauen liegt immer noch verletzt am Boden, aber die anderen laufen achtlos an ihr vorbei oder steigen über sie hinweg; sie wollen kein Leid mehr sehen, sondern Ordnung schaffen. Unerbittlich werden sie dabei vom Continuo zur Eile angetrieben. Die versprengten Chorsänger (sie singen hier alle nur gelegentlich Melodiefragmente aus der Sopranstimme des Eingangschores, so wie in Szene 1) werden zu Sklaven eines Metrums, welches das Geschehen immer stärker dominiert. Dieses Metrum manifestiert sich zusätzlich durch Trommelschläge, die dem Klaviersatz zunächst unmerklich beigemischt werden; am Ende der Szene sind die Trommelschläge so laut geworden, dass die Chorsänger den Ort des Geschehens fluchtartig verlassen, um sich dem ohrenbetäubenden Lärm nicht weiter aussetzen zu müssen.

Bach inszenieren – Ein Blick in die Werkstatt eines inszenierenden Komponisten

Abb. 4: Terror des Metrums. Eine Continuostimme, die aus dem Zusammenhang herausgelöst wird und sich verselbstständigt, kontrolliert in der 3. Szene von *Kantate 21* das gesamte Geschehen. Auf ihr nacktes Metrum reduziert, wird aus einer ‚fortlaufenden treibenden Kraft' ein ‚amoklaufendes Continuo'. Die Inszenierung beleuchtet hier einen speziellen Aspekt der musikalischen Vorlage und spitzt ihn so zu, dass vom Original nichts mehr übrig bleibt. Damit verhält sich das Theater zur vorgegebenen Komposition ebenso individuell, wie sich Bach in eben dieser Komposition zum vorgegebenen Cantus Firmus verhält. Foto: Iko Freese

In Szene 2 war es die Absicht der Inszenierung gewesen, eine weitgehend unveränderte Musik durch Theater transparent zu machen. In der hier zu besprechenden 3. Szene wird nun stärker in die Musik eingegriffen, und zwar mit dem Ziel, einen speziellen musikalischen Aspekt besonders zu verstärken: das Motorische, das Antreibende der Continuos. Konkret habe ich zu diesem Zweck folgende Eingriffe in das Original vorgenommen:

1. Vom vierstimmigen Chorsatz bleiben nur Teile der Sopranstimme übrig, die von allen Sängern unisono gesungen werden. Diese Melodiefragmente sind identisch mit dem Material, das in der 1. Szene verwendet wurde – dort allerdings in verzerrter oder kaum hörbarer Form, also quasi chaotisch. Hier sind die Fragmente nun deutlich verständlich und in ein metrisches Gefüge gepresst. (Dass in dieser Szene alle gemeinsam das Gleiche singen, aber jeder für sich agiert, bedeutet Folgendes: Alle haben das gleiche Problem, aber jeder versucht es für sich selbst zu lösen. Anstatt sich gemeinschaftlich zu organisieren, rennen

die ehemaligen Chorsänger durcheinander und versuchen, ohne Plan irgendeine Ordnung herzustellen. Über ihren Gesang haben sie eigentlich schon wieder zu einem Chor zusammengefunden; sie sind sich dessen aber nicht bewusst und handeln nach wie vor als Einzelgänger.)

2. Die Continuostimme wird eine Oktave tiefer gesetzt und mit hartem Anschlag metronomisch genau gespielt; sie verliert dadurch ihre Leichtigkeit und wirkt unerbittlich und archaisch. Die Versetzung in eine tiefere Oktavlage ruft eine eigenartige altertümliche Wirkung hervor: Der Satz erinnert in dieser Lage stark an Musik aus der Vor-Bach-Zeit.

3. Die metrischen Trommelschläge werden dem Klaviersatz im zweiten Teil des Stückes zunächst unmerklich beigemischt und dann immer lauter gespielt, bis sie den Klaviersatz übertönen, und setzen sich weiter fort, nachdem das Klavier aufgehört hat zu spielen. Das nackte, maschinelle Metrum ist die letzte Konsequenz eines ‚Amok laufenden' Continuos, das nicht mehr begleitet, sondern die Sänger nur noch antreibt, bis es sich der Musik und der Szene quasi vollends bemächtigt hat.

Eine solche ‚Machtübernahme' des Continuos geht natürlich weit über das hinaus, was die Komposition im Original meint – und wäre als Vorgang in einem herkömmlichen Konzert völlig undenkbar. Es handelt sich hier um eine theatrale Fantasie, welche die vorgefundene Musik nur zum Anlass nimmt, etwas Eigenes zu erzählen, indem sie nämlich einen bestimmten Aspekt der Musik übersteigert und ad absurdum führt.

Musiktheatrale Kontrapunktik

Zusätzlich zu den genannten Maßnahmen habe ich über diese Szene ein kompositorisches Prinzip gelegt, das – wie schon in der vorangegangenen Szene – einen mehrfachen musiktheatralen Kontrapunkt evoziert. Diesmal wird der Kontrapunkt zwischen den Parametern Klang/Pause, Stillstand/Bewegung und alle/einer hergestellt. Ich habe zunächst für jeden Parameter die binären Möglichkeiten seines Gebrauchs bestimmt: Die Sänger können einerseits singen oder schweigen; sie können sich andererseits fortbewegen oder stillstehen. Das Klavier und die Trommel können unabhängig voneinander spielen oder pausieren; außerdem können die Sänger entweder alle das Gleiche tun oder Einzelne von ihnen etwas Abweichendes. Mit diesen Möglichkeiten lässt sich bereits komplexes Musiktheater komponieren, wie die folgenden Beispiele zeigen:

- Das Klavier spielt, die Trommel nicht; gleichzeitig sind alle Darsteller in Bewegung und singen.
- Das Klavier setzt aus, die Trommel setzt ein; die Bewegungen der Darsteller erstarren, sie singen aber weiter.
- Das Klavier spielt wieder, das Trommelmetrum läuft weiter durch; die Darsteller stehen nach wie vor still und hören jetzt auch auf zu singen, während aber ein Einzelner durch den Raum läuft.
- Das Klavier setzt aus, die Trommel ebenfalls; in diesem Moment bewegen sich alle Darsteller wieder, fangen aber noch nicht an zu singen usw.

Der Begriff ‚Kontrapunkt' wird hier nicht, wie das im Musiktheaterbetrieb manchmal geschieht, zur Bezeichnung eines bloßen Gegensatzes benutzt (wenn zum Beispiel einer hektischen Szene langsame Musik unterlegt wird), sondern meint ein Mit- und Gegeneinander mehrerer gleichberechtigter Parameter in immer anderen Konstellationen (so wie ein Kontrapunkt in der musikalischen Satzlehre auch nicht eine ständig gegenläufige Stimme bezeichnet, sondern eine eigenständige Stimme, die zu einer anderen Stimme in Gegenbewegung, aber auch parallel geführt werden kann).

Musiktheater als Verschmelzung ästhetischer Ebenen

In der Produktion *Kantate 21* war ich musikalischer Leiter, Regisseur und Pianist in einer Person, was mir erlaubte, die musikalische und szenische Interpretation der Partitur aus einheitlichen Gedanken heraus zu entwickeln – und in den Proben von Anfang an zu bündeln. Konventionelles Musiktheater delegiert Regie und musikalische Leitung in der Regel an zwei Personen (bzw. Abteilungen) – mit dem Ergebnis, dass diese oft nebeneinander her agieren, weil sie nicht das Gleiche wollen; und indem sie Verschiedenes wollen, befruchten sie sich nicht etwa gegenseitig, sondern gesellen ihre Arbeitsergebnisse sozusagen nur zueinander. Eine solche Art Musiktheater – wie sie in vielen Produktionen der großen Opernhäuser zum Alltag gehört – muss ins Leere laufen, denn es reicht keineswegs aus, musikalisches und szenisches Material bloß nebeneinanderzustellen, will man eine wirkliche Kommunikation von Klang und Bild, von kompositorischem und theatralem Denken in Gang bringen. Dafür bedarf es eines übergeordneten Instrumentariums und einer gemeinsamen Terminologie beider Bereiche. Es geht darum, als Komponist, Dirigent und Interpret Musik theatral zu begreifen und als Autor, Regisseur und Darsteller Theater unter kompositorischen Gesichtspunkten sehen zu lernen. Erst wenn diese gegenseitige Durchdringung der Disziplinen stattfindet und – im besten Fall – eine gemeinsame Systematik hervorbringt, mittels derer Musiktheater substanziell gestaltet werden kann, ereignet sich nach meiner Überzeugung das ‚Wunder des Musiktheaters', nämlich eine wirkliche Verschmelzung zweier ästhetischer Ebenen. Wenn man so will, funktioniert gutes Musiktheater ähnlich wie die Musik von Bach: In beiden Fällen gehen miteinander verwandte, aber doch eigenständige Bereiche (hier Hörbares und Sichtbares, dort kompositorisch-struktureller Diskurs und musikalisches Empfinden) in einem dialektischen Verhältnis auf und verschmelzen zu etwas Größerem, zu etwas Neuem.

Eine Wissenschaft indes, die sich mit der Begegnung und Durchdringung von Kunstformen beschäftigt, muss ihrerseits Wege finden, das daraus entstehende ‚Größere und Neue' zu beschreiben. Wenn Klang und Bild miteinander kommunizieren, dann interpretieren sie sich auch gegenseitig: Es entstehen Bewegungen zwischen dem Hören und Sehen, also nicht nur neue Wirkungen, sondern insbesondere neue Deutungen. Insofern bildet die Semantik miteinander interagierender musikalischer und theatraler Parameter das Herzstück eines avancierten musiktheatralen Denkens.

Abb. 5: Eine Cantus-Firmus-Gruppe mit erstarrten Gesichtern und eingefrorenen Gesten taucht alptraumartig hinter einer Frau auf, die Fliegen lernen möchte. Für einen kurzen Moment, und scheinbar zufällig, leuchtet so das Zitat einer Kreuzigungsszene auf. Die Sopranistinnen Julia von Lieven und (hinten, v. l. n. r.) Annette Struhl, Dorothee Barall und Heike Müller in der Schlussszene der Musiktheaterproduktion *Kantate 21*. Foto: Iko Freese

[1] Freundliche Genehmigung für die Abbildungen 1–5 in diesem Beitrag: Agentur DRAMA, Berlin (Iko Freese).
[2] Die Mitglieder des Ensembles BACH theater im März 2007: Annette Struhl, Heike Müller, Julia von Lieven und Dorothee Barall (Sopran); Petra Koerdt, Birgit Wahren, Friederike von Möllendorf und Tanja Rosner (Alt); Thomas Kalka und Christian Weller (Tenor); Stefan Einbacher, Martin Mantel, Jens Wetzel und Nico Brazda (Bass). Klavier und Künstlerische Leitung: Hanno Siepmann.
[3] Bühne und Kostüme: Kathrin Hauer. Kostümassistenz: Jennifer Mäurer. Stimmbildung: Nico Brazda. Bewegungstraining: Phillip Schäfer. Regieassistenz: Heike Pelchen.
[4] Premiere: 16. März 2007, acht Aufführungen im Theaterdiscounter, Monbijoustraße 1, Berlin-Mitte.

Ivana Rentsch

Sittlichkeit im Klang –
Johann Mattheson und der Tanz als Bezugspunkt
musikalischer Formbildung*

Als Johann Mattheson im frühen 18. Jahrhundert die universalharmonische Musiktheorie als überkommen verwarf und die Sinne anstelle der Ratio zur bestimmenden Instanz erkor, tat er dies auf der Grundlage eines musikalischen Sensualismus. Von nun an sollten sämtliche Kompositionen in einer Weise auf das Urteil des *galant homme* ausgerichtet werden, dass auch das delikateste Ohr sie als vollkommene Harmonie wahrnehmen würde.[1] Einerseits durfte der Musik nichts wissenschaftlich Theoretisches anhaften, da eine klangliche Umsetzung pedantischer Berechnungen niemals den Geschmack treffen und daher unmöglich Gefallen erregen könne. Andererseits barg die Absage an die theologisch determinierte Musiktheorie aber auch das Problem eines fehlenden ethischen Regulativs in sich.[2] In die Bresche des vormaligen – auf absolute Vorgaben gestützten – Reflexionsvermögens sprang schließlich der gesellschaftlich geschulte Geschmack, der zwar nach immer neuen Beweisen des *je ne sais quoi* verlangte, dies jedoch im unbedingten Rahmen moralischer Sittlichkeit. Schließlich sollte allein die aktuelle Mode über die Angemessenheit des Ausdrucks bestimmen: Und weil dem *galant homme* nur gefallen konnte, was ethisch unbedenklich war, eignete dem gesellschaftlich approbierten Geschmack trotz seiner Wechselhaftigkeit immer eine moralische Normativität.[3] Die angenehme Wirkung auf einen galanten Rezipienten garantierte die sittliche Qualität des Dargebotenen, so dass sich die Bestätigung durch eine rationale Instanz erübrigte. Für einen Dichter, Maler oder Musiker ergab sich daraus die praktische Konsequenz, sämtliche Anstrengungen auf eben diesen Effekt ausrichten zu müssen. Analog zum Verhaltensideal im Allgemeinen bemaß sich auch der Wert jeder künstlerischen Ausdrucksform im Besonderen daran, ob sie in galant sozialisierten Kreisen Gefallen erregte. Was bedeutete dies nun aber konkret für die Musik? Wie ließ sich mit genuin kompositorischen Parametern dem Gebot einer angenehmen Wirkung im Rahmen gesellschaftlicher Sittlichkeit Rechnung tragen? Dass sich dazu der Rückgriff auf die formalen Prinzipien des Tanzes – genauer: der Tanzmusik – in idealer Weise anbot, gilt es im Folgenden am Beispiel Matthesons zu erörtern.

Mit Blick darauf, dass die fehlende Sprachlichkeit von Instrumentalmusik in der ersten Hälfte des 18. Jahrhunderts nach wie vor als Defizit galt, wirkt Matthesons Votum von 1721, mit dem er sogar die wortlose Musik zu einer eigenständigen Ausdrucksform erklärte, geradezu sensationell.

> Das Gleichniß mit der Mahlerey= und Bildhauer=Kunst / die da communem rationem, ein gemeines Band / nemlich die Zeichnung haben / passet sich so nicht auf die Music und Poesie zusammen. […] Jene sind alle beyde Affen der Natur / und borgen alles von äuserlichen / sichtlichen objectis. […] Und wolte man solches auch gleich von der Poesie sagen: […]; so gehets doch von der Music nicht an / als die mit dem Klange zu thun hat / und auch ohne Worte / ohne Schildereyen / ohne Statuen / ja / ohne die geringste Nachahmung äuserlicher Dinge / […] Music seyn und bleiben kann. Dahingegen die Poesie / ohne den von der Music geborgten rhythmum, gar nicht bestehen mag / noch kann.[4]

Musik gehöre also wesentlich dem Klang an, wohingegen ihr alle anderen Künste und selbst die Poesie, die ihre Versfüße gar dem musikalischen Rhythmus entleihe, äußerlich seien.[5] Indem Musik „auch ohne Worte" explizit Musik blieb und nicht zu bloßem Klang zurückgestuft wurde, kam ihr der Rang einer gültigen Ausdrucksform zu. Statt die Legitimation der Nachahmung einer äußeren Natur zu verdanken, bezog sie als einzige Kunst den Sinn gleichsam aus sich selbst. Und weil instrumentale Kompositionen im Gegensatz zu vokalen „auch ohne Worte" bestehen mussten, ergab sich für sie in verschärfter Weise die Forderung nach einer Faktur, die genuin musikalischen Prinzipien gehorchte. Entsprechend zeigt sich dort unverhohlener als in der laut Mattheson galantesten aller weltlichen Gattungen – der Oper –,[6] inwiefern zum affektiven „Endzweck" nicht nur das „natürliche" Moment, sondern eben auch „das abgemessene" erforderlich war.[7] Schließlich bestand, wie bereits René Descartes festgestellt hatte, eine entscheidende Voraussetzung für eine angenehme sinnliche Wirkung darin, dass durch Deutlichkeit Konfusion vermieden werde.[8] Damit aber leitete sich ausgerechnet vom sensualistischen Musikverständnis ein Kriterium ab, das in einem eklatanten Widerspruch zum affektiven Grundsatz zu stehen scheint: die Ordnung. Da erstens unverständlich und folglich wirkungslos blieb, was undeutlich war, und zweitens nur deutlich klang, was einer gewissen Gesetzmäßigkeit gehorchte, erfuhr das latent pedantische Prinzip gleichsam durch die Hintertür seine vorbehaltlose Bestätigung, „[d]enn", so Mattheson, „nichts kan deutlich seyn, was keine Ordnung hält".[9] In den zwischen 1713 und 1721 erschienenen drei *Orchestre*-Schriften, die auf einer theoretischen Ebene dazu beitragen sollten, die „pedantische Ton=Lehre" zu bekämpfen, hatte Mattheson das – der eigentlich propagierten Verabsolutierung der Sinne widerstrebende – Phänomen zwar noch weitgehend verschweigen können. Nur beiläufig kam er im *Forschenden Orchestre* denn auch auf die Bedeutung der Ordnung zu sprechen, wenn er lapidar feststellte: „Das verstehet sich ja von selbst / daß es mit dem musicalischen Klange ordentlich zugehen müsse / sonst wäre das Peitschen=Klatschen / jeder strepitus und crepitus auch Music".[10] Aber selbst dieser unwillige Satz birgt das Eingeständnis in sich, demzufolge als entscheidendes Distinktionsmerkmal zwischen Musik und Lärm ausgerechnet das Kriterium des ‚Ordentlichen' wirksam war. Nicht einmal ansatzweise verschweigen konnte Mattheson das Phänomen dann im *Vollkommenen Capellmeister* von 1739, der als faktische Anleitung zur Komposition nun sämtliche Parameter des Musikideals offenlegen musste. Entsprechend unverhohlen schlug sich dort das pedantische Moment unter dem Deckmantel der „Deutlichkeit", die ja erklärtermaßen der Ordnung bedurfte, nieder.[11]

Indem sie einerseits für die sinnliche Verständlichkeit von Musik maßgebend war, andererseits jedoch dem Kriterium der Ordnung entsprang, erscheint die eingeforderte Deutlichkeit als Nahtstelle zwischen den bereits genannten beiden Postulaten, die sich aus dem galanten Ideal geradezu zwangsläufig ergaben: Sie verantwortete sowohl die Affektwirkung als auch deren normative Begrenzung. In jeder Komposition sollte mindestens eine „Gemüths=Bewegung" herrschen, deren klare musikalische Ausformung gleichermaßen Voraussetzung und Folge war, hatte die Melodie doch ansonsten „wenig oder fast gar nichts deutliches" und konnte der „aufmercksamste Zuhörer […] nichts anders daraus machen, als ein leeres Gesänge und Geklänge".[12] Obwohl er sie als unmittelbare Konsequenz des Affekts darstellte und sich folglich die musikalische Deutlichkeit von selbst ergeben müsste, formulierte Mattheson, der seine Schriften ansonsten als Anleitungen und nicht als Regelwerke verstanden wissen wollte, in ganz und gar ungalanter Manier zehn „Gesetze" und acht „Regeln".[13] Tatsächlich zeugt das Eingeständnis, dass die Deutlichkeit „mehr Gesetze, als die übrigen Eigenschafften" erfordre, von der Annahme eines kompositorischen Vorgehens, das statt beim Affekt vielmehr bei abstrakten Strukturprinzipien ansetzte.[14] Einem eigentlichen Offenbarungseid kommen schließlich die in diesem Kontext aufgeführten ersten zwei „Regeln" zur formalen Untergliederung gleich.

1. Man soll die Gleichförmigkeit der Ton=Füße oder Rhythmen fleißig vor Augen haben.
2. Auch den geometrischen Verhalt gewisser ähnlicher Sätze, nehmlich den numerum musicum, d. i. die melodische Zahl=Maasse genau beibehalten.[15]

Ein modellhafter musikalischer Satz verläuft demzufolge rhythmisch gleichmäßig und untergliedert sich entsprechend den Proportionen des „numerus musicus".[16] Dass es sich tatsächlich um verbindliche Regeln handelte, zeigt sich bei den Voraussetzungen für mögliche Lizenzen: In der Vokalmusik durfte bei Änderungen des Silbenmaßes oder der Affekte, also bei textbedingten Ereignissen, gegebenenfalls der Takt gewechselt oder gar gegen die geometrische Fortschreitung verstoßen werden.[17] Da im Gegensatz dazu den instrumentalen „Spiel= absonderlich [den] Tantz=Melodien" aber die für Abweichungen erforderliche „Noth" fehlte, hatten sie dem Gebot der Deutlichkeit „genau" Folge zu leisten.[18] Mattheson erkor damit „absonderlich" die Tanzmusik zum Inbegriff instrumentaler Deutlichkeit – eine Deutlichkeit, die vermittels des Tanzes an der Sittlichkeit des Verhaltensideals partizipierte.

> Bey der jauchzenden Tantz=Freude fällt mir ein, daß die klugen Spartaner, damit sie ihren Kindern einen Abscheu vor der Unmäßigkeit beibrächten, bisweilen lauter trunckene Sclaven vor ihren Augen tantzen und jauchzen liessen: welches ein Nutz der Tantz=Kunst und ihrer Melodien ist, der wol werth, daß man ihn in besondere Obacht nehme, indem dadurch gewisse garstige Leidenschafften und Laster verhaßt; andre löbliche Gemüths=Bewegungen und Tugenden hergegen rege gemacht werden.[19]

Analog zum Verhaltensideal galt auch für Mattheson der unmäßige Tanz von Betrunkenen als Ausdruck von „garstigen Leidenschafften", was im Umkehrschluss bedeutet, dass die „löblichen Affecte" eines geregelten Ablaufs bedurften. Als Merkmale musikalischer Deutlichkeit erstrahlten damit auch die gleichförmige Rhythmik und der geometrische Verhalt im Lichte gesellschaftlicher Wertvorstellungen: Den kompositorischen Prinzipien kam eine normative moralische Bedeutung zu. Dass Mattheson diese rationale Konsequenz nicht ausführen mochte, sondern angesichts seines dezidierten Sensualismus nur andeutete, liegt auf der Hand. Es ist jedoch genau die sittliche Konnotation eines modellhaften Instrumentalsatzes, der die eingangs zitierte Aussage, dass Musik auch ohne außermusikalische Bezüge Eigenständigkeit reklamieren könne, nachvollziehbar macht.[20] Ein gleichmäßiger, periodisch gebauter Satz ahmte weder die Natur nach, noch beschrieb er ihre Schönheit poetisch: Indem sie die Seele in „löbliche Gemüts=Bewegungen" versetzte, war die ideale Musik die Tugendhaftigkeit an sich.

Da jede Erschütterung des Gehörs eine andere affektive Wirkung erzeugte, unterschieden sich laut Mattheson selbstredend auch die tanzmusikalischen Typen grundlegend voneinander. Auf der verbindlichen Folie eines für die akustische Sinnfälligkeit erforderlichen deutlichen Satzes galt ihm – ganz im Sinne der Tanzpraxis – jede Tempowahl und jedes rhythmische Muster als gleichsam sprechendes Distinktionsmerkmal.

> Nun dürffte man schwerlich glauben, daß auch so gar in kleinen, schlecht=geachteten Tantz=Melodien die Gemüths=Bewegungen so sehr unterschieden seyn müssen, als Licht und Schatten immermehr seyn können. Damit ich nur eine geringe Probe gebe, so ist, z. E. bey einer Chaconne der Affect schon viel erhabener und stöltzer, als bey einer Passacaille. Bey einer Courante ist das Gemüth auf eine

zärtliche Hoffnung gerichtet […]; bey einem Passepied auf Wanckelmuth und Unbestand; bey einer Gigue auf Hitze und Eifer; bey einer Gavotte auf jauchzende oder ausgelassene Freude; bey einem Menuet auf mässige Lustbarkeit u.s.w.[21]

Mattheson zielte mit seinem *Vollkommenen Capellmeister* zweifellos auf Vokalmusik und insbesondere auf die Oper als höchste weltliche Gattung; dessen ungeachtet, dass die Idee einer „Klangrede" faktisch die Apologie der Instrumentalmusik zur Kehrseite hatte.[22] Im Gegensatz zu einem Instrumentalkomponisten konnte jedoch der Opernkomponist auf der Basis des Librettos „seinen Inventionibus den Zügel schießen […] lassen!"[23] Legitimiert durch die leidenschaftlichen Verwicklungen des Textbuchs und das Auftreten auch negativer Figuren stand für eine entsprechende Vertonung die gesamte Affektpalette zur Verfügung. Im Gegensatz zur Oper ergab sich jedoch für Instrumentalmusik nicht nur keine Not für Unmäßigkeiten, sondern es beschränkte sich die Dramaturgie gar auf den Zustand einer einzigen Leidenschaft. Und selbst wenn sich die Tänze in ihrer Wirkung wie „Licht und Schatten" voneinander unterschieden, bewegten sie sich dennoch allesamt im Rahmen einer nicht narrativen Tugendhaftigkeit, deren kompositorisches Analogon den formbildenden Prinzipien der Deutlichkeit gehorchte. Dass die von Mattheson vorgenommene Zuschreibung von Leidenschaften zu einzelnen Tänzen außerdem wohl hauptsächlich der dezidiert auf die Rhetorik bezogenen Argumentation des *Vollkommenen Capellmeisters* geschuldet gewesen sein dürfte, ist eine Vermutung, die sich gerade mit Blick auf das *Neu=Eröffnete Orchestre* erhärtet. Ganz in der Tradition von Thomas Morley oder Michael Praetorius hatte sich nämlich Mattheson dort noch darauf beschränkt, die Tänze nach rein technischen Momenten bezüglich Tempo, Taktart oder Anzahl der Abschnitte zu charakterisieren – von Affekten war hingegen in den seitenlangen Ausführungen keine Rede: So hat die „Bourrée […] ordentlich einen Vierviertel Tact", die „Passepieds sind eine Art gar geschwinder Menuetten", „Gavotten sind Täntze […] mit 2. Reprisen", oder die „Canaries sind sehr geschwinde / aber dabey kurtze Giquen".[24]

Als unmittelbare Konsequenz des guten Geschmacks im Allgemeinen und der eingeforderten „Deutlichkeit" im Besonderen erweist sich schließlich Matthesons dezidierte Ablehnung musikalischer Virtuosität zugunsten einer angenehmen Simplizität. Konkret dokumentiert dies seine gattungsspezifische Unterscheidung zwischen „Bizzarerien" und „Galanterie-Sachen".[25] Bereits im *Neu=Eröffneten Orchestre* schälte sich als entscheidendes formbildendes Kriterium das Moment einer verbindlichen Ordnung heraus: In Stücken, die sich „nach nichts als der Fantasey" des Komponisten richteten, drohte eine „unnütze Caprice", den galanten Rahmen zu verletzen.[26] Matthesons Vorbehalte gegenüber einer kompositorischen Freiheit, die der Fantasie keine Grenzen außer den harmonischen Regeln setzte, schlugen sich bereits im *Neu=Eröffneten Orchestre* nieder. Da ein Komponist von „bizarren" Stücken an „keine Zahl noch Maasse strictè gebunden" war und über „völlige Licentz" verfügte, musste er umso stärker darum bemüht sein, „daß kein unförmlicher Chaos daraus werde".[27] Tatsächlich stieß die charakteristische Regellosigkeit der „Fantaisie=Kunst" bei Mattheson auf wachsenden Unwillen,[28] zeigte er sich doch im *Vollkommenen Capellmeister* wenig geneigt, die betreffende Gattung überhaupt mit seinem Melodiebegriff in Verbindung zu bringen.

> Noch eine gewisse Gattung, ich weiß nicht ob ich sagen soll der Melodien, oder der musicalischen Grillen, trifft man in der Instrumental=Music an, die von allen übrigen sehr unterschieden ist, in den so genannten
>
> XVI. Fantasie, oder Fantaisies, deren Arten sind   die Boutades,
>   Capricci,
>   Toccate,
>   Preludes,
>   Ritornelli&c.[29]

Mehr oder weniger spontan dem Geist eines Musikers entsprungen, wiesen die entsprechenden Kompositionen „so wenig Schrancken und Ordnung" auf, dass sie Matthesons Anforderungen an eine Melodie nicht genügten.[30] Die Prämisse, derzufolge der individuelle Ausdruck gegen das Gebot musikalischer Deutlichkeit verstoße, verweist wiederum auf die normative Idee einer übergeordneten kollektiven Instanz. Indem die poetische Fantasie die ungezügelte Laune eines Einzelnen wiedergab, verletzte sie den gesellschaftlich determinierten Geschmack, der trotz ständiger modischer Wechsel immer dem Moment der affektiven Mäßigung verpflichtet blieb. Im Gegensatz zur Oper, wo der Theaterkontext weit größere musikalische Freiheiten erlaubte, unterstanden die instrumentalen Gattungen gänzlich dem galanten Wertesystem. Statt musikalischer „Grillen" plädierte Mattheson daher für eine strikte Ordnung, deren unveräußerliche Grenzen es kompositorisch auszuloten galt – und zwar in einer Weise, wie er sie vorbildlich in der französischen Tanzmusik verwirklicht sah.[31]

> Man betrachte endlich alle Frantzösische Tantz=Lieder und Melodien, so klein als sie auch seyn mögen […]; man betrachte sie, sage ich, mit Aufmercksamkeit, welche feine Ordnung, Gleichförmigkeit und richtige Abschnitte darin zu finden sind, ich weiß gewiß, man wird erfahren, daß eben diese Tantz=Style (den hyporchematischen bey dem choraischen mit eingeschlossen) voller ungemeinen Reichthums sind, und allerhand schöne Erfindungen im Setzen an die Hand geben. Ich kenne grosse Componisten, die aus diesem choraischen Styl mehr, als aus allen anderen Schreib=Arten gesammlet, und häuffige Einfälle daraus geschöpffet haben.[32]

Während bei Thomas Morley, Michael Praetorius oder Athanasius Kircher der fantastische Stil noch gleichberechtigt neben den tanzmusikalischen Modellen gestanden hatte, zeigt sich bei Mattheson eine offenkundige Konzentration auf Letztere. Das formale Problem, das sich aus dem Fehlen eines Textes ergab, konnte nun nicht mehr dadurch gelöst werden, dass der Musiker seinem eigenen „plesir" freien Lauf oder gar Vögel sprechen ließ, wie dies neben zahlreichen Komponisten seit dem 16. Jahrhundert etwa Theodor Schwartzkopff mit seiner *Sonata all' imitatione del rossignuolo e del cucco* getan hatte.[33] Bedingt durch das sensualistische Verständnis ergab sich für die Instrumentalmusik die Anforderung, auf den gesellschaftlichen Geschmack mitsamt seinen normativen Grundlagen Rücksicht zu nehmen: Die ungezügelte Leidenschaft einer spontanen Eingebung taugte dafür genauso wenig wie die Imitation tierischer Laute.

Während Mattheson in den *Orchestre*-Schriften noch vor Regeln zurückgeschreckt war, bekannte er sich im kompositionspraktisch ausgerichteten *Vollkommenen Capellmeister* explizit zu Prinzipien sowohl des guten Geschmacks als auch einer darauf bezogenen „guten Melodie".

> Diese Kunst, eine gute Melodie zu machen, begreifft das wesentlichste in der Music. […] Ja man hat so gar wenig darauf gedacht, daß auch die vornehmsten Meister, und unter denselben die weitläufigsten und […] neuesten, gestehen müssen: es sey fast unmöglich, gewisse Regeln davon zu geben, unter dem Vorwande, weil das meiste auf den guten Geschmack ankäme; da doch auch von diesem selbst die gründlichsten Regeln gegeben werden können und müssen: im eigentlichen Verstande frage man nur geschickte Köche; im verblümten die Sittenlehrer, Redner und ***) Dichter.[34]

Für die Maßgaben des guten Geschmacks waren bezeichnenderweise an erster Stelle die „Sittenlehrer" wegweisend, und selbst die vorbildlichen Redner und Dichter unterstanden offenkundig einem normativen Wertesystem, wurden sie doch durch Matthesons Anmerkung explizit auf Johann Ulrich Königs *Untersuchung vom guten Geschmack* verpflichtet.[35] Besagter König hatte sich in seinem – stark an französischen Autoren wie Du Bos, Bellegarde und St. Evremond orientierten – Traktat auf den Standpunkt gestellt, dass diejenigen Phänomene auf einen Menschen mit einem geschulten guten Geschmack am angenehmsten wirken würden, die durch „Gleich=Maß" und „Abtheilung" bestimmt seien.[36] Und genau dieses Ideal einer sittlichen Wirkung lag schließlich auch Matthesons wertenden Kommentaren zu den instrumentalmusikalischen Gattungen zugrunde. Stärker noch als in den entsprechenden Passagen des *Neu=Eröffneten Orchestres* kristallisieren sich im *Vollkommenen Capellmeister* die deutliche Untergliederung und das sittliche Maß als kompositorische Bedingungen heraus. So verurteilte er nicht nur die Fantasien als „Grillen" oder schimpfte, dass der Affekt in der instrumentalen italienischen „Aria" – einem Variationensatz über eine „schlechte Melodie" – „auf eine Affectation" hinauslaufe.[37] Sondern er beklagte zudem den Hang zur Virtuosität in den zeitgenössischen Sonaten und hielt den Violinkonzerten nach dem Vorbild Vivaldis und Venturinis vor, dass dort die „Wollust" das „Regiment" führe.[38] Denn:

> Daß es in dergleichen Wettstreit, davon alle Concerten ihre Nahmen haben, an einer angestellten Eifersucht und Rache, an einem gemachten Neid und Haß, ingleichen an andern solchen Leidenschafften nicht fehle, kan ein ieder leicht erachten.[39]

Als vorbildlich pries er hingegen die französische Ouvertüre,[40] „deren Character die Edelmuth seyn muß, und die mehr Lobes verdient, als Worte hieselbst Raum haben".[41] Neben der positiven Bewertung der französischen Ouvertüre, deren Entstehung untrennbar mit der höfischen Lebenswelt verflochten war, sticht insbesondere die Dominanz von tanzmusikalischen Modellen ins Auge. Unter den 22 beschriebenen Gattungen finden sich insgesamt 13 Tanztypen vom Menuett über die Gigue bis zur Chaconne.[42]

Abgesehen davon, dass die zahlreichen Tänze ausnahmslos unter positiven Vorzeichen Erwähnung fanden, erscheint ein weiterer Umstand bemerkenswert: Mattheson differenzierte in funktionaler Hinsicht nicht zwischen tatsächlicher und nur für die instrumentale Aufführung bestimmter Tanzmusik. Für Morley oder Praetorius hatte diese funktionale Frage ebenfalls keine Rolle gespielt, und auch Mersenne und Kircher integrierten die entsprechenden Kompositionen ohne weitere Angaben in den instrumentalmusikalischen Kanon. Mattheson ging nun aber insofern einen Schritt weiter, als er parallel zu aktuellen Modetänzen wie dem Menuett oder den Country dances auch Tänze aufnahm, die, wie die Allemanda oder Chaconne, längst nicht mehr dem Ballrepertoire angehörten. Obwohl in funktionaler Hinsicht denaturiert, zählte er jene dennoch explizit zu den „Tantz=Melodien",[43] was einerseits bedeutet, dass die tänzerischen Wurzeln etwa der Chaconne entscheidender waren als die späteren Anverwandlungen in der Oper oder Instrumentalmusik. Andererseits lässt sich aber auch daraus schließen, dass die tatsächliche Tanzpraxis für Mattheson faktisch bedeutungslos war und er die Tanzmusik ohne Rücksicht auf eine choreographische Wirklichkeit der Instrumentalmusik zuschlug. Die „Tantz=Melodien" verdankten zwar dem noblen Tanzideal ihren „löblichen" affektiven Gehalt, dieser war jedoch in einer Weise sinnfällig – sprich: „deutlich" –, dass ein tatsächlicher Tanz nicht vonnöten war.

Das allgemeingültige Verhaltensideal brachte es mit sich, dass Tanz und Instrumentalmusik gleichermaßen den gesellschaftlich normativen Rahmenbedingungen genügen mussten, um den „Endzweck" des Vergnügens bei einem geschmackssicheren Publikum erfüllen zu können. Bedingt durch das sensualistisch galante Hörverhalten, verengte sich die Qualität des musikalisch Angenehmen auf ein affektives Mittelmaß, das seinerseits eine strukturelle Ordnung voraussetzte. Hingegen machte alles, was nicht unmittelbar gefiel, eine unerwünschte rationale Rezeption erforderlich – wie etwa ‚bizarre' Vogelstimmenkompositionen. Da der noble Tanz die Abstraktion des Sittlichen historisch bereits geleistet hatte, bot der Rekurs auf tanzmusikalische Modelle einen praktischen Ausweg aus der theoretischen Aporie. In Frage kam letztlich nur eine Tonsprache, die gleichsam tautologisch vom Wesen der galanten Rezipienten kündete: Solange kein Text vertont wurde, der auch unangenehme Affekte legitimiert hätte, bezog sich das klangliche Phänomen unmittelbar auf die Anwesenden selbst. Als Konsequenz daraus unterstanden die kompositorischen Kriterien faktisch dem gesellschaftlichen Verhaltensideal und schien das individuelle Ingenium durch den sittlichen Rahmen gebändigt. Dies geschah unter der Voraussetzung, dass die ordnenden Momente des Gleichmaßes und der Proportion von galanter Warte aus als „natürlich", da sinnlich angenehm, verabsolutiert werden konnten: Für das Erscheinungsbild wie für den musikalischen Geschmack des galant homme galten letztlich dieselben Kriterien. Wenn folglich Mattheson im *Vollkommenen Capellmeister* ein Menuett als wohlgebildeten „Leib", der keine „Misgeburt" sei, bezeichnete, so dürfte die anthropologische Metaphorik durchaus wörtlich zu verstehen sein.[44] Die deutlich gebaute Tanzmelodie, an deren Beispiel der Geschmack auch für „wichtigere" Kompositionen geschult werden sollte, kam einem normativen Kern gleich, dessen satztechnische Verbindlichkeit sich gesellschaftlichen Wertvorstellungen verdankte.[45] Vor diesem Hintergrund wird evident, was bei Mattheson unausgesprochen bleibt: Im Rahmen eines galanten Sensualismus ist es das musikhistorische Verdienst des Tanzes, der „sprachlosen" Musik ein moralisch legitimiertes Regelsystem an die Hand gereicht zu haben, mit dessen Hilfe sich die erforderliche Sittlichkeit klingend realisieren ließ.

---

*   Bei vorliegendem Beitrag handelt es sich um ein erweitertes Unterkapitel aus meiner noch unveröffentlichten Habilitationsschrift *Die Höflichkeit musikalischer Form. Tänzerische und anthropologische Grundlagen der frühen Instrumentalmusik*, Kassel u. a. (im Druck).

1   Vgl. Adrian le Roy, *Traicté de musique. Contenant une theorique succinte pour methodiquement pratiquer la Composition*, Paris 1683, f. 2.r.: „rendre une harmonie complette, au jugement des oreilles plus délicates […] au goust d'une oreille bien nette et d'un jugement clair et solide".

2   Johann Mattheson, *Das Forschende Orchestre, oder desselben Dritte Eröffnung*, Hamburg 1721, Reprint hrsg. von Dietrich Barthel, 3. Aufl., Laaber 2007 (*Die drei Orchestre-Schriften*, Bd. 3), S. 351.

3   Zur Normativität des galanten Geschmacks um 1700 vgl. Rainer Bayreuther, „Perspektiven des Normbegriffs für die Erforschung der Musik um 1700", in: *Musikalische Norm um 1700*, hrsg. von dems., Berlin 2010 (*Frühe Neuzeit*, Bd. 149), S. 30.
4   Mattheson, *Das Forschende Orchestre* (s. Anm. 2), Ad lectorem S. [V–VI].
5   Zu der bemerkenswerten Passage siehe auch Hans-Joachim Hinrichsen, Art. „Mattheson", in: *Die Musik in Geschichte und Gegenwart*, 2. neu bearbeitete Aufl., hrsg. von Ludwig Finscher, Personenteil Bd. 11, Kassel 2004, Sp. 1345; Laurenz Lütteken, „Matthesons Orchesterschriften und der englische Sensualismus", in: *Die Musikforschung* 60 (2007), S. 209/210.
6   Johann Mattheson, *Das Neu=Eröffnete Orchestre*, Hamburg 1713, Reprint hrsg. von Dietrich Barthel, 3. Aufl., Laaber 2007 (*Die drei Orchestre-Schriften*, Bd. 1), S. 160.
7   Johann Mattheson, *Der vollkommene Capellmeister*, Hamburg 1739, Reprint hrsg. von Margarete Reimann, Kassel u. a. 1995 (*Documenta musicologica*, Reihe I, 5), S. 138. Zur Interdependenz von Affekten und musikalischer Ordnung siehe auch Rolf Dammann, *Der Musikbegriff im deutschen Barock*, 3. Aufl., Laaber 1995, S. 37/38.
8   René Descartes, *Musicae compendium. Leitfaden der Musik*, hrsg. von Johannes Brockt, 2. Aufl., Darmstadt 1992, S. 2: „Tale objectum esse debet ut non nimis difficulter & confusè cadat in sensum".
9   Mattheson, *Der vollkommene Capellmeister* (s. Anm. 7), S. 138.
10 Mattheson, *Das Forschende Orchestre* (s. Anm. 2), S. 294.
11 Mattheson, *Der vollkommene Capellmeister* (s. Anm. 7), S. 141–152.
12 Ebd., S. 145.
13 Ebd., S. 141.
14 Ebd.
15 Ebd.
16 Vgl. Dammann, *Der Musikbegriff im deutschen Barock* (s. Anm. 7), S. 87.
17 Mattheson, *Der vollkommene Capellmeister* (s. Anm. 7), S. 146, 178, 209; nur im Rezitativ war die Leidenschaft dem Takt übergeordnet. Ebd., S. 181: „wobey man folglich mehr Regard vor die zu exprimirende Passiones hat / als vor die reguläre Observanz der Mensur: Gleichwohl hindert ein solches nicht / die Noten in einen richtigen Tact zu bringen".
18 Ebd., S. 141, 209.
19 Ebd., S. 208.
20 Mattheson, *Das Forschende Orchestre* (s. Anm. 2), Ad lectorem S. [V–VI].
21 Mattheson, *Der vollkommene Capellmeister* (s. Anm. 7), S. 208.
22 Zur Emanzipation der Instrumentalmusik bei Mattheson siehe Hans-Joachim Hinrichsen, „Musikästhetik avant la lettre? Argumentationsstrategien in Matthesons Verteidigung der Oper", in: *Mattheson als Vermittler und Initiator. Wissenstransfer und die Etablierung neuer Diskurse in der ersten Hälfte des 18. Jahrhunderts*, hrsg. von Bernhard Jahn und Wolfgang Hirschmann, Hildesheim u. a. 2011, 217–232; Dahlhaus, *Musica poetica und musikalische Poesie* (1966), S. 117: „Die Musikästhetik des 18. Jahrhunderts ist, explizit oder unausgesprochen, primär Opernästhetik."
23 Mattheson, *Das Neu=Eröffnete Orchestre* (s. Anm. 6), S. 160/161: „Unter den weltlichen Sachen behalten ja nun wol die Theatralischen / und unter diesen die geehrten Opern ohnstreitig den Vorzug / weil man in selbigen gleichsam einen Confluxum aller Musicalischen Schönheiten antreffen kan. Da hat ein Componist rechte Gelegenheit seinen Inventionibus den Zügel schießen zu lassen! da kan er auff unzehlige Art Liebe / Eifersucht / Haß / Sanfftmuth / Ungedult / Begierde / Gleichgültigkeit / Furcht / Rache / Tapfferkeit / Zagheit / Grosmuth / Entsetzen / Hoheit / Niedrigkeit / Pracht / Dürfftigkeit / Stoltz / Demuth / Freude / Lachen / Weinen / Lust / Schmertzen / Glückseeligkeit / Verzweiflung / Sturm / Stille / ja Himmel / Erde / Meer / Hölle / und alle darinn vorkommenden Verrichtungen (wenn anders das Gesicht den Ohren nur ein

wenig Beystand leisten will) mit tausenderley Veränderungen und Anmuth sehr natürlich abbilden."
24 Ebd., S. 188–192.
25 Ebd., S. 264.
26 Ebd., S. 175, 264, siehe auch S. 176.
27 Ebd., S. 171/172.
28 Mattheson, *Der vollkommene Capellmeister* (s. Anm. 7), S. 88: „Nur Schade, daß keine Regeln von solcher Fantaisie=Kunst vorhanden! […] An die Regeln der Harmonie bindet man sich allein bey dieser Schreib=Art, sonst an keine."
29 Ebd., S. 232.
30 Ebd. Zur Definition der musikalischen Fantasie um 1700 siehe auch Sébastien de Brossard, *Dictionnaire de musique*, 2. Aufl., Paris 1705, Reprint hrsg. von Harald Heckmann, Hilversum 1965, S. 25: „FANTASIA. veut dire FANTAISIE, ou espece de Composition, qui est le pur effet du genie sans que le Compositeur s'assujettisse à un nombre fixe, ou à une certaine qualité de mesure, se servant de toutes sortes de Modes, &c."
31 Ein Hinweis auf Matthesons Lektüre der Tanzschriften von de la Montagne, Hugo Bonnefond, Raoul Feuillet, Gottfried Taubert, Pierre Beauchamp, Johann Pasch, Otto Frischer und Louis Bonin findet sich im *Forschenden Orchestre* (s. Anm. 2), S. 60/61 (Anmerkung).
32 Mattheson, *Der vollkommene Capellmeister* (s. Anm. 7), S. 92.
33 Zitat Michael Praetorius, *Syntagma musicum*, Wolfenbüttel 1614–15/1619, Reprint hrsg. von Wilibald Gurlitt, Kassel 1967 (*Documenta musicologica*, Reihe I, 14–15; 21), Bd. 3: *Termini musici* (1619), S. 21. Vogelstimmen-Kompositionen finden sich u. a. bei Alessandro Poglietti oder bei Heinrich Ignaz Franz Biber. Zur Rezeption von Vogelstimmen im Rahmen der universalharmonischen Musiktheorie siehe Marin Mersenne, *Harmonie universelle*, Paris 1636, Reprint hrsg. von François Lesure, Paris 1963, Livre Sixieme des Orgues, S. 372; Athanasius Kircher, *Musurgia universalis sive ars magna consoni et dissoni*, Rom 1650, Reprint des Nachdrucks Rom 1850, mit einem Vorwort, Personen-, Orts- und Sachregister von Ulf Scharlau, Hildesheim 1999 (*Documenta technica*), S. 30–32. Vgl. Peter Szendy, „Phtongomies animales (Chez Aristote, Mersenne, Kircher)", in: *Méthodes nouvelles. Musiques nouvelles. Musicologie et création*, hrsg. von Márta Grabócz, Strassburg 1999, S. 11–29.
34 Mattheson, *Der vollkommene Capellmeister* (s. Anm. 7), S. 133.
35 Ebd.: „***) J. U. Königs Untersuchung vom guten Geschmack." Die ganze zitierte Passage erinnert an Johann Ulrich König, „Untersuchung von dem Guten Geschmack", in: *Friedrich Rudolph Ludwig von Canitz, Des Freyherrn von Caniz Gedichte, Mehrentheils aus seinen eigenhändigen Schrifften verbessert und vermehret: Mit Kupffern und Anmerkungen, Nebst dessen Leben, und Einer Untersuchung Von dem guten Geschmack in der Dicht- und Rede-Kunst*, hrsg. von Johann Ulrich König, Leipzig, Berlin 1727, S. 240: „Wie nun der sinnliche Geschmack, durch genaues Kosten eines Trancks oder einer Speise, deren gute oder schlimme Beschaffenheit entscheidet, und sodann mehr oder weniger Neigung oder Eckel davor bezeigt; So hat man dieses Wort nachgehends, in verblümter Bedeutung, von einer innerlichen Empfindung, Kenntniß, Neigung, Wahl, und Beurtheilung genommen, die unser Verstand in allen andern Dingen von sich blicken läst." Zu den „Koch=Regeln" siehe auch ebd., S. 307–313.
36 König, „Untersuchung von dem Guten Geschmack" (s. Anm. 35), S. 255–257. Als vorbildlich bezeichnete König (S. 295) schließlich „einen natürlichen, geübten, feinen, richtigen, leichten, sittsamen, gleichen, starcken, gesunden, edlen, gewissen, reinen, beständigen, regelmäßigen, ungezwungenen, männlichen, erhabenen Geschmack".
37 Mattheson, *Der vollkommene Capellmeister* (s. Anm. 7), S. 232.
38 Ebd., S. 234.

39 Ebd.
40 Mattheson, *Das Neu=Eröffnete Orchestre* (s. Anm. 6), S. 170: „Unter allen Pieçen, die instrumentaliter excecutiret werden / behält ja wol per majora die so genandte Ouverture das Prae."
41 Mattheson, *Der vollkommene Capellmeister* (s. Anm. 7), S. 234.
42 Ebd., S. 224–233: Mattheson beschreibt Gavotte, Bourrée, Rigaudon, Entrée, Gigue (mit Loure, Canarie, Giga), Polonaise, Angloise (Country dances, Ballads, Hornpipes), Passepied, Sarabande, Courante, Allemanda und Chaconne (mit Passacaglia).
43 Ebd., S. 233.
44 Ebd., S. 224.
45 Ebd. Siehe weiterführend Rentsch, *Die Höflichkeit musikalischer Form* (s. Anm. *).

Martin Günther

„Nur leise andeutend [...]"
Kunstlied und kulturelle Inszenierung
im 19. Jahrhundert

Im ersten Drittel des 19. Jahrhunderts schlugen Lyrik und Liedvertonung getrennte Wege ein. ‚Gesang' interessierte nun auf dichterischer Seite weniger als von Menschen hervorgebrachte klingende Realität, sondern verblieb vielmehr als poetische Chiffre im Bereich des Imaginären, um jenseits der Wortsprache liegende Bedeutungen letztlich doch sprachfähig werden zu lassen.[1] Die Komponierenden indes suchten ihrerseits mit den Mitteln einer mittlerweile zur autonomen ‚Tonsprache' aufgewerteten Musik nach eigenen Wegen, das ‚Unsagbare' zum Klingen zu bringen, wobei sie (aus literaturästhetischer Perspektive) grundsätzlich die Gefahr seiner Trivialisierung in Kauf nahmen.

Nicht einbezogen in derlei geläufige ästhetische Erwägungen ist allerdings das reale Erklingen einer Liedvertonung sowie die durch das intermediale Geflecht aus Dichtung und Musik ausgeübten Wirkungen auf die Wahrnehmung von Singendem und Zuhörendem. Was geschieht also, wenn ein Kunstlied, das zumeist eine musikalische Aktualisierung literarisch geformten ‚unmittelbaren' Erlebens darstellt, gesungen, gehört und womöglich gesehen wird?

Eine prominente – wenngleich nicht eben transparente – Antwort auf diese Frage bietet Roland Barthes in seinem Essay „Der romantische Gesang", in dem er für das romantische Kunstlied eine Art imaginären „Hörraum" entwirft: „Der Raum des Liedes ist affektiv", so Barthes, „er ist kaum sozialisiert: [...] sein wahrer Hörraum ist [...] das Innere des Kopfes".[2] Barthes' affektiver „Hörraum" blendet das Auge komplett aus, um einen nach seiner Auffassung verbreiteten passiven Hörmodus zu kritisieren.[3] Emphatisch mobilisiert er dagegen ein aktives Hören, das er an anderer Stelle als eine Art von Zusammenballen des Selbst im eigenen Ohr beschreibt.[4] Die physiologische Bedingtheit des gesungenen Tones wird so als „Rauheit der Stimme"[5] zu einer klingenden Physiognomie des Singenden – die Körperlichkeit des Musizierenden soll letztlich durch das Ohr des Hörenden erlebt werden. Bei diesem Hören, so Barthes, halluziniere der Hörer auch den eigenen Körper – er werde quasi zu dessen Resonanzboden. Da die Stimme des Singenden geradezu zwingend eine ‚unmittelbare', gleichsam emotionalisierende Wirkung auf den Körper des Hörenden habe, sei sie in der Lage, dessen, wie Barthes betont, „natürlichen Körper"⁶ imaginär selbst „singen" zu lassen. Nicht jede Performance indes ermöglicht dieses Erlebnis: Wenn der Singende durch eine in Barthes' Ohren zu ‚gewollte' Darstellung dem Zuhörer gleichsam das eigene Atmen nimmt, ist der imaginäre Draht zwischen Musik, Sänger und Zuhörer gestört. Jede körperliche Aktion, die im Dienst eines Darstellungsmodus steht, wird von Barthes als Gestus der Repräsentation verworfen.

In ihrer radikalen Subjektivität scheinen diese Gedanken weitgehend resistent gegen eine Aufschlüsselung ihrer historischen Voraussetzungen zu sein. Dennoch soll hier versucht werden, sich auf die Spuren ihrer kulturellen Formung zu begeben. Die Leitlinie dabei bildet die grundsätzlich paradox anmutende Frage der konkreten Darstellung oder Aufführung von ‚Unmittelbarkeit' in Bezug auf das Zusammenspiel von Körper, musikalischer Performance und Musikrezeption.

Lied als Widerhall der Seele

Der von Barthes gewissermaßen enthistorisierte Konnex von ‚Lied' und ‚Natürlichkeit' führt geradewegs zur historischen Geburtsstunde eines musikästhetischen Diskurses. Im Verlauf des 18. Jahrhunderts bildete sich in dessen Rahmen ein Liedideal heraus, das gerade in seiner anthropologischen Grundierung zur Basis für die Kunstliedkultur des 19. Jahrhunderts wurde, wenn es auch auf kompositionsgeschichtlicher Ebene gewissermaßen ‚überholt' werden sollte: Johann Gottfried Herders Konzept des ‚Volksliedes', das als Referenzzentrum der Liedästhetik des späteren 18. Jahrhunderts gelten kann,[7] ließe sich auch als Herzstück einer hochoriginellen rezipientenbasierten Musiktheorie beschreiben. In den von ihm zusammengetragenen Texten nahm Herder gewissermaßen einen geheimnisvollen Nachhall ihrer ursprünglichen Situierung in der kulturellen Praxis wahr. Er fühlte sich durch die Lieder „vom Papier hinweg [...] in ihren Kreis, in ihre Zeiten, in die lebendige Rührung des Volks"[8] zurückversetzt. Indem Herder die für ihn bedeutsame kulturelle Substanz des Volksliedes somit gerade jenseits der Grenzen des geschriebenen Textes sieht, betont er die ‚unmittelbare' Kommunikation von Mund zu Ohr als Gegenbild der eigenen Gesellschaft, die von der inzwischen fest etablierten Kulturtechnik des stummen Lesens dominiert wurde. Angesichts eines seit der Aufklärung konstatierten Siegeszuges des Sehsinns[9] stimmt Herder hier emphatisch das Lob des Ohres an, durch das die Musik direkten Zugang zur menschlichen Seele erhalte, um diese in (durchaus mechanisch gedachte) Schwingungen zu versetzen.[10]

Die mit derlei Übertragungsprozessen befasste zeitgenössische musikalische Vortragstheorie[11] richtete sich entsprechend nicht mehr auf die adäquate ‚Darstellung' von Affekten und Leidenschaften, sondern verfolgte das Ziel ihres tatsächlichen ‚Durchlebens', wobei die Frage einer emotionalen Selbstbeteiligung des Interpreten kontrovers diskutiert wurde: Grundsätzlich verfolgt man beim Liedvortrag das Ideal einer ‚Seelenverschmelzung' mit Dichter und Komponist gefordert, aber auch die eigenen Seelenregungen des Musizierenden sollten einfließen, so dass eine Art empfindsame Seelenkommunikation entstehen konnte. Die Gesangspädagogin Nina D'Aubigny von Engelbrunner beschreibt in ihrer im Briefromanstil verfassten Gesangslehre von 1803 einen Liedvortrag etwa als gelungen, wenn „sich der Sänger ganz in des Dichters Sinn versetzt, wenn er selbst durch die Akkorde des Tonsetzers gerührt, nicht als Nachhall des Dichters und Kompositeurs, vielmehr als Sänger vor uns steht, dessen eigenem Gefühl, das vorgetragene Gedicht soeben entquollen war."[12]

Die gesangspraktische Umsetzung dieses musikalischen Kommunikationsmodells beschwor geradezu eine Gegenkultur zum mit der höfischen bzw. öffentlichen Sphäre verbundenen virtuosen Belcanto herauf.[13] Das hiermit assoziierte poetologische Ideal der ‚Sangbarkeit' betonte emphatisch den überindividuellen, Menschen und Völker verbindenden Charakter des kulturellen Erzeugnisses ‚Lied'.[14] Gleichwohl war Kunstfertigkeit gefordert: Spätestens im Rahmen von Goethes musikalischen Hausabenden im Kreise Weimarer Theaterkünstler und Kunstliebhaber wurde die nuancenreiche Deklamation des Sprechvortrags auf den Liedgesang übertragen. Dies machte den Vortrag letztlich zu einer hochgradig subjektiven Angelegenheit, bei der eine „durch die wechselnden Empfindungen begründete Modulation der Stimme dem einfachsten Gesange Mannigfaltigkeit und anziehendes Interesse" zuteil werden lassen sollte, wie Johann Wilhelm Ehlers, einer von Goethes favorisierten Weimarer ‚Sängerschauspielern', in der „Vorerinnerung" einer von ihm selbst besorgten Liedausgabe formuliert.[15]

Koexpressiv zur singenden und deklamierenden Stimme entwickelte sich auch auf der Ebene von Mimik und Gestik ein künstlerisch geformtes Bewegungsrepertoire, das sich seinerseits an historisch variablen Natürlichkeitsidealen orientierte und bisher in erster Linie mit Blick auf die Schauspielkunst erforscht wurde.[16] Während sich die Vortragslehre des früheren 18. Jahrhunderts noch uneinig blieb, ob, wie es in der deutschen Übersetzung der Gesangslehre von Pier Francesco Tosi heißt, „ein vollkommener Sänger zugleich auch ein vollkommener Acteur seyn könne",[17] sollte im Liedvortrag der Empfindsamkeit der affektive Gehalt von Dichtung und Musik gewissermaßen die Mimik und Gestik generieren:

> Wer mit der Seele singen will, muss ganz in den Sinn seines Textes eindringen; Nicht allein der Ausdruck des Tons, sondern alle Gesichtszüge werden redende Beweise des vollkommenen Einverständnisses.[18]

Für diesen ‚natürlichen' Darstellungsdrang gab es indes auch Regeln. Der Wiener Komponist Wenzel Tomaschek betont, dass Goethe während seines Liedvortrages genau prüfte, ob seine „Gebärdensprache mit Wort und Ton stets in Einklang stehe".[19]

Die Theoretisierung eines Ideals des Natürlichen, die den kulturellen Prozess der Umwertung eines rhetorischen in ein ästhetisches Kategoriensystem markiert, lässt sich insofern auch auf die Ästhetik des Gesangsvortrags beziehen.

Zur Inszenierung dieses Ideals in der kulturellen Praxis gehörte schließlich die Kreation jener atmosphärischen Intimität, die – einer Aura gleich – imaginär um den Singenden und sein Klavier, Clavichord oder seine Gitarre gezogen wurde.[20] Sie bildete letztlich eine Voraussetzung für solch einen ‚authentischen' Musikvortrag, wie etwa noch 1818 die Leipziger *Allgemeine musikalische Zeitung* betont:

> Viele, und gerade die ergreifendsten Melodien oder Accorde sind der Einsamkeit der Natur oder des Gemüths abgehorcht: denken Sie sich, wie unangenehm es den reinen Sinn anspricht, wenn der Sänger oder die Sängerin die erhöhete Stufe besteigt und diese musikal. Heimlichkeiten vor aller Welt feil trägt! Wenn das leise Klagen der Sehnsucht, der Liebe durch den Saal geschrien werden muss: entflieht da nicht notwendig der wohlthuende Anhauch, der seelenvolle Zauber, die Lasur vom Tone? Und bleibt etwas mehr übrig, als der helle kalte Ruf?[21]

Die hier verwendete Innerlichkeitsrhetorik verdeckt allerdings, dass Privatheit und Öffentlichkeit grundsätzlich in einer Wechselbeziehung standen. In der massenhaft verbreiteten Romanliteratur der Zeit finden sich zahlreiche Liedvortragssituationen, deren ‚Authentizität' etwa durch den inszenatorischen Kunstgriff eines heimlichen Zuhörers garantiert werden soll. Ausklappbare Noteneinlagen in Romanen und Almanachen forderten den Lesenden zum spontanen Musizieren auf und auch auf der Bühne wurde durch in die Handlung eingeflochtene Bühnenlieder in Sing- oder Liederspielen die atmosphärische Intimität vor Zuschauern und -hörern öffentlich vermittelt. Die medial auf verschiedenem Weg vorgenommene ästhetische Formung und Darstellung von Einsamkeit und Innerlichkeit erlebten also als typisch ‚bürgerlich' kodierte Haltung der Kunstrezeption immense Konjunktur und wurden auf einer kulturtechnischen Ebene eng mit dem Lied verwoben, das dabei gewissermaßen zwischen Kunstprodukt und Gebrauchsgegenstand changierte.

Schubert

Franz Schubert überschritt Grenzen – seine Liedkompositionen stehen in der Kompositionsgeschichte für einen Neuanfang. Er „überholte" (Peter Gülke) auf technischer Ebene die traditionelle Liedkomposition – und erzeugte dabei zunächst Irritation, denn die soeben beschriebene ästhetische Formung und gesellschaftliche Verortung des Liedes war eben längst nicht überholt: „Herr Schubert schreibt gar keine eigentlichen Lieder, […] sondern freie Gesänge, manche so frei, daß man sie allenfalls Capricen oder Phantasien nennen kann",[22] befindet 1824 die Leipziger *AMZ* und der *Frankfurter allgemeine musikalische Anzeiger* fasst 1827 zusammen:

> Wohlgeschriebene Musik, von der wir jedoch eine besondere Innigkeit namentlich nicht eben rühmen können. Diese Art Gesänge ist zu künstlich für das echte deutsche Lied und zu einfach, daß man sie dramatisch nennen könnte.[23]

Das als ‚kunstlos' ausgewiesene Lied wird durch Schuberts Musik mit einer neuen dramatischen Energie konfrontiert. Welche Konsequenzen aber ergaben sich daraus für die aufführungspraktische Ebene – wer sollte die Lieder singen? Die vorhandenen Quellen lassen erkennen, dass auch vermehrt professionelle Sänger in Schuberts Liedern eine Herausforderung sahen.[24] 1817 begann Schuberts Zusammenarbeit mit dem Bariton Johann Michael Vogl, der sich nach seinem Abtreten von der Opernbühne mit großem Einsatz Schuberts Liedern widmete.[25] Vogl, der als Protagonist einer Wiener Gluck-Renaissance die Zuschauer der Hofoper am Kärntertor nach Johann Friedrich Reichardts Schilderung „durch Stellungen, Gebärden und Kleiderwurf" geradewegs in die Welt der griechischen Antike „zaubern"[26] konnte, war professionell geschult in der Darstellung von ‚Natürlichkeit' als zweiter Natur, und genau dieser Umstand geriet offenbar in Konflikt mit der beschriebenen konventionellen Liedpraxis, die selbstverständlich die kulturelle Basis auch für Schuberts Liedkomposition bildete. Der Liedvortrag wurde auf einmal ein Feld kontroverser Diskussionen, die in den Erinnerungen des Schubert-Kreises aus den 1850er- und 1860er-Jahren noch nachhallen. Vogls „etwas theatralische Vortragsweise"[27], so Joseph von Spaun, „erhöhte bei vielen Liedern die Wirkung"[28] und für Eduard von Bauernfeld waren viele Lieder Schuberts für Vogls Vortragskunst „wie geschaffen"[29]. Auch Leopold von Sonnleithner verfasste mehrere Texte über den adäquaten Vortrag der Lieder Schuberts, denen heute seitens der historischen Aufführungspraxis grundsätzlich ein hoher Authentizitätsgehalt zugeschrieben wird,[30] obwohl Sonnleithner über drei Jahrzehnte nach Schuberts Tod etwa das seinerzeit von Vogl gesungene Repertoire damit kaum gemeint haben dürfte und sich wohl eher auf einen bereits durch die Rezeptionsgeschichte geformten Idealtypus des ‚Schubertliedes' bezogen hatte:[31]

> Ein Hauptvorzug von Schuberts Liedern besteht in der durchaus edlen, reiz- und ausdrucksvollen Melodie; diese bleibt bei ihm stets die Hauptsache, und so interessant gewöhnlich seine Begleitung gesetzt ist, so wirkt diese doch immer nur unterstützend und bildet häufig nur den Hintergrund. […] Bei einem Komponisten wie Schubert ist der schlichteste, aber natürlichste Gesang […] dem raffiniertesten deklamatorischen Vortrage weit vorzuziehen.[32]

Schubert bleibt hier für viele Freunde als Liedkomponist unmissverständlich in erster Linie Mittelpunkt geselliger ‚Schubertiaden', ganz so wie Moritz von Schwind ihn – ebenfalls in den 1860er-Jahren – mit erheblicher Ausstrahlung ins kulturelle Gedächtnis einzeichnete.[33] Aus der Perspektive ihrer Entstehungszeit betrachtet aber sprengten Schuberts Lieder auch oft genug den geselligen Rahmen und ‚drängten' gewissermaßen an die Öffentlichkeit: Mit der öffentlichen Aufführung des *Erlkönig* im Kärntnertortheater 1821 etwa gelang es Schubert, gerade durch plastische Deklamation des Textes und die staunenswerte Schwierigkeit der Klavierbegleitung durchaus ein eher an Oper und frappierender Virtuosität interessiertes Publikum zu faszinieren und gleichzeitig mit einem spektakulären Opus 1 das ‚Lied' als Kunstwerk zu nobilitieren. Was Reichardt in Bezug auf Ehlers' „Liederkonzert"[34] in Weimar 1804 noch als ein Ausbrechen aus den „geheiligten Concertformen"[35] bezeichnet (und durchaus anerkennend bewertet), wird letztlich durch den Anspruch, den Schubert mit vielen seiner Liedkompositionen erhob, höchst brisant. Genau betrachtet führten sie zu ihrer Entstehungszeit eine gleichsam frei schwebende Existenz zwischen unterschiedlichen performativen Räumen wie intimeren ‚Schubertiaden', halböffentlichen Salons und z. T. öffentlichen Konzerten und Akademien.

Lied und Konzertpodium

Schuberts Reformulierung und Weiterentwicklung des musikalischen Umgangs mit lyrischer Dichtung hatte bekanntermaßen kompositionsgeschichtlich immense Folgen. Problematisch blieb indes die Frage einer angemessenen Verortung des neuen Kunstliedes in der kulturellen Praxis. Musikjournalist und -historiograph Franz Brendel kann sich 1856 nicht entscheiden, ob Lieder nun im Konzert aufgeführt werden sollten oder nicht – und dies war für ihn keine Frage künstlerischer Qualität:

> Viele Lieder und unter diesen die bedeutendsten, werden allerdings nie für das Concert passen. Es giebt aber wieder andere, ebenso vortreffliche, welche sich

unbedingt dafür eignen. Der Vortrag derselben wird zu einer Virtuosenleistung im edlern Sinne, wie bei Beethoven'schen Sonaten.[36]

Das Image des Liedes blieb letztlich im Verlauf des gesamten 19. Jahrhunderts ambivalent. Es wurde gewissermaßen in verschiedene kulturelle Rahmungen ein- bzw. unterschiedlichen Bedürfnissen angepasst: Mit einem zögerlichen ‚Lifting' zum Kunstwerk korrespondiert seine kulturelle Funktionalisierung als nationalidentifikatorische Projektionsfläche. Unter dem Titel „In's alte romantische Land" schlägt etwa 1859 Wolfgang Müller von Königswinter im *Jahrbuch der Illustrierten deutschen Monatshefte* nostalgische Töne an:

> Wie oft waren da nicht die Klänge *In einem kühlen Grunde* zur Tageszeit in Wald und Feld, durch Berg und Thal und zur Nacht in den Straßen der Stadt aus unseren Kehlen geschmettert worden, denn dies Lied galt schon in jener Zeit als Volkslied.[37]

Der hier umhüllt vom Schleier einer stimmungshaften Neoromantik wiederkehrenden Erinnerung tatsächlichen (und nicht imaginären) Singens Eichendorff'scher Verse „in Wald und Feld" – etwa auf Mendelssohns Melodien – stand seit der Jahrhundertmitte auch bereits die vereinzelte Aufführung als ‚volkstümlich' rezipierter Kunstlieder auf dem Konzertpodium vor einer mehr oder weniger schweigenden Zuhörerschaft entgegen. 1856 sang der Bariton Julius Stockhausen erstmals Schuberts *Schöne Müllerin* als integralen Zyklus im ausgebauten Konzertsaal unter der Tuchlauben in Wien, in den 1860er-Jahren sogar zuweilen vor bis zu 2000 Zuhörern in großen Sälen wie dem Kölner Gürzenich.[38] Erst in den 1870er-Jahren aber setzten sich, zunächst noch zumeist von Klaviermusik und Rezitation durchsetzte, ‚Liederabende' im Konzertsaal durch,[39] was zum Ende des Jahrhunderts zu einer regelrechten ‚Liederabendschwemme' führte, die Hugo Wolf bissig als „Liederzauberschwindel" verspottete.[40]

Das Publikum ‚lernte' insofern, Lieder auch in öffentlichen Kontexten von teils monumentalem Zuschnitt als Repräsentation eines Verinnerlichungsvorganges zu hören. Die kulturell kodierte atmosphärische Intimität der Liedrezeption wurde dabei gewissermaßen direkt aufs Konzertpodium transferiert und dort ‚aufgeführt', wobei immer ein Rückbezug zum häuslichen Musizieren mitgedacht werden muss. Der öffentliche Liedvortrag erhielt so auch eine neue kulturelle Funktion als Bindeglied zwischen häuslicher und öffentlicher Musizierpraxis in einer inzwischen von der weitgehenden Trennung dieser Sphären bestimmten Welt.[41]

Letztlich wird der Liedgesang hier als Pendant zum Bühnengesang zur hohen Kunst ausdifferenziert, d. h. auch mit entsprechenden Darstellungsregeln versehen, die im Kontext der zeitgenössischen Konstellation von Musizieren, Musikdiskurs und

Körpergeschichte verortbar sind: Die körperliche Wahrnehmung von Musik und das Musizieren selbst als sinnliche Erfahrung wurden zugunsten der Idealisierung einer rein ästhetischen Substanz in den Hintergrund gedrängt. Wilhelm Heinrich Riehl wendet sich in seinen *Culturstudien aus drei Jahrhunderten* aus den 1850ern etwa in Briefform an eine fiktive Sängerin, um sein Vortragsideal, das er als „subjectives Pathos" definiert, zu exemplifizieren:

> Je größer die Aufgabe, um so gesammelter und ruhiger sind Sie vorher, nämlich nicht bewegungslos, sondern Ihre Bewegung niederkämpfend, um so maßvoller beginnen Sie, und je mehr sie die Leidenschaft äußerlich zurückdrängen, um so mehr lassen Sie uns ahnen, wie tief sie von derselben inwendig bewegt werden.[42]

Riehl benennt hier gewissermaßen den moralisch aufgeladenen Kern einer zeitgenössischen ausdruckspsychologisch basierten Vortrags- und Rezeptionsästhetik, die den maßvoll zurückhaltenden Körper in proportionalem Verhältnis zur inneren Bewegtheit setzt: Die Hörer sollen den kaum sichtbaren, absichtsvoll zurückgehaltenen äußeren Bewegungen des Singenden dessen ‚tiefes' musikalisches Erleben ‚ablauschen' und so auf indirekte Weise selbst innerlich ‚bewegt' werden. Kein physischer Übertragungsprozess wie noch in der Empfindsamkeit also, sondern ein ideelles, vom Hörer selbst fantasiertes Moment, ein kultureller Kontext, wird hier betont. Dass diese Spielart kultureller Inszenierung sogar Massenhysterie und Starrummel auslösen konnte, zeigt etwa der Fall Jenny Linds, deren betont ‚bürgerliches' Image vor allem nach ihrem bewusst frühzeitigen Rückzug von der Opernbühne auch durch ein spezifisches Liedrepertoire gefestigt wurde.[43] Sie wurde auf diese Weise zur lebenden Legende und damit auch zum unbedingten Vorbild für nachfolgende Generationen: Über den Vortrag der Altistin Hermine Spies berichtet die *Neue freie Presse* (Wien) 1886:

> Nur leise andeutend bleibt ihr Mienenspiel und ihre stets ruhige Körperhaltung. In Fräulein Spies verschmilzt künstlerische Bildung mit der frischesten Natürlichkeit, und dieser Zusammenhang wirkt ebenso unwiderstehlich als er selten ist.[44]

Die von Richard Sennett eingehend beschriebene moralische Auflading der Affektkontrolle im Laufe des 19. Jahrhunderts[45] fiel, wie deutlich wird, besonders für sich in öffentlichem Raum bewegende professionelle Musikerinnen ins Gewicht. Zentrum dieses ‚Innerlichkeits-Ethos' war in diesem Fall einmal mehr die Stimme als traditionelles Medium ‚unmittelbarer' Seelenkommunikation. Mit ihrer ideellen Entkörperung auf dem sakralisierten Konzertpodium verband sich zuweilen auch ein als androgyn empfundenes Klangideal. Über Hermine Spies heißt es weiter:

> Wie das Angesicht der Sängerin durch die Berührung mit dem Ewigen einen erd-
> entrückten, sibyllischen Ausdruck erhält, so wachsen ihrer Stimme Schwingen
> während des Gesangs. [...] Das Objektive und gewissermaßen Geschlechtslose,
> welches dem Klangcharakter ihres Organs eigentümlich ist, erlaubt Fräulein Spies,
> die gesamte Menschennatur, soweit sie im lyrischen Gesange sich erschöpfen läßt,
> zur Darstellung zu bringen.[46]

Die Performance der Sängerin lud in der Wahrnehmung des Rezensenten in besonderer Weise dazu ein, sich mit verschiedenen ineinander verwobenen Ebenen subjektiven Ausdrucks, wie sie im Zusammenspiel von Dichtung, Musik und Singendem im strukturellen Sinne einer „multiplen ‚persona'" aufscheinen, zu identifizieren.[47] Dabei störte es entsprechend wenig, wenn sich Geschlecht des Vortragenden und der jeweilig repräsentierten poetischen ‚persona' nicht entsprachen. Auch Schuberts große Liederzyklen wurden im 19. Jahrhundert offenbar häufiger von Frauen gesungen als in der heutigen Zeit, die dies zuweilen als unzumutbare Grenzüberschreitung innerhalb des gültigen Repertoiresystems verurteilte.[48]

Lied und Inszenierung von Intimität um 1900

Die Ausformung des Liedgesangs zur künstlerischen Spezial- und neuen sängerischen Königsdisziplin in Abgrenzung vom notwendig stärker körperbezogenen Bühnengesang war, wie bereits anklang, verwoben mit einem musikjournalistischen Diskurs, der Reglementierungen über lied- und operngemäßen Vortragsstil festschrieb. Eduard Hanslick etwa brachte seine Kritik am Liedvortrag des Baritons Paul Bulß 1892 ironisierend auf die Formel: „zu viel Stimme und zu wenig Geist"[49], und selbst die hochberühmte Altistin Amalie Joachim, in der Regel für ihren ‚durchgeistigten' Vortragsstil allerorten gerühmt, musste sich 1893 in Wien gefallen lassen, dass man sich bei ihrem Vortrag an „Exaltationen eines durchaus nicht geläuterten Geschmacks" störte.[50] Oscar Bie resümiert schließlich 1905:

> Es ist wahrhaft Zeit, daß wir hier von dem widersinnigen und peinlichen Podi-
> umsvortrag im Gesellschaftskostüm für die Lieder von Schubert und Schumann
> zurückkommen, daß sie wenigstens durch intimere Vorträge ersetzt werden.[51]

Mit dem Terminus ‚intim' greift Bie eine Modevokabel auf, die vor allem einen theaterästhetischen Spezialdiskurs der Jahrhundertwende bestimmte. Dieser umkreiste das dezidierte Projekt eines ‚intimen Theaters', das gewissermaßen auf eine ‚Entpathetisierung' von Raumgestaltung, Sprache, Sprech- und Darstellungsstil abzielte.[52] Aber auch in Bezug auf die musikalische Aufführungskultur wurde das Paradigma der ‚Intimität' intensiv diskutiert. Zentraler Impuls für diese Diskussion waren Wagners rezeptionslenkende Maßnahmen im Bayreuther Festspielhaus: Die Verdunkelung des Zuschauerraums und die Verdeckung des Orchesters. So experimentierte man im Kontext von immer wieder eingeforderten Reformen für den „Musiksaal der Zukunft"[53] damit, durch Aufstellung von Sichtschutzwänden und Abdunkelung des Zuschauerraums ausschließlich einen ‚Hörraum' zu schaffen, der zum einen den adäquaten Rezeptionsmodus zum Ideal einer erdentrückten ‚hehren' Tonkunst ermöglichen sollte, aber auch, wahrnehmungspsychologisch argumentierend, die Intensität des Musikerlebnisses sowohl auf kognitiver wie auf emotionaler Ebene steigern sollte.[54] Gerade die beim öffentlichen Vortrag von Liedern immer wieder beschworenen Diskrepanzen schienen auf solche Weise adäquat aufgelöst:

> Darauf bedacht zu sein, den Gesichtsausdruck, das Mienenspiel eines Konzertsängers zu verfolgen, heißt doch wohl, den Musiksaal mit der Szene zu verwechseln. Schlimm genug für einen Künstler, wenn er in ersterem nicht durch seinen Gesang restlos auszuschöpfen vermag, was der Komponist an Seele in ein Tonstück hineinlegte. Hingegen nehmen wir selbst ein geringes Vibrato der Empfindung, jede kleine Ton- und Vortragsfärbung viel deutlicher wahr, wenn, unter allgemein günstigen akustischen Bedingungen, der Sänger verborgen bleibt. Es ist erstaunlich, wie feinöhrig auch der Laie unter solchen Umständen wird. Er erfasst den Text schneller; er ist fähig, auch einen verwickelten thematischen Aufbau leichter zu überschauen; er deklamiert und fühlt mit dem Charakter, den der Tondichter zeichnet; er folgt als Psycholog. Er wird sich auch durch die Schallwand mit dem Künstler besser verstehen, der eine lyrische Gesangsszene vorträgt. Eine Trennung, die die Intimität steigert.[55]

Diese wenigen Schlaglichter auf eine bislang nicht geschriebene Wirkungsgeschichte des Kunstliedes illustrieren, welche Rolle der Akt einer imaginären Herstellung von Verinnerlichung auch aus der Perspektive der Aufführenden und der Hörenden spielte. Das zeigt sich nicht zuletzt daran, dass der im letzten Beispiel für die optische Wahrnehmung verschwundene Sängerkörper und die damit hergestellte akusmatische Stimme hier (noch) keineswegs als bedrohlich aufgefasst werden, da das kulturelle Paradigma einer ‚unmittelbaren' Ansprache durch die Stimme als Widerhall der menschlichen Seele weitaus stärker wirkte. Die sich immer mehr verfeinernde Kunst der ästhetischen Nachbildung und Inszenierung ‚unmittelbaren' Erlebens vollzog sich auf der performativen Ebene vor allem als eine Kunst der Andeutung, die im Namen einer weitgehenden Konzentration auf die Stimme als dominierendem Expressionsmedium gewissermaßen zu einem spezifischen Ethos des ‚Liedsängers' gerann.[56]

Die Idealisierung bzw. ideelle Konstruktion einer körperlosen, ‚ausschließlich gehörten' Liedstimme und ihres unmittelbaren Zugangs zur ‚Seele' des Hörenden erhält vor dem dargestellten Horizont die Züge eines Topos, wenngleich das ihm zugrunde liegende Innerlichkeitsideal etwa in Empfindsamkeit, Biedermeier, Gründerzeit und Fin de Siècle von je unterschiedlichen kulturellen Kontexten bestimmt wurde.

Die Konturen dieses Topos lassen sich indes letztlich bis zu Roland Barthes' fantasmatischem ‚Körper-Hören' verfolgen. Dabei scheinen sowohl der starke Bezug zu Herders Wahrnehmungstheorie als auch das psychologisierende, jedes geringe „Vibrato der Empfindung"[57] registrierende Hören des späten 19. Jahrhunderts in Barthes' Gedanken durch. Freilich wird hier der im Laufe der Zeit buchstäblich ausgeblendete Körper (sowohl des Singenden als auch des Hörenden) in die Wahrnehmung zurückgeholt und emphatisch in den Mittelpunkt gerückt. Dafür allerdings ‚entkleidet' Barthes gleichsam die romantische Liedkunst ihrer historisch sowohl im textuellen wie im performativen Bereich hervorgebrachten Artifizialität und bringt so ihre in historischer Perspektive erfolgte kulturelle Formung mit dem Verweis auf ein als ahistorisch ausgewiesenes Körperwissen[58] zum Verschwinden.

---

[1] Vgl. dazu: Helga de la Motte-Haber, „‚Es flüstern und sprechen die Blumen'. Zum Widerspruch zwischen Lied als romantischer Kategorie und musikalischer Gattung", in: *Musica* 35 (1981), S. 237–240.

[2] Roland Barthes, *Der entgegenkommende und der stumpfe Sinn. Kritische Essays III*, aus dem Französischen von Dieter Hornig, Frankfurt/Main 1990, S. 289.

[3] Vgl. Doris Kolesch, *Roland Barthes*, Frankfurt/Main, New York, 1997 (*Campus Einführungen*, Bd. 1039), S. 126ff.

[4] Vgl. Barthes, *Der entgegenkommende und der stumpfe Sinn* (s. Anm. 2), S. 255.

[5] Ebd., S. 269–278.

[6] „Die gesamte romantische Musik, ob Vokal- oder Instrumentalmusik, trägt diesen Gesang des natürlichen Körpers vor: Sie ist eine Musik, die nur Sinn hat, wenn ich sie immer in mir selbst singen kann […]." Ebd., S. 288.

[7] Vgl. Hans Günther Ottenberg, Artikel „Berliner Liederschule", in: *Die Musik in Geschichte und Gegenwart*, Bd. 1, hrsg. von Ludwig Finscher, Kassel u. a. [1994ff.], Sp. 1488.

[8] Johann Gottfried Herder, *Volkslieder, Übertragungen, Dichtungen*, hrsg. von Ulrich Gaier, Frankfurt/Main 1990, S. 19.

[9] Vgl. Jörg Krämer, „Auge und Ohr. Rezeptionsweisen im deutschen Musiktheater des späten 18. Jahrhunderts", in: *Theater im Kulturwandel des 18. Jahrhunderts. Inszenierung und Wahrnehmung von Körper –Musik –Sprache*, hrsg. von Erika Fischer-Lichte und Jörg Schönert, Göttingen 1999, S. 109–132.

[10] Vgl. Caroline Torra-Mattenklott, *Metaphorologie der Rührung. Ästhetische Theorie und Mechanik im 18. Jahrhundert*, München 2002, S. 9ff.

[11] Vgl. zu diesem Komplex z. B.: Detlef Giese, „‚Aus der Seele muss man spielen' – Vortragskonzepte im Zeitalter der Empfindsamkeit", in: *Beiträge zur Interpretationsästhetik und zur Hermeneutik-Diskussion*, hrsg. von Claus Bockmaier, Laaber 2009, S. 181–194.

[12] Nina D'Aubigny von Engelbrunner, *Briefe an Natalie über den Gesang. Ein Handbuch für Freunde des Gesanges*, Leipzig 1803, Reprint Frankfurt/Main 1982, S. 170.

[13] Vgl. Mario Vieira de Carvalho, „Belcanto-Kultur und Aufklärung. Blick auf eine widersprüchliche Beziehung im Lichte der Opernrezeption", in: *Zwischen Aufklärung und Kulturindustrie. Festschrift für Georg Knepler zum 85. Geburtstag*, Bd. 2, Hamburg 1993, S. 11–41.

14 Vgl. Heinrich W. Schwab, *Sangbarkeit, Popularität und Kunstlied*, Regensburg 1965.
15 Johann Wilhelm Ehlers, „Vorerinnerung", in: *Lieder mit Begleitung der Guitarre oder des Pianoforte*, Leipzig [1817], zitiert nach: Gabriele Busch-Salmen, „Er war unermüdet im Studiren des eigentlichsten Ausdrucks'. Goethes Zusammenarbeit mit dem Hofsänger Johann Wilhelm Ehlers", in: *Goethe-Jahrbuch* 117 (2000), S. 126–143, S. 142.
16 Etwa: Günther Heeg, *Das Phantasma der natürlichen Gestalt. Körper, Sprache und Bild im Theater des 18. Jahrhunderts*, Frankfurt/Main, Basel 2000.
17 Peter Franz [Pier Francesco] Tosi, *Anleitung zur Singkunst. Aus dem Italiänischen […] mit Erläuterungen und Zusätzen von Johann Friedrich Agricola*, Berlin 1757, S. 216.
18 D'Aubigny von Engelbrunner, *Briefe an Natalie* (s. Anm. 12), S. 156.
19 *Goethes Gespräche*, hrsg. von Flodoard von Biedermann, Leipzig 1909–1911, Bd. 2, S. 592.
20 Vgl. Gudrun Busch, „Die Aura des Intimen. Interdependenzen des empfindsamen Klavier-, Roman- und Bühnenliedes zwischen 1766 und 1800", in: *Musik und Szene. Festschrift für Werner Braun zum 75. Geburtstag*, hrsg. von Bernhard Appel und Karl Wilhelm Geck, Saarbrücken 2001, S. 223–255.
21 *Allgemeine Musikalische Zeitung*, 05.08.1818, Sp. 550.
22 *AMZ*, 24.06.1824, hier zitiert nach: Herbert Biehle, *Schuberts Lieder in Kritik und Literatur*, Berlin 1928, S. 4.
23 *Frankfurter Allgemeiner Musikalischer Anzeiger*, 10.02.1827, zitiert nach: Biehle, *Schuberts Lieder* (s. Anm. 22), S. 5.
24 Vgl. die von David Montgomery zusammengestellte Liste nachweisbarer Schubertsänger in: ders., *Franz Schuberts Music in performance: compositional ideals, notational intent, historical realities, pedagogical foundations*, Hillsdale/New York 2003, S. 17f.
25 Andreas Liess, *Johann Michael Vogl. Hofoperist und Schubertsänger*, Graz u. a. 1954.
26 Johann Friedrich Reichardt, *Vertraute Briefe auf einer Reise nach Wien in den Jahren 1808 und 1809* (Denkwürdigkeiten aus Alt-Österreich, Bd. 15/16), München 1915, Bd. 1, S. 184.
27 *Schubert. Die Erinnerungen seiner Freunde*, hrsg. von Otto Erich Deutsch, Wiesbaden 1983, S. 420.
28 Ebd.
29 Ebd., S. 259. Vogl sang bevorzugt dramatisches und balladeskes Liedrepertoire.
30 Vgl. z. B.: Hartmut Krones, „‚Urklang' oder ‚Urtext'. Historische Aufführungspraxis am Beispiel Franz Schubert", in: *Schubert und die Nachwelt. 1. Internationale Arbeitstagung zur Schubert-Rezeption (Wien 2003)*, hrsg. von Michael Kube u. a., München, Salzburg 2007, S. 209–233, S. 209.
31 Zu einer kritischen Diskussion der Liedvortragsanweisungen Sonnleithners vgl. Eric van Tassel, „‚Something utterly new': listening to Schubert Lieder", in: *Early Music* 25 (1997), S. 703–714.
32 Deutsch, *Erinnerungen* (s. Anm. 27), S. 388.
33 Werner Telesko verortet Schwinds Zeichnung *Ein Schubert-Abend bei Joseph von Spaun* (1868) innerhalb der Schubert-Ikonographie im Kontext „romantisierende[r] und historisierende[r] Klischee-Darstellungen". Vgl. ders., „Franz Schubert in der bildenden Kunst. Grundzüge der ikonographischen Entwicklung zwischen Geniekult und nationaler Vereinnahmung", in: *Schubert und die Nachwelt* (s. Anm. 30), S. 77–98, S. 92.
34 Gabriele Busch-Salmen, *Goethes Zusammenarbeit* (s. Anm. 15), S. 126.
35 *Berlinische Musikzeitung* 1 (1805), Reprint Hildesheim 1969, S. 174.
36 Franz Brendel, „Thesen über Concertreform", in: *Neue Zeitschrift für Musik* 45 (1856), Nr. 12, S. 117–119, S. 119.
37 Wolfgang Müller von Königswinter, „In's alte romantische Land", in: *Westermann's Jahrbuch der Illustrierten deutschen Monatshefte* 6, Braunschweig 1859, S. 433, zitiert nach: Matthias Kruse, „‚O Täler weit, o Höhen' (Abschied vom Walde). Theodor W. Adorno und das Singen als ein Stück natürlichen Verhaltens", in: *Joseph von Eichendorff: Tänzer, Sänger, Spielmann*, hrsg. von Ute Jung-Kaiser, Hildesheim u. a. 2007, S. 131–147, S. 146.

38 Vgl. zu Stockhausen grundsätzlich: Julia Wirth, *Julius Stockhausen. Sänger des deutschen Liedes*, Frankfurt/Main 1927.
39 Vgl. dazu: Edward E. Kravitt, „The Lied in 19-Century Concert Life", in: *Journal of the American Musicological Society* 18 (1965), S. 207–218, S. 211ff.
40 *Hugo Wolfs musikalische Kritiken*, hrsg. von Richard Batka, Leipzig 1911, S. 360.
41 Vgl. auch Beatrix Borchard, *Stimme und Geige – Amalie und Joseph Joachim. Biographie und Interpretationsgeschichte*, Wien u. a. 2005, S. 456ff.
42 Wilhelm Heinrich Riehl, „Das subjective Pathos", in: *Culturstudien aus drei Jahrhunderten*, Stuttgart 1862, S. 373–381, S. 377.
43 „Die schlichteren, aber desto innigeren Klänge deutschen Gemüts ertönten am herzlichsten aus R. Schumann's Lied ‚an den Sonnenschein', Schubert's ‚Frühlingsglauben' [sic!], C. M. Weber's Cavatine in As (Agathe), endlich dem ‚Hirtenlied' und den ‚Sternen' von Mendelssohn. […] Daß der Kreis dessen, was Jenny Lind vollendet wiederzugeben vermag, […] hauptsächlich durch die Schönheitsform des Anmuthigen, Naiven, Sanft-Elegischen in weitester und reichster Bedeutung erfüllt wird, das weiß Niemand besser als sie selbst, die mit größter künstlerischer Selbstkenntnis ihr Programm aus diesem Kreise wählt.", Eduard Hanslick, *Aus dem Concertsaal*, Wien 1870, Reprint Hildesheim, New York 1979, S. 70. Zu Jenny Lind vgl. auch: Sonja Gesse-Harms, „Casta diva: zur Rezeption Jenny Linds in der Musikkultur um 1850", in: *Die Musikforschung* 62 (2009), Nr. 4, S. 347–363.
44 *Neue Freie Presse*, 07.12.1886, zitiert nach: Minna Spies, *Hermine Spies. Ein Gedenkbuch für ihre Freunde*, Leipzig 1905, S. 157.
45 Richard Sennett, *Verfall und Ende öffentlichen Lebens: die Tyrannei der Intimität*, Frankfurt/Main 2000, S. 221ff.
46 Zitiert nach: Spies, *Gedenkbuch* (s. Anm. 44), S. 136.
47 Vgl. Berthold Höckner, „Spricht der Dichter oder der Tondichter. Die multiple ‚persona' und Schumanns Liederkreis op. 24", in: *Schumann und seine Dichter*, hrsg. von Matthias Wendt, Mainz 1993 (Schumann-Forschungen, Bd. 4), S. 18–32, S. 25.
48 Vgl. Borchard, *Stimme und Geige* (s. Anm. 41), S. 439ff.
49 Eduard Hanslick, *Fünf Jahre Musik*, Berlin 1896, S. 215.
50 *Neues Wiener Tageblatt*, 05.02.1893, zitiert nach: Borchard, *Stimme und Geige* (s. Anm. 41), S. 477.
51 Oscar Bie, *Intime Musik*, Berlin 1904, S. 28.
52 Dazu umfassend: Marianne Streisand, *Intimität. Begriffsgeschichte und Entdeckung der ‚Intimität' auf dem Theater um 1900*, München 2001.
53 Paul Marsop, „Vom Musiksaal der Zukunft", in: *Die Musik* 9 (1903/04), S. 243–257.
54 Vgl. dazu weiterhin: Kravitt, „The Lied" (s. Anm. 39), S. 216ff.
55 Marsop, „Musiksaal" (s. Anm. 53), S. 253.
56 „Der Ausdruck im Lied ist nach der Seite des Elementaren hin beschnitten durch das Verbot der Geste und Körperbewegung auf dem Konzertpodium. Die körperliche Spiegelung begrenzt sich auf den Schauplatz der Augen und des Gesichts in der lebendigen, aber auch gebändigten Mimik und – fast unwahrnehmbar – auch der Haltung. […] Die erste klangliche Forderung an den Liedsänger ist Farbfähigkeit der Stimme." Franziska Martienssen-Lohmann, *Der wissende Sänger. Gesangslexikon in Skizzen*, Zürich, Mainz 1993, S. 209.
57 Marsop, „Musiksaal" (s. Anm. 53), S. 253.
58 Vgl. zu diesem Punkt auch die kritischen Reflexionen von Reinhart Meyer-Kalkus in: ders., *Stimme und Sprechkünste im 20. Jahrhundert*, Berlin 2001, S. 439ff.

Marian Smith

The Forgotten Cortège

There exists at the *Bibliothèque nationale* a four-page printed summary (published in 1840) of Donizetti's opera *Les Martyrs*, the like of which was sold to patrons of the Paris Opéra, in the lobby, before performances.[1] It differs notably from short modern-day summaries of the same opera—for instance, that published in 1982 in the Garland reprint edition. The earlier one recounts what the audience sees as well as what we would call major plot points; the recent one emphasizes the latter. Especially striking is the differential treatment given by the summaries of the Act Two procession. The old one describes it in detail, whereas the new one leaves it out entirely:

> 1840: The square is filled with people gathered to witness the triumphal entry of the proconsul. First come the lectors; they are succeeded in the following order by: Roman legions, *vélites*, archers, soldiers in heavy armor, eagles, standards, the chariot bearing Sévère, which is drawn by four horses and surrounded by young dancing girls scattering flowers and waving laurels, representatives of the various trades, slaves, gladiators, flute payers, and finally a last detachment of soldiers. The chorus sings the praises of the conqueror.
> 1982: At the main square of Melitène the people have assembled for lavish ceremonies to welcome the arrival of their new proconsul (#7. Choeur du triomphe, "Gloire à vous, Mars et Bellone!").[2]

It is no secret, of course, that at the Paris Opéra during the era in which *Les Martyrs* was staged at the Opéra—the much celebrated period of roughly 1830 to 1850—the spectacle was considered a major attraction of the house.[3] The processions staged in *Le Prophète* and *La Juive* spring to mind as examples acclaimed for their sumptuousness and the realistic attention to detail of their costumes and props, all memorably described by William F. Crosten in his influential 1948 volume, *French Grand Opera—An Art and a Business*.[4] And perhaps the sheer pleasure of watching the spectacle of the procession inspired our 1840 summarizer to consider it worthy of inclusion. But, aside from giving audiences something sumptuous to look at, what were the reasons for putting processions on the stage of the Opéra?

Lavishly produced scenes—sometimes including processions—have attracted the attention of several scholars in recent decades. One of these is Jane Fulcher, who, in *The nation's image*, posited that emphasizing visual spectacle at the Opéra was a sort of shock-and-awe strategy intended to "lull the audience into complacency";[5] that the Opéra "believed that a revolutionary spectacle [i. e. that of *La Muette de Portici*] would be safe enough, or lose its semiotic significance, if it were executed in a lavish manner."[6] Another is Mary Ann Smart, who called for a "redefinition of what might count as 'political' in operatic reception," noting that officials at the Opéra, as well as journalists, perceived a connection between the real-life funeral in 1842 of the popular Duc d'Orléans and the staged funeral in the opera *Dom Sébastien* in 1843, one of them saying that the staged one had "reminded everyone of France's bereavement."[7] This connection led to the expunging of the funeral scene when *Dom Sébastien* was revived in 1849; the violent events of 1848, too, which led to many a private bereavement, would have made it "an impossible breach of delicacy to depict a funeral on stage."[8] But this was not for abstract political reasons, as Smart argues:

> [...] while the dominant image in these journalistic accounts evolved from focusing on the Duc's funeral to more personal losses, what remains constant in the accounts is the *sense of a startlingly close connection between the operatic stage and real life*. The bureaucrats who controlled the Opéra and journalists alike assumed that audiences would *filter the stage spectacle thorough first-hand experience*, not through the more abstract process of reading plots as metaphors for the current political situation.[9]

Cormac Newark has also examined spectacle at the Opéra, deeming the historical spectacular an expression of imperialistic aspirations, an expression conveyed both in its "claim over the exotic" (in the case of *La Juive*) and "the magnificence of its parades."[10] And Anselm Gerhard, in *The Urbanization of Opera*, points out that the Opéra's audiences of French grand opera drew comfort from seeing large numbers of different types of people portrayed out plainly on the stage and described, type by type, in the libretti, for it allayed their anxiety over the appearance of new people, both from foreign lands and the countryside, who seemed to be flooding the streets of Paris.[11] Thus does Gerhard explain the great care with which the various types of costumed performers were presented and described in the libretti. The Opéra's processions, too, I would add, served this purpose particularly well, together with the detailed lists, describing the sequence of those taking part in processions, which sometimes appeared in the libretti.[12]

The scholarly discussion about spectacle and display at the Opéra has been a productive one. The procession per se, however—lavish or otherwise—merits further attention as a dramatic device. For processions were plenteous at the Opéra and indeed were featured during the period in question in no fewer than twenty-six ballets and operas produced there, and in approximately 70% of performances given.[13] (I believe these numbers are even higher but I have not yet examined all of the evidence.) (See Table.) Some processions were somber; some were joyous; some were meant to assert the power and majesty of a character or a group; some were simple and unassuming. Among them are a so-called "sinister cortège" in the opera *La Esmeralda*, in which the title character is led to her execution (barefoot, with a noose around her neck); a long, slow procession of young women in white traversing groups of the damned in the closing scene of the Opéra's 1834 five-act version of *Don Giovanni*; a demonic hunting-party procession in *La Tentation*; a march of crusaders in *Jérusalem*, a civic procession in *La Muette de Portici*; a simple wedding procession in the ballet *L'Orgie*; the march of the Three Kings in *Le Lac des Fées* (an opera set in Cologne and depicting that city's traditional procession of the Magi).

In the present essay, I propose that the procession at the Opéra during this period represented a dramaturgical category of its own. In so doing, I shall follow the template set forth by Luca Zoppelli in his important study "'Stage music' in early nineteenth-century Italian opera," starting with the assumption that walking in a procession, like singing or playing "stage music," is a diegetic event—a kinetic one—perceived by the characters as such.[14] My purpose is to list a number of ways in which the onstage procession functioned, though of course such functions do not operate in isolation: a single procession can fulfill several of these dramatic functions simultaneously, and in fact usually does.[15] This list is not exhaustive, but does explain some of the benefits to the drama conferred by the procession.

Pantomimic Intelligibility

Processions helped to make ballets and operas "pantomimically intelligible," a term used by Carl Dahlhaus in his discussion of French Grand Opera in the magisterial study, *Die Musik des 19. Jahrhunderts*:

> For Louis Véron, the dramaturgy of an opera centering on tableaux will tend of its own accord to pantomime. The dramatic events, Véron insists, must be comprehensible as visible action without regard for the text, just like the scenario of a ballet. It is not dialogue, which is virtually swallowed up by the music, but the striking 'speechlike' arrangement of the agents—among whom Véron also includes the chorus—that constitutes the primary expressive means of a dramatic technique as legitimate in the opera as it is inconceivable in spoken theater.[16]

A major means of contributing to pantomimic intelligibility was to demonstrate—literally parade in front of the audience—the identity of a group of characters as a contrasting group looked on, thus plainly demonstrating the conflicts that so often underlay the plots of both opera and ballet. The pious nuns processing without fanfare in *Les Huguenots* and the belligerent Protestants who harass them figure among these groups; so do the opulently dressed *seigneurs* and *dames* who, with much ostentation and a complement of brass-players, grandly enter the title character's humble village in *Giselle* and dazzle the peasant vine gatherers.

Local Color

Here I would add to a list Dahlhaus made in a separate discussion: local color is not only a musical category and a design category, as he asserts, but also a movement category.[17] For even without featuring actual dancing, processions could demonstrate local custom in a kinetic way just as the folk dances so typical of these ballets and operas did.[18] To name only one example: the picturesque hunting-party procession in Act Two of *Guillaume Tell*, which began with torch-bearing soldiers, followed by peasants carrying the deer, foxes and wolves that had been killed in the hunt; then lords and ladies on horseback, the men carrying falcons on their fists; then pages on foot, and finally the hunters themselves, carrying their drinking gourds. Thus, a procession showed "locals" in the proper costumes acting out a local custom, helping to set the scene.

This is not to imply that scene-setting processions—whether placed in the "Orient" or not—were devoid of political implications; many of them, as Newark says of the procession in *La Juive*, do indeed convey a claim over the exotic.

Points of View and Focalization

Focalization is defined by Zoppelli as a redirecting of the narrative perspective to that of a particular character when he or she reacts to a meaningful piece of stage music.[19]

> Whatever the character's response—pleasure, alienation, despair, the spectators [now] identify completely with the character; the mimetic presence of stage music wrenches them from their position as outside observers and induces them to see with the eyes of the character; to identify with his or her reactions. There occurs, in short, a shift of narrative voice, the assumption of a new individual point of view.[20]

The presence of processions, and the reactions thereto, served the same narrative purpose; Eléazar's contemptuous response to the ecclesiastical cortège in *La Juive* shifts the focus; so does the horror of Fidès upon watching the coronation march in

Le Prophète (during which she realizes that the Anabaptist messiah, whom she detested for his violence, is actually her own son).

The intrinsic nature of a procession can play a strong role here—for instance, the wedding procession of a beloved, like the one that helps the audience see the action through the heartbroken title character's eyes in *La Muette de Portici*; another of which ends the action in *La Sylphide*, sending the bereft James into further despair right before the final curtain. In such cases the procession supplies information that could have been delivered otherwise, and in so doing, like some types of stage music (to quote Zoppelli again) "permits the audience to identify with a character, completely assume his or her state of mind. [...] The impact in such cases is all the greater since the audience has shared the [... emotion] step by step."[21]

A Sense of Immediacy Afforded by Familiarity

Processions were familiar in real life in 19th-century France, as historians have shown us. These included, to name a few types, funerals (both humble and pompous), carnival celebrations, parades of the *boeuf gras*, *charivari* (including a procession in 1831 of "hideous figures" issuing from Notre Dame wearing chasubles and mitres, singing obscene lyrics to religious melodies, and preceded by "two rascals," one carrying a cross and the other sprinkling onlookers with muddy water while shouting "Voilà de l'eau bénite pour rien"[22]) and the elaborately staged processions marking, for instance, the coronation of Charles X in 1824, the installation of Louis-Philipe in 1830, the moving of St. Vincent de Paul's remains in the same year (involving a thousand participants headed up by the papal nuncio and archbishop of Paris), and the conveying of Napoléon's exhumed body into the city in 1840 to its final resting place at the Invalides.[23] Thus the Opéra's audiences of the 1830s and 1840s could readily be expected to filter the sights and sounds of the Opéra's processions (and not just lugubrious ones) through their own lived experience, for they dwelt in a setting that offered opportunities aplenty for appreciating a procession's inherent theatricality and reading its symbols.[24]

Recent Memory. Also, there remained a generation of "Parisians of mature years" who perhaps recalled seeing, or hearing first-hand accounts of, the numerous outdoor religious processions that had been banned since the Revolution.[25] Among these were processions for Easter, in which to quote David Garrioch the sacraments were carried "with great pomp to all the sick of the parish, [...] drawing crowds to the windows and into the streets"; Assumption, "marked by a grand processions, not just of the clergy but also of the officials of the municipality, the members of the *Parlement* and of the sovereign courts"); and, most excitingly, Corpus Christi (*Fête Dieu*), described by Garrioch thus:

> [...] for impact, nothing surpassed the Corpus Christi processions with their crowds, the displays of flowers and tapestries, the decorated *reposoirs*, and of course the clergy in all their robes, the civil authorities who joined the processions, the magnificent church treasures which accompanied the host. All the senses were assailed at once: the eyes, the ears by music and singing, by the firing of the guns and the murmur of the crowd; the nose by the perfume of the flowers and the incense.[26]

He explains, further, how pervasive these religious processions were, and how usual their presence in the city:

> All of these ceremonies invaded the city, going out from the sacred places, usually the parish churches, into the everyday world of the street, following the routes which were those of daily movement around the city. They penetrated the workaday world and helped to fashion its rhythms. No inhabitant of eighteenth-century Paris could remain unaffected by the calendar, the practice, and the celebrations of the parish.[27]

Memories surely remained, too, of the processions of the Revolutionary era, in the "Apollonian" festivals "made to order" and designed in part to tap into Parisians' habitual enthusiasm for the old religious festivals and convert it to republican fervor.[28]

In short, Parisians could draw from actual experience or a fund of memories from the highly eventful past few decades, a circumstance that made the concept of the procession familiar and its enactment on the stage of the Opéra effective.

A Sense of the Past

Processions loomed large in the historical imagination of the 1830s and 1840s. Was this because of the relative recentness of the suppression of outdoor religious processions (as noted above)?[29] Or because real-life processions were perceived as continuations of unbroken traditions? Or, in the same vein, because people in the historical past were thought to have engaged in a fair amount of processions? Or because partaking in processions somehow seemed like re-enacting the past?[30] Whatever the reason, processions lent themselves well to representations of the past, and they cropped up frequently not only in operas and ballets at the Opéra (the vast majority of which were set in the medieval and early modern periods), but in historical novels, historical plays, historical *tableaux vivants*, historical panoramas, lithographs and paintings depicting the past, and historical pageants.[31]

Though the small scope of this article prohibits me from discussing all of these art forms, I would like at least to offer a few examples of historical pageants, since they constitute an offstage counterpart, in their theatricality and historical consciousness, to the Opéra's onstage processions. Many of these pageants were sponsored by prefectoral agencies founded during the July Monarchy with the "special mission of glorifying the *pays's* memories."[32] Such "glorifications" included a *cortège industriel* (1840) in Strasbourg, featuring a float for each trade "in a nineteenth-century rendering of ancient corporate pride",[33] re-enactments of the 1437 entry of Philip the Good into the city of Douai (staged several times there between 1839 and 1849, and replete with archers, knights, heralds, and standard bearers)[34] and a *marche historique* of Cambrai (1833) with seven floats tracing the city's history from its Gallic origins to its incorporation into France in 1677:

> Each float anchored a local tableau: the free city under Charlemagne, for instance. On all sides, actors impersonated municipal leaders, mounted knights, countesses, and enfranchised vassals. Their hymns and banners glorified the town's virtues and claims to fame, from its communal liberties to its lasting industriousness.[35]

Like onstage processions, these historical pageants called for costumed characters acting parts and carrying props, their sponsors sometimes even providing spectators with printed programs explaining, like libretti at the Opéra, the order of the procession and identities of its participants.[36]

The Kinetic Attraction of the March

The Opéra procession's sense of immediacy was enhanced by its music, for the march (the usual type of music used)—in real life and on the stage—attracted its listeners physically. After all, it was a genre intended to inspire and sustain walking; to supply the energy of forward motion. This attraction was achieved mainly by its rhythms (which typically included triplet figures and dotted rhythms), whatever the tempo or mood—though the tempo was always (by definition) walkable.

The typical stage device of cutting a swath through the sonic space—that is, sounding processional music first in the distance, off stage, and increasing it in volume as the players appeared (or created a crescendo in the orchestra pit, or both)—is, of course, an imitation of the effect of a real-life procession, which is often heard before it is seen. (The reverse effect was equally useful as a procession departed. Also, in some cases, the arrival of a procession marks the beginning of a scene, and its departure the end—an effective framing device.)

Just as the rhythms of popular dances called out to audiences at the Opéra (sometimes inspiring them to dance in the theater), so did the march make an appeal directly to the body—another component of the familiarity and accessibility of the procession.[37]

The procession as a dramaturgical device bears consideration in our analyses of the ballets and operas produced at the Opéra during the 1830s and 1840s, their reception, and the ways they drew upon their immediate surroundings and their audience's sense of history. Though the procession merits much further study including forays into such basic matters as its subtypes, music, choreography, and additional dramaturgical uses—this preliminary study has, I hope, shown that the procession may be seen as a highly useful dramaturgical device in which the visual, aural and kinetic converge in a way that spoke deeply and in multifarious ways to its audience.

Table – Works at the Opéra featuring processions, ca. 1828–1849

Title of work / number of performances 1828–1850
Wedding processions
1828   *La Muette de Portici* (opera) / 300
1831   *L'Orgie* (ballet) / 31
1832   *La Sylphide* (ballet) / 111
1836   *Les Huguenots* (procession of Catholic bridesmaids) (opera) / 205
1838   *Guido et Ginevre* (opera) / 45
1840   *Le diable amoureux* (ballet) / 51
1841   *La Reine de Chypre* (opera) / 84
1842   *La Jolie Fille de Gand* (ballet) / 60

Civic procession
1828   *La Muette de Portici* (opera) / 300

Nuns' or monks' processions
1831   *Robert le diable* (opera) / 326
1840   *La Favorite* (opera) / 124

Cortège of the Grand Vizir
1830   *Le Dieu et la Bayadère* (opera-ballet) / 137

Hunting processions
1829   *Guillaume Tell* (opera) / 284
1832   *La Tentation* (opera-ballet) / 103
1841   *Giselle* (ballet) / 80

Imperial processions
1835   *La Juive* (opera) / 189
1837   *La Chatte métamorphosée en femme* (ballet) / 14

Military processions
1832   *La Tentation* (opera-ballet) / 103
1834   *La Tempête* (ballet) / 30
1835   *L'Orgie* (ballet) / 31
1839   *La Tarentule* (children imitate soldiers) (ballet) / 28

March to the scaffold
1835   *La Juive* (opera) / 189
1836   *La Esmeralda* (opera) / 25

Funeral Procession
1834   *Don Giovanni*[38] (*Don Juan*) (opera) / 43
1843   *Dom Sébastien*[39] (opera) / 31

March of the Three Kings
1839   *Le Lac des Fées* (opera) / 29

Triumphal Procession
1840   *Les Martyrs* (opera) / 20

Procession of Crusaders
1847   *Jérusalem* (opera) / 31

Coronation march
1849   *Le Prophète* (opera) / 85

[1]   *Argument – Les Martyrs* (Paris: Imprimerie de Félix Malteste et Cie), n. d. F-Pn Thb 2164A. The date of 1840 is likely but not certain.
[2]   Scribe, Eugène, and Gaetano Donizetti, *Les Martyrs*, Paris 1840?, reprinted New York 1982, front matter.
[3]   On the definition of French grand opera, and on studies pertaining to it, see Sarah Hibberd, *French Grand Opera and the Historical Imagination*, Cambridge 2009, pp. 1–19. In this volume Hibberd provides a nuanced reading of the influence of liberal historiography upon grand opera, a genre which as she puts it (p. 16) "arguably more than any other cultural activity of the period, crystallized the fusion of political tensions and aesthetic experimentation—refracted through historical examples—in a powerful and affective way, touching a large cross-section of the public."
[4]   New York, 1948.
[5]   These are the words of Mary Ann Smart, "Mourning the Duc d'Orléans: Donizetti's *Dom Sébastien* and the political meaning of Grand Opéra," in *Reading Critics Reading— Opera and Ballet Criticism in France from the Revolution to 1848*, ed. Roger Parker and Mary Ann Smart, Oxford 2001, p. 98.
[6]   Jane F. Fulcher, *The Nation's Image: French Grand Opera as Politics and Politicized Art*, Cambridge 1987, p. 36.
[7]   Léon Escudier, *Mes souvenirs,* Paris 1863, p. 50, translated and quoted by Smart in "Mourning the Duc d'Orléans" (s. note 5), p. 209.
[8]   Smart, "Mourning the Duc d'Orléans" (s. note 5), 209.
[9]   Ibid., pp. 209–210, my emphases.
[10] Cormac Newark, "Ceremony, Celebration, and Spectacle in *La Juive*," in *Reading Critics Reading* (s. note 5), p. 178.

11 Anselm Gerhard, *Die Verstädterung der Oper: Paris und das Musiktheater des 19. Jahrhunderts,* Stuttgart 1992, p. 135.
12 The nineteenth century had an "obsession with ordering and cataloguing" as Stéphane Gerson tells us, a tendency notable in the physiologies, Balzac's *Comédie humaine,* Linneaus's taxonomies, and in the field of local memories, which sought to create "all-purpose analytical grids that left no site uninspected, no artifact unexamined, no hamlet unaccounted for." Stéphane Gerson, *The Pride of Place—Local Memories and Political Culture in Nineteenth-Century France,* Ithaca 2003, pp. 84–85.
13 See the Chronopéra database, http://chronopera.free.fr/
14 Luca Zoppelli, "'Stage music' in early nineteenth-century Italian opera," trans. Roger Parker and Art Groos, *Cambridge Opera Journal* vol. 2 (1990), pp. 29–39. Zoppelli attributes the basis of his theoretical framework and terminology to the first part of Cesare Segre, *Avviamento all'analisi del testo letterario,* Turin 1985.
15 Here I am echoing Zoppelli's words. Zoppelli, "Stage music" (s. note 12), p. 31.
16 Carl Dahlhaus, *Die Musik des 19. Jahrhunderts,* trans. J. Bradford Robinson, Berkeley 1989, p. 134.
17 Ibid., p. 128.
18 Later in the century, on the Russian stage, processions often did include actual dancing—a topic for another study. One procession at the Opéra that included dance was that on the occasion of the wedding in Act One of *La Muette de Portici,* which called for—among other things—eight Neapolitan women (carrying tambours de basque), twelve nobles, and eight ladies with castañets dancing the guarrache. M. Solomé, *Indications générales et Observations pour la mise en scène de La Muette de Portici,* Paris s. d.), p. 8, reprinted in H. Robert Cohen, *Douze Livrets de Mise en scène lyrique datant des créations Parisienne,* Stuyvesant 1991, pp. 13–72. Arnold Jacobshagen shows that in some cases the published mise-en-scène descriptions did not reflect first productions. See Jacobshagen, "Analyzing Mise-en-Scène—Halévy's *La Juive* at the Salle le Peletier," *Music, Theater and Cultural Transfer – Paris, 1830–1914,* ed. Annegret Fauser and Mark Everist, Chicago 2009, pp. 176–194. On "national dance", see Lisa C. Arkin and Marian Smith, "National Dance in the Romantic Ballet," in *Rethinking the Sylph,* ed. Lynn Garafola, Middletown 1997, pp. 11–68.
19 Zoppelli, "Stage music" (s. note 14), p. 33.
20 Ibid.
21 Ibid., pp. 33–34
22 *Journal du comte Apponyi (1830–1836),* Paris 1926, pp. 422–42, quoted in Alain Faure, *Paris Carême-prenant – Du Carnaval à Paris au XIXe siècle 1800–1914,* Paris 1978, p. 112. On the charivari and its successor, the manifestation, see Charles Tilley, "Charivaris, repertoires and urban politics", in *French Cities in the Nineteenth Century,* ed. John M. Merriman, New York 1981, pp. 73–91.
23 See, for example, Richard D. E. Burton, *Blood in the City: Violence and Revelation in Paris, 1789–1945,* Ithaca 2001, pp. 79, 91–92, 120–121. Historians have paid far more attention to the public rituals, processions, ceremonies and fêtes of the Ancien Régime, Revolutionary period, and Second Empire than of the July Monarchy. Among major studies thereof (aside from those cited) are Maurice Aghulhon, *Marianne au combat : l'imagerie et la symbolique républicaines de 1789–1880,* Paris 1979; Sudhir Hazareesingh, *The Saint-Napoleon,* Cambridge 2004, and Robert Darnton, "A Bourgeois Puts His World in Order: The City as a Text," in *The Great Cat Massacre and Other Episodes in French Cultural History,* New York 1984, pp. 107–143. Cf. Hibberd, *French Grand opera and the Historical Imagination* (s. note 3), p. 9. Public festivals and processions outside of Paris have also been extensively studied. See, for example, Michèle Boudignon-Hamon, Jacqueline Demoine and Evelyne Dure, *Fêtes en France,* preface by Georges Duby, Paris 1977.

24 Newark, noting the sense of immediacy with which audiences perceived stage spectacle at the Opéra (including the procession in *La Juive*), argues that in real life extravagant spectacles held a place in the Parisian mentality, thus making for their "physical plausibility in the theatre: a ceremonial body of people in unusual dress filing past a large group of spectators, in which the onstage crowd and audience coincide. In the process, the role of the audience vacillated between that of observers and accessories, self-consciously hushed spectators and participating crowd, a double identity [...]." See "Ceremony, Celebration, and Spectacle" (s. note 10), p. 186.

25 This phrase is taken from the oft-quoted comment about older Parisians remembering moribund Carnival customs: "[...] good Parisians of mature years can still remember the dances in the public square around the straw man dressed in a harlequin suit, who represented Mardi Gras; at several crossroads, notably those in the rue du Bouloy and the rue Croix des Petits Champs, it was customary to burn straw men dressed up in this way." *Gazette des Tribunaux*, 23 July 1840, quoted in Alain Faure, *Paris Carême-prenant – Du Carnaval à Paris au XIXe siècle 1800–1914,* Paris 1978, p. 106, translated and quoted by David Garrioch in *Neighbourhood and Community in Paris, 1740–1790,* Cambridge 1986, p. 197.

26 Garrioch, *Neighbourhood and Community in Paris* (s. note 25), pp. 156–157. See also Mona Ozouf, "Le Cortège et la ville: les itinéraires parisiens des cortèges révolutionnaires," *Annales: E.S.C.,* 26 (1971), pp. 889–916.

27 Garrioch, *Neighbourhood and Community in Paris* (s. note 25), p. 157.

28 See Mona Ozouf, *Festivals and the French Revolution*, trans. Alan Sheridan, Cambridge 1988, p. 15, and Alain Faure, *Paris Carême-prenant* (s. note 25), p. 94.

29 *Fête Dieu*, suppressed during the Revolution, did re-appear in Paris from time to time in the nineteenth century, and survived more robustly in smaller towns and in the countryside. See for example Mary Bowers Warren's description of what she calls a Fête Dieu celebration in late-nineteenth-century Chartres in *Little Journeys Abroad*, Boston 1894, pp. 1–19.

30 Jules Michelet (1798–1874), here quoted by Mona Ozouf (tr. Sheridan), harbored a streak of nostalgia when it came to revolutionary festivals: 'Not to have had any festivals': that, for Michelet, was a truly impoverished childhood. 'My childhood never blossomed in the open air, in the warm atmosphere of an amiable crowd, where the emotion of each individual is increased a hundredfold by the emotion felt by all'. J. Michelet, *Le banquet,* Paris 1879, no page cited. Ozouf, *Festivals and the French Revolution* (s. note 28), p. 15.

31 Non-theatrical works also portrayed processions, for example the exotic one in Félicien David's "Le desert" (1844).

32 André Le Glay, 2 April 1838, ADN T 253/1, translated and quoted in Stéphane Gerson, *Pride of Place* (s. note 12), p. 38. (The *Comité des travaux historiques* was founded by the Ministry of Public Instruction in 1834; see Gerson, p. 16.) Historical pageants took place on the third Thursday of Lent (*mi-Carême*), around the fifteenth of August (Feast of the Assumption), during the traditional time of a particular city's *fête communale*, or on an important date in local history (see Gerson, pp. 42–43). That is, they followed old calendars, some of them religious.

33 Martyn Lyons, *Reading Culture and Writing Practices in Nineteenth-century France,* Toronto 2008, p. 102.

34 Gerson, *The Pride of Place* (s. note 12), pp. 41–42.

35 Ibid., pp. 40–42. As Gerson explains, "The historical pageant [...] incorporated elements from pre-existing festive genres. Prominent among them was the urban parade of constituted bodies, with its civic pride, historical continuity, and show of social unity. The pageant also inherited the religious processions' solemnity and moral tenor as well as the carnival's disguises and twenty-five-feet-high wicker giants. Like the urban entry of

	Renaissance princes, finally, it represented the city not only to itself but to external gazes as well: those of the ruler and the capital, of neighboring cities and visitors." Gerson, *Pride of Place* (s. note 12), pp. 43–44.
36	Printed programs describing civic processions in nineteenth-century Paris, too, were sometimes made available. This same custom was followed in England and the United States in the nineteenth century.
37	As I have argued elsewhere, public masked balls and the solo performances by ballet dancers during breaks from the public dancing constituted a familiar aspect of Parisian life, and *staged* masked ball scenes, when included in ballets and operas at the Paris Opéra, made the action all the more accessible by dint of their visual familiarity. Moreover, they were familiar to the body because they were an actual participatory activity. Indeed, people in the audience wanted to join in the masked ball scene of the opera *Gustave III* and had to be prevented from doing so. (Cf. Smith, "The Parisian Ball", Program book essay for *Un ballo in maschera*, Royal Opera House, Covent Garden, 1994). The staged ball scene, like the procession, held the simple and deep attraction of potential participation. Cf. Smith, "The procession and its music" (forthcoming).
38	This scene takes place in Hell.
39	The funeral procession was replaced by a coronation scene when *Dom Sébastien* was revived in Paris in 1849. See Mary Ann Smart, "Mourning the Duc d'Orléans: Donizetti's *Dom Sébastien* and the Political Meanings of Opera," in *Reading Critics Reading* (s. note 5), pp. 188–214.

Janice Ross

Seeing as Hearing: the Sounding Body in Dance

In the spring of 2009, a flash mob of 200 adults and children spilled into the marble floor in the center of the main train station in Antwerp, Belgium. As the amplified voice of Julie Andrews singing the solfege show tune "Do Re Mi" from the 1959 Rogers and Hammerstein musical *The Sound of Music* booms over the train station announcement system, a lone man suddenly pauses, throws both of his arms upward and launches into a punctuated series of joyous arm swinging, leg kicking actions to the pumping beat of the music, matching his actions with its lyrics. A few seconds later, a little girl stops, looks, and then joins him on the next upswing of his arms, as if stepping into a current and matching his stroke upstream.

As the number of commuters dropping their backpacks and joining in grows, the spectacle of these multiplying bodies, traversing the central hallway in an elastic grid, proliferates as the dancing assumes a compelling rhythmic and corporeal immediacy. We become virtual participants through our spectatorship, part of the more than 3.6 million viewers who have watched these four minutes unfold on YouTube since it was posted in April 2009. Even observing this mediated version of the performance, we feel the pull of the performers' actions drawing us in to sympathize and imitate (*mitfühlen* and *nachahmen*) in the unique way the Brecht theorist Brigid Doherty says plot and performance are designed to do in Brechtian theatre, by affecting a collapse of sympathy and imitation.[1]

The "Do Re Mi" video documents how spectators quickly ringed the perimeter of the Antwerp train station, watching with expressions that slide from surprise to amusement and then corporeal empathy. It is a popular culture event, but the primacy of the physical and its implicit injunction to participate in this flash mob (actually a carefully choreographed and timed theatrical promotion for a new reality TV show) is so carefully arranged that most people at the live event really do join in.

One imagines that the German theatre artist Bertolt Brecht would have appreciated this dual depiction, and effective orchestration, of the physical engagement of a mass of participants, triggered by the rhythmic bodily movements of performance. Indeed, the actions of these supposedly spontaneous Antwerp Train Station dancers fall into the category of a Brechtian "gestus," a corporeal signifying through rhythm and melody the enactment of social behavior. Choreographically, this bit of performance is an idealized image of a particular kind of social behavior, that of disciplined civic engagement. All one has to do is hear the notes and one knows the tune, the rhythm, the moves and the bodily obedience becomes reflexive. Brigid Doherty quotes Brecht's 1939–40 fragmentary writings on the question of amateur acting in the following passage where he comments on emotion and the education that comes from theatre. "These are theatrical events which form the character. The human being copies gestures, miming, tones of voice [Gesten, Mimik, Tonfälle]. And weeping arises from sorrow, but sorrow also arises from weeping."[2] This insight has particular utility for this essay and its focus on the visceral impact of the corps de ballet and other masses of moving performers. In these instances performance and feeling are intertwined, not just for the actor but also for the spectator. "The theatre is for the forming of character, one will see what it means that thousands should act to hundreds of thousands," Brecht said in theorizing the role of the theatre in forming character.

So it is in this vast public space of a central train station that the music seems to immediately order the movements and gestures of the scores of potentially all the people passing through. It's a reassuring and comfortable image–both in the easy union of the dancers' gestures with the music and the elasticity of the choreography which slides through dance genres from musical theatre to jazz, street and techno as deftly as the voices negotiating the solfege scales. The bodies of older passersby seem to reflexively join the rehearsed bodies of the young performers, compelled to ride the rhythmic tide. It's as if the gestures of one are speaking to the soul of the other, the visual, showing and sounding bodies of the performers triggering the empathetic identification of the spectators.

The scholar Joy Calico has argued that in the 1930s, in the face of newly uncertain audiences and passive spectators, the development of Bertolt Brecht's theory and writings about gestus changed and he began to grant a privileged status to music when theorizing gestus.[3] This incorporation of music extends Brecht's conception of gestus beyond actors' bodies to include other elements of production while still keeping the corporeal primary. The rhythm and melody of music adds an emphasis away from the "showing body in space" and toward the auditory one, what Calico calls "the sounding body in time."[4] There are few more vivid instances of the sounding body as a bearer of the "stylized behavior" of gests (gestures) than that of the stylized body of the corps de ballet performer enacting social behavior. The moving body's close association with music and rhythm portrayed through gesture is what gives corps dancing its urgency between stasis and motion and its unique capacity to trigger a spectator's response to the emotional narrative the dancers' gestures underscore, just as an actor underscores the gesten (gestures) of the utterance.

Introduction

It is a curious and relatively unexamined phenomenon that the two arenas where disciplined masses of moving bodies are most commonly found are the military and the ballet stage. (I am speaking here of designed full-body movement, but if we extend this for a moment to include the unified body actions of labor/work then assembly line factories, bands and orchestras could also be included—looping the art form of Music along with Dance as the bookends of this conceptual kinesphere of disciplined mass movement within the larger frames of "Art" and "War.") A quality of visual, auditory as well as sensate rhythm unifies both the ballet's and the military's "corps," despite widely differing objectives in their social ends. Both use the term "corps" to describe these masses of moving bodies, the word deriving from the Latin and French noun for body, *corpus*.

These many marching and dancing bodies are drilled to move as a unified or synchronous corporeal entity—a massive single body or, as more customarily in the corps de ballet, a "flip-book" illusion, as if one body were fractured into many identical echoes of itself across formations of lines, arcs, circles or diagonals. These manipulations of the corps are customarily distinctly rhythmic, bound together visually and metrically in a manner that is seductive on multiple sensory levels at once. In fact, it might be argued, the centuries of appeal that both these kinds of corps—military and dance—have enjoyed derive from the neat synesthesia of their union, where gesture, particularly the unified gesture of the group, invites this condition in which the two senses of sight and hearing are triggered at the same time by one type of stimulation.

More pleasure than pathology, the synesthesia[5] of the visual spectacle of a corps in dance may be part of its appeal and the precursor of its formalization in the Baroque Courts of Louis XIV. Here the political could be shielded inside the spectacular—the echoes of marching soldiers within the hushed steps of geometrical formations of dancers' ornate bodies.[6]

This paper traces the relationship between these visual auditory and signs produced by movement, gesture and figure when large groups of dancers move in unison, and bodies become a figurative vehicle for aesthetic and social ideology. Beginning with a brief look at the historical contexts for the corps de ballet, and mention of its links with theatre space and militarism, the affective impact of dancing masses is discussed and dance historical, emotional, psychological and neuroscientific perspectives are referenced. I conclude with an assessment of how ensemble dancing might be read as a gesture that is socially and acoustically compelling, in part through its use of the condensed repetition of bodily postures and motions, the gestic elements of "showing" about which Brecht theorizes.

Brief Historical Context

The theatrical spaces in which opera and ballet were performed during the reigns of Louis XIV and Louis XV, and before that in the equestrian ballets of Louis XIII, suggest the evolution of this unison movement of the corps—namely a quasi-militaristic discipline used to deliver a gracefully intricate stage picture as balancing practical and aesthetic necessity. The music historian Barbara Coeyman posits that because it was initially the courtiers rather than professionals who performed in the danced ensembles of the prologues of court productions, their movements were likely to have been less technical than those of the soloists and thus required less room per dancer—fitting into the limited available space.[7] I suggest that Coeyman's supposition could be expanded to include the idea that simple actions, repeated in unison or even cascading canonical sequence, carried out by these many performers of limited technical training, could have shaped what eventually became the corps de ballet's role. Multiple bodies thus could be a figurative vehicle for the experience of sovereignty[8] (or nation) and their rhythmic uniformity a somatic reflection of ideology.

As the Baroque dance historian Mark Franco has noted, advances in the decoding of period notation from the 1600s has now "made abundantly clear the fact that Baroque dance was indeed a complete *discipline*: it was profane, rational and it required routine… the royal dancing body was made to represent itself as if re-machined in the service of an exacting coordination between upper and lower limbs, dictated by a strict musical frame. Franco calls it an "early modern techno-body."[9]

Kate Van Orden's scholarship has traced music's importance in promoting the absolutism that the French monarchy would fully embrace under Louis XIV.

She has argued that pressure on French noblemen to take up the life of the warrior gave rise to a genre of bellicose art forms such as sword dances and equestrian ballets. Far from being construed as effeminizing, such combinations of music and the martial arts were at once refined and masculine—a perfect way to display military prowess. The incursion of music into riding schools and infantry drills contributed materially to disciplinary order, enabling the larger and more effective armies of the seventeenth century to develop.

Equestrian ballet was a ritualized form of military display that was highly valued during the reign of Louis XIII in the early 17th century. This form of ballet—which involved noblemen riding together and directing their steeds to execute precise turns, leaps, and other difficult maneuvers—brought music to horsemanship, demonstrating both the ballet-like quality of dressage and the new collectivity required of light cavalry in battle. The fancy footwork, flashy costumes, and musical coordination of the French court dance were transferred to the world of horses and military pomp.[10]

This body and its maneuvering through carefully designed geometric and rhythmic group patterns minimized the lack of variety in the actual steps. Andre Levinson's critical dance writing from Paris in the 1920s echoes this tracing of a design aesthetic evolving into a musical and choreographic one in Baroque dance as he writes about a show of Jean Berain's theatrical designs and observes that Berain's theatrical costume design for Louis XIV "expresses the conventions of the court through the conventions of the theatre." This theatre, Levinson continues, was "aloof, abstract, removed to a heroic plane but splendidly human. Its dramatic style was marked by symmetry, rhythm, a musical and majestic prosody."[11] This idea of the heroic but splendidly human is the corps in its essence. We always see the individual and the mass simultaneously, just as with an orchestra one hears individual instruments and their blending.

The interlaced history of militarism and the musical discipline of the corps de ballet become both more visible and more complex in the Romantic era. As the scholar Stephanie Schroedter has documented, in his early 19th century works, the ballet master and choreographer Arthur Michel Saint-Leon made "numerous allusions to military formations," even advocating a separate *classe de corps de ballet* whose organization should be *quasi militaire*.[12] Indeed, Saint Leon invokes links between the military and musical in his 1856 treatise, *On the Present State of Dance [On Dance]*, drafting recommendations for the training and organization of the corps de ballet along the lines of militaristic discipline:

> The *corps de ballet* [...] must draw its whole charm from the effect of a mass and the precision it brings to its figurations, species of complicated maneuvers made up of *steps* and of *groups*. One cannot demand such strong execution of this *corps de ballet* if it does not know the duties of its profession.
> We must therefore establish rules for this part of the choreography, just as exist for military maneuvers, and join practice to this theory.

This "charm" of the effect of a mass, about which Saint Leon writes, is an interesting formulation—both dancers and soldiers have commented on the heightened quality of fraternity that develops for the participants when a group "moves together in time."[13] Participating in a corps cultivates a tough and forceful presence, yet in both the military and dance it also demands that one be exquisitely sensitive to the other corps members. The military historian William NcNeill has argued that as far back as the training of Spartan and Athenian warriors, discipline, morale and emotional solidarity were cultivated through the muscular bonding of marching and close-order drill.[14]

For the spectators there is the vicarious thrill of imaging oneself among those dancers/marchers that mass movement spectacles invite. The effect of watching a well-drilled or rehearsed corps can feel like standing before a breaking wave or a swelling round dance, which will eventually fold one in as it sweeps past. And, I would argue, it is an intensely rhythmic experience and that, in fact, the visual impact of the corps is at its foundation musical. The rhythm of those marching armies is now distilled into its visual index—the drilled body—a body that produces no actual sound other than the thrilling visual image of its orchestration as it navigates through space.

The evocation of the opposite of this harmony of the mass—the cacophony of the mob—has also been exemplified in early 20th century dance by a tight union of music and group choreography. One of the most vivid examples is the 1913 premiere of *Le Sacre du Printemps*, where Vaslav Nijinsky's choreography for primal and percussive bodies pounding into the ground evoked, hand in hand with Igor Stravinsky's score, the alternately numbed and frenzied mass of civilization and its discontent. The chaos of the modern era, on the cusp of World War I, was signaled alternatively by the discord and the physical and emotional rigidity of the corps de ballet in tandem with Stravinsky's score, an inverse acoustic and visual image of social and civic harmony. From a dance historical perspective, *Sacre* is often cited as completing the rupture with classicism initiated by Michel Fokine. It destroyed the equilibrium of his masses and what Lincoln Kirstein had called "the magic of gracious acrobatics in self-impelled movement," as noted by the Ballets Russes scholar Lynn Garafola on Nijinsky's choreography for *Sacre*. "In their stead, Nijinsky created a biologic order that designed the body as both an instrument and object of mass oppression."[15] This body is ordered yet pitiless—a killing machine without the softening grace of music to take down its edges, as Adolphe Adam's score does for the wilis in Act II of *Giselle*, muting their murdering rage. For the roar of the corps, *Sacre* marked a turning point—a sustained image of the masses as a representation of chaos and *dis*equilibrium.

Recent research into the relationship between our visual and auditory systems reveals that our auditory understanding is much faster than our visual. However, there are parallels in how both systems process information. So while we can listen to a series of clicks at 20 beats per second and know they are separate clicks rather than a single continuous tone, if we are shown a series of images together at 20 frames per second our brain registers this as the continuous action of a film.[16] While the size of our visual cortex dwarfs the neural platform assigned to audition, when faced with conflicting pieces of information that demand a temporal analysis (i. e. light flashes and beep tones), the brain reflexively trusts hearing first. Shihab Shamma of the University of Maryland argues that the brain interprets visual and audio signals using many similar tricks.[17] For example, it looks for the edges and the overall geometry of the signal (what distinguishes one vowel from another is the shape of the waveform entering the ear). The brain also has a penchant for symmetry. Symmetry and the geometry of the signal are key qualities of the corps de ballet—and often much of the music that supports it.

So far I have been discussing movement, gesture and the ensemble from the perspective of the spectator, but what about the participant? We know that art involving repetitive movement and chanting, particularly when performed by many people at the same time, can set up "resonance patterns" in the brains of the participants.[18] When the military historian William McNeill was drafted into the US Army in 1941, basic training required that he march for hundreds of hours on the drill field in close formation with a few dozen other men. At first McNeill thought the marching was just a way to pass the time because his base had no weapons with which to train. But after a few weeks of training, the marching began to induce in him an altered state of consciousness:

> Words are inadequate to describe the emotion aroused by the prolonged movement in unison that drilling involved. A sense of pervasive well-being is what I recall: more specifically, a strange sense of personal enlargement, a sort of swelling out, becoming bigger than life, thanks to participation in collective ritual.[19]

Decades later, McNeill studied the role that synchronized movement—in dance religious ritual and military training—has played in history. He concludes that human societies since the beginning of recorded history have used synchronized movement to create harmony and cohesion within groups, sometimes in the service of preparing for hostilities with others. McNeill's conclusion suggests that synchronized movement and chanting might be evolved mechanisms for activating the altruistic motivations created in the process of group selection.

McNeil's discovery of this power of the group in bodily movement as larger than the self highlights how social possibilities are rehearsed and performed in metrically-based mass movement. Saint Leon writing about the *corps de ballet* similarly suggested how the corps functions as a symbol of a utopian social order. Layering a musical metaphor onto this he writes of the orchestra as the model for how the dancer in the corps should balance articulation of the self with obedience to the group:

> The *corps de ballet* is to dance what the orchestra is to music. It is a question of ensemble. I believe we have sufficiently demonstrated the need to create a class of *corps de ballet* and to proceed towards its quasi-military organization.[20]

The overlap between the military gesture and actions of the corps de ballet and the veiled eroticism of the masculine practice of war actions performed by female dancers of the corps de ballet has been mined for its erotic and theatrical potential for centuries. In his memoirs, the Russian ballet master and choreographer Marius Petipa related an anecdote about Fanny Elssler, a leading Romantic ballerina, when Emperor Nicholas Pavlovich attended a rehearsal where Elssler and the corps de ballet were practicing a passage dancing with rifles. Summoned by the Emperor "Elssler and the coryphées came forward," Petipa recalled, "in order to see better and to master the correct military etiquette. His Majesty directed, showing how one must follow the commands 'At ease!' and 'Present arms!'"[21] The military man instructing the ballerina with a rifle epitomizes this trope of the corps de ballet as a female army, with its leader—the prima ballerina—exchanging tips with the titular head of the real military—the Emperor.

Early in the 20th century, the popular culture of the noiseless satin footwear of the corps de ballet spins an offshoot—the raucous industrial sound of the tap dancing chorus lines of the Tiller Girls and eventually Busby Berkeley's chorines and the Rockettes. The lyrical corps de ballet body has become a percussive piston.

An orchestrator of mass choruses of dancers in Hollywood film, Busby Berkeley, who also had no formal dance training, gained his initial experience orchestrating military squads as a student in a military academy. After he enlisted in the army in 1917 as the United States entered World War I, he became an entertainment officer, earning a reputation for his innovative drill routines and marching formations drawn directly from his own military training.[22] Essentially the virtues of tap dancing were the virtues of industry—speed, precision, repetition, smoothness, rhythmic continuity and machine aesthetics in abundance.

So by the early twentieth century these links between militarism, the cadence of the march and the seduction of breath and foot rhythms, are evident not only on the ballet stage but in popular culture as well. In both instances, mass movement and gesture suggest the visual equivalent of echoing sound. Andre Levinson, in writing about the Paris music hall acts of 1920s chorus "girls," calls them "a caterpillar with thirty-two feet" and notes their resemblance to sound and the sum of their effect as acoustic as he describes sequences of actions in metaphors as much auditory as visual.

Emotional & Psychological Resonances

What can be said of these aesthetic connections between our auditory and visual systems when watching ensembles of dancers? Neuroscientists now know that, fundamentally for both sounds and sights, when things move above a certain threshold—vibrating molecules or bodies—they produce movement, as sound or visual perception. In addition to movement, grouping plays a significant role in how we cognitively order our perception, both for vision and sound. Cognitive psychologists believe there is a neural basis for this grouping principle in music, and it also exists as a partly automatic process in vision.

The mind's evolved ability to group sounds and visual images finds an enhanced richness when viewing a corps dancing to music, because the stage and sound pictures are joined together. These physiological and aesthetic habits of visual and auditory thinking shape our perceptions of bodily meaning on a larger scale.

One of the most beautiful and intense examples of this "roar of the corps" occurs in the 1877 Petipa ballet, *La Bayadère* (The Kingdom of the Shades) with music by Ludwig Minkus. Known as a remarkable vehicle for the corps de ballet, *La Bayadère* uses the corps to frame the action and provide the weight and mass to complete the stage picture by having the dancers flow through sequence after sequence of lush patterns that dominate the floor space of the stage. Petipa's choreography has been called "symphonic" for the way he introduces movement themes and varies, restates and recapitulates them in different ways throughout the ballet. This corresponds with our visual impression of a great ensemble dance passage like the entrance of the shades in *La Bayadère*:

> Motor impulse is basic to Petipa's exposition of movement flowing clean from its source. It flows from the simple to the complex, but we are always aware of its source, deep in the dancer's back, and of its vibration as it carries in widening arcs around the auditorium. This is dancing to be felt as well as seen, and Petipa gives it a long time to creep under our skin. Like a patient drillmaster, he opens the piece with a single, two-phrase theme in adagio tempo (arabesque cambré port de bras), repeated over and over until all the dancers have filed onto the stage. Then, at the same tempo, with the dancers facing us in columns, he produces a set of mild variations, expanding the profile of the opening image from two dimensions to three. Positions are developed naturally through the body's leverage—weight, counterweight. Diagonals are firmly expressed [...] The choreography is considered to be the first expression of grand scale symphonism in dance, predating by seventeen years Ivanov's masterly designs for the definitive *Swan Lake* [...] The subject of 'The Kingdom of the Shades' is not really death, although everybody in it except the hero is dead. It is Elysian bliss, and its setting is eternity. The long slow repeated-arabesque sequence creates the impression of a grand crescendo

that seems to annihilate all time. No reason it could not go on forever [...]. Ballets passed down the generations like legends acquire the patina of ritualism, but *La Bayadère* is a ritual, a poem about dancing and memory and time. Each dance seems to add something new to the previous one, like a language being learned. The ballet grows heavy with this knowledge, which at the beginning had been only a primordial utterance, and in the coda it fairly bursts with articulate splendor.[23]

The deliberate one-by-one nature of their entrance has the curious effect of making one long for the repetition in Minkus's score, because each repetition of the musical phrase seems to summon another dancer from the darkness of the wings. As the string of corps dancers lengthens, the repetition of the choreography and music becomes more exciting rather than less. Choreographically it is like a whisper that advances to an uproar with this vision of a single body that keeps shedding an identical image of itself as it moves forward. The visual effect is like the vibrato of a note played on a violin whose resonating sound fills the room with successive and nearly identical arcs of sound waves, which the brain sorts as emanating from a single musical instrument.[24]

Conclusion

The New Yorker's dance critic, Joan Acocella, claims that "dance is one of the languages in which the mind operates"—as is music. "It is a force field, an orchestration of lines of force, lines of energy," she said. "Dance is not a story, it is a song." Acocella's list of the most profoundly affecting moments in dance—what she calls its orchestration of energies—almost all involve masses of dancers, and all are visuals with auditory parallels—"displacement, cutting through, a sweeping line."[25]

Reading the tensions between what the visual signs of masses of dancers signify and their relationship to auditory signs is complex. The corps is among the most potent visual signs of audition in dance. It enacts simultaneously repetition and variation. Stephanie Schroedter called it "kinetic hearing"; it could also be termed "visual listening" or the Brechtian "sounding body." All these formulations point toward the critical dimension of the reception of sound from motion that humans process when watching live rhythmic action. The dancing corps makes this reception possible with unique immediacy so that the dynamic of observing the visual, sounding, performing body allows for a profound theatrical engagement, in rehearsal for the great project of civic obedience.

1. Brigid Doherty, "Test and Gestus in Brecht and Benjamin," *MLN*, vol. 115, no. 3, German Issue (April 2000), pp. 442–481, 452.
2. Ibid., pp. 459–460.
3. Joy H. Calico, *Brecht at the Opera,* Berkeley 2008, p. 43.
4. Ibid., p. 44.
5. A condition in which one type of stimulation evokes the sensation of another, as when the hearing of a sound produces the visualization of a color. A sensation felt in one part of the body as a result of stimulus applied to another, as in referred pain. The description of one kind of sense impression by using words that normally describe another.
6. Laurie Nussdorfer's review of Dance as Text: "Ideologies of the Baroque Body," Mark Franko, *Dance Research Journal*, vol. 27, no. 1 (Spring 1995), pp. 41–43, Note: Franko calls the dances of 1580–1660 Baroque instead of setting the period in 1660–1750 as dance historians have traditionally done. The practice of spelling out words, for example in textual French Valois court dances, stretches back to the 1500s.
7. Barbara Coeyman, "Theatres for Opera and Ballet during the reigns of Louis XIV and Louis XV", in Early Music, vol. 18, no. 1, *The Baroque Stage II* (Feb. 1990), pp. 22–37, 31.i.
8. The status, dominion, power, or authority of a sovereign; royalty.
9. Mark Franko, "Figural Inversions of Louis XIV's Dancing Body," in *Acting on the Past: Historical Performance Across the Disciplines,* Hanover 2000, ct. p. 36.
10. Kate Van Orden, *Music, Discipline, and Arms in Early Modern France,* Chicago 2004.
11. Andre Levinson, *On Dance Writings from Paris in the Twenties,* ed. Joan Acocella and Lynn Garafola, Hanover 1991, ct. p. 60.
12. Stephanie Schroedter, "The Practice of Dance at the Crossroad between pragmatic Documentation, Artistic Creativity and Political Reflection: Sources of the Theatrical Dance of the Early 19th Century," in *Repenser pratique et théorie. Proceedings, 30th Annual Conference of the Society of Dance History Scholars,* ed. Ann Cooper Albright, Dena Davida and Sarah Davies Cordova, Birmingham, AL 2007, pp. 508–514.
13. William H. McNeill, *Keeping Together in Time: Dance and Drill in Human History,* Cambridge 1995.
14. Ibid., p. 116.
15. Lynn Garafola, *Diaghilev's Ballets Russes,* New York 1989, p. 68.
16. Ibid., p. 3.
17. Ibid., p. 4.
18. McNeill, *Keeping Together in Time: Dance and Drill in Human History* (s. note 13).
19. Ibid., p. 2.
20. A. M. Saint-Léon, *On the Present State of Dance [On Dance]*, First ballet master of the Paris Opera, Professor at the [School of Ballet], Lisbon, Progresso, April 1856. Part Three: "Organization of the Ballet Corps".
21. *Russian Ballet Master: The Memoirs of Marius Petipa*, ed. Lillian Moore, trans. Helen Whittaker, London 1958, p. 30.
22. Nancy Becker Schwartz, Busby Berkeley entry, *The International Encyclopedia of Dance,* Oxford 1998, pp. 432–433.
23. Arlene Croce, *Afterimages*, New York 1977, p. 71.
24. Working from Daniel J. Levitin's claim that "virtually every culture and civilization considers movement to be an integral part of music making and listening" (p. 57) and that "Humans evolved with their emotional and motor states linked" (pp. 182–3), is it possible to draw aesthetic connections between the temporal resolution of our visual and our auditory systems when watching ensembles of dancers, like the corps de ballet, perform? (me: therefore when visual pleasure is extended it allows us to linger on the sensation?) —virtually every culture considers movement to be an integral part of music making and listening.
25. Joan Acocella, "Imagining Dance", in *Moving History/Dancing Cultures: A Dance History Reader,* ed. Ann Dils and Ann Cooper Albright, Middletown, Connecticut 2001, p. 13.

Monika Woitas und Annette Hartmann

Großstadtreflexionen –
Strawinskys *Petruschka* und *Le Sacre du Printemps* als Transformationen des Urbanen

> It is the rhythm of machinery that has set Strawinsky the artist free. […] The traffic, the restlessness of crowds, the noise of vehicles, of the clatter of horses on the asphalt, of human cries and calls sounding above the street-bass, a couple of organ grinders trying to outplay each other, a brass band coming down the avenue, the thunder of a railway train hurling itself over leagues of steel, the sirens of steamboats and locomotives, the overtones of factory whistles, the roar of cities and harbors, become music to him.[1] (Paul Rosenfeld, 1920)

> Eine Strasse besteht nicht aus Tonwerten, sondern ist ein Bombardement von zischenden Fensterreihen, sausenden Lichtkegeln zwischen Fuhrwerken aller Art und tausend hüpfenden Kugeln, Menschenfetzen, Reklameschildern und dröhnenden, gestaltlosen Farbmassen.[2] (Ludwig Meidner, 1914)

Die Welt nach 1900 hat sich verändert – daran besteht für den Maler Ludwig Meidner und für den Musikkritiker Paul Rosenfeld kein Zweifel. Die neue Welt stürzt mit ihrem Gemisch aus akustischen und optischen Eindrücken geradezu auf den Betrachter ein: Sausende Lichtkegel, donnernde Eisenbahnen und hupende Automobile, zischende Maschinen, aber auch Leierkästen und Brassbands sind Teil dieser Straßensinfonie. Tempo und Dynamik der Metropolen hinterlassen Spuren in Wahrnehmung und ästhetischem Empfinden, so die übereinstimmende Meinung der Beobachter. Und nicht nur Rosenfeld, auch viele andere Zeitgenossen nehmen Strawinskys Musik als adäquaten Ausdruck dieser veränderten Welt wahr. Wir wollen diese Verortung an zwei prominenten Beispielen überprüfen – zuvor jedoch einige zentrale Aspekte der Urbanisierung von Leben und Kunst nach 1900 benennen.

Vom Wesen des Urbanen

Nur mühsam, so beklagt es der Theologe und Politiker Paul Göhre in seiner 1907 erschienenen Schrift *Das Warenhaus*, könne man sich am Potsdamer Platz in Berlin seinen Weg bahnen. Zu chaotisch sei das Gewühl aus „Fußgängern, Radfahrern, Droschken, Lastwagen, Automobilen, Omnibussen und Straßenbahnwagen".[3] Die kontinuierliche

Zunahme der Bevölkerung wie auch die steigende Zahl der Arbeitsplätze in den Fabriken im Zuge der Industrialisierung haben die Städte explosionsartig anwachsen lassen, so dass der Einzelne, das Individuum, in der Anonymität untergeht.[4] Der Masse, Signum des modernen großstädtischen Lebens schlechthin, ist man jedoch nicht nur auf den Straßen und Plätzen ausgesetzt, sondern überall: Ob in Zügen, Cafés, Wartezimmern, Theatern oder Kinos – kein Ort, an dem es nicht von Menschen wimmelt, der nicht nur voll, sondern gar „überfüllt" ist, so José Ortega y Gasset in *La rebelión de las masas*.[5]

Abb. 1: Paris, Rue du Croissant, 1914. Foto: Agence photographique Rol

Im Kaufhaus[6] verdoppelt sich dieses Phänomen: Die Käufer- und Verkäuferscharen sind von einer schier unübersichtlichen Fülle an Waren umgeben, die – allesamt überaus dekorativ angeordnet – ein wahres Bilderspektakel entfachen. Diese Omnipräsenz des Visuellen dominiert allerdings nicht nur das Kaufhaus; Reklame und Schaufenster mit ihren prächtigen Auslagen lassen den urbanen Raum insgesamt zur Bildlektüre werden. Als Pendant zu dieser Entwicklung zeichnet sich zeitgleich eine akustische Ubiquität ab. Der Sound der Großstadt ist eine Akkumulation unterschiedlichster Geräusche, die bedingt durch den rasanten technischen Fortschritt größtenteils mechanischer Natur sind. Die daraus resultierende Reizüberflutung fordert ein dynamisches Sehen und Hören bzw. lässt nur noch eine fragmentarische Wahrnehmung zu, sei es im Warenhaus, wo „nur Teile des Publikums […], zurückgebogene Gesichter, halbe Schultern und Arme"[7] zu sehen sind, sei es auf der Straße, wo lediglich Geräusch- oder Klangfetzen erfasst werden können. Die neuen Kommunikations- und Unterhaltungsmedien Telefon, Phonograph und Film verstärken diesen Eindruck des Fragmentarischen einmal mehr: Die Stimme ist vom Körper entkoppelt und montierte Bilder zeigen oft auch nur Detailansichten von Körpern und Objekten. Die im ‚Movie' greifbare Zergliederung zieht sich bis in die Arbeitswelt der Fabrikangestellten, die gemäß dem Tayloristischen Prinzip wie Maschinen nur noch spezialisierte, einfachste Bewegungseinheiten bei gleichzeitiger Tempsteigerung ausführen. Überhaupt gerät alles und jedes im wahrsten Sinne des Wortes in Bewegung: Orte rücken dank Automobil, Eisenbahn und Flugzeug näher zusammen und verändern so nachhaltig das Gefühl für Zeit und Raum.

In seinem 1929 erschienenen Buch über Strawinsky charakterisiert Boris Assafjew dessen Musik als „essentially dynamic […] energetic, active, and actual […]. It is rooted in the sensations of contemporary life and culture and not merely in personal sentiments and emotions".[8] Woraus resultiert dieser Eindruck? Sicher nicht aus den gewählten Themen, die aktuelle oder gar politische Sujets eher meiden. Auch die Integration von Geräuschen wie sie Erik Satie in *Parade* 1917 vorführt, sucht man bei Strawinsky vergebens – ganz zu schweigen von Geräuschorchestern im Stile der Futuristen. Strawinskys Aktualität, seine Adaption des Urbanen findet sich in den ‚Tiefenschichten' seiner Kompositionen: in der Auswahl und Gestaltung der Motive, vor allem aber in deren konstruktiver Vernetzung.

Die Metropole präsentiert sich – zumindest für die Ohren vieler zeitgenössischer Komponisten – als Klangwolke unterschiedlichster Geräusche. Was uns heute selbstverständlich erscheint, löste damals geradezu schockartige Erfahrungen aus, die – je nach Temperament und künstlerischer Position – entsetzt abgelehnt oder euphorisch begrüßt wurden. Neue Verkehrsmittel und Medien provozieren eine Beschleunigung und Überlagerung der Eindrücke, die vor allem kinetischer Natur sind.⁹ Bewegung wird zur dominierenden Erfahrung, strukturiert durch den Rhythmus, der als Pulsschlag der Zeit von Wissenschaft und Kunst neu entdeckt wird. Das kontemplative Nachverfolgen einer melodischen Linie oder harmonischen Entwicklung wirkt in diesem Strudel aus Klängen und Aktionen zunehmend anachronistisch.

Abb. 2: Berlin, Friedrichstraße, um 1900. Foto: anonym

Die Dominanz des Rhythmischen als Ausdruck dieser neuen Erfahrungen geht einher mit einer mehr oder weniger radikal formulierten Absage an jene Prinzipien spätromantischer Musik, die in Wagners „unendlicher Melodie" ihren Höhepunkt erreicht hatten. Kurze, prägnante Motive treten an die Stelle organisch gedachter Phrasen und werden zu Bausteinen einer Konstruktion, deren Motorik und Präzision an das Räderwerk einer Maschine erinnern. Die letztlich narrative Struktur klassischer Formen wird durch die Montage rhythmischer Muster suspendiert, die man immer wieder neu kombinieren kann: Einzelne Motive treten vorübergehend aus Klangflächen hervor, Rhythmen überlagern sich, unterschiedliche Tonarten erklingen gleichzeitig. „Wir haben Spaß daran, […] den Lärm und das Scharren der Menge, die verschiedenen Geräusche der Bahnhöfe, der Spinnereien, der Druckereien, der Elektrizitätswerke und der Untergrundbahnen im Geiste zu orchestrieren",[10] schreibt Luigi Russolo 1913 in seinem Manifest *L'arte dei rumori*. Doch während der Futurist zur Umsetzung Geräuschinstrumente erfindet und damit in einer mimetischen Sackgasse landet, transformiert Strawinsky die Prinzipien dieser urbanen ‚Straßensinfonie' – die Vielfalt der Klänge und deren stetige Simultanität werden zur Grundlage seiner musikalischen Konstruktionen.

Untrennbar verbunden mit den Entwicklungen urbanen Lebens ist die Aufwertung der sinnlichen Erfahrung moderner Stadtkultur, die im Flaneur kulminiert, der nicht zuletzt durch seine vielfältige literarische Rezeption zum Protagonisten der Großstadt avanciert ist.[11] Ziellos umherstreifend nimmt er seine Umgebung wahr, wobei diese Erkundungsgänge im regen Treiben der Großstadt eine dynamische Aufmerksamkeit erfordern. Schließlich muss sich der Flaneur seinen Weg durch den rastlosen Strom aus Fußgängern und innerstädtischen Verkehrsmitteln bahnen und zugleich im Sinne Michel de Certeaus aus den zahllosen Möglichkeiten der Begehung, die ihm das großstädtische Labyrinth aus Plätzen, Boulevards und Straßen bietet, auswählen. Manche dieser Möglichkeiten nutzt er, andere erfindet er neu, indem er Abkürzungen oder Umwege wählt und damit Improvisationen vornimmt.[12] In diesem Prozess des Auswählens und der damit verbundenen individuellen Aneinanderreihung von Orten begründet sich laut de Certeau eine Rhetorik des Gehens, bei der einige Orte dazu verurteilt sind, „brach zu liegen oder zu verschwinden, […] mit anderen bildet er [der Flaneur] ‚seltene', ‚zufällige' oder gar unzulässige räumliche ‚Wendungen'".[13]

Impliziert das Flanieren in der Großstadt eine Rhetorik des Gehens, beinhaltet es darüber hinaus eine Rhetorik des Wahrnehmens. Ist doch die Großstadt alles andere als eine ruhige überschaubare Fläche. Hier ist der Flaneur permanent gefordert, aus einer Vielzahl an visuellen wie akustischen Reizen auszuwählen, um sich seinen urbanen Raum ‚zurecht' zu sehen und zu hören.

Die Großstadt mit ihrem Verkehr, ihren Menschenmassen und Warenhäusern mutiert damit zu einer Art Bühne, die der Flaneur durchwandert und durch die Fokussierung einzelner Ereignisse aktiv gestaltet. Auch der von Tönen und Bildern verzauberte, seinen Emotionen und Träumen nachhängende Zuhörer ist passé – bekanntermaßen verabscheute Strawinsky diese Art der Musikwahrnehmung ebenso wie die ‚Auslegung' seiner Musik durch eigenmächtige Interpreten. Doch während der Flaneur weitgehend selbst bestimmt, wo er hinschaut oder hinhört, lenkt Strawinsky die Aufmerksamkeit seiner Zuhörer, die immer auch Zuschauer sind, gezielt auf dieses oder jenes Motiv – in den Bühnenwerken unterstützt durch das szenische Geschehen.

Petruschka

„*Petruschka* is life itself",[14] verkündet Nikolai Miaskowsky nach dem Studium der Partitur bereits 1910 – und meint dies durchaus positiv, während Andrei Rimski-Korsakow das neueste Opus seines Freundes Igor als „futuristischen" Sündenfall bewertet. „The music here has virtually become visible and tactile [...] we have a purely *theatrical* fantasy."[15] Tatsächlich ist Strawinskys Musik theatralisch und körperlich aus Prinzip. Seine Musik soll alle Sinne ansprechen und stets als ‚gemacht' erkennbar bleiben: kein Traumspiel, sondern ein Artefakt mit Bezug zur Gegenwart. Diese Musik ist nicht mehr Ausdruck subjektiver Emotionen, sondern unmittelbarer Reflex der eingangs beschriebenen Erfahrungen und Wahrnehmungsmuster – und damit in wortwörtlichem Sinn ‚zeitgenössisch'. Die Realität der Straße ist dabei nicht mehr nur Inspirationsquell für die Wahl des Sujets oder die Gestaltung des Bühnenbildes; sie wird für Strawinsky zum Modell der gesamten kompositorischen Anlage.

Der Trubel eines Jahrmarktes bietet sich als Sujet dieser neuen Musik in geradezu idealer Weise an, erscheinen doch zeitgenössische Beschreibungen wie eine Potenzierung von Meidners „Bombardement" visueller und akustischer Reize: Das amorphe Murmeln der Menschenmenge wird durchschnitten von Rufen der Straßenverkäufer, in die sich die Melodien der Leierkästen und Karussells mischen. In den beiden Rahmenbildern des Balletts erwacht tatsächlich ein solcher Jahrmarkt zum Leben. Volksliedsammlungen entnommene Melodien und erinnerte Motive von Straßenmusikanten werden dabei wie Readymades in einen Klangteppich aus Ostinati eingebettet: Wir hören das Summen und Brummen einer großen Menge, aus dem verschiedene Melodiefragmente hervorstechen.

Im weiteren Verlauf des ersten Bildes lösen sich verschiedene Protagonisten kurzzeitig aus der Volksmenge: zwei konkurrierende Straßentänzerinnen, ein Bärenführer, Akrobaten, schließlich der seltsame Magier mit seinen drei Puppen. Im vierten Bild setzt sich diese von der Musik bestimmte Reihung in den Auftritten von Kutschern, Ammen oder Maskierten fort – die Nummerndramaturgie des guten alten Ballett-Divertissements stand hier unübersehbar Pate. Doch im Unterschied zu diesem werden alle Nummern in das Klangkontinuum der Volksmenge eingebettet und folgen einem nahezu gleichbleibenden Puls, greifen wie Zahnräder einer Maschine ineinander. Bewegte Klangbilder entstehen, die mal dieses, mal jenes Detail in den Vordergrund rücken, zur Totalen zurückkehren, unvermittelt abbrechen, sich überlagern. Die linear fortschreitende Entwicklung eines Themas wird durch diese Montage ebenso unterlaufen wie die Kohärenz klassischer Narration, die im Eifersuchtsdrama der drei Puppen zum grotesken Klischee geschrumpft ist.

Am Auftritt der beiden Straßentänzerinnen lässt sich gut demonstrieren, wie Strawinsky und sein Choreograph Fokine bei der Adaption dieser Alltagsszenen vorgehen. Das Simultangeschehen wird dabei in erster Linie durch die Choreographie vermittelt: Nachdem die erste Tänzerin mit ihrer Vorführung begonnen hat, tritt die zweite auf und tut es ihr gleich; die Menge teilt sich und wir sehen auf der Bühne tatsächlich zwei parallel ablaufende Aktionen. Musikalisch folgen die zugehörigen Themen allerdings sukzessive aufeinander, werden jedoch durch die penetranten Rufe der Straßenverkäufer zunehmend überlagert – was unseren Höreindruck nachhaltig ‚stört' und den Eindruck simultan ablaufender Ereignisse auch akustisch vermittelt.

Musikalisch wie tänzerisch ausformuliert findet sich das hier nur angedeutete Prinzip der Simultanität dann im Pas de deux von Mohr und Ballerina, deren Melodien und Bewegungen sozusagen unvermittelt kollidieren. Lanner-Walzer und Mohrenthema laufen nebeneinander her wie Ballerina und Mohr – solch ein Pas de deux wäre vor 1900 wohl kaum denkbar gewesen.

Bei der Gestaltung des Titelhelden geht Strawinsky noch einen Schritt weiter. Im klagenden Aufschrei Petruschkas erklingen zwei Tonarten gleichzeitig, noch dazu im Tritonus-Abstand *C-Fis* – aus der mimetischen Nachahmung simultaner szenischer Abläufe ist ein musikalisches Emblem geworden. Im letzten Bild leitet das Petruschka-Motiv schließlich auch die Überblendung der bis dahin säuberlich getrennt präsentierten Welten ein: Das Drama der Marionetten und der chaotische Trubel des Jahrmarktes – beide grotesk überzeichnet – fließen ineinander wie Fiktion und Realität, die in Petruschkas Tod und Auferstehung vollends zum Vexierbild werden.

Was als hyperrealistische Nachahmung einer Jahrmarktsszene beginnt, mündet in die Umformung dieser Eindrücke zum kompositorischen Verfahren, das die gesamte Struktur des Balletts bestimmt. Damit aber geht der Komponist einen erheblichen Schritt weiter als die Futuristen oder auch sein geschätzter Kollege Satie. Strawinsky ahmt die neuen Höreindrücke eben nicht nur nach oder integriert neue Geräusche wie kubistische *papiers collées* in eine immer noch ‚klassisch' konzipierte Partitur; er leitet vielmehr aus dem, was er hört und sieht, musikalische Prinzipien ab, die das Geschehen im Orchester wie auf der Bühne neu organisieren.

Fokines Choreographie kann dieser neuartigen Konzeption nur zum Teil folgen. Während die Puppen durchaus überzeugend in Szene gesetzt werden, tut sich der Choreograph bei den Massenszenen schwer. Er überlässt die Gestaltung großteils „der willkürlichen Auslegung durch die Tänzer",[16] wie Strawinsky in seinen Erinnerungen bedauernd vermerkt. Während Strawinsky den Klang der Metropolen und die Mechanik der Marionetten in Musik transformiert, bleibt Fokine weiterhin mimetischen Darstellungsprinzipien verhaftet und sucht dramatisch motivierte, narrative Strukturen, wo keine mehr sind. Die gelungensten Partien der Inszenierung finden sich denn auch dort, wo zumindest Restbestände traditioneller Ballettdramaturgie erkennbar bleiben: im Tanz der Puppen, in den Auftritten der verschiedenen Akteure, vor allem aber in den Mittelbildern, die den jeweiligen ‚Charakter' der drei Marionetten mit ebenso plakativen wie wirkungsvollen Bewegungen evozieren. Petruschkas Solo wird gar zum ‚Psychogramm' einer Maschine, die ihre Emotionen hemmungslos auslebt und so in scharfem Kontrast zur stereotyp ihre Auftritte abspulenden Menge gerät. Eine verkehrte Welt!

In *Petruschka* ist Zeiterfahrung damit gleich im doppelten Wortsinn präsent – an die Stelle narrativer Konzepte treten Konstruktion und Montage als Organisationsprinzipien, die Musik letztlich als klingende Zeitstruktur erfahrbar machen; diese Prinzipien wiederum verweisen auf die Veränderung der Wahrnehmung im urbanen Raum, der durch Massen, Maschinen, Tempo und Bewegung geprägt ist und nach neuen Ausdrucksformen verlangt. „Petruschka is life itself! [...] That very life that roars around us."[17]

Le Sacre du Printemps

Geradezu euphorisch äußert sich 1920 der amerikanische Kritiker Paul Rosenfeld über Strawinskys *Le Sacre du Printemps*. Und dies angesichts der Tatsache, dass die konzertante Erstaufführung des Werkes in den USA erst zwei Jahre später stattfinden wird und zu diesem Zeitpunkt lediglich ein vierhändiger Klavierauszug verfügbar ist:

> Above all, there is rhythm, rhythm rectangular and sheer and emphatic, rhythm that lunges and beats and reiterates and dances with all the steely perfect tirelessness of the machine, shoots out and draws back, shoots upward and shoots down, with the inhuman motion of titanic arms of steel.[18]

Rhythmus, nichts als Rhythmus, der plötzlich zuschlägt, sich wiederholt und tanzt, mit der gleichen Unermüdlichkeit, wie es eine Maschine tut. Rosenfeld ist bei Weitem nicht der Einzige, der sich durch die Klänge des *Sacre* an Maschinen erinnert fühlt. Nur ein Jahr später beschreibt der Schriftsteller T. S. Eliot sie als Schreie des urbanen Lebens.[19] Und Lydia Sokolava, die ‚Erwählte' in der Massine-Version, vergleicht die Musik gar mit der Explosion der Kanonen im Ersten Weltkrieg.[20] Losgelöst von den *Bildern aus dem heidnischen Russland* evoziert die Musik bei einigen Zeitgenossen also auch Assoziationen, die das vollkommene Gegenteil von ‚Prähistorie' und ‚Archaik' beschreiben und als ‚kinetisch', ‚urban' und ‚maschinell' wahrgenommen werden. Doch worauf beruhen diese Assoziationen?

Mit der Regelmäßigkeit einer Maschine laufen Strawinskys Rhythmen gewiss nicht ab, auch wenn später Adorno mit Vehemenz behaupten wird, es handele sich um mimetische Maschinenmusik. Eher hat man das Gefühl, „einer lustvollen Demolierung aller konstant gleichmäßigen mechanischen Bewegung"[21] zu lauschen, wie es Barbara Zuber pointiert formuliert.

In der *Glorification de l'Elue* ist diese „spielerische Gestaltung"[22] und Demontage besonders gut zu hören. In immer wieder neuer Art und Weise kombiniert Strawinsky Rhythmus- und Taktstrukturen, schichtet sie übereinander bei wechselnden Akzentsetzungen, baut gezielt Brüche ein. Da liegt die Behauptung Boris Assafjews nahe, für Strawinsky sei die Stadt mit all ihren rhythmischen Reizen eher kreative Anregung denn nachzuahmende Vorlage.[23] Die Assoziationen an Maschinen rühren wohl eher von jenem Grundschlag her, den George Balanchine als „immer spürbar, eindringlich, überzeugend"[24] beschreibt und der – insbesondere beim *Sacre* – den Körper förmlich zu einer fortwährenden Umsetzung der klanglichen Rhythmen zwingt. Nicht umsonst ist Strawinskys Musik vielfach mit dem Attribut des Motorischen belegt worden, was zugleich das Verständnis des Komponisten von Musik als Einheit von Klang und motorischer Aktion widerspiegelt.[25] Dass Strawinsky bezüglich der choreographischen Umsetzung des *Sacre* ganz konkrete Vorstellungen gehabt hat, verwundert daher nicht: Bis auf die *Danse Sacrale* sollten vorzugsweise einfache rhythmische Bewegungen von blockartig aufgebauten Gruppen ausgeführt werden. Außerdem dürften keinerlei Einzelheiten oder unnötige Verwicklungen den Ablauf stören.[26]

Diese Vorstellungen finden sich in der Choreographie Nijinskys umgesetzt: In vier großen Bewegungsblöcken mit einfachem Schrittvokabular, bestehend aus Gehen, Laufen, Springen, Stampfen, bewegen sich die Tänzer, um sich immer wieder neu zu formieren – hauptsächlich in Kreisen und Reihen. Sind die Formationen zu Beginn des ersten Teils, in der *Danse de la Terre*, noch klar erkennbar, so verwandelt sich am Ende das gesamte Corps in eine tumultartige, chaotisch anmutende Masse, aus der einzelne Körperglieder herausragen. Eine Masse, wie sie aus dem modernen Großstadtleben nicht mehr wegzudenken ist.

Fragmentierung, Montage und Simultanität als kompositorische Grundprinzipien kennzeichnen auch weite Teile der choreographischen Umsetzung. Schließlich habe er sich stets von der Musik leiten lassen, sagt Nijinsky 1917 in einem Interview. Ein Ballett solle niemals so wirken, als sei es auf die Musik aufgesetzt, sondern durch sie hervorgebracht.[27] In *Les Augures Printaniers* stampfen die Tänzer den charakteristischen Grundrhythmus, während sie gleichzeitig mit unterschiedlichen ruckartig, fast schon automatenhaft anmutenden Rumpf-, Arm- und Kopfbewegungen die akzentuierten Einwürfe der Hörner visualisieren. Das Stampfen als eine die Gravitation betonende Bewegung unterstreicht hierbei einerseits die stoffliche Masse des Körpers, sein Gewicht, und setzt so einmal mehr die Ästhetik des klassischen Balletts außer Kraft. Andererseits bewirkt es die visuelle wie auch akustische Potenzierung des Rhythmus, eines Rhythmus, der den Maschinen abgelauscht scheint und in Musik und Tanz gleichermaßen zum Ausdruck kommt.

Fazit

Welche „Großstadtreflexionen" lassen sich also in Strawinskys ersten Meisterwerken ausmachen? Da wäre primär sicherlich die Aufwertung des Rhythmus zu nennen, die im *Sacre* zur „Emanzipation des Rhythmischen"[28] schlechthin wird. Losgelöst von Melodie und Harmonik – traditionell als Träger emotionaler Inhalte rezipiert – ruft dieser ‚nackte' Rhythmus Assoziationen an Maschinen wach. Verstärkt wird dieser Eindruck durch Choreographie und Instrumentation. Auch wenn immer noch ein klassisches, keineswegs überdimensioniertes Sinfonieorchester zum Einsatz kommt, der Höreindruck ist ein anderer und korreliert mit den Aktionen der Tänzer, in deren Körpern sich das Schnaufen und Stampfen der Instrumente unmittelbar zu materialisieren scheint.

Aus dieser Akzentuierung des Rhythmischen resultiert ein veränderter ‚Bauplan', der sowohl *Petruschka* als auch – in potenzierter Form – dem *Sacre* zugrunde liegt. Nicht mehr die Entwicklung einer Phrase bestimmt die Komposition, sondern die Montage verschiedener Motivzellen und Themenfragmente, die zu immer komplexeren Konstruktionen verbunden werden: von der Kollision zweier Themen im *Walzer* von Mohr und Ballerina bis hin zur Schichtung von nicht weniger als elf rhythmischen Mustern im *Cortège du Sage*. Dieses Verfahren aber verweist auf ein weiteres Wahrnehmungsmuster, das sich im Zuge der Urbanisierung grundlegend verändert hat und im Bild des Flaneurs greifbar wird: die Überlagerung unterschiedlicher Sinneseindrücke. Simultanität und Fragmentierung werden für Strawinsky in *Petruschka* erstmals zu grundlegenden Kompositionsprinzipien, die im *Sacre* dann radikal ausgelotet werden.

Der russische Komponist und Musikkritiker Vyacheslav Karatïgin ist einer der wenigen, der bereits 1914 im *Sacre* Manifestationen der veränderten Lebensbedingungen zu erkennen glaubt. Deformation, Fragmentierung, Diskontinuität und strukturelle Verschiebungen seien kreative Umformungen der modernen Lebenswelt.[29] Paul Rosenfeld, T. S. Eliot oder Boris Assafjew schließen sich dieser Lesart an – das Gros der Zuschauer, Kritiker und Choreographen favorisiert allerdings bis heute die von Sujet und Ausstattung suggerierte Deutung des *Sacre* als archaisches Ritual. Wobei man bedenken muss, dass Archaik und Maschinen um 1900 gleichermaßen als Ausdruck des *élan vital* angesehen wurden, der die alte Welt mit ihren überholten Formen und Werten hinwegfegen sollte.

Ein letzter Aspekt kann schließlich erneut auf den Flaneur bezogen werden, der im Gehen die Stadt erkundet und damit jene Einheit von sinnlicher Wahrnehmung und motorischer Aktion praktiziert, die auch für Strawinsky fundamental ist. Musik ist nie nur reiner Klang, sondern immer auch Körperaktion; die von Max Ackermann konstatierte Aufspaltung und Spezialisierung der Sinne im 19. Jahrhundert[30] wird in ein ganzheitliches Erleben zurückverwandelt. Ein Erleben, das sich nicht mehr träumend in Klangphantasien verliert, sondern ‚offenen Auges' dem Geschehen folgt – aktiv und jederzeit reaktionsbereit wie der Flaneur. Als Bindeglied aber fungiert der Rhythmus, der Musik, Sprache und Körperbewegungen gleichermaßen strukturiert. Damit schließt sich der Kreis der Großstadteindrücke, die in *Petruschka* und *Le Sacre du Printemps* ihre Spuren hinterlassen haben.

---

[1] Paul Rosenfeld, „Stravinsky", in: *The New Republic* 22, 14. April 1920, zitiert nach: Barbara Zuber, „The Machine-Man. Strawinsky und die Phantasmen der Moderne", in: *Strawinskys „Motor Drive"*, hrsg. von Monika Woitas und Annette Hartmann, München 2010, S. 157–178, S. 157 und 159.

[2] Ludwig Meidner, „Anleitung zum Malen von Großstadtbildern", in: *Kunst und Künstler* Jg. 12, H. 6 (1914), S. 312–314, S. 313.

[3] Paul Göhre, *Das Warenhaus*, Frankfurt/Main 1907, S. 7.

[4] Vgl. Martina Löw, Silke Steets und Sergej Stoetzer, *Einführung in die Stadt- und Raumsoziologie*, Ulm ²2008, S. 24.

[5] „Die Städte sind überfüllt mit Menschen, die Häuser mit Mietern, die Hotels mit Gästen, die Züge mit Reisenden, die Cafés mit Besuchern; es gibt zu viele Passanten auf der Straße, zu viele Patienten in den Wartezimmern berühmter Ärzte; Theater und Kinos, wenn sie nicht ganz unzeitgemäß sind, wimmeln von Zuschauern, die Badeorte von Sommerfrischlern. Was früher kein Problem war, ist es jetzt unausgesetzt: einen Platz finden." José Ortega y Gasset, *Der Aufstand der Massen* [*La rebelión de las masas*, Madrid 1930], Stuttgart 1955, S. 8. Mit dem Phänomen der Masse beschäftigte sich Ortega y Gasset bereits ab den frühen 1920er-Jahren.

[6] Vgl. ausführlich zum Kaufhaus als einer Institution und den mit diesem Umstand verbundenen neuen Sehgewohnheiten Joachim Fiebach, „Audiovisuelle Medien, Warenhäuser und Theateravantgarde", in: *TheaterAvantgarde: Wahrnehmung – Körper – Sprache*, hrsg. von Erika Fischer-Lichte, Tübingen 1995, S. 15–57, S. 38ff.; Gudrun M. König, *Konsumkultur. Inszenierte Warenwelt um 1900*, Wien 2009.

[7] Émile Zola, *Au Bonheur des Dames*, Paris 1883, deutsch zitiert nach: Fiebach, „Audiovisuelle Medien, Warenhäuser und Theateravantgarde" (s. Anm. 6), S. 40.

[8] Boris Assafjew, *A book about Stravinksy* [Leningrad 1929], Ann Arbor 1982, S. 99.

[9] Vgl. ausführlich zu den technischen Innovationen um die Jahrhundertwende Thomas Kuchenbuch, *Die Welt um 1900. Unterhaltungs- und Technikkultur*, Stuttgart 1992.

[10] Luigi Russolo, *L'arte die rumori* [Mailand 1913], deutsch zitiert nach: Max Ackermann, *Die Kultur des Hörens: Wahrnehmung und Fiktion. Texte vom Beginn des 20. Jahrhunderts*, Nürnberg 2003, S. 299.

11	Sozialhistorischer Ursprungsort des Flaneurs ist das Paris des frühen 19. Jahrhunderts. Vgl. dazu wie auch zu den vielfältigen literarischen Konzeptionen des Flaneurs des 19. und des ersten Drittels des 20. Jahrhunderts Matthias Keidel, *Die Wiederkehr der Flaneure. Literarische Flanerie und flanierendes Denken zwischen Wahrnehmung und Reflexion*, Würzburg 2006, S. 12–46; Harald Neumeyer, *Der Flaneur. Konzeptionen der Moderne*, Würzburg 1999.
12	Vgl. Michel de Certeau, *Kunst des Handelns* [*L'Invention du Quotidien*, Paris 1980], Berlin 1988, S. 190.
13	Ebd., S. 191.
14	Nikolai Miaskowsky, in: *Musyka* (1912), Nr. 59, zitiert nach: Richard Taruskin, „Stravinsky's Petruschka", in: *Petruschka. Sources and Contents*, hrsg. von Andrew Wachtel, Evanston/Illinois 1998, S. 67–113, S. 67.
15	Andrei Rimski-Korsakow, in: *Russkaia molva* (1913), Nr. 45, zitiert nach: Taruskin, „Stravinsky's Petruschka" (s. Anm. 14), S. 68.
16	Igor Strawinsky, „Erinnerungen" [*Chroniques de ma vie*, Paris 1935/36], in: ders., *Schriften und Gespräche I*, Mainz 1983, S. 25–172, S. 53.
17	Miaskowsky, in: *Musyka* (s. Anm. 14), S. 67.
18	Rosenfeld, „Stravinsky" (s. Anm. 1), S. 157.
19	Vgl. T. S. Eliot, „London Letter", in: *The Dial* LXXI (1921), no. 4, S. 452–455, S. 453.
20	Vgl. Lydia Sokolova, *Dancing for Diaghilev. The Memoirs of Lydia Sokolova*, hrsg. von Richard Buckle, London 1960, S. 164.
21	Zuber, „The Machine-Man" (s. Anm. 1), S. 177.
22	Ebd., S. 178.
23	Assafjew, *A book about Stravinsky* (s. Anm. 8), S. 2.
24	George Balanchine, „Das tänzerische Element", in: *Musik der Zeit* 4 (1955), Nr. 12, zitiert nach: Volker Scherliess, *Igor Strawinsky und seine Zeit*, Laaber 1983, S. 68.
25	Vgl. Strawinsky, „Erinnerungen" (s. Anm. 16), S. 85f.
26	Vgl. ebd., S. 24.
27	Vgl. Waslaw Nijinsky, in: *Hojas Musicales de la Publicidad*, 26. Juni 1917, zitiert nach: Vera Stravinsky und Robert Craft, *Stravinky in Pictures and Documents*, London 1979, S. 512.
28	Scherliess, *Igor Strawinsky und seine Zeit* (s. Anm. 24), S. 207.
29	Vgl. Zuber, „The Machine-Man" (s. Anm. 1), S. 171f.
30	Vgl. dazu ausführlich Ackermann, *Die Kultur des Hörens: Wahrnehmung und Fiktion* (s. Anm. 10).

Konrad Landreh

Komponierte Bewegung oder choreographierte Musik? Über das Spannungsverhältnis zwischen Ballettkomponist und Choreograph am Beispiel von Manuel de Falla und Leonide Massine

Ein Symposium mit dem Thema „Bewegung zwischen Hören und Sehen" scheint geradezu prädestiniert dazu, sich mit den von Serge Diaghilevs Ballets Russes inszenierten Bühnenwerken zu beschäftigen. Immerhin haben die Ballets Russes nicht nur der Ballettmusik und damit der Ebene des Hörens im Tanztheater zu einem völlig neuen Stellenwert verholfen, sondern auch das Zusammenspiel von Musik und Visualität in ihren epochalen Choreographien und Ausstattungen immer wieder neu überdacht. Durch die Zusammenarbeit führender Künstler unterschiedlicher Disziplinen auf Augenhöhe ist damit Bewegung aus der Perspektive des Sehens wie des Hörens gleichermaßen inszeniert worden.

Le Tricorne ist in vielerlei Hinsicht typisch für das Schaffen der Ballets Russes. Folgt man der Einschätzung von Lynn Garafola, so handelt es sich trotz des breiten Erfolges, den die Choreographie seit der Uraufführung genossen hat, jedoch nicht um ein choreographisches Meisterwerk.[1] Dass sich dennoch gerade dieses Ballett meines Erachtens für eine Abhandlung über die Beziehung zwischen Komponist und Choreograph im Ballett besonders eignet, hat mehrere Gründe:

1. *Le Tricorne* ist, wie auch Vicente García-Márquez betont, eines der am gewissenhaftesten vorbereiteten Ballette überhaupt.[2] Seiner Aufführung gehen unter anderem mehrere ausgedehnte Exkursionen von Komponist und Choreograph durch Spanien und das Engagement eines Flamencotänzers als Lehrer für Massine und das Ensemble voraus. Die Vorbereitung der Inszenierung erstreckt sich über mehr als drei Jahre.
2. Das Ballett stellt die Umarbeitung einer Pantomime dar und bietet somit dezidiert Aufschluss über die Erfordernisse eines Balletts im Vergleich zur Pantomime. Sowohl die Änderungswünsche von Massine und Diaghilev als auch Manuel de Fallas Reaktionen auf diese Wünsche sind hierbei sehr interessant.
3. Der Erfolg von *Tricorne* ist fast ausschließlich an die ursprüngliche, parallel zur Musik entstandene Choreographie Massines gebunden. Man kann in diesem

Fall somit von einer choreographischen Inszenierung mit Werkcharakter sprechen.

4. Aufgrund der engen, zum Teil sogar freundschaftlichen Zusammenarbeit der beteiligten Künstler – neben Falla, Massine und Diaghilev sind noch Picasso und als Librettistin María Martínez Sierra involviert – erwecken die in verschiedenen Quellen ablesbaren Differenzen bezüglich der Ausgestaltung des Werkes nicht den Eindruck, man habe gegeneinander gearbeitet oder sich bei der Arbeit grundsätzlich behindert. Das Resultat ist ganz im Sinne Diaghilevs ein kooperatives Gesamtkunstwerk. Das im Titel dieses Beitrags benannte Spannungsverhältnis, gerade bezogen auf Massine und Falla, resultiert daher vermutlich in erster Linie aus der unterschiedlichen kompositorischen bzw. choreographischen Perspektive auf eine Ballettinszenierung.

5. Die Quellenlage ist, vor allem mit Blick auf Manuel de Fallas Einschätzung der chorographischen Erfordernisse, äußerst günstig. Selbst wenn die lange Phase gemeinsamer Exkursionen und damit verbunden sicher hochinteressanter künstlerischer Konversation nicht den Weg in die Korrespondenz beider fand, äußern sich Falla und Massine an anderer Stelle und gegenüber anderen Adressaten deutlich genug. Und letztlich ist es auch die nicht ganz bruchlose Gestalt des Balletts als solche, die in ihren Glanzpunkten wie den Unstimmigkeiten im Zusammenspiel von Musik und Choreographie Aufschluss bietet über die jeweilige künstlerische Perspektive.

Die Besonderheiten der musikalisch-choreographischen Interaktion zeigen sich bei *Le Tricorne* damit sowohl in der Entstehungsgeschichte der bis heute weitgehend unverändert tradierten Inszenierung[3] als auch in ihrer jeweiligen Einschätzung durch den Komponisten und den Choreographen. Die erwähnten Differenzen verweisen meines Erachtens unabhängig von der konkreten Inszenierung und der Individualität der beteiligten Künstler auf Besonderheiten im Zusammenspiel von Musik und Tanz bzw. von kompositorischer und choreographischer Perspektive innerhalb von Balletten im Allgemeinen.

Zur Entstehung von Le Tricorne

Als die Ballets Russes im Mai 1916 auf Einladung von König Alfonso XIII. nach Spanien reisen, werden sie von Manuel de Falla, der das Ensemble noch von seiner Zeit in Paris kennt, wärmstens empfangen. Falla fungiert als beflissener Fremdenführer, der das Ensemble mit Stierkampf, spanischer Kunst, Architektur und Flamenco bekannt macht. Daneben führt er Diaghilev, Massine und Stravinsky in die gerade aufblühende Kulturszene Madrids ein. Diaghilev entwickelt sehr bald die Idee, ein spanisches Ballett zu Musik von Manuel de Falla zu produzieren. Sein Vorschlag, dessen *Noches en los jardines de España* von Massine choreographieren zu lassen, führt bereits zu einer ersten aufschlussreichen Meinungsverschiedenheit. Falla sträubt sich, das ausgewiesene Konzertstück für eine choreographische Umsetzung freizugeben. Dies ist umso interessanter, da er diese Weigerung noch sehr viel später in seiner Korrespondenz als Beleg für seine konsequente ästhetische Position heranzieht. Auf die Bitte der Tänzerin Nirva del Río, die *Noches* choreographieren zu dürfen, antwortet er 1929:

> [...] ha sido siempre un decidido criterio mio el de no cambiar el carácter y destino de mis obras. Las ‚Noches' fueron compuestas como simple obra sinfónica, y además, y sobre todo, ya muy anteriormente había recibido reiteradas peticiones (y muy especialmente de los Ballets Russes de Diaghilew, aún antes de que estrenaron el ‚Sombrero') peticiones a las que siempre me he negado por las antedichas razones.

1916 akzeptiert Diaghilev schließlich den Vorschlag des Komponisten, alternativ seine bereits begonnene Pantomime *El corregidor y la molinera* in ein Ballett umzuwandeln, und fasst eine Fertigstellung des Werkes für den Winter 1916/17 ins Auge. Nach dem Ende der Madrider Theatersaison im Juni begleitet Falla Diaghilev und Massine auf einer Studienreise durch Andalusien, auf der sie den später unter anderem für die Entwicklung der *Tricorne*-Choreographie als Tänzer und Lehrer engagierten Félix Fernández kennenlernen. Unmittelbar nach dieser Reise ist Falla mit den ersten Korrekturen an seinem Werk beschäftigt. Hierbei entwickelt er, wie er an Stravinsky schreibt, den Tanz stärker und verändert Passagen, die Diaghilev und Massine offenbar nicht gefallen haben.[5] Die vertraglichen Vereinbarungen rund um *Le Tricorne* nehmen immer mehr Form an, doch entgegen der noch im September aktuellen Planung, das Werk bereits Anfang 1917 in Rom aufzuführen, stellt Falla zunächst die Version als Pantomime fertig. Diese wird am 17. April 1917 in Madrid uraufgeführt, die Ballettfassung ist zu diesem Zeitpunkt längst nicht vollendet. Anfang Juni, nachdem Massine und Diaghilev die Musik der Pantomime erstmals vollständig gehört haben, schreibt Falla an María Martínez Sierra, dass er, wie befürchtet, am zweiten Teil noch wesentliche Veränderungen vornehmen müsse, die offenbar im Detail noch nicht geklärt sind.

> Otra cosa, como ya le dije a usted que temía occuriese, tendré que hacer importantes modificaciones en el 2° cuadro del Corregidor, para que resulte más coreográfico. [...] Aún no han determinado las modificaciones. Lo único cierto por el momento es que tengo que hacer un largo final, desarrollando la escena de la pelea y hasta,

tal vez, dando cabida en ella al molinero, que puede volver perseguido por los alguaciles del Corregimiento.[6]

Was auch immer mit dem Ausdruck „más coreográfico" konkret gemeint ist, die hier angedeuteten Forderungen werden von Massine und Diaghilev, wie es scheint, in völligem Einvernehmen gestellt. Anders als in der offen endenden Pantomime soll es ein großes Finale mit der in diesem Brief erstmals erwähnten Strohpuppe (einem Zitat von Goyas Gemälde *El pelele*) geben. Zwei Wochen später ist Falla jedoch nicht mehr erbaut von Massines Wünschen, die nun konkretere Formen annehmen und dabei mit der ursprünglichen Konzeption des Werkes kollidieren:

> Además del final, tengo que modificar no pocas cosas del 2. cuadro. El diálogo musical (lo que tantísimo trabajo me costó hacer y lo que constituye la verdadera novedad de esta musiquilla), no les sirve en gran parte, pues dice Massine que si yo lo hago todo ¿qué le queda a él por hacer?!![7]

Massine selbst weist in seiner Autobiografie auf den Veränderungsbedarf hin und bezeichnet die von Falla als besondere Errungenschaft gepriesenen Passagen als „Pastiche Writing".[8]

Ganz abgesehen von etwaigen geschmacklichen Differenzen zeichnet sich hier ein äußerst interessanter Konflikt um die Funktion der Musik für eine Choreographie ab. Massine fordert mehr Freiraum für seine eigene Arbeit. Wenn die Musik, wie es in der Pantomime deutlich erkennbar der Fall ist, sämtliche Gesten weitestgehend eindeutig vorschreibt, kann der Choreograph selbst nicht kreativ arbeiten. Während Falla durchaus einsichtig reagiert, betont die briefliche Reaktion der Librettistin den Zwist noch:

> Me parece una idiotez lo que dice nuestro interesante Miassine sobre hacer o no hacer en el Corregidor: creo con hacer precisamente lo que le fuese indicando la música tendría muy bastante.[9]

Sehr deutlich vertritt María Martínez Sierra die sicher auch aus ihrem Mitwirken an dem gemeinsam erarbeiteten, minutiös geplanten Zusammenspiel von Libretto und Musik erwachsene Position, dass Massines Choreographie lediglich eine Umsetzung der musikdramatischen Komposition, jedoch keine eigenständige Choreographie darstelle. Damit sind wir bereits bei der zentralen Frage des vorliegenden Textes angekommen: Komponiert Falla in seiner Musik die Bewegungen der Tänzer oder choreographiert Massine eine musikalische Vorlage?

Natürlich bezieht sich der benannte Konflikt insbesondere auf den pantomimischen Anteil des Werkes und erscheint daher zunächst eher als Sonderfall, der nur auf stark narrativ geprägte Passagen in Ballettpanomimen zutreffen dürfte. Ballett bedeutet in diesem Zusammenhang eben nicht nur Bühnentanz, sondern auch getanztes Musiktheater. Für Manuel de Falla enthält ein solches Musiktheater offenbar immer eine narrative Ebene, die von der Komposition und vom Libretto bereits vorgegeben ist. Wäre ihm der Bezug zwischen Musik und Handlung als Teil der kompositorischen Ausformung eines Balletts nicht wichtig, so ließe sich die konsequente Ablehnung der Verwendung seiner *Noches en los jardines de España* weniger leicht erklären.

Was Falla dagegen mit dem Ausdruck „más coreográfico" meint, erschließt sich gerade nicht an den Stellen, an denen seine Musik dem erzählenden Duktus der Pantomime entspricht. „Más coreográfico" wird sein Werk erst mit den neuen oder stark erweiterten Tänzen und Tanzszenen. Dass deren Einbindung zunächst wenig Anlass zu Differenzen bietet, liegt aber keineswegs darin begründet, dass sie die ursprüngliche Fassung weniger stark beeinflussen. Dies gilt nur für den fast unveränderten ersten Teil des Werkes und die darin bereits in der Pantomime vorgesehenen Tänze, den Fandango und die Danza de las uvas. Im zweiten Teil zieht die Umarbeitung, vor allem die Einfügung der Farruca, des Menuetts für den Corregidor und des groß angelegten Finales, eine weitgehende Neukonzeption der szenischen Anlage nach sich.

Umfang und Bedeutung dieser Neukonzeption werden ersichtlich, wenn man den erneuten gemeinsamen Studienaufwand von Massine und Falla betrachtet. Auf einer zweiten Reise durch Spanien erforschen die beiden die musikalische wie tänzerische Sprache der später im Ballett stilisierten Folklore. Während Falla folkloristische Themen notiert, erlernt Massine, maßgeblich unterstützt und teilweise angeleitet von Félix Fernández, Grammatik und Bewegungsrepertoire von spanischer Folklore und Flamenco. Dabei erscheint es fast paradox, dass die politischen und wirtschaftlichen Widrigkeiten, die der Erste Weltkrieg auch für die Ballets Russes mit sich brachte, ein entscheidender Faktor für die segensreich gründliche Vorbereitung von *Le Tricorne* werden sollten. Massine und die Ballets Russes waren im neutralen Spanien, das zudem von einem ballettomanischen König regiert wurde und nach kultureller Erneuerung strebte, trotz erheblicher finanzieller Schwierigkeiten noch vergleichsweise gut aufgehoben.

Da Falla wie Massine bei der Gestaltung der aus Folklore und Flamenco abgeleiteten Tanzszenen an dieselbe übergeordnete Instanz folkloristischer Musik- und Tanztradition gebunden sind und sie sich diese zudem gemeinsam bei ihren Reisen erschlossen haben, ist es kaum verwunderlich, dass hier weitgehend Einigkeit herrscht. Wenn Falla eine Farruca komponiert und sich dabei deren formaler, rhythmischer und klanglicher Anlage verbunden fühlt, so bildet das Bewegungsrepertoire dieser Farruca zwangsläufig die Basis für die Choreographie. Auch die Seguidilla zu Beginn des zweiten Teils und die wiederkehrenden Jotapassagen im Finale werden in der Choreographie entsprechend ihrer tänzerischen Tradition behandelt. Dabei streben Musik wie Choreographie allerdings gleichermaßen eine Stilisierung, eine Transformation der folkloristischen Basis an. Einzig beim Tanz des Corregidors, der bezeichnenderweise nicht aus dem folkloristischen Repertoire abgeleitet ist, kommt es erneut zu Unstimmigkeiten. Fallas Bestreben, die ausgedehnte pantomimische Charakterisierung des Corregidors aus der Urfassung ganz im Sinne der Darstellungsmöglichkeiten des Balletts in ein Menuett zu überführen, überzeugt Diaghilev und Massine letztendlich nicht. Das Menuett des Corregidors wird bereits bei der Pariser Premiere 1920 gestrichen. Dass Falla nicht einverstanden ist, zeigt einerseits wiederum seine Korrespondenz, andererseits aber auch die Entwicklung der Druckfassungen. Chester gegenüber äußert Falla:

> Dans les représentations de Paris on a suprimé le Menuet (2a [gestr.: Parte] Scène la meunière et le Corregidor). J'ai protesté contre cela, mais après, j'ai compris qu'ils avaient raison et que, au point de vue action scénique vaut mieux qu'il reste comme cela.[10]

Die von Diaghilev vorgenommene Kürzung, die im Klavierauszug als Fassung der Ballets Russes noch vermerkt ist, findet sich in der später erschienenen Partitur nicht mehr wieder. Fallas scheint also wenig Verständnis für Diaghilevs Kürzung gehabt zu haben. Zugleich verweist das Beispiel des Menuetts bereits auf eine neue Ebene der Entstehungsgeschichte von *Le Tricorne*, schließlich ist die Kürzung Ergebnis von Erfahrungen mit den ersten Aufführungen der Choreographie. Der Ausdruck „au point de vue action scénique" ergänzt den Aspekt der kompositorischen Arbeit, bei deren Resultat es sich um ‚choreographische' oder ‚pantomimische' Musik handeln soll, um den konkreten inszenatorischen Rahmen, um die intendierte und eben auch erprobte Bühnenwirkung von Musik und Choreographie. Alle weiteren Anhaltspunkte für Differenzen zwischen Komponist und Choreograph beruhen auf eben diesen Erfahrungen mit der ersten Inszenierung.

Konsequenzen der Inszenierung

Beginnen wir mit Fallas Beobachtungen bei der Probenarbeit. Diese sind in Form einer handschriftlichen Notiz des Komponisten aus dem Nachlass von Diaghilev erhalten. Neben Anweisungen für das Orchester enthalten die Aufzeichnungen auch einzelne Korrekturwünsche bezogen auf die Choreographie, unter anderem die folgenden:

3o) Faire coincider le plongeon du
Corregidor avec la musique.
4o) Scène du Meunier et de Corregidor (???)
5o) Pourquoi le meunier ne se coiffe
pas du tricorne en s'en allant?[11]

Die Bedeutung dieser Bemerkungen erschließt sich, wenn man die Regieanweisungen des Librettos und ihre musikalische Entsprechung mit der choreographischen Umsetzung vergleicht.

Zu 3o): Wie bereits erwähnt, verlangt Fallas Musik an zahlreichen Stellen die direkte Entsprechung von Musik und Geste. Fehlt diese Entsprechung in der Geste, verliert die Komposition ihren ursprünglichen Sinn, der sich bisweilen im Nachzeichnen von Gesten erschöpft. Genau solche Passagen will Massine aber deutlich gekürzt sehen. Wenn er sich an vielen Stellen (nicht nur an der hier benannten) gewissermaßen den Anordnungen der Musik widersetzt, so zeigt dies, dass sein choreographisches Denken eine andere Beziehung zur Musik sucht, als die der Komposition innenwohnende Bewegungsvorstellung suggeriert. Falla äußert sich auch noch mehr als 20 Jahre später kritisch bezüglich der Umsetzung deskriptiver Passagen durch Massine. Anlässlich der Neuinszenierung am Teatro Colón durch Floros Ugarte mit einer Choreographie von Margarita Wallmann geht Falla in mehreren Briefen auf die komponierte Verbindung von Musik und Geste, etwa bei der Szene am Brunnen („les puits", Teil I, Nr. 15), ein:

> Y termino con unas pequeñas advertencias (por si fuesen útiles) sobre tres momentos del ballet: En la pag. 7 (no 15) cuando el MOLINERO saca agua del pozo, los tres primeros compases han de coincidir exactamente con la rotación de la polea al bajar el balde o caldero hasta el supuesto fondo del pozo, y los cinco compases siguientes con la subida del caldero, tambien con absoluta coincidencia de la música con el gesto.[12]

Massines Choreographie vermeidet die exakte Übereinstimmung von Geste und Musik, die hier bis in die detaillierte Abstufung der Geschwindigkeit beim Hinablassen und Heraufziehen des Wassereimers aus dem Brunnens reicht. Im Gegensatz zu den Anweisungen des Librettos verbindet er die musikalische Deskription des Brunnens bewusst mit den Gesten des – vom Standpunkt Fallas aus betrachtet – zu früh auftretenden Dandys, welcher der Müllerin Handküsse zuwirft.

Zu 4o): Geht man davon aus, dass es sich bei Fallas Anmerkung um die nächtliche Begegnung von Corregidor und Müller im zweiten Teil handelt, so deuten die Fragezeichen vermutlich auf den Umstand hin, dass die im Szenario detailliert beschriebene Handlung in der Choreographie Massines inhaltlich stark abgewandelt ist.

Falla ist auch in diesem Fall mit Massines Version unzufrieden, wie eine Passage aus der Korrespondenz mit Ugarte anlässlich der Produktion des Teatro Colón zeigt:

> Pero no está de más insistir sobre ciertos momentos de la acción, y muy especialmente en cuanto se refiere a los nos. 35 al 41 de la mise-en-scene. Ya la Sra. Walmann, en la lectura que hicimos en Diciembre, vió la realización de esta escena del Molinero y el Corregidor de un modo más completo que la de los Ballets Rusos. ¿Sabe Vd. si el Sr. Balsadúa se ha puesto de acuerdo con ella para hacer posible ese juego escénico, que me pareció excelente por ajustarse, no solo a la mise-en-scene, sino también a los temas que, intencionadamente, aparecen en la música?[13]

Der Ausdruck „juego escénico" zeigt, dass Falla auch in diesem Fall nicht choreographisch, sondern theatralisch komponiert. Der Hinweis auf die Themenbildung (und damit verbundene semantische Konnotationen) unterstützt dies noch. Aufgabe des Choreographen bzw. der Choreographin ist hier seines Erachtens wiederum die möglichst umfassende Realisation der Vorgaben von Komponist und Librettistin. Massine entwickelt stattdessen mit choreographischen Mitteln eine neue und in wesentlichen Aspekten inhaltlich veränderte Sicht auf das musikdramatische Geschehen. Müller und Corregidor deuten in Massines Version einen Stierkampf an, dessen Bewegungsrepertoire Massine während der Vorbereitung des Balletts intensiv studiert hat. Unterstützt wird dies durch zweckentfremdete Kostümteile aus Picassos Ausstattung: den Mantel des Müllers, unter dessen Kapuze der Dreispitz zum Stierhorn wird, und den Umhang des Corregidors als Tuch des Toreros. Die Szene folgt somit zwar nicht der Logik des Librettos, die hier den Kleider- und Rollentausch von Müller und Corregidor gemäß der Novelle von Alarcón einleitet (dann müssten im Übrigen die Ausstattungsgegenstände anders entworfen sein, wie Fallas brieflicher Hinweis auf Absprachen mit dem Ausstatter Basaldúa belegt). Andererseits entspricht sie aber in idealtypischer Dichte sowohl der ästhetischen Intention des Balletts (stilisierte spanische Kultur) als auch der im Ballett generell veränderten Personen- und Handlungskonstellation.

Die Rolle des Corregidors, deren Charakterisierung im Ballett mit zahlreichen Kürzungen in Handlung und Musik einhergeht, erscheint nicht nur an dieser Stelle auf einen clownesk überzogenen Buffocharakter reduziert, während sein Auftreten in der Pantomime noch von einer einigermaßen komplex gestalteten Persönlichkeit zeugt (er leidet, ist wütend, hat Angst). „Au point de vue action scénique" ist es da in der Tat nicht mehr glaubwürdig, dass er zur Präsentation des von Falla komponierten Menuetts in der Lage sein soll, zumal dieser Tanz die im Lauf des zweiten Teils deutlich beschleunigte und verdichtete Handlung ausbremsen würde.

Zu 5o): Fallas Frage nach dem Hut des Corregidors scheint mir durchaus berechtigt, immerhin steht er als Symbol behördlicher Willkür laut Titel im Mittelpunkt des Balletts. Wiederum übernimmt hier die Choreographie die in Libretto und Musik vorgesehenen Handlung nicht eins zu eins – jetzt aber mit der Konsequenz, dass die durch den Kleiderwechsel von Corregidor und Müller bedingte Verwechslung beider, die das tumultöse Finale eigentlich erst auslöst, für den Zuschauer nicht mehr nachvollziehbar ist. Es geht nun ausschließlich um den Tumult als solchen, der vor allem durch die Kostüme Picassos als visuell erlebbarer Lärm einer kaum mehr durchschaubaren Menschenmenge auf der Bühne inszeniert ist, mit den Worten Lynn Garafolas:

> In this last scene, one searches in vain for a center – a figure that rises above the fray; an event that stands out as unique; a configuration that privileges one or another part of the stage. One finds instead only an impersonal blur of humanity, an undifferentiated mass, condemned to perpetual movement – bobbing, mindless dolls.[14]

Dass hier ein bewegtes Bild inszeniert werden soll, legen bereits die zu Beginn der Umarbeitungen diskutierten Bildzitate Goyas nahe. Falla erwähnt neben dessen *El pelelé*, das im Libretto beschrieben und in der Partitur genau vermerkt ist, auch das Gemälde *El entierro de la sardina*, das sowohl in der choreographischen Anlage des Finales als auch in Form der bei Goya abgebildeten Standarte in der Ausstattung Picassos zitiert wird.

Die durch die Kostüme Picassos noch verstärkte Konzentration der Choreographie auf visuelle Effekte zeugt erneut von Differenzen in der kompositorischen bzw. choreographischen Darstellungsweise. Musik und Libretto gehen im Finale bei allem geplanten Durcheinander von einer sich zeitlich entwickelnden Lösung der Handlungskonflikte aus, die im Wesentlichen logisch nachvollziehbar ist.[15] Die Wirkung von Choreographie, Musik und Kostümen im Zusammenspiel ist eine andere, deren Sinn im visuellen Reiz des bewegten Bildes liegt. Diese Facette choreographischer Darstellungsmöglichkeiten kann zwar durchaus ihre Entsprechung in kompositorischen Verfahren haben. Hier aber beruht sie auf einer von der Komponistenintention abweichenden Deutung der Musik. Die Choreographie folgt nicht der Handlungskomposition Fallas, sondern setzt die musikalische Deutung und das Darstellungsziel Massines, nämlich die Visualisierung ausgelassener spanischer Volksstimmung, in Tanz um.

Die zitierte Beschreibung Lynn Garafolas, die im Übrigen im Mittelpunkt ihrer Kritik an Massines Choreographie steht, liefert auf der anderen Seite einen entscheidenden Hinweis auf die moderne, tendenziell abstrakt-visuelle Konzeption des Zusammenspiels von Choreographie und Kostümen, die gerade mit Blick auf Picassos Beitrag immer wieder betont wird. Allerdings greift Garafola in ihrer Auseinandersetzung mit dem Werk zwei Szenen heraus, welche die Darstellungsmöglichkeiten der

Choreographie auf andere Weise, nämlich durch Zentrierung und Personalisierung, ausschöpfen. Zum einen stellt für sie das Solo der Müllerin im zweiten Teil das einzige Beispiel einer von Gefühl geprägten Szene dar.[16] Interessanterweise sieht das Libretto an dieser Stelle überhaupt keinen Tanz vor, sondern verlangt eine pantomimische Darstellung, deren musikalische Begleitung diesmal eine Unterstützung der Bewegung vermeidet.

> The miller's wife, all alone, gazes pensively into the distance. From afar, in the stillness of the night, a song is heard, which wounds the woman's aching heart. Still gazing into the night, she walks slowly towards the house, candle in hand. She takes up a gun and places it in a corner within her reach. The cuckoo-clock strikes nine, and is answered by the blackbird, who whistles in imitation of the clock. The miller's wife draws the curtains of the recess, extinguishes her light, and in the mill reigns complete silence and solitude.[17]

Musikalisch bietet dieser szenische Ruhepunkt jedoch genügend Anlass zu einer ausgedehnten Choreographie des von Garafola beobachteten und im Libretto angedeuteten Gefühls, ohne dass Falla oder Martínez Sierra dies einkalkuliert hätten. Die Choreographie wird hier dramatisch wirksam, indem sie gerade nicht erfüllt, was das Libretto als Handlung vorgibt. Massines Müllerin handelt an dieser Stelle nicht, sie fühlt, sie denkt und erinnert sich, und dies tut sie in idealtypischer Weise, indem sie ihre Gefühle und Erinnerungen tanzt. Falla verlässt sich dagegen auf die semantische Aussagekraft des verwendeten Liedtextes und der Imitation von Kuckucksuhr und Vogelstimme.

Die zweite von Garafola erwähnte Stelle ist die Farruca. Sie geht in diesem Zusammenhang jedoch nicht auf Massines choreographische Leistung ein, sondern auf seine eigene tänzerische Interpretation:

> In 1919, when Massine danced the Miller's role, *Tricorne* was a different ballet from the one we see today. At that time, I believe, it did had a center, one that derived from the compelling presence of Massine himself.[18]

Damit wären wir beim letzten Aspekt grundlegender Differenz zwischen kompositorischer und choreographischer Arbeit zumindest für dieses Werk angekommen. Choreographie beruht wohl im Allgemeinen viel stärker als musikalische Komposition auf den körperlichen Bedingungen, d. h. der Ausstrahlung, dem Charakter, den individuellen Merkmalen und Fähigkeiten der beteiligten Tänzerinnen und Tänzer. Massine selbst war immerhin erst dann in der Lage, *Tricorne* zu choreographieren, als er die Grammatik spanischer Tänze intensiv studiert und durchdrungen hatte, und diese Durchdringung war eine tänzerische, am eigenen Leib erfahrene. Die Farruca war und ist so etwas wie die tänzerische Erfüllung, wenn nicht sogar Transzendierung der Persönlichkeit Massines, der hier eben nicht nur ein Bühnenwerk entwirft, sondern es auch – anders als ein Komponist das in der Regel kann – selbst verkörpert und darin über sich hinaus wächst.

> I felt an almost electrical interaction between myself and the spectator. Their mounting excitement had the effect of heightening my physical strength until I was dancing with a sustained force that seemed far beyond my reach at other times. For one moment it seemed as if some other person within me was performing the dance.[19]

Geplant war ursprünglich aller Wahrscheinlichkeit nach eine andere Besetzung. Félix Fernández, der als Lehrer und als Tänzer engagiert war, sollte eigentlich Diaghilevs große tänzerische Entdeckung werden. Dass Fernández an seinem Scheitern als Balletttänzer und seiner enttäuschten Hoffnung, auf den großen Bühnen der Welt eben diese Farruca tanzen zu dürfen, seelisch zerbrochen ist, wird wohl immer die traurigste Anekdote rund um dieses Ballett bleiben.

Kompositorische und choreographische Perspektive

Versucht man abschließend von den dargestellten Besonderheiten der Zusammenarbeit von Falla und Massine auf allgemeine Unterschiede im kompositorischen und choreographischen Verständnis eines Balletts zu schließen, so findet man zahlreiche Ansätze:

1. Die Zusammenarbeit von Komponist (hier auch Librettistin) und Choreograph ist letztlich immer auch eine Machtfrage. Das von Manuel de Falla genauestens geplante Zusammenspiel von Handlung und Musik möchte er in einer Choreographie ebenso gewissenhaft umgesetzt sehen. Damit wäre anders als in vielen Balletten nicht der Choreograph für die Entwicklung einer Handlungsvorlage für den Komponisten zuständig, sondern umgekehrt. Fallas Weigerung, Konzertmusik für eine Choreographie freizugeben, die der Musik im Übrigen gemäß der Planung von Diaghilev eine neue Handlung beigefügt hätte, entspricht dieser Überzeugung durchaus. Massine dagegen ist seinen persönlichen und den Darstellungsmitteln einer Choreographie verpflichtet. Entsprechend sieht er sich gemeinsam mit Diaghilev in der Verantwortung, Kürzungen und Umstrukturierungen im musikalischen Ablauf durchzusetzen. Das wiederum zeugt letztlich davon, dass Massine als Choreograph eigene Machtansprüche durchsetzen will. Ohne Frage allerdings ist die Art und Weise, wie in diesem Ballett Komponist und Choreograph auf jeweils individuelle Weise Einfluss ausüben kön-

nen, eine Errungenschaft der maßgeblich von den Ballets Russes initiierten Erneuerung des Balletts.

2. Der scheinbare Widerspruch zwischen der von Falla immer wieder geäußerten Kritik an Inszenierungsdetails auf der einen Seite und seiner mindestens ebenso deutlich formulierten generellen Zustimmung zur Inszenierung als solcher erklärt sich möglicherweise aus seinem Mangel an Erfahrung in Bezug auf die Inszenierung eines Balletts. Fallas Zugeständnisse beziehen sich explizit auf den szenischen Blickwinkel, der die Änderungen seiner minutiösen Planung wohl auch für ihn teilweise sinnvoll erscheinen lässt.

3. Die szenischen Freiräume, die Massines Choreographie einfordert und effektiv nutzt, deuten auf eine für Ballettkomponisten typische Situation hin. Ballettmusik – sofern sie nicht ohnehin ausgehend von konkreten Vorgaben eines Choreographen komponiert worden ist – kann in der Regel nur einen (unter anderem formalen und rhythmischen) Rahmen bieten, innerhalb dessen die Choreographie nach eigenen Gesetzen wirken kann. Problematisch wird die Choreographie dort, wo sie den musikalischen Rahmen in Frage stellt oder gar durchbricht. In *Tricorne* geschieht das (und auch das scheint ein grundlegendes Problem zu sein) immer auf der semantischen bzw. narrativen Ebene, d. h. dort, wo der kompositorische Rahmen über das rein Musikalisch-Formale hinausgeht und die Choreographie eine konkrete Handlung darstellen soll. Im Extremfall kann die choreographische Darstellung dann sogar im Widerspruch zur musikalischen Erzählung stehen.

4. Dass eine Choreographie scheinbar oder tatsächlich den musikalischen oder szenischen Vorstellungen eines Komponisten widerspricht, muss indes keinesfalls grundsätzlich ein Scheitern der Inszenierung bedeuten. Einige Stellen in *Tricorne* deuten an, dass dies sogar zu überzeugenderen Ergebnissen führen kann als die Planung des Komponisten.

5. Entsprechungen oder Überschneidungen zwischen kompositorischer und choreographischer Gestaltung finden sich häufig dort, wo beide Kunstformen an eine gemeinsame übergeordnete Instanz gebunden sind. Bei *Tricorne* gilt dies sowohl für die Orientierung an folkloristischen Konventionen als auch für das ästhetische Ziel der Stilisierung und Verfremdung der folkloristischen Grundlage. Damit knüpft das Ballett einerseits an das traditionelle und in der Musikwissenschaft oft als Einschränkung angesehene Prinzip der Verwendung fester Tanzformen an. Andererseits zeigt es jedoch durchaus zeittypisch einen Weg auf, wie im Spiel mit solchen Konventionen kreativer Freiraum entstehen kann.

6. Die Arbeitsweise von Komponist und Choreograph ist, gerade was die Involvierung der eigenen Körperlichkeit angeht, offenbar grundverschieden, so dass eine simple gegenseitige Verdoppelung der Darstellungsintentionen praktisch ausgeschlossen ist. Es wäre, gerade mit Blick auf die von Massine ignorierten deskriptiven Passagen von Fallas Musik, sicher auch zu fragen, ob die Bewegungserfahrungen eines Komponisten oder Musikers (sofern er nicht auch ausgebildeter Tänzer ist) nicht zwangsläufig zu einer anderen Sichtweise der Verbindung von Musik und Bewegung führen müssen als die eines Tänzers bzw. Choreographen. Immerhin verbindet jeder praktische Musiker Klanggestalten nicht zuletzt aufgrund langjähriger Übepraxis am Instrument mit einem relativ fest umrissenen Repertoire an Gesten und muskulären Prozessen, die keineswegs immer mit der (wiederum aus langjährigem intensivem Training erwachsenen) Körperwahrnehmung von Tänzern übereinstimmen müssen. Massines Praxis, Bewegungsmuster der Musik anders umzusetzen als vom Libretto gefordert, könnte durchaus auch aus dem Umstand resultieren, dass die Bewegungsvorstellung Fallas für eine Choreographie bisweilen untauglich ist.

Das bei *Tricorne* konstatierte Spannungsverhältnis zwischen Komponist und Choreograph liegt also anscheinend in der Natur der Sache. Umso interessanter erscheint das geplante und auch in seiner Widersprüchlichkeit gelungene Zusammenspiel der hierbei wirksamen unterschiedlichen Sichtweisen auf komponierte Bewegung auf der einen Seite und auf choreographierte Musik auf der anderen.

[1] „Even with Massine as the Miller, I doubt that *Le Tricorne* was a masterpiece." Lynn Garafola, „The choreography of Le Tricorne", in: *Los Ballets Russes de Diaghilev en España*, hrsg. von Yvan Nommick und Antonio Álvarez Cañibano, Granada, Madrid 2000, S. 95.
[2] „Few ballets have been as meticulously planned as Le Tricorne." Vicente García-Márquez, *Massine. A Biography*, London 1996, S. 111.
[3] Mangels anderer, ohne tanznotatorische Kenntnisse zugänglicher Quellen stütze ich mich in Bezug auf die Choreographie im Wesentlichen auf die Aufzeichnung der Wiederaufnahme an der Pariser Opera Garnier von 1993, für deren choreographische Einstudierung Leonide Massines Sohn Lorca verantwortlich war. *Picasso und der Tanz*, Fernsehdokumentation LA SEPT-ARTE, Regie: Yvon Gerault, Frankreich 1993.
[4] Brief Fallas vom 20.06.1929, Durchschrift E-GRmf: Es ist immer mein entschiedener Standpunkt gewesen, den Charakter und die Bestimmung meiner Werke nicht zu verändern. Die *Noches* wurden als einfaches sinfonisches Werk komponiert, und außerdem und vor allem habe ich schon vor langer Zeit wiederholte Anfragen erhalten (und ganz besonders von Diaghilevs Ballets Russes, noch bevor sie den *Sombrero* aufgeführt haben), Anfragen, die ich aus den genannten Gründen immer abgelehnt habe.
[5] Vgl. Vicente García-Marquez, „Gestación y creación de El sombrero de tres picos", in: *Los Ballets Russes de Diaghilev en España* (s. Anm. 1), S. 58.

6	Brief Fallas an María Martínez Sierra vom 08.06.1917, Kopie E-GRmf: Noch etwas: Wie ich Ihnen gegenüber ja schon als Befürchtung geäußert habe, muss ich wichtige Veränderungen am zweiten Bild des Corregidors vornehmen, damit es choreographischer wird. [...] Sie haben die Veränderungen noch nicht festgelegt. Das einzig Sichere im Moment ist, dass ich ein großes Finale machen muss, in dem die Kampfszene entwickelt wird und ich möglicherweise den Müller auftreten lasse, der von den Alguaciles der Vogtei verfolgt zurückkehren könnte.
7	Brief Fallas vom 22./23.06.1917, zitiert bei Gallego: „Evolución de El corregidor y la molinera a El sombrero de tres picos", in: *Conciertos de Inauguración del Archivo Manuel de Falla*, Programmheft, Granada 1991, S. 28f.: Zusätzlich zum Ende muss ich nicht wenige Dinge im zweiten Bild ändern. Den musikalischen Dialog (der mich so viel Arbeit gekostet hat und der die wahre Neuheit dieser kleinen Musik darstellt) können sie großteils nicht gebrauchen, denn Massine fragt, was ihm zu tun bliebe, wenn ich alles machte!!
8	Leonide Massine, *My Life in Ballet*, London 1968, S. 115.
9	Brief an Falla vom 29.[06.]1917, E-GRmf: Mir scheint idiotisch, was unser interessanter Miassine über das Tun und Lassen im Corregidor sagt: Ich denke, er hätte absolut genug damit, genau das zu tun, was ihm die Musik anzeigt.
10	Brief an Chester, 10.02.1920, E-GRmf.
11	Paris, F-Po (Fonds Kochno).
12	Brief an M. Wallmann 26.07.1941, E-GRmf: Und ich ende mit einigen kleinen Bemerkungen (mögen sie nützlich sein) über drei Momente des Balletts: Auf S. 7 (Nr. 15), wenn der MÜLLER Wasser aus dem Brunnen holt, müssen die drei ersten Takte genau mit der Rotation der Winde beim Hinunterlassen des Eimers bis zum angenommenen Grund des Brunnens übereinstimmen und die folgenden fünf Takte mit dem Hinaufziehen des Eimers, ebenso in absoluter Übereinstimmung der Musik mit der Geste.
13	Brief an C. Floros Ugarte 21.07.1941, E-GRmf: Aber es ist nicht überflüssig, gewisse Momente der Handlung zu betonen, und zwar besonders, was die Nummern 35 bis 41 der mise-en-scène betrifft. Sra. Walmann sah in der Lesung, die wir im Dezember gemacht haben, die Umsetzung dieser Szene zwischen Müller und Corregidor bereits in einer vollkommeneren Weise als bei den Ballets Russes. Wissen Sie, ob Sr. Basaldúa sich mit ihr abgesprochen hat, um dieses szenische Spiel zu ermöglichen, dass mir hervorragend für eine Abstimmung nicht nur mit der mise-en-scène zu sein schien, sondern auch mit den Themen, die absichtlich in der Musik erscheinen?
14	Garafola, „The choreography of *Le Tricorne*" (s. Anm. 1), S. 94.
15	María Martinez Sierra beschreibt die Neukonzeption des Finales als „Aufhebung des [ursprünglich für die Pantomime geplanten, K. L.] dritten Bildes im zweiten" („algo como meter el tercer cuadro suprimido dentro del segundo"). Vgl. Brief an Falla vom 22.06.1917, E-GRmf. In diesem dritten Bild sollte die Handlung zunächst gemäß der Novelle von Alarcón abgeschlossen werden, wohingegen die definitive Fassung der Pantomime in zwei Bildern gänzlich offen endet. Vgl. Brief an Falla vom 22.06.1917, E-GRmf.
16	Garafola, „The choreography of *Le Tricorne*" (s. Anm. 1), S. 93.
17	Teil II, Nr. 15–17, zitiert nach Manuel de Falla, *El sombrero de tres picos. Le Tricorne. The Three-Cornered Hat*, Klavierauszug der Ballettfassung, London 1921.
18	Garafola, „The choreography of *Le Tricorne*" (s. Anm. 1), S. 95.
19	Massine, *My Life in Ballet* (s. Anm. 8), S. 141/142.

Andreas Münzmay

Gehörter Tanz, gedachte Körper:
Charles Mingus' Jazzalbum
The Black Saint and the Sinner Lady (1963)

Jazz*musik* und Jazz*tanz* sind auf das Engste aufeinander bezogene künstlerische Ausdrucksformen: Sie bedingen und durchdringen sich gegenseitig als kulturelle Praxen, die auf gemeinsame historisch-kulturelle Ausgangspunkte zurückgehen – (afro-)amerikanische Musik-, Theater- und Tanzpraxen des 19. Jahrhunderts – und in denen das Rhythmische als gleichermaßen tänzerisches wie musikalisches Koordinationsprinzip fungiert. Beide Formen leben von der Gegenüberstellung von individueller Improvisation und kollektiver Elemente.[1] Für Jazzmusik wie -tanz ist zudem eine gemeinsame ‚klassische' Epoche zu konstatieren, die etwa von 1920 bis zum Zweiten Weltkrieg reicht, deren ideeller Bezugspunkt in den musikalisch wie tänzerisch stilbildenden Tanzsälen Harlems liegt und für welche mediale Reproduktion und Distribution – Schallplatte, Radio, Film – wesentliche Grundlagen waren. Infolge dieser ‚klassischen' Urbanisierung und Medialisierung schließlich wurden beide zu kulturellen Bedeutungsträgern mit globaler Reichweite.

Auch wenn die Behauptung eines historischen und sachlichen Zusammenhangs von Jazztanz und Jazzmusik sofort einleuchten mag, ja fast banal klingt, ist es doch mitnichten so, dass die Zusammenschau von beidem ein Standard der Jazzhistoriographie wäre. Im Gegenteil steht einer kleinen Jazztanzforschung (seit Marshall und Jean Stearns' Standardwerk *Jazz Dance* von 1964[2]), die eher kursorisch sich um Musik bekümmert, eine umfangreiche Jazzmusikforschung gegenüber, welche ihrerseits von Aspekten der Körperlichkeit absieht zugunsten einer auf das Musikalische gerichteten Analytik. Dies gilt auch für die Forschungslage zu Charles Mingus' 1963 erschienenem Jazzalbum *The Black Saint and the Sinner Lady*, das als ein zentrales Opus nicht nur im Schaffen dieses Bassisten, sondern im Jazz überhaupt gilt.[3] Zwar wird der Tanzbezug, den die Albumveröffentlichung über Spurtitel und Liner Notes mehrfach explizit macht (s. u.), stets vermerkt, doch gelangte die Auseinandersetzung damit bis dato lediglich zu pauschalen Hinweisen, etwa dass die Platte als „suite"[4] oder „dance suite"[5] gestaltet sei und – so Scott Sauls nicht weiter ausgeführte und belegte Behauptung – „originally […] intended to feature dancers in generalized tableaux of communion and conflict, slavery and revolution".⁶ Mingus selbst hatte hingegen im ausführlichen Kommentar auf den Innenseiten des wie eine Doppel-LP aufgemachten Albums viel offener formuliert: „I wrote the music for dancing and listening."⁷ Dies hofft der vorliegende Versuch entlang folgender Leitfragen ausdifferenzieren zu können: Wie könnte man im Sinne eines historisch-musikwissenschaftlichen Erkenntnisinteresses methodisch an die Quellensorte Jazzschallplatte herantreten? Wie verhält sich das Schaffen von Charles Mingus zu anderen zeitgenössischen afroamerikanischen Avantgarden des Jazz und des Tanzes? Wie könnte der Tanzbezug von *The Black Saint and the Sinner Lady* zu verstehen sein?

Die Jazzplatte als musikhistorische Quelle – Anmerkungen zur Methodik

Seit den 1990er-Jahren konstituierte sich in den African American Studies an US-amerikanischen Universitäten eine in Europa vergleichsweise schwach rezipierte kulturwissenschaftliche Jazzforschung. Ein zentrales Erkenntnisinteresse dieser neueren Jazzwissenschaft – durchaus auch ein spätes ‚Kind' von LeRoi Jones' *Blues People* von 1963⁸ – ist das Verständnis von Strategien und Mechanismen afroamerikanischer Identitätsrepräsentation und -konstruktion.⁹ Der Paradigmenwechsel lenkte den Blick nunmehr weniger auf das – in der Regel reich von biografischen Anekdoten umrankte – ‚Geniale' und ‚für Normalsterbliche Undurchschaubare' der Jazzimprovisation, sondern mehr auf kommunikative Grundlagen und politisch-kulturelle Bedeutungen von Jazzwerken.¹⁰ Dabei scheint – auch wenn hier wohl weitere wissenschaftliche Aufarbeitung notwendig ist – dem sogenannten *Signifyin'* eine zentrale Rolle zuzukommen, jener geheimsprachlich-ironischen afroamerikanischen diskursiven Technik, die etwa mithilfe von Insider-Jargons, Anspielungen, Metaphern und kryptischen Umschreibungen Bedeutungen (oder deren Anschein) generiert. Im Jazz ist demnach damit zu rechnen, dass nicht nur Worttexte – etwa Zweideutigkeiten eines Bluestextes –, sondern auch musikalische Stillagen, Pattern, Melodiebildungen, Musiziertraditionen, Soundkonzeptionen und so weiter auf externe Kontexte und historisch-kulturelle Diskurszusammenhänge verweisen.¹¹

Der in diesem Sinne kulturwissenschaftlich gewandelte Blick wird Konsequenzen haben müssen sowohl für den Begriff vom Jazzwerk als auch für die Frage, was eine jazzhistorische Quelle sei. Hier soll einstweilen pragmatisch vorgeschlagen werden, als Jazzwerk im weitesten Sinne das vom Jazzkünstler veröffentlichte musikalisch-performative Ereignis (auf der Bühne, auf Tonträger) zu verstehen. Im Vergleich zu einer Auffassung, die das ‚immer Neue' und ‚Spontane' in den Mittelpunkt stellt, hat eine solche konkretisierende Sichtweise den großen methodischen Vorteil einer gewissen

Statik des zu untersuchenden musikalisch-performativen Textes. Sachgemäß erscheint dies auch insofern, als der Grad der musikalischen Fixiertheit gerade beim Jazzwerk, sobald es sich in der Speicherung zum Beispiel auf Schallplatte manifestiert, sehr hoch ist, denn im Gegensatz zu den notierten Werktexten europäischer Komponiertradition, die eine jeweils neue klangliche Aktualisierung erfordern, ist bei medial aufgezeichneten Jazzperformances gemeinsam mit der musikalischen Substanz auch die konkrete Klanglichkeit – der instrumentale, vokale, kollektive Sound, auf dessen Charakteristik und Unverwechselbarkeit es ankommt – integraler Bestandteil des publizierten Werks.

Der nächstliegende methodische Zugang dazu ist die Höranalyse: die Beobachtung, Erfassung (Transkription), Beschreibung (Metaphorisierung) musikalischer und/oder akustisch-technischer Phänomene. Keinesfalls zu vernachlässigen sind aber auch die übrigen Dimensionen einer Werkpublikation: Plattencover als Träger erklärender Paratexte wie Besetzung, Titel, Namen, Liner Notes und, nicht zu vergessen, bildkünstlerischer Signale haben als oft hoch aufschlussreiche Repositorien künstlerischer Entscheidungen und Vermittlungsstrategien unbedingt ebenfalls als musikhistorische Quelle zu gelten. Charles Mingus' Langspielplatte *The Black Saint and the Sinner Lady* kann man sich demnach in mehreren medialen Schritten nähern. Legt man die Platte zunächst einmal ‚blind' auf, hört man eine kurze Schlagzeugeinleitung, zu kurz, um den Groove wirklich zu begreifen. Beim Einsatz von Kontrabass und Bläsern (Track 1, 00:08[12]) erweist sich das Schlagzeugpattern als polyrhythmische Überlagerung von 2er- und 3er-Metren: Drei repetierte Töne des Kontrabasses realisieren ein schnelles 3er-Metrum, und auch die Rhythmik der akkordisch gesetzten Saxophone ist als 12/8-Takt zu verstehen, wohingegen Pedaltöne der Kontrabassposaune einer geraden Viertel-/Achtel-Metrik gehorchen (also binär konzipiert sind, wie es im deutschen Fachjargon oft heißt, bzw. im Englischen: *straight*). Nach zwei Durchläufen dieser ostinaten Begleitung tritt eine Altsaxophonmelodie im Stil einer langsamen Jazzballade hinzu, die im Vergleich zum Übrigen im Half-Time-Feeling gehalten ist und zwischen triolischer (ternärer) und gerader Phrasierung changiert. Dieses Verwirrspiel der Metren und Tempi dreht sich um, sobald das Baritonsaxophon die Melodieführung übernimmt (00:50) mit einer zunächst in einem geraden 4/4-Takt phrasierten Melodie, während Schlagzeug und Bass auf einen schnellen 3er-Takt ‚umgeschaltet' haben. All dies beruht auf einem seit Beginn stabilen Grundpuls von 60 Schlägen pro Minute, welcher durch das ostinate Pattern der Kontrabassposaune, das stets äußerst weit rechts im Stereospektrum[13] unverändert weiterläuft, klar betont wird. In ähnlicher Weise ließen sich auch Harmonik, Melodik und Form höranalytisch beschreiben; Brian Priestley etwa arbeitete heraus, wie Mingus hier auf übliche jazzformale Konzepte wie Song- und Bluesformen verzichtet und stattdessen eine ‚anspruchsvollere' *extended form* stiftet (Abb. 1).

Letter	Approx. timing	Description	Key
1st Movement (Track A)			
A	0.00–0.10	Polyrhythmic drum intro	Bbm
B1	0.10–0.50	Ensemble figure 1 with alto lead	Bbm
B2	0.50–2.30	Ensemble figure 2 with baritone lead	Bbm
C	2.30–3.10	Ballad (alto lead)	Bbm
B3	3.10–4.05	Ensemble figure 1 with alto + trumpet + new material	Bbm
D	4.05–6.20	Soprano solo with rhythm (later ensemble), out-of-tempo end	Bbm
2nd Movement (Track B)			
E	0.00–1.10	Piano intro with ensemble backing	Db
F	1.10–2.00	New ballad (alto lead)	Db
G1	2.00–3.05	Ensemble figure 3 with muted tpt + tbn (*accelerando*)	Bbm
G2	3.05–4.35	Longer take ending with tbn + drums out-of-tempo	Bbm
B4	4.35–5.35	Ensemble figure 1 with tbn muted (then open, cf. alto at B1)	Bbm
C	5.35–5.45	Excerpt from C	Bbm
B3	5.45–5.55	Excerpt from B3	Bbm
F	5.55–6.25	Second half of F	Db
3rd Movement (Track C)			
H1	0.00–0.35	Piano out-of-tempo – Mingus	Bbm
J	0.35–0.50	Piano with ensemble chords	Bbm
H2	0.50–1.30	Piano out-of-tempo – Mingus	Bbm
K	1.30–1.50	Flute theme	Bbm
H3	1.50–2.30	Piano out-of-tempo	Bbm
K	2.30–2.45	Flute theme	Bbm
L1(0)	2.45–4.20	Intro + guitar (later collective improv.) with alto overdubbed	F7
M(0)	4.20–6.45	Ensemble figures (with *accelerando*) with alto overdubbed	Bbm
(0)	6.45–7.00	Out-of-tempo end of alto overdub	F7b5
4th Movement (Mode D/Mode E/Mode F)			
J	0.00–0.15	Piano with ensemble chords	Bbm
N	0.15–0.25	Bass intro	Bbm
P	0.25–1.35	Third ballad section (tbn lead then tpt)	Bbm/D
L2	1.35–2.50	Guitar, this time unaccompanied	F7
Q	2.50–4.20	Ensemble entry, then improv. by 2 tpts	Ab7
J	4.20–4.30	Piano with ensemble chords	Bbm
H4	4.30–4.45	Piano out-of-tempo	Bbm
K	4.45–5.00	Flute theme	Bbm
H5	5.00–5.35	Piano out-of-tempo	Bbm
K	5.35–5.45	Flute theme	Bbm
H6	5.45–6.10	Piano out-of-tempo	Bbm
R	6.10–6.40	Fourth ballad section (alto lead)	Bbm
P(0)	6.40–7.50	Third ballad section (with alto overdubbed)	Bbm
L2(0)	7.50–9.05	Guitar (with alto overdubbed + marimba – Mingus???)	F7
(0)	9.05–9.25	Continuation of alto overdub	Ab7
Q(0)	9.25–10.55	Ensemble and improv. (with alto + marimba overdubbed)	Ab7

R	10.55–11.20	Fourth ballad section	B♭m
S1	11.20–12.50	Ensemble figure with muted tbn (*accelerando*)	E♭
S2	12.50–14.35	Longer take (*accelerando*, ending out-of-tempo)	E♭
S1(0)	14.35–16.30	S1 also longer, ending out-of-tempo (with alto overdubbed)	E♭
B1(0)	16.30–17.35	Ensemble figure 1 (with alto overdubbed)	B♭m
(0)	17.35–17.52	Out-of-tempo end of alto overdub	F7♭5

Abb. 1: Brian Priestley, „Analysis of The Black Saint and the Sinner Lady", in: ders., *Mingus* (s. Anm. 3), S. 245f.

Solche Höranalyseergebnisse vermögen in diesem Fall bestimmte Aspekte des kompositorischen Denkens zu erschließen: Zum Beispiel zeigt sich insgesamt eine (mittels des von Priestley als „B1" bezeichneten Teils) geschlossene Form mit einer Introduktion („A") und offenen solistischen ‚Epilogen' (Priestley: „Out-of-tempo end of alto overdub") am Ende beider Plattenseiten; Reprisen konstituieren Bezüge und formale Ankerpunkte; der Umgang mit tonartlichen Feldern trägt zur Erzeugung großer Spannungsbögen bei (vgl. etwa das sehr lange ‚Aufsparen' des Subdominantbereichs). Als bemerkenswert muss insbesondere auch gelten, ein ganzes Album weitgehend auf modale Harmonik und Melodieimprovisation aufzubauen (also unter Vermeidung funktionsharmonischer Zusammenhänge) und durchweg mit einer flexiblen Rhythmik zu arbeiten, hier mit dem beschriebenen polyrhythmischen ‚Hin-und-Herschalten' sowie mit ausgedehnten Accelerandi. Gerade auch diese rhythmisch-metrische Gestaltung, die in Priestleys Analyse kaum eine Rolle spielt, erscheint, als eine Strategie der Vermeidung der dem Jazz historisch zugrundeliegenden Tanz- oder Marschrhythmiken,[14] überaus innovativ, und gerade darauf kommt Charles Mingus in seinen Liner Notes gleich zu Beginn zu sprechen:

> Dannie Richmond opens with a written repeated rythmatic bass drum to snare drum to sock cymbal figure that suggests two tempos along with its own tempo. These three tempos are alternately used throughout the entire composition along with accelerandos, retards, and rubatos. […] 12:8, 6:8, 9:8, 3:4 – whatever musical stenographers may care to title what the composer heard in his head, is part of a very old idea that someday all good music will return from its assorted labels which inhibit it with fashions, styles, and certain celebrated rhythms of pounding exactness that lead this composer to believe that either the musician or the audience playing or liking such repeated debuts of so-called musical inventions must be nuts to need drums, bass, guitar, and piano to pound out the already too obvious night after night 'til actually if sanity can't be sustained one begins to like it without twisting or even dancing, popping fingers […]. Time, perfect or syncopated time, is when a faucet dribbles from a leaky washer. I'm […] sure an adolescent memory can remember how long the intervals were between each collision of our short-lived drip and its crash into an untidy sink's overfilled coffee cup.[15]

Mingus propagiert also im unmittelbaren Zusammenhang mit der Publikation von *The Black Saint and the Sinner Lady* die Vorstellung eines immerwährenden Pulses als universelle Zeit- und Musikerfahrung,[16] misst diesem Prinzip einen höheren Wert bei als der üblichen tanzbasierten, Moden unterworfenen Jazzrhythmik („good music" versus „certain celebrated rhythms") und kritisiert dabei zielgenau solche musikalischen Jazzpraxen, die unbeirrt auf Basis standardisierter Tanzrhythmen arbeiten, obwohl der Rezipient körperlich gar nicht mehr im Spiel („'til actually [...] one begins to like it without twisting or even dancing, popping fingers"), sondern reiner Hörer ist.

„Ethnic Folk-Dance Music"

Es lohnt sich, die ‚Lektüre' der LP über das Hören der Musik und das Lesen des Begleittextes hinaus nochmals auszuweiten. *The Black Saint and the Sinner Lady* ist Mingus' erstes Album für *impulse!*, ein erst drei Jahre zuvor gegründetes Label mit hohem Kunstanspruch und aufnahmetechnischem Niveau. Mingus ließ den üblichen Claim „The New Wave of Jazz is on *impulse!*" in „The New Wave of Folk is on *impulse!* Ethnic Folk-Dance Music" (Abb. 2) umformulieren.[17] Mit dem Begriff *folk* ist in Mingus' Denken offenkundig der Blues verbunden (wie *The Black Saint and the Sinner Lady* war schon „Folk Forms, No. 1"[18] von der Bluestonalität geprägt), und im Adjektiv *ethnic* schwingt afroamerikanischer Authentizitätsanspruch mit. Vor allem aber die Etikettierung als *dance music* bewirkt eine profilierte Positionierung im Verhältnis zu anderen Jazzavantgarden der Zeit. Drei notwendigerweise sehr holzschnittartige Beispiele seien angeführt, um wenigstens ansatzweise das weitverzweigte jazzästhetische Diskursfeld aufzuspannen, in das *The Black Saint and the Sinner Lady* sich einschreibt: (a) So hatte etwa Ornette Coleman das Cover seines 1960 bei Atlantic erschienenen Albums *Free Jazz* mit einem Gemälde von Jackson Pollock in Dripping-Technik gestalten lassen, womit auf der strukturellen Ebene – viele zufällige Einzelereignisse gruppieren sich zu einem künstlerischen Ganzen – eine Art ‚Erklärung' der ‚schwer verständlichen' (im Sinne von: formal und als Gesamtklang neuartigen, den Hörer durch höchste Dichte überfordernden) Musik geliefert und die Musik mit dieser für Abstraktion und Körperlosigkeit ikonisch einstehenden amerikanischen Spielart der Bildenden Kunst in einen Zusammenhang gestellt wird. (b) Ein Bündel Aufnahmen des Miles Davis Nonett von 1949/50 wurde 1957 zusammengefasst bei Capitol unter dem Titel *Birth of the Cool* veröffentlicht; dies installierte zusammen mit Davis' Columbia-Album *Kind of Blue* (1959) ebenfalls genau in der fraglichen Phase um 1960 eine mit ‚kammermusikalisch-klassischem' Anspruch ausgestattete, ‚coole' Jazzavantgarde im Diskurs. (c) Eine dritte wichtige Jazzavantgardemöglichkeit beruhte auf narrativ angelegten, großformalen

Strategien: Als ‚afroamerikanische musikalische Geschichten', die entlang der Stationen Verschleppung – Versklavung – Befreiung – Diskriminierung – Integrationskampf erzählt werden, stehen etwa Duke Ellingtons Suite *Black, Brown and Beige: A Tone Parallel to the History of the American Negro*, die 1943 in der Carnegie Hall uraufgeführt worden war,[19] und *We Insist! Max Roach's Freedom Now Suite* (1960)[20] durchaus in einer gemeinsamen Traditionslinie. *Black, Brown and Beige* erschien zumal just 1958 erstmals auf Schallplatte, als Studioproduktion mit Mahalia Jackson auf dem Label Columbia[21] – jenem Label, das zehn Jahre zuvor die Langspielplatte auf dem Musikmarkt etabliert hatte (und damit für großformale Jazzkonzepte eine ideale mediale Umgebung gestiftet hatte) und bei dem 1959 auch Mingus' Jazz Workshop veröffentlichte (*Mingus Ah Um*[22]). Auch wenn Mingus' Verhältnis zu Ellington und Roach als Gallionsfiguren eines ‚politischen Jazz' letztlich schwer exakt zu bestimmen ist – so resümiert Priestley beispielsweise, *The Black Saint and the Sinner Lady* sei „at the same time his most Ellingtonian piece and his least Ellingtonian"[23] –, sind beide mit Sicherheit wichtige Orientierungspunkte.[24]

Vergleiche etwa zu Colemans Errungenschaften im Bereich der Kollektivimprovisation, zur satztechnisch-instrumentatorischen Raffinesse des Cool oder zu Ellingtons Suitenkonzept sind in vielem stichhaltig; in bestimmter Hinsicht greifen sie aber zu kurz, und es scheint vielmehr, als suchte Mingus mit der „Folk-Dance Music" *The Black Saint and the Sinner Lady* einen anderen, eigenen Weg: Es ging auch darum, Körperlichkeit und Bewegung dem Jazz auf neue Weise wieder einzuschreiben, d. h. darum, an die Tradition von Jazz als Tanzmusik, die 1960 als einigermaßen abgebrochen gelten muss,[25] mit dezidiert progressivem Impuls erneut anzuknüpfen.

Mingus hatte seit der Mitte der 1950er-Jahre systematisch an der Hinterfragung der performativen Gewohnheiten des Jazz gearbeitet: Er entwickelte gewissermaßen als seine ‚Kompositionswerkstatt' den sogenannten Jazz Workshop, dessen Arbeit er 1956 in den Liner Notes zu *Pithecantropus Erectus* erklärte: Komponieren ist demnach ein nicht-schriftlicher kommunikativer Prozess, der die Präsenz des kompletten Ensembles erfordert, wobei Mingus jedem Einzelnen die zu spielende Musik mündlich beibringt.[26] Gedeutet wird dieser kollektive, nicht von der musikalischen Realisation getrennte Erarbeitungsvorgang gängigerweise als Zugewinn von Freiheit – keine Noten –, aber tatsächlich ist, wie Wolfram Knauer betont, die Methode ambivalent, da sie gegenüber gewöhnlichem ‚Interpretieren nach Noten' bzw. ‚Improvisieren über eine gegebene Form' eine persönliche Kontrolle nicht nur des Materials, sondern potenziell auch der Art und Weise des individuellen Vortrags einschließt.[27] Auf die Spitze trieb Mingus das Workshop-Prinzip bei einer Veranstaltung in der New Yorker Town Hall am 12. Oktober 1962, die nicht als Konzert, sondern als Kompositions- und Aufnahmesession vor zahlendem, nichts ahnendem Publikum konzipiert war: Er thematisierte und veröffentlichte somit den werkgenetischen Prozess bis hin zur körperlichen Präsenz der dafür ausgewählten Musiker, mit denen ein als ‚symphonisch' – mehrsätzig, materialbewusst – gedachtes *Epitaph* erarbeitet werden sollte. Dieses Projekt scheiterte jedoch: Publikum und Kritik reagierten verstört, ein ‚Werk' kam nicht zustande.[28] *The Black Saint and the Sinner Lady* steht mit dieser Gemengelage zeitlich in engem Zusammenhang, das Album kann sogar als neuer, das problematische Element der Öffentlichkeit des werkgenetischen Prozesses zurücknehmender Versuch zum in der Town Hall gescheiterten Werkkonzept angesehen werden: So verweist Mingus in den Liner Notes mehrfach auf die Town-Hall-Performance, dankt dem Produzenten Bob Thiele „for coming to my Town Hall open recording session, hearing the music, liking it, and hiring my band to record for your company", verwendet musikalisches Material wieder[29] und nennt das Werk „my living epitaph from birth til the day I first heard of Bird and Diz".[30] Die Plattenproduktion ist (wenn man so will: ‚wie eine Symphonie') in vier Teile gegliedert, mit einem langsamen ‚Satz' an zweiter Stelle, einem bacchanalischen 3. ‚Satz', dem nicht zuletzt die in ihm enthaltenen Flamenco-Passagen einen deutlich tänzerischen Charakter verleihen, bevor der Satz in eine großangelegte Steigerung mündet (ab 04:30), wenn über der stetig accellerierenden Wiederholung von *b-a-c-h* in halben Noten (v. a. in Saxophonen und Trompeten) die Rhythm Section allerlei polyrhythmische Kunststücke vollführt und Charlie Mariano ein im Overdub-Verfahren hinzugefügtes Altsaxophonsolo bläst. Die B-Seite (als 4. ‚Satz') greift thematische Elemente aller vorangehenden ‚Sätze' auf. Wichtig ist im vorliegenden Kontext vor allem, nochmals festzuhalten, dass die Herstellung dieser Großform mit den Mitteln der Studiotechnik, und das heißt mit sehr weitreichender Kontrolle durch Mingus (und Thiele! – eine systematische wissenschaftliche Aufarbeitung der Mitautorschaft von Plattenproduzenten ist allerdings noch ein Desiderat), erfolgte: Aus dem aufgenommenen Material wählte Mingus Takes aus, fügte die Stellen durch Schnitte aneinander, kopierte sogar Passagen[31], stellte Teile um und ließ Mariano nachträglich im Studio ausgedehnte Improvisationen im Overdub-Verfahren hinzufügen (in Abb. 1: „(O)") – kurz: generierte Form letztlich durch studiotechnische Montageverfahren,[32] was für den Jazz ganz untypisch ist.

Die Tracks tragen Dreifachtitel, bestehend jeweils aus einem auf die technischen Bedingungen der Schallplatte verweisenden Element (nämlich die Einteilung in „Tracks" bzw. auf der B-Seite „Modes"[33]), aus einer choreographischen Nummernbezeichnung und einer szenario-artigen, kursiv gesetzten Inhaltsbemerkung. Dabei ist auch in der literarischen Gestaltung des ‚Programms' deutlich sichtbar, etwa in der Wiederkehr von „Stop! Look!", „Sinner" und „Freedom", dass auf der B-Seite Vorangehendes aufgegriffen wird:

Abb. 2: Rückseite des Albumcovers (s. Anm. 7; Ausschnitt)

SIDE ONE
TRACK A—SOLO DANCER
Stop! Look! And Listen, Sinner Jim Whitney!
TRACK B—DUET SOLO DANCERS
Hearts' Beat and Shades in Physical Embraces
TRACK C—GROUP DANCERS
(Soul Fusion) Freewoman and Oh, This Freedom's Slave Cries

SIDE TWO
MODE D—TRIO AND GROUP DANCERS
Stop! Look! And Sing Songs of Revolutions!
MODE E—SINGLE SOLOS AND GROUP DANCE
Saint and Sinner Join in Merriment on Battle Front
MODE F—GROUP AND SOLO DANCE
*Of Love, Pain, and Passioned Revolt, then
Farewell, My Beloved, 'til it's Freedom Day*[34]

Diese Tracklist lässt an ein Handlungsballett denken; dem steht aber gegenüber, dass das beschriebene Verfahren, bei dem die Werkgestalt eben nicht in einer per Wiederaufführung interpretierbaren Partitur, sondern direkt im akustischen Medium festgelegt wird, es kaum vorstellbar erscheinen lässt, dass *The Black Saint and the Sinner Lady* als zu choreographierendes Bühnenwerk gedacht ist, es sei denn, man tanzte zur elektroakustischen Musikaufführung. Die choreographisch-szenischen Angaben verlangen vielmehr nach einer Deutung im Kontext des Gebrauchs des Mediums Schallplatte selbst; sie sind eine Text- und Assoziationsschicht, die dem individuellen Hörer des auf Platte gespeicherten Werks an die Hand gegeben wird.[35] Das choreographisch-szenische Konzept ist demnach kein konkretes, sondern vielmehr ein virtuelles, das vom Hörer individuell mit dem akustischen Ereignis parallel zu lesen und zusammenzubringen ist. Damit legt die Tracklist eine die skizzierten ‚abstrakten' oder ‚narrativen' Hörverstehensmodi großformaler Jazzwerke insofern kategorial erweiternde Hörhaltung nahe, als sie den tanzenden Körper, genauer: die Vorstellung tanzend bewegter Körper („Solo Dancer", „Duet Solo Dancers" usw.) auf das Jazzhören projiziert.

Tanz und Körper: feste Größen in Mingus' ästhetisch-politischem Denken?

In Mingus' Œuvre ist eine solche mediale Kopplung seiner Musik mit der Repräsentation bewegter Körper keineswegs ein Einzelfall, sondern befindet sich im Gegenteil in einem weitverzweigten, dabei fluchtpunktartig auf die Körperlichkeit von Jazz gerichteten Kontext, der abschließend skizziert werden soll.

(a) Für John Cassavetes' Filmregiedebüt *Shadows* (USA 1959)[36] hatte Mingus im Frühjahr 1958 den Soundtrack improvisiert, arrangiert und eingespielt.[37] Auch bei

Cassavetes war der Ausgangspunkt ein „Workshop", eine von ihm initiierte Schauspielschule, in welcher Schauspielkunst durch Improvisation erarbeitet und entwickelt werden sollte. *Shadows* beruht auf einer solchen im Ursprung didaktischen Gruppenimprovisation, die Cassavetes für wert hielt, im Medium Film gebannt zu werden. Mit kollektiv ausgearbeiteten Charakteren, aber ohne festen Plot und Text, begann man die Dreharbeiten, und zwar im öffentlichen Raum, d. h. Produktion und öffentliche Performance fielen in eins – eine bislang vollkommen übersehene Parallele zu Mingus' Arbeit mit dem Jazz Workshop. Die Grenze zwischen Fiktion und Wirklichkeit wird zudem auch dadurch zur Diskussion gestellt, dass die Schauspieler – quasi wie Musiker – als ‚sie selbst' auftreten, indem die Filmfiguren die wirklichen Namen der Schauspieler tragen.[38] Den Film fertigte Cassavetes letztlich ganz alleine am Schneidetisch.[39] Das Ergebnis kann als eine aus den Konstellationsmöglichkeiten der Charaktere/Figuren montierte Parabel gesehen werden, die auf die Problematik der Diskriminierung aufgrund der Hautfarbe abzielt. Konzeptionell, strukturell und inhaltlich scheint *The Black Saint and the Sinner Lady* somit mit *Shadows* verwandt (auch wenn die Verwandtschaft wohl nicht so weit gehen dürfte, dass etwa Mingus' imaginäre Figuren – „The Black Saint", „The Sinner Lady", „Sinner Jim Whitney", „Freewoman", „The Freedom's Slave", „My Beloved" – mit Figuren des Films zu identifizieren wären). Entscheidend ist auch, dass der Soundtrack eine Inhaltsdimension des Films mitkonstituiert, die bislang in der Diskussion übersehen wurde, nämlich eine drastische Gegenüberstellung von ‚gutem', modernem afroamerikanischem Jazz (z. B. in Form der freien Soloimprovisationen von Mingus, die die Gänge des Protagonisten Ben durch New York begleiten) und ‚schlechten' Jazz-Surrogaten eines weißen Amüsierbetriebs – Letzteres in Gestalt einer bissigen Karikatur des u. a. aus dem Filmmusical *The Great Ziegfeld* (USA, 1936) bekannten Irving-Berlin-Standards *A Pretty Girl is Like a Melody*, der in *Shadows* mit dem Text „A real mad chick is like a lollipop" von ebenso dilettantisch singenden wie tanzenden Chorus Girls präsentiert wird. Schon Cassavetes' Film verhandelt also mittels jazzbasiertem *Signifyin'* die Frage nach einer körperbezogenen Jazzmoderne jenseits der formalen und rhythmischen Korsette von Showtanz und Jazzstandard, die als kulturell problematisch gebrandmarkt und der Lächerlichkeit preisgegeben werden.

(b) Mingus bemühte sich genau in der fraglichen Zeit um die Gründung einer „School of Arts, Music and Gymnastics", in der neben ihm selbst auch Max Roach und die Tänzerin Katherine Dunham unterrichten sollten. Das Projekt sollte unterprivilegierte Jugendliche mit dem Jazz in Berührung bringen, ähnlich wie LeRoi Jones' Organisation Harlem Youth Opportunities Unlimited (HAR-YOU), die Mingus' Projekt finanziell unterstützte.[40] Aufhorchen lässt vor allem der Name Katherine Dunham:

Die Choreographin und Kulturanthropologin mit Tanzforschungsschwerpunkt entwickelte einen dezidiert afroamerikanischen Modern Dance, jene nach ihr benannte Technik, die, grob gesprochen, auf Basis des klassischen Tanzes eine freiere, auch aus dem Jazz Dance heraus modellierte Artikulation des Körpers entwickelte. Spätestens seit dem hochpolitischen Abend *Southland* über Rassen- und Geschlechterdiskriminierung in den USA, produziert 1951 im kommunistischen Chile, repräsentierte sie eine nicht überall gern gesehene politische Tanzavantgarde.[41] Ihre „Katherine Dunham School of Arts and Research, New York" hatte 1945–1954 bestanden, und es ist überliefert, dass Mingus dort öfter improvisierte.[42] Mingus und Dunham kannten sich also seit Jahren, und vonseiten Dunhams ist eine Projektskizze überliefert, nach der sie sich just 1962, nach mehrjähriger Konzentration auf die Arbeit mit professionellen Tänzern, wieder pädagogischer Arbeit zuwenden wollte. Ob Mingus' „Schools of Arts, Music and Gymnastics" unmittelbar auf diesem Plan beruhte, und warum das Projekt scheiterte, ist unerforscht. Es ist sehr gut vorstellbar, aber nicht zu belegen, dass Dunhams Choreographie- und Tanzkunst Mingus für die mittels der Tracktitel von *The Black Saint and the Sinner Lady* evozierten tänzerisch-körperlichen Vorstellungen modellhaft vorschwebte: „Ethnic Folk-Dance Music" ohne jede Musealität oder Pop-Anspruch, vielmehr eine pädagogisch-politische sowie ästhetisch progressive Idee von Avantgarde.

(c) Mingus hatte später zumindest einmal die Gelegenheit, seine Musik tatsächlich einer Ballettchoreographie zugrunde zu legen: 1971 produzierte das Joffrey Ballet (gegründet 1956 in Chicago; vor allem im klassischen Bühnentanz ausgewiesen) in New York *The Mingus Dances. Five Dances and Four Episodes Suggested by the Music of American Composer Charles Mingus*. Die Choreographie stammte von Alvin Ailey, welcher 1958 die berühmte schwarze Kompanie Alvin Ailey American Dance Theater gegründet hatte.[43] *The Mingus Dances* folgte einem krassen Kontrastverfahren, das auf die Zuschauer offenbar verstörend wirkte:[44] Passagen mit abstrakt-ästhetisiertem Modern Dance wechseln mit „vaudeville" genannten pantomimischen Spielszenen ab, die in ihrem die Farb- und Diskriminierungsproblematik hervorhebenden Realismus an Dunhams *Southland* gemahnen:

>Dance No. 1: Andante Con Moto (*Pithecanthropus Erectus*)
>Vaudeville: prestissimo (*O. P.*)
>Dance No. 2: Adagio Ma Non Troppo (*Myself When I Am Real*)
>Vaudeville: Pesante (*Freedom*)
>Dance No. 3: Lento assai (*Half-Mast Inhibition*)
>Vaudeville: Vivace (*Dizzy's Moods*)
>Dance No. 4: Andantino (*Diane*)
>Vaudeville: Scherzo (*Ysable's Table Dance*)
>Dance No. 5: Allegro Marcato (*Haitian Fight Song*)[45]

Die Mingus'schen Jazzstücke (in Klammern aufgeführt) waren vom Posaunisten Alan Raph, unterstützt von Jaki Byard (Mingus' Pianist u. a. auch auf *The Black Saint and the Sinner Lady*), nach Studioaufnahmen für klassisches Symphonieorchester transkribiert worden, wobei man unterstellen darf, dass für Mingus die damit einhergehende Eliminierung des Elements der ‚spontanen' Improvisation kein Problem darstellte. Sein Text „What Is a Jazz Composer?", den er fast zeitgleich seinem Album *Let My Children Hear Music* beigab, zeigt vielmehr, dass er im Gegenteil die aus jazzästhetischer Perspektive zunächst so merkwürdig anmutende Transformation von der Aufnahme über die Transkription zur Wiederaufführung durch ein nach Noten spielendes Orchester als überfälligen Schritt auffasste, der den *Kompositions*status von Jazzimprovisation (kollektiver wie individueller) endlich angemessen herauszustellen vermochte.

Fazit

Die Frage, ob *The Black Saint and the Sinner Lady* konkret als Ballettmusik konzipiert ist (ob Mingus sich also eigentlich Tanzaufführungen vorstellte und die Musik quasi als ‚Notlösung' auf Schallplatte veröffentlichte), ist nach wie vor offen und scheint angesichts der Quellenlage auch nicht letztgültig zu beantworten. Allerdings ist zu konstatieren: Nichts deutet auf konkrete Ballettaufführungen hin, die Schallplatte *als Schallplatte* hingegen ist mit ihren Paratexten explizit so gestaltet, dass Imaginationen von Tanz, Ballett, Körper aufgerufen werden. Dabei ist aber ebenfalls nach wie vor offen, in welchem Verhältnis Musik und Paratexte stehen: Die Frage, ob hier vorrangig die Musik eine Bestimmung dessen leistet, was als körperliche Bewegungsvorstellung von den Tracktiteln angedeutet wird, oder ob umgekehrt vorrangig die choreographischen Titel die Konstitution von Bedeutung beim Hören der Musik lenken, gleicht letztlich der Frage nach Henne und Ei und kann – zumindest aus der bekannten Quellenlage heraus – wahrscheinlich nur dahingehend beantwortet werden, dass beides in ein komplexes und bedeutungsoffenes Wechselverhältnis gebracht ist. Immerhin lässt sich nun – nachdem wenigstens approximativ der musik- und tanzgeschichtliche Raum aufgespannt ist, in dem die Platte sich bewegt – eingrenzen, welcher performende Körper, welche Art von Jazztanz gemeint sein kann: schon aufgrund der (höranalytisch bestimmbaren, diskursiv untermauerten) rhythmisch-metrischen Konzeption sicherlich gerade *nicht* der Jazz Dancer des zeitgenössischen Showbusiness und ebenso gewiss *nicht* Jazztanz im Sinne modernen amerikanischen Gesellschaftstanzes, sondern vielmehr die Kunst einer tänzerisch-politischen afroamerikanischen Avantgarde, etwa nach Art Dunhams und Aileys.

Für den jazzhistoriographischen Diskurs von großer Bedeutung ist allein schon die Tatsache, *dass* Mingus' großformales Hauptwerk, als das *The Black Saint and the Sinner Lady* erscheint, Vorstellungen von Tanz und bewegten Körpern ins Spiel bringt. Dabei zeigt sich, dass es sich lohnt, neben der eigentlichen Musik auch alle weiteren an der hier medial vermittelten Jazzperformance beteiligten diskursiven Einheiten in Betracht zu ziehen und den von ihnen gelegten Fährten soweit zu folgen, dass das Netz der diskursiven Felder und personellen Konstellationen, in welches das konkrete ästhetische Objekt gleichermaßen eingehängt ist, diskursanalytisch greifbar wird. Im hier diskutierten Fall brachte diese Vorgehensweise Charles Mingus' Arbeit in Richtung einer Wiedergewinnung der Kategorie Tanz/Körper/Bewegung für den Jazzdiskurs zumindest soweit zu Tage, dass andere, in der Jazzhistoriographie viel stärker zu Hauptsträngen erklärte Modernitätskonzepte der Zeit um 1960 von dieser Warte aus betrachtet letztlich auch als Vermeidungsstrategien erscheinen, nämlich als ‚Nicht-Tanz-Musik'.

---

[1] „Vernacular jazz dance, like jazz music, is both an improvisational, individualistic practice on the one hand and a collaborative one on the other." Krin Gabbard, „Introduction: Writing the Other History", in: *Representing Jazz*, hrsg. von dems., Durham, London 1995, S. 1–10, S. 6. Vgl. ferner Bruce Boyd Raeburn, „Dancing Hot and Sweet: New Orleans Jazz in the 1920s", in: *The Jazz Archivist* 7 (1992), S. 10–13.

[2] Marshall Stearns und Jean Stearns, *Jazz Dance. The Story of American Vernacular Dance*, New York, London 1979 (Repr. d. erw. Ausg. ²1968; ¹1964).

[3] Vgl. z. B. Todd S. Jenkins, *I Know What I Know. The Music of Charles Mingus*, Westport/Connecticut 2006, S. 97: „It is universally said to be Mingus' finest hour, […] it's one of the most complex compositions ever attempted in a jazz framework", oder Brian Priestley, *Mingus: A Critical Biography*, New York 1982, S. 145: „[…] not only the most monumental of Mingus's works but the one which most neatly combines his various compositional approaches in a convincing whole."

[4] Brian Priestley, „Monk and Mingus", in: *The Oxford Companion to Jazz*, hrsg. von Bill Kirchner, Oxford 2000, S. 418–431, S. 430.

[5] Jenkins, *I Know What I Know* (s. Anm. 3), S. 97; im selben Atemzug bezeichnet Jenkins das Werk sogar als „ballet".

[6] Scott Saul, *Freedom Is, Freedom Ain't. Jazz and the Making of the Sixties*, Cambridge/Massachusetts, London 2003, S. 193.

[7] Charles Mingus, Liner Notes zu: *Charlie Mingus: The Black Saint and the Sinner Lady*, Impulse Records, STEREO AS-35, 1963. Zurückgegriffen wurde in Ermangelung eines Exemplars aus der Erstauflage auf ein Exemplar der von Record Service Alsdorf/Deutschland hergestellten „Limited Edition – Original Recordings – Original Packaging – Direct Metal Mastering".

[8] LeRoi Jones (Amiri Baraka), *Blues People. Negro Music in White America*, reedition with a new introduction by the author, New York 1999 [¹1963].

[9] Als wichtiger Impuls gilt das von Gary Carner herausgegebene Themenheft *Literature of Jazz Issue* (= *Black American Literature Forum* vol. 25 (1991), no. 3); vgl. den Forschungsbericht in Ingrid Monson, *Freedom Sounds. Civil Rights Call Out to Jazz and Africa*, Oxford 2007, S. 3–28.

10 Stellvertretend: Ingrid Monson, *Saying Something. Jazz Improvisation and Interaction*, Chicago 1997; die von Krin Gabbard herausgegebenen Bände *Jazz Among the Discourses*, Durham, London 1995 und *Representing Jazz* (s. Anm. 1); Eric C. Porter, *What Is This Thing Called Jazz? African American Musicians as Artists, Critics, and Activists*, Berkeley 2002; Kathy J. Ogren, *The Jazz Revolution. Twenties America & the Meaning of Jazz*, New York, Oxford 1989; Nichole T. Rustin, *Mingus Fingers: Charles Mingus, Black Masculinity, and Postwar Jazz Culture*, Phil. Diss. New York University 1999.

11 Robert Walser, „,Out of Notes': Signification, Interpretation and the Problem of Miles Davis", in: *Jazz Among the Discourses* (s. Anm. 10), S. 165–188; Peter Kemper, „Bausteine einer sozialen Ästhetik", in: *Jazz*, hrsg. von Wolfgang Sandner, Laaber 2005 (Handbuch der Musik im 20. Jahrhundert, Bd. 9), S. 219–254; beide sich stützend auf Henry Louis Gates Jr., *The Signifying Monkey: A Theory of African-American Literary Criticism*, New York, Oxford 1988.

12 Die Zeitangaben wurden aus der digitalisierten Version (MCA Records, IMP 11742, 1995, Reissue produced by Michael Cuscuna) ausgelesen. Gegenüber dem analogen LP-Reissue (s. Anm. 7) ist kein Geschwindigkeits- oder Tonhöhenunterschied festzustellen; die im Plattencover abgedruckten, offenbar auf die Originalveröffentlichung von 1963 zurückgehenden Laufzeiten (6:20–6:25–7:00–17:52) sind allerdings knapp 5 % kürzer als diejenigen der digitalen Version bzw. des LP-Reissue (6:39–6:45–7:22–18:39). Die Originalveröffentlichung, auf die offenbar Priestleys Formanalyse (s. Abb. 1) rekurriert, klang demnach etwas schneller und höher.

13 Dass *impulse!*-Platten parallel immer auch noch als Mono-Version erschienen, soll hier vernachlässigt werden.

14 Ornette Coleman hatte bereits 1959 mit *The Shape of Jazz to Come* (Atlantic 1317) ein Album vorgelegt, auf dem er (v. a. beim Eröffnungstrack *Lonely Woman*) mit Rhythmuskonzepten arbeitet, die auf fließenden Pulsen statt auf (Tanz-)Taktmetrik basieren; vgl. David Ake, „Regendering Jazz. Ornette Coleman and the New York Scene in the Late 1950s", in: ders., *Jazz Cultures*, Berkeley 2002, S. 62–82.

15 Mingus, Liner Notes (s. Anm. 7). – Stärker stürzte sich die Exegese auf den zweiten im Cover enthaltenen Text von Mingus' Psychoanalytiker Edmund Pollock; vgl. stellvertretend Rustin, *Mingus Fingers* (s. Anm. 10), S. 92: „BS/SL holds a key, I think, to Mingus' perceptions of the connection between performance and lived reality. For Mingus, the line between performance and the everyday was alway blurry, music provided him with a language to explore experience. Music was his life. This seems especially resonant because in creating BS/SL and engaging Pollock in its analysis, Mingus draws a connection between time, music, and madness or an individual's fragmentation, the issues which concerned him as a narrative strategy throughout *Beneath the Underdog*." Einen weit ausgreifenden hermeneutischen Versuch unternimmt Saul, *Freedom Is, Freedom Ain't* (s. Anm. 6), S. 193–201: Abschnitt „Back in the Bedroom: *The Black Saint and the Sinner Lady*".

16 Vgl. auch einen Konzertbericht von 1961, der Mingus mit den Worten zitiert, er verfolge hinsichtlich des Rhythmus ein Konzept der „rotary perception" eines als „circular" aufgefassten Beat. Dan Morgenstern, „Rotating with Satchmo & Mingus", in: *Metronome* 78 (1961) Nr. 6, S. 20, zit. nach: Wolfram Knauer, „Charles Mingus. Jazzkomposition nach Ellington", in: *Jazz und Komposition*, hrsg. von dems., Hofheim 1992, S. 79–100, S. 95.

17 Die Vermeidung des Begriffs ‚Jazz' ist ein durchaus gängiges Muster im afroamerikanischen Kulturdiskurs jener Zeit, so etwa bei Duke Ellington (Mark Tucker, *Duke Ellington. The Early Years*, Illinois 1995, S. 6) oder Max Roach (s. dessen Artikel „What ‚Jazz' Means to Me" im *Black Scholar* 1972, Neuausgabe unter dem Titel „Beyond Categories", in: *Keeping Time: Readings in Jazz History*, hrsg. von Robert Walser, New York 1999, S. 305–310). In einer schon in den frühen 1960er-Jahren kursierenden Manuskriptfassung zu seiner

erst 1971 veröffentlichten Autobiografie *Beneath the Underdog* lehnt Mingus das Wort ‚Jazz' radikal ab: „Fuck ‚Negro'. Fuck ‚jazz'. First I'm of the black people but in this country I want to be accepted as an American now with all the rights [...] I can write good music with a beat or without so I want to be called a musician – not a Negro musician or white musician. [...] I don't want my music to sell like hotcakes. I want it to sell like good music – not stopped by a word, ‚jazz'." *Beneath the Underdog*, manuscript (1964), S. 664f., zit. nach: Porter, *What Is This Thing Called Jazz?* (s. Anm. 10), S. 146. Auch Mingus' impulse!-Album *Mingus Mingus Mingus Mingus Mingus* (ebenfalls 1963) ist mit dem Claim „Ethnic Folk-Dance Music" versehen, und schon bei Auftritten Ende 1962 im Village Vanguard hatte Mingus' Band als „The Charles Mingus New Folk Band" firmiert. Zit. nach: Priestley, *Mingus* (s. Anm. 3), S. 144. – Die CD-Fassung von *The Black Saint and the Sinner Lady* (vgl. Anm. 12) enthält eine irreführende Reproduktion der Plattencover-Rückseite, indem das Wort ‚Folk' zu „Jazz" geändert und „Ethnic Folk-Dance Music" ganz getilgt wurde.

18 Veröffentlicht als Track 1 auf *Charles Mingus Presents Charles Mingus*, Candid Records, Stereo 9005, 1960.

19 Vgl. Harvey G. Cohen, „Duke Ellington and *Black, Brown and Beige*: The Composer as Historian at Carnegie Hall", in: *American Quarterly* 56 (2004), S. 1003–1034, sowie das von Mark Tucker herausgegebene Themenheft *Duke Ellington's Black, Brown and Beige* (= *Black Music Research Journal* 13 (1993), Nr. 2).

20 Candid Records, Stereo 9002; u. a. mit Abbey Lincoln, Coleman Hawkins und Michael Olatunji, Texte: Oscar Brown jr.

21 Ein Mitschnitt des 1943er-Konzerts kam dann erst 1977 bei Prestige in den Handel.

22 Columbia Records CS 8171, 1959; das vom Grafiker Sadamitsu Neil Fujita gestaltete Cover dieser sehr politischen Platte zeigt abstrahiert-geometrisierte Figuren, die als gehend oder tanzend zu interpretieren sind.

23 Priestley, *Mingus* (s. Anm. 3), S. 145.

24 Gerade ins Jahr 1962, also ins unmittelbare Vorfeld von *The Black Saint and the Sinner Lady*, fällt, mit der Trio-Platte *Money Jungle* (United Artists, UAS 15017), auch Mingus' einzige direkte Kooperation mit Ellington und Roach.

25 Vgl. das Kap. „Requiem", Abschnitt „The Dying Breed" (S. 348–354), mit welchem 1964 Stearns und Stearns ihr Buch *Jazz Dance* (s. Anm. 2) beschließen; sie berichten dort aber auch (S. 352): „Bunny Briggs and Baby Laurence danced alternately and then together with Duke Ellington's band at the 1963 Newport Jazz Festival [...]. By the fall of 1965 Briggs was dancing frequently with Duke Ellington. He had a fine solo entitled ‚David Danced before the Lord with All His Might' in a series of religious concerts given by Ellington at home and abroad. The accompaniment was Duke's ‚Come Sunday' theme from *Black, Brown and Beige*."

26 *Pithecantropus Erectus* (Atlantic 1237, 1956), Liner Notes, abgedruckt im Booklet der CD-Ausgabe Atlantic/Warner 7567-81456-2, 1981. Vgl. auch Scott Saul, „Outrageous Freedom: Charles Mingus and the Invention of the Jazz Workshop", in: *American Quarterly* 53 (2001), S. 387–419, S. 390: „The Workshop foregrounded what musicologist Robert Walser has called the *signifyin'* in jazz – the way the music ‚works through reference, gesture, and dialogue to suggest multiple meanings through association' – rather than the *signification* of notes as such. The foundation of the Workshop strikingly coincided with Mingus's decision to stop writing out the various instrumental parts, to teach them instead [...] through oral instruction."

27 Knauer, „Mingus" (s. Anm. 16), S. 81.

28 Priestley, *Mingus* (s. Anm. 3), S. 138–140.

29 Vgl. Brian Priestley, „Thelonious Monk and Charles Mingus", in: *The Oxford Companion to Jazz*, hrsg. von Bill Kirchner, Oxford 2000, S. 418–431, S. 430: „Significantly, the re-

cording was preceded by three weeks of nightly appearances with the same lineup and is an outgrowth of the abovementioned Town Hall Concert; the ensemble writing of *Epitaph's* ‚Ballad (In Other Words, I Am Three)' recurs in *Black Saint*, for instance, at 1'12" into the fourth movement."

30 Mingus, Liner Notes (s. Anm. 7). „Bird" ist Charlie Parker, „Diz" Dizzie Gillespie.

31 Bei den bei Priestley (Abb. 1) mit denselben Formbuchstaben versehenen Teilen handelt es sich aber meist nicht um technische Kopien, sondern um mehrfache Einspielungen desselben komponierten Materials; sehr gut hörbar ist dies z. B. beim Vergleich der beiden „J"-Teile. Um technische Kopien scheint es sich hingegen bei den beiden „R"-Teilen zu handeln.

32 Priestley, „Monk and Mingus" (s. Anm. 29), S. 430. Die Aufnahmen entstanden laut Plattencover an einem einzigen Tag (20.01.1963), an dem zusätzlich auch noch zwei auf *Mingus Mingus Mingus Mingus Mingus* (Impulse, AS-54, 1963) veröffentlichte Stücke eingespielt wurden (*I X Love* und *Celia*). Die Altsaxophon-Overdubs wurden laut Charlie Mariano aber nachträglich eine Woche später eingespielt. Knauer, „Mingus" (s. Anm. 16), S. 89f.; Priestley, *Mingus* (s. Anm. 3), S. 146–148. Neben dem besonders präsent klingenden Overdubbing ist auch die Schnitttechnik deutlich zu hören, z. B. ist auf der B-Seite (CD: Track 4) am Schluss des ersten „Q"-Teils der letzte Tutti-Akkord hörbar abgeschnitten (04:31), ein Einsatz der Band nach einer freien Klavierpassage etwas holprig angeschnitten (05:00), und in dem eingeschobenen Altsaxophon-Overdub etwa in der Mitte des Tracks (09:37) geistern, in der Abmischung weit links und entfernt, merkwürdige Reste der Reed-Section herum.

33 Wobei ungeklärt ist, was damit genau gemeint ist; Mingus verwendet in seinen Liner Notes die Begriffe als austauschbare („The […] piano solos on the third track, the third mode on the A side incidentally, is mingus playing."). Priestley (Abb. 1) verzichtet auf Spekulationen hinsichtlich der Einteilung der drei „Modes" und fasst sie stattdessen unter der frei erfundenen Überschrift „4th movement (Mode D/Mode E/Mode F)" zusammen. Man könnte mutmaßen, ob die beiden As-Dur-Teile („Q") jeweils die Übergangsstellen darstellen. Knauer geht, ohne Priestleys Analyse zu erwähnen, von sechs Sätzen aus, Satz 5 beginnt für ihn mit dem Unisono-As und folgenden Tenorsaxophonthema (d. h. bei 06:32), zwischen 5. und 6. Satz sei hingegen ein nicht genau bestimmbarer „fließender Übergang". Knauer, „Mingus" (s. Anm. 16), S. 97–100.

34 Transkription des LP-Covers (s. Anm. 7).

35 Im Anschluss an ein vierstündiges Konzert im April 1964 beklagte sich Mingus aber, gemäß einer Geschichte des *Jazz Podium* (W. Dressen, „Nächtliche Begegnung mit Charles Mingus", in: *Jazz Podium* 13 (1964), S. 136f.), über seine Missachtung als Komponist und über Produktionsbedingungen: „Und mit meiner Komposition ‚The Black Saint and the Sinner Lady' war es so: sie war zunächst als zusammenhängendes Stück gedacht, doch riet man mir dringend, aus verkaufstechnischen Gründen mehrere Stücke daraus zu machen. Das war der erste Eingriff. Dann stellte ich die einzelnen Teile unter bestimmte Titel, die sich auf die verschiedenen Themen bezogen, mit denen ich zu aktuellen Geschehnissen Stellung nahm. Was aber geschah? Man schrieb über die Sätze als Hauptbezeichnung ‚Dance', ganz davon zu schweigen, dass bei der B-Seite der Platte die Bezeichnungen überhaupt falsch angegeben sind. Trotz all dem kommt auf dieser ‚Black Saint'-Platte am stärksten zum Ausdruck, was meinen Vorstellungen entspricht." Das ist Teil eines größeren medialen Gefechts zwischen Mingus und dem Produzenten Bob Thiele, in welchem der oft streitlustige Mingus einmal mehr keine gute Figur machte (vgl. auch Rustin, *Mingus Fingers,* s. Anm. 10, S. 93: „The rupture was caused when Mingus, in the French *JAZZ Magazine*, accused Thiele of losing a number of tapes containing better cuts of the various tracks on the album. He said that he spent a number of nights recomposing the missing music and it was only when they had finished recording that

the original tapes were found. Thiele [...] wrote an article entitled, ‚Mingus Ho-Hum' for the *bits & pieces* section oft *JAZZ* magazine. In that article, Thiele insists that it was Mingus who was unprofessional, undisciplined."). Abgesehen davon, dass es faktisch nicht stimmt, dass die Tracks als „Dance" bezeichnet sind – sondern eben viel differenzierter, origineller und ‚körperlicher' „Solo Dancer", „Duet Solo Dancers" usw. –, ist der Hiatus zwischen der hier untersuchten Albumveröffentlichung und den Mingus-Zitaten des deutschen Jazzmagazins nicht aufzuklären: Echte Klarstellung? Lust an der Provokation? Taktisches Manöver? Bewusste ‚Vernebelung', um allzu eindimensionale Verstehensmodi zu verhindern zugunsten moderner Offenheit und Verrätselung? Gar ein Missverständnis des Berichterstatters?

36 Vgl. Ray Carney, *Shadows*, London 2001; Richard Combs, „As time goes by", in: *Sight & Sound,* April 1992, S. 24–26; speziell zur Musik: Brian Priestley, „Beating Time", in: *Sight & Sound*, April 1992, S. 27. DVD-Edition: *The John Cassavetes Collection*, Optimum Releasing, 2005.

37 U. a. wirkten Jimmy Knepper (tb) und Dannie Richmond (dr) mit, wichtige Stützen auch von *The Black Saint and the Sinner Lady*.

38 Zu Traditionslinien dieses Verfahrens siehe Münzmay, „Visual Jazz. Performative Mittel afroamerikanischer Identitätsrepräsentation in Dudley Murphys *St. Louis Blues* und *Black and Tan Fantasy* (1929)", in: *Kieler Beiträge zur Filmmusikforschung* 4 (2010), S. 52–79, http://www.filmmusik.uni-kiel.de/kielerbeitraege4/KB4-Muenzmay.pdf (letzter Zugriff: 27.08.2012).

39 Zur Genese und Fassungsgeschichte siehe Carney, *Shadows* (s. Anm. 36).

40 Vgl. Priestley, *Mingus* (s. Anm. 3), S. 149; Saul, „Outrageous Freedom" (s. Anm. 26), S. 397.

41 Michele Timmons, *The Tension in Solidarity: Race, Gender, and National Identity in Katherine Dunham's* Southland, Univ. of California Los Angeles 2009 (*Thinking Gender Papers*, hrsg. von UCLA Center for the Study of Women); Permalink: http://escholarship.org./uc/item/46t2b84f (letzter Zugriff: 01.07.2012).

42 Éliane Seguin, *Histoire de la danse jazz*, Paris 2003, S. 158, bzw. ebd. S. 159: „Il n'était pas rare de voir le compositeur jazz Charles Mingus accompagner les cours avec un groupe de musiciens."

43 Deren berühmteste Arbeit dürfte wohl *Revelations* (Uraufführung New York 1960) sein, über schwarze Spiritualität und Durchhaltevermögen, Sklaverei und Befreiung, musikalisch auf Blues und Spirituals basierend – ob Mingus *Revelations* kannte, weiß man nicht, es ist jedoch sehr gut vorstellbar, dass es *The Black Saint and the Sinner Lady* beeinflusste.

44 Premiere war am 13.10.1971; die kostspielige Produktion fiel durch, möglicherweise aber auch, weil Ailey gleichzeitig Bernsteins *Mass* machte und für *The Mingus Dances* zu wenig Zeit hatte.

45 Zusammenstellung des Programms entnommen aus Thomas DeFrantz, *Dancing Revelations. Alvin Ailey's Embodiment of African American Culture*, Oxford 2004, S. 155f.

46 Charles Mingus, „What is a Jazz Composer?", Liner Notes zu: *Let My Children Hear Music,* Columbia Records (KC 31039, 1972).

STEFFEN A. SCHMIDT

Gesten der Überschreitung und Strategien, sie in Grenzen zu halten

Der Tanz, wenn er sich dem Musikhören verschreibt, ist eine Überschreitung, indem der virtuelle Körper der Musik mit dem realen Körper des Tanzes in Beziehung gesetzt wird. Aber wäre das überhaupt noch eine Überschreitung, wenn zu Musik getanzt wird? Müssen wir hier nicht in wissenschaftlicher Gepflogenheit von Tanzmusik als funktioneller Musik ausgehen, gewissermaßen die musikalische Textsorte wechseln von absoluter zu funktioneller Musik? Ich möchte behaupten, dass die Schwierigkeit, sogenannte absolute Musik für den Tanz zu verwenden, ein funktionales Paradox erzeugt hat, das bis heute nicht hinreichend ins wissenschaftliche Bewusstsein gedrungen ist. Im Moment der Verwendung absoluter Musik kann ich nicht mehr von funktioneller Musik sprechen, denn diese absolute Musik hat eine Bedeutung und Funktion, die sich der Tanzfunktion verweigert. Sie stammt aus anderen Zusammenhängen. Sie setzt ein konzentriertes Hören voraus, weniger eine semantische oder kinetische Repräsentation. Wenn ich also als Tänzer, als Filmer, eine präexistente Musik verwende, dann führe ich einen Dialog mit diesem anderen Kontext, und dieser Kontext ist das Hören selbst. Darüber kann auch keine pragmatische Argumentation hinwegtäuschen, die behauptet, absolute Musik sei einfach die bessere Musik und den Entwicklungen des Tanzes angemessen – wie sie Horst Koegler in den 60er-Jahren äußerte.[1] Es geht dann vor allem auch darum, wie diese Musik durch den Tanz gehört wird; und sie ist deshalb bessere Musik, gerade weil sie anders, nämlich nicht funktional gehört wird und daher für den Tanz einen anderen Stellenwert besitzt, nämlich genau den, den Roland Barthes ihr zugeschrieben hatte: Musik trifft unmittelbar auf den Körper und verursacht ein KörperHören, wie ich es an anderer Stelle genannt und ausgeführt habe.[2]

Aber wie wird die Musik dann gehört? Genau dies scheint die fundamentale Frage und auch das fundamentale Problem in der Beziehung von Musik und Tanz im 20. Jahrhundert bis in die Gegenwart zu sein. Die bisherigen Antworten sind grob skizziert folgende: Wenn sogenannte autonome Musik für Tanz verwendet wird, so ist dies ein Regelverstoß und führt zur Funktionalisierung in abwegige Kontexte, zu einem funktionalen Hören. So zumindest die Argumentation und Kritik zahlreicher Musikwissenschaftler (z. B. Danusers) an Isadora Duncan, sie (Duncan) habe absolute Musik funktionalisiert und damit eine Grenze überschritten. In diesem Zusammenhang bemerkenswert ist allerdings, dass ursprüngliche Ballette wie *Le sacre du printemps* als Konzertmusik freigegeben und zum Statthalter bei der Etablierung neuer Musik deklariert wurden, obwohl es sich hier ebenso um eine Grenzüberschreitung handelte.[3]

Mit der Feststellung einer Aufwertung der Ballettmusik ist noch nicht viel gesagt, denn entscheidend dabei ist, dass sich auch das Hören verändert. Hier mein Vorschlag, wie das Hören zu fassen wäre: Im Konzertsaal, im Fall der musikalischen Funktionalisierung von Ballettmusik zu Konzertmusik, wird der abwesende Ballettkörper beschworen, Musik wird zum imaginären Ballett und verlagert die ästhetische Erfahrung auf ein KörperHören. Der Körper (als Medium des Tanzes) wird zum hermeneutischen Horizont der Musik (oder sollte es zumindest werden). Dieser durch die Musik entworfene Körper ist zweifach determiniert: Einerseits produzieren die Klänge einen virtuellen Körper, andererseits überträgt der Hörer seine ästhetische Erfahrung als ein körperlich Erlebtes. Ich knüpfe hier also präzise an eine Argumentation von Roland Barthes an und behaupte, dass der Komponist mit Klängen Körpervorstellungen kreiert bzw. kodiert und dass der Hörer diese Klänge als Erfahrung des Körpers dekodiert. Wenn diese Auffassung Geltung beanspruchen kann, dann würde sich damit der Status des Tanzens ändern: Der Tanz wäre nicht mehr die dominante Kunst, die im intermedialen Dialog die Musik funktionalisiert, sondern ein offener, „herrschaftsfreier Dialog" (Habermas),[4] bei dem das Hören von Musik sichtbar gemacht wird. Um einer solch veränderten Situation Rechnung zu tragen, müssen allerdings bestimmte Bedingungen hinsichtlich der Reflexion von Gattungen sowie der jeweiligen künstlerischen Sprache gegeben sein.

Duncan hört Musik

Wir sind nun an den Punkt gekommen festzustellen, dass es bei den jeweiligen Betrachtungen um Wissenskulturen geht, die durch die Öffnung in der einen Richtung eine andere Richtung verschließen. Barthes eröffnet den ästhetischen Diskurs zum Körper, berücksichtigt aber nicht jene Kunst, die die Wirkung der Musik auf den Körper thematisiert, den Tanz. Um aber den Tanz in Bezug auf das Musikhören überhaupt thematisieren zu können, wäre eine wichtige Voraussetzung einzulösen, nämlich die, dass der Tanz gezielt mit dem Hören von Musik experimentiert und nicht in semantisch repräsentative Kontexte abgleitet, die Musik also nicht funktionalisiert. Um auf den Fall Duncan zurückzukommen, so soll der harsche Vorwurf der Funktionalisierung absoluter Musik einer kurzen Recherche unterworfen werden, wie denn die musikalisch gebildeten Zeitgenossen das Wirken Duncans beurteilt und wie sie einen Grenzgang oder eine Überschreitung in Richtung absolute Musik empfunden haben. Betrachten wir zunächst, inwieweit Duncan überhaupt eine Beziehung zur Musik herstellt. Eine erste Annäherung findet über ein Zitat aus ihren Memoiren statt:

> Er hebt den Taktstock, ich fasse ihn scharf ins Auge, und beim ersten Geigenstrich wallt in mir ein symphonischer Akkord auf, der alle Instrumente zusammenfasst. Der gewaltige Widerhall erfüllt mein Inneres, ich fühle mich als Medium zur Verkörperung und Versinnbildlichung des musikalischen Ausdrucks: Brünhildes Verzückung bei ihrem Erwachen, Isoldes Seele, die im Liebestod Erlösung sucht … Es ist ein Irrtum, mich eine Tänzerin zu nennen: ich bin das magnetische Zentrum zur Verkörperung des Bewegungsausdrucks für ein Orchester – […].[5]

Es ist allgemein bekannt, dass Duncans Memoiren nicht authentisch sind. Ob der Ausspruch von ihr stammt, ist ungewiss. Aber eine verbürgte Autorschaft ist hier auch gar nicht das Entscheidende, sondern vielmehr die Frage nach einer Inszenierung ihres Tanzens in Bezug auf die Musik. Dass Duncan als die Verkörperung von Musik in Erscheinung getreten ist, ist eine musik- und tanzgeschichtliche Tatsache. Diese wurde durch Kommentare von Émile Jaques-Dalcroze ebenso bestätigt wie durch die Versuche wissenschaftlicher Betrachtungen von Erich M. von Hornbostel und Curt Sachs, dem Musikethnologen und Autoren des Standardwerkes *Weltgeschichte des Tanzes*.[6]

Die Grenzüberschreitung Duncans, nämlich präexistente Musik aus dem Repertoire der Konzertmusik für ihre Tänze erfolgreich zu verwenden, verhalf ihr zu einer beispiellosen Karriere (auch wenn sie keineswegs die Erste war, die das getan hat). Wichtig ist in ihren Arbeiten, dass sie nicht auf bestehende Tänze zurückgriff, sondern eine innovative Natürlichkeit der Bewegung inszenierte, die den Ursprung und die Beziehung von Klang und Bewegung untersuchte. Die vielen Versuche von Musikwissenschaftlern dieser Zeit, von Ernst Kurth bis Gustav Becking, die Umsetzung von Klang in Ausdrucksbewegung zu analysieren, schienen durch Duncan verkörpert. Für Hornbostel waren ihre Tänze die Wiedergewinnung eines durch zivilisatorische Schäden verloren gegangenen „Bewegungszentrums" und die Öffnung einer neuen Relation zwischen Klang und Körper, die er als „melodischen Tanz" bezeichnete:

> Der melodische Tanz ist aber ebenso sehr ganz Tanz, wie die absolute Musik ganz Musik ist. Der Zusammenhang beider liegt nicht in einem Spüren der Assoziationen, die von Individuum zu Individuum wechseln können, sondern in der Bewegung, die beiden, Musik und Tanz, wirklich gemeinsam ist. Es ist darum auch nicht einzusehen, warum sich melodischer Tanz auf die traditionelle ‚Tanzmusik' beschränken sollte. Für rhythmische Tänze freilich wäre Beethoven'sche Musik völlig ungeeignet. Melodischer Tanz vermag sich auch mit der erhabensten Musik zu einem vollkommenen Gesamtkunstwerk verbinden.[7]

Das oben erwähnte Zitat aus Duncans Memoiren entspricht ganz der Perspektive Hornbostels, aber nicht nur das. Durch die Zurückweisung des Attributs ‚Tänzerin' wird Duncan als ‚Medium' zur rein verkörperten Musik. Diese Auffassung ist historisch wichtig für den Diskurs ästhetischer Legitimation, denn Duncan partizipiert am Höhenflug der Musik als einem wichtigen Kunstparadigma dieser Zeit, als „tönend bewegter Form" nach Eduard Hanslick, an dem sich auch die abstrakte Kunst von Kandinsky wie der frühe Experimentalfilm z. B. Hans Richters orientierten. Im Übergang zur abstrakten Kunst erwies sich bekanntlich die abstrakte Formensprache klassisch romantischer Instrumentalmusik als Inspirationsquelle der abstrakten Malerei, des Films und auch der Tanzkunst.⁸ Laban, der die Musik im Rahmen des neuen Tanzes als Erster auf ein Minimum reduzierte, schuf etwa mit *Der schwingende Tempel* (Uraufführung: Covent Garden, Dezember 1922) eine viersätzige symphonische Mimesis: „[…] this choreography was sensed purely symphonically … out of the differing compositions of the emotions experienced – as in symphonic music – the form develops."⁹

Für die Neugründung des modernen Tanzes bedurfte es versichernder Autoritäten und konstruktiver Vorbilder, und die Schnittstelle zur Musik wurde in verschiedensten Bereichen, vom Rhythmusbegriff bis zum symphonischen Formaufbau, entliehen und transmedial neu formuliert. Auch Nietzsches Kritik an Wagner besaß in diesem Zusammenhang wichtige Referenzfunktion. Denn sein Plädoyer für das Tänzerische der Musik, das Ausspielen Wagners zugunsten Bizets, konnte zugleich vom Tanz als Krise der Musik, die durch die Emanzipation der Dissonanz entstanden war, aufgegriffen werden.¹⁰ Neue Musik und moderner Tanz im Zusammenspiel waren lange ein schwieriges Thema. Duncan stützte sich generell auf die Vergangenheit, ob griechische Vasen oder Chopin'sche Walzer. Der in die ultramoderne Konzeption des Performativen eingeschriebene Neoklassizismus ist bei Duncan nicht zu übersehen und damit verbunden eine äußerst problematische Geste des klassizistisch Konservativen, die sich als fortschrittlich geriert. Sie gab damit jenen Autoren – wie Hornbostel und Sachs – eine Bestätigung, die die damals zeitgenössische Musik, sehr unangemessen, als „Gehirnmusik" beargwöhnten.

Duncan berührte mit ihrem Grenzgang und der vollzogenen Überschreitung tatsächlich ein Tabu, das bis heute zwiespältig bleibt und nach einer eingehenden Diskussion verlangt. Entscheidend ist bei aller ästhetischen Problematik nicht, *dass* die Grenze von absoluter Musik zum Tanz überschritten wird, sondern *wie* das geschieht. Hornbostel zufolge war die Überschreitung der Grenze zur absoluten Musik legitim aufgrund der veränderten Beziehung zwischen Musik und Tanz. Und nur deshalb konnte Duncan sich der absoluten Musik bedienen. Das Funktionsverhältnis zwischen Musik und Tanz wurde demnach bei ihr aufgehoben zugunsten eines Absolut-Werdens beider Künste. Das schlagende Argument, das bis heute für weite Kreise der Musikwissenschaft – sagen wir es ruhig, für die herrschende Musikwissenschaft – meines Erachtens aktuell und repräsentativ geblieben ist, wäre demnach verfehlt, da es nicht mehr um ein Funktionsverhältnis geht.[11] Hornbostel zufolge sind mit Duncan die Voraussetzungen für ein neues Gesamtkunstwerk geschaffen worden, das sich über gattungsgeschichtliche und tanzstilistische Umwege als „Tanzsinfonie" (Kirstein) oder als symphonisches Ballett etabliert hat.[12]

Begegnung im Absoluten – Bernd Alois Zimmermann und John Cranko

Damit komme ich zu meinem nächsten Beispiel, Bernd Alois Zimmermann. Sein Name steht fast synonym für die Oper *Die Soldaten*, die bis heute in immer neuen Inszenierungen große Erfolge feiert. Weniger bekannt ist, dass Zimmermann sich für das Ballett und den zeitgenössischen Tanz – Kunstformen, die in den 50er- und 60er-Jahren wichtige Aufbauprojekte zur kulturellen Identität Nachkriegsdeutschlands darstellten – interessierte und dass zahlreiche seiner Kompositionen vor einem choreographischen Hintergrund geschrieben wurden: Zimmermann komponierte jedoch keine Ballett- oder Tanzmusik im traditionellen Sinne, so wie es noch bei Henze der Fall war. Stattdessen verstand er seine Musik als absolute Musik, aber auch zugleich als „imaginäres Ballett", so die Zusatztitel seiner Kompositionen *Kontraste* von 1952 und *Perspektiven* von 1955. Nach der Auffassung einer konservativ orientierten Musikwissenschaft musste eine solche Gleichzeitigkeit absurd erscheinen: Das imaginäre Ballett bei Zimmermann konnte nur als programmatischer Zusatz verstanden werden, also mit starker Betonung auf ‚imaginär' und nicht auf ‚Ballett'. Das scheint unproblematisch, denn seit Schumanns *Carnaval* und den *Kreisleriana* haben solche imaginären Szenen eine lange Geschichte, die im wissenschaftlichen Rahmen der Programmmusik oder der Charakterstücke abzuhandeln ist.

Dennoch irritiert an diesem scheinbar so unauffälligen Sachverhalt, dass sich Zimmermann mit allem Nachdruck bemühte, seine Musik im Tanzbetrieb unterzubringen, wenn auch mit wechselndem und nur selten durchschlagendem Erfolg. Zweifellos kommen gattungsgeschichtliche Aspekte der Programmmusik zum Tragen, dennoch wandelt sich der Schwerpunkt von einem narrativ theatralen Paradigma zu einem körperlichen, zum Tanz. Die Kompositionen Zimmermanns verfolgen im Anschluss an Ballettkompositionen Strawinskys, Ravels (z. B. *La Valse*) und Debussys (*Jeux*) den Typus einer plurifunktionalen Musik und damit verbunden ein anderes Hören, wodurch sein Werk zum Politikum musikalischen Hörens wird. Um diese Grenzen fokussieren zu können, muss das imaginäre Ballett anders kontextualisiert werden als bei Schumann. Diskutiert wurde dieser veränderte Kontext bereits mit der Musikrezeption bei Duncan.

Liest man Zimmermanns Kommentare zu seinen imaginären Balletten, dann fällt immer wieder seine Forderung einer Begegnung absoluter Künste auf, jenseits einer gegenseitigen Funktionalisierung. Auch wenn hier nicht unmittelbar der Zusammenhang Duncans hergestellt werden kann, sondern Vorbilder aus der Bildenden Kunst (z. B. Paul Klee) und dem Film (z. B. Eisenstein) ausschlaggebend sind, so wird doch durch die Entwicklung der Tanzgeschichte mit Duncan das Verhältnis der Künste neu definiert, im Sinne eines Absolut-Werdens gegenüber einer traditionellen Funktionalisierung der Musik durch den Tanz. Im Dienst des Absolut-Werdens steht übrigens auch ein anderer Begriff, den Zimmermann oft erwähnt, der Kontrapunkt. Und dieser ist nicht zu verstehen als etwas semantisch Gegenläufiges zu Musik und Tanz, wie es in Handbüchern zur Film- und Theatermusik wiederholt behauptet wird, sondern als ein eigenständiger Zusammenhang im Tanz. Klang und Körper verhalten sich wie zwei selbstständig organisierte Stimmen zueinander, eine eindeutige Interpretation des Einen durch das Andere – wie im funktionellen Modell – existiert nicht mehr, dennoch besteht eine klare Bezugnahme, die vom Modell der Aleatorik und des Zufalls (Cage/Cunningham) zu unterscheiden ist.

In den Köpfen derer, die den Tanz- und Konzertbetrieb gestalten und bedienen, besteht die Funktionalisierung allerdings weiter als das konventionelle Modell, dem bis heute gehuldigt wird. Aufgabe von neuer Musik und auch neuem Tanz war es jedoch, Wahrnehmungsgewohnheiten zu durchbrechen, neue Modelle zu kreieren. Das neue Modell bei Zimmermann bestand darin, das musikalische Idiom von Ballettmusik massiv in Richtung absolute zeitgenössische Musik zu überschreiten. Nach den kompositorischen Ereignissen und in der Nachfolge der Ballets Russes schien es den Komponisten Nachkriegsdeutschlands geradezu als Notwendigkeit, an diese Epoche anzuknüpfen und Konventionen der Ballettmusik zu durchbrechen. Dies geschah bei Zimmermann keineswegs willkürlich, sondern durch das Aufsuchen formaler und ästhetischer Schnittstellen zwischen zeitgenössischen Bestrebungen im Tanz – hier die Fusion von klassischem und zeitgenössischem ‚modernen' Tanz – und in der Musik – der mehrdimensional seriellen Musik mit der klassischen Formensprache. Ein solches neues Modell formaler und gestischer Schnittstellen schuf Zimmermann mit seinem *Concerto pour violoncelle et orchestre en forme de pas de trois*. Sein Kommentar hebt neben dem Kontrapunkt und der Ablehnung funktioneller Musik die partnerschaftliche Qualität des Verhältnisses von Musik und Tanz hervor:

> […] sowie es letztlich nicht darauf ankam, ein Orchesterstück zu verfassen, das absoluter Art dergestalt war, dass die Einbeziehung eines Solisten sowie des Balletts ausgeschlossen wurde: es musste eine musikalische Form gefunden werden, die alle drei Gattungen dergestalt miteinander verband, dass eine harmonische gegenseitige Durchdringung möglich wurde: absolute musikalische Form also […].[13]

Zimmermann schwebte hier keineswegs die traditionelle Ballettmusik vor, sondern er kreierte den Begriff Ballettmusik unter den Voraussetzungen zweier autonomer Künste, deren gemeinsames Ziel die Überwindung von Zeit ist, neu:

> In dem klassischen Tanz erblicke ich die wohl reinste und zugleich utopischste Form einer autonomen Zeit-Kunst, utopisch in der Negation der Schwerkraft, und als Zeit-Kunst am ehesten geeignet, in einen Dialog mit der nicht weniger utopischen und zugleich absoluten Form der Zeitkunst, wie sie die Musik in ihrer Überwindung der Zeit kraft Ordnung derselben darstellt, zu treten. In dieser Form erscheint mir Ballettmusik als die wohl aristokratischste Form der absoluten Musik.[14]

Und schließlich erweist sich das Zusammenwirken der Künste in einem, wie ich es nennen möchte, intermedialen Kontrapunkt als komplexes Geflecht, das jenseits von Aleatorik ein gegenseitiges Aufeinander-Bezogensein postuliert, sich aber vom Verdikt verdoppelnder, interpretierender Beziehung lossagt:

> […] wie es weiterhin [bei der Komposition, St. Sch.] nicht darauf ankam, dem Tänzer eine Musik zur Verfügung zu stellen, die mehr oder weniger fassbare Zählzeiten zur mnemotechnischen Unterstützung vorgegebener Bewegungsabläufe anbot, sondern musikalische Strukturen zu entwickeln, die dem Tänzer die Möglichkeit an die Hand gaben, dieselben seinerseits durch tänzerische Strukturen zu kontrapunktieren.[15]

Die Grenzüberschreitung Zimmermanns ist zweifach motiviert: einerseits, die theoretische Enge struktureller Argumentation einer sich isolierenden absoluten Musik zu überwinden, andererseits eine Musik als Ballettmusik zu deklarieren, die zeitgenössische Forderungen umsetzt. Der Bezug zur Ballettmusik wird auf den Ebenen der Konzeption und der musikalischen Gestik als offenes Kunstwerk plurifunktional angelegt. Zimmermanns Beitrag ist insofern ausgesprochen konstruktiv. Seine Utopie ist der „herrschaftsfreie Dialog", angewendet auf die intermediale Beziehung zwischen Musik und Tanz.

Das Potenzial des Neuen aber, das hier aufgerissen wurde, stieß in der Musikwissenschaft bislang auf Unverständnis (ausgenommen Fischers erwähnte Studie). Die Strategie der Entgrenzung wurde durch die historisch wirksamen Gattungen, durch Traditionen wie die Programmmusik begrenzt, um nicht zu sagen: gekappt oder ignoriert.

Aber was bedeutet die von Zimmermann initiierte Entgrenzung für das Hören, für eine veränderte Lektüre der Musik durch den Tanz? Die Musik liefert keine Zählzeiten mehr, also keine *pas*, keine Schrittabfolge, was liefert sie dann? Sie liefert, wie ich es nennen möchte, eine Körperkontur. Damit ist gemeint jene musikalische Bewegung, die einen Körper andeutet, ohne ihn – wie in der traditionellen Ballettmusik à la Ludwig Minkus oder Werner Egk – auf eine tänzerische Konvention festzulegen. Die Qualität der Körperkontur hat womöglich alle Musik inne und trägt sie je nach Werk und Epoche in besonderer Weise aus. Sie liefert dem Tanz eine Art Körperbild, mit dem Unterschied, dass die musikalische Körperkontur nicht über die Festigkeit des Bildes verfügt. Die Kontur des Körpers in der Musik ist jene Qualität, die als körperlich erfahren wird und die die Zuhörenden für sich im Prozess des Hörens realisieren. Neben dem imaginären Körper des kontemplativen Konzerthörens, den Flusser und Barthes beschrieben haben, tritt in der plurifunktionalen Konzeption das KörperHören tänzerischer Imagination, wie es durch Untertitel wie „imaginäres Ballett" oder „Ballet blanc" (*Présence*) angedeutet ist und das von Choreographen umgesetzt wird oder werden kann. So entsteht ein Spiel des Hörens zwischen An- und Abwesenheit eines Körperlichen, das stets aber auf eine der Musik inhärente Körperkontur verweist. Dabei ist die ästhetische Erfahrung individuell, das Vorhandensein der Körperkontur dagegen universell und im musikgeschichtlichen Subtext tief verwurzelt. Darauf deuten schon die Vortragstitel hin, die seit Beginn der Neuzeit um 1600 auftauchen und genau jene Qualität des anwesenden Körpers als Kontur meinen: *grazioso, pesante, leggiero*. Der komponierte Klang der Neuzeit bedeutet demnach immer eine Überschreitung vom Klang zum Körper, einen Grenzgang im Paradox eines an- und abwesenden Körpers, den schon Georgiades verschiedentlich am Beispiel musikalischer Klassik aufzeigen konnte.[16]

Dies ist meines Erachtens die Körperkontur der Musik, die immer und grundsätzlich mit dem Tanz eine sozusagen diplomatische Beziehung führt. Was aber bedeutet es konkret für den Tanz, mit solch einer Kontur zu arbeiten, also nicht funktional, sondern absolut? Und was geschieht mit der Musik, wenn sie tatsächlich auf den Tanz trifft? Im Folgenden soll das am Beispiel des Beginns von Crankos *Befragung* zur Sonate für Cello solo von Zimmermann näher ausgeführt werden.[17] Dabei geht es weder um die Problematik, dass diese Komposition zunächst keinen Bezug zum Tanz besitzt – als auch keine Untertitel als Hinweise –, noch wird die Beziehung von Musik und Tanz untersucht, wie sie von der damaligen Kritik zur Uraufführung als sehr bedeutsam konstatiert wurde, und schließlich geht es auch nicht um die bemerkenswerte Äußerung Crankos, die *Befragung* markiere seinen „neuen Weg", der die Angst des Menschen in der zeitgenössischen Gesellschaft thematisiere.[18] Allein die Beziehung zwischen Musik und Tanz soll als ein komplexes Wechselspiel intermedialer Spielräume beschrieben werden. Das Ergebnis meiner Analyse wird zeigen: Die Musik gewinnt im Zusammentreffen mit dem Tanz eine spezifische Qualität hinzu, die ich Klanggewicht nennen möchte, sie wird zu einer Musik der Schwerkraft. Schwerkraft verstanden als Beziehung von Körpern im Raum und als Gewichtsvorstellung, die jeder Klang in sich trägt. Und damit geht die Musik über die traditionelle Deutung als reines Klang-Zeit-Erleben oder aber als emotionale Raumvorstellung hinaus.

Der Beginn von Zimmermanns Cellosonate scheint sich kompositorisch ganz grundsätzlich dem Phänomen des Tons zu widmen. Das Crescendo auf dem b" wird als eine Art Einschwingvorgang im Verlauf von vier Takten auf einen dynamischen fff-Höhepunkt *(sul tasto)*, eine maximale Tonentfaltung, geführt, um anschließend in identischer Länge im Decrescendo als Ausschwingvorgang abzuklingen. Ein abschließendes Tremolo im ppp findet als Nachzittern den gleitenden Weg in die Stille. Am Höhepunkt des Crescendos bei fff wird *sul tasto*, auf dem Griffbrett, vorgeschrieben. Der Beginn changiert zwischen inszenierter Physikalität und gespannter Expressivität des reinen Tonereignisses. Michel Chion hat einen solchen Klang im Rahmen der Filmmusikanalyse als „zeitliche Fluchtlinie" (Variation der Intensität) bezeichnet: Im Klangereignis selbst wird eine Zeitlichkeit dynamisch erfahrbar, die sich in diesem Fall an Modalitäten der Alltagswahrnehmung von Geräuschen (Flugzeuge, Autos etc.) anschließt.[19]

Cranko eröffnet seine Choreographie, indem er sie synchron an die Musik anschließt, diese Synchronizität aber im späteren Verlauf bricht. Wir sehen in *Befragung* – die Choreographie ist im Tanzfilm von Klaus Lindemann (Kamera: Hans Canal) dokumentiert – eine sitzende Tänzerin (Ana Cardus) im Profil, die mit einem gestreckten Arm einen Halbkreis über ihren Kopf hinweg beschreibt und zwar synchron mit dem Crescendo. Im Moment des Ton-Höhepunktes fällt die Tänzerin nach hinten, scheinbar der Bewegung der Musik sowie der natürlichen Schwerkraft folgend; die kurze Fallbewegung (kurz vor dem Aufprall aufgefangen durch zwei herangetretene Personen aus dem Corps de ballet) ist mit dem Decrescendo synchron geführt.

Die Geste ist nicht nur frappierend in ihrer Wirkung, weil sie eine Konnotation zu Michelangelos Adam eröffnet – so hat Horst Koegler sie in seiner Uraufführungskritik interpretiert –, sondern weil der Schwerpunkt des Klanges mit einem qualitativen Umschlagen des Körpergewichts einhergeht: von der geführten Armbewegung zum Kontrollverlust des Fallens. Der anschließende Schwerpunkt der Fallbewegung wird im Decrescendo quasi aufgehoben, die Schwerkraft verschwindet im Klangraum. Musik und Tanz befinden sich im Verhältnis einer intermedialen Synkope, die äußerst kunstvoll jenseits metrischer Gegebenheiten inszeniert wird als kontrapunktische Spannung zwischen Klang- und Körpergewicht.

Wollte man dem Tonverlauf als Mikroerzählung eine imaginäre Körperlichkeit im Sinne von Barthes zuschreiben, so könnte man den Klang beschreiben als Ausdehnen, ein explosives sich Strecken (fff *sul tasto*) und einem sich Zusammenziehen (Decrescendo, analog dem optischen Verlauf des sich Näherns und Verschwindens). Das ppp-Tremolo entspräche einem entspannenden Nachzittern der zuvor stattgefundenen Anspannung. Die Mikroerzählung der tänzerischen Geste beschreibt dagegen einen anderen Verlauf, obwohl sie sehr synchron zur Musik angelegt ist. Sie entlädt sich in der körperlichen Schwerkraft und treibt einen irreversiblen Zeitverlauf voran. Musik und Tanz befinden sich in einem Dialog ihrer jeweiligen elementaren Medialität.

Dieses kurze Beispiel wurde in solcher Ausführlichkeit behandelt, weil sich hier etwas sehr Grundsätzliches in der Beziehung von Musik und Tanz ereignet, nämlich der Spielraum von sich wandelnden Gewichtsvorstellungen und Ereignissen, die durch Komposition und Choreographie in der intermedialen Differenz Klang/Körper aufeinander treffen und den Prozess durch eine komplexe Bewegungslogik bestimmen.

Die äußerst dichte intermediale Verstrickung erweist sich als die Thematisierung der Künste und ihrer Beziehung. Klang- und Körpergewicht werden zu einem komplexen Spielraum von Gewichtsvorstellungen, die sich gegenseitig verstärken oder aufheben. Dergestalt erweisen sich Komposition und Choreographie als Kontrapunkt im Zwischenraum virtueller und realer Körperbilder (intermediale Synkope). Geradezu symbolisch hat auch diese Gewichtsveränderung denkbar wenig mit einem ‚Pas' zu tun. Sie erscheint als gesamtkörperliche, kontinuierliche Geste, gesteuert von der Wirbelsäule und entlädt sich optisch in der Höhe als Halbkreisbewegung.

Tatsächlich ist zumindest dieser Anfang, dieser erste Klang von einer bemerkenswerten choreographischen Dichte. Cranko überschritt aber auch hier die Kultur der absoluten Musik. Folglich wurde seine Choreographie mit Vergessen bestraft. Dass das Ballett einen Schlüssel für die Deutung der Musik Zimmermanns bieten könnte, wurde bislang nicht einmal in Betracht gezogen (abgesehen wiederum von Fischer, vgl. Anm. 14). Durch die Analyse wurde zu zeigen versucht, dass Tanz und Musik, bei sorgfältigen Bezügen aufeinander, ein hohes Maß an kommentierender und ausdeutender Funktion jenseits des Illustrierenden oder Aleatorischen besitzen und durch die Ebene der imaginären und realen Schwerkraft in einen spannungsvoll kontrapunktischen Dialog treten.

Orpheus und Odysseus

Mein letztes Beispiel stammt aus dem Postmodern Dance und führt noch einmal zurück zum Hören, zur direkten Beziehung des Tänzers als Hörendem von Musik. Bei Zimmermann/Cranko war diese Frage nicht von der gleichen Bedeutung wie bei Duncan. Zwischen Musik und Tanz ereignete sich kompositorisch und choreographisch die intermediale Begegnung. Wenn wir die Frage nach dem Hören kurz auf das Cranko-Beispiel anwenden, müssen wir sagen, dass die Musik sich hier im Bereich zwischen *On* und *Off*, wie es in der Filmmusiktheorie heißt, bewegt. Der Ort der Musik ist paradox, schwebend in einem Nirgendwo zwischen Klang und Körper, an der Grenze zwischen Sicht- und Hörbarem, zwischen An- und Abwesendem.

Bei Duncan klingt die Musik, und der Tanz bewegt sich bewusst zur Musik, die Musik ist on. Und damit wird auch schon ein erstes anderes Vorzeichen sichtbar: Denn Bühnenmusik, inszeniert als *On*, hatte im klassischen Tanz und Musiktheater nie authentischen Gehalt, stets besaß sie charakterisierende Funktion des Raumes, der Person etc., kurz: Sie diente dazu, eine Illusion authentischer zu machen. Hier aber wird das Hören selbst authentisch, die Tänzerin bzw. der Tänzer thematisiert sich selbst unter dem Eindruck der Musik.

Ein ähnliches Hörexperiment führte Steve Paxton durch. In den Jahren zwischen 1986 bis 1992 improvisierte der Mitbegründer des Judson Dance Theatre New York öffentlich zu Glenn Goulds frühen und späten Einspielungen von Bachs *Goldberg-Variationen*.[20] Weder bei dem vorherigen Zitat der Pseudo-Duncan noch bei Paxton soll eine Illusion erzeugt, sondern eine Realität des Hörens ans Licht gebracht werden. Bei Duncan ist es noch die romantische Verzückung an der Grenze transpersonaler Erfahrung, welche die Musik in ihr heraufbeschwört (und nicht umgekehrt); bei Paxton handelt es sich schlicht, nach Barthes, um den „Körper unter dem Zustand der Musik"[21]. Beide, Paxton und Duncan, beschreiben ein KörperHören, das sich aus den Fesseln des angeketteten, still gestellten Körpers des Konzerthörers befreit. Bei Duncan noch in der Geste großer Selbstinszenierung, als Befreiung des Körpers durch den Klang; bei Paxton bescheidener als musikalische Lektüre des Tänzers, der mit dem Körper hört:

> I wanted to listen to both versions and study the differences, so I started this project in 1986. Being a dancer, I naturally listened with my whole body, rather than listen only with my ears […].[22]

Und was genau hört dieser Körper? In einer letzten Performance verlas Paxton den zuvor in Ausschnitten zitierten Text, der sein konkretes Anliegen dieses Projektes beschreibt. Demnach hörte er nicht etwa einfach die *Goldberg-Variationen* von Bach, als sei die Partitur gerade gestern frisch mit noch feuchter Tinte geliefert worden. Paxton hörte zunächst den Interpreten, Glenn Gould, und er hörte eine Einspielung, die eine bestimmte Aufnahmetechnik verlangen und auch reflektieren, nämlich die mechanische Reproduktion in unterschiedlichen Graden der Präzision. Demzufolge wandelt sich nach Paxton die Musik in eine „sonic sculpture"[23], sie wird akustische Kunst. Ihre Geschichte, auf die sich der Tänzer explizit bezieht, aber war einst entstanden aus einem Prozess, bei dem Komposition und Improvisation ineinandergriffen.[24] Die mechanische Reproduktion schafft das Moment der Improvisation ab, das Prozessuale musikalischer Aufführung verwandelt sich in ein Bildhaftes, gleichsam Gefrorenes. Paxtons Projekt eröffnet ein neues Potenzial der Wahrnehmung, denn seine Improvisationen dienen dem Ausdruck des immer wieder anderen Hörens, sie sind in der Projektanlage als Improvisation Ausdruck des Hörens selbst:

> As I dance I am fascinated with this new reality. I try to dance every performance differently – new spacing, new directions, new relationships to the notes. I want to examine the possible connections these two masters have left for us to hear: reflecting as well that every time we listen we are different. Realizing that however we, at the end of the 20th C., can fix the moment of performance. We do not experience this fixity twice the same ... We the listeners are alive (as the music is not), and so the equation between the performance of music and the experience of it brings us back to the changes of our mind, and improvisation.[25]

Die Improvisation überschreitet bewusst und reflektiert die Grenze zur schriftlichen Komposition und deren Interpretation, sie öffnet das Hören in die Flüchtigkeit des Performativen.

Die Tanzwissenschaft hat wiederholt auf den grundsätzlich befragenden Ansatz von Paxtons *Goldberg*-Projekt hingewiesen, bei dem es nicht nur darum ging, die Improvisation als Ausdruck des freien Ausdrucks und des Momentanen zu inszenieren, sondern den Stellenwert des Improvisatorischen für das alltägliche Leben zu erforschen. Dass dabei der Fokus auf die Musik gerichtet war, wurde wenig beachtet. Sally Banes gab für die Verwendung der Musik zumindest eine Erklärung: Als Reaktion auf die intellektuelle Askese, welche die 60er-Jahre gekennzeichnet hatte, indem man zu allen kommerziellen und tradierten Mitteln Nein gesagt hatte, sollte es nun zu einer grundlegenden Bejahung aller vorhandenen Phänomene kommen. In diesem Zusammenhang zitiert Banes den Filmemacher Jim Self:

> If in postmodernism anything can be used, why not old music [...]. In other words, all the contradictory sides of the dance-music debates seem to coexist comfortably in late eighties postmodern dance. It has often been noted, that the eighties is a period marked by spectacle, on the one hand, and the desire to have

it all—to deny denial—on the other. As Jim Self put it in the film *Retracing Steps*, „Yvonne Rainer said no to all things ... And I felt like saying yes."²⁶

Wenn Banes damit implizit behauptet, Paxtons Projekt sei die postmoderne Hinwendung zum *anything goes*, so verkennt sie meines Erachtens den kritischen Impuls des Projektes, der durch den Umgang mit der Musik offenbar wird; ein Impuls nämlich, der sich weder hingebungsvoll ekstatisch, noch hochtrabend kritisch geriert, sondern in aller Dezenz eine Fußnote zur musikalischen Aufführungspraxis und Aufnahmetechnik setzt. Und mit dieser Fußnote, diesem Understatement, hebt er den essenziellen Vorgang der Improvisation als lebensbestimmendes Moment hervor und dies nicht als revolutionäre Praxis. Paxtons Projekt ist also nicht eine Überschreitung hin zur Beliebigkeit, sondern ein Tanz der kritischen Auseinandersetzung mit medialen Spielarten, speziell in der Musik. Und daraus erwächst auch eine neue Darstellungsform des Tanzes, denn Paxton tanzt nicht die Musik repräsentierend, sondern sie performativ hörend. Und nur die Improvisation kann dieses Performative adäquat umsetzen. Dementsprechend findet in den Bewegungen Paxtons, die ebenfalls sehr synchron zur Musik angelegt sind, ein energetischer Austausch statt. Das Stolpern, Innehalten, Kriechen und Wiegen übersetzt den dynamischen musikalischen Zeitfluss nicht in makelloser Synchronizität, sondern wiederum als ein Spielraum von sich wandelnder Schwerkraft.

Damit sind in diesem Beitrag drei Stufen der Musik-Tanz-Beziehung mit dem Fokus auf das Hören zur Sprache gekommen, die mir wesentlich erscheinen für eine historische und systematische Unterscheidung verschiedener ästhetischer Herangehensweisen, die allesamt das 20. Jahrhundert bis in die Gegenwart prägen und den traditionellen Boden von Theater- und Bühnenmusik verlassen haben. Daher müssen die Grenzen und Territorien neu bestimmt und auch anders betrachtet werden. Ich fasse diese drei Überschreitungen zusammen:

1. Die Selbstinszenierung bei Duncan als pure Klang-Tanz-Bewegung bzw. als „melodischer Tanz" (Hornbostel) im Sinne einer Begegnung absoluter Künste jenseits der Funktion, wodurch die konventionelle Betrachtung zwischen Leitmedium und Funktionsmusik überschritten wird in Richtung eines intermedialen Dialogs zwischen Musik und Tanz.
2. Die dialogisch-kommentierende Inszenierung von Musik durch Tanz bei Crankos Befragung als intermediale Begegnung absoluter Künste und als intermedial ästhetischer Spielraum der Schwerkraft.
3. Die Thematisierung des Hörens von Musik als performativer Vorgang im Tanzen bei Paxton.

Projekte wie jenes von Paxton, das sich in die Geschichte des avantgardistischen Tanzes einschreibt, kennzeichnet eine Nähe zur Auffassung Duncans, aber auch die historische Distanz von 80 Jahren. Was sie vergleichbar macht ist die experimentelle Geste des Hörens als Vorgang des Entfunktionalisierens, der sich im Tanz manifestiert, und damit verbunden der direkte Bezug zur Musik, der sich jenseits konventioneller Tanzgesten ereignet. Kulturgeschichtlich kündigt sich durch den modernen Tanz ein neues MusikHören, ein KörperHören an, das den Zustand des Körpers unter dem Eindruck der Musik sichtbar macht. Gemessen an den Äußerungen Roland Barthes', die noch einem Typus des ‚odysseeischen' Hörens folgen – an den Mast gefesselt lauscht der Held den Sirenen und erfährt sein Begehren, kann ihm aber auch widerstehen –, stellt das KörperHören durch den avantgardistischen Tanz die Urszene des ‚orphischen' Hörens nach, eine hemmungsfreie Verführung der Körperbewegung durch den Klang. Hans Werner Henze hat mit seiner bislang letzten großen Ballettkomposition, *Orpheus – eine Geschichte in 6 Bildern* von 1978, ein ähnliches Verständnis vermittelt. In dem Textbuch, Bild 1, von Edward Bond heißt es:

> Orpheus spielt auf der Leier [...] Die rasenden Menschen beruhigen sich [...] Die Welt befindet sich in Frieden und Einklang mit sich selbst / Die Tanzenden betrachten ihre eigenen Körper / während sie sich bewegen / Sie erkennen sich zum ersten Mal [...].[27]

Spielten bei Duncan noch esoterische Konzepte des transpersonalen, archetypischen KörperHörens, so richtet sich Paxtons Blick mit kritischem, wenn auch dabei verhaltenem Unterton auf eine gegenwärtige Musikkultur, die dem Prozess des Performativen immer mehr ausweicht. Sein Ziel ist nicht, mit der Musik zu verschmelzen, sondern mit ihren neuen Hörbedingungen zu experimentieren. Seine Haltung besitzt eine kritische Distanz zum Erklingenden und reflektiert gegenwärtige Bedingungen und neue Gegebenheiten der Musikübertragung und des daran gekoppelten Musikhörens. Genau das entspricht auch der Auffassung Glenn Goulds, der aufgrund sich verändernder Einspielungs-, Aufnahme,- und Wiedergabetechnik eine Veränderung im Hörverhalten des Rezipienten postuliert hatte. In einem Gespräch mit Yehudi Menuhin, das im Film *Jenseits der Zeit* zu sehen ist, vertrat Gould die These, dass der Hörer von Einspielungen in seinen eigenen vier Wänden mehr und mehr zu einem kreativen Hörer wird, der z. B. die Dauer des Abspielens, die Lautstärke selbst bestimmen kann.[28] Paxton folgt diesem Impuls und widmet sich einer Hörrecherche, die gleichermaßen eine Untersuchung des Alltäglichen (das Hören einer CD) ist und dabei zugleich eine intensiv intime, eine absolute Beziehung zur Musik durch den Körper sucht. Vom postmodernen *anything goes* ist eine solche Tanzrecherche des Musikhörens als KörperHören weit entfernt. Auch sie befindet sich im Niemandsland intermedialer Überschreitung.

1 Horst Koegler, *George Balanchine*, Velber bei Hannover 1964, S. 18.
2 Roland Barthes, „Rasch", in: ders., *Der entgegenkommende und der stumpfe Sinn*, Frankfurt/Main 1993, S. 299. Zum KörperHören vgl. Steffen A. Schmidt, „KörperHören", in: *Die Tonkunst*, Heft 1, 2008, S. 67–73.
3 Hermann Danuser, *Die Musik des 20. Jahrhunderts. Neues Handbuch der Musikgeschichte*, hrsg. von Carl Dahlhaus, Bd. 7, Laaber 1984, S. 63–64.
4 Jürgen Habermas, *Theorie kommunikativen Handelns*, Frankfurt/Main 1981.
5 Isadora Duncan, *Memoiren*, nach dem englischen Manuskript bearbeitet von C. Zell, Wien, München 1988, S. 149.
6 Émile Jaques-Dalcroze, „Die Wiedergeburt des Tanzes (1912)", in: ders., *Rhythmus, Musik und Erziehung*, hrsg. von E. Feudel, übers. von Julius Schwabe, Basel 1922, S. 151 sowie Curt Sachs, *Weltgeschichte des Tanzes*, Berlin 1933, S. 301.
7 Erich Moritz von Hornbostel: „Melodischer Tanz. Eine musikpsychologische Studie", in: *Zeitschrift der Internationalen Musikgesellschaft* V (1904) 12, S. 482–488. Wiederabdruck in Erich Moritz von Hornbostel, *Tonart und Ethos. Aufsätze zur Musikethnologie und Musikpsychologie*, hrsg. von Christian Kaden und Erich Stockmann, Leipzig 1986, S. 84.
8 Vgl. Hans Emons, *Für Auge und Ohr*, Berlin 2005.
9 Evelyn Dörr, *Rudolf Laban. Die Schrift des Tänzers. Ein Portrait*, Norderstedt 2005, S. 97.
10 Vgl. dazu Heinrich Besseler, „Das musikalische Hören der Neuzeit", in: *Aufsätze zur Musikästhetik und Musikgeschichte*, hrsg. von Peter Gülke, Leipzig 1978, S. 162–163.
11 Stuckenschmidt bezeichnete eine damals als sehr gelungen eingestufte Choreographie als „vertanzten Konzertführer", vgl. Hansheinz Stuckenschmidt, „Berlin. Tanzmusik und getanzte Musik", in: *Melos* 1957, S. 142–143.
12 Lincoln Kirstein, *Four Centuries of Ballet. 50 Masterworks*, New York 1984.
13 Bernd Alois Zimmermann, *Intervall und Zeit. Aufsätze und Schriften zum Werk*, hrsg. von Wulf Konold, Köln 1986, S. 111.
14 Ebd., S. 113.
15 Ebd., S. 113. Die Passage wurde bereits von Erik Fischer wegweisend kontextualisiert: „B. A. Zimmermann und das Tanztheater seiner Zeit", in: *Zwischen den Grenzen. Bericht über das Bernd-Alois Zimmermann-Symposion Köln 1987*, hrsg. von Klaus Wolfgang Niemöller und Wulf Konold, Regensburg 1989, S. 165–203, hier S. 167.
16 Thrasybulos Georgiades, *Musik und Sprache*, Berlin, Heidelberg, New York 1984, S. 90 und S. 115.
17 Eine Kopie der Verfilmung von Crankos Choreographie unter der Regie von Klaus Lindemann wurde mir freundlicherweise vom ZDF für Forschungszwecke zur Verfügung gestellt. Das Werk ist seit den späten 60er-Jahren nicht mehr aufgeführt worden. Bei der Uraufführung erhielt das Zusammenspiel von Musik und Tanz höchstes Lob, die Choreographie wurde von Cranko selbst als sein „neuer Weg" bezeichnet.
18 John Cranko, *Über den Tanz. Gespräche mit Walter Schäfer*, Frankfurt/Main 1978.
19 Michel Chion, „Die audio-visuelle Phrasierung (Le phrasé audiovisuel)", in: *Acoustic Turn*, hrsg. von Petra Maria Meyer, Paderborn 2008, S. 546.
20 Zur Bedeutung der *Goldberg-Variationen* im Kontext von Paxtons Gesamtschaffen vgl. Ramsay Burt, „Steve Paxton's Goldberg variations and the Angel of History", in: *The Drama Review* 46, 4 (T176), Winter 2002, S. 46–64.
21 Barthes, „Rasch" (s. Anm. 2).

22 Paxtons Improvisationen wurden vom Videokünstler Walter Verdin dokumentiert und filmisch komplex verarbeitet. Die Arbeit ist geprägt durch eine Rekomposition des Tanzes durch Techniken des Videoschnitts (Wiederholungen) und Reverse-Techniken (Umkehrungen), die sich an der musikalischen Komposition orientieren. Die Arbeit blieb bislang unveröffentlicht. Das Kaai-Theater als Produzent und der Autor Walter Verdin gaben mir freundlicherweise eine Kopie für meine wissenschaftliche Recherche. Der Text von Steve Paxton ist zu lesen im Internet unter: http://www.walterverdin.com/STEVE.html (letzter Zugriff: 27.07.2010).

23 Ebd.

24 Mag dieser Begriff der Komposition auch zu kurz gegriffen sein, er korrespondiert immerhin mit der Vorstellung Busonis von Improvisation. Vgl. hierzu Ferruccio Busoni, *Entwurf einer neuen Ästhetik der Tonkunst*, 2. Fassung 1916, Wiederabdruck: Hamburg 1973, hrsg. von Wolfgang Dömling, S. 22.

25 Paxton (s. Anm. 22).

26 Filmemacher Jim Self, zit. nach: Sally Banes, *Writing Dancing*, Hannover 1994, S. 326.

27 Textbuch veröffentlicht im Programmheft der Uraufführung, Oper Frankfurt 1978, S. 13/14. Um den Abstand zum ‚odysseeischen Hören' in seiner ganzen kulturgeschichtlichen Weite angemessen zum Ausdruck zu bringen, spreche ich an anderer Stelle vom „dionysischen Hören" zwischen Musik und Tanz: Steffen A. Schmidt, *Musik der Schwerkraft*, Berlin 2012 (im Druck).

28 *Jenseits der Zeit*. Dokumentarfilm, Frankreich 2005, Regie: Bruno Monsaingeon.

BEWEGUNGEN
ZWISCHEN
INTERMEDIALITÄT
UND
INTERAKTIVEN MEDIEN

Sieghart Döhring

„Amore e morte":
Die Idee der Oper in Filmen Werner Schroeters

Im September 1977 veröffentlichte der *Spiegel*, wie damals die Medien in aller Welt, einen Nachruf auf die wenige Tage zuvor verstorbene Maria Callas; die Überschrift lautete: „Der Herztod der Primadonna", der Autor hieß Werner Schroeter. Ihm waren wunderbare Formulierungen gelungen, die unter dem Brennglas der persönlichen Betroffenheit die Kunst dieser singulären Sängerdarstellerin als Verwirklichung all dessen aufscheinen ließen, was Oper ihrem Wesen nach bedeutet und welche Wirkungen sie auszulösen vermag. Wenn die Callas – so heißt es dort – die Worte aus dem Monolog der Gioconda in Ponchiellis gleichnamiger Oper vortrug, „hat sie es erreicht, daß aus einer Plattitüde die unausweichliche Dialektik unserer Existenz schimmerte." Oder: „Unter allen weiblichen Interpreten, die ich kenne, war Maria Callas diejenige, die in ihrer Ausdruckskraft die Zeit so lange stehen lassen konnte, bis jede Angst verschwand, auch die vor dem Tode selbst, und ein dem, was man Glück nennen sollte, ähnlicher Zustand erreicht wurde." Das Bestreben der Callas sei es gewesen, „diese wenigen total vertretbaren Gefühle – Leben, Liebe, Freude, Haß, Eifersucht und Todesangst – in ihrer Totalität und ohne psychologische Analyse vorzutragen." Und schließlich ganz lapidar: „[…] zwei Möglichkeiten: Der Tod oder die Liebe."[1]

Die wenigsten Leser von Schroeters Nachruf dürften seinerzeit erkannt haben, dass der Autor hier nicht allein das Idol seines Lebens beschrieb – in einem späteren Interview[2] nannte er die Callas gar seinen „leuchtende(n) Stern" und „eine Botin zwischen Gott und den Menschen" –, sondern zugleich die Leitidee seines eigenen Schaffens als Filmregisseur, so wie er sie bereits damals in einigen bemerkenswerten Produktionen verwirklicht hatte. Nach dem Schlüsselerlebnis, das ihm durch die Callas zuteil geworden war, galt es nun für ihn, diese Erfahrung in der Brechung durch das neue Medium auch für das eigene Schaffen produktiv zu verarbeiten: Film aus dem Geiste der Oper als Ausdruck existenzieller Grenzüberschreitungen. Was heißt dies konkret? Schroeters Position wird klarer, wenn man sein Schaffen vergleichend neben dasjenige zweier anderer bedeutender Theater- und Filmregisseure aus der zweiten Hälfte des 20. Jahrhunderts stellt, die ebenfalls eine starke Affinität zur Oper besaßen, als deren ideelle Verkörperung ihnen die Callas erschien: Luchino Visconti und Franco

Zeffirelli. Es ist offensichtlich, dass beide – Visconti nachdem er die Callas kennengelernt hatte, der jüngere Zeffirelli praktisch von Anfang an – in ihren Filmen eine Ästhetik verfolgten, die mehr oder weniger stark von der Oper affiziert war, mitunter so sehr, dass man von verkappten Opern sprechen könnte – etwa im Falle von Viscontis *Senso* und *Il gattopardo* oder Zeffirellis Shakespeare-Adaptationen. Bezeichnenderweise ist für solche Stücke im Musiktheater wie im Film dieselbe Genre-Bezeichnung gebräuchlich: ‚Melodram'. In der Tat handelt es sich hier um den Transfer von Elementen der Oper ins neue Medium Film, der dadurch opernhafte Züge annimmt, ohne dass dessen Eigengesetzlichkeit in Frage gestellt würde. Entsprechend beschränkt sich die Rolle der Musik auf die Erfüllung überwiegend diegetischer Funktionen; bevorzugte Ausdrucksträgerin zu sein wie in der Oper, bleibt ihr verwehrt.

Demgegenüber ist Schroeters Ansatz weit fundamentaler und radikaler. Ihm geht es nicht um die Verbindung zweier bestehender Gattungen – Oper und Film –, vielmehr um die Schaffung einer neuen, in der die Bewegungsspektren der Musik und der Filmbilder in einen lebendigen Wechselbezug treten, der neue Potenziale des Ausdrucks und der Gefühlsentgrenzung freisetzt. Innerhalb der Oper aber ist es – dies hatte ihn die Callas gelehrt – vor allem die menschliche Stimme, die Gesangsstimme zumal, der die Kraft zu erheben und zu verwandeln eigen ist. Diese freilich ist nicht exklusiv an die Oper gebunden, und so sucht und findet Schroeter seine musikalischen Sprachträger außer in der Oper auch in anderen vokalen Gattungen, von der Kirchenmusik über Lied und Song bis zum Schlager, in Einzelfällen auch in der Instrumentalmusik, sofern diese über der Stimme vergleichbare Ausdrucksqualitäten verfügt. Was den deutschen Schlager nach den Zweiten Weltkrieg betrifft, so stand dieser – jedenfalls in der Person der von Schroeter bevorzugten Interpretin Caterina Valente – stilistisch und gesangstechnisch ohnehin noch in enger Verbindung zu Oper und Operette. Eine vergleichbare Offenheit kennzeichnet die Bildsprache der Filme mit ihrer Freiheit im Gebrauch tradierter Gattungen und Formen, Anspielungen und direkter Zitate. Darin lediglich ein manieristisches ‚Glasperlenspiel' zu erblicken, bedeutete freilich eine Verkennung von Schroeters strengem Formwillen und existenziellem Ernst. Die Auflösung herkömmlicher narrativer Strukturen im Ganzen – im Detail bestehen sie als „Erzählflöckchen"[3], wie sie Sebastian Feldmann treffend charakterisiert hat, ohnehin weiter fort – bedeutet mitnichten den Verzicht auf Strukturen überhaupt, die hier vielmehr ganz und gar individuell und werkimmanent geschaffen werden. Für die innere Einheit sorgt zudem der durchgehende Bezug auf die ‚Liebe und Tod'-Thematik als zentrale Idee. Allein dadurch öffnet sich der Film den Assoziationsräumen der Oper, die von den *Orpheus*-Vertonungen um 1600 bis zu den Produktionen unserer Tage in der Dialektik von „amore e morte" (dies der ursprünglich intendierte Titel von Verdis *La traviata*) ihre raison d'être gefunden hat.

Bereits in Schroeters ersten filmischen Versuchen aus den Jahren 1967 bis 1969 tritt der ihm eigene ästhetische Ansatz mit erstaunlicher Klarheit zutage – ungeachtet mancher Unvollkommenheiten im Technischen. Überwiegend handelt es sich um Kurzfilme, und fast alle verarbeiten sie auf schöpferische Weise den ‚Gefühlsschock', den die Kunst von Maria Callas bei ihrem jungen Bewunderer ausgelöst hat. In Schroeters eigenen Worten: „Damals experimentierte ich z. B. mit der Montage von Szenenfotos der Callas, so dass ich es erreichte, sie wie in einem Animationsfilm in ihren Gesten und ihrem tragischen Ausdruck in Bewegung zu zeigen. Ich legte auch Texte, zum Beispiel Opernkritiken, über ihr Bild, experimentierte mit Wiederholungen, Doppelbelichtungen, Detailvergrößerungen, aufgeklebten Sprechblasen und Split-Screen. [...] Meine Kamera war stumm, und so ging ich dazu über, von meinen Schallplatten mit Hilfe des Tonbandes separate wilde Toncollagen für meine Filme zu komponieren, z. B. mit meinen Lieblingsarien der Callas."[4] Eine dieser frühen Arbeiten Schroeters, ein 16-minütiger Kurzfilm, führt den Namen der Sängerin sogar im Titel: *Maria Callas Portrait* (1968). Seinem ersten Teil liegen kurze, permanent wiederholte Ausschnitte aus dem Ensemble-Finale des II. Aktes von Verdis *Un ballo in maschera* zugrunde, in welchen die Stimmen von Maria Callas und Tito Gobbi in expressivem Kontrast von Kantilene und Sprechgesang zusammengeführt werden; der akustischen ‚Endlosschleife' zugeordnet ist ein ‚Bilderreigen' aus Rollenfotos der Callas (auch einigen Konzert- und Pressefotos), die in der oben beschriebenen Weise bearbeitet sind, so dass fortwährend neue Bild-Ton-Konstellationen aus der Stimme der Sängerin und ihren wechselnden darstellerischen Verkörperungen entstehen. Ganz anders der direkt anschließende zweite Teil: Hier hört man, gesungen von der Callas, den vollständigen langsamen Satz von Elviras Wahnsinnsarie aus Bellinis *I puritani* (in der verkürzten Konzertversion), während vor schwarzem Hintergrund in einem hellen Schriftstreifen sukzessive ein Text vorbeizieht, der die transzendierende Bühnenerscheinung der Callas beschreibt – allerdings in einer anderen Wahnsinnsszene aus ihrem Rollenrepertoire, nämlich derjenigen aus Donizettis *Lucia di Lammermoor*: eine in Kauf genommene Inkonsequenz oder ein bewusster Brechungseffekt?

Sehr viel komplexer in den Wechselbezügen von Musik und Bild gibt sich *Argila* (1969), und zwar hauptsächlich durch das Verfahren der ‚Doppelprojektion': Die Handlung, bestehend aus den Versatzstücken einer Dreiecksgeschichte (ein Mann, zwei Frauen), läuft ab in zwei nebeneinander gelegten Filmspuren – einmal in Farbe, einmal in Schwarzweiß, die eine Spur gegenüber der anderen seitenverkehrt, zudem zeitlich versetzt und mit minimaler Überschneidung der Bildränder. In der Wahrnehmung ergibt sich ein verfremdender Brechungs- und Spiegeleffekt, insofern den Figuren und Objekten zugleich ihre Gegenbilder an die Seite gestellt werden. Den in Wiederholungen und Varianten kreisenden Bildern entsprechen ebensolche Text- und Musikeinblendungen, darunter wieder bevorzugt die Callas mit Ausschnitten aus dem Belcanto-Repertoire (darunter einem längeren – gleichwohl aufgeteilten – Fragment aus Meyerbeers *Dinorah*), aber auch Caterina Valente mit ihren bekannten Schlagern und sogar Instrumentalmusik (der Anfang von Liszts erstem Klavierkonzert). Ungeachtet zahlreicher berückender Effekte eines neuartigen filmischen ‚Gesamtkunstwerkes' drängt sich mitunter der Eindruck von Beliebigkeit auf. Geschuldet ist er Schroeters überbordender Experimentierlust, die mit den Bewegungsabläufen von Musik und Bildern und ihren möglichen Verknüpfungen exzessiv und auf weite Strecken ergebnisoffen spielt.

Den nächsten Schritt in der Entwicklung seines filmästhetischen Ansatzes, nämlich die thematische Fokussierung seiner Bild-Ton-Sprache, tat Schroeter noch im selben Jahr 1969 mit seinem ersten Langfilm *Eika Katappa*. Die realen Schauplätze sind in Italien angesiedelt (vor allem in Neapel und Rom, aber auch in und um Heidelberg), öffnen sich aber immer wieder in Fantasiewelten des Mythos und der Geschichte, für die verschiedene Opern die Staffage liefern. Auf der Darstellerebene gibt sich der Film als eine Hommage an Magdalena Montezuma, die ihre schauspielerische Wandlungsfähigkeit in einer langen Galerie von Rollen des Theaters und Musiktheaters wie des wirklichen Lebens demonstriert. Darin mag man mit Dietrich Kuhlbrodt eine Vorwegnahme von Foucaults Idee einer „multiplicité d'identité" erblicken;[5] eher handelt es sich wohl um den Ausdruck darstellerischer Exuberanz mit durchaus auch parodistischen Zügen (etwa in den nachgespielten Szenen aus *Rigoletto*). Über die Vorstellungen, die sich für Schroeter mit seiner Arbeit an *Eika Katappa* verbanden, hat sich der Regisseur rückblickend in einem Interview geäußert: „Der ganze Film ist um eine Musik herum entstanden, um das Allegro der Leonoren-Arie aus dem *Troubadour*. Es war für mich, als ob diese Musik tausend Bilder enthält."[6] Die Bemerkung erstaunt zunächst, denn diese Musik – die Cabaletta „Tu vedrai che amore in terra" der Arie der Leonora aus dem IV. Akt der Oper – wird im Film lediglich zweimal angespielt, dabei nur einmal (nahezu) vollständig. Wenn Schroeter ihr dennoch derart exemplarische Bedeutung beimisst, kann dies nur heißen, dass hier die geistigen und emotionalen Fäden des Films zusammenlaufen, dass die Szene trotz ihrer Kürze von weniger als zwei Minuten so etwas wie die ‚Botschaft' des Films enthält. In formaler Hinsicht handelt es sich hier um den Abschluss einer narrativen Episode – eines jener „Erzählflöckchen" –, inhaltlich um das Ende einer Liebesbeziehung zwischen zwei Männern durch den Tod des einen: sehnsüchtige Erinnerung an den Geliebten auf einer sonnigen

Wiese, Klage über dem Körper des Toten am Rande einer vielbefahrenen Großstadtstraße. Obwohl man die Akteure sprechen sieht, bleiben die Bilder stumm, werden die Gefühle lediglich durch Mimik und Gestik vermittelt. Dazu singt die Callas Verdis Cabaletta: Leonoras Bekenntnis, dass sie um den Preis ihres eigenen Lebens dasjenige des Geliebten retten oder zusammen mit ihm in den Tod gehen werde. Gesungen wird es mit einer Stimme voller fiebriger Erregung, in der Todesbereitschaft und Liebesrausch („o con te, con te unita") eine exstatische Verbindung eingehen. Wenn am Beginn der Coda die Musik abbricht, vernimmt man aus dem Off erstmals die Klage über den realen Toten.

Den Bezug auf die Musik inhaltlich zu begreifen, dürfte nicht vielen Zuschauern des Films gegeben sein, zum einen wegen der operntypischen eingeschränkten Textverständlichkeit (obwohl die Callas bewundernswert genau deklamiert), zum anderen wegen des allenfalls lückenhaften Verständnisses der komplizierten Handlung. Ebenso wenig lässt sich eine Vorkenntnis des Stücks voraussetzen außer bei Fachleuten und spezialisierten Opern- und Gesangsliebhabern, denn die Cabaletta wurde und wird bei Bühnenaufführungen des *Trovatore* in der Regel gestrichen, und auch die Callas sang sie nie auf dem Theater, sondern nur dieses eine Mal für die Schallplatte. Dieses Defizit hat der Regisseur in Kauf genommen im Vertrauen auf das Gefühlpotenzial der Musik, zumal in der Vermittlung durch ihre überragende Interpretin, dem er mit Recht zutraut, die Kraft der Bilder aus dem realen Leben durch das Pathos der Kunst neu zur Sprache zu bringen. So wie sich in bestimmten Situationen erinnertes Erleben und erinnerte Musik verbinden, führt hier der Film als Generator der Fantasie Bilder und Klänge in einem spannungsreichen Dialog zusammen, der freilich am Ende – beim Abbrechen der Musik – vor der Wirklichkeit kapituliert. „Amore e morte": Wie unter einem Brennglas leuchtet in dieser Szene das zentrale Thema des Films auf, das gleich anschließend in einer langen Sequenz von Ausschnitten aus *La traviata* aufgenommen und weiter entfaltet wird: in durcheinander gewürfelten musikalischen und auf die Handlung der Oper bezogenen Bildfragmenten – gleichsam als ein *Traviata*-Traum –, wobei nur einmal (in der Todesszene Violettas) die Callas, ansonsten ein deutschsprachiges Ensemble zu hören ist (Maria Cebotari, Helge Roswaenge und Heinrich Schlusnus in einer Aufnahme des Reichssenders Berlin von 1943). Zum Schluss des Films hin häufen sich die Rückbezüge, wobei Bild und Musik jeweils in neuen und kürzeren Sequenzen montiert werden. Das Verfahren insgesamt orientiert sich an musikalischen Techniken und Formen, vor allem Leitmotiv und Reprise. Für Schroeters Ästhetik der medialen Brechung überaus charakteristisch ist seine abschließende Hommage an die Callas: Zu ihrem Porträt vernimmt man Leonoras Arie aus dem IV. Akt von Verdis *La forza del destino (Pace, pace, pace, mio Dio!)*, aber nicht von ihr gesungen, sondern von Celestina Boninsegna. Dazu Schroeter selbst: „Ich spielte mit dem Mythos der Callas, ihr Bild war mit dem Klang einer anderen Stimme gekoppelt; wo die ‚Wahrheit', die Identität war, lag im Ermessen der Zuschauer."[7]

Schroeters nächster großer Film, *Salome* (1971), fällt insofern aus dem Rahmen, als es sich tatsächlich um eine filmisch konzipierte Theateraufführung handelt. Einziger Schauplatz ist die Freitreppe im Tempelbezirk der Ruinen des libanesischen Baalbek. Zugrunde liegt das Schauspiel von Oscar Wilde in der deutschen Übersetzung Hedwig Lachmanns, in Nebenrollen wird auch das Arabische einbezogen. Wieder bildet die ‚Liebe und Tod'-Thematik die zentrale Idee des Stücks, liegt wie ein Schatten auf allen Szenen und wird in Salomes großem Schlussmonolog auf den Punkt gebracht: „[...] das Geheimnis der Liebe ist größer als das Geheimnis des Todes [...]." Wie in *Eika Katappa* werden permanent Bezüge hergestellt zu komponierter Musik, bei Salomes Tanz auch zu improvisierter arabischer Folklore. Gleich zu Beginn, in der Festszene, bildet der Hochzeitschor aus Donizettis *Lucia di Lammermoor* den musikalischen Rahmen, später begegnet in wechselnden Funktionen Musik u. a. aus Wagners *Lohengrin*, Meyerbeers *Prophète*, Glucks *Alceste*, Berlioz' *Lélio*, außerdem der *Frühlingsstimmen-Walzer* von Johann Strauß und *La Paloma*, gesungen von Rosita Serrano. Eines freilich sucht man vergebens: Musik aus Richard Strauss' *Salome*, komponiert als ‚Literaturoper' auf den Text von Wilde/Lachmann, und ebendies dürfte der Grund gewesen sein für Schroeters Abstinenz bei der Musikauswahl, denn nur so konnte er sich frei fühlen, als eine Art ‚virtueller Komponist' zu schalten, wie sich vor allem an der neu gedeuteten Schlussszene erweist.

Zuerst kniend, dann niedergestreckt vor der Schüssel mit dem Haupt des Täufers spricht Salome den vollständigen Text ihres Monologs, wahrt jedoch bis zum Schluss entgegen dem Wortlaut totale körperliche Distanz zum Objekt ihrer Begierde. Als akustischen Hintergrund vernimmt man zunächst fernes Glockengeläut, bei „Nun wohl, ich lebe noch [...]" setzt erstmals Musik ein: Isoldes Schlussmonolog, der sogenannte Liebestod, aus Wagners *Tristan und Isolde* in der Orchesterfassung. Der ‚Kuss', bei Wilde das Zeichen für die imaginierte körperliche Vereinigung mit dem Geliebten, verliert hier auch diesen Zeichencharakter, erscheint zurückgenommen in Salomes Fantasiewelt, in das Reich ihrer Bilder und Träume. Wagners Musik, deren soghafte Wirkung darauf beruht, dass sie den sexuellen Akt nicht bloß darstellt, sondern verkörpert, ist dafür das adäquate Medium. Herodes, gespielt von Magdalena Montezuma en travesti, und Herodias verfolgen indessen das Geschehen gebannt aus dem Hintergrund, von dem aus sie sich langsam nach vorne bewegen, bis am Ende das schreckensstarre Antlitz des Herodes allein das Bild füllt. Salomes letzte Worte („Ach ich habe deinen Mund geküsst, Jochanaan") nach dem Vollzug der vorgestellten Vereinigung korrespondieren perfekt mit dem Orchesternachspiel nach Isoldes Monolog. Der als Entsetzensschrei hervorgestoßene Befehl des Herodes an die Soldaten: „Man töte dieses Weib!" löst dann nicht die blutige Katastrophe aus („Die Soldaten stürzen hervor und zermalmen Salome [...] unter ihren Schilden", lautet bei Wilde die Regieanweisung), sondern die unerwartete Wende. In einem plötzlichen Schnitt auf die Totale sieht man nun wieder Salome vor dem Haupt des Jochanaan liegen, dahinter das Tetrarchenpaar, und hört – Verdi: das Schlussensemble mit Chor aus *Un ballo in maschera*, in dem die geschockten Festgäste die Bitte des durch ein Attentat tödlich getroffenen Gouverneurs um allseitige Vergebung („perdono") in einem Gebet an den „erbarmenden Gott" („Dio pietoso") feierlich bekräftigen. Kurz vor dem aufrauschenden Klanghöhepunkt verschwindet das Bild, so dass man allein die Musik hört, bis auch diese am Beginn des nun folgenden kurzen Solos Riccardos („Addio per sempre [...]") abbricht und dem Abspann des Filmes Platz macht. Die verstörende Wirkung dieses Filmschlusses konfrontiert den Zuschauer und Hörer mit einer neuen, latent religiösen Facette der ‚Liebe und Tod'-Thematik, die der Oper seit Langem vertraut ist und derer sich Schroeter hier erstmalig für sein Schaffen bedient. Man könnte sie durch das Begriffspaar ‚Tod und Verklärung' beschreiben, und es ist die Musik, von der die utopische Perspektive der Liebe über den Tod hinaus ausgeht. Was Schroeter der Callas als ‚Botschafterin' der Musik attestierte, nämlich dass sie „die Zeit [...] stehen lassen konnte", hat er hier für die Musik selbst inszeniert. Die Musik dringt in den Freiraum ein, den ihr die Szene lässt, und verkündet für einen kurzen Augenblick eine neue Wirklichkeit.

Noch im Erscheinungsjahr von *Salome* (1971) brachte Schroeter einen weiteren Film heraus, mit dem er seine Ästhetik bereits im Titel fokussierte: *Der Tod der Maria Malibran*. Der thematische Bezug auf die Oper könnte enger nicht sein, denn María-Felicia Malibran – so der vollständige Name der gebürtigen Spanierin, Tochter des berühmten Tenors Manuel García – war eine der größten Sängerinnen ihrer Zeit und ihr überraschender Tod am 23. September 1836 im Alter von nur 28 Jahren infolge eines Reitunfalls stürzte die Musikwelt in tiefe Trauer, machte Malibran mit dem Nimbus der Frühvollendeten zur Ikone der Oper des 19. Jahrhunderts. Der Vergleich mit Maria Callas liegt natürlich nahe und wurde denn auch immer wieder gezogen, zumal beide das gleiche Repertoire bevorzugten, mit dem Unterschied, dass sich die Malibran in ihm als Zeitgenossin bewegte, während die Callas es für sich und ihr Publikum erst wiederentdecken musste: die italienische Belcanto-Oper Rossinis, Donizettis und Bellinis. Obwohl der Titel von Schroeters Film auf eine historische Person und ein exakt datierbares Ereignis Bezug nimmt, ist *Der Tod der Maria Malibran* dennoch kein Historienfilm. Zwar wird auf die Epoche der Malibran in Interieurs und Kostümen immer wieder angespielt, ebenso auf Episoden aus dem Leben und Sterben der Sängerin, aber nicht um ihr als realer Person Profil zu verleihen. Das persönliche Schicksal der Malibran liefert vielmehr lediglich die Folie für verschiedene Existenzentwürfe im Spannungsfeld zwischen Leben und Kunst, in den Worten Dietrich Kuhlbrodts: „Marias Tod sterben alle Darsteller, ihre Rolle an- und ablegend."[8] Michel Foucault hat sich durch den *Tod der Maria Malibran* in seinen Ideen von einer neuen Körperlichkeit bestätigt gefühlt und Schroeters Film eine Vorreiterrolle bei der Erprobung einer zeitgemäßen ‚Körperkunst' zugesprochen.[9] Ausgeblendet hat er dabei freilich den Aspekt des Todes: Auf der Feier des Körpers liegt nämlich vom Beginn an der Schatten seiner Vergänglichkeit. Schroeters Film steht hier in der Tradition des romantischen ‚Nachtstücks'; die meisten Szenen spielen in der Nacht und in der Dämmerung oder sie evozieren in langen Einstellungen, getragen von nicht weniger langen musikalischen Sequenzen, ein magisches Hell-Dunkel jenseits von Tag und Nacht. Bereits der Anfang exponiert die ‚Liebe und Tod'-Thematik in einem beziehungsvollen Ensemble von Musik, Text und Bild: musikalisch eher stimmungshaft-unbestimmt mit der *Alt-Rhapsodie* von Johannes Brahms auf ein Fragment aus Goethes *Harzreise im Winter*, textlich präzisierend mit dem Gedicht *Der Asra* aus Heinrich Heines *Romanzero*, in dem der junge Sklave abends am Brunnen der von ihm angebeteten Sultanstochter die schicksalhafte Verbindung seiner Liebe zum Tod gesteht: „[…] und mein Stamm sind jene Asra, welche sterben, wenn sie lieben". Dazu erblickt man für einen Moment das Gesicht Maria Malibrans mit blutendem Auge, von dem sich soeben eine Hand mit Dolch entfernt. Im weiteren Verlauf entfaltet der Film diese Motivkonstellation in wechselnden Musik-, Text- und Bildgestalten, um sie in der Schlussszene wieder zusammenzuführen, nun aber unter einer neuen Perspektive. Wie schon in *Eika Katappa* erwächst Form auch hier nicht aus narrativen Strukturen, sondern aus der filmischen Gesamtkonzeption. Die Sängerin bricht sterbend auf der Bühne zusammen, wobei durch die Einblendung des enigmatischen Bildes der blutenden Maria vom Anfang des Films bereits auf das Ende angespielt wird.

Der Tod auf der Bühne ist zwar nicht historisch korrekt, dafür in einem tieferen Sinne – nämlich als Verausgabung für die Kunst – von existenzieller Wahrheit. Zudem liegt in der Musik selbst ein Verweis auf die reale Sängerinnenkarriere der Malibran: In Rossinis *Semiramide* hat sie sowohl die Titelrolle wie den Contralto-Part des Arsace verkörpert, und beider Duett im I. Akt, dessen Cabaletta hier zu sehen und zu hören ist, war mit der Malibran als Arsace und Henriette Sontag als Semiramide ein ‚cheval de bataille' dieser Künstlerinnen. Betrachtet man das Stück im Werkkontext, so eröffnet sich mit ihm noch eine weitere Bedeutungsdimension, beruht doch der „bel momento", den Semiramide und Arsace für ihre Liebe emphatisch beschwören, in Wahrheit auf einem Missverständnis und einer Gefühlstäuschung. Nachdem noch in der Kulisse ein Arzt den Tod der Sängerin festgestellt hat, aus deren Mund langsam Blut rinnt, erklingt Goethes Lied der Mignon in der Vertonung von Ambroise Thomas aus seiner gleichnamigen Oper: in deutscher Sprache. Man hatte es bereits im ersten Teil des Films gehört, dort aber nur bis zum Beginn des Refrains, und genau an dieser Stelle setzt es jetzt wieder ein: „Dahin! Dahin, möcht' ich mit dir, o mein Geliebter, ziehn." Dass Schroeter in diesem Schlüsselmoment des Films nicht eine der zahlreichen Liedvertonungen von Goethes Gedicht, sondern Thomas' Opernversion zitiert, ist ein Ausweis bemerkenswerten Scharfblicks, der sich nicht durch tradierte Vorurteile beirren lässt. Tatsächlich treffen die große melodische Geste und ihr verhaltenes Ausklingen den zwischen Emphase und Melancholie changierenden Sehnsuchtston des Textes perfekt, der mit den Bildern eines italienisierten Arkadiens eine utopische ‚neue Welt' entwirft. Dies deutet Schroeter verschlüsselt an, wenn er im Verlauf des Liedrefrains das Bild der toten Sängerin durch dasjenige einer wolkenverhangenen Stadtsilhouette in der Dämmerung ersetzt; es hatte zuvor auch den Anfang des Mignon-Liedes optisch kontrapunktiert. Durch die Wolken dringt fahles Licht: Verkündet es die nahende Nacht oder den nahenden Morgen?

Eine Lesart dieses Schlusses, die allein auf den Topos von der ‚Trösterin Musica' abhebt, wird der Komplexität, und Verrätselung des Zusammenspiels von Bild, Text und Musik, wie sie hier vorliegen, nicht gerecht. Wenn Schroeter den Film in der Art einer musikalischen Komposition behandelt, innerhalb derer die reale Musik lediglich ein Teilmoment darstellt, so bleibt für ihn doch die Musik – mit dem Herzstück der Oper und der sie dominierenden Gesangsstimme – die Trägerin der Ausdruckswahrheit. In der Musik sucht und findet er das Gefühl der Totalität als Grenzerfahrung, und der Einsatz der filmischen Mittel dient ihm dazu, durch Brechungen, Spiegelungen und schockhafte Kontraste aus der Musik jenes Moment des Überschießenden herauszufiltern, das sich als ‚erfüllter Augenblick' erfahren lässt. In *Poussières d'amour* (1996) hat er dafür gleichsam eine Versuchsanordnung entworfen: Wie bringen Sänger und vor allem Sängerinnen ihre Expressivität zustande? Die Suche danach ist für Schroeter eine zugleich ästhetische wie existenzielle Frage, nämlich die – so seine eigenen Worte – „nach einer größeren Annäherung mit dem Anderen, nach der Liebe und sämtlichen denkbaren Liebesfähigkeiten."[10] Gewiss wird der Regisseur nicht erwartet haben, dass ihm die Interpretinnen diese Frage in Worten beantworten, aber Antworten haben sie durchaus gegeben, nämlich indem sie – von Schroeter behutsam geführt – ‚Liebe und Tod' in ihrer Kunst gleichsam kurzschlossen. Geschah dies, so ergaben sich magische Momente, etwa wenn Martha Mödl noch einmal die Glanznummer ihrer späten Karriere, die Grétry-Ariette im Auftritt der alten Gräfin aus Tschaikowskys *Pique dame*, deklamiert oder wenn – dies der Schluss des Films – Anita Cerquetti ihre einstige „Casta diva" aus Bellinis *Norma*, die wirklich zu singen sie nicht mehr imstande ist und die ihr jetzt auf Tonträger zugespielt wird, hörend nachlebt und dem Stück jene Ausdruckswahrheit zuführt, die ihr damals bei aller Stimmschönheit nicht zu Gebote gestanden hat und die ihr jetzt aufgrund der Erfahrung der eigenen Vergänglichkeit zuteil wird. Und wenn Schroeter während der Kadenz zunächst das Bild wegnimmt und dann die Widmung einblendet: „Für die Callas und all die anderen", so schließt sich der Kreis, wird die Ästhetik des Films zurückgeführt auf diejenige der Oper und die Kunst ihrer überragenden Interpretin.

---

[1] „Der Herztod der Primadonna. Filmemacher Werner Schroeter über Maria Callas", in: *Der Spiegel*, 26.09.1977, S. 261–267, hier S. 266, 261 und 267. – Nachgedruckt in: Werner Schroeter mit Claudia Lenssen, *Tage im Dämmer, Nächte im Rausch. Autobiographie*, Berlin 2011, S. 336–344, hier S. 343, 337 und 343.

[2] „Fragen Sie das Universum. Merten Worthmann im Gespräch mit Werner Schroeter", in: *Die Zeit*, 16.10.2008 (einzusehen auf: www.zeit.de/2008/43/Schroeter-Interview/komplettansicht, letzter Zugriff: 27.08.2012)

[3] Sebastian Feldmann in: Peter W. Jansen/Wolfram Schütte (Hrsg.), *Werner Schroeter* (Reihe: Film 20), München, Wien 1980, S. 168.

[4] Schroeter, *Tage im Dämmer* (s. Anm. 1), S. 54f.

[5] Dietrich Kuhlbrodt, „Wer auf dem Hochseil ist, muss balancieren können. Werner Schroeters Filmschaffen", in: *Der Schnitt*, 1/2009 (Themenheft Werner Schroeter), S. 8–13, hier S. 10.

[6] Frieder Schlaich, „Der Intershop der Seele. Ein Gespräch mit Werner Schroeter", in: *Der Schnitt*, 1/2009 (Themenheft Werner Schroeter), S. 28–31, hier S. 29.

[7] Schroeter, *Tage im Dämmer* (s. Anm. 1), S. 71.

[8] Kuhlbrodt, „Wer auf dem Hochseil ist" (s. Anm. 5), S. 9.

[9] Michel Foucault, „Sade, Sergent du Sexe", in: *cinématographe* Nr. 16, Dezember 1975 – Januar 1976; zit. nach: „Sade, ein Sergeant des Sex", in: *Von der Freundschaft als Lebensweise. Michel Foucault im Gespräch*, deutsche Übersetzung von Marianne Karbe und Walter Seitter, Berlin 1984, S. 61–67, hier S. 62.

[10] Kuhlbrodt, „Wer auf dem Hochseil ist" (s. Anm. 5), S. 13.

Bernd Hoffmann

Lindy Hop und Cotton Club –
Tanz im frühen US-amerikanischen Film

Jenseits der scheinbar ältesten Zeitmarke der US-amerikanischen Jazzgeschichtsschreibung, den ersten Aufnahmen der Original Dixieland Jazz Band aus dem Jahre 1917, entdeckt die Jazzforschung zunehmend umfangreiche Aufnahmen US-amerikanischer Musik, deren Bezüge zu frühen Formen des Jazz offensichtlich sind. Diese populäre Unterhaltungsmusik wird weit vor Beginn des 20. Jahrhunderts im Repertoire der Syncopated Music fassbar: Coon Song, Cake Walk und Ragtime bilden vor allem als Tänze und Showinhalte die Basis einer US-amerikanischen Unterhaltungskultur,[1] die nach 1900 über neue massenmediale Verbreitungswege vermittelt wird. Auf ‚Tonträgern' wie dem Phonographen von Thomas Alva Edison, dem Grammophon von Emil Berliner oder den Piano-Rollen mechanischer Musikinstrumente sind zahlreiche Dokumente jener Syncopated Music erhalten, ein rhythmisch orientiertes Repertoire, das auch die Institutionalisierung des nationalen Rundfunks und der Filmindustrie in den USA begleitet. Als Genre der US-amerikanischen populären Musik stützt sich die Syncopated Music auf rhythmische Konzepte wie den Scotch Snap oder den kubanischen Cinquillo und lässt sich damit vor allem auf Timeline-Modelle zurückführen, die im karibischen Tanzmusikraum vorherrschen. Im Entertainment der Vaudeville- und Minstrel-Shows bilden Coon Song und Cake Walk schon vor dem US-amerikanischen Bürgerkrieg den musikalischen Hintergrund. Diese Repertoires (später kommt der Ragtime hinzu) überspannen mit ihren Nachschöpfungen einen zeitlichen Rahmen bis in die dritte Dekade des 20. Jahrhunderts: Im aufkommenden US-amerikanischen Tonfilm ist es – als scheinbar schon historisch vergangen geglaubtes Klangmaterial – noch immer belegbar.[2] Vor allem die Coon Songs der unzähligen Minstrel-Shows des späten 19. Jahrhunderts haben einen Anteil an der rassistisch aufgeladenen visuellen Stereotypie des schwarz geschminkten, die aufgerissenen Augen heftig rollenden *Darkie*. Dieser tritt in zwei Gestalten auf: als Figur des schwarzen Dandys Zip Coon und als ungeschlachter Plantagensklave Jim Crow.[3] Ihre Tradition reicht bis in den frühen Tonfilm hinein. Daneben bildet die Syncopated Music in der US-amerikanischen Unterhaltungsmusik schon vor Ende des 19. Jahrhunderts den formgebenden Rahmen für die frühen Spielmodelle des Jazz; erst dort findet die wesentliche perspektivische Verschiebung im polymetrischen Bereich in Richtung Swing statt. Dieses neue mikrorhythmische Konzept wiederum wird in der zweiten Hälfte der 1920er-Jahre greifbar und lässt sich klar in der Gegenüberstellung der beiden rhythmischen Konzepte schon im ersten US-amerikanischen Tonfilm *The Jazz Singer* (1927) belegen.[4]

Mit der Entwicklung des Formates Tonfilm finden Tanzbewegungen und populäre Klänge Ende der 1920er-Jahre zu einer faszinierenden neuen medialen Einheit – über die afroamerikanische Kultur hinaus. Schallplattenaufnahmen können dieses visuelle Moment naturgemäß nicht dokumentieren. Das für den Film inszenierte Leben vor der Kamera vermittelt auch dem Jazzhistoriker eine wenig bekannte Materialsicht: Neben den agierenden Musikerinnen und Musikern, den Tänzerinnen und Tänzern, den mit langen Taktstöcken bewaffneten Bandleadern, präsentieren sich die Räumlichkeiten dieser inszenierten Begegnungen, Tanzsäle und Bühnenaufbauten in all ihrer Pracht, umrahmt von einem tanzenden Publikum. Der Jazz erscheint in der Mitte der 1920er-Jahre als die funktionale Basis einer populären US-amerikanischen Tanzmusik. Erste Darstellungen virtuoser Tanzbewegung lassen sich in ganz unterschiedlichen Filmformaten nachweisen, in Spielfilmen, Kurzfilmen oder videoclipartigen Musikpräsentationen, beispielsweise der Firmen Vitaphone oder Paramount. Die populäre Klangfarbe Jazz korrespondiert dabei mit einer Reihe von Tanzstilen: Shimmy, Charleston, Shuffle, Drag, Baltimore, Black Bottom, Stomp oder Boogie Woogie.

Aber auch Tänze des auslaufenden 19. Jahrhunderts (Cake Walk und Habanera) können mit ihren ‚alten' Bewegungsmustern im Stumm- und frühen Tonfilm für kurze Momente fixiert werden. Durch die Betrachtung dieser visuellen Quellen wird der Jazzwissenschaft sowohl eine dokumentarische als auch eine künstlerische Ebene hinzugefügt, eingebunden sind in diesen Kontext Tanzbewegungen „als kulturelles Deutungs- und Verständigungskonstrukt"[5].

Das Zusammenwirken der Stereotype schwarzer Kultur, Körperlichkeit, Musik, Tanz sowie die reaktive Rezeption einer weißen amerikanischen und europäischen Gesellschaft soll am Beispiel von Experimentalfilmen (der Firmen Orlando E. Kellum, 1921[6] und Lee DeForest Phonofilms, 1922/23[7]), Music Shorts (der Produktionslabels Vitaphone[8], Columbia, Paramount und RKO) oder Spielfilmen (Stumm-/Tonfilme mit dem Sujet Broadway, neben *The Jazz Singer*, 1927, u. a. *Singing Fool*, 1928, *Hallelujah*, 1929, *Broadway*, 1929, *Hollywood Revue of 1929*, 1929) aufgezeigt werden. Die dort präsentierten Tänze zeigen jene für die Frühzeit der US-amerikanischen Unterhaltungsindustrie typische Multistilistik und Mischungen weißer und schwarzer Bewegungsformen in der Tradition der Minstrel-Shows. Für die Filmgeschichte sieht Nagl hier die Möglichkeit der „Archäologie sozialer Praxis"[9], die dabei um Ansätze aus den Bereichen Musik- und Tanzwissenschaft erweitert wird.

Zur Visualisierung ethnischer Differenz: Minstrelsy und tanzende Masken

In anklagendem Ton beschreibt der afroamerikanische Romancier Ralph Ellison die Wahrnehmung schwarzer Kultur, die scheinbare Unsichtbarkeit schwarzer Menschen im Alltag einer weißen US-amerikanischen Gesellschaft und ihre Ohnmacht im politischen System der USA. Zu Beginn der 1950er-Jahre wird sein Roman *Invisible Man* (1952) Ausgangspunkt für die Positionierung der afroamerikanischen Gesellschaft, wird standortbestimmend und letztlich impulsgebend für zahlreiche geisteswissenschaftliche Strömungen, die in ihren Diskursen die schwarze Kultur und Ästhetik thematisieren. Zeitgleich erscheint eine der „pointiertesten Analysen des Kolonialsystems, die die Theoretiker der *Postcolonial Studies* maßgeblich beeinflusste"[10]: der Text *Schwarze Haut, weiße Masken* (1952) des auf Martinique geborenen Afro-Kariben Frantz Fanon. Beide wegweisenden literarischen Werke problematisieren Fremdbestimmungen und soziale Beziehungen gesellschaftlicher Gruppen in kolonialistisch ausgerichteten Systemen innerhalb und außerhalb der USA. Beide Autoren schildern aus eigener Erfahrung kulturelle Unterdrückung und Festlegung auf einen schwarzen ‚Fremd'-Körper im Umfeld einer von Weißen dominierten Gesellschaft. Versteht Ellison die Unsichtbarkeit eher als Frage von historischen Machtkonstellationen im politischen System der USA, so entwickelt Fanon über die Begrifflichkeit der Maske eine Theorie des repressiven Rassismus, der aufgrund seiner kolonialen Mechanik die Stigmatisierung von gesellschaftlichen Gruppen beinhaltet. Bezogen auf die Repräsentation schwarzer Kultur im Film argumentiert Nagl:

> Zentral für Fanons Erfahrung sind nicht nur die drei „Blicke", mit denen sich die Filmtheorie seit Laura Mulvey ausführlich befasst hat: der Blick der Kamera, der Blick der Schauspieler in der Diegese und der Blick des Publikums auf die Leinwand. Fanon ist mit einem traumatisierenden vierten Blick konfrontiert: dem aggressiven Blick der Zuschauer untereinander, mit dem sie sich gegenseitig prüfen und „anrufen", und der nun plötzlich auf ihn gerichtet ist.[11]

Sowohl Ellison als auch Fanon betonen immer wieder die gesellschaftliche und psychische Spannung zwischen den diskriminierenden äußeren politischen Umständen und den Mentalitäten der Unterdrückten, der Suche nach der eigenen Identität und ihrer inneren Abhängigkeit vom herrschenden System. Die Filmwissenschaftlerin Lisa Gotto[12] hat – ausgehend von Fanon und weiteren Theoretikern der Postcolonial Studies wie Homi K. Bhabha und Stuart Hall – diese Formen kultureller Aggression, die sie als Unterdrückung in Produktionen des Hollywoodkinos deutet, untersucht und als spezifisch bildsprachlichen Reflex im filmischen Kontext analysiert: eine schon seit der Stummfilmära vorherrschende „Tendenz der separatistisch kodierten Ikonographie"[13]. Die Visualisierung dieser ethnischen Differenz manifestiert sich vor allem in einer ‚klassischen' Sphäre US-amerikanischer Unterhaltung, in der Jahrhunderte überdauernden Bühnen- und Filmtradition der *White und Black Minstrelsy*. Diese ‚Bebilderung' einer dunklen Hautoberfläche, d. h. die Projektion spezifisch weißen, im 19. Jahrhundert durchgehend rassistischen Gedankenguts auf einen schwarz bemalten Körper, aufgetragen mit gebranntem Kork, mit Ruß oder Schminke, wird zum zentralen Moment einer spezifisch afroamerikanischen Repräsentationsstereotypie.[14] Mit der Entstehung des US-amerikanischen Stummfilms wird das stigmatisierende Motiv in die bewegte Bilderwelt transformiert und später durch die exotische Wirkungsgeschichte schwarzer Körperkultur und Erotik ergänzt. Die Hautfarbe dient als Rechtfertigung für die Nacktheit, präsentiert in den ‚Afro'-Moden der 1920er-Jahre, der Harlem Renaissance in New York oder der Pariser Négrophilie.[15]

Plakativ lässt sich diese Wahrnehmung des schwarzen Körpers in der Neuen wie der Alten Welt anhand zweier Fotografien der Tänzerin Josephine Baker aus den 1920er-Jahren illustrieren. Einerseits präsentiert sie sich als erotisches Symbol, das – versehen mit einem Hauch animalischer Sexualität – ihre körperlichen Reize unbekümmert zur Schau stellt. Andererseits übernimmt sie als Darstellerin der Revue *Chocolate Dandies* bis in die grimassierende Gesichtsphysiognomie und ihre Tanzperformance hinein die Bildlichkeit der Minstrelsy. Die beiden Pole schwarzer Stereotypie – einerseits die erotische Darstellung, andererseits die clowneske Gebärde – erhalten aber durch die Bewegungen des tanzenden Körpers eine zusätzliche, gemeinsame Aussage. Bildbelege für eine solche Verschränkung bietet bereits 1878 die Negro-Burleske von Jilson und Reed im Alcazar d'Hiver, einem Pariser Kaffeehaus mit Konzertbetrieb, in der die Tanzszene des US-amerikanischen Cake Walk nachgeahmt wird.[16] Die staksig angewinkelten Beine und die hochgezogenen Knie zitieren den Bewegungsablauf dieses frühen US-amerikanischen Gesellschaftstanzes, dessen spezifische Haltung später, 1903, in der französischen Karikatur von George Edward ironisiert wird. Drei Tanzpaare tanzen dort den Cake Walk: Ein weißes bürgerliches Paar tanzt vor einem schwarzen Paar, dem ein Affenpaar folgt (vgl. Abb. 3).[17]

Abb. 1: Josephine Baker, vermutlich Ende 1920er-Jahre. © dpa

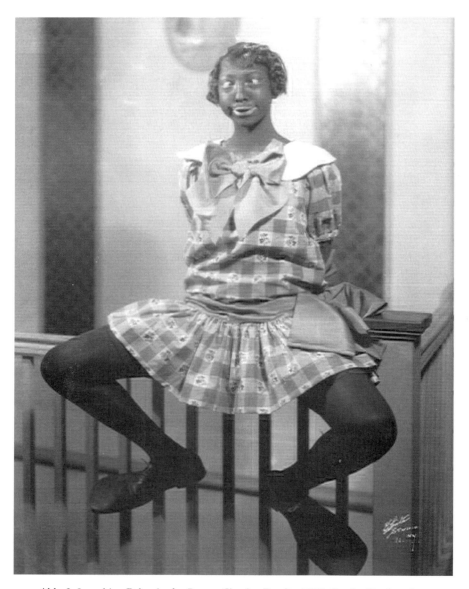

Abb. 2: Josephine Baker in der Revue *Chocolate Dandies*, 1924. Quelle: Daphne Ann Brooks, „The End of the Line: Josephine Baker and the Politics of Black Women's Corporeal Comedy", in: *S&F Online (The Scholar and Feminist Online)*, hrsg. von Barnard Center for Research on Women 6, Nr. 1/2, 2007/8, S. 4; http://www.barnard.edu/sfonline/baker/brooks_01.htm (letzter Zugriff: 12.01.2012)

Abb. 3: George Edward: *Le Cake-Walk,* 1903. Quelle: Blanchard, Deroo und Manceron, *Le Paris Noir* (s. Anm. 15), o. S.

Zeitgleich erscheint mit *Le cake-walk infernal* (1903) eine surrealistische Version des Theater- und Filmproduzenten Georges Méliès, eine komödiantische Persiflage des Modetanzes, die in ihrer skurrilen Umsetzung die Wahrnehmung afroamerikanischer Kultur in der Alten Welt plastisch vermittelt.

Bereits diese wenigen Beispiele einer Cake-Walk-Rezeption deuten die Beziehung zwischen Maske und Tanzbewegung an. Die ‚Maskierung' erscheint durch den Tanz verstärkt und hält sich als Motiv der Transformation[18] bis in die zweite Hälfte der 1930er-Jahre. In *Swing Time* (1936) tanzt Fred Astaire im Minstrel-Kostüm zur Musik von Jerome Kern; drei überlebensgroße Schatten begleiten ihn.

Weitere Filmdokumente, vor allem aus dem Bereich der Music Shorts, thematisieren in jenem Jahrzehnt die Minstrelsy,[19] in der die Tänzer mit Syncopated-Music-Formen begleitet werden.

Tanz im US-amerikanischen Film

Mit dem Wechsel vom Wanderkino zum ortsfesten Filmtheater vollzieht sich im ersten Jahrzehnt des 20. Jahrhunderts eine entscheidende Veränderung auf dem gesamten Filmmarkt, der US-amerikanische Filmmarkt überholt dabei die Märkte Frankreichs und Englands. Diese expansive finanzielle Situation forciert die Ausdehnung der Studiosysteme nicht nur in Hollywood, spült gleichzeitig aber auch besondere national orientierte US-amerikanische Themen in das Feld der Filmsujets. Diese Tendenz wird durch die Tonfilmvermarktung gegen Ende der 1920er-Jahre noch verstärkt. Die dargebotene „konstruierte, dramaturgisch und filmisch zurechtgestutzte, fiktive Realität"[20] der bewegten Bilder umhüllt die Präsentation der bewegten Bilder mit exotisch-erotischem Flair. Für den filmhistorischen Bezug zwischen Kamera und ‚primitivem' Körper entwickelt sich das Tanzen – in gleich welchem Filmgenre – zu einem elementaren Moment. Die Unterstützung des musiktheatralischen Systems Broadway verschafft dem Filmtanz darüber hinaus spezifische Körper- und Raumpräsentationsformen.

Abb. 4: Filmstill aus *Swing Time*, USA 1936, Regie: George Stevens, Musik: Jerome Kern

Jenseits der zu Beginn der 1930er-Jahre einsetzenden Standardisierung der Bilder, Töne und Bewegungen, bietet vor allem die Frühzeit des Tonfilms im Bereich der Spielfilme und Music Shorts eine unüberschaubare Vielfalt. Da in vorliegendem Beitrag bei der Auswahl der Beispiele das videoclipartige Genre der Music Shorts besonderes Augenmerk erhält, tritt die thematische Ausprägung der Spielfilmsujets Broadway und Rezeption der Südstaaten tendenziell weniger hervor. Geprägt von den film- und tontechnischen Bedingungen jener Zeit entsteht ein Unterhaltungssegment, das scheinbar recht zögerlich die Raumpräsentation des Tanzes für die Shortformen entwickelt. Die in der zweiten Hälfte der 1920er-Jahre produzierten ‚frühen' Beispiele – hervorzuheben sei *A Plantation Act* mit Al Jolson (Vitaphone Release 359, USA 1926) als romantische Verklärung der Südstaaten, kombiniert mit einer in Minstrel-Manier idealisierten afroamerikanischen Arbeitswelt – vermitteln eher eine statische Tanzpraxis, wie sie die Bandleaderin, Tänzerin und Sängerin Hazel Green & Company (Vitaphone Nr. 2112, USA 1927) präsentiert.[21]

Abb. 5: Filmstill aus Al Jolson in *Plantation Act*, Vitaphone Nr. 359, USA 1926

Die Unbeweglichkeit der spielenden Musiker und das ‚starre' Bild dieser Performance vor Augen, bietet es sich an, über die Vor- und Nachteile des beginnenden Tonfilms nachzudenken. Deutlich sind die Positionen der Mikrophone ‚herauszuhören', meist versteckt in der Kulisse eines bürgerlichen Wohnzimmers. Vor diesem statischen Bild der Band ‚belebt' ein neues Element die Szenerie, der Bewegungslust des Filmes Dynamik verleihend: die Platzierung von Tänzerinnen oder Tänzern vor der Band. Bei den Music Shorts der Firmen Vitaphone, Columbia, Paramount und RKO sind die Anfänge der getanzten Videoclips zu sehen; aus der vorausgegangenen Stummfilmzeit sind solche Bandpräsentationsformate nicht bekannt: Musik- und Tanzstil bilden eine zeitbezogene, unlösbare Klammer. Zu den Klängen der ‚Jazzband' sehen wir für einen kurzen Moment Tap-Dance-Bewegungen; ähnliche Tanzmusikroutinen sind auf zahlreichen Music Shorts zwischen 1927 und 1930 dokumentiert.

Eine der wenigen ‚ausführlichen' Tanzszenen der afroamerikanischen Formation Harlem Lindy Hoppers darf in jenem Zeitfenster als Gegenentwurf zur statischen Präsentation gelten; gleichwohl hat der Music Short *After Seben* (USA 1929) den Charakter eines Fundstückes und die Situation des Tanzwettbewerbs der afroamerikanischen Harlem Lindy Hoppers wirkt bei aller ‚fiktiven Realität' relativ authentisch[22] in der Kulisse einer ‚schwarzen Kneipe'. Präsentiert wird der Dance Contest von dem weißen Vaudeville-Komiker James Barton, der nach drei Tanzeinlagen seine Soloperformance anschließt. Passend zum Minstrel-Kostüm verrenkt er karikaturhaft seine Extremitäten, verdreht den Körper. Die Harlem Lindy Hoppers sind mit drei Tanzpaaren beteiligt, die, sich von Paar zu Paar steigernd, entsprechende Lindy-Hop-Bewegungen ausführen. Dabei nimmt der Grad der ‚Tanzimprovisation' und der tänzerischen Freiheit zu, bei seinem Abgang zitiert das dritte Paar eine Cake-Walk-Passage als Referenz eines alten Tanzstils. Die Harlem Lindy Hoppers beherrschen „spezifische[n] Bewegungsprofile", die „als Teil von kulturellen Praktiken"[23] im afroamerikanischen Tanz aufzufinden sind.[24] Bedeutsam für die Jazzdarstellung ist die musikalische Begleitung der Chick Webb's Band, die zwei der populärsten Titel Ende der 1920er-Jahre spielt: *Sweet Sue* und *Tiger Rag*. Den Eindruck der Authentizität verstärkt die Gestaltung der von dem afroamerikanischen Schlagzeuger Chick Webb geleiteten Band, die spieltechnisch den formalen Rahmen der Syncopated Music verlässt, eindeutig swingend phrasiert, obwohl sie gängiges Syncopated-Music-Repertoire interpretiert.

Abb. 6: Filmstill aus *Hazel Green & Company*, Vitaphone 2112, USA 1927

Den Gedanken der ethnischen Differenz betont der 1930 entstandene frühe Farbfilm *King of Jazz*, ein aus zahlreichen revueartigen Elementen zusammengesetzter, großformatiger Music Short. Die Identität afroamerikanischer Kultur wird hier in rassistischer Weise als Ergebnis ihrer Provenienz definiert: Der Jazz sei im afrikanischen Dschungel entstanden – zu den Schlägen einer afrikanischen Voodoo Drum. So die Ansage des Bandleaders Paul Whiteman, der Gershwins *Rhapsody in Blue* in Szene setzen lässt, eine von ihm initiierte Komposition, mit der vor allem in der europäischen Jazzrezeption seine Idee des Symphonic Jazz propagiert wurde. Eine der Gershwin-Komposition vorausgehende getanzte Eröffnung von Jacques Cartiers, dessen Körper schwarz bemalt und mit Federn geschmückt ist, gibt diesem oft gespielten Werk eine völlig neue ideologische Ausrichtung: Cartiers' Stampfen auf dem Fell einer überdimensionierten Conga fokussiert die afrikanischen Wurzeln des Jazz, die Whiteman mit seinem Symphonic-Jazz-Konzept zähmt, dabei unterbleibt jedoch jede differenzierte Wahrnehmung afroamerikanischer Kultur.

Abb. 7: Filmstill aus *King of Jazz*, Regie: John Murray Anderson, USA 1930

Der ‚wilde' Tanz des Whiteman'schen Solotänzers geht dann nahtlos in den ursprünglich komponierten Beginn der *Rhapsody in Blue* über. *King of Jazz* kontrapunktiert den sinfonischen Jazzgedanken durch diese getanzte ‚afrikanische Einleitung': Die ethnische Differenz zwischen schwarzer und weißer Musik wird plakativ betont und mit einem bis heute gerne genutzten Stereotyp versehen.

Die 1929 produzierten Kurzfilme *Black and Tan* (1929) und *St. Louis Blues* (1929) entstehen mit schwarzen Schauspielerinnen und Schauspielern unter der Leitung des Regisseurs Dudley Murphy: *Black and Tan* präsentiert den jungen Duke Ellington als Bandleader des Cotton Club, *St. Louis Blues* porträtiert die Bluessängerin Bessie Smith in einer unglücklichen Liebesgeschichte. Beide kurzen Tonfilme bieten Einblicke in stilisierte ‚Lebenssituationen' urbaner Afroamerikaner, die vorgestellte Klangfarbe Jazz wirkt zeitgeschichtlich aktuell. Sowohl beim Ellington Orchestra als auch bei der J. P. Johnson Band fallen die alten Syncopated-Music-Formen weg.[25]

Die von weißen New Yorker Intellektuellen überaus bewunderte Harlem Renaissance kann als Auslöser dieser beiden Tonfilmproduktionen angesehen werden, bei denen auch auf die Minstrel-Maske verzichtet wird. Vielmehr erleben wir in *Black and Tan* eine afroamerikanische Schauspielerin, die spielend die Aufnahmebedingung der Cotton-Club-Chorusline – *high yellow* zu sein – erfüllt. Ironie der Filmgeschichte: Fredi Washingtons Haut wirkt so weiß, dass sie nur wenige Jahre später unter demselben Regisseur, Dudley Murphy, in *The Emperor Jones* (1933), nach zahlreichen Drehtagen dunkler ‚eingefärbt' wird, da ihre Filmrolle eine sexuelle Beziehung zum schwarzen Herrscher Jones vorsieht und den Verantwortlichen der Filmproduktion der Hautkontrast plötzlich zu stark erscheint. In *Black and Tan* ist dieser Kontrast zum mitspielenden Bandleader Duke Ellington weniger stark ausgeprägt; überhaupt zeigt Murphy die Schattierungen schwarzer Hautfarbe recht unvoreingenommen. Sein ‚europäischer' Blick gilt nicht dem sozialen System einer afroamerikanischen Hautfarbenskala, deren Begrifflichkeit sich beispielsweise im formenreichen Bluesrepertoire der späten 1920er-Jahre manifestiert. Hier reicht die Eigen-Wahrnehmung einer Jahrhunderte andauernden Mulattisierung von der korrelierenden Zuordnung spezifischer Hautfarben zu sozialer Kompetenz oder partnerschaftlicher Verantwortung bis hin zu Bilderfolgen diverser afroamerikanischer Hauttypen in Janet Jacksons Videoclip *Got Til It's Gone* (1997).[26]

Als Mitgestalter des surrealistischen *Ballet Méchanique* (1923/24) hat Dudley Murphy den europäischen Film und seine Motivsprache kennengelernt. *Black and Tan* weist Spuren expressionistischer Elemente auf, Lichteffekte werden „als potentielles Dunkel"[27] inszeniert: die wogenden Silhouetten von ausgestreckten, hin und her schwingenden Armen an der Zimmerdecke, die im Zeichen des nahenden Todes den angestimmten afroamerikanischen Spiritual Song rhythmisch begleiten. Diese expressionistische Bebilderung der Klage, eine vielfach zitierte emotionale Geste afroamerikanischer Religiosität (vgl. auch *Hallelujah*, 1929), beschließt den 17-minütigen Kurzfilm.

Dudley Murphy inszeniert den zentralen Raum seines Filmes, den New Yorker Cotton Club: An der Stirnseite musiziert das Ellington Orchestra auf einem leicht erhöhten Podest; alle Tanzsituationen finden vor dieser Bühne statt, ein schwarz glänzender, spiegelnder Boden reflektiert und vervielfältigt das Geschehen vor Ort. Neben dieser filmarchitektonischen Konzeption verändert Murphy die Dynamik im Raum mit Hilfe gespiegelter Prismen. Diese speziellen Kameravorsätze erzeugen eine kaleidoskopartige Wirkung. Mit der siebenfachen Parallelführung von Bewegungen erinnern sie an die expressionistische Bildmetapher europäischer Filme. Das Kaleidoskop symbolisiert hier den krankheitsbedingt überaus problematischen Gesundheitszustand der Tänzerin, die schließlich durch ihre extreme Tanzdynamik ihren Körper überfordern wird. Vor die Wildheit des Solotanzes setzt Murphy den Bewegungsapparat der afroamerikanischen Gruppe Hotspots, die mit ihrer in Linie getanzten Kompaktheit eine immense Körperbeherrschung und Tanzroutine vermittelt. Immer wieder zerreißt aber das Kaleidoskop den Tanzvortrag; Orchester und Tanzgruppe bewegen sich synchron in einem gespiegelten Prisma.

Nach den Hotspots positioniert Murphy den zur Musik des Ellington Orchestra tanzenden Körper von Fredi Washington auf der schwarz polierten Glasfläche, so dass ihre Bewegungen losgelöst im Raum erscheinen und die Fliehkraft die gerundete Ornamentik des Perlenkleides prachtvoll entfaltet. Diese ungewöhnliche Kameraeinstellung eröffnet zwar mit dem Blick von unten eine faszinierende Perspektive des Bewegungsablaufes, nimmt aber gleichzeitig der Tänzerin jegliche Intimität. Fredi Washingtons Tap-Dance-Ausführungen, gespiegelt und vervielfältigt vom gläsernen Boden, wirken wild und exotisch: Sie tanzt um ihr Leben. Nach dem Zusammenbruch der Solotänzerin, der zu ihrem Tode führen wird, nehmen die Cotton-Club-Tänzerinnen den Bewegungsduktus des Tap Dance wieder auf. Dann zerbricht die exotische Clubatmosphäre, die Ellington-Musiker verlassen in Sorge um die erkrankte Tänzerin vorzeitig die Bühne. Der Vorhang fällt, düster nähern sich die wogenden Schatten an der hohen Wand des Sterbezimmers.

Abb. 8: Filmstill aus *Black and Tan*, Regie: Dudley Murphy, USA 1929

Ausblick

Mit Aufkommen der US-amerikanischen Unterhaltungskultur und ‚Inbetriebnahme' der Minstrelsy beginnt die Inszenierung des schwarzen, tanzenden Körpers als ideologisch gefärbte, ‚geschminkte' Scheinwelt. Die Bühnenpräsenz geschwärzter Figuren lässt schon im frühen 19. Jahrhundert eine ‚unterhaltende' Identität des afroamerikanischen Sklavenwesens der USA entstehen, die auch durch den US-amerikanischen Bürgerkrieg gesellschaftlich nicht wieder aufgelöst wird. Im Gegenteil: Die Kombination von visueller, klanglicher und getanzter Bühnentradition, musikhistorisch durch das Repertoire der Syncopated Music belegt, trägt diese Darstellungen bis in die neuen Massenmedien hinein. Zwar reduziert sich ihre ideologische Tendenz über die Jahrzehnte, auf der visuellen Ebene von der Minstrelsy zur Maske, auf der musikalischen vom Coon Song über den Ragtime zum Jazz. Bruchlos verbinden diese semantischen Felder rassistische Auffassungen des 19. Jahrhunderts mit den unterhaltenden Gesten afroamerikanischer Musik im 20. (und 21.) Jahrhundert. Kann deshalb aber die Transformation der aufgemalten Minstrel-Maske in einen schwarzen, erotischen Körper als Wesenszug US-amerikanischer Unterhaltung verstanden werden, der über visuelle, klangliche und getanzte Traditionen vermittelt wird? Obwohl die schwarze Kultur für die Filmwissenschaftlerin Lisa Gotto in Produktionen des Hollywoodkinos über Jahrzehnte systematisch ausgegrenzt wurde, zeigt eine aktuelle Bestandsaufnahme die immense Präsenz afroamerikanischer Musik- und Tanzformen in den Medien unserer Tage. Trotz, oder vielleicht aufgrund permanenter Stigmatisierung hat sich im Laufe eines Jahrhunderts eine Typen- und Genrevielfalt entwickelt, die es wert erscheint, systematisch erhoben und betrachtet zu werden.

Filmographie

Kurzfilme:
Le cake-walk Infernal	Regie: Georges Méliès	Frankreich 1903
Black and Tan	Regie: Dudley Murphy	USA 1929
St. Louis Blues	Regie: Dudley Murphy	USA 1929

Spielfilme:
Birth of a Nation	Regie: David L. Wark Griffith	USA 1915
Ballet Méchanique	Regie: Fernand Léger, Ass.: D. Murphy	Frankreich 1923/24
Variété/Variety/Vaudeville	Regie: Ewald André Dupont	Deutschland 1925
Das Spielzeug von Paris	Regie: Michael Curtiz [Kertesz]	Österreich 1925
Der Prinz und die Tänzerin	Regie: Richard Eichberg	Deutschland 1926
So This Is Paris	Regie: Ernst Lubitsch	Frankreich/USA 1926
Metropolis	Regie: Fritz Lang	Deutschland 1927
Jugendrausch	Regie: Georg Asagaroff, Ladislaw Starewitsch	Deutschland 1927
Sunrise – A Song of Two Humans	Regie: Friedrich. W. Murnau	USA 1927
The Jazz Singer	Regie: Alan Crosland	USA 1927
La Revue des Revues	Regie: Joe Francys	Frankreich 1927
Singing Fool	Regie: Lloyd Bacon	USA 1928
Gold Diggers of Broadway	Regie: Roy Del Ruth	USA 1929
Hearts in Dixie	Regie: Paul H. Sloane	USA 1929
Hallelujah	Regie: King Vidor	USA 1929
Broadway	Regie: Paul Fejos	USA 1929
Broadway Babies	Regie: Mervyn LeRoy	USA 1929
Broadway Melody	Regie: Harry Beaumont	USA 1929
Hollywood Revue of 1929	Regie: Charles ‚Chuck' Riesner	USA 1929
Dance of Life	Regie: John Cromwell	USA 1929
On with the Show	Regie: Alan Crosland	USA 1929
Syncopation	Regie: Bert Glennou	USA 1929
Sally	Regie: John F. Dillon	USA 1929
The Great Gabbo	Regie: James Cruze	USA 1929
Glorifying the American Girl	Regie: John W. Harkrider, Millard Webb	USA 1929
Einbrecher	Regie: Hanns Schwarz	Deutschland 1930

Delikatessen	Regie: Geza von Bolvary	Deutschland 1930
King of Jazz	Regie: John Murray Anderson	USA 1930
The Emperor Jones	Regie: Dudley Murphy	USA 1933

Music Shorts:

A Bit of Jazz The Famous Van Eps Trio (Fred van Eps – bj, Nathan Glantz – as, Frank Banta – p)	Regie: Orlando E. Kellum	USA 1921
Songs of Yesterday Abbie Mitchell's New York Dixie Review	Regie: Lee DeForest	USA 1922
Eubie Blake plays… Eubie Blake – p	Regie: Lee DeForest	USA 1922
Snappy Tunes Eubie Blake – p/voc, Noble Sissle – voc	Regie: Lee DeForest	USA 1923
A Plantation Act Vitaphone Release 359: Al Jolson	Regie: N. N.	USA 1926
Blossom Seeley and Bennie Fields *(Queen of Syncopation)* Vitaphone Release 548	Regie: N. N.	USA 1928
Tal Henry and His *North Carolinas* Vitaphone Release 732	Regie: N. N.	USA 1929
Rhythms – Leo Reisman and *His Hotel Brunswick Orchestra* Vitaphone Release 770	Regie: N. N.	USA 1929
Horace Heidt and *His Californians* Vitaphone Release 902	Regie: Murray Roth	USA 1929
Harlem-Mania Vitaphone Nr. 827: Norman Thomas Quintette (Norman Thomas – p, Freddie Crump – dr, Earl Skanks – voc, Stanley Brown, Alphonse Kennedy – dance)	Regie: Roy Mack	USA 1929
Ziegfeld Midnight Frolic NTA Paramount: Eddie Cantor	Regie: Joseph Santley	USA 1929
Ol' King Cotton NTA Paramount: George Dewey Washington – voc	Regie: Ray Cozine	USA 1930
George Hall and his Orchestra Vitaphone Nr. 2056	Regie: Roy Mack	USA 1936
Red Nichols & His World *Famous Pennies* Vitaphone Nr. 1898: 5 Titel, darunter:	Regie: Joseph Henabery	USA 1935

When It's Sleepy Time Down South
One for The Book   Regie: Roy Mack   USA 1939
Vitaphone Nr. B-224-225

Videoclip:
Got Til It's Gone   Regie: Mark Romanek   USA 1997

[1] Vgl. Maximilian Hendler, *Syncopated Music. Frühgeschichte des Jazz* (Beiträge zur Jazzforschung, Bd. 14), Graz 2010.
[2] Cinquillo- und Secondary Rag-Formeln finden sich beispielsweise im Bereich Ton-Spielfilm in: *The Broadway Melody* (1929): Timecode 16'44"; 22'35"; 55'26"; 57'23"; *Glorifying the American Girl* (1929): Timecode 29'08"; *Gold Diggers of Broadway* (1929) [5 Fragmente]: Titel *Tip Toe Through The Tulip*; *Hollywood Revue of 1929* (1929): Timecode DVD I: 04'21"; 11'59"; 28'25"; 37'20"; 52'20"; DVD II 09'26"; *It's a Great Life* (1929): Timecode 81'30"; 90'40"; *On with the Show* (1929): Timecode 12'59"; 39'44"; 90'13"; *Sally* (1929): Timecode 01'00"; *The Great Gabbo* (1929): Timecode 22'37"; 34'20"; 61'10"; 74'00".
[3] Vgl. Hans Nathan, *Dan Emmett and the Rise of Early Negro Minstrelsy*, Norman, OK 1977, S. 50ff.
[4] Vgl. Lisa Gotto, „,Trans / formieren'. Zum Verhältnis von Bild und Ton in The Jazz Singer (Alan Crosland, USA 1927)", in: *Jazzforschung/Jazz Research* 41, hrsg. von Franz Kerschbaumer und Franz Krieger, Graz 2009, S. 119–134. Während die Darbietung von *Toot, Toot, Tootsie Goodbye* deutlich synkopierte Rhythmen aufweist und dem Repertoire der Syncopated Music zuzurechnen ist, wird die Pianobegleitung zu *Blues Skies* deutlich swingend phrasiert.
[5] Gabriele Brandstetter und Gabriele Klein, „Bewegung in Übertragung. Methodische Überlegungen am Beispiel von *Le Sacre du Printemps*", in: *Methoden der Tanzwissenschaft. Modellanalysen zu Pina Bauschs* Le Sacre du Printemps, hrsg. von dens., Bielefeld 2007, S. 9–24, S. 12.
[6] Ein Experimentalfilm der Firma Orlando E. Kellum (United States Patent 1346376: Phonograph-driving mechanism) ist u. a. *A Bit of Jazz* (1921) mit The Famous Van Eps Trio.
[7] Experimentalfilme der Firma Lee DeForest Phonofilms: *Songs of Yesterday* (1922) mit Abbie Mitchell's New York Dixie Review; *Eubie Blake plays* … (1922) mit Eubie Blake; *Snappy Tunes* (1923) mit Eubie Blake und Noble Sissle.
[8] Vgl. Roy Liebman, *Vitaphone Films. A Catalogue of the Features and Shorts*, Jefferson, London 2003.
[9] Tobias Nagl, *Die unheimliche Maschine. Rasse und Repräsentation im Weimarer Kino*, München 2009, S. 35.
[10] Lisa Gotto, „Marke Maske Medium. Zur filmischen Visualisierung ethnischer Differenz", in: *Film transnational und transkulturell. Europäische und amerikanische Perspektiven*, hrsg. von Ricarda Strobel und Andreas Jahn-Sudmann, Paderborn, München 2009, S. 93–106, S. 93.
[11] Nagl, *Die unheimliche Maschine* (s. Anm. 9), S. 555
[12] Vgl. Lisa Gotto, *Traum und Trauma in Schwarz-Weiß. Ethnische Grenzgänge im amerikanischen Film* (kommunikation audiovisuell, Beiträge aus der Hochschule für Fernsehen und Film München, Bd. 38), Konstanz 2006.
[13] Lisa Gotto, *Vaterfiktionen. Zur Darstellung von Vaterfiguren im Hollywoodkino der 80er und 90er Jahre*, Stuttgart 2001, S. 60.

14 Vgl. Bernd Hoffmann, „Anmerkungen zu poetischen und visuellen Konzepten im afroamerikanischen Videoclip", in: *Populäre Musik im kulturwissenschaftliche Diskurs II,* hrsg. von Thomas Phleps *(Beiträge zur Popularmusikforschung,* 27/28), Karben 2001, S. 53–66.

15 Vgl. Pascal Blanchard, Eric Deroo und Gilles Manceron, *Le Paris Noir,* Paris 2001.

16 Vgl. Lévy: *Jilson & Reed,* Alcazar d'Hiver 1878; Bildnachdruck in: Sylvie Chalaye, *Du Noir au nègre: L'image du Noir au théâtre de Maguerite de Navarre Jean Genet (1550–1960),* Paris 1998, S. 323.

17 Vgl. George Edward: *Le Cake-Walk* 1903; Bildnachdruck in: Blanchard, Deroo und Manceron, *Le Paris Noir* (s. Anm. 15), o. S.

18 Vgl. Gotto, „Marke Maske Medium" (s. Anm. 10).

19 Vgl. George Hall and his Orchestra, Vitaphone Nr. 2056, USA 1936; *One for The Book,* Dir. Roy Mack, Vitaphone, USA 1939.

20 Lorenz Engell, *Sinn und Industrie: Einführung in die Filmgeschichte,* Frankfurt/Main 1992, S. 69.

21 Vgl. ähnliche Bewegungsprofile u. a. in den Music Shorts: *Blossom Seeley and Bennie Fields,* Vitaphone Release 548, USA 1928; *Tal Henry and His North Carolinians,* Vitaphone Release 732, USA 1929; Leo Reisman and his Hotel Brunswick Orchestra, *Rhythms,* Vitaphone Release 770, USA 1929; Norman Thomas Quintette, *Harlem-Mania,* Vitaphone Release 827, USA 1929; *Horace Heidt and His Californians,* Vitaphone Release 902, USA 1929.

22 Vgl. David Meeker, *Jazz in the Movies,* London 1981, Film 38.

23 Claudia Jeschke und Helmut Zedelmaier, „Einleitung", in: *Andere Körper – Fremde Bewegungen. Theatrale und öffentliche Inszenierungen im 19. Jahrhunderrt,* hrsg. von ders. und Helmut Zedelmaier, in Zusammenarbeit mit Anne Dreesbach und Gabi Vetterman, Münster 2005, S. 7–16, S. 13/14.

24 Vgl. Helmut Günther, *Die Tänze und Riten der Afro-Amerikaner. Vom Kongo bis Samba und Soul.* Bonn 1982.

25 Vgl. Bernd Hoffmann, „Und der Duke weinte – Afro-Amerikanische Musik im Film. Zu Arbeiten des Regisseurs Dudley Murphy (1929)", in: *Jazzforschung/Jazz Research* 39, hrsg. von dems. und Franz Krieger, Graz 2007, S. 119–152.

26 Vgl. Bernd Hoffmann, „,Welche Farbe hat mein Heftpflaster?' – Zur Wertung der Hautfarbe in der afro-amerikanischen Gesellschaft", in: *Musik und Unterricht* 8, H. 46, 1997, S. 43–52.

27 Engell, *Sinn und Industrie* (s. Anm. 20), S. 139.

SILKE MARTIN

Überlegungen zur hybriden Form des vermeintlich ersten Tonfilms *The Jazz Singer* (USA 1927, Alan Crosland)*

Alan Croslands Film *The Jazz Singer* wird in zahlreichen wissenschaftlichen Abhandlungen zum Übergang von Stumm- zu Tonfilm als der Film beschrieben, der dem Tonfilm endgültig zum Durchbruch verhalf.[2] Doch obwohl *The Jazz Singer* maßgeblich dazu beigetragen hat, das neue Medium Tonfilm am Markt zu etablieren, handelt es sich bei diesem Film nicht um den ersten Tonfilm, wie gelegentlich behauptet wird,[3] sondern lediglich um einen „Stummfilm mit einigen vertonten Einschüben".[4] *The Jazz Singer* ist ein sogenannter *part-talkie*, ein Film also, der nur zum Teil vertont wurde. An ausgewählten Stellen enthält er „lippensynchrone Lieder und Dialog".[5] Das expressive Spiel der Figuren und der Einsatz von Zwischentiteln hingegen erinnern an den Stummfilm. Doch nicht nur die Tatsache, dass *The Jazz Singer* nicht durchgängig ein Tonfilm ist, steht laut Christoph Henzel der Definition ‚erster Tonfilm' entgegen. Darüber hinaus war er auch nicht als erster Film technisch dazu in der Lage, Bild und Ton zu synchronisieren. Vielmehr ist er als ein Schritt unter vielen anzusehen, als ein Glied innerhalb einer ganzen Reihe technischer Entwicklungen vom Stumm- zum Tonfilm.[6]

Aufgrund seiner herausragenden historischen Stellung als vermeintlich erster Tonfilm und erstes (Film-)Musical besitzt er dennoch für die Filmwissenschaft hohe Relevanz. Denn in seiner hybriden Form aus Stumm- und Tonfilmelementen ist er ein wichtiges Zeugnis seiner Zeit. Anhand ausgewählter Filmszenen von *The Jazz Singer* möchte ich zeigen, wie sich der akustische und visuelle Stil des Films in der Übergangszeit vom Stumm- zum Tonfilm ästhetisch positioniert hat. Im Zentrum meiner Überlegungen steht dabei zum einen, inwiefern technische Einschränkungen die Ästhetik von *The Jazz Singer* beeinflusst haben, und zum anderen, wie sich die Form dieses Films konkret darstellt.[7] Denn obwohl seine Hybridität aus Stumm- und Tonfilm in der Literatur häufig erwähnt wird,[8] finden sich dazu bisher noch keine profunden Analysen.[9] Im Mittelpunkt anderer aktueller Filmbeschreibungen von *The Jazz Singer* stehen vor allem Betrachtungen zum wirtschaftlichen Durchbruch des Tonfilms, zur

Problematik jüdischer Einwanderer in Amerika oder zur Funktionalisierung von Musik für die Botschaft des Films.[10]

Die Überwindung des Gleichlaufproblems von Bild und Ton ist kein Phänomen der 1920er-Jahre, sondern sie stand von Anfang an, lange vor der Einführung des Tonfilms, im Mittelpunkt technischer Entwicklungen des Films. Die Synchronisierung stellte eine zentrale und zunächst unüberwindliche Schwierigkeit für frühe Erfindungen dar. In der Stummfilmzeit wurde im Wesentlichen an der Entwicklung von zwei Verfahren zur Aufnahme, Speicherung und Wiedergabe des Filmtons gearbeitet, nämlich am Nadeltonverfahren und am Lichttonverfahren. Während das Nadeltonverfahren auf einer externen Verbindung getrennter Apparaturen wie der Kopplung von Grammophon und Filmprojektor beruht, stellt das Lichttonverfahren die optische Speicherung des Tons direkt auf dem Filmmaterial dar, was eine apparaturimmanente Synchronisierung von Bild und Ton ermöglicht.

Letztendlich war es das Vitaphone-Aufnahmesystem, das dem Tonfilm 1927 mit *The Jazz Singer* endgültig zum Durchbruch verhalf. Beim Vitaphone-System handelt sich um ein Nadeltonverfahren, bei dem eine 40 cm große Schellackplatte mechanisch mit dem Filmprojektor verbunden und der Ton über elektrisch verstärkte Lautsprecher in den Zuschauerraum übertragen wurde.[11] Das Vitaphone-System wurde 1925 durch Western Electric und die Bells Lab gegründet und bereits 1926 von Warner Bros. mit *Don Juan* (USA 1926, Alan Crosland) einem größeren Kinopublikum vorgestellt. Dieser Film enthält allerdings keine lippensynchronen Dialoge wie *The Jazz Singer*, sondern lediglich Musikeinlagen.[12] Doch auch die Dialoge in *The Jazz Singer* waren ursprünglich nicht vorgesehen.

> Im Verlauf der Aufnahmen wurde eher zufällig als geplant an verschiedenen Stellen Dialog aufgenommen und nach einigen Diskussionen im Film belassen.[13]

Die Begeisterung des Publikums, sprechende Protagonisten auf der Leinwand zu sehen, veranlasste Warner Bros. schließlich dazu, einen weiteren *part-talkie*, *The Singing Fool* (USA 1928, Lloyd Bacon), zu produzieren. Auch dieser Film wurde, ebenso wie *The Jazz Singer*, ein großer Erfolg. War *The Jazz Singer* zu etwa 20 Prozent ein Tonfilm, so belief sich das Verhältnis von Stumm- zu Tonfilm in *The Singing Fool* bereits auf 60 zu 40. Der nächste, nun komplette Tonfilm *Lights of New York* (USA 1928, Bryan Foy) wurde ebenfalls von Warner Bros. im Vitaphone-Verfahren produziert. Bei diesem sogenannten *full-talkie* war jedoch weniger der Inhalt, als vielmehr die Tatsache, dass es keinerlei Stummfilmszenen mehr gab, ausschlaggebend. Um als Spielfilm klassifiziert zu werden, wurde die erste, 20-minütige Fassung von *Lights of New York* auf 60 Minuten Länge erweitert.

Ermutigt durch den Erfolg der Tonfilme von Warner Bros. erwarben nach und nach auch die anderen Studios die Lizenz am Vitaphone-System, um Tonfilme zu produzieren. Die Vitaphone-Technik und andere Nadeltonverfahren wurden schließlich Ende der 1920er-Jahre durch die Tonwiedergabe per Film ersetzt. Weltweit wurden nun Lichtton-Verfahren entwickelt, die zwangsläufig auch zu einer Umstellung der Filmtheater auf die entsprechende Tontechnik führten und schließlich den Stummfilm komplett verdrängten.[14]

Die Umstellung der Filmindustrie auf das Lichtton-Verfahren hatte weniger mit der klanglichen Qualität als vielmehr mit der Störanfälligkeit der Nadeltontechnik zu tun. Wenn der Film riss oder sprang, zog die externe Verbindung von Projektor und Schallplatte unweigerlich Synchronisationsprobleme nach sich. Die Vitaphone-Technik hatte noch andere Nachteile: Die Platte, die eine maximale Speicherlänge von zehn Minuten umfasste, konnte nur etwa 20 bis 25 Mal abgespielt werden, bevor sie aufgrund starker Abnutzungserscheinungen ersetzt werden musste. Zudem bestimmte die Länge der Platte die narrative Struktur des Films. Denn die Gesangseinlagen und Dialoge mussten sich an die Zeitstruktur der Platte anpassen. Die Filme wurden demnach in zehnminütige Akte unterteilt, an deren Ende Bild und Ton „[...] von einem Projektor auf den anderen überblendet werden. Der Ton kann nicht über einen Rollenwechsel hinweg ohne Unterbruch abgespielt werden."[15]

Wenn man darüber hinaus bedenkt, dass die Tonspur ausschließlich als Direktton bzw. für das Playback-Verfahren aufgezeichnet werden konnte und zu dieser Zeit weder das Verfahren der Nachsynchronisation noch die Möglichkeiten des Tonschnitts zur Verfügung standen (da die Schallplatte nicht geschnitten werden konnte), so kann man auf jeden Fall sagen, dass sich *The Jazz Singer* durch eine bemerkenswerte Tonspur auszeichnet. Erstaunlich ist in diesem Kontext aber auch, dass dieser Film trotz derartiger technischer Einschränkungen und der nur partiellen Vertonung maßgeblich dazu beigetragen hat, das neue Medium Tonfilm am Markt zu etablieren.[16]

Doch ist der Übergang vom Stumm- zum Tonfilm nicht nur technisch und wirtschaftlich bedeutsam, sondern auch für die inhaltliche Ebene dieses Films relevant. *The Jazz Singer* erzählt von einem Generationenkonflikt zwischen dem jüdischen Kantor Rabinowitz und seinem Sohn Jakie, der lieber Jazzsänger werden möchte als in der fünften Generation den Beruf seines Vaters weiterzuführen. Die Hauptrolle des jüdischen Sohns ist mit dem Varieté-Star Al Jolson besetzt, dessen Biografie sich zu Teilen auch in der Novelle *The Day of Atonement* (1922) von Samson Raphaelson wiederfindet. Diese diente dem Drehbuch von *The Jazz Singer* als Vorlage.[17]

Mit der Geschichte thematisiert der Film nicht nur die Problematik osteuropäischer Einwandererfamilien in Amerika, sondern auch die Tatsache, dass zu den Bildern Töne zu hören sind. Indem er von einem Jungen erzählt, der seine Stimme als Jazzsänger erklingen lässt, dabei aber auf großen Widerstand stößt, verweist er indirekt auch auf den Tonfilm, dem sich in dieser Zeit ebenfalls die Stummfilmindustrie geschlossen verweigert. Die Gegensätze Vater/alte Zeit und Sohn/neue Zeit sind also nicht nur im Kontext des Themas jüdische Tradition vs. gesellschaftliche Assimilation zu sehen, sondern sie greifen auch, zumindest indirekt, den Wandel des Stummfilms zum Tonfilm auf. Indem *The Jazz Singer* Tradition gegen Moderne, jüdischen Gesang gegen Jazz, das Leben im Ghetto gegen das Show-Business stellt, nimmt er nicht nur technisch, sondern auch narrativ eine Zwischenstellung zwischen dem alten und dem neuen Medium, zwischen stummen und tönenden Bilder ein.[18]

Doch *The Jazz Singer* erweist sich in seiner hybriden Form aus Stumm- und Tonfilmelementen nicht nur in narrativer, sondern auch in ästhetischer Hinsicht als ein Phänomen des Übergangs. Dies wird insbesondere in zwei Szenen deutlich. Beide verfügen als Einzige nicht nur über synchronisierten Gesang, sondern auch über lippensynchrone Dialoge. Während die erste Szene, in der Jakie (Al Jolson) in einem Lokal vor einem größeren Publikum *Dirty hands, dirty face* und *Toot, toot, Tootsie* singt, den Übergang von stummen zu tönenden Bildern langsam und vom Zuschauer nahezu unbemerkt vollzieht, erfolgt in der zweiten Szene – Jakie besucht seine Mutter (Eugenie Besserer) am Geburtstag seines Vaters in der elterlichen Wohnung – der Wechsel vom Stumm- zum Tonfilm abrupt.

In der Szene, in der Jakie in einem Lokal auftritt, wird der Inhalt der Gespräche der Figuren zunächst nur in Zwischentiteln wiedergegeben. Das Klopfen des Publikums auf den Tischen und die Hintergrundmusik hingegen sind von Anfang an zu hören. Kurze Zeit später wird auch das Klatschen des Publikums synchronisiert. Als Jakie schließlich *Dirty hands, dirty face* und *Toot, toot, Tootsie* singt, ist nicht nur sein Gesang, sondern auch sein improvisierter Monolog zwischen den Gesangseinlagen zu hören (wahrscheinlich ist dies dem Umstand zu verdanken, dass die Tonaufnahme einfach weiterlief und im Film belassen wurde). Zu den bereits vorhandenen Tonebenen Geräusch und (Begleit-)Musik treten also lippensynchroner Gesang und Monolog hinzu, wobei sich die Tonquelle nicht nur innerhalb, sondern auch außerhalb des Bildes befindet. Denn während Jakie spricht und singt, ist gelegentlich nur das Publikum zu sehen. Auch das Klatschen ertönt stellenweise, ohne dass man das Publikum sieht. Als Jakie nach dem zweiten Lied schließlich verstummt, sind keine Dialoge mehr zu hören, sondern nur noch das Klatschen und Rufen des Publikums. Im Anschluss daran werden auch die Geräusche ausgeblendet, bis am Ende der Szene nur noch Hintergrundmusik zu vernehmen ist, wobei hier nicht eindeutig ist, woher die Musik kommt bzw. ob sie der Diegese entstammt oder nicht. Die Töne werden also nach Jakies

Überlegungen zur hybriden Form des vermeintlich ersten Tonfilms The Jazz Singer

Auftritt Ebene für Ebene wieder zurückgenommen. Als Jakie sich schließlich mit Mary Dale (May McAvoy) unterhält, wird das Gespräch stumm und in Zwischentiteln wiedergegeben. Mimik und Gestik der Figuren sind jedoch nicht, wie man vielleicht erwarten würde, übertrieben, sondern eher subtil und verhalten. Der Schauspielstil entspricht an dieser Stelle also nicht unbedingt der stummfilmischen Inszenierung von Bild und Ton.[19]

Der sanfte Einstieg in den Tonfilm zu Beginn der Szene und der kaum merkliche Übergang zum Stummfilm am Ende dieses Filmausschnitts stehen in hartem Kontrast zur zweiten Szene, in der sich der Wechsel vom Stumm- zum Tonfilm abrupt vollzieht.

Als Jakie am 60. Geburtstag seines Vaters (Warner Oland) nach Hause kommt, ist das Gespräch zwischen ihm und seiner Mutter zunächst nur stumm und in Zwischentiteln sowie durch Mimik und Gestik der Figuren wiedergegeben. Doch als Jakie beginnt, seiner Mutter das Lied *Blue Skies* vorzusingen, verstummt die Hintergrundmusik plötzlich und sein Gesang mit Klavierbegleitung erklingt. Zu hören ist auch das anschließende Gespräch mit seiner Mutter, das ebenso wie der Monolog in der ersten Szene von den Akteuren improvisiert wurde. Es werden keine Zwischentitel mehr eingeblendet, der Schauspielstil ist zurückhaltend. Während Jakie singt, ist gelegentlich nur seine Mutter zu sehen, doch als sie sich unterhalten, sind beide ununterbrochen im Bild. Im Gegensatz zu Jakie allerdings, der deutlich spricht, nuschelt seine Mutter nur. Ihre Antworten sind kurz und kaum verständlich. Dies legt die Vermutung nahe, dass das Mikrofon, dessen technische Entwicklung zu dieser Zeit noch am Anfang stand und das nur über eine geringe Reichweite verfügte, ausschließlich auf Jakie gerichtet war. Dann, als Jakie wieder singt, wird er plötzlich durch einen lauten Schrei („Stop") seines Vaters unterbrochen, der unbemerkt das Zimmer betreten hat. Sofort kehrt vollkommene Stille ein. Alle Geräuschebenen, auch die Begleitmusik, werden in diesem Moment abrupt ausgeblendet. Dem zunächst harten Einstieg in den Tonfilm folgt der jähe Wechsel zum Stummfilm. Erst Sekunden später setzt die Begleitmusik wieder ein. Der Streit zwischen Vater und Sohn wird nun lautlos, mit expressiven Gesten und Zwischentiteln, visualisiert.

Diese beiden Szenen führen nicht nur die zwei gegenläufigen Kombinationsmöglichkeiten von Stumm- und Tonfilmelementen vor – die Überlagerung stummer und tönender Bilder einerseits und den Ausschluss der jeweils anderen filmischen Form andererseits –, sondern sie greifen auch der historischen Entwicklung des Mediums Film voraus. Man könnte sagen, dass die erste Szene in ihrer Überlagerung von Stumm- und Tonfilmelementen in Analogie zu den Anfangsjahren des Tonfilms zu sehen ist, in denen Stumm- und Tonfilm koexistierten, dass die zweite Szene hingegen mit ihrem jähen Wechsel von der einen zur anderen filmischen Form die völlige Verdrängung des Stummfilms durch den Tonfilm Anfang der 1930er-Jahre andeutet. Allerdings geschieht dies mit Brüchen bzw. in umgekehrter Reihenfolge, denn die zweite Szene endet nicht, wie man vielleicht erwarten würde, mit dem Tonfilm, sondern mit dem Stummfilm.[20]

Einen Hinweis in diese Richtung gibt auch der Satz „You ain't heard nothin' yet", der in der ersten Szene lippensynchron zu hören ist, in der zweiten Szene hingegen nur stumm und im Zwischentitel erscheint. Jakie spricht also denselben Satz, den er bereits während seines Auftritts vor dem Publikum gut hörbar verlauten ließ, ein zweites Mal, doch dieses Mal mit stummen Lippenbewegungen. Auch hier bleibt am Ende, so legt es zumindest dieser Satz nahe, nur der stumme Film. Doch in der Gegenüberstellung von Schrift und Lautsprache, Zwischentitel und Rede, stummen und tönenden Bildern macht der Satz auch auf etwas anderes aufmerksam, nämlich auf die Differenz von „indirekter" und „direkter Rede".[21]

Laut Gilles Deleuze äußert sich der Sprechakt im Stummfilm wegen seiner Zwischentitel als indirekte Rede. Der Tonfilm verkehrt den Stummfilm, indem der Sprechakt zur direkten Rede wird und mit dem Bild in Interaktion tritt. Steht das Bild im Stummfilm für das Natürliche und Unmittelbare und die Zwischentitel für das Kulturelle und Abstrakte, so zeichnet sich das Bild im Tonfilm, da die Sprache durch die Stimme in das Bild integriert und dieses somit ebenso wie die Sprache interpretierbar wird, durch Künstlichkeit aus. Der Sprechakt im Tonfilm wird folglich nicht nur hörbar, sondern auch sichtbar und das Visuelle lesbar.[22]

Indem *The Jazz Singer* aber stumme und tönende Bilder übereinanderlegt, wie beispielsweise in der Szene, in der Jakie während der Generalprobe im Theater singt, seine Mutter sich aber gleichzeitig stumm und in Zwischentiteln unterhält, hebt er die Differenz von indirekter und direkter Rede auf. Die Bilder oszillieren demnach zwischen Natur und Kultur, zwischen Unmittelbarkeit und Gemachtheit und zeigen so ein weiteres Mal die hybride Struktur dieses Films.

Allerdings ist die Überlagerung von direkter und indirekter Rede in *The Jazz Singer* zu unterscheiden von der „freien indirekten Rede" des modernen Films, der um 1960 aufkommt.[23] Die freie indirekte Rede im modernen Kino, die den Gegensatz von direkt und indirekt aufhebt, steht laut Deleuze in Zusammenhang mit der Entstehung eines autonomen akustischen Bildes, das nicht mehr mit dem visuellen Bild interagiert. Der Sprechakt wird vom Visuellen unabhängig, er wird zur freien indirekten Rede.[24] *The Jazz Singer* hingegen hebt zwar mit der Überlagerung von stummen und tönenden Bildern die Differenz von indirekter und direkter Rede auf, doch zerstört der Film die szenatorische Einheit von Akustischem und Visuellem nicht oder bricht deren narrative Klammer auf.

Bemerkenswert ist darüber hinaus aber auch die visuelle Erscheinung der Zwischentitel, etwa in der Szene, in der Jakie am Bahnhof von seinem Agenten erfährt, dass er am Broadway engagiert wird. Die Zwischentitel, die aus jeweils einem Wort mit Ausrufezeichen bestehen, werden von Zwischentitel zu Zwischentitel größer, je dramatischer die Filmmusik ertönt. Zwischen die Worte „New York!", „Broadway!", „Home!", „Mother!" ist Jakie geschnitten. Die Zwischentitel dienen in dieser Szene nicht nur der Informationsübermittlung bzw. im Verbund mit der Musik der Verstärkung der narrativen Aussage des Films, sondern sie präsentieren sich auch als eigenständiges Element visueller Gestaltung. Doch nicht nur die Zwischentitel, sondern auch verschiedene Briefe werden auffallend in Szene gesetzt. So erscheinen sie, von Hand oder mit Maschine geschrieben, leinwandfüllend vor schwarzer Blende oder im Bild. Darüber hinaus wird Schrift auch in Form von Leuchtreklame verwendet, wie beispielsweise in der ersten Szene, in der der Schriftzug „Coffee Dan's" mehrfach aufleuchtet. Fast könnte man schlussfolgern, dass eine derart auffällige Inszenierung grafischer Elemente in *The Jazz Singer* zeigen soll, wie unterschiedliche Präsentations- und Gestaltungsformen von Schrift im (Stumm-)Film nicht nur thematisiert, sondern auch konjugiert werden.

Allerdings ist dieser Film nicht nur aufgrund der Komplexion von stummen und tönenden Elementen und der unterschiedlichen Präsentation von Schrift interessant, sondern auch wegen seines Verhältnisses von Akustischem und Visuellem bzw. wegen seiner ausgearbeiteten und differenzierten Tonspur. Die klassische Terminologie des Bild/Ton-Verhältnisses im Film[25] nimmt als Ausgangspunkt die Diegese, das raumzeitliche Kontinuum, in dem sich die Handlung entfaltet.[26] Ein diegetischer Ton ist demnach jener, dessen Quelle – sei es eine Figur oder ein Objekt – zur Diegese gehört. Ein extra- oder nicht-diegetischer Ton hingegen hat seine Quelle außerhalb der Diegese wie beispielsweise eine Erzählerstimme oder Filmmusik. Weiterhin unterteilen Bordwell und Thompson diegetische Töne in *onscreen*- und *offscreen*-Töne, je nachdem, ob sich ihre Quelle im Bild (*onscreen*) oder außerhalb des Bildes (*offscreen*) befindet.[27]

In der ersten Szene von *The Jazz Singer*, in der Jakie in einem Lokal singt, finden sich diegetische und nicht-diegetische Töne, wobei die diegetischen Töne auf allen Ebenen, also auf Ebene der Sprache, des Geräusches und der Musik, sowohl *onscreen* als auch *offscreen* verwendet werden. Denn Jakies Gesang, sein Monolog und das Klatschen des Publikums haben ihre jeweilige Quelle sowohl innerhalb als auch außerhalb des Bildes. Nicht-diegetisch hingegen beschränkt sich die Tonspur auf die Hintergrundmusik, bei der es sich laut Christoph Henzel „strukturell" um eine „typische Stummfilm-Begleitmusik" handelt.[28] Erzähler und Kommentar existieren auf nicht-diegetischer Tonebene nicht. Dafür beinhalten die Zwischentitel neben den Dialogen auch Informationen bzw. Erzählerkommentare.[29]

Folglich entspricht der diegetische Ton in seiner differenzierten Ausarbeitung bzw. in seinem Verhältnis zum Visuellen bereits dem Tonfilm, der nicht-diegetische Ton hingegen erinnert noch an den Stummfilm. Dies zeigt ein weiteres Mal die hybride Struktur dieses Films.

Doch ist stellenweise auch unklar, woher die Musik kommt bzw. ob sie der Diegese entstammt oder nicht, wie beispielsweise in der ersten Szene, in der nach Jakies Auftritt die Quelle der Musik nicht mehr genau zu lokalisieren ist. Mit der Ununterscheidbarkeit von diegetischer und nicht-diegetischer Musik deutet *The Jazz Singer* bereits eine gängige Praxis des klassischen Hollywooderzählfilms an, nämlich das Wandern der Musik von einem Ort zum anderen.

Doch nicht nur diese Ununterscheidbarkeit, sondern auch andere Tonpraktiken des klassischen Hollywoodfilms finden sich, zumindest in Ansätzen, in *The Jazz Singer*, wie die Methode des Mickey Mousing in den Tanzeinlagen der Broadway-Show, in denen die Bewegungen der Mädchenbeine von der Musik klanglich imitiert werden. Auch Soundbridges werden verwendet, etwa in der Szene, als Jakie ein Konzert des Kantors Joseff Rosenblatt besucht. In dem Moment, als Jakie sich an seinen Vater erinnert, wird der Gesang des Kantors Rosenblatt auf das Bild seines singenden Vaters überblendet. Des Weiteren deutet sich am Ende des Films, als Jakie in der Synagoge für seinen Vater das *Kol Nidre* singt, die Schaffung einer Tonperspektive an, ein Verfahren, das vor allem für den frühen Tonfilm bezeichnend ist. Als das Fenster im Zimmer seines sterbenden Vaters geöffnet wird, wird auch Jakies Gesang lauter.[30]

Darüber hinaus fällt aber noch etwas anderes auf, nämlich, dass bereits im Moment der Synchronisierung von Bild und Ton bzw. im Moment des sogenannten Tondurchbruchs, der mit *The Jazz Singer* initiiert wurde, eine Distanzierungsbewegung des Akustischen vom Visuellen zu beobachten ist. Denn *The Jazz Singer* verwendet nicht nur *onscreen*-, sondern auch *offscreen*- und nicht-diegetische Töne, das heißt, der Film bedient sich auch solcher Töne, die asynchron zum Bild eingesetzt werden bzw. deren Quelle sich außerhalb des Bildes befindet.[31]

Demnach beinhaltet die Synchronisierung von Bild und Ton von Anfang an auch ihre Gegenbewegung, die bildgegenläufige Verwendung des Tons. *The Jazz Singer* etabliert also nicht nur den Tonfilm bzw. die Synchronisierung von Bild und Ton, sondern auch die Asynchronie von Akustischem und Visuellem, die wenige Jahre später vor allem in Form von Filmmusik oder Erzählerkommentar eine gängige Erzählkonvention des klassischen Films darstellt. Die asynchronen Töne in *The Jazz Singer* brechen die Geschichte jedoch weder auf noch stören sie die Fiktion, vielmehr unterstützen sie die Narration sogar und erweitern das Bild. Denn indem sie das Bild nicht einfach nur verdoppeln, sondern hörbar machen, was nicht sichtbar ist, fügen sie dem Bild eine weitere (dramaturgische oder räumliche) Ebene hinzu. Obwohl sich der Ton vom Bild distanziert, ist er dennoch mit diesem narrativ verbunden, da die Asynchronie von Bild und Ton im klassischen Film im Kontext der Geschichte bzw. innerhalb einer szenatorischen Einheit stattfindet.[32]

Nicht nur die asynchrone Verwendung des Filmtons erweitert aber das Bild, sondern auch seine Raum bildende Wirkung. Denn im Gegensatz zum zweidimensionalen Bild, das auf der Leinwand zu sehen ist, ‚bevölkert' der Ton auch den Zuschauerraum. Die Differenz von flachem Bild und raumbildendem Ton deutet sich zwar bereits in der Musik- und Tonbegleitung des Stummfilms an, doch erst die lippensynchronen Dialoge von *The Jazz Singer* machen diese Differenz für den Zuschauer auch wahrnehmbar.

Interessant ist zudem der visuelle Stil dieses Films, der sich, zumindest stellenweise, durch eine auffallend niedrige Schnittfrequenz und eine relativ statische Kamera auszeichnet. Dies ist jedoch nicht verwunderlich, wenn man bedenkt, dass die Kamera aufgrund ihres Eigengeräusches zur Schalldämmung in einer unhandlichen Kabine untergebracht werden musste, was die visuellen Bewegungsmöglichkeiten des Films enorm einschränkte. Auch die Schauspieler wurden durch die Mikrofone, die an bestimmten Stellen des Raums angebracht waren, in ihrer Bewegungsfreiheit eingeschränkt. Zudem musste der Bildschnitt bereits vor der Aufnahme detailliert geplant werden, da die Schallplatte nicht geschnitten werden konnte bzw. das Verfahren der Nachsynchronisation noch nicht möglich war. Entweder wurde, um bei fortlaufendem Synchron- bzw. Direktton die Kontinuität der Szene zu gewährleisten, mit mehreren Kameras gedreht oder das Playback-Verfahren eingesetzt.[33]

Die zweite Szene, in der sich Jakie mit seiner Mutter am Klavier unterhält, zeigt, wie stark die Montage und die gesamte Bildgestaltung durch den Synchron- bzw. Direktton bestimmt werden. Denn während Jakies Gesang und der Unterhaltung mit seiner Mutter gibt es keinerlei Kamerabewegung und auch die Figuren bewegen sich kaum. Zudem werden in dieser synchronisierten Passage lediglich drei Einstellungen verwendet, alle in ähnlicher Einstellungsgröße, nah oder halbnah. Die drei Einstellungen – (1) Jakie am Klavier, (2) die Mutter auf einem Stuhl sitzend, (3) Jakie am Klavier und die Mutter daneben – wechseln sich in langsamem Schnitttempo ab. Vermutlich wurden diese Einstellungen mit mehreren Kameras oder im Playbackverfahren aufgenommen, um die Synchronität von Bild und Ton zu gewährleisten. Als der Vater eintritt, kommen schließlich auch andere Einstellungen hinzu und das visuelle Tempo der Szene erhöht sich etwas. Doch erst als der Film komplett verstummt und keine Synchrontonaufnahme mehr nötig ist, steigert sich auch die visuelle Dynamik des Films deutlich.[34]

Einige Jahre nach *The Jazz Singer* wurden sogenannte Blimps zur schalldämmenden Ummantelung der Kamera entwickelt, die die unhandliche Kabine und andere Schallschutzmaßnahmen ersetzten.[35] Einen ähnlichen Effekt hatten bewegliche Mikrofone, die nicht mehr, wie in der Anfangszeit dieser Technik, an einer bestimmten Stelle des Raums installiert waren, sondern an Angeln befestigt über den Köpfen der Schauspieler hingen und deren Bewegung folgen konnten.[36] Doch nicht nur die Entwicklung von Tonangeln und Blimps, die der Kamera wieder zu mehr Beweglichkeit verhalfen, sondern auch die Trennung der Bild- und Tonaufnahme bzw. die Nachsynchronisation machte den Toningenieur unabhängiger und brachte dem Kameramann „die Freiheit der Bewegung und Perspektive der Stummfilmära" zurück.[37] So konnte sich schließlich in der Zeit von Mitte der 1930er- bis Ende der 1940er-Jahre ein „internationaler Stil" des Tonfilms etablieren, der laut Bordwell ebenso wie der Stummfilm zu einer „internationalen Filmsprache" wurde und sich als eine Kombination aus „Montage, Kamerabewegung, Tiefeninszenierung, Bewegung der Personen mit genauem Timing bezüglich der Kamerabewegung und der Bewegung anderer Figuren" beschreiben lässt.[38] Eine derartige Ästhetik war allerdings 1927, als *The Jazz Singer* produziert wurde, technisch noch nicht möglich.

The Jazz Singer, so lässt sich resümierend feststellen, ist in jeglicher Hinsicht ein Grenzgänger bzw. ein Phänomen des Übergangs. Ob wirtschaftlich, technisch, narrativ oder ästhetisch, der Dreh- und Angelpunkt dieses Films ist der Übergang vom Stumm- zum Tonfilm. *Dass* dieser Film über eine hybride Form verfügt, ist offensichtlich. Im Zentrum der Überlegungen dieses Beitrags stand daher, *wie* sich die hybride Form konkret in ihren Ausprägungen auf akustischer und visueller Ebene äußert bzw. inwiefern die technischen Einschränkungen die Ästhetik des Films beeinflusst haben. Denn letztendlich, so meine Schlussfolgerung, waren es gerade die technischen (Un-)Möglichkeiten dieses Films, die eine derart hybride Ästhetik überhaupt erst ermöglichten.

---

* [1] Dieser Aufsatz stellt nicht nur einen Auszug und eine Erweiterung eines größeren Forschungsvorhabens dar (vgl. Silke Martin, *Die Sichtbarkeit des Tons im Film. Akustische Modernisierungen des Films seit den 1920er Jahren*, Marburg 2010), sondern auch die Überarbeitung eines Vortrags, den ich am 2. Kieler Symposion zur Filmmusikforschung 2008 gehalten habe (vgl. Silke Martin, „Überlegungen zur hybriden Form des vermeintlich ersten Tonfilms *The Jazz Singer* (USA 1927, Alan Crosland)", in: *Kieler Beiträge zur Filmmusikforschung* 3, http://www.filmmusik.uni-kiel.de/kielerbeitraege3/KB3-Martin.pdf (letzter Zugriff: 26.05.2009), S. 57–67).

2 Vgl. Karel Dibbets, „Die Einführung des Tons", in: *Geschichte des internationalen Films*, hrsg. von Geoffrey Nowell-Smith. Stuttgart, Weimar 1998, S. 197–203, hier S. 197; Geoffrey Nowell-Smith, „II. Der Tonfilm 1930–1960. Einführung", in: *Geschichte des interna-*

tionalen Films, hrsg. von dems., Stuttgart, Weimar 1998, S. 193–196, hier S. 193; Christoph Henzel, „‚A Jazz Singer – singing to his God'. *The Jazz Singer* (1927): Musik im ‚ersten Tonfilm'", in: *Archiv für Musikwissenschaft* 63, 1, 2006, S. 47–62, hier S. 47.

[3] Vgl. Chiara Ferrari, „Der Jazzsänger/The Jazz Singer (1927)", in: *1001 Filme – Die besten Filme aller Zeiten*, hrsg. von Steven Jay Schneider, Zürich 2004, S. 70.

[4] Dibbets, „Die Einführung des Tons" (s. Anm. 2), S. 197.

[5] Ebd.

[6] Vgl. Henzel, „A Jazz Singer – singing to his God" (s. Anm. 2), S. 48/49.

[7] Unter ‚Hybridität' verstehe ich die Mischung zweier getrennter Systeme bzw. zweier verschiedener filmischer Formen. Der Begriff ‚hybrid' stammt ab von dem lateinischen Wort griechischen Ursprungs hybrida, dt. Mischling.

[8] Vgl. Dibbets, „Die Einführung des Tons" (s. Anm. 2), S. 197.

[9] Lediglich das Referat von Adrian Heydecker gibt einen ersten Hinweis in diese Richtung, vor allem, was den Zusammenhang von technischer Einschränkung und ästhetischer Ausprägung betrifft. Deshalb bilden Heydeckers stichpunktartige Ausführungen auch den Ausgangspunkt meiner Überlegungen (vgl. Adrian Heydecker, „*The Jazz Singer*", 2004, http://www.wavestyle.ch (letzter Zugriff: 11.02.2008)). Des Weiteren existiert seit 2009 ein Aufsatz von Lisa Gotto, der eine ganz ähnliche These wie der hier vorliegende Artikel vertritt (vgl. Lisa Gotto, „Trans/Formieren. Zum Verhältnis von Bild und Ton in *The Jazz Singer* (Alan Crosland, USA 1927)", in: *Jazz Forschung/Jazz Research* 41, 2009, S. 119–134). Im Zuge des Thurnauer Symposions, aus dem dieser Sammelband hervorgegangen ist, ist außerdem ein weiterer Vortrag zu *The Jazz Singer* entstanden, der sich als Weiterführung der hier postulierten Hybriditätsthese begreift und der die filmwissenschaftlichen Überlegungen dieses Aufsatzes insofern bereichert, als dass er diese aus musik- und tanzwissenschaftlicher Perspektive erweitert und modifiziert. Vgl. dazu den Beitrag von Hanna Walsdorf in diesem Band.

[10] Vgl. Henzel, „A Jazz Singer – singing to his God" (s. Anm. 2).

[11] Vgl. Heydecker, „*The Jazz Singer*" (s. Anm. 9).

[12] Die Musikaufnahmen sollten insbesondere dazu dienen, die Tonbegleitung in den Kinos zu ersetzen, die bis dahin in der Regel von Musikern realisiert wurde.

[13] Harald Jossé, *Die Entstehung des Tonfilms*, Freiburg, München 1984, S. 219.

[14] Vgl. Nowell-Smith, „II. Der Tonfilm 1930–1960" (s. Anm. 2), S. 193; Dibbets, „Die Einführung des Tons" (s. Anm. 2), S. 197/198.

[15] Heydecker, „*The Jazz Singer*" (s. Anm. 9).

[16] Vgl. ebd.

[17] Vgl. Henzel, „A Jazz Singer – singing to his God" (s. Anm. 2), S. 49.

[18] Vgl. Heydecker, „The Jazz Singer" (s. Anm. 9). Im Gegensatz zu *The Jazz Singer* allerdings, der den Übergang vom Stumm- zum Tonfilm nur andeutet, ist die Einführung des Tonfilms in *Singin' in the rain* (USA 1952, Stanley Donen/Gene Kelly) explizit das Thema des Films. Der Schauplatz von *Singin' in the rain* ist Hollywood in den Jahren 1927/28. Der Film erzählt vom Aufkommen des Tonfilms, von technischen Problemen mit der Synchronisation und der ablehnenden Haltung der Filmindustrie und des Publikums. Auch der vermeintlich erste Tonfilm *The Jazz Singer* wird in diesem Film erwähnt. Darüber hinaus findet *The Jazz Singer* auch über 50 Jahre später noch in *The Aviator* (USA/D 2004, Martin Scorsese) Erwähnung.

[19] Wobei laut Bordwell die These der elaborierten Gestensprache im Stummfilm ohnehin überholt ist (vgl. David Bordwell, *Visual Style in Cinema: Vier Kapitel Filmgeschichte*, Frankfurt/Main 2006, S. 113/114).

[20] Zudem verweist die zweite Szene mit ihrem abrupten Wechsel von tönenden zu stummen Bildern auf die beiden unterschiedlichen Präsentationsformen des Stummfilms, Bilder mit oder ohne Musik-/Tonbegleitung zu zeigen.

21	Gilles Deleuze, *Das Zeit-Bild, Kino 2*, Frankfurt/Main 1997, S. 289ff.
22	Ebd. Eine Zusammenfassung von Deleuzes Thesen zum Verhältnis von Bild und Ton im Film stelle ich bereits an anderer Stelle vor (vgl. Martin, *Die Sichtbarkeit des Tons im Film* (s. Anm. 1)).
23	Deleuze, *Das Zeit-Bild* (s. Anm. 21), S. 310.
24	Vgl. ebd., S. 289–334.
25	Wichtige Vertreter sind u. a. Claudia Gorbman, *Unheard melodies. Narrative film music*, London 1987 sowie David Bordwell und Kristin Thompson, *Film art: an introduction*, New York 1993. Zum Begriff der Diegese siehe auch *montage/av, Zeitschrift für Theorie & Geschichte audiovisueller Kommunikation*, 16/2/2007.
26	Vgl. Barbara Flückiger, *Sound Design: die virtuelle Klangwelt des Films*, Marburg 2002.
27	Vgl. Bordwell und Thompson, *Film art* (s. Anm. 25), S. 307/308.
28	Henzel, „,A Jazz Singer – singing to his God'" (s. Anm. 2), S. 60.
29	Vgl. Heydecker, „*The Jazz Singer*" (s. Anm. 9).
30	Vgl. ebd.
31	Hierbei ist anzumerken, dass Bordwell und Thompson die Asynchronie von Bild und Ton nicht räumlich, sondern zeitlich definieren. Meine Ausführungen hingegen zielen, zumindest in diesem Beispiel, auf die räumliche Asynchronie von Akustischem und Visuellem ab, also darauf, dass der Ton seine Quelle nicht im Bild hat bzw. nicht mit dem Bild synchronisiert ist. Zum Begriff des Asynchronismus vgl. auch Siegfried Kracauer, *Theorie des Films. Die Errettung der äußeren Wirklichkeit*, Frankfurt/Main 1985.
32	Denn im Zusammenspiel von Bild und Ton ist laut Hans J. Wulff in der Regel nicht das einzelne Bild, sondern „[...] vielmehr die Szene der Bezugspunkt [...], der in der zu leistenden Synthese im Zentrum steht"' (Hans J. Wulff, „Funktionen der Musik in den Komödien Jiří Menzels", in: *Kieler Beiträge zur Filmmusikforschung*, 1, 2008, http://www.filmmusik.uni-kiel.de/download/KBzF/KBzF001.pdf (letzter Zugriff: 03.03.2008), S. 51–62, hier S. 58.
33	Vgl. Heydecker, „*The Jazz Singer*" (s. Anm. 9). Interessant ist in diesem Kontext auch, dass der Direktton in *The Jazz Singer* eine technische Einschränkung bedeutete, im modernen Film hingegen, etwa in den Filmen der Nouvelle Vague oder des direct cinema, als Befreiung empfunden wurde, da der Ton durch die Verwendung von Handkameras und portablen Tonbandgeräten nun auch an Originalschauplätzen aufgenommen werden konnte.
34	Vgl. auch ebd. Des Weiteren fällt (zumindest dem musikalisch geschulten Zuschauerauge) auf, dass Jolsons Klavierspiel gedoubelt ist. Das heißt, dass bereits in diesem frühen Tonfilm akustisches ‚Fremdmaterial' unter die Bilder gelegt wurde. Auch wenn die Klaviermusik live, also zeitgleich mit der Bildaufnahme produziert wurde, indem etwa ein Klavierspieler im Set synchron zu den Handbewegungen Jolsons gespielt hat, handelt es sich dennoch um akustisches ‚Fremdmaterial'.
35	Vgl. Bordwell, *Visual Style in Cinema* (s. Anm. 19), S. 71f.
36	Vgl. Bordwell und Thompson, *Film art* (s. Anm. 25), S. 472.
37	Jean Martin, „Von Clair zu Cameron: die Emanzipation der Geräusche", in: *epd Film*, 7/1998, S. 26–33, hier S. 27.
38	Bordwell, *Visual Style in Cinema* (s. Anm. 19), S. 108ff.

Hanna Walsdorf

Kulturelles Pastiche und jüdischer Jazz.
Musikalische Verkörperungen in *The Jazz Singer* (USA 1927, Alan Crosland)

Stellen Sie sich vor, Al Jolson und Barack Obama gehen am Strand spazieren. Da findet Jolson eine Scherbe im Sand, hebt sie auf und schaut hinein. „Ich kenne diese Person", sagt er. Dann blickt Obama in die Scherbe und sagt: „Natürlich kennst du diese Person, du Narr! Das bin ich!"[1]

Gut 80 Jahre liegen zwischen dem jüdischen Jazzsänger, den man wegen seiner Auftritte in *blackface* als Rassist beschimpfte, und dem ersten schwarzen Präsidenten der Vereinigten Staaten, der in der Wahlkampfzeit mal als „zu schwarz", mal als „nicht schwarz genug"[2] angegangen wurde. Auch die Wahl Obamas im Jahr 2008 hat den „tief sitzenden Rassismus nicht beseitigt".[3] Das Beschwören, Verwischen und auch Überschreiten von Farbgrenzen hat in Amerika eine lange Tradition, und zwar nicht nur in der politischen Rhetorik, sondern auch und ganz besonders in der Kultur. So gab es dort immer schwarze und weiße Literatur, schwarze und weiße Musik, schwarzen und weißen Tanz, und immer gab es Künstlerpersönlichkeiten, die das ‚Dazwischen' besetzten. Ob dieses ‚Dazwischen' jeweils rassistisch ist, gibt immer wieder Anlass zu heftigen Debatten.

Im New York der 1920er-Jahre, in dem die Geschichte des *Jazz Singer* ihren Anfang nimmt, war die Situation eine besondere. Hier trafen Menschen verschiedener Herkunft und Hautfarbe, verschiedener Weltanschauungen und religiösen Bekenntnisse aufeinander, die sich bewusst oder unbewusst entschieden für Tradition oder Assimilation. Tradition bedeutete Gettoisierung, Assimilation bedeutete, die Kultur und Lebensweise der Neuen Welt für sich zu erschließen und anzunehmen. Dennoch scheint der Auftritt Al Jolsons in *blackface* 1927 irgendwie aus der Zeit gefallen, war doch die Geschichte der *blackface minstrelsy* eigentlich längst vorbei. Musste man als osteuropäischer Immigrant, als Jude mit Migrationshintergrund erst schwarz sein, um weiß zu werden?[4] Musste man als *Jazz Age Jew* seine individuelle Identität an das amerikanische Schwarz-Weiß-Spiel binden, um in Hollywood landen zu können? Die Auftritte Al Jolsons in Alan Croslands *The Jazz Singer* von 1927 sollen darüber Aufschluss geben: Nach einigen

Überlegungen zur musikalischen und tänzerischen Ebene des Films wird Jolsons Wanderung zwischen den Welten anhand zweier Liedbeispiele dargestellt.

You Ain't Heard Nothing Yet: *Die musikalische Ebene*

Das *Jazz Age*, ein Begriff, den Scott Fitzgerald 1922 für die Zeit zwischen dem Ende des Ersten Weltkrieges und der Großen Depression eingeführt hat, bezeichnet interessanterweise nicht die Musik der Schwarzen. Deren *New Negro Movement* wurde in den 1920er-Jahren vielmehr als *Harlem Renaissance* bekannt.[5] Der Jazz war zu dieser Zeit und an diesem Ort ein weißer Begriff. Al Jolsons *blackface* in *The Jazz Singer* als kulturelles Pastiche zu bezeichnen, befreit den Film von dem latenten (nachträglich formulierten) Rassismusvorwurf, denn gerade in Jolsons Fall und seinem *Jazz Singer* ging es nicht primär um Hautfarbe, sondern um Identität, um „encounters with the Other in which we neither identify nor counter-identify. Instead, what we feel is a simultaneous sense of self and difference to self. This ‚paradoxical' state is an embodied affirmation of the untruth of the principle of identification; it produces feeling that leads us to observe that at the same time I am and I am not."[6]

Al Jolsons Auftritt als Jazzsänger mit geschwärztem Gesicht stellt mithin „eine Frage über Juden und amerikanische Kultur, eine Frage weit über das historische Phänomen Blackface hinaus": Warum sollte ein Angehöriger eines ausgestoßenen Volkes sich hinter die Maske einer unterdrückten Hautfarbe flüchten? Ist es die „kulturell ambivalente Situation", die so etwas ermöglicht?[7] Jüdische Künstlerinnen und Künstler bedienten sich dieser Art *minstrelsy* in den 1910er- und 20er-Jahren häufiger als jede andere Gruppe in Amerika – Al Jolson war also weder Vorreiter noch Ausreißer.[8] In den zeitgenössischen Rezensionen des Films werden die Szenen, die Al Jolson in *blackface* bestreitet, denn auch lediglich als besonders eindrucksvoll bezeichnet, so sie denn überhaupt erwähnt werden.[9] Zumindest aus weißer Sicht war diese Art der Performance nicht anstößig:[10]

> In most blackface films […] blackface performance *just is*; it is assumed as a tradition, a fashion so old as to be ‚natural'. Because these films also draw attention to blackface as a process, however, the tradition, the only reason for the blackface mask, is opened for question or at least explicit view, and a space […] is made for examining and perhaps altering the ways in which racialized identities are delimited and mainstreamed through sight and sound.[11]

Das Hauptinteresse galt 1927 unbestritten den tontechnischen Neuerungen und der Person Al Jolson.[12] So ist es in *The Jazz Singer* auch weniger die schwarz-weiße Dimension, die musikalisch und motorisch/bewegungskulturell thematisiert wird, sondern vielmehr die konfessionelle, die jüdische Orthodoxie mit säkularem Christentum kontrastiert. Traditioneller Synagogalgesang steht gegen Musical Jazz, rituelle/religiöse Musik gegen Unterhaltungs- und Tanzmusik, und zwischen all dem befindet sich die Figur des Jakie Rabinovitz (Al Jolson), der sich von seinem jüdischen Vater lossagt, um als Jack Robin große Karriere zu machen – als Jazzsänger. Sein „expressiver, vibratogestützter Brustregister-Gesang" steht in der Tradition des Bühnenvokalstils von Vaudeville, Minstrel Comedy und Musical;[13] die ‚Träne in der Stimme', die seinen Gesang so besonders macht, ist jenes „ästhetische Ideal des Synagogalgesangs", das ihn auch auf der Broadwaybühne als jüdischen Sänger ausweist. Genau diese Stimmfärbung ist das Geheimnis seines Erfolges und steht zugleich für die „letzte Repräsentation von Juden als Juden im Hollywoodfilm bis zu den fünfziger Jahren". Es ist für Jahrzehnte das letzte Mal, dass ein jüdischer Kantor eine tragende Rolle in einem Hollywoodfilm spielt und seinen traditionellen Gesang damit einem Millionenpublikum präsentiert.

Die Musik der Synagoge, so ist in jüdischen Musikgeschichten zu lesen, habe sich nur deshalb über die Jahrhunderte der Diaspora retten können, weil sie immer von den hebräischen Texten abhängig gewesen sei, deren geheimes Wissen an die Riten der Liturgie gebunden war, das durch diese gleichsam wie in einer Kapsel weiterlebte. Den spezifisch jüdischen ‚Sound' dieser Musik mache, so wurde von nichtjüdischer Seite unterstellt, die Unfähigkeit des Aufführenden aus, der rassespezifischen Vorliebe einer jüdischen Metaphysik der Musik zu entkommen. Mit der Kategorie der Rasse sind aber nicht nur derlei Verunglimpfungen des fremden Klangs begründet, sondern auch Erklärungsfolien für hybride Formen gefunden worden. Musik – und nicht weniger der Tanz – ist demnach etwas, das sich Menschen verschiedener Rassen teilen können, denn Musik ist bekanntlich Teil vielerlei ästhetischer und diskursiver Konstruktionen von ‚Rasse'.[15] Im Soundtrack von *The Jazz Singer*, den Louis Silvers wie eine typische Stummfilm-Begleitmusik zusammenstellte, ist das allgegenwärtig.

Die Lieder des verlorenen Kantorensohns, die sich von den *raggytime songs* des jungen Jakie zu den *jazzy songs* des erwachsenen Jack entwickeln, orientieren sich stilistisch am Musical-Schlager und haben „mit dem Dixieland-Jazz oder auch dem Swing [...] kaum etwas zu tun" – der Jazz-Begriff war seinerzeit sehr weit gefasst: „Eine Beziehung zu den stilistischen Wurzeln", führt Christoph Henzel aus, „stellt sich im Film einzig über das Blackface Jolsons her",[16] dem „Kennzeichen der Assimilation":[17]

> Der Jazzsänger ist keine Alternative zum Kantor, sondern dessen Nachfolger in der modernen Gesellschaft, welche durch das Massenpublikum und die Massenmedien geprägt ist. Begründet wird dies im Film damit, dass der Jazz als authenti-

sche Form des Gefühlsausdrucks wie die liturgische Musik quasi göttlichen Charakter hat. Das kommerzielle Wesen von Al Jolsons Songs verschwindet völlig dahinter. Es wird stillschweigend angenommen, dass das aus der leidvollen Geschichte des Judentums gewachsene Lebensgefühl die Musik beseelt und ihr dadurch einen besonderen Ausdruck verleiht.[18]

Die jüdische Identität erklingt in Form des traditionellen Synagogalgesangs, während sich die amerikanische Identität als Musical Jazz präsentiert. Es ist eine Jazzmusik, die im Film stets leicht und fröhlich, spontan, befreiend und natürlich wirkt.[19] Ein Blick auf den Musical Score zeigt, wie auf der filmmusikalischen Ebene Tradition und Assimilation klanglich zusammenstoßen (vgl. Abb. 1).

Für die Welt des jüdisch-orthodoxen Vaters und der jüdischen Gemeinde stehen etwa *Kol Nidre* und *Bar Kochba*, eine Melodie aus Édouard Lalos *Symphonie espagnole* op. 21 und ein russisches Wiegenlied[20], für die Welt des Sohnes sind vor allem seine Songs charakterisierend. Jacks Mutter, die eine Art emotionale Brücke zwischen der Tradition des Elternhauses und der Assimilation darstellt, wird ebenfalls mit einer eigenen Musik bedacht: mit der *Sérénade mélancholique* op. 26 von Peter Tschaikowsky.[21] Nicht zuletzt finden auch noch zahlreiche Kinothekenstücke Verwendung, welche „die Parteinahme des Films für die Assimilation" und die amerikanische Lebensweise unterstreichen. So führt die Musik zu *The Jazz Singer* „in ihrem symphonischen Tonsatz und ihrem streicherbetonten Klangbild […] die sozial weit voneinander entfernten Sphären der Synagoge und des Schlagers" zusammen. Sie „verkörpert damit die vom Film favorisierte Idee der amerikanischen Kultur als ‚melting pot'".[22]

Musical Score for "The Jazz Singer"

The following is a complete record of the musical score, as it appears in the studio files:

Composition	Composer	Publisher	No. Bars
1. Original	Silvers	Original Arrang.	13
2. Russian Cradle Song	Krein	Belwin	12
3. East Side, West Side	Lawlor	Orig. Arrangement	16
4. Symphonie Espagnole	Lalo	" "	9
5. Serenade Melancholique	Tschaikowski	" "	16
6. Good Old Summertime	Evans	" "	14
7. My Gal Sal	Dresser	Robbins	32
8. Reves et Chimerie		Manus	44
9. Robt. E. Lee	Muir	Robbins	20
10. Reves et Chimerie		Manus	12
11. Romeo & Juliet	Tschaikowski	Orig. Arrangement	25
12. Serenade Melancholique	Tschaikowski	" "	12
13. Original	Silvers	" "	22
14. Souffrir et Mourir	Perfignan	Manus	12
15. Symphonie Espagnole	Lalo	Orig. Arrangement	23
16. Kol Nidre		Vitaphone	
17. Hop Skip	Cohn	Berlin	15
18. Mammy	Donaldson	Waterson	8
19. Hop Skip	Cohn	Berlin	31
20. Dirty Hands	Monoco	(Clark Leslie) Vitaphone	
21. Toot Toot Tootsie	Fiorito	Feist-Vitaphone	
22. I'm Lonely Without You	Green	Shapiro-Bernstein	46
23. If A Girl Like You	Edwards	Mills	38
24. Russian Cradle Song	Krein	Belwin	15
25. Melodic Agitato	Savino	Robbins	71
26. Serenade Melancholique	Tschaikowski	Orig. Arrangement	14
27. Stray Sunbeams	Huerter	Schirmer	35
28. If A Girl Like You	Edwards	Mills	92
29. Yorzheit	Silberta	Vitaphone	
30. If A Girl Like You	Edwards	Mills	28
31. The Scandal Mongers		Belwin	40
32. Humoresque	Tschaikowski	Orig. Arrangement	4
33. Give My Regards to Bdwy.	Cohan	Fischer	32
34. Humoresque	Tschaikowski	Orig. Arrangement	4
35. Give My Regards to Bdwy.	Cohan	Fischer	14
36. Yosel	Casman	Orig. Arrang. (Marks)	24
37. Bar Kochba		Original	64
38. Melodic Agitato	Savino	Robbins	32

Composition	Composer	Publisher	No. Bars
39. Original	Silvers	Orig. Arrangement	19
40. Mother Song	Silvers-Jolson	Orig. Arrangement	23
41. Prelude	Savino	Robbins	17
42. Prelude	Savino	Robbins	24
48. Romeo & Juliet	Tschaikowski	Orig. Arrangement	25
49. La Foret Perfide	Gabriel-Marie	Manus	28
50. Original	Silvers	Orig. Arrangement	
51. Stray Sunbeams	Huerter	Schirmer	68
52. If A Girl Like You	Edwards	Mills	28
53. Stray Sunbeams	Huerter	Schirmer	17
54. Symphonie Espagnole	Lalo	Orig. Arrangement	30
55. Katinka	Friml	Schirmer	75
56. Bar Kochba		Orig. Arrangement	34
57. Chassidic Dance	Unknown	Fischer	19
58. Melodic Agitato	Savino	Robbins	28
59. Symphonie Espagnole	Lalo	Orig. Arrangement	23
60. Prelude	Savino	Robbins	26
61. Prelude	Savino	Robbins	22
62. Melodic Agitato	Savino	Robbins	28
63. At Evening	De Bussy	Orig. Arrangement	41
64. Chassidic Dance	Unknown	Fischer	35
65. Bar Kochba		Orig. Arrangement	15
66. Katinka	Friml	Schirmer	32
67. Prelude	Savino	Robbins	33
68. Mammy	Donaldson	Waterson	10
69. Melisande	Sibelius	Belwin	44
70. Kol Nidre	Unknown	Orig. Arrangement	4
71. Melisande	Sibelius	Belwin	55
72. Serenade Melancholique	Tschaikowski	Orig. Arrangement	48
73. Souffrir et Mourir	Perpignan	Manus	43
74. Katinka	Friml	Schirmer	15
75. Mother Song	Jolson-Silvers	Orig. Arrangement	15
76. Mother Song	Jolson-Silvers	Orig. Arrangement	32
77. Original	Silvers	Orig. Arrangement	23
78. Serenade Melancholique	Tschaikowski	Orig. Arrangement	23
79. At Evening	De Bussy	Orig. Arrangement	50
80. Souffrir et Mourir	Perpignan	Manus	39
81. Original	Silvers	Orig. Arrangement	41
82. Symphonie Espagnole	Lalo	Orig. Arrangement	38
83. Original	Silvers	Orig. Arrangement	13
84. Kol Nidre	Unknown	Vitaphone	
85. Mammy	Donaldson	Vitaphone	
Blue Skies	Berlin	Vitaphone	

Abb. 1: Tabelle aus Robert L. Carringer, *The Jazz Singer*, Wisconsin 1979 (Wisconsin/Warner Bros. Screenplay Series), S. 182f.

Die tänzerische/bewegungskulturelle Ebene

Über die tänzerische oder treffender: bewegungskulturelle Komponente in Al Jolsons Performances ist bislang noch nichts geschrieben worden; allenfalls werden seine Stepptanzeinlagen erwähnt. Sicherlich lassen sich aber auch aus seinem Werdegang Einflüsse auf seine Bewegungssprache ableiten: Er startete seine Karriere in einer *minstrel troupe*, kam dann ins Vaudeville-Theater und schaffte schließlich den Durchbruch am Broadway. Machte man einen Synchronschnitt im Jahr 1927, so sähe man Persönlichkeiten wie Josephine Baker und Earl ‚Snake Hips' Tucker, Modetänze wie Shimmy und Charleston, Black Bottom und Swing – allesamt tänzerische Zeitgenossen von *The Jazz Singer*. Wen und was Al Jolson davon gekannt oder gelernt und was er in seine eigenen Auftritte hat einfließen lassen, lässt sich schwerlich feststellen. Einzig beim – amerikanischen – Stepptanz kann man sicher sein. Die Frage, ob und inwiefern seine Bewegungssprache aber nun typisch jüdisch oder auch typisch amerikanisch geprägt ist, lässt sich noch schwerer beantworten. Eine New Yorker Studie aus den 1940er-Jahren legt – lange vor Pierre Bourdieus Habitustheorie – nahe, dass es zumindest in der Gestik so etwas wie kulturabhängige Bewegungsradien gibt und dass über die Assimilation eine Angleichung an anderes Bewegungsverhalten, an einen anderen Habitus vonstatten geht[23] – ein wenig überraschender Befund.

Die subjektive Verkörperung von nationaler oder auch ‚rassischer' Identität ist immer von Ideologien durchsetzt, so dass „jeder Versuch, kollektive Identitäten zu definieren, den Ausschluss von Fremden und ihren fremden Körpern erfordert".[24] Das für Jolson typische Händeklatschen, Hüftkreisen und von der Schulter ausgehende seitliche Hin- und Herdrehen des Oberkörpers mag von anderen Tanzkünstlern oder Tänzen inspiriert sein – eine emische Sicht darauf kann es aus der Distanz von gut 80 Jahren nicht geben. Es wirkt bei Jolson stets so, als kämen seine Bewegungen direkt aus der Musik heraus, als wären sie eine Art motorischer Reflex auf stimmliche Impulse: Er singt mit dem ganzen Körper. Selbst als er gegen Ende des Films stellvertretend für seinen kranken Vater das *Kol Nidre* in der Synagoge singt, steht er dabei nicht still, wie es die kantorale Tradition erwarten ließe. Die binnenkörperlichen Bewegungen sind auch hier auf eine bestimmte Weise typisch – nicht jüdisch, nicht amerikanisch, sondern typisch Jolson.

Bevor die Bilder sprechen lernten, haben sie gesungen: Exempla

Die zwei Songtypen, die Al Jolson hauptsächlich für seine *blackface*-Performances nutzte, waren seit Beginn seiner Karriere *Mammy* und *Back-to-Dixie*. Sie stehen stellvertretend für jene Nostalgie, die der jüdischen Minstrelsy eigen war: eine Nostalgie für das Sklavendasein und Exilantentum. Für die jüdischen Songwriter der 1910er- und 1920er- Jahre war die afroamerikanische Identität auf das Fremdsein und den Traum von der Heimat gegründet. Die Idee des Heimkommens wurde aus einer Tradition von Minstrelsy wieder aufgenommen, die zuletzt vor dem Bürgerkrieg existiert hatte, als die Sklaverei in den Vereinigten Staaten noch Realität war. Die jüdischen Vorstellungen vom Schwarzsein waren also tatsächlich nur vorgestellt und keinesfalls eine wirkliche Nachahmung afroamerikanischer Kulturpraktiken,[25] wie die beiden folgenden Beispiele illustrieren.

Toot toot tootsie: Ein Abschiedslied in Dur

Für den ersten *Vitaphoned Song* im Film hatte man ursprünglich eine Neukomposition vorgesehen, um nicht Gefahr zu laufen, dass der Titel schon wieder aus der Mode war, bis alle Filmtheater mit der neuen Tontechnik ausgestattet wären. In seinem ersten Auftritt in *The Jazz Singer* präsentiert Jolson dann aber doch den Jazz-Standard *Toot Toot Tootsie* in einem Lokal namens Coffee Dan's. Laut Drehbuch ist der Kern dieser Szene nicht so sehr die Musik und ihre textliche Botschaft selbst, sondern der schmachtende Augenkontakt von Jack und Mary Daly.[26] Das erste Filmbeispiel bezieht sich auf diese Szene aus *The Jazz Singer* von 1927:

> Toot, Toot, Tootsie goodbye,
> Toot, Toot, Tootsie don't cry.
> The choo-choo train that takes me away from you,
> no words can tell how sad it makes me.
> Kiss me, Tootsie, and then
> I'll do it over again.
> Watch for the mail,
> I'll never fail,
> if you don't get a letter
> then you'll know I'm in jail.
> Toot, Toot, Tootsie don't cry,
> Toot, Toot, Tootsie goodbye![27]

Besonders auffällig ist dabei die Songzeile „away from you, no words can tell how sad it makes me" harmonisiert: Dass hier jemand traurig gestimmt ist, wird in einem aufstrebenden Dur-Septakkord verklanglicht, wie das folgende Notenbeispiel zeigt:

Kulturelles Pastiche und jüdischer Jazz. Musikalische Verkörperungen in The Jazz Singer

Abb. 2: Ausschnitt aus *Toot Toot Tootsie (Goo' Bye)*, New York 1922

Dass es sich bei Jacks Vortrag um ein Abschiedslied handelt, transportieren in der Filmszene weder seine Mimik noch seine Bewegungen, und auch das Tongeschlecht steht dem Inhalt des Songs diametral entgegen.

Das zweite Beispiel stammt aus dem Film *Rose of Washington Square* von 1939.[28] Hier tritt Jolson in einem Theater auf: Er steht auf einer großen Bühne vor dem heruntergelassenen Vorhang, angestrahlt von einem einzelnen großen Scheinwerfer. Die Kameraführung lässt erahnen, dass auch hier nicht die Botschaft des Songs im Mittelpunkt des Interesses steht, sondern die Performance mit ihrem beeindruckenden Tempo. Al Jolson erscheint in *blackface*, in schwarzem Anzug und weißem Hemd mit übergroßer schwarzer Schleife, mit weißen Socken in den schwarzen Schuhen und weißen Handschuhen (Letztere sollte Michael Jackson rund 60 Jahre später als sein Markenzeichen reklamieren).

Fast wichtiger als der Gesang scheint in diesem Ausschnitt die motorische Umsetzung der Musik: Die Energie des beschwingten Songs entlädt sich im jolson-typischen Klatschen, Hüftkreisen und den – hier besonders gut zu sehenden – Stepptanzeinlagen. Wie schon im ersten Filmbeispiel fällt die Diskrepanz zwischen dem eigentlich traurigen Songinhalt und der Fröhlichkeit des Vortrags auf. Hat man sich bei der Produktion des Films so sehr an der neuen Tontechnik ergötzt, dass man zugunsten eines Ohrwurms an dieser Stelle auf logische Konsistenz verzichtete? Im zweiten, nun folgenden Liedbeispiel ist das Missverhältnis genau andersherum gelagert: Zwar lässt sich – zumindest oberflächlich – ein inhaltlicher Zusammenhang zwischen dem Thema des Films und dem des Schlussliedes und seiner Interpretation erkennen. Jedoch ist das im Text bediente Stereotyp der ‚Mammy' etwas, das eine ganz andere historische Konnotation hat als die im Film gezeichnete warmherzige Übermutter.

My Mammy

Die Figur der Mammy war ursprünglich ein *comic coon*, ein komischer Nigger, über den man lachte. Hattie McDaniel war die berühmteste Mammy und entsprach genau dem Stereotyp: groß, dick und zänkisch. (Für ihre Rolle in *Vom Winde verweht* erhielt sie 1939 als erste Afroamerikanerin einen Oskar.) Einen Ableger dieser Figur stellt die Aunt Jemima dar, die im Gegensatz zur Mammy herzig, ausgelassen und gut gelaunt daherkommt, etwas höflicher als die Mammy und keinesfalls so eigensinnig.[29] Dass Jack Robin nun seine jüdische Mutter als Mammy anspricht, verwundert vor diesem Hintergrund. Sie wird in *The Jazz Singer* als warmherzige, aufopferungsvoll liebende Mutter gezeichnet, die stets zwischen dem strengen Vater und ihrem Sohn vermitteln will, die eine emotionale Brücke schlägt zwischen den beiden konkurrierenden Welten. Jack dankt es ihr (unter anderem) am Ende des Films mit dem – um die erste Strophe verkürzten – Hitsong *My Mammy*:

> Mammy,
> Mammy,
> The sun shines east, the sun shines west,
> I know where the sun shines best –
> Mammy,
> My little mammy,
> My heartstrings are tangled around Alabammy.
> I'm comin',
> Sorry that I made you wait.
> I'm comin',
> Hope and trust that I'm not late, oh oh oh
> Mammy,
> My little Mammy,
> I'd walk a million miles
> For one of your smiles,
> My Mammy! Oh oh oh …
>
> (SPOKEN) Mammy …
> My little Mammy.
> The sun shines east – the sun shines west –
> I know where – the sun shines best!
> It's on my Mammy I'm talkin' about, nobody else's!
> (SUNG) My little Mammy,
> My heartstrings are tangled around Alabammy.
> (SPOKEN) Mammy – Mammy, I'm comin'–
> I'm so sorry that I made you wait!
> Mammy – Mammy, I'm comin'!
> Oh God, I hope I'm not late!
> Look at me, Mammy! Don't you know me?
> I'm your little baby!
> (SUNG) I'd walk a million miles

For one of your smiles,
My Mammy!³⁰

Dass ein erwachsener Mann mit ausgebreiteten Armen, halb kniend seine Mutter anfleht, sie möge noch einen kleinen Moment auf ihn warten, dass er ihr leidenschaftlich seine Treue und Sohnesliebe entgegenschmettert, infantilisiert ihn und droht – jedenfalls aus heutiger Sicht – ins Lächerliche zu kippen. 1927 schien sich daran jedoch niemand zu stören, vielmehr war diese Art der Sentimentalität im Broadway-Song allgemein verbreitet und stilprägend. Die Typen(über)zeichnung in *The Jazz Singer* ist damit ganz Kind ihrer Zeit und entspringt einer theatralen Tradition, die für den frühen Tonfilm kennzeichnend war – es waren Theaterregisseure wie Alan Crosland, welche die frühen Tonfilme gestalteten, denn nur ihnen traute man zu, Sprache angemessen zu inszenieren. Zwar war Al Jolson vor allem wegen seines Ruhmes als Sänger (und weniger aufgrund seiner schauspielerischen Fähigkeiten) besetzt worden. Jedoch sind die improvisierten gesprochenen wie auch die gesungenen Texte in ihrer Präsentation naturgemäß einer anderen Ästhetik verpflichtet als der klassische Stummfilm.

My Mammy, die Geschichte vom verlorenen Sohn, kommt hier zu einem versöhnlichen Ende, indem Jack Robin alias Jakie Rabinovitz die beiden Welten, zwischen denen er hin- und hergerissen ist, räumlich und klanglich zusammenbringt.³¹

Abb. 3: Al Jolson beim Vortrag von *My Mammy* in *blackface*, Filmstill aus *The Jazz Singer* (Alan Crosland, USA 1927). © ullstein bild #00134363

Fazit

Über die Musik werden nicht nur die zentralen Symbole und Gegensätze des Films konstruiert, sondern zugleich auch ein Paradox aufgeworfen: Das imaginierte Judentum und das imaginierte Schwarzsein erscheinen im Film als unvereinbar, dabei ist Al Jolson selbst Jude. Und ebenso sind die Vertreter der Musik-, Film- und Bühnenindustrie, die den Jazz in Amerika populär gemacht haben, jüdisch. Trotz dieser Tatsache gestatten sie sich selbst nicht, *als Juden* aufzutreten: Weil sie Jüdischsein und Schwarzsein, Liturgie und Jazz als Gegensätze aufgebaut hatten, war die Möglichkeit, *als Juden* an der Jazzkultur teilzuhaben, nicht mehr gegeben. Also taten sie so, als wären sie schwarz. Al Jolson wurde zum leibhaftigen Paradox, zur Inkarnation der Vorstellung vom Jüdischen. *Blackface* war ein Symptom der Verwirrung, nicht aber der Preisgabe jüdischer Identität. Indem sie sich mit den Afroamerikanern identifizierten, waren die Juden in Amerika zu Hause.[32] Letztlich steht die Aufmachung in *blackface* nicht für eine wirkliche Differenz zwischen Schwarz und Weiß. In *The Jazz Singer* ist der angerußte Kork, mit dem sich der Protagonist das Gesicht schwärzt, nichts weiter als Theaterschminke. Es geht nicht um die Betonung von Unterschieden, sondern um den Respekt zwischen Juden und Nichtjuden, zwischen der Kultur der Weißen und der Kultur der Schwarzen:

> Burnt cork was a fiction. Perhaps even Al Jolson came to realize this as he interposed the following question in the final frames of *The Jazz Singer*: ‚Mammy, don't you know me? It's yout little *baby*!' But neither an antebellum Mammy nor a yidishe mama would recognize the jazz singer as her own. He is neither Jewish nor African-American, neither from the Russian Pale nor from Dixie. He is located nowhere but in his own imagination. And, of course, on movie screens worldwide.[33]

Während man auf der musikalischen Ebene gut nachverfolgen kann, was an Jolsons Performance typisch jüdisch oder typisch amerikanisch ist, gelingt dies auf der Bewegungsebene nicht. Seine Identität findet der Jazzsänger eben mehr in seiner Musik als in der Bewegung, so sehr er auch von ‚schwarzen' Tanz- und Bewegungsformen beeinflusst gewesen sein mag und sich für ‚schwarze' Kultur begeisterte. Und anders gefragt: Haben sich die Afroamerikaner überhaupt für Jolson interessiert? Zumindest in einem bestimmten schwarzen Cabaret in Harlem, dem nur fünf Jahre lang bestehenden Leroys (1910–1915), hatte der jüdische Sänger zu Beginn seiner Karriere auftreten dürfen – als einziger Weißer.[35] Doch während 1927 keine einzige afroamerikanische Zeitung *The Jazz Singer* auch nur erwähnte, gab es in den jüdischen Zeitungen des Landes nicht eine negative Besprechung des Films.[36] Ein zeitgenössischer jüdischer Journalist drückte es so aus: „Wenn man Jolsons Jazzsongs hört, realisiert man, dass Jazz das neue Gebet der Massen ist, und Al Jolson ist ihr Kantor."[37]

[1] Diese Anekdote wurde – mit neuen Protagonisten – z. T. wörtlich übernommen von Gabriele Wittmann, „Hinter der Bauchdecke. Vom Umgang mit Emotionen in der Tanzkritik", in: e_motion, hrsg. von Margrit Bischof u. a., Hamburg 2006 (*Jahrbuch Tanzforschung*, Bd. 16), S. 239–253, hier S. 239.

[2] Barack Obama, „A More Perfect Union". Rede vom 18.03.2008, gehalten in Philadelphia/PA, abgedruckt in: David Olive, *An American Story. The Speeches of Barack Obama*, Toronto 2008, S. 255–270, hier S. 257.

[3] Martin Klingst, „Das post-rassistische Zeitalter ist noch fern", in: *Zeit online*, 18.09.2009, http://www.zeit.de/politik/ausland/2009-09/obama-rassismus-usa (letzter Zugriff: 15.02.2012).

[4] Dieses These vertritt etwa Michael Rogin, *Black Face, White Noice. Jewish Immigrants in the Hollywood Melting Pot*, Berkeley 1996.

[5] Vgl. Daniel Soutif und Sabrina Silamo, „Ce que les Américains ont appelé le Jazz Age", in: *Le siècle du jazz au musée du quai Branly*, Ausstellungsbroschüre, Paris 2008, S. 7–9, hier S. 8, sowie Hubert Damisch, „Le jazz, en noir et blanc et de toutes les couleurs", in: ebd., S. 21–29, hier S. 21f.

[6] Christopher Joseph Tonelli, *Musical Pastiche, Embodiment, and Intersubjectivity: Listening in the Second Degree*, Diss. San Diego 2011, S. 2. Zu unterscheiden ist die Theatertechnik des Pastiche von der (Musik-)Theatergattung des Pasticcio, siehe Richard Dyer, *Pastiche*, London 2007 sowie Ingeborg Hoesterey, *Pastiche. Cultural Memory in Art, Film, Literature*, Bloomington 2001.

[7] Alle Zitate aus: Peter Niklas Wilson, „Gibt es einen jüdischen Jazz? Von Gershwin zur ‚Radical New Jewish Culture'", in: *Neue Zürcher Zeitung*, 10.01.2002.

[8] Vgl. Michael Alexander, *Jazz Age Jews*, Princeton 2001, S. 135.

[9] Vgl. Mordraut Hall, „Al Jolson and the Vitaphone", in: *New York Times*, 07.10.1927, S. 24.

[10] Vgl. David Bogle, *Toms, Coons, Mulattoes, Mammies, & Bucks. An Interpretive History of Blacks in American Film*, New York 1974, S. 32–34, sowie Arthur Knight, *Disintegrating the Musical. Black Performance and American Musical Film*, Durham 2002, S. 29–31.

[11] Knight, *Disintegrating the Musical* (s. Anm. 10), S. 52.

[12] Vgl. „The Jazz Singer for the screen", in: *New York Times*, 01.04.1927, S. 26; „Jazz Singer returning", in: *New York Times*, 06.04.1927, S. 25; „Jolson to start on film", in: *New York Times*, 26.05.1927, S. 23; „How the Vitaphone enters in", in: *New York Times*, 28.08.1927, S. X4; „London hears sound film. Jazz Singer pleases public, but leaves critics thoughtful", in: *New York Times*, 28.09.1928, S. 8.

[13] Christian Bielefeldt, „Stimme im Jazz-Age", in: *Musik & Ästhetik*, H. 51 (Juli 2009), S. 41–53, hier S. 49.

[14] Wilson, „Gibt es einen jüdischen Jazz?" (s. Anm. 7).

[15] Vgl. Ronald Radano und Philip V. Bohlmann, „Introduction: Music and Race, Their Past, Their Present", in: *Music and the Racial Imagination*, hrsg. von Ronald Radano und Philip V. Bohlmann, Chicago 2000, S. 1–53, hier S. 7f.

[16] Christoph Henzel, „‚A Jazz Singer – singing to his God' *The Jazz Singer* (1927): Musik im ‚ersten Tonfilm'", in: *Archiv für Musikwissenschaft*, Jg. 63, H. 1 (2006), S. 47–62, hier S. 53.

[17] Ebd., S. 59.

[18] Ebd., S. 54.

[19] Vgl. Alexander, *Jazz Age Jews* (s. Anm. 8), S. 170.

[20] Siehe auch ebd.: „Throughout, the film depicts Jewish music as solemn, sad, painful, practiced […]."

[21] Vgl. Robert L. Carringer, *The Jazz Singer*, Wisconsin 1979 (Wisconsin/Warner Bros. Screenplay Series), S. 182f.

[22] Henzel, „A Jazz Singer – singing to his God" (s. Anm. 16), S. 60f.

23 Vgl. David Efron, *Gesture, Race, and Culture. A Tentative Study of Some of the Spatio-Temporal and „Linguistic" Aspects of the Gestural Behavior of Eastern Jews and Southern Italians in New York City, Living under Similar Conditions as well as Different Environmental Conditions*, New York 1941. Siehe auch *The Other in Jewish Thought and History. Constructions of Jewish Culture and Identity*, hrsg. von Laurence J. Silberstein, New York 1994.

24 Ramsay Burt, *Alien Bodies. Representations of Modernity, ‚Race' and Nation in Early Modern Dance*, New York 1998, S. 6, im Original Englisch, Übersetzung: H. W.

25 Vgl. Alexander, *Jazz Age Jews* (s. Anm. 8), S. 135–137. Siehe auch Paul Gilroy, *The Black Atlantic. Modernity and Double Consciousness*, Cambridge 1993.

26 Vgl. Carringer, *The Jazz Singer* (s. Anm. 20), S. 73f.

27 http://www.stlyrics.com/lyrics/illseeyouinmydreams/toottoottootsiegoodbye.htm (letzter Zugriff: 15.02.2012).

28 http://www.youtube.com/watch?v=hf95QHmJ8aM&feature=related (letzter Zugriff: 22.02.2012).

29 Vgl. Bogle, *Toms, Coons, Mulattoes, Mammies, & Bucks* (s. Anm. 10), S. 10. Siehe auch K. Sue Jewell, *From Mammy to Miss America and Beyond: Cultural Images and the Shaping of U. S. Social Policy*, London 1992.

30 http://www.stlyrics.com/songs/a/aljolson8516/mymammy291952.html (letzter Zugriff: 01.06.2012).

31 Denselben Song präsentierte Jolson auch in *The Singing Fool* (1928) und in *Rose of Washington Square* (1939).

32 Vgl. Alexander, *Jazz Age Jews* (s. Anm. 8), S. 170–178. – In diesem Lichte besehen wirkt auch das Plakat zur NS-Ausstellung „Entartete Musik", die einen schwarzen Saxophonisten mit Judenstern zeigt, gar nicht mehr so absurd, wie es auf den ersten Blick scheint.

33 Vgl. Susan Gubar, *Racechanges. White Skin, Black Face in American Culture*, New York 1997, S. 66.

34 Alexander, *Jazz Age Jews* (s. Anm. 8), S. 177f.

35 Vgl. David P. Hayes, Was Jolson's Persona racist?, 02.04.1998, http://articles.dhwritings.com/a14.html (letzter Zugriff: 15.02.2012).

36 Vgl. Alexander, *Jazz Age Jews* (s. Anm. 8), S. 178.

37 *California Yidishe Shtime*, 02.01.1928, zitiert nach: Alexander, *Jazz Age Jews* (s. Anm. 8), S. 176.

Claudia Rosiny

Tanz im Filmmusical –
Bewegung in Hollywood und Bollywood

Der folgende Aufsatz entstammt einer größeren Forschungsarbeit zum Thema Tanz und Film, die 2012 erscheinen wird. Untersucht werden darin verschiedene intermediale Phänomene in der Begegnung von Tanz und audiovisuellen Medien wie Film, Fernsehen und Video, die teilweise zu eigenen Genres im Kino oder Fernsehen wie Filmmusicals, Videotanz oder Musikvideos geführt haben. Statt umfassende Typologien wiederzugeben oder einem Anspruch auf Vollständigkeit zu genügen, werden einzelne Filmbeispiele herausgenommen, an denen typische ästhetische Merkmale einer Wechselwirkung von Tanz und Film aufgezeigt werden können. Tanz im Filmmusical mit einem Fokus auf Beispiele aus Hollywood und Bollywood bietet ein Untersuchungsfeld, in dem im Dreieck der Untersuchungsparameter Bewegung, Raum und Zeit auch „Bewegungen zwischen Hören und Sehen" anklingen.

Während mit Fred Astaire und Busby Berkeley Beispiele aus der Hochzeit des Musicals zur Zeit der Depression der 1930er-Jahre gewählt wurden, an denen gegensätzliche Verfahrensweisen im Umgang mit Tanz und Kamera erklärt werden, stellt das dritte Beispiel mit Gene Kelly eine weitere, für das gesamte Genre typische Variante des Showmusicals der 1950er-Jahre dar, das insbesondere eine innovative Kameraarbeit aufweist. Diese drei Filmbeispiele repräsentieren die sogenannte Studio-Ära in Hollywood zwischen 1920 und der Mitte der 1950er-Jahre, in der Produktionsfirmen wie RKO (*Top Hat*, 1935), Warner Bros. (*42nd Street*, 1932) oder MGM (*Singin' in the Rain*, 1952) die Kontrolle über Produktion und Distribution innehatten und die ‚Traumfabrik Hollywood' Filmmusicals industriell in Masse herstellte.

Tanzproduktionen aus dem indischen Film wurden erst in den letzten Jahren verstärkt im Westen und von der Wissenschaft beachtet – hier stehen zwei singuläre, populäre Filme stellvertretend für ein den gesamten indischen Film prägendes Genre: mit *Awara* von 1951 ein historisches sowie mit *Kabhi Khushi Kabhie Gham* von 2001 ein jüngeres Beispiel, um an diesen beiden die für Bollywood spezifische Verschränkung von Tanz und Film herauszuarbeiten.

Claudia Rosiny

Hollywood – Tanz in der goldenen Ära des Filmmusicals

Es ist kaum verwunderlich, dass mit der Entstehung des Tonfilms ein musikbasiertes Genre wie das Filmmusical entsteht, konnte damit doch die neue Tontechnologie optimal präsentiert werden. Der erste wichtige Tonfilm war bekanntlich *The Jazz Singer* aus dem Jahr 1927 von Alan Crosland, fast ein Musical, in dem Al Jolson in Negermaske in der Tradition der Broadway-Minstrels des 19. Jahrhunderts als Klischeefigur singend auftritt und auf den sich Gene Kelly in *Singin' in the Rain* später beziehen wird. Auch in den ersten Tonfilmversuchen wurden, wie zu Beginn der Filmgeschichte, Tänze unterschiedlichster Stilrichtungen präsentiert.[1] Trotzdem war Musik schon für den frühen Film von Bedeutung, denn Stummfilme hatten zwar noch keine Tonspur, wurden jedoch von Klavier- oder Orchestermusik begleitet: zuerst, um die lauten Geräusche zu übertönen, wenig später, um die Grundstimmung einer Szene zu verstärken: „Musik vermittelte damals und auch heute das, was Worte allein nicht ausdrücken können."[2] Wie Rick Altman in seinem Standardwerk zum amerikanischen Filmmusical ausführt, ist das Genre eng an Struktur und Stil der amerikanischen Gesellschaft geknüpft. Als eines von Hollywoods populärsten Genres spricht es ein breites Publikum an, das Unterhaltung, aber keine Belehrung sucht:[3] „the musical being the quintessential product of Hollywood's ‚dream factory'".[4] Unterhaltung ist in der amerikanischen Gesellschaft für den Markt relevanter als im historisch bildungsbürgerlich geprägten Europa. Aus der Unterhaltungstradition des amerikanischen Showbusiness, aus Vaudeville-Show, Music Hall und Broadway-Revue entstand das Filmmusical, zudem eingebettet in die Zeit der wirtschaftlichen Depression und des Zweiten Weltkriegs – eine Zeit, in der kulturelle Ablenkung ein Grundbedürfnis war. Als paralleles Phänomen entstand in Deutschland und Österreich der deutschsprachige Revuefilm, auf den hier jedoch nicht näher eingegangen wird, obwohl die filmische Ästhetik und der Tanz in Ornamenten dieses Unterhaltungsgenres mit der Regie von Busby Berkeley natürlich vergleichbar wären.[5] Der Bezug zum Theater wird seit dem ersten genrebildenden Filmmusical *Broadway Melody* von 1929 als Inspirationsquelle in Form von Selbstdarstellungen und Backstage-Handlungen vielfach fortgesetzt, reflektiert und persifliert. Insofern sind hier klassische Formen intermedialer Bezüge ablesbar, wie sie für Medienumbrüche, insbesondere auch den Übergang vom Theater zum Film charakteristisch sind.

Laut Altman prägen duale Strukturen wie männlich/weiblich und weitere markante, thematische Oppositionen wie Arbeit/Freizeit, Ordnung/Freiheit, reale/ideale Welt u. a. das Genre.[6] Solche Organisationsprinzipien widersetzen sich chronologischen, psychologisch motivierten narrativen Strukturen, so dass formale und thematische Aspekte in den Vordergrund rücken.[7] Auch Spielhandlung und Showszenen sind im frühen Filmmusical – wie an den Beispielen deutlich wird – noch klar getrennt und ergeben Brüche im Filmverlauf. Ein Fokus auf duale Strukturen kann auch in Bezug auf das Verhältnis von Tanz und Film sinnvoll sein, wenn angenommen wird, dass die Ästhetik des Filmmusicals auf verschiedensten dualen, im Verhältnis von Bewegungs- und medialer Ebene auf intermedialen Prinzipien basiert. Die Frage hinsichtlich des Filmmusicals lautet demnach: Welche Art ästhetischer Unterstützung oder Erweiterung des Tanzes bieten mediale Parameter?

Fred Astaire Top Hat *(1935)*

Das erste Filmbeispiel zählt zu den bekanntesten Tanzfilmen mit Fred Astaire (1899–1987), der als Frederick Austerlitz mit österreichischer Abstammung in Omaha, Nebraska, geboren wurde. Durch Astaires (und später Gene Kellys) virtuose Tanznummern erlangte das Filmmusical seine Popularität. Stepp- und Gesellschaftstänze dominierten die Filme, neben solistischen Nummern verstärkte der Paartanz die emotionalen Ebenen der Handlung. Astaire avancierte mit seiner Partnerin Ginger Rogers zum Traumpaar Hollywoods – sie standen von *Flying down to Rio* (1933) bis *The Story of Vernon and Irene Castle* (1939) gemeinsam in neun Filmen vor der Kamera. Insgesamt wirkte Astaire in 31 Filmmusicals mit, später auch mit anderen Tanzpartnerinnen wie Eleanore Powell, Rita Hayworth, Judy Garland, Cyd Charisse oder Audrey Hepburn. Das Schema der Filme wiederholt sich: Rogers verkörpert eine Dame der besseren Gesellschaft, die sich schließlich vom hartnäckig werbenden Tänzer Astaire erobern lässt.[8] Der damals geltende Hays Code gab für die Produktion amerikanischer Filme Richtlinien vor und erlegte ihnen, im Sinne einer moralisch ‚akzeptablen' Darstellung von Kriminalität und Sexualität, Beschränkungen auf. Vor diesem Hintergrund erklärt sich die Verlegung und Sublimierung der erotischen und sexuellen Annäherungen in den Paartanz, wie sie als Grundmuster nicht nur in *Top Hat*, sondern auch in allen anderen vom dualen Geschlechterverhältnis geprägten Astaire-Filmen und Musical-Klassikern vollzogen werden.

Fred Astaire, der mit seiner älteren Schwester Adele bereits als Kind in Vaudeville-Shows tanzte und in den 1920er-Jahren in New York wie in London in Broadway-Shows von George Gershwin auftrat, war nicht nur tänzerisch begabt, sondern spielte Klavier und war rhythmisch-musikalisch versiert – was sich nicht nur im Stepptanz, sondern beispielsweise auch in einer Perkussionsnummer in *Easter Parade* (1948) niederschlug, in der er in einem Spielzeugladen seinen Stepptanz auf allen möglichen Objekten perkussiv begleitet. Der Film vereinte nach zehn Jahren ein letztes Mal Astaire und Rogers. Auch in *Top Hat* bezieht Astaire die Hotelzimmermöbel in seine erste Tanznummer *No Strings* ein. Für *Top Hat* schrieb Irving Berlin die Songs, Hermes Pan schuf wie in vielen anderen Astaire-Filmen die Choreographie und Mark Sandrich führte Regie.[9] Musik, Tanz und Romanze wurden zum Erfolgstrio und viele der Musicalsongs von Gershwin, Berlin oder Cole Porter zählen bis heute wie *Cheek to Cheek* aus *Top Hat* zu den bekanntesten Standardsongs der Vereinigten Staaten.[10]

Altman bildet in seiner Genre-Studie zum Filmmusical drei Subkategorien: das ‚Fairy Tale Musical', das ‚Show Musical' und das ‚Folk Musical'.[11] *Top Hat* rechnet er zur ersten Kategorie und bezeichnet diesen Film zudem als „*the* quintessential Astaire/Rogers film",[12] da der Paartanz den eigentlichen Wert des Filmmusicals, den Kern der nach amerikanischen moralischen Begriffen verbotenen Romanze verkörpere. Der 100-minütige Film beinhaltet fünf Tanznummern, davon drei Paartänze von Ginger Rogers und Fred Astaire neben zwei Soli von Astaire. Die Geschichte folgt dem genannten Schema der Eroberung. Hier stellt Astaire Jerry Travers, einen international bekannten Bühnenstar, dar, der Dale Tremont verführt, die als Model die Mode von Alberto Beddini (Erik Rhodes) vorführen soll. Während der rote Faden der Verwechslungsgeschichte nach dem Muster einer Screwball Comedy – Dale verwechselt Jerry mit Horace Hardwick (Edward Everett Horton), dem Mann ihrer Freundin Madge (Helen Broderick) – sich dramaturgisch fast zu lange durch den Film zieht, kondensiert sich der Verlauf der Verführung und Liebesgeschichte in den fünf Tänzen: Der Tanz steht für die spontane Gefühlsäußerung, die den Handlungsverlauf unterbricht. Dabei sind die Übergänge von der Handlung zu Gesang und Tanz so fließend wie der geschmeidige Tanz und die sanfte den Tanz begleitende Bewegung der Kamera: „Erzählender Gesang bereitet oft den tänzerischen Exkurs vor".[13] Mit dem ersten Song *No Strings* macht Astaire, im Hotelzimmer ein Stockwerk über Rogers tanzend, auf sich aufmerksam, der zweite Tanz *Isn't This a Lovely Day (To Be Caught in the Rain)* repräsentiert die Verführung von Astaire, von der sich Rogers zum Mittanzen und Flirten verleiten lässt. Die Liebesgeschichte kulminiert im vierten Tanz *Cheek to Cheek*, der von Altman als „hymn to pleasure"[14] und mehrfach als symbolischer Liebesakt beschrieben wurde: „In fact, the duet suggests the paraxysms of lovemaking".[15]

Bei allen Astaire-Filmen fallen die typischen Mittel des Films – Kameragebrauch und Montage – kaum auf. Insofern sind in *Top Hat* keine dualen Prinzipien, keine Kontraste zwischen Kamera und Tanz feststellbar. Astaire nahm bereits in seinem ersten Film für RKO, *Flying Down to Rio*, Einfluss darauf, wie die Tänze aufgenommen und geschnitten werden sollten: Im Gegensatz zu Busby Berkeleys dominanter Kameraarbeit forderte er durchwegs totale Einstellungen, welche die eleganten, fließenden Tanzbewegungen aus der Distanz in einer leichten Untersicht im Raum begleiteten und so die Wichtigkeit der Tanzenden unterstrichen. Die wenigen Schnitte sind kaum feststellbar, wurden nach Sprüngen, räumlichen oder inhaltlichen Wechseln gesetzt. In *Top Hat* nahm man sich dennoch einzelne mediale Eingriffe vor: Zu Beginn und am Ende des Films sind nur die Beine der Tanzenden in einer Einstellung sichtbar und die letzte Tanznummer *Piccolino*, die mit ihrer von Hermes Pan kreierten Gruppenchoreographie eine Referenz zum Showbusiness aufweist (insofern steht der Film eigentlich zwischen den beiden von Altman konstatierten Subgenres Fairy Tale Musical und Show Musical), erinnert mit Aufnahmen aus erhöhter Perspektive, Überblendungen und Spiegelungen im Wasser durchaus an die Kameraarbeit von Berkeley, um die revueartige Ornamentik der Gruppenchoreographie räumlich optimiert wiederzugeben. Sobald allerdings Ginger und Fred alleine tanzen, wechselt die Kamera wieder zu einer das Tanzpaar konservativ verfolgenden Parkettperspektive in einem zweiminütigen Take, die auch im dritten Tanz – Astaires Solo vor *Top Hat, White Tie and Tails* im Theater, begleitet von gleich aussehenden Herren – angewendet wird. In Astaires großem Œuvre gibt es in *Swing Time* (1936) eine auffallend andersartige Tanzszene, in der Astaire mit seinem eigenen, verdreifachten Schatten tanzt. In der Mitte des knapp dreiminütigen Tanzes *Bojangles of Harlem*, der mit schwarz geschminktem Gesicht und im karierten Jackett eine Hommage an den großen Stepptänzer Bill „Bojangles" Robinson ist, verselbstständigen sich die tanzenden Schatten und Astaire tanzt kurzzeitig im Dialog mit seinen Schatten. Die Schatten erscheinen zudem wie in einer Rahmung auf einer großen Spiegelfläche.[16]

Bewegung, Zeit und Raum ergänzen einander in *Top Hat* und wirken wie eine Einheit: Der Bewegungsfluss des Tanzes wird von der Kamera in einem kontinuierlichen Raum- und Zeitgefüge wiedergegeben und in diesen feinfühligen, kaum merkbaren Übergängen unterscheiden sich die Astaire-Filme von den vielen anderen Filmmusicals dieser Zeit – die Tanzszenen wirken weniger wie Unterbrechungen, sondern treiben die Handlung, die Liebesgeschichte mit jedem Tanz ein Stück weiter. Das intermediale Zusammenspiel funktioniert auf der Ebene von Erzählung, Gesang und Tanz durch die fließenden Übergänge, während die medialen Aspekte sich diesem Fluss unterordnen und keine eigene Wirkung produzieren – die Kamera steht im Dienste des Tanzes. Damit prägt Astaire den weiteren Verlauf der Filmmusical- und Tanzfilmgeschichte, denn Regiearbeiten wie die im Folgenden beschriebene von Busby Berkeley sind historische Ausnahmeerscheinungen der Blütezeit des Filmmusicals und heute weniger bekannt als Astaires Filme.

Busby Berkeley 42nd Street *(1933)*

Busby Berkeley (1895–1976), geboren als William Berkeley Enos in Los Angeles, startete seine Karriere wie Astaire am Broadway als Theaterregisseur und wurde ebenfalls von den aufkommenden Hollywood-Studios angefragt. Er verfügte allerdings über keine Tanz- oder Bühnenausbildung, obwohl seine Mutter als Schauspielerin für Theater und Stummfilm arbeitete. Als Amerika 1917 in den Krieg eintrat, ging er zur Armee. Stationiert in Frankreich entdeckte er beim Leiten der Paradedrills seine Faszination für militärische Formationen. Er leitete eine Militärshow und wendete die erprobten Massenmuster später in Bühnenarbeiten und Filmmusicals an.[17] *42nd Street* gilt nach Broadway Melody als Archetyp des Backstage-Musicals – Rick Altman klassifiziert *42nd Street* in sein breit gefasstes Subgenre Show Musical. Es war Berkeleys erste große Filmchoreographie bei Warner Bros. – die Regie führte Lloyd Bacon. Im gleichen Jahr respektive ein Jahr später folgten drei weitere Arbeiten für Warner: *Gold Diggers of 1933*, *Footlight Parade* (1933) und *Dames* (1934) – alle nach dem gleichen Schema des Backstage-Musicals, in dem Produktion und Proben sowie das eventuelle Misslingen eines Musicals zum Thema werden, ein Thema, das den Tanzfilm bis heute nährt. Allerdings wird das Genre keineswegs kritisch reflektiert, sondern die schlechten Bedingungen der Studioproduktionen werden gar beschönigt.[18] *42nd Street* war eines der erfolgreichsten Musicals der damaligen Zeit und bescherte Warner mit 2,4 Mio. Dollar Rekordeinspielergebnisse (die Kosten betrugen rund 400.000 Dollar).[19] Ruby Keeler verkörpert das für den kurz vor der Premiere verletzten Star einspringende Newcomer-Chorus-Girl Peggy Sawyer, Dick Powell ihren (Liebes-)Partner, den Showstar Billy Lawler. Das narrative Muster ist simpel: Die Liebesgeschichte entwickelt sich parallel zur Show und zum Aufstieg von Keeler. Nur über die letzten Minuten des 84-minütigen Films erstrecken sich die drei größeren Produktionsnummern von Berkeley: *Shuffle Off to Buffalo*, *I'm Young and Healthy* und der Titelsong *42nd Street*. Wie bei Astaire umfassen die Tanznummern nur einen kleinen Teil des Films, meist sogar erst den Höhepunkt im Zusammenhang mit dem Start der Show gegen Ende des Films. Anders als bei Astaire wirken die Massenchoreographien losgelöst von der Story, heben sich durch die filmische Kameraführung wie Traumwelten ab und haben keine narrative Funktion. Deutlicher zeigt sich bei Berkeley eine Dualität auf der ästhetischen Ebene ohne Übergänge, die bei Astaire durch den Gesang übernommen werden. Martin Rubin spricht von einer Dialektik der theatralen und kinematografischen Elemente allgemein im Filmmusical, die von Berkeley besonders stark ausgereizt wurde: „Berkeley evolved cinematic equivalents (,spectacularization of the camera') for a particular, archaic stage tradition".[20] Die Bühnentradition der Broadwayshow mit Audition,

Proben und den für die Revue typischen Chorus Lines der Frauen ist in *42nd Street* durchgängiges Thema. Bis zum Schluss wirkt der Film wie eine konventionelle Verfilmung eines Bühnenmusicals, das Bühnenwerk wird ins filmische Medium übertragen. Obschon Berkeley filmische Kunstgriffe wie Top-Shots, inszenierte Schnitte, optische Effekte wie Mehrfachbelichtungen oder spektakuläre Kranaufnahmen entscheidend weiterentwickelte, ist die Herkunft aus der Tradition des Spektakels, von Bühnenformen der Unterhaltung aus dem 19. Jahrhundert wie Minstrel Show, Vaudeville, Burlesque oder Ziegfeld Follies sichtbar.[21] Die Mischung aus Kameraperspektive und geometrischen Formen der ‚Girls' produziert die kaleidoskopartigen abstrakten Effekte und ein Abheben in künstliche und stilisierte Traumwelten: „the production numbers are transcendent episodes in an otherwise realistic, gritty, wisecracking, hardbitten Depression context".[22] Entsprechend kann bei Berkeley von weiteren Dualismen wie realistisch/fantastisch oder erzählend/abstrakt gesprochen werden. Was in *42nd Street* erst in Ansätzen zu sehen ist, wird in späteren Werken durch extravagante Bühnenbauten mit gigantischen Treppenkonstruktionen oder Wasserspielen wie in *Footlight Parade* (1933) oder *Million Dollar Mermaid* (1952) mit Esther Williams, durch großformatige Requisiten wie Klavier oder Schreibmaschine noch intensiviert. In den weiteren Berkeley-Filmen verblasst die Handlung neben den opulenten Filmchoreographien, während in *42nd Street* der Plot noch relativ stark wirkt. Trotzdem besteht keine Abhängigkeit oder Einheit wie bei Astaire.

Ohne Erfahrungen in der Filmregie versuchte Berkeley bereits in seinem ersten Film *Whoopee!* (1930) für Samuel Goldwyn, die Aufnahmen ausschließlich mit einer Kamera umzusetzen: „My idea was to plan every shot and edit in the camera."[23] Die genannten extravaganten Kennzeichen von Busby Berkeleys Umgang mit Tanz und medialen Mitteln sind in *42nd Street* vor allem in *Young and Healthy* zu sehen: Dick Powell beginnt seinen Gesang noch an der Bühnenrampe. Erst nachdem eine Bank zur Bühnenebene herabgefahren wird, verwandelt sich die Bühne in den für Berkeley typischen schwarzen Raum mit glänzendem Spiegeleffekt. Auf dieser Fläche steht eine Drehkonstruktion, auf der sich die Männer- und Frauenreigen auf drei Ebenen präsentieren. Eine Nähe zur Bühnensituation ist wie beim Übergang durch den Gesang noch ablesbar, bis die Kamera für ein paar Sekunden zu einem Top-Shot wechselt und die für Berkeley charakteristischen runden Rosetten aus stereotypen Frauen zeigt. Im Weiteren spielen die Frauen wie bei Astaire mit Bändern, die zusätzliche optische Effekte hervorrufen.[24] Kamerafahrten setzt Berkeley anders als Astaire auch in der Vertikalen ein. Eine spektakuläre Fahrt führt in dieser Nummer durch die gespreizten Beine der Damen – eine Kamerabewegung, die sich durchaus sexistisch interpretieren lässt.

Tanz im Sinne von Bewegung spielt in Berkeleys Tanznummern kaum eine Rolle, denn die Großformationen der Frauen forderten primär eine statische Anordnung mit einfachen Bein- oder Armbewegungen und lächelnden Gesichtern. Er benötigte keine Tänzerinnen, sondern gut aussehende Frauen: „Mir war es egal, ob ein Mädchen ihren rechten Fuß vom linken unterscheiden konnte, solange sie schön war. Ich brachte sie dazu, sich zu bewegen oder zu tanzen oder irgendetwas zu tun. Alle meine Mädchen waren schön und manche konnten ein wenig tanzen, manche nicht."[25] Es ist verständlich und sinnvoll, dass an einer solchen Auffassung und Verwendung der Frauen als ‚Objekte' der Inszenierung, als anonymisierte Dekoration kritische Studien zum „Kino als voyeuristische Unternehmung" wie die genannte zu *Dames* ansetzen.[26] Dennoch soll hier lediglich festgehalten werden, dass anders als bei Astaire der Tanz und damit die Frauen im Dienst der Kamera stehen. Es ist die Kamera, die sich bewegt und die Tanzbilder produziert. Raum und Zeit sind in Berkeleys Tanznummern Parameter, die für die Loslösung der Tanznummern von der Handlung stehen: Die Ornamente werden in einen schwarzen, leeren Raum gesetzt, dessen Dimensionen nicht fassbar sind, also kaum mehr an einen Bühnenraum erinnern. In diesem Nirgendwo wirkt auch die zeitliche Dimension weit entfernt von der Zeitlichkeit der Bühnenhandlung – die Tanznummern existieren „ausschließlich im Reich der Bilder".[27] Gene Kelly fasste Berkeleys Verdienste für das Filmmusical folgendermaßen zusammen:

> Berkeley showed what could be done with a movie camera. A lot of that is made fun of nowadays; [...] But he was the guy who tore away the proscenium arch. [...] And if anyone wants to learn [...], they should study every shot Busby Berkeley ever made. He did it all.[28]

Gene Kelly Singin' in the Rain *(1952)*

Gene Kellys Filme in den 1950er-Jahren unter Vertrag bei MGM, produziert von Arthur Freed, stehen am Ende der ‚goldenen Ära' des Hollywood-Filmmusicals. Kelly (1912–1993) war Anfang der 1940er-Jahre von New York nach Hollywood engagiert worden, wo er 1942 mit Judy Garland in *For Me and My Gal* und mit Rita Hayworth in *Cover Girl* (1944) erstmals tanzend auftrat. Gegen Ende der 1950er-Jahre wuchs das Fernsehen zum neuen Leitmedium und der wirtschaftliche Aufschwung nach dem Zweiten Weltkrieg beeinflusste die Künste in eine andere Richtung – neben dem Massenmedium Fernsehen entstehen Experimental- und Autorenfilm. Kelly produzierte ab 1958 in der Serie Omnibus für die NBC ein Fernsehformat: *Dancing – A Man's Game*, in dem er sich auch für die Anerkennung von Männern im Tanz engagierte.[29]

Gene Kelly vereinte in seinem tänzerischen Können und seinem Interesse an filmischer Umsetzung aus einer Bewunderung für Busby Berkeley den Blick auf die Schnittstelle von Tanz und Film im Musical. Eine tänzerische Qualität im Vergleich zu Astaire war seine Vielseitigkeit: klassisches Ballett, Modern, Tap, verschiedene Folklore-Tänze wie Flamenco und eine generelle Sportlichkeit. Er studierte Ballett in Chicago, wo er ‚nach der Fokine'schen Tradition lernte, tänzerische Charaktere darzustellen, und sich auch für Diaghilews Konzept des Tanzes als ‚Synthese aller Künste' zu interessieren begann.[30] Kellys Familie hatte irische Wurzeln, der Vater stammte aus Kanada. Geboren wurde er als Eugene Curran Kelly in Pittsburgh, wo er in seiner Kindheit Eishockey spielte. Seine Mutter schickte ihn in Tanzstunden und gemeinsam mit ihr führte er nach verschiedenen College-Studien eine Tanzschule für Kinder.

Nach *On the Town* (1949) und *An American in Paris* (1951), der dem Filmteam sechs Oscars einbrachte, ist *Singin' in the Rain*, in dem Kelly wie in anderen Werken zusammen mit Stanley Donen Regie führte, bis heute eine Ikone des Filmmusicals. Obschon der Titelsong, der Tanz im Regen, wie Kelly selbst sagte, relativ einfach war, steht er als Sinnbild für Unterhaltung und Illusionspotenzial des Genres. Eine zusätzliche Dimension gewinnt der Film dadurch, dass Hollywood selbst zum Thema wird: der Übergang vom Stummfilm zum Tonfilm anlässlich des Films *The Jazz Singer* von 1927, mit Blick hinter die Filmkulissen von Stunts und Playback. *Singin' in the Rain* rechnet Altman wie *42nd Street* zum Subgenre Show Musical, wobei die Produktion des Musicals in den filmischen Hollywood-Kontext gebettet wird: Zu Beginn dreht sich die Story um die Produktion eines Stummfilms mit den Stars Don Lockwood (Gene Kelly) und Lina Lamont (Jean Hagen). *Singin' in the Rain* schaut 1952 zurück auf den Beginn der Musical-Ära, indem inmitten der Stummfilmproduktion der Produzent einen Tonfilm fordert, um neben dem erfolgreichen Film *The Jazz Singer* zu bestehen. Tatsächlich waren damals viele Stummfilmdarsteller stimmlich überfordert – so auch Lina Lamont im Film. Nach verschiedenen Stimm- und Playbackversuchen durch Kathy Selden (Debbie Reynolds) entwickeln Lockwood, Selden und Lockwoods Freund Cosmo Brown (Donald O'Connor) die Idee, den peinlich wirkenden Tonfilm zu einem Musical umzugestalten. Durch diese Verwebungen, Wendungen, Zitate und Referenzen an die Filmgeschichte ist die Handlung in *Singin' in the Rain* komplexer als in vielen anderen Filmmusicals. Trotzdem motiviert die obligate Liebesstory zwischen dem Star (Kelly) und der noch nicht Entdeckten (Reynolds) den roten Faden, wobei die entscheidenden Entwicklungen der Romanze in das bekannte Muster der Gesangs- und Tanznummern verpackt werden. Das erste Duett zwischen Kelly und Reynolds spielt in einem Hollywood-Studio. Anders als bei Astaire wird hier die Kulisse mit künstlicher Beleuchtung,

Klappleiter und Windmaschine offengelegt. Gesang und Tanz erinnern an Astaire und Rogers, auch in der Art, wie die begleitende Kamera eingesetzt wird.

Im Musicalvorschlag für den Produzenten werden in der Nummer *Broadway Melody* Musicalreferenzen herangezogen: Kelly zeigt sein gesamtes tänzerisches Können und spielt mit Anspielungen auf Tänze und Bühnenformationen in Burlesque, Vaudeville und den Ziegfeld Follies. Die Choreographie der großen Gruppe in dieser Broadway-Nummer ist ein anspruchsvolles Traumballett, das in einen scheinbar grenzenlosen Raum eintaucht. *Singin' in the Rain* ist außerdem mit Zitaten von Busby Berkeley gespickt: mit Top-Shots von bunten Ornamenten in diesem Farbfilm und revueartigen Tanzformationen. Ansonsten ist die Kameraarbeit zurückhaltend und doch in vielen Sequenzen in alle Richtungen bewegt: Die Befreiung der Kamera von einer Theaterpublikumsperspektive und das Eintauchen in den filmischen Raum kennzeichnen die Tanzaufnahmen in Kellys Filmen. Kameraeinstellungen, -fahrten und Schnitte werden bewusst im Dialog zum Tanz gewählt: „He took what he learned from dance and applied it to the new medium of cinema."[32] Die bewegte Kamera, beispielsweise in der berühmten Regenszene, ‚flaniert' mit dem Protagonisten durch die Straße und zieht den Zuschauer mit in die Szene. Die Kamerabewegung sollte die physische und kinetische Kraft ersetzen, die das Publikum im Theater unmittelbar spürt: „The screen […] is so remote from the empathy of the live theater."[33] In einem ans klassische Ballett angelehnten Pas de deux, den Kelly in der 13-minütigen Musicalnummer zum Ende des Films mit Cyd Charisse tanzt, umkreist die von Harold Rosson geführte Kamera die beiden in einer rosafarbenen und violetten, surrealistisch wirkenden Landschaft. Die Tanzenden erscheinen zwar oft ganz im Bild, aber nicht so ausschließlich und in einer an gewohnte Theaterperspektiven erinnernden frontalen Einstellung wie bei Astaire. Aufnahmen von oben zeigen beispielsweise größere Gruppenformationen. Kelly entdeckte die Kamera als zusätzliches tänzerisches Element – die Dualität von Tanz und Kamera bei Berkeley wird bei Kelly zu einem verschränkten Wechselverhältnis: In einzelnen Szenen in *Singin' in the Rain* bewegt sich die Kamera deutlich in einer Gegenrichtung zum Tanz, um im nächsten Moment mitzufahren oder die Körper abzutasten.

Die Ebene der Bewegung funktioniert bei Gene Kelly folglich in der Interaktion von Tanz und Kamera. Tanzbewegungen sind für ihn Spiel, er ist eher der Solist im Show Musical und der „happy clown".[34] Obschon eine Referenz zum Theaterraum in vielen Szenen gegeben ist und dieser teilweise frontal wiedergegeben wird, entführen Szenen wie *Broadway Melody* in einen endlosen Raum der Illusionen. Die Übergänge vom Filmstudio auf die Filmleinwand, die alsbald eine Totale mit einem singenden Kelly in der Mitte des Bildes zeigt, zu der Lichter des Broadway angeschaltet werden, die Übergänge via Kulissentüren in Tanzräume, welche die Begrenzungen einer Bühne auflösen, sind über Schnitte und Kamerabewegungen so übergangslos gestaltet – vergleichbar zum Raumgebrauch in heutigen Computerspielen –, dass das Publikum in eine entfesselte Zeit und damit in die unterhaltende Traumwelt des Musicals entführt wird. Gleich zu Beginn wird die Zeit in *Singin' in the Rain* außer Kraft gesetzt durch Rückblenden von Don Lockwood in seine Kindheit und zu seiner Bühnenvergangenheit mit Freund Cosmo und durch einen Bilderreigen mit Film- und Musicalzitaten nach einem Drittel des Films. Die verschiedenen Ebenen – Film-im-Film-Sequenzen, wenn der Stummfilm, der Demonstrationsfilm zum Tonfilm oder die ersten Tonfilmversuche mit Don und Lina gezeigt werden, die Rückblenden und fantastischen Reisen in Traumwelten – machen *Singin' in the Rain* zu einem dramaturgisch vielschichtigen Filmmusical, obwohl das ganze Werk aus von Freed und Nacio Herb Brown für MGM-Musicals zwischen 1929 und 1939 komponierten Songs neu zusammengesetzt wurde.

Die beiden befreundeten Tanzprotagonisten des Hollywood-Filmmusicals, Astaire und Kelly, standen 1946 in *Ziegfeld Follies*, 1974 in *That's Entertainment Part I* und 1976 in *That's Entertainment Part II* zusammen vor der Kamera und 1949 engagierten Kelly und Donen Busby Berkeley für die Aufnahmen der Tanzszenen in *Take Me Out to the Ball Game*. Verschiedene Tanz- und Filmspezialisten waren folglich auch im Austausch miteinander an der Entwicklung des Hollywood-Filmmusicals und der ästhetischen Ausformung des Genres beteiligt.

Bollywood – Tanz im indischen Film

Tanz, Musik und Gesang prägen den populären indischen Film seit Beginn, sie sind essenzieller Bestandteil einer von Musik und Tanz durchwirkten Kultur. Musik und Tanz sind zudem in dem vielsprachigen Land, in dem etwa 35 Prozent der Bevölkerung Analphabeten sind, Kommunikationsmittel, die ein breites Publikum erreichen. Einer der Einflüsse des indischen Films ist das traditionelle Parsen-Theater, in dem sich Realismus und Fantasie, Tanz und Musik, Narration und Spektakel im Melodram mischen.[35] Außerdem hat der Tanz im Kanon der Künste in Indien eine viel längere Tradition: „Der Tanz wurde in Indien lange Zeit als heilige Kunst bezeichnet."[36] Gott Shiva wird häufig als vielarmiger Tänzer dargestellt. Bharata Natyam im Süden und Kathakali im Norden sind die bekanntesten klassischen indischen Tänze, deren Stilelemente in vielen Bollywood-Filmen zu erkennen sind und sich heute mit modernen Tanzformen mischen. Der erste Tonfilm, *Alam Ara* (1931), basierte beispielsweise auf einem gleichnamigen Stück des Parsen-Theaters und begründete mit den unterbrechenden Musik- und Tanzszenen die bis heute wirksame Struktur des populären indischen Films.[37] Erst in den letzten Jahren, u. a. durch Erfolge von Filmen wie *Lagaan* (2001) oder *Kabhi Khushi Kabhie Gham* (2001), werden Bollywood-Filme im Westen vermehrt rezipiert und Bhangra wird als neuer Modetanz angeboten. Erste wissenschaftliche Analysen entstehen mit fundierten Arbeiten im englischen Sprachraum.[38] Bollywood – in Anlehnung an Hollywood – steht für die Unterhaltungsfilmindustrie in Bombay, dem heutigen Mumbai. Dort werden 200 Filme pro Jahr – in ganz Indien jährlich an die 1000 Filme – produziert. Damit zählt die indische Filmindustrie bekanntlich zu den größten der Welt und ist deutlich größer als Hollywood. Neben den Hindi-Filmen aus Mumbai gibt es Produktionen aus dem Süden Indiens, aus Hyderabad in der Sprache Telugu oder vergleichbare Filmindustrien in Bangladesh und Sri Lanka.

Bollywood-Produktionen werden von der ganzen Familie geschaut, daher zensieren sich die Produzenten selbst und achten auf verständliche Themen für ein breites Publikum. Weitere Merkmale des indischen Films sind Playback-Verfahren und ein ausgeprägter Starkult. Der Wert eines Bollywood-Films definiert sich durch seine Stars und die Qualität der Musik- und Tanznummern, die als ‚Picturization', als bildliche Einschübe bezeichnet werden. Die Stilmittel mischen sich in einer ‚Masala'-Mischung der Genres aus Melodram, Action, Romanze und Komödie – Tragik und Komik wechseln binnen Sekunden – zu einer „unbekümmerten Künstlichkeit": „Die Form folgt nicht der Funktion, sondern verselbständigt sich, in Fahrten und Zooms der Kamera, in der Wahl seltsamer Aufnahmewinkel, in der Lust an der Redundanz und Wiederholung, in Achsensprüngen, willkürlich anmutenden Blenden und Großaufnahmen."[39] Das Playback-System, die Nachsynchronisation im Studio sowohl der Dialoge als auch der Song- und Dance-Szenen, wurde bereits 1935 eingeführt. Erst in den letzten Jahren entstanden einzelne Filme mit Originalton. Bald sangen nicht mehr die Schauspielerinnen und Schauspieler ihre Songs, sondern Playbacksängerinnen und -sänger, die eine eigene Popularität erlangten.[40] Die Vermarktung der Songs im Vorfeld einer Filmpremiere erfolgt heute über verschiedene mediale Kanäle, beispielsweise eigene Musikvideoclips auf MTV.[41] Filme sind über gigantische Plakatwände präsent, Filmsongs werden bei Hochzeiten, Wahlkampagnen oder Festivals verwendet, von der Bevölkerung gesungen und dröhnen aus Radios, Shops und Taxis.[42] Bevor die Dreharbeiten beginnen, werden Musik und Songtexte in Auftrag gegeben. Die Filmmusik ist essenziell für den Filmerfolg, sie bestimmt die Identität eines Bollywood-Blockbusters.[43]

Ein Bollywood-Film dauert oft mehr als drei Stunden und enthält meist fünf bis acht Musik- und Tanzszenen, die zwischen sechs und zehn Minuten dauern. Diese Szenen verdichten die jeweiligen Gefühlszustände der Handlung, vor allem Liebe, Trauer, Eifersucht, treiben entweder die Handlung voran oder stehen an einem Wendepunkt der Narration, um die gewünschte Emotionalität beim Publikum zu verstärken.

Wie Myriam Alexowitz beschreibt, werden die musikalischen Grundlagen der Bollywood-Filme anschließend von Choreographinnen und Choreographen – ‚dance-master' genannt – umgesetzt, die auch die Kameraarbeit in diesen Szenen leiten und meist eine eigene Truppe von Tänzerinnen und Tänzern mitbringen.⁴⁴ So wie es auf dem Filmset laut zugeht (und auch deshalb die Nachsynchronisation einfacher ist!), wird in den Kinosälen mitgegangen und mitgesungen, denn viele schauen sich ihre Lieblingsfilme gleich mehrmals an. Obwohl die indische Filmproduktion wie in Hollywood in den 1930er-Jahren eine Hochzeit erlebte, werden die 1950er- und 1960er-Jahre als goldene Ära des Hindu-Films bezeichnet.⁴⁵ Nach der Unabhängigkeit Indiens 1947 entstanden verschiedene sozialkritisch gefärbte Filme, neben *Awara* beispielsweise *Mother India* (1957). Fokus der Analyse der beiden Beispiele ist das Verhältnis zwischen Tanz und filmischen Mitteln: Inwieweit unterscheiden sich hier die medialen Mittel von denjenigen der Hollywood-Beispiele? In welcher Relation stehen die Aspekte des Tanzes und der Bewegung zu räumlichen und zeitlichen Parametern? Bei der hohen Anzahl an Produktionen in der indischen Filmindustrie kann die Auswahl von zwei Werken nur einen kleinen Einblick geben. Da aber die Tanzszenen durchweg ähnliche Merkmale zeigen, repräsentieren die beiden Filmbeispiele den typischen Musik- und Tanzeinsatz im Bollywood-Film.

Awara *(Der Vagabund) (1951)*

Awara in der Regie von Raj Kapoor (1924–1988), der dem indischen Film als Darsteller, Regisseur und Mitglied einer ersten indischen Filmdynastie zu internationaler Anerkennung verhalf und zu den Topstars der 1950er-Jahre zählte, unterscheidet sich von den jüngeren Bollywood-Filmen durch eine sozialkritische, ödipal motivierte Geschichte: Ein Sohn sucht seinen Vater, den er töten will, nachdem er erfahren hat, warum dieser seine Mutter verstoßen hatte.⁴⁶ Neben Anklängen an die mit der indischen Unabhängigkeit im Postkolonialismus nach 1947 verbundene Hoffnung und eine möglichen Aufhebung des Kastensystems ist in dieser narrativen Grundstruktur eines der häufigsten Erzählmuster von Familiengeschichte und Liebesglück im Bollywood-Film angelegt. Die Geschichte spiegelt den Streit zwischen Genetik und Behaviorismus wider, fragt danach, ob Kriminalität vererbbar ist oder nicht: „Die Botschaft am Ende ist […], es sind die Zwänge und Umstände, die Menschen auf den Weg des Verbrechens führen."⁴⁷ Die Figur des Vagabunden Raju lehnte Kapoor an die Tramp-Figur von Charlie Chaplin an. Wie in vielen indischen Filmen ist der Regisseur auch Hauptdarsteller – Kapoor verkörpert den Vagabunden und verleiht so selbst seiner Bewunderung für Chaplin Ausdruck. Die in mehreren Rückblenden erzählte Geschichte steht hier nicht im Vordergrund – sie wird in vielen Publikationen analysiert –, stattdessen soll die Bedeutung des Tanzes in diesem Film in den Blick genommen werden.[48] Raju erinnert durch seine Kleidung und den Schnauzbart nur entfernt an Charlie Chaplin. Kapoor imitiert auch nicht wirklich Chaplins Bewegungsstil; trotzdem weist diese Reverenz darauf hin, dass das Hollywood-Kino in Indien rezipiert und verarbeitet wurde. *Awara* ist, wie erwähnt, eines der prominentesten Filmbeispiele aus der goldenen Ära des Bollywood-Kinos, in der es noch keine Trennung zwischen Popularität und künstlerischem Anspruch gab. Erst mit einer staatlichen Filmförderung ab den 1960er-Jahren entstand das sogenannte New Indian Cinema, das zwar auf internationalen Filmfestivals weitaus mehr Anerkennung fand als der populäre Bollywood-Film, aber in Indien kaum auf Interesse stieß. Von daher wird in *Awara* der künstlerische, in diesem Falle sozialkritische Anspruch mit den üblichen Musik- und Tanzszenen kombiniert. *Awara* war aufgrund der Sozialgeschichte im Osten, insbesondere in Russland und China, äußerst populär, in Cannes wurde er 1953 sogar als bester Film nominiert.

In diesem in der indischen Originalfassung 193 Minuten langen Schwarzweißfilm[49] gibt es im Vergleich zum zweiten Beispiel neben einzelnen Musikszenen nur wenige Tanzszenen, davon lediglich eine größere. Diese neunminütige Sequenz war zum damaligen Zeitpunkt jedoch eine der aufwendigsten Tanzszenen des Bollywood-Kinos, welche die weitere Entwicklung des Genres in Indien prägte. An der Szene ist ein Bezug zu Hollywood, speziell zu den Musicalfilmen von Busby Berkeley ablesbar. Nachdem schon in einer Gesangsszene kurz zuvor die Gefühle von Raju und Rita in einer für Bollywood wie Hollywood typischen abgetrennten Szene thematisiert wurden, wird die längste Traumsequenz über den schlafenden Raju mit einer Überblendung in ein Wolkenmeer eingeleitet. Die folgenden Tanzszenen ‚über den Wolken', aus denen sich ein spiralartiger gigantischer Turm oder ein riesiges Geländer, das als Rutschbahn genutzt wird, erheben, erinnern in der künstlichen Schwarzweißästhetik, der Gleichförmigkeit und Reihung der Frauen und dem gigantischen Studioaufwand des Dekors an Berkeleys Musical-Klassiker. Gleichzeitig etabliert sich hier die typische Kombination von Soloauftritt und Gruppe, von Gesang und Tanz im Bollywood-Film. Die Szene ist strukturiert durch Gegensätze: Himmel und Hölle, Arm und Reich, Gut und Böse, dem Dilemma von Rajus Gefühlen.

Die von Altman für das Hollywood-Musical konstatierten dualen Strukturen lassen sich auf verschiedenen inhaltlichen wie strukturellen Ebenen auf den Bollywood-Film anwenden. Auf der Tanzebene sind Anleihen aus dem klassischen indischen Tanz sowohl in den Frauenformationen wie im Solotanz von Rita verstärkt durch traditionelle Kleidung offensichtlich. In der Höllenszene tanzen maskierte Männer mit nacktem Oberkörper und rockartigem Untergewand einen eher afrikanisch anmutenden

Tanz um ein Feuer. Ein weiterer, für den Bollywood-Film charakteristischer Aspekt, der wiederum von Dualismen geprägt ist, sind Bezüge zur indischen Mythologie, hier zur Geschichte des Nationalepos *Ramayana*, in dem Rama seine Frau Sita verstößt. In der langen Tanzszene tauchen böse Geister im Dekor der Hölle und Götter wie der tanzende vierarmige Gott Shiva im Himmel auf. Inwieweit sich die Symbolik vieler Bollywood-Filme westlichen Rezipienten erschließt, ist abhängig von deren kulturellen Vorkenntnissen. Wie Ganti erwähnt, dauerten die Dreharbeiten in Kapoors neu gegründetem eigenem Studio drei Monate.[50] Der Aufwand zeigt, wie wichtig Investitionen in die Tanzszenen waren. Die Kameraarbeit in *Awara* repräsentiert weniger die Reigen der Tänze aus einer Vogelperspektive, sondern beteiligt sich selber bewegend, durchaus auch in einer Aufwärtsbewegung in vertikaler Achse, um die Treppenarrangements in ihren ganzen Ausmaßen wiederzugeben. Die Hauptdarstellerin Rita wird wie schon in der Bootsszene von der Kamera umkreist, nahezu gestreichelt. Diese Art eines paradoxen teilnehmenden Voyeurismus trug Kapoors Kunst auch in anderen Filmen wie *Barsaat* (1949) und *Aah* (1953) das Urteil ein, sich pornografischer Anleihen zu bedienen: „The space of the female body is the space of the imaginary."[51] Erotik und Sexualität sind in Indien tabuisiert, durch die Raumnot ins Heimliche verbannt.[52] Vergleichbar dem Puritanismus in Amerika, erscheint es deshalb verständlich, dass Erotik im Film in Gesang und Tanz verpackt wird. Was bei Berkeley in seinen Totalen zu einem distanzierten Blick führt, wird bei Kapoor durch die bewegte Kamera in der ‚picturization' der Tanzszene zu einem Sog, einer Anteilnahme und Projektionsfläche für die Gefühle des Publikums; diese Tanzszenen wurden in jüngeren Produktionen wie *Kabhi Khushi Kabhie Gham* immer aufwendiger weiterentwickelt. Das Publikum verliert sich im „wahr gewordenen Traum von der romantischen Liebe, unbehelligt von gesellschaftlichen Zwängen, familiären Ansprüchen, unpassenden Horoskopen, ‚falscher' Kasten- oder Religionszugehörigkeit und Aussteuerzwistigkeiten".[53]

Kabhi Khushi Kabhie Gham *(2001)*

Einen historischen Kontrast zu *Awara* bildet *Kabhi Khushi Kabhie Gham* (dt. *In guten wie in schweren Tagen*, engl. *Sometimes Happy Sometimes Sad*). Dieser Film des jungen Nachwuchsregisseurs Karan Johar (* 1972) versammelt eine ganze Reihe von sogenannten Triple-A-Bollywood-Superstars wie Amitabh Bachchan, seine Frau Jaya Bachchan, Shah Rukh Khan, Kajol, Hrithik Roshan und Kapoors Enkelin Kareena Kapoor. Die Produktionskosten erreichten bei diesem Bollywood-Epos eine neue historische Marke, *Kabhi Khushi Kabhie Gham* wurde zu einem der erfolgreichsten Bollywood-Filme überhaupt, der zusammen mit *Lagaan* auch im Westen einen Bollywood-Boom auslöste.

Das klassische Familien- und Liebesmelodram spielt in einer äußerst wohlhabenden und angesehenen Familie, deren Oberhaupt von Amitabh Bachchan dargestellt wird, der ab den frühen 1970er-Jahren lange Zeit den Bollywood-Film als Star dominierte. *Kabhi Khushi Kabhie Gham* zählt zu den sogenannten Family-Films, in denen seit den 1990er-Jahren traditionelle Motive wie die in Indien üblichen arrangierten Ehen zum Konflikt in der Auseinandersetzung mit der modernen Form der Liebesheirat führen. In seiner Exzessivität und Opulenz übertreibt der Film derart, dass er gleichzeitig als eine Persiflage auf den traditionellen Bollywood-Film gelten darf. Die Palette der Gefühle von Freude und Trauer, Glück und Leid, die Wechsel von Komödie zu Tragödie, von Melodram zu Parodie erfolgen so dicht und übertrieben, dass sich damit das Family-Genre beinahe selbst karikiert – trotz einer modernen Wendung der Geschichte, in welcher der Patriarch seine traditionelle Ansicht wandelt, nachdem Rohan seinen Bruder Rahul, der die Familie mit Anjali verlassen hatte, in England gefunden hat. Neben der Romanze und Liebesheirat von Rahul (Shah Rukh Khan) und Anjali (Kajol) verdoppelt sich das verbotene Kastenverhältnis nochmals mit Rohan (Hrithik Roshan), der sich in Anjalis Schwester Pooja (Kareena Kapoor) verliebt. Yash Raichand (Amitabh Bachchan) versöhnt sich schließlich, akzeptiert die nicht standesgemäßen Frauen und die Familie ist wieder glücklich vereint. Das narrative Muster in *Kabhi Khushi Kabhie Gham* ist in der Opposition von Tradition und Moderne eher simpel und konzentriert sich auf die Hauptpersonen der Familie. Die Geschichte wird aber ähnlich wie *Awara* in Form von Rückblenden erzählt: Zu Beginn ist der jüngere Bruder Rohan am Ende seines College-Jahres zu sehen. Von dort aus wird die Familiengeschichte aufgerollt und teilt sich in typischen Dualismen in Aufnahmen beispielsweise eines traditionellen Diwali (Lichter- und Erneuerungsfest) und Episoden in England, wohin reiche indische Familien ihre Söhne zur Ausbildung schicken.[54] Der Film amüsiert durch geschickte parallele Setzungen und Zitate und bewegt durch die mitreißenden Musik- und Tanzszenen, in denen die Gefühle der Darsteller visualisiert werden. Der Titelsong *Kabhi Khushi Kabhie Gham*, „manchmal glücklich, manchmal traurig", zieht sich wie ein Leitmotiv durch den Film und wird von der Mutter Nandini Raichand (Jaya Bachchan) mehrmals intoniert, denn in ihrer Figur konzentriert sich der Konflikt des traditionellen Gehorsams gegenüber dem Mann und einer eigenen moderneren Ansicht zur Liebe.

Die charakteristischen Merkmale der Tanzszenen, die quasi eine Formel des Bollywood-Films bilden, sollen im Folgenden aufgeführt werden. Sieben Tanzszenen umfasst der 210-minütige Film, der wie im indischen Film üblich durch eine Pause zweigeteilt ist. Die traditionell beeinflussten Tanzszenen werden in die Festszenen des Karwa-Chauth- oder Diwali-Festes integriert, daneben gibt es moderne Tanzszenen beispielsweise vor dem College in England oder in einer Disco, in der Disco- mit

Rock-'n'-Roll- und Hip-Hop-Bewegungen kombiniert werden. Allen Tanzszenen gemeinsam ist nicht nur die opulente Ausstattung in der jeweiligen örtlichen Umgebung, sondern eine Kameraarbeit, welche die Größe der Massenchoreographien und die Ausmaße der Ausstattung in idealer Weise präsentiert. Die Kamera fährt unentwegt bis zu Top-Shot-Aufnahmen, bewegt sich in die tanzenden Gruppen hinein, wird teilweise gar gerissen, um zwischendurch die Solistinnen und Solisten herauszustellen. Während in *Awara* wie im frühen Bollywood-Film üblich die männlichen Hauptdarsteller noch keine Soli tanzten, wurden im jüngeren Bollywood-Film mit Stars, die wie Shah Rukh Khan sehr gut tanzen, auch Männer zu erotischen Symbolfiguren. Der Rhythmus der Montage passt sich dem jeweiligen Tanzstil an bis hin zu clipartigen Schnitten mit ‚Weißblitzen', kurzen Flashs zwischen den Bildern, schiefen Bildern und Achsen wie im Musikvideoclip, wenn Rohan nach seinem Bruder in London sucht.

Die bemerkenswerteste Tanzszene im ganzen Film ist eine in Ägypten gedrehte sechsminütige Sequenz, in der die Gefühle von Rahul und Anjali in Traumbilder transformiert werden. An dieser sind besonders typische Merkmale von Tanzszenen im Bollywood-Film deutlich ablesbar: Das Liebespaar befindet sich in einem scheinbar unendlichen, surreal wirkenden Raum. Die Umgebung und die Kostüme wechseln mit Schnitten oder Überblendungen in einer Künstlichkeit, die jeder Hollywood-Konvention eines unsichtbaren Schnitts oder einer narrativen Konsequenz widerspricht. Zwischen die Wüstenbilder werden als weitere Steigerung des Wunschtraums Bilder ihrer traditionellen Hochzeit gesetzt, wobei Rahul gemeinsam mit seinem Vater dabei zuschaut, wie er selbst von Anjali die Tika, ein rotes Segenszeichen auf der Stirn, empfängt und wie der Vater mit der Braut einen Walzer tanzt. Auch hier steht wie in *Awara* ein kitschiger Mond der Romanze zur Seite, die Kamera umkreist das Paar, scheint mitzutanzen. Eine Einstellung bietet ein sekundenkurzes Filmzitat von *Singin' in the Rain*, wenn Anjali auf eine verregnete Straße in Delhi schaut, in der die Leute mit Schirmen tanzen.

Im Multi-Genrefilm des Bollywood-Kinos hat der Tanz im Zusammenwirken mit den Songs eine die Emotionen steigernde Bedeutung. Der Tanz, die Bewegung besteht in sich wiederum aus einer Mischung von Tanzstilen, wie anhand beider Filme gezeigt werden konnte. Anleihen klassischer indischer Tänze sind in vielen Szenen zu sehen, unterstützt jeweils durch die traditionelle Kleidung. Dazu werden alle möglichen aktuell populären Bewegungsstile gemischt: Hip-Hop, Modern Dance, Jazz Dance und andere Modetänze – vorzugsweise leicht nachzuahmende rhythmische Abläufe, die wie die einprägsame Musik vom Publikum nachgemacht und mitgesungen werden können. Der Raum hat in den Tanzszenen des Bollywood-Films eine besondere Funktion: Die Verlagerung in künstliche Welten und endlos scheinende, paradiesisch wirkende

Umgebungen unterstützt den traumartigen Charakter und intensiviert das emotionale Miterleben. Mit dem Aspekt der Zeit wird im Bollywood-Film einerseits durch die oft verschachtelte Dramaturgie gespielt, indem – wie in den besprochenen Beispielen – eine Geschichte in Rückblenden erzählt wird; andererseits bedeutet die räumliche Entrückung der Tanzszenen auch ein Abheben in andere zeitliche Dimensionen. Diese Szenen werden nicht unbedingt wie in *Awara* durch den schlafenden Raj als Traumszenen eingeleitet, sondern können wie in *Kabhi Khushi Kabhie Gham* auch rein formal durch eine Überblendung eines roten Stoffes beginnen.

> Bei den Lovesongs ist es üblich, das Ort- und Zeitgefühl aufzuheben und das Liebespaar durch ein Raum-Zeit-Vakuum reisen zu lassen. Es zählt nur noch das subjektive Empfinden der Protagonisten, das jenseits aller materiellen Begrenzungen liegt.[55]

Wahrscheinlich ist es dieses Abheben aus jeglicher Realität und die damit verbundene Projektion eigener Wunschvorstellungen, die den Reiz der Filmmusical-Klassiker in Bollywood wie in Hollywood ausmachen. Und dieses bewegende Erleben wird durch die Bewegung des Tanzes und die Bewegung des Films mittels Kamera und Montage, aber auch durch die begleitenden Songs und die emotionale Wirkung der Musik noch einmal intensiviert.

---

[1] Vgl. David L. Parker, „Popular dancing in the movies", in: *Dance and film*, Katalog, hrsg. von Selma Landen Odom, Toronto 1977, S. 15–18.

[2] Dorothee Ott, *Shall we Dance and Sing? Zeitgenössische Musical- und Tanzfilme*, Konstanz 2008, S. 45.

[3] Vgl. Rick Altman, *The American Filmmusical*, Bloomington, Indianapolis 1987, siehe insbesondere die Kapitel „The Structure of the American Film Musical", S. 28–58 und „The Style of the American Film Musical", S. 59–89. Obwohl in einzelnen Publikationen wie bei Dorothee Ott noch differenziertere Unterkategorien des Filmmusicals, beispielsweise eine Unterscheidung zwischen Musicalfilm und Filmmusical für eine Bühnenadaption im ersten, für eine direkte Filmversion im zweiten Fall, vorgeschlagen werden, halte ich mich im Weiteren an Altmans allgemeine Genrebezeichnung.

[4] Ebd., S. 185.

[5] Siehe hierzu z. B.: Reinhard Kloos und Thomas Reuter, *Körperbilder. Menschenornamente im Revuetheater und Revuefilm*, Frankfurt/Main 1980.

[6] Vgl. ebd., S. 32ff.

[7] Vgl. ebd. S. 58.

[8] Vgl. Ott, *Shall we Dance and Sing?* (s. Anm. 2), S. 56.

[9] Die Produktionskosten betrugen rund 600.000 Dollar – besonders das vom Art Deco inspirierte Dekor war kostspielig. Vgl. http://en.wikipedia.org/wiki/Top_Hat (letzter Zugriff: 09.08.2012).

[10] Vgl. Tony Thomas, *That's Dancing! A Glorious Celebration of Dance in the Hollywood Musical*, New York 1984, S. 103.

[11] Altman, *The American Film Musical* (s. Anm. 3), S. 171ff.

[12] Ebd., S. 171.
[13] Ott, *Shall we Dance and Sing?* (s. Anm. 2), S. 56.
[14] Altman, *The American Film Musical* (s. Anm. 3), S. 173.
[15] Jennifer Dunning in der Einführung zur Autobiografie von Fed Astaire, *Steps in Time. An Autobiography*, New York 2000, S. VIII oder vgl. Ott, *Shall we Dance and Sing?* (s. Anm. 2), S. 57, die den gesamten Song und Tanz als zaghaftes Vorspiel, Harmonie der Bewegungen bis zum Höhepunkt und einem Ausklingen danach beschreibt.
[16] Dieser Ausschnitt ist u. a. auf http://www.ubu.com/film/astaire_bojangles.html zu sehen oder auf YouTube (letzter Zugriff: 09.08.2012).
[17] Vgl. Thomas, *That's Dancing!* (s. Anm. 10), S. 108.
[18] Siehe hierzu: Danae Clark, „Arbeit und Filmerzählung: 42nd Street", in: *Singen und Tanzen im Film*, hrsg. von Andrea Pollach, Isabella Reicher und Tanja Widmann, Wien 2003, S. 120–139.
[19] Vgl. http://en.wikipedia.org/wiki/42nd_Street_(film) (letzter Zugriff: 09.08.2012).
[20] Martin Rubin, *Showstoppers. Busby Berkeley and the Tradition of Spectacle*, New York 1993, S. 186.
[21] Vgl. ebd., S. 4.
[22] Ebd., S. 41.
[23] Berkeley zitiert in: Thomas, *That's Dancing!* (s. Anm. 10), S. 111.
[24] Astaires Film entstand drei Jahre später, so dass anzunehmen ist, dass er sich von den ersten erfolgreichen Filmmusicals von Berkeley bei Warner Bros. inspirieren lassen konnte.
[25] Zitiert in: Lucy Fischer, „Das Bild der Frau als Bild: Die optische Politik von Dames", in: *Singen und Tanzen im Film*, hrsg. von Pollach u. a. (s. Anm. 18), S. 76–96, hier S. 83.
[26] Ebd., S. 90.
[27] Ebd., S. 78.
[28] Kelly zitiert in: ebd., S. 122.
[29] Auch Astaire hatte 1959, 1960 und 1961 drei Sendungen, *An Evening with Fred Astaire*, *Another Evening with Fred Astaire* und *Astaire Time*, die ihm sogar einige Auszeichnungen einbrachten (vgl. Thomas, *That's Dancing!* (s. Anm. 10), S. 103).
[30] Vgl. Beth Genné, „Dancin' in the Rain: Gene Kelly's Musical Films", in: *Envisioning Dance on Film and Video*, hrsg, von Judy Mitoma, Elizabeth Zimmer und Dale Ann Stieber, New York 2002, S. 71–77, hier S. 72.
[31] Vgl. Thomas, *That's Dancing!* (s. Anm. 10), S. 191.
[32] Genné, „Dancin' in the Rain" (s. Anm. 30), S. 72.
[33] Kelly zitiert in: ebd., S. 75.
[34] Altman, *The American Film Musical* (s. Anm. 3), S. 228.
[35] Vgl. http://en.wikipedia.org/wiki/Bollywood (letzter Zugriff: 09.08.2012).
[36] Matthias Uhl, Keval J. Kumar, *Indischer Film. Eine Einführung*, Münster 2004, S. 29.
[37] Vgl. Gabriele Molz, *Bollywood-Tanz. Betrachtung ausgewählter Filmszenen*, unveröff. Diplomarbeit Nachdiplomstudium TanzKultur, Uni Bern 2008, S. 19.
[38] Beispielsweise Vijay Mishra, *Bollywood. Temples of Desire*, New York, London 2002.
[39] Ekkehard Knörer, „Bollywood 101", in: http://www.jump-cut.de/bollywood101.html (letzter Zugriff: 09.08.2012).
[40] Vgl. Claus Tieber, *Passages to Bollywood. Einführung in den Hindi-Film*, Berlin 2007, S. 19 und 49.
[41] Die Musikverkäufe aus Filmen haben bis heute bis zu 80 Prozent Marktanteil in Indien, vgl. ebd., S. 50.
[42] Vgl. Tejaswini Ganti, *Bollywood. A Guidebook to Popular Hindi Cinema*, New York 2004, S. 78f.

43	Vgl. Myriam Alexowitz, *Traumfabrik Bollywood. Indisches Mainstream-Kino*, Bad Honnef 2003, bes. S. 72ff.
44	Vgl. ebd., S. 84f. und Till Brockmann, „Bollywood singt und tanzt in der Schweiz", in: *Bollywood. Das indische Kino und die Schweiz*, hrsg. von Alexandra Schneider, Zürich 2002, S. 54–65, hier S. 57.
45	Vgl. http://en.wikipedia.org/wiki/Bollywood (letzter Zugriff: 09.08.2012).
46	Vgl. Mishra, *Bollywood* (s. Anm. 38), S. 106. Kapoors leiblicher Vater spielt zudem im Film die Rolle des Vaters.
47	Uhl, Kumar, *Indischer Film* (s. Anm. 36), S. 45.
48	Die bisher erwähnten Publikationen gehen alle auf diesen Klassiker des indischen Films ein, z. B. Tieber, *Passages to Bollywood* (s. Anm. 40), S. 69–73 und Alexowitz, *Traumfabrik Bollywood* (s. Anm. 43), S. 141–143 oder Ganti, *Bollywood* (s. Anm. 42), S. 146f., thematisieren aber kaum die Musik- und Tanzszenen.
49	Bollywood-Filme wurden für den Vertrieb in andere Länder oft gekürzt. *Awara* für Großbritannien beispielsweise auf 168 Minuten, für den amerikanischen Markt sogar auf 82 Minuten, vgl. http://www.imdb.com/title/tt0043306/ (letzter Zugriff: 09.08.2012).
50	Vgl. Ganti, *Bollywood* (s. Anm. 42), S. 147.
51	Mishra, *Bollywood* (s. Anm. 38), S. 100.
52	Siehe hierzu Alexowitz, *Traumfabrik Bollywood* (s. Anm. 43), S. 86–93.
53	Dorothee Wenner, „Das populäre Kino Indiens", in: Bollywood, hrsg. von Schneider (s. Anm. 44), S. 20–29, hier S. 29. Kapoor war einer der ersten indischen Regisseure, der die zuvor in der Kashmir-Region gedrehten Bergszenen in die Schweizer Alpen verlegte, beispielsweise drehte er Szenen für Sangam (1964) auf dem Jungfraujoch, vgl. Alexowitz, *Traumfabrik Bollywood* (s. Anm. 43), S. 189.
54	Eine detaillierte Beschreibung der Handlung geben Uhl, Kumar, *Indischer Film* (s. Anm. 37), S. 96–104 und Alexowitz, *Traumfabrik Bollywood* (s. Anm. 43), S. 177–188. Anders als *Awara* ist *Kabhi Khushi Kabhie Gham* im internationalen DVD-Vertrieb und in Bibliotheken gut vertreten.
55	Alexowitz, *Traumfabrik Bollywood* (s. Anm. 43), S. 78.

Nina Noeske

„Vom ersten bis zum 16. Stock":
Zur Konstruktion von (T)Räumen in Videoclips von Sido und Peter Fox

> Video-Clips sind Träume, oder genauer, jugendliche Tagträume. […] Aber es sind archaische Träume […]. Archaische Träume, die eine ganze Generation kollektiv träumt.[1]

Die Beschäftigung mit dem ‚Raum' hatte in den letzten Jahren Konjunktur, so auch in der Musikwissenschaft. Dabei ist es insbesondere die ‚Stadt' als ‚urbaner Raum', die interdisziplinär als bevorzugtes Untersuchungsobjekt dient.[2] Diesem thematischen Komplex sei im Folgenden ein Baustein hinzugefügt, indem der Konstruktion des städtischen ‚Musikraums' Berlin anhand des Beispiels zweier Videoclips nachgegangen wird. Im Zentrum steht zum einen der Song *Mein Block* des Berliner Skandalrappers Sido und zum anderen *Schwarz zu Blau* von Peter Fox. Die beiden Clips thematisieren die Stadt Berlin auf ganz unterschiedliche Weise: Ausgehend von der Annahme, dass ‚Räume' nicht von vornherein ‚gegeben' sind, sondern erst durch die kreative Leistung Einzelner entstehen,[3] dass also erst konkrete Handlungen und Vorstellungen den ‚Raum' markieren, ordnen, produzieren und als konkreten ‚Ort' definieren, soll danach gefragt werden, auf welche Weise der urbane Raum Berlin als „immer schon sozialer Raum"[4] von den Künstlern jeweils vorgestellt, modifiziert und mit Hilfe von Klang und Bild neu erschaffen wird.

Für die Musikwissenschaft stellt das Analysieren von Videoclips eine gewisse Herausforderung dar. So scheint die Musik hier nicht die Rolle zu spielen, die ihr bei der Analyse musikalischer Kunstwerke zukommt, wie Klaus-Ernst Behne bereits 1987 implizit feststellte:

> Die Konkurrenz zwischen Auge und Ohr scheint beim Clip entschieden zu sein, man braucht sie oft nur einmal zu hören, aber muß sie 10mal gesehen haben, um das Enträtselbare zu entschlüsseln.[5]

Auch die Kriterien, die an die Analyse von Musik als Filmmusik herangetragen werden, sind in der Regel kaum brauchbar. Beim Clip – als Teil der Popkultur – handelt es sich um ein Medium, das ausschließlich als Teil eines sehr komplexen soziokulturellen Gefüges existiert, ohne das es weitgehend unverständlich bliebe. Zugleich aber hat man es beim Videoclip, sobald er mit einigem gedanklichen und konzeptuellen Aufwand produziert wurde und vom Rezipienten konzentriert wahrgenommen wird, mit einem etwa fünfminütigen Mini-Kunstwerk zu tun, das in sich mehr oder weniger komplex strukturiert sowie relativ geschlossen ist und dabei durchaus Sinn zu stiften vermag. Ob sich die Frage nach der ‚Autorintention' beim Clip wirklich komplett erübrigt, wie Dietrich Helms nahelegt,[6] sei vorerst offengelassen.

Insgesamt wird die Musik im Folgenden nicht den Stellenwert einnehmen, den die Musikwissenschaft ihr in der Regel zugesteht: eine Problematik, mit der sich die *PopMusicology* (so der Titel eines 2008 erschienenen Sammelbandes)[7] regelmäßig konfrontiert sieht. Auf der einen Seite sind die Klänge eines Popstückes keineswegs beliebig, auf der anderen jedoch ist der Erkenntnisgewinn zumeist marginal, wenn man das Gehörte versprachlicht. Philip Bohlman fasst dies – hier mit Blick auf den Rap – entsprechend zusammen: „Rap music resists essentializing as ‚music'."[8] Dies aber kann für jede Art von Popmusik gelten – erst recht, wenn sie, wie der Hip-Hop, als „prototypisches Machttheater" fungiert.[9]

Perspektiven: Sido und Peter Fox

Sidos Song *Mein Block* erschien im April 2004 auf dem Album *Maske* des drei Jahre zuvor gegründeten Labels Aggro Berlin und schaffte es sofort in die Top 20 der Charts, wo sich das Lied in Deutschland 19 Wochen lang hielt. Das Album wurde von der Bundesprüfstelle für jugendgefährdende Medien anschließend auf den Index gesetzt, weil in den Texten die Einnahme von Drogen glorifiziert werde. Bei *Mein Block* handelt es sich um eine Hymne des Rappers – ‚Sido' steht für ‚Superintelligentes Drogenopfer' – an dessen Berliner Heimatsiedlung Märkisches Viertel (kurz: MV) im Bezirk Reinickendorf, das wegen seiner Kriminalitätsrate und der hohen Zahl an Migranten und Sozialhilfeempfängern als sozialer Brennpunkt gilt. Neben B-Tight, Fler und Bushido ist der damals 23-jährige Sido (alias Paul Würdig) der wohl bekannteste nach der Jahrtausendwende von Aggro Berlin unter Vertrag genommene Rapper.

Im Juli 2004 ist in der Wochenzeitung *Die Zeit* unter dem Titel „Der Bauch Berlins. Vom Problemkiez in die Hitparaden: HipHop aus der Hauptstadt erobert mit derben Reimen den Mainstream" zu lesen:

> Andere verticken Bilder von der heilen Welt, Sido […] dealt mit dem Gegenteil: krassen Geschichten aus krassen Verhältnissen. *Mein Block* heißt das Schlüsselstück seiner Debüt-CD, eine HipHop-Hymne auf das Märkische Viertel im Norden Berlins, wo die Sozialhilfeempfänger wohnen und die Häuser 16 Stockwerke

haben. Im Video dazu sieht man die Problemkiezjugend Autos knacken und verbotene Substanzen zu sich nehmen, während Sido in silbrig schimmernder Totenkopfmaske als eine Art Fremdenführer des Grauens Türen öffnet.[10]

Im August 2005 heißt es, ebenfalls in der *Zeit*:

> [E]s ist eine magische Welt der Clans und der Stämme, die in den Szenarien des bösen Rap aufscheint, eine Welt, in der der Männerbund Wärme spendet, während nach außen hin nur eine Moral gilt: Nimm dir, was du kriegen kannst.[11]

Die Jugendkultur ist schnelllebig: Aggro Berlin existiert seit 2009 nicht mehr, Sido ist mittlerweile wohlhabend und hat das Märkische Viertel längst verlassen. Jedoch: Bei der „heiß gelaufenen Ego-Maschine" des „Sprechgesang[s] Berliner Prägung" handelt es sich um ein hochgradig mit Symbolen aufgeladenes Phänomen, das bewusst mit diesen operiert und, so oder so ähnlich, jederzeit und fast überall auftauchen kann.

Ungleich freundlicher erscheint die Welt im Spätsommer 2008, als Peter Fox alias Pierre Baigorry, ebenfalls Rapper und damals bereits 37-jährig, sein Album *Stadtaffe* veröffentlicht: Die Single-Auskopplung *Schwarz zu Blau* (und damit das Bundesland Berlin) erreichte im Februar 2009 beim Bundesvision Song Contest den ersten Platz. Auch hierbei handelt es sich um eine Liebeserklärung an die Stadt Berlin; allerdings wird bei Peter Fox kein Randbezirk besungen, sondern im Clip ist das multikulturelle Zentrum, nämlich Kreuzberg, gleichsam als Stellvertreter für die gesamte Hauptstadt zu sehen.

Zweifellos sind die Zielgruppen von Sido und Peter Fox deutlich voneinander unterschieden: Die musikalische Verherrlichung von Sex, Drogen und Gewalt scheint sich an ein eher jüngeres Publikum zu richten, das zudem vorwiegend männlich ist, während Peter Fox, wie er in einem Interview sagt, „keine Rap-Inhalte liefern" möchte, „kein Schulhofgelaber".[12] Zudem erreichte der Aggro-Rapper Sido mit seinen provozierenden Texten auch und vor allem jene, die nach weit verbreiteter Auffassung den ‚Rand' der Gesellschaft repräsentieren. Sido grenzt sich – wiederum im Gegensatz zu Peter Fox – vor allem ab. So heißt es in einem – anlässlich des Erscheinens seines damals neuen Albums *Aggro Berlin* im Herbst 2009 veröffentlichten – Interview:

> Rap ist für die HipHop-Kultur. Für uns. […] HipHop ist immer eine sehr elitäre Angelegenheit gewesen, die nicht fürs Volk gedacht ist, sondern lediglich für die Szene selbst. […] Ich finde es auch immer lächerlich, wenn irgendwelche Studenten mit ihren Arafat-Tüchern vor meiner Bühne stehen und versuchen mitzurappen. Die können das einfach nicht.[13]

Derartige Äußerungen sind zweifellos Teil einer Vermarktungsstrategie: Sido präsentiert sich als ‚authentisch',[14] obwohl er es längst nicht mehr ist, und er weiß, dass seine Fans das wissen. Zugleich handelt es sich jedoch um einen Abgrenzungsgestus, welcher der Szene von Beginn an inhärent war. Text, Musik und Bilderzählung von Sidos Videoclips können je nach Bedarf komplett unironisch und als ‚direkte' Aussage rezipiert werden, ohne dass hierbei Wesentliches verloren geht. Dies aber provoziert geradezu Parodieen: Am bekanntesten ist wohl das Video *Mein Dorf*, das ein Waldorfschüler im Jahr 2006 als Reaktion auf *Mein Block* produzierte und auf die Internetplattform YouTube stellte.[15] *Mein Block* kann somit als höchstmögliche Steigerung des szenetypischen Habitus eines Gangster-Rappers[16] gelten, ohne dass das dadurch erzeugte Pathos ins Lächerlich-Absurde ‚umkippt'.

Bei allen Unterschieden, die zunächst – bis auf den gemeinsamen Nenner ‚Rap über Berlin als Liebeserklärung' – auf keinerlei Berührungspunkte zwischen den beiden Clips hinzudeuten scheinen, kam es doch zu zumindest einer Begegnung zwischen den beiden Rappern: Der Song *Rodeo* (2006) ist eine Gemeinschaftsproduktion von Sido und Peter Fox, der damals Sänger der Gruppe Seeed war. Während Sido hier klischeehaft vom (real längst vollzogenen) sozialen Aufstieg träumt („Ich will, dass sich die Scheine häufen, Ich will geile Bräute und 'n kleines Häuschen"), scheint sich Peter Fox von seinem Duo-Partner vor allem zu distanzieren: „Bin über 30, jede Süße weiß ich, mach kein Killer-Business, Ich mach Kinder und bin fleißig! [...] Will ich Seeed-Fans schocken, Sag ich, Sido is' mein bester Freund!" Darüber hinaus haben sowohl Sido als auch Peter Fox für die Realisierung ihrer Berlin-Videoclips auf den Regisseur Daniel Harder zurückgegriffen, der neben Werbeclips auch Videos für B-Tight und Seeed drehte.[17] Insbesondere Peter Fox betonte 2008 in einem Interview, Harder habe „vom Entwurf bis zur Realisierung" immer einen großen Anteil an seinen Videoclips gehabt.[18]

Berlin I – Mein Block

Künstlerisch-musikalische Hymnen auf Berlin haben Tradition: Erinnert sei an Walther Ruttmanns Filmklassiker *Berlin – Die Sinfonie der Großstadt* von 1927 (Musik: Edmund Meisel). Bereits in diesem Film ist das Bedürfnis erkennbar, der ob ihrer Größe unüberschaubaren, schon damals pulsierenden Stadt eine Art Struktur, einen Rhythmus zu verleihen, durch die Bezeichnung „Sinfonie" im Titel wird dies noch unterstrichen: Der Tag ist wie eine Sinfonie in einzelne ‚Sätze' gegliedert, es gibt Beschleunigungen des (Lebens)Tempos und, jeweils am Mittag und am Abend, Momente der Ruhe. Musikalisch wurde der Hauptstadt unter anderem mit *Berlin, Du bist so wunderbar* von Kaiserbase aus dem Jahr 2003 gehuldigt, aber auch von dem Rap-Duo aus Berlin-Schöneberg Hecklah & Coch sowie von den Aggro-Rappern Fler und Bushido gibt es jeweils mindestens einen Berlin-Song. (Auffallend ist, dass dieses Genre insbesondere in den Jahren nach der Jahrtausendwende zu blühen schien.)[19]

Die folgenden Ausführungen beziehen sich auf die zensierte Version des Clips von *Mein Block* („Beathoavenz Remix"):[20] Wie Walther Ruttmann in *Die Sinfonie der Großstadt* ordnet auch Sido seine Welt. In einem kurzen Intro lädt er zu einer Besichtigungsrundfahrt ins Märkische Viertel ein, „[d]e[m] Platz, an dem sich meine Leute rumtreiben: Hohe Häuser – dicke Luft – ein paar Bäume – Menschen auf Drogen. Hier platzen Träume." Berlin ist hart. Auch wenn es in diesem Viertel keine Einfamilienhäuser gibt und alles ein wenig schmutzig ist, so sind die Bewohner des MV doch auf ihre Weise Stars. Man ist untereinander solidarisch, wenn die Polizei kommt („keiner hat was gesehn, also könnt ihr wieder gehn"), und die 16 Stockwerke des Plattenbaus sind perfekt aufeinander abgestimmt, wie die folgenden Strophen zeigen. Die Vernetzungen zwischen den Bewohnern der einzelnen Etagen resultieren aus deren Bedürfnissen. Sido fasst es knapp zusammen: „Hier hab ich Drogen, Freunde und Sex." Die Anonymität der Großstadt und des Märkischen Viertels wird aufgehoben durch die gleichsam ‚dichte Beschreibung' eines einzelnen Hochhauses und der persönlichen Beziehungen der dort lebenden Menschen, die eine konkrete Vergangenheit und konkrete Träume haben. Die Bedrohlichkeit der hohen Bauten wird entschärft durch den ebenfalls bis zum 16. Stock reichenden Kosmos des sozialen Verbunds. Der anonymen, entgrenzten Großstadt wird der eigene, räumlich eng begrenzte ‚Stamm' entgegengehalten. Insgesamt dreimal ist der Refrain von *Mein Block* zu hören:

> Meine Stadt, mein Bezirk, mein Viertel, meine Gegend,
> Meine Straße, mein Zuhause, mein Block,
> Meine Gedanken, mein Herz, mein Leben, meine Welt
> Reicht vom ersten bis zum 16. Stock.

(Erinnert sei an die Sparkassenwerbung aus den 1990er-Jahren, in der sich nach Jahren zwei alte Schulfreunde treffen, die in einer Art Wettstreit ihre ‚Trümpfe' in Form von Fotos auf den Tisch legen: „Mein Haus, mein Auto, mein Boot" – zweifellos ist der Song Sidos hiervon inspiriert: Der ‚harte' Kapitalismus findet sich, gleichsam parodistisch, in der Parallelwelt Märkisches Viertel – bei jenen, die im Kapitalismus keine Chance haben – wieder. Es gibt im Video von *Mein Block* sogar eine Szene, in der Sido, analog zur Sparkassenwerbung, seine ‚Trümpfe', Fotos des MV, auf den Tisch legt.) Der Refrain bei Sido enthält eine Schließungs- und eine Öffnungsbewegung: Von „Stadt" bis „Block" wird der Raum immer enger eingegrenzt, um sich anschließend von „Gedanken" bis „Welt" wieder zu öffnen. Dabei sind die ersten beiden Zeilen durch ‚reale' Orte gekennzeichnet, während die dritte Zeile der ‚Innenwelt' gewidmet ist; eine Synthese ergibt sich durch die 16 Stockwerke, welche für die Unermesslichkeit des eigenen, in die Höhe ragenden Universums stehen. Nur von außen betrachtet handelt es sich um einen anonymen und abweisenden Plattenbau.

Obschon der Vergleich auf den ersten Blick konstruiert erscheinen mag, lassen sich hier doch deutliche Parallelen zu Immanuel Kants Konzept des ‚Erhabenen' ziehen: Auch bei Kant ist etwas ‚Äußeres' (der unermessliche Ozean, die Pyramiden, der Petersdom, ein Unwetter) aufgrund seiner Größe oder der von ihm ausgehenden Gefahr vom Einzelnen nicht mehr ohne Weiteres ‚fassbar', woraufhin die Einbildungskraft gleichsam resigniert und das Subjekt sich auf seine Innenwelt zurückzieht, die ihm schließlich als um ein Vielfaches größer und unermesslicher noch als die Erscheinungswelt vorkommt. Die moralische Welt, bei Kant: die Vernunft, ist über die (entweder gefährliche oder unfassbare) sinnliche Welt in letzter Konsequenz erhaben. Bei diesem Gefühl des ‚Erhabenen' wechseln sich Lust und Unlust ab. Etwas Ähnliches scheint sich in *Mein Block* zu vollziehen: Das MV ist sowohl (für den Betrachter: potenziell) gefährlich, mit Kant gesprochen: dynamisch-erhaben, als auch aufgrund seines unermesslichen Häusermeers mit den zahlreichen Stockwerken nicht ohne Weiteres überblickbar, d. h. mathematisch-erhaben; erst der Rückzug auf die eigenen Gedanken bzw. auf das innere Universum macht das Viertel für das einzelne Bewusstsein erträglich.[21]

Die Synthesizer-Klänge zu Beginn des Songs, die wie eine Art verfremdete Panflöte anmuten, beschwören unüberhörbar den ‚Dschungel' bzw. ‚Natur' als ‚gefährlichen Großstadt-Dschungel' mit seiner „magische[n] Welt der Clans und der Stämme"[22] herauf. Die Kameraführung indes unterstreicht die Unüberschaubarkeit bzw. ‚Größe' des Viertels durch die für Hip-Hop-Videos typische Froschperspektive.[23] Auf diese Weise wirken die Bewohner des Viertels ähnlich groß und ‚erhaben' wie die Hochhäuser bzw. der Himmel im Hintergrund. Auffallend ist die Ähnlichkeit einiger Gebäude mit dem Totenkopf-Gesicht des Sängers: Die Maske sieht aus wie die Hochhäuser, innere und äußere Welt sind nahezu identisch.

Jedesmal, wenn beide Ebenen (‚Innen' und ‚Außen') miteinander verschmelzen („‚vom ersten bis zum 16. Stock"), schwenkt die Kamera nach oben, womit der Raum zum Himmel hin ‚geöffnet' wird: Generell ist in *Mein Block* fast immer das zu sehen, wovon gerade gesungen wird. Doch auch in der Musik lässt sich, gleichsam ostinatoartig, eine ständige Aufwärtsbewegung feststellen (Notenbeispiel 1), die im Refrain – auf die Worte „bis zum 16. Stock" – noch verstärkt wird.

Notenbeispiel 1: Riff aus *Mein Block* (2004)

Die ständigen Wechsel zwischen Zeitlupe, Zeitraffer und Normalgeschwindigkeit, das häufig grelle, zwischen Hell und Dunkel schwankende Licht und die künstlichen ‚Filmrisse' unterstreichen die (innere) Unruhe, sozusagen das ‚Gähren', die latente Aggression im Märkischen Viertel. Analog wird dies auch von der Musik dargestellt: So werden die synthetischen Klänge ähnlich auf- und abgeblendet wie das Licht im Video. Vor allem im Intro entsprechen Schnitt und musikalischer ‚Beat' bzw. Rhythmus einander zumindest ungefähr,[24] doch auch im Folgenden stimmt die Geschwindigkeit von optischem und akustischem ‚Rhythmus' in etwa überein.

Was dem Video eine Art ‚räumliche' Tiefendimension verleiht, sind somit vor allem filmische Techniken, Kameraperspektiven, Schwenks, Zooms, Zeitlupe und Zeitraffer. Außer Himmel, Hochhäusern, Sido, dessen ‚Homies' und den in den einzelnen Stockwerken wohnenden Menschen gibt es kaum etwas zu sehen, geschweige zu erahnen; die Oberflächen von Gebäuden, Gegenständen und Personen wirken abweisend, die Musik birgt keine ‚räumliche' Dimension. Von den Menschen, die eher ‚Typen' ähneln als Individuen, erfährt man nur, was Sido, gleichsam als Moritatensänger unserer Zeit, über sie verrät; von sich aus geben sie nichts preis. Der Außenstehende erhält einen Einblick, wird aber nicht zum Mitglied des ihm letztlich fremd bleibenden ‚Stammes' einer Welt, die ihm nicht geheuer sein kann.

Berlin II – Schwarz zu Blau

Anders bei Peter Fox. Bereits der Beginn, ein langsames, aus nur drei Tönen bestehendes instrumentales Intro (Notenbeispiel 2), das von ebenso ruhigen Bildern – dem Panorama Berlins bei Nacht – begleitet wird, wirkt mit seinen sanften Überblendungen optisch wie akustisch freundlich-einstimmend, Weite und Durchlässigkeit suggerierend.

Notenbeispiel 2: Intro und Riff aus *Schwarz zu Blau* (2008)

Der musikalische Gestus der Streichorchesterklänge ist umfassend, gleichsam symphonisch, wobei schließlich ein hohes Rauschen, scheinbar aus der Ferne kommend, eine weitere räumlich-akustische Ebene hinzufügt: Das nächtliche Berlin kennt keine Grenzen und hat nur Himmel und Mond über sich. Ein gehaltener C-Dur-Akkord schließlich, zu dessen Crescendo sich die Bässe gesellen, geht mit der rasanten Beschleunigung des Bildgeschehens einher und leitet zum ‚eigentlichen' Beginn des Liedes über. Die einfahrende S-Bahn wiederum weckt Assoziationen an den einfahrenden Zug in Ruttmanns *Sinfonie einer Großstadt*.

Was nun auf der Ebene der Bilderzählung folgt, ist komplex: Ein menschlicher Affe verlässt ein Gebäude und wirft eine Postkarte achtlos in einen Mülleimer, der allerdings ein Loch hat; die Karte fällt unten heraus und verursacht so offenbar das Wuchern einer höchst lebendigen, jedoch schattenartigen, pflanzlich-organischen Parallelwelt, die den Affen-Fußgänger im Folgenden – vor allem in Form von Graffiti-Gestalten – begleitet (oder besser: verfolgt), ohne dass dieser es bemerkt. Eine der Graffiti-Gestalten, eine Art Mischung aus Hofnarr und Teufel, trägt das Gesicht von Peter Fox, dem Sänger, andere Figuren – hier: fleischfressende Pflanzen – spielen höchst anmutig die Streichinstrumente, die zugleich im Lied zu hören sind. Der Affe wird angerempelt, verliert seine Brille vor einem Fotoautomaten und sucht sie, auf dem Boden herumkriechend, während im Hintergrund auf einem Fotoautomaten der Satz „Photographiere dich selbst!" zu lesen und auf der Häuserwand der Hofnarr zu sehen ist. Der Protagonist passiert gleichgültig Bettler, kommt an einem Friedhof vorbei, auf dessen Mauer allerlei furchterregende Monster zu sehen sind, die er jedoch ebenfalls nicht zu bemerken scheint. An der Bushaltestelle lässt eine Äffin ihr (Affen-)Kind achtlos in einem Kinderwagen stehen; der Affe nimmt sich seiner an und ändert zugleich die Bewegungsrichtung, indem er von nun an erstmals ‚nach links' geht. Er findet schließlich die Postkarte, die er am Anfang im Mülleimer entsorgt hatte, und hebt sie auf; auf ihr ist ein Pfeil zu sehen, der ‚nach rechts' zeigt. Der Affe denkt kurz darüber nach, woraufhin eine alte Schwarz-Weiß-Fotografie von Berlin zu sehen ist, die in der Mitte gespiegelt ist. Der Affe geht erneut nach rechts, an der Wand erscheint eine spiegelverkehrte, unleserliche Schrift, der Affe bleibt stehen, blickt mit der Karte in der Hand nach oben. Es wird Tag, der zuvor ‚schwarze' Himmel wird – dem Songtitel entsprechend – ‚blau', die Kamera schwenkt nach oben. In der letzten Einstellung steht der Affe bei Tagesanbruch vor einer großen Wand, auf der sämtliche Kreaturen, die ihn während des nächtlichen Gangs begleitet haben, darunter auch das Skelett, versammelt sind; die davor geparkten Autos weisen allesamt ‚nach links'.

Text und Bild stimmen in diesem Videoclip, anders als bei Sido, nur punktuell, ungenau und zeitlich verschoben überein: Die für die Bilderzählung zentralen Aspekte Leben vs. Tod, Natur vs. Großstadt, Anonymität vs. Wärme, Bewegung vs. Stillstand, rechts, links, oben und unten finden sich fast allesamt auch auf der Ebene des Textes, sind dort allerdings zeitlich verschoben. Zwar besingt das lyrische Ich die Hässlichkeit der nächtlichen Stadt mit ihren zwielichtigen, einsamen, verlorenen, teilweise gewalttätigen Gestalten, die leicht abgewandelt auch im Bild zu sehen sind, doch scheint die Bilderzählung den gesungenen Text letztlich nur als Anlass für eine Art eigenständige, durch und durch rätselhafte Traumerzählung zu verwenden. Wie das Video den Text aufgreift, erinnert damit an die Art und Weise, wie ein Mensch im Halbschlaf Gesprächsfetzen aufnimmt und daraus seine eigene ‚Geschichte' in Bildern konstruiert: Tatsächlich lässt der Text offen, ob die nächtliche Wanderung durch die Hauptstadt ‚real' ist oder ob es sich um einen bloßen Albtraum handelt. Was Peter Wicke 1994 als für das Medium des Videoclips typisch beschrieb, nämlich dass „isoliert genommene Einzelworte oder Textfragmente zum Auslöser ganzer Bildsequenzen" werden,[25] ist hier sowohl Strukturprinzip als auch eine mögliche inhaltliche Deutungsebene.

Die zugleich wirre und parabelhafte Bilderzählung verdoppelt die Realität des Textes – das hässliche Berlin – zwar, bildet sie aber keineswegs eins zu eins ab. So heißt es etwa im Lied: „Frust kommt auf, denn der Bus kommt nicht", doch der „Bus" ist erst 15 Sekunden später im Bild zu sehen, und zwar in völlig anderem Zusammenhang. Als der Text davon erzählt, dass ein „Hooligan" einer Frau in den „Armen" liege und „flennt", nimmt sich der Affe, das lyrische Ich der Bilderzählung, des im Kinderwagen vergessenen Affenkindes an; der „Hooligan" hingegen kommt im Bild nicht vor. Bei all dem wird der Protagonist des Videos, der Affe, von dem realen Sänger des Liedes begleitet, der als Graffiti-Hofnarr an einer Wand entlang klettert. Der Unwirtlichkeit der Stadt auf der Textebene entspricht im Bild die wuchernde Natur, man könnte auch sagen: das Unbewusste. Die Komplexität wird schließlich noch dadurch gesteigert, dass die Bildebene genau jene Verdopplung ihrerseits thematisiert – so etwa, wenn die oben erwähnte, auf dem Fotoautomaten angebrachte Botschaft dazu auffordert, sich selbst zu fotografieren, oder wenn im Hintergrund ein Foto von Ost-Berlin unvollkommen gespiegelt wird (hier lässt sich das verdoppelte bzw. geteilte Berlin assoziieren). Auf diese Weise wird dem Text eine gleichwertige, parallele Erzählebene hinzugefügt, die es dem Rezipienten auch nach mehrmaligem Sehen schwer, wenn nicht unmöglich macht, alle Nuancen des Videos zu ‚verstehen'. Zweifellos besteht somit der Reiz dieses Clips genau in dem, was Klaus-Ernst Behne bereits 1987 als „dosierte Rätselhaftigkeit" bezeichnete: „Erst wenn bestimmte assoziative ‚Höfe' […] angeboten werden, kann der Betrachter das Gefühl bekommen, vom ‚Sinn' wenigstens einen Zipfel zu erhaschen." Es findet sich hier ein Angebot von Bildern, Symbolen und Stereotypen, „die in ihrer Beziehung zueinander nicht vollkommen abwegig sind, die sich aber auch keineswegs problemlos zu einer schlüssigen

Story anordnen lassen".[26] Anders als dies Peter Wicke nahelegt, wird dabei die „Überfülle visueller Symbolik" jedoch nicht allein durch „raffiniert gemachte rein formale Verknüpfungen" zusammengehalten,[27] sondern der Songtext und dessen Inhalt bzw. Botschaft ist durchaus integrativer Bestandteil jener Symbolik.

Bei all dem ist der Clip durchdrungen von aktuellen (pop-)kulturellen Kontexten: Die Affenmaske des Film-Protagonisten etwa ist nur verständlich, wenn Peter Fox' Album *Stadtaffe* (2008), das sich programmatisch mit ‚Großstadtaffen' beschäftigt, bekannt ist; auch im (überaus erfolgreichen) Video von *Alles neu* spielen Affen – Peter Fox meint damit, eigener Auskunft zufolge, „neurotische[] Großstadtbewohner"[28] – eine zentrale Rolle. Der Affe, die Graffitis und die Besetzung des großstädtischen Raums durch öffentliche Kunst wiederum erinnern an den britischen Künstler Banksy. Auch der bei Banksy beliebte Einkaufswagen taucht im Video an versteckter Stelle (vgl. 0:00,43) auf. Banksy seinerseits bezieht sich in seinem Buch *Wall and Piece* (2006) auf die sogenannte Broken Window Theory der Kriminologen James Q. Wilson und George Kelling, wonach städtische Kriminalität häufig kleinste Ursachen hat – etwa ein zerbrochenes Fenster. Daraufhin wuchern, ausgehend von dieser Stelle, unter anderem Graffitis, Anwohner kippen achtlos ihren Müll aus und die Gegend wird zum Problemviertel.[29] Um einen ähnlichen Vorgang scheint es sich zu handeln, wenn der Affe im Video die Postkarte achtlos in einen – immerhin bereits – kaputten Mülleimer wirft und daraufhin eine Schattenwelt zu wuchern beginnt; bezeichnenderweise ist bei Peter Fox im letzten Bild oben links auf der Häuserwand der Graffiti-Schriftzug „Riots?" zu lesen.

Musikalisch zusammengehalten wird der Song durch das bereits im Intro auftauchende Riff, eine nahezu durch das ganze Lied hindurch ostinat wiederholte Tonfolge (vgl. Notenbeispiel 2), die – um bei der ‚Traumdeutung' zu bleiben – das langsame, ruhige Atmen eines Schlafenden bzw. Träumenden suggerieren könnte und zugleich das weite Panorama des Intros beständig ‚durchblicken' lässt. Der Stadtdschungel wird transzendiert. Das Panorama, die Nacht und der Schlaf bilden somit die Grundlage für die Phantasmagorien des Traumes, wobei die Tonfolge $c''-b'-g'$ nicht zuletzt aufgrund der langen Notenwerte eine große Ruhe ausstrahlt und (im Gegensatz zum aufsteigenden Ostinato bei Sido) ‚Müdigkeit' suggeriert. Was in *Mein Block* die Pseudo-Panflöte des Intros ist, sind hier die Affen, der ‚Totenkult' und die Wucherungen des Organisch-Pflanzlichen: Das Gesetz des Dschungels, die Natur – in beiden Videoclips spielen Totenkopf und Maske eine zentrale Rolle – regiert hier wie dort. Dennoch ist das ‚Ich' sowohl bei Sido als auch bei Peter Fox in letzter Konsequenz vor den Gefahren sicher, und zwar jenseits der banalen Tatsache, dass es sich in beiden Fällen um Kunstprodukte handelt: Bei Sido öffnet der Moritatensänger die Türen zur Halbwelt, die durch den Refrain, die Ineinssetzung von Innen- und Außenwelt gleichsam entschärft wird. Bei Peter Fox hingegen wird die Banalität der ‚hässlichen' Realität durch die Kreativität des Unbewussten und den Rückzug auf Kulturgüter zurückgewiesen; das Ostinato scheint hierbei als ‚Pufferzone' zwischen Wachzustand und Traum zu fungieren.

Fazit

Beiden Videoclips dient die Hässlichkeit und Gefährlichkeit der Stadt Berlin als Anlass, eine Gegenwelt als real-imaginären Raum zu konstruieren, um schließlich eine Liebeserklärung an eben jene Stadt formulieren zu können: Sidos überhelle (Tages-)Welt mit ihren geschichtslosen Plattenbauten, der Rand der Stadt, ragt – gleichsam phallisch – in die Höhe, ist nach Stockwerken und Tätigkeiten geordnet und durch die Mächtigkeit und Undurchlässigkeit des Einzelnen, des lyrischen Ichs, sowie durch die ‚Dichte' des sozialen Verbundes gekennzeichnet. Dabei wird das ‚Ghetto' geschickt zur ‚guten Adresse', zum ‚exklusiven Club' bzw. zum ‚Luxusviertel' umcodiert, die Peripherie zum Zentrum. Wer im ‚Block' wohnt, hat es – anders als die öffentliche Wahrnehmung dies nahelegt – gut getroffen, auf diese Weise wird der von Pierre Bourdieu beschriebene „Ghetto-Effekt" zum „Klub-Effekt".[30] Es geht somit um die „Zweitaneignung von vorhandenem Raum in einer Weise […], die sich die auf Besitz und dessen Verwaltung konzentrierten kapitalstarken Gruppen womöglich gar nicht vorstellen können".[31] Die Sparkassenwerbung wird zur Werbung für das Ghetto umfunktioniert.

Peter Fox' nächtliche Welt hingegen, das organisch gewachsene Zentrum der Stadt, reicht nicht nur in die Höhe, sondern auch in die Tiefe, ist ungeordnet, unberechenbar, unstrukturiert, mitunter flüssig, hat Löcher und gewinnt seine Substanz durch innere Komplexität und Vieldeutigkeit. Dabei wird das ‚Zentrum' gleichsam vom ‚Rand' angefressen – etwa durch wuchernde Graffitis und die beständige Bedrohung durch Gewalt und Verwahrlosung. Das ‚Ich' ist aufgesplittert in eine handelnde und eine beobachtende Instanz.

In beiden Fällen jedoch wird der öffentliche Raum individuell markiert und neu geordnet: Die Außenwelt wird in der Innenwelt gespiegelt – nicht nur durch Musik und Text, sondern auch durch Bild und Bewegung. Der Clip Sidos wirkt statisch und in sich geschlossen (es geht auch hier gleichsam um einen erratischen, feststehenden ‚Block'), derjenige von Peter Fox gerichtet und auf eine ungewisse Zukunft hin geöffnet, Berlin zerfließt ebenso wie das Selbst. Beide Räume stellen auf diese Weise, um Michel Foucault zu zitieren, Heterotopien dar, „wirksame Orte, die in die Einrichtung der Gesellschaft hineingezeichnet sind, sozusagen Gegenplazierungen oder Widerlager, tatsächlich realisierte Utopien, in denen die wirklichen Plätze innerhalb der Kultur gleichzeitig repräsentiert, bestritten und gewendet sind, gewissermaßen Orte außerhalb aller Orte, wiewohl sie tatsächlich geortet werden können".[32]

1 Klaus-Ernst Behne, „Zur Rezeptionspsychologie kommerzieller Video-Clips", in: *film – musik – video*, hrsg. von dems., Regensburg 1987 (*Perspektiven zur Musikpädagogik und Musikwissenschaft*, Bd. 12), S. 113–126, S. 124.
2 Vgl. u. a. den XIV. Internationalen Kongress der Gesellschaft für Musikforschung „Musik – Stadt. Traditionen und Perspektiven urbaner Musikkulturen" (28.09. bis 03.10.2008).
3 Vgl. insb. Martina Löw, *Raumsoziologie*, Frankfurt/Main 2001.
4 Mit diesen Worten fasst Markus Schroer die Raumtheorie Emile Durkheims zusammen: „Der physische Raum ist immer schon sozialer Raum." Markus Schroer, *Räume, Orte, Grenzen. Auf dem Weg zu einer Soziologie des Raums*, Frankfurt/Main 2006, S. 60.
5 Behne, „Zur Rezeptionspsychologie kommerzieller Video-Clips" (s. Anm. 1), S. 125.
6 Vgl. Dietrich Helms, „In Bed with Madonna. Gedanken zur Analyse von Videoclips aus medientheoretischer Sicht", in: *Clipped Differences. Geschlechterrepräsentationen im Musikvideo*, hrsg. von Dietrich Helms und Thomas Phleps, Bielefeld 2003 (*Beiträge zur Popularmusikforschung*, Bd. 31), S. 99–117, S. 104: „Die Suche nach einer ‚Idee hinter' dem Beobachteten kann, angesichts der großen Zahl der an der Entstehung des Clips Beteiligten, nur zur Suche nach dem kleinsten gemeinsamen Nenner und damit zur Feststellung der Banalität oder von Banalitäten führen."
7 *PopMusicology. Perspektiven der Popmusikwissenschaft*, hrsg. von Christian Bielefeldt, Udo Dahmen und Rolf Grossmann, Bielefeld 2008.
8 Philip V. Bohlman, „Musicology as a Political Act", in: *The Journal of Musicology* 11/4 (1993), S. 411–436, S. 430. Weiter heißt es: „Its symbols are literary, ideological, and political, not the depoliticized symbols of a repertory or musical system." (Ebd.)
9 Dietrich Helms, „What's the Difference? Populäre Musik im System des Pop", in: *PopMusicology*, hrsg. von Bielefeldt, Dahmen und Grossmann (s. Anm. 7), S. 75–93, S. 88.
10 Thomas Groß, „Der Bauch Berlins. Vom Problemkiez in die Hitparaden: HipHop aus der Hauptstadt erobert mit derben Reimen den Mainstream", in: *Die Zeit*, 29.07.2004, http://www.zeit.de/2004/32/Sido (letzter Zugriff: 29.07.2010).
11 Thomas Groß, „Avantgarde der Härte. Berliner Rapper schocken mit obszönen und blutigen Texten. Wie gefährlich sind sie?", in: *Die Zeit*, 18.08.2005, http://www.zeit.de/2005/34/B_9aser_Rap (letzter Zugriff: 29.07.2010).
12 Alexander Cordas, „Das Alte radikal zerstören. Interview mit Peter Fox", in: http://www.laut.de/vorlaut/feature/19451/index.htm (letzter Zugriff: 29.07.2010).
13 Daniel Schiefendecker, „Sido ist wieder Aggro", in: http://jetzt.sueddeutsche.de/texte/anzeigen/489150/2/10 (letzter Zugriff: 29.07.2010).
14 Zur Authentizität als Gütekriterium im Pop vgl. u. a. Helms, „What's the Difference" (s. Anm. 9), S. 91.
15 Vgl. http://www.youtube.com/watch?v=v2g8ZrJa1ls (letzter Zugriff: 29.07.2010). Dieses Lied wirkt deshalb so grotesk, weil die Hip-Hop-Posen außerhalb des Ghettos keinen Sinn zu ergeben scheinen. Im Film *Blutzbrüdaz* (Deutschland 2011, Regie: Özgür Yıldırım) mit Sido und B-Tight in den Hauptrollen taucht eine weitere Parodie von *Mein Block* auf: *Mein Hochhaus*.
16 Vgl. Birgit Richard, „Repräsentationsräume: Kleine Utopien und weibliche Fluchten. Grotesken im HipHop-Clip", in: *Clipped Differences*, hrsg. von Helms und Phleps (s.

Anm. 6), S. 81–97, S. 82. Vor allem der „Gangsterism" als „Rumhängen mit den Homies" wird in *Mein Block* – und hier vor allem im Refrain – gepflegt.

17 Für die Aggro-Videos zeichnet das Team Specter & Harder verantwortlich. Vgl. http://rap.de/features/570 (letzter Zugriff: 29.07.2010).

18 „Jetzt übernehme ich das mehr und mehr selbst, aber er [Daniel Harder] macht immer noch mit, weil er sehr viel Erfahrung hat." Nora [sic], „Peter Fox. Der Stadtaffe aus Steglitz. Interview vom 31.10.2008", in: http://rap.de/features/809/t3 (letzter Zugriff: 29.07.2010).

19 U. a. Seeed: *Dickes B* (2001); Bushido: *Berlin* (2003); Sido: *Westberlin* (2004); Fler: *Willkommen in Berlin* (feat. Sido, B-Tight, Frauenarzt, Megaloh, MC Bogy, Tony D & Shizoe, 2005); B-Tight: *Zack! Zack!* (2007); Fler: *Berlin Flair* (2007); Hecklah & Coch: *In Berlin* (2008); Fler: *Berlin* (2008). Vgl. http://de.wikipedia.org/wiki/Liste_von_Liedern_%C3%BCber_Berlin (letzter Zugriff: 14.11.2009).

20 Daniel Harder zufolge kam das Video zu *Mein Block* „unter Ausnahmebedingungen zustande […]. Wir haben vier Tage auf 35mm gedreht und dabei über 30 Rollen Material verschossen. Wir hatten bei Mein Block aber eben das Gefühl, dass das der Song ist, mit dem man nun angreifen und auch wirklich in die normalen Playlists kommen könnte. Deshalb haben wir auch alles gegeben. […] Wir haben alle angeschnorrt, die man anschnorren konnte. Wir hatten nur ein sehr kleines Team und haben den Leuten auch nur kleine Pauschalbeträge gezahlt." http://rap.de/features/570 (letzter Zugriff: 29.07.2010).

21 Vgl. hierzu das Kapitel „Zweites Buch. Analytik des Erhabenen" (§§ 23–29) in: Immanuel Kant, *Kritik der Urteilskraft*, hrsg. von Karl Vorländer, Hamburg 1990, S. 87–112.

22 Groß, „Avantgarde der Härte" (s. Anm. 11).

23 Vgl. hierzu Richard, „Repräsentationsräume" (s. Anm. 16).

24 Eine genaue Entsprechung gibt es in Videoclips höchst selten.

25 Peter Wicke, „'Video killed the Radio Star'. Glanz und Elend des Musikvideos", in: *Positionen. Beiträge zur Neuen Musik* 18 (1994), S. 7–12.

26 Behne, „Zur Rezeptionspsychologie kommerzieller Video-Clips" (s. Anm. 1), S. 117.

27 Wicke, „Video killed the Radio Star" (s. Anm. 25), S. 10.

28 „Da es Einzahl ist, habe ich mich natürlich zunächst als Beispiel darin gesehen, aber ich meine letztlich alle Großstadtmenschen." Peter Fox, zitiert nach: Femke Schierenbeck, „Geld alleine macht nicht glücklich. Interview mit Peter Fox", Februar 2009, http://www.peterfox.de (letzter Zugriff: 29.07.2010).

29 Vgl. Banksy, *Wall and Piece*, London 2006, S. 130: „This theory was the basis of the infamous New York City crime purge of the early nineenths and the zero-tolerance attitude to graffiti."

30 Vgl. hierzu Schroer, *Räume, Orte, Grenzen* (s. Anm. 4), S. 99.

31 Ebd., S. 104.

32 Michel Foucault, „Andere Räume", aus dem Französischen von Walter Seitter, in: *Aisthesis. Wahrnehmung heute oder Perspektiven einer anderen Ästhetik. Essais*, hrsg. von Karlheinz Barck, Peter Gente, Heidi Paris und Stefan Richter, Leipzig ^{5}1993, S. 34–46, S. 39.

Yvon Bonenfant

An Architecture of Sensation: Explorations in Extended Voice, Flashing Light and Video Art

A Beginning

As is the case for many artists, this project began with a romantic, personal, internalised experience. In 2007 I was driving down a road late at night. Sitting in a gigantic window at the front of a bus, I looked out onto landscapes of beacons. These beacons were strewn across large, panoramic distances. Road works were taking place, and the lights were placed almost haphazardly across variably sized spaces. Differing densities of these lights were grouped in seemingly chance-generated areas. Their intermittence called to me. Unpredictable rhythms were created by their differing, randomly interactive flash patterns. Curiously, I felt that these lights were singing to me. This was peculiar, since the lights were but silent machines.

Nonetheless, I was moved by their presence and absence, and by the fact that they represent the actions of the living but are profoundly inanimate. They are manufactured and placed in space to flash through dark times to warn us and send us simple messages in environments that living humans cannot control.

How could I be so moved by such a banal experience? This very personal encounter—almost nostalgic—seemed to have something of a universal quality to it. Humans have always sent signals through space and time. They have attempted to protect one another with these kinds of signals.

This world I was experiencing through the bus window conjured up very specific memories for me. On the sparsely populated Canadian plains in the depths of winter at temperatures below minus 20, often the only sense I had of other humans being near was the very distant blinking of lights on transmission antennae; the lights on airplane wings, and depending on the wind, the occasional sound of a distant car. Sometimes the world can be crowded with lights and emptied of people.

I return to the quality of these flashing beacons that made me intuitively engage with the lights as some form of metaphorical singing. I am a vocal artist who works fairly extensively with extended voice practice. This practice was developed from a sophisticated relationship with touch and tactility, which is the subject of previous publications. For me, singing is tactile practice—when I reach toward an audience with my voice, I am literally vibrating their tissues, and therefore practicing an extended form, a sort of social touch. If I suddenly, intuitively experienced these lights as a form of singing, what might that imply? How could this intuited link generate intriguing, novel and immersive performance material? For above all, the visual experience of the lights was almost like swimming.

Vocalic Bodies, the Tactile Voice and Touch

Steven Connor's[1] concepts of vocalic space and the vocalic body are a particularly useful means of beginning to explore the process by which a reaching voice might function. Connor points out that:

> To say that my voice comes from me is also to say that it departs from me. To say that my voice is a production of my being is to say that it belongs to me in the way that it issues from me [...] I cannot speak without being in the position of the one who hears my voice; without becoming [...] my own interlocutor. And yet I must participate in my voice only by coming apart from it [...] to speak without my voice ever leaving me to become audible would be impossible [...]. This is to say that the voice always requires and requisitions space, the distance that allows my voice to go from and return to myself [...] this is to surmise that the voice is not merely orientated in space, it provides the dynamic grammar of orientation [...].[2]

Connor says here that the voice can only exist as a phenomenon if one understands it as corporeal production that is both *of* and has *departed from* the body. The voice is simultaneously emanated by the body and no longer of it because its physical vibrations leave the body and pass through matter; we identify the voice very profoundly with the presence of a human body. But not only is the voice a manifestation of corporeality, an impulse that journeys away from corporeality (or the path toward absence); for Connor, it becomes a body in and of itself. The vibratory field that is the voice suggests and becomes a body because we feel it to be a profoundly body-related phenomenon. "Phenomenologically," says Connor,[3] "the fact that an unassigned voice must always imply a body means that it will always partly supply it as well." This voice-body orients itself; it reaches through space and time in the direction(s) it was projected in order to do so.

This vocalic body also touches. On a basic level, all sound touches, in the sense that all sound can be construed to be a part of the haptic register of sensual experience. Performance studies theorist Martin Welton conceives of sound experiences as part of a range of experiences that take place on the haptic continuum. He explains that the sense of

> '[t]ouch' is not only a passive response to external elements; it also has active elements. 'Haptics' (from the Greek *haptein*, to touch) is often used to describe this active or movement-reliant sense of touch. Given the complexity of the range of sensation [...] that characterises this active state, 'haptics' can be thought of as an umbrella term for a variety of related sensory perceptions. Haptics are the building blocks of a sense of self.[4]

What might this haptic activity actually *be*? What are our bodies doing when we are actively engaging with haptic stimuli? These activities might not be consciously detectable, but they happen. Since haptic stimuli reach toward us, we are encouraged by them to reach, with thought, action or emotion, back.

The understanding of the active nature of the haptic experience underpins Welton's understanding of sound. Describing an experience of being an audience at a specific performance of 'theatre in the dark', Welton campaigns for an understanding of sound that situates it concretely and clearly on the haptic plane, part of a number of corporeal perceptions and experiences that are touch-related, or at least, much more closely related to touch than to vision. "In the total blackness [...] one was left with a sensual experience as disturbing as it was exhilarating. Under such circumstances, how is one to bring into play those casual conventions by which we so often judge performance? Unsighted, off-balance, surrounded by very real actors and sound effects, how does one make sense of what is going on?"[5] That exhilaration and sense-making is largely derived from understanding sound as existing within the range of sensations that are touch-like. These sounds come and go, and do not exist on a flat plane or screen. They elicit responses from the body. Again, Welton contends that if we understand it haptically, sound elicits responses that are active. These responses require agency. They make the body act.

Vocal sound's qualities of touch therefore necessitate and require and even force an intersubjective relationship to take place between listener and vocaliser; a dialectic of the flesh between living beings is engaged. The haptic 'feeling' of Connor's vocalic space by a receiver's body would necessarily lead us to a reaching, an extension, a feeling outward for, and feeling of vocalic bodies in space—a sensing through our own agency, our own responsiveness, of these sound-fields that represent other humans. We come out towards these as we sense touch—attention, blood and juices flow toward tissues that are mobilized into action, even if that action is as subtle as pricking up our ears or turning our cheeks toward the sensation.

We know that sound activates our tissues and nervous systems; we know that vibrations act directly on the human body, as they do on all matter. Our nervous systems subsequently interact with our vibrating tissues. Vibrations might even be felt to be a form of caress. By this I mean that they might make us more aware of the membranes in our bodies and of our relationship with both our skin and the internal skins that inhabit us.[6] They might reinforce a sense of the felt location of the self. Vibrations in the form of a maternal or paternal voice might even create a sense of caressed containedness that helps us mould our corporeal identities as infants and children (as per the ideas of psychoanalyst Didier Anzieu).[7] Sound touches, we reach toward it, it reaches toward us and our bodies are haptically stimulated and haptically enlivened by it. We perhaps become more aware of the sensation of membrane because of it. Our most sophisticated corporeal sound-making apparatus is the voice. Vocalic bodies, these departed-from-the-living corporalities, are the bodily ground of this sound. These fields are alive and dynamising but are also living archives, for they are both physical traces moving through matter but also, for the emitter, memories, once they have departed the body. They are living remnants of that which has been voiced. Moving away from us through space, they are already embodied histories of reaching the moment they leave us. They are archives because they have left us and have become something that our bodies no longer are. We change once we stop sounding, but the vocalic bodies change in their own ways, in interaction with air, liquids and solids as their vibrations come into contact with these. These vocalic bodies are voyaging through space. They are of us, yet gone. They are thus a trace of our act of reaching toward others with our voices, and they elicit some response in the human bodies they encounter. This means that at some level, we reach back when we are 'touched', or vibrated, by these vocalic bodies. Our haptic responses to vocalic bodies require an engagement with intersubjectivity. Within these responses we might say we *reach* through, of, with and toward other vocalic and haptic bodies through vocalic space.

These touching, vocalic bodies are also, by necessity, of the world of the transitory. They are impermanent. As Welton points out, like manual touch, sound comes and goes; it cannot be permanent; it is fleeting; bathed in the sound world, the certainties of vision are undermined. He insists that in the theatrical environment, the transitoriness of the sonic is precisely what distinguishes it from the permanence of the visual, fixed gaze on the proscenium arch.[8]

But there are no simple certainties. Jean-Luc Nancy's recent attempt at defining touch makes clear that for him, touch is not merely "the action of the movement through which two bodies come into contact with one another,"[9] but also the phenomenon that allows two bodies to come into contact with the distance between one another, and that in this sense, vision is also a form of touch.[10] Vision helps us measure the 'duration' of space. It is also active, because it is doing something—measuring, perceiving; it is possible to look without dissecting; it is possible to spectate without participating entirely in a world that is Cartesian. In the case of rapidly moving fields of beacon lights, vision can also be unpredictable and transitory. The viewed can also act sound-like, and perhaps touch-like.

Beacon Lights and Haptic Videography

I said I felt that beacon light-landscapes were singing to me. They felt musical. But they also engendered a kind of haptic response in me that my work attempted to reproduce. Why?

While there are many attempts to theorise an understanding of vision that is less objectifying, less Cartesian, and more tactile, video theorist Laura Marks' work *Touch* attempts to posit a fuller definition of haptic qualities within the arts of the moving image. Building on Alois Riegl's theorisation of the classist neglect of the theorisation of tactility in art history, Marks shows the 'low' traditions of weaving, embroidery, decoration and other domestic and women's arts as a presence of tactile imagery that "has long existed at the *underside* [emphasis mine] of the great works".[11] So, touch-based art has been linked with craft rather than 'art', so to speak. Touch-based artworks have historically had an inferior status—their engagement with tactility has automatically rendered them lower-status. This has historically discouraged touched-based art from becoming 'important' or key work. Marks' engagement with video work also shows that haptic works emerged from a sort of underbelly of video art work, indeed, from its fringes.

So, with the entry of video into the art market, and in particular the accessibility of videomaking tools into the hands of non-specialist artists, Marks points out that haptic video works emerged. Because of signal decay, the use of blurriness, the addition of effects and the pre-digital tendency for the medium to degrade,[12] Marks argues that haptic responses are elicited by certain kinds of video material. She uses Vivian Sobchak's concept of haptic visuality to describe this reaction ...

> [H]aptic visuality [is]: [...] *volitional, deliberate vision*. It is distinguished from passive, apparently pre-given vision in that the viewer has to work *to constitute the image* [italics mine], to bring it forth from latency. Thus the act of viewing, seen in the terms of existential phenomenology, is one in which both I and the object of my vision constitute each other. In this mutually constitutive exchange I find the germ of an intersubjective eroticism.[13]

According to Marks, this is in stark contrast to video work that addresses itself to an ocularist sense of visuality, in other words, which addresses itself to a viewer who is "distant, distinct, and disembodied".[14] For her, "haptic images invite the viewer to dissolve his or her subjectivity in the close and bodily contact with the image," where "the viewer is called on to fill in the gaps in the image and engage with the traces the image leaves."[15] She builds this theory into one of a haptic cinema.

> Haptic cinema appeals to a viewer who perceives with all the senses. It involves thinking with your skin, or giving as much significance to the physical presence of another as to the mental operations of symbolisation. Haptic cinema [...] calls on [...] embodied intelligence [...] Let me return to the word caress that I use to describe haptic visuality. [...] Visual erotics allows the thing seen to maintain its unknowability, delighting in playing at the boundary of that knowability. Visual erotics allows the object of vision to remain inscrutable.[16]

This explanation, which obviously owes much to Irigaray, might begin to explain why flashing light in space felt so much like singing to me. Surrounded by these signalling lights, their very intermittence, their coming and going, their lack of normal immutability provided by a more Cartesian relationship with the permanence of vision: all of this was destabilising. I had to actively seek within this world of passing light. This passing light remained inscrutable, and moved past me so quickly that this could only be an unconsciously felt experience—I had no time for mental operations but rather had to engage with direct corporeal reception. I had to reach to try to find the locations of these beacons, but they were blurring, abstract forms, forms placed in space bygone (and thus, at least to me, lost) human bodies. These lost human bodies, conductors, in a sense, of the beacons, reached toward me through space and time, via their living metaphor, the beacon lights themselves. These formed blinking clouds of abstractedly polyrhythmic, inscrutable voices. They created something like vocalic bodies, gone from their source of origin, emitted, vaporous. They disappeared and reappeared and faded and winked out.

Referring to a body of works she wishes to present and analyse in her chapter on *Loving a disappearing image*, Marks groups these works together as "hard-to-see works [that] appeal to a form of subjectivity that is dispersed in terms of ego/identity and yet embodied physically."[17] The works explore the "many ways that the visual coherence and plenitude of the image can be denied to the viewer."[18] They perhaps "compel identification with a process, which is material and nonhuman."[19] That process is the process of continual appearance and disappearance, a process of rapid life cycles, of the presence and absence of human beings. That emptiness makes us seek: it makes us reach. Reaching requires an erotics, an anticipation, a hope. It requires us to want and express and explore more.

Vision is not hearing, and the world of light does not vibrate our tissues in the same mechanical way that does sound. However, vision can perhaps elicit haptic responses in us. Inside those movements, those gestures that constitute the haptic response for each of us, sound and vision might encounter one another and dance within the same groupings of tissues, because we are seeking to find them both; they ask us to reach out to them. Vocal sound and haptic imagery might thus be able to work together on a similar plane to engage our attention, to engage our desire to *reach*.

An Architectural Paradigm, an Architecture of Experience

While I have tried to demonstrate here how both vocal sound and visual image might evoke haptic response in the body, and might thus evoke the agency of the body that creates *reaching*, how might we bring these two haptic dimensions of experience together within some kind of paradigm that helps bring the tri-dimensionality of vision and sound together?

Ultimately, to capture the landscapes of light we wanted to bring to audiences as part of this project, videographers David Shearing, Ludivine Allegue and I had to work with Marks-like ideas around hapticity. For practical reasons, we had to work with video in order to bring this visual world to audiences. We worked with transitory images of varied depths, constantly shifting and changing, sped up and slowed down, to create shifting environments of light that worked to both reach and elicit reaching and grasping on behalf of our audience. Soundwise, we worked with up to 18 both live and recorded voices, layering an existing, live vocal body against multiple recorded vocal bodies. Both worlds were made of the living and the dead, or in simpler terms, the present and the absent as well as the trace of the formerly present. Recorded sound traces living voices the way photography traces living image. A vocalic space and a visual space danced with one another. We tried to make that hybrid space evoke something of a lost and unpredictable dislocation, relocation and location for our audience. But projected, reflected light and recorded and live sound are two different worlds of media. Within an architectural paradigm, however, they might be related to one another. They can come together to form sculptural spaces that human bodies can inhabit. Can we understand that space as being a site that has haptic potential?

Juhanni Pallasmaa's work *The Eyes of the Skin: Architecture and the Senses* (2005) militates for a reconceived notion of architecture as non-ocularcentric. He critiques what he (and many others, including, though in a more nuanced manner, Marks) calls the "ocularcentric tradition and the consequent spectator theory of knowledge in Western thinking."[20] He iterates David Michael Levin's observation that the "autonomy-drive and aggressiveness of vision [...] haunt our ocularcentric culture".[21] While the works by Welton and Marks previously explored here also do this, Pallasmaa takes an even more developed view and applies it to three dimensions. He cites Levin's contention that

> The will to power is very strong in vision. There is a very strong tendency in vision to grasp and fixate, to reify and totalise: a tendency to dominate, secure and control, which eventually, because it was so extensively promoted, assumed a certain uncontested hegemony over our culture and its philosophical discourse, establishing, in keeping with the instrumental rationality of our culture and the technological character of our society, an ocularcentric metaphysics of presence.[22]

To counter this, Pallasmaa proposes an architecture that is about the experience of the whole body instead of being about successions of impressive material images that strike the eye and engage it in games of power relations, and that try to impress upon the eye; in short, he proposes a kind of equivalent to the haptic videographic and film art that sits at the core of Marks' discourse. For Pallasmaa, "the eyes want to collaborate with the other senses. All the senses, including vision, can be regarded as extensions of the sense of touch—as specialisations of the skin."[23] This multisensory skin is similar to the space that Didier Anzieu, pioneer psychoanalyst of the "skin ego", calls the home of intersensoriality, the skin-space from which all other senses emerge, and through which the other senses link to one another.[24] This kind of intersensoriality—one from which *all* senses, and not just sound, touch and vision, emerge—forms the core of the architecture Pallasmaa would like to see develop further.

This architecture would be an architecture of participation,[25] an architecture that constructs and reconstructs notions of the passage of time, slowing down the pace of our experience and counteracting what he calls the "collapse into the flat screen of the present, onto which the simultaneity of the world is projected."[26] This flat screen is one of time, and not merely of image. Hapticity thus gives back to the experience of time in space a complex richness, a richness that re-engages multiple dimensions of perception with touch as the fulcrum on which the levers of all the other senses balance.

With regards to sound, Pallasmaa claims that the hearing experience is crucial to engaging with a whole architecture. "Hearing structures and articulates the experience and understanding of space. We are not normally aware of the significance of hearing in spatial experience, although sound often provides the temporal continuum in which visual impressions are embedded."[27] In so doing, he reverses the notion of the visual as 'fixed space' that provides temporal certainty, and lends sound qualities of tapestry, of tissue, of that which holds the ephemeral and transitory nature of visual impressions of a three dimensional architecture together in an organic, three dimensional space, the opposite of the flat screen. Pallasmaa militates for an architecture that makes the hearing experience one of intimacy, one that engenders self-reflection.

I wonder if Pallasmaa's notion of a haptic architecture might serve as a founding metaphor around which we might understand how reaching voice and haptic experience of flashing light might work together to interact. If we attempt to conjugate Welton's explorations of hapticity in performance 'in the dark' with Marks' ideas about haptic video and haptic cinema, and if we insert into this equation Connor's notion of vocalic space and Nancy's fundamental understanding of touch as an experience that helps us to define contact and proximity, a sonic-vocal and video environment can begin to be understood in three to four dimensions. Within those dimensions, vocalic bodies as theorised by Steven Connor can journey. We return, therefore, to patterns of reaching.

The vocalic bodies within the space are made from acts of sonic reaching, and the recorded lights themselves metaphorically reach through their transitory rhythms, blurred and difficult to fix locations, the landscapes of wandering lostness they create, and their play with depth, location and dislocation. These elements elicit haptic response in us. Together, they might make us 'feel' *through* and *across* the space of performance to find a kind of momentary, nostalgic, fleeting and intangible architecture that is musical: it sings, it reaches, it disappears and is gone. We see its woven, temporary, three-dimensional structures through interactions between the intangible lights; we feel the landscape of calling sound and are immersed in vocalic bodies that touch us through live and recorded vocal sound, and thus bodies move and journey through space.

Landscapes of flashing light occur. Play within these landscapes occurs. Tangible threads of sensation are woven between experiences of appearing and disappearing light and sound because our haptic responses reach back toward them, measure them, and locate us in transitory space and time. Then, suddenly, it shifts, and new sounds and lights take us on another journey into disappearance. We might 'feel' that disappearance with our skins.

In the final Beacons performance project, then, our three video screens and the blocking of the stage movement of the live singer created an architecture within the 'black box' of the theatre, simulating lost edges of infinite night. The sound, emerging from multi-speaker systems, was made up of layered recordings of vocal bodies, which voyaged through and across space toward the audience; a live voice, emanating from a body, also made amplified and acoustic sound that blended together to come toward the audience and to 'touch' them. The comings and goings of the wide and varied images of flashing light, strewn across three planes, created complexities of disappearance and reappearance, and the audience had to work to 'find' meaning in the occurring and recurring images and the long moments of blankness. Did this project work as a means of bringing hearing and seeing together? Probably, for some audience members at some times. We intended that the structure of the space created by the light, sound and performer placement draw the audience into a very internal world, a world where the act of calling across space, and the presence and absence of the signalling body, was celebrated. We hoped their bodies at least occasionally signalled back to the performance. We hoped they were 'touched': touched by the work itself, and not just by the sense they made of its semantic content, not just by the cognitive processing of meaning.

However, the *Beacons* project, steeped as it is in its own creative world and aesthetic underpinnings, is, of course, very imperfectly haptic. We cannot overcome the ocularcentric nature of our culture and our dissecting eyes with one short performance. The performance, and the creative processes underpinning it, however, opens up many questions about how we could become 'better' at bringing sound and vision together to engage bodies in contemporary performance in ever-richer ways. For, as we consume more and more media on Pallasmaa's 'flat screen of the present', it is in artists'—and cultural actors'—interests to explore how current technologies can meld with bodies to engage them in haptic responses to artworks so that haptic richness and haptic complexity can become increasingly fertile terrain for artistic and interpersonal communication.

Could we think of voice and light together as elements in a kind of transitory building? Could we think of voice and light as being able to construct waves of sensation that our bodies make sense of by knitting them together through space and time into a whole that elicits haptic agency? Could we think of them as an architecture that reaches, touches, allows us to touch, and still measures? Could we have both sound and vision be manifestations of a tactile, haptic response that is reaching? Here, movements between hearing and seeing dissolve into variations on touching—on living in—vocalic, visual, yet profoundly haptic space. This space requires an emphasis on the transitory, the blur, the bringing together of sound and vision through understanding them both as mutually contacting bodies. It requires membrane, skin and a willingness to try to reach toward our audience with work that moves beyond fascination and high production values. It requires an interest in sound and vision as touch. And it requires a political commitment to a tactile body in a world whose tactile richness fades into plastic keyboards, paper, packaging, and the smooth, shiny surface of hardened industrial material. It requires working at the underside of the great works—

where 'making for the fingers' has taken precedence over the esteem of production networks. It requires the use of technology and artistic engineering, so that movements between hearing and seeing become an architecture of sensation, where hearing/seeing/journeying can be explored with active response to the stimuli of the vocalic body and transitory light.

1   Steven Connor, *Dumbstruck: A Cultural History of Ventriloquism*, Oxford 2000.
2   Ibid., pp. 6–7.
3   Ibid., p. 36.
4   Martin Welton, "Seeing nothing: now hear this…," in *The Senses in Performance*, eds. Sally Banes and André Lepecki, London 2007, pp. 146–155, pp. 153–54.
5   Ibid., p. 149.
6   For further discussion of the relationship between touch, hapticity and the notion of membrane in vocal performance see Bonenfant (2008) *Sound, touch, the felt body and emotion: toward a haptic art of voice.* SCAN Journal, 5:3, http://scan.net.au/scan/journal/display.php?journal_id=126.
7   Didier Anzieu, *Le Moi-peau*, 2nd edition, Paris 1995, pp. 183–198.
8   Welton, "Seeing nothing: now hear this…" (s. note 4), p. 52.
9   Jean-Luc Nancy, *Toucher. Dictionnaire du corps,* Paris 2007, p. 325.
10 Ibid., p. 326.
11 Laura U. Marks, *Touch: Sensuous Theory and Multisensory Media*, Minneapolis 2002, p. 6.
12 Ibid., p. 9.
13 Ibid., p. 13.
14 Ibid.
15 Ibid.
16 Ibid., p. 18.
17 Ibid.
18 Ibid.
19 Ibid., p. 91.
20 Juhanni Pallasmaa, *The Eyes of the Skin: Architecture and the Senses,* Chichester 2005, p. 19.
21 Ibid., p. 17.
22 Levin 1993, p. 205; cited in Pallasmaa, *The Eyes of the Skin: Architecture and the Senses* (s. note 20), p. 17.
23 Ibid., p. 42.
24 Anzieu, *Le Moi-peau* (s. note 7), p. 127.
25 Pallasmaa, *The Eyes of the Skin: Architecture and the Senses* (s. note 20), p. 43.
26 Ibid., p. 52.
27 Ibid., p. 49.

DAVID ROESNER

Der *Guitar Hero* zwischen Musizieren und Performen

Obwohl *music gaming*[1] immer noch ein vergleichsweise neues und sich erst entwickelndes Feld ist, haben sich bereits eine Reihe von Soziologen, Gaming- und Musikwissenschaftlern[2] den musikorientierten Videospielen zum Beispiel aus dem *Guitar-Hero-* oder *Rock-Band*-Franchise gewidmet. Untersucht wurden zum Beispiel Aspekte des Verhältnisses zwischen Controller und ‚richtigem' Instrument, der Verkörperung beim Spielen von *music-simulation games*, der performativen Schichten beim Spielen, der Kreativität und Authentizität im Gaming-Erlebnis, der soziologischen Reaktionen in Spielgemeinschaften und Online-Communities und vieles mehr.[3]

Was ich daher im Folgenden anbiete, sind einige ergänzende Bemerkungen und Betrachtungen, mit denen ich hoffe, den Schwerpunkt des bisherigen Diskurses etwas zu verlagern. Ich werde eine Reihe von Verschiebungen in unserem Verständnis von Musizieren und der Aufführung von Musik diskutieren, die durch die Besonderheiten des musikalischen und performativen *game designs* der musikorientierten Videospiele hervorgebracht werden. Dabei stellen sich Fragen hinsichtlich dessen, wie wir Musiker und ihr Publikum definieren (wer spielt in *music games* und worin besteht das Musizieren?), und es ergeben sich Veränderungen in unserem Verständnis und der Verwendung von Notation. Außerdem befragen *music games* unsere Gewohnheiten der audiovisuellen Wahrnehmung und Identifikation und rücken die Aufführungssituation ins Zentrum des Akts des Musizierens.

Trotz der Popularität der Spiele möchte ich für diejenigen, die noch nicht die Möglichkeit oder Veranlassung hatten, *music games* zu spielen, deren Funktionsweise kurz erläutern. Die Beschreibung basiert auf *Guitar Hero III: Legends of Rock*, wobei viele der Spielfunktionen für das gesamte Franchise grundlegend und auch in der *Rock-Band*-Serie ähnlich sind.

Das Spielprinzip ist in einen einfachen Handlungsverlauf eingebettet: Der Spieler wählt einen Avatar als seinen ‚Guitar Hero' und gründet eine Band. Indem er mehr und mehr Songs beherrscht, durchläuft er eine Karriere, die ihm sowohl bessere Veranstaltungsorte ermöglicht, Plattenverträge und einen Videodreh als auch das (virtuelle) *endorsement* von Instrumenten- und Verstärkerherstellern verschafft. Das *gameplay* selbst besteht darin, mit der linken Hand auf einem gitarrenförmigen Controller farbige Tasten zu treffen und mit der rechten im richtigen Moment einen Wippschalter anzuschlagen (siehe Abb. 1⁴) – und zwar synchron mit dem Gitarrentrack eines Pop- oder Rock-Songs. Diesen Track haben die Spieldesigner als eine Reihe von farbigen Punkten umgesetzt bzw. ‚notiert', die auf einem Griffbrett auf dem Bildschirm auf den Spieler zulaufen (siehe Abb. 2).[5] Wenn man den richtigen Knopf drückt und dazu in dem Moment den Wippschalter anschlägt, in dem der jeweilige bunte Punkt am Steg des Griffbretts ankommt (dieser Punkt ist rhythmisch auf den Gitarrentrack genau abgestimmt), ertönt die jeweilige Note oder die kurze Sequenz des aufgenommen Gitarrentracks. Wenn man den richtigen Zeitpunkt verpasst oder die falsche Taste drückt, wackelt das Bild kurz (eine Art ‚Kopfschütteln' symbolisierend) und man hört nur eine hässlich scheppernde Saite.

Abb. 1: Kontrollgeräte für *Guitar Hero*

Kriterien für erfolgreiches Spielen sind der prozentuale Anteil von getroffenen Noten und die längste fehlerfreie Sequenz, die zusammen in einem Punktesystem dargestellt werden. Für jede richtige Note werden Punkte vergeben, und je länger man richtig spielt, desto mehr erhöht sich der Multiplikator für diese Punkte. Dies geschieht auch, wenn man den sogenannten *star power* auslöst.[6] Spielt man hingegen zu oft falsch, bricht der Song ab und der Spieler wird ausgebuht. Es ist möglich, einzelne Lieder und Passagen zu üben, auch in verlangsamtem Tempo.

Der Guitar Hero *zwischen Musizieren und Performen*

Abb. 2: Screenshot aus *Guitar Hero III: Legends of Rock*

Im Folgenden möchte ich darlegen, dass man das Spielen von *Guitar Hero* durchaus als Musizieren bezeichnen und verstehen könnte oder sogar sollte. Mein Ansatz hierbei ist ein heuristischer: Ich meine, es ist vielversprechender, sich die Veränderungen und Verschiebungen, die unser Verständnis von Musizieren im Zusammenhang mit *music games* gegenüber gängigeren Formen durchläuft, genauer anzusehen, als *music gaming* vorschnell als eine bloße Simulation beziehungsweise ein ‚so tun als ob' von der Hand zu weisen – eine häufig wiederkehrende Behauptung im Diskurs um *music games*.[7]

Erste Verschiebung: Der audiovisuelle Aspekt

Aus der Perspektive des Spielers

Guitar Hero und andere *music games* erzeugen und erfordern eine andere Art von performativer Konstellation und Vereinbarung als die musiktheatralen Genres, auf die sie sich beziehen oder an die sie durch ihr *setting* erinnern: das Rockkonzert einerseits und das Hauskonzert andererseits.[8] Für den individuellen Spieler ergibt sich dabei ein ganz eigenes Zusammenspiel von akustischer und visueller Ebene. Gerade Spieler, die über musikalische Vorerfahrung verfügen – und laut einer Umfrage von Kiri Miller trifft dies auf 73 Prozent zu[9] –, stellt das *game play* in *Guitar Hero* vor eine Reihe ungewohnter Herausforderungen.

So hat z. B. die Art der Notation interessante Auswirkungen auf die aktive Auseinandersetzung mit Musik, die meines Erachtens durch *music games* allen Kritikern zum Trotz durchaus gefördert wird, da der Spieler sich ein Stück Musik im Detail geistig und körperlich aneignet, auch wenn die Wiederhervorbringung erheblichen, technisch bedingten Einschränkungen unterliegt.

Wenn man ein Musikstück in traditioneller Weise für ‚echtes' Instrumentalspiel lernt und übt, vor allem wenn es sich um notierte Musik handelt, beginnt man meist, indem man das Stück als Ganzes betrachtet, es aber zunächst in sinnvolle Einheiten aufteilt, sich diese Note für Note in langsamem Tempo aneignet und später zu längeren komplexeren Einheiten zusammensetzt. *Guitar Hero* hingegen bietet jeden Song auf vier Schwierigkeitsstufen an, die nicht im Tempo variieren, sich aber im Hinblick auf den Grad von Komplexität und Dichte der Relation von Knopfdruck und Klang unterscheiden. Während man im Easy-Modus oft mit einem einzigen Knopfdruck ein ganzes Motiv (beziehungsweise *riff* oder *lick* im Sprachgebrauch der Rock-Musik) auslöst, erfordert der Expert-Modus für beinahe jedes individuelle Klangereignis in der Gitarrenspur einen Knopfdruck. Die Notation wird, mit anderen Worten, für denselben Track zunehmend dichter. Didaktisch bedeutet das, dass sich der Spieler im Easy-Modus zunächst auf das ‚Skelett' des Tracks konzentriert und nur die wichtigsten Akzente und die wichtigsten rhythmischen Eckpunkte der Stimme spielt. Vom Medium- über den Hard- bis zum Expert-Modus kommt immer mehr ‚Fleisch' an die zu spielende Stimme, bis schließlich Note für Note ‚gespielt' wird. Es handelt sich also in gewisser Weise um eine Umkehrung der gewöhnlichen Instrumentalpraxis, bei welcher der Musiker häufig mit dem ‚Fleisch' beginnt, das Stück Note für Note lernt und Fingersätze trainiert, bevor er sich mit dem ‚Skelett', d. h. der musikalischen Struktur und den Phrasierungen usw., beschäftigt. Interessanterweise erfordert *Guitar Hero* also, dass in den frühen, einfacheren Phasen des Spiels stärker analytisch und mit Blick auf Makrostrukturen gespielt wird, während die späteren Phasen des Spiels sich den eher mechanisch-virtuosen Aspekten einer präzisen Abbildung der Mikrostrukturen widmen, die dem Spieler allerdings zunehmend das Gefühl vermitteln, er spiele das Stück tatsächlich, und damit die Immersion verstärken.

Trotz der Immersionsangebote bewegt sich der Spieler auf einem Kontinuum zwischen dem konzentrierten Bemühen, das Spiel technisch zu meistern, und einem Bewusstsein für die Aufführungssituation, in der er sich vor Mitspielern befindet. Ersteres ist eine Mischung aus ‚Blattlesen', also einer schnellen Koordination von Auge und Hand in Echtzeit, und einem fortwährenden Spiel von Protention und Retention (im Sinne Husserls[10]), mit dem der Spieler gespielte Muster erinnert und mit Hilfe seiner Kenntnis des Songs und typischer Gitarrenfloskeln des Genres auf zu erwartende Knopfdruckkombinationen hochrechnet. Das performative Bewusstsein hingegen ist geprägt von der Anerkennung von Iterativität und Zitathaftigkeit im Sinne Derridas[11], indem sich der Spieler auf den Gestenkanon der Rockmusik bezieht und diesen spielerisch wieder hervorbringt. Dabei entsteht hinsichtlich seiner Performance beziehungsweise der Aufmerksamkeit, die er der eigenen Erscheinung beim Spielen schenkt, eine invertierte Korrelation. Während das Spiel zu einer performativen Einlassung auffordert, kommen die zu erwartenden Rock-Posen und das *guitar face*[12] zumindest bei Spielanfängern jedoch meist nur bei einfachen Passagen als Showeffekt zum Einsatz; beides weicht rasch einer krummen Haltung und einem *game face*[13], sobald ein etwas kniffligerer Solo-Teil zu spielen ist. Das bringt auch die Perspektive der Zuschauer mit ins Spiel, da – im Gegensatz zu anderen Videospielen – *Guitar Hero* dezidiert für Spieler *und* Zuschauer konzipiert wurde.

Aus der Perspektive des Publikums
Für den Betrachter oder Zuhörer (der sich möglicherweise mit anderen Spielern abwechselt oder einfach nur um der Unterhaltung willen zuschaut) ergibt sich eine komplexe Blickkonstellation.[14] Auf dem Bildschirm selbst bleibt das Griffbrett im Mittelpunkt der Aufmerksamkeit, damit man sehen kann, wie gut sich der Spieler entwickelt. Aber da das Publikum den Erfolg (oder Misserfolg) des Spielers rasch akustisch einzuschätzen lernt, kann es den Blick auch schweifen lassen.

Abb. 3: *Wallpaper* von *Guitar Hero III: Legends of Rock*

Da ist zum einen die relativ aufwendige Animation der Aufführungsorte (siehe z. B. Abb. 3[15]), mit ihren virtuellen Zuschauern, Bühnenshows und den Musiker-Avataren, die sich einigermaßen synchron und passend zum jeweiligen Stück bewegen. Da der Spieler nur sehr selten Gelegenheit hat, auf diese visuellen Elemente zu achten, ohne eine Reihe von Einsätzen zu verpassen, sind diese Teile der Animation eindeutig an ein Publikum des Spielers gerichtet.

Millers überzeugender These über das schizophonische[16] Wesen der *music games*[17] möchte ich hinzufügen, dass *music games* auch ein performatives Dispositiv für eine ‚schizooptische' Betrachtung bereitstellen. Während der Spieler die immersive Qualität des Spiels erfährt und irgendwann glauben wird, er spiele den jeweiligen Track (womit er die schizophonische „Spaltung zwischen einem Klang und seiner Quelle"[18] überbrückt), hat das Publikum die Aufgabe, mit zahlreichen komplexen visuellen Stimuli und Spaltungen umzugehen.

Wenn der Zuschauer selbst auch Spieler ist, mag er den Song im Kopf mitspielen, bei verfehlten Noten zusammenzucken oder mit dem Spieler interagieren, indem er Zuspruch oder Ratschläge anbietet. Beides ist bei einem ‚echten' Konzert eher unüblich. Wenn der Zuschauer seine Aufmerksamkeit vom eigentlichen *gameplay* und damit dem virtuellen Griffbrett löst, steht es ihm offen, sich die animierte Show anzusehen oder den Punktestand zu verfolgen. Er kann allerdings auch den jeweiligen Spieler oder die anderen ‚realen' Zuschauer beobachten. Im Vergleich zu einer Konzertsituation sind die Blickrichtungen stärker multi-direktional. In einem Rockkonzert stehen die Musiker in der Regel zum Publikum gewandt, auf das sie blicken, wenn sie nicht ihr Instrument oder sich gegenseitig ansehen. Das Publikum betrachtet die Musiker direkt oder über den live projizierten Video-Feed auf einem der heute üblichen Großbildschirme. Dieser Live-Feed bietet dem Publikum Nahaufnahmen, mehr Details und zusätzliche Blickwinkel, ändert jedoch grundsätzlich nichts an der insgesamt linearen Ausrichtung der Blicke auf die Band.

Beim Spielen von *Guitar Hero* ist jedoch bereits der Begriff der Aufführung zweideutig: Er bezieht sich auf das animierte Konzert auf dem Bildschirm, das nicht vom Spieler kontrolliert wird – eine Ausnahme in Vergleich zu den meisten Videospielen mit Avataren –, oder auf den Spieler selbst, der aber den Zuschauerblick nicht erwidert, sondern ebenfalls auf den gleichen Bildschirm starrt und sich möglicherweise mitten unter den Zuschauern befindet. Der Zuschauer kann zwischen beiden Performances hin- und hersehen und dabei auch beobachten, dass die Handlungen des Spielers zwischen bewusstem Performen für sein reales Publikum und Momenten unbewussten *gameplays*, in denen er sich seiner Außenwirkung kaum gewahr wird und wenig expressive Intention zeigt, schwanken. Jemandem zuzusehen, der sich mindestens zum Teil seiner performativen Hervorgehobenheit nicht bewusst oder aufgrund der Anforderungen des Spiels nicht in der Lage ist, bestimmte performative Erwartungen oder Konventionen zu erfüllen, und damit einem versunken spielenden Kind nicht ganz unähnlich wird, steigert die Faszination des Zuschauers.

So bietet das von *Guitar Hero* erzeugte schizooptische Dispositiv dem Zuschauer Gelegenheit, sowohl fiktive als auch nicht-fiktive Animation, sowohl bewusste als auch unbewusste körperliche Performance in raschem Wechsel zu betrachten. Er hat aber auch die Option, der Ursache-Wirkungs-Beziehung zwischen *gameplay* und Klang nachzugehen (und den schizophonen Bruch zu schließen), und schließlich, sich mit dem Spieler zu identifizieren, indem er das Spiel im Kopf mitspielt.

In vielen Fällen scheint es also eine Verschiebung in der Beziehung zwischen Performer und Zuschauer/Zuhörer zu geben. Dies schreibt eine Tendenz fort, die bereits in der Entwicklung der Pop- und Rock-Musik-Genres angelegt ist. *Guitar-Hero*-Zuschauer sind, würde ich behaupten, häufig Mitmusiker und identifizieren sich in höherem Maße mit dem Akt des Musizierens als mit der aufgeführten Musik. Das typische *setting* von *Guitar Hero* kreiert eine Situation, in der die Rollen zwischen Musikern/Spielern und Zuschauern fluktuieren. Es wird abgewechselt und man spielt mal mit-, mal gegeneinander oder sieht zu. Zusehen und Zuhören sind hier häufig von einer andersartigen Einlassung gekennzeichnet als in Situationen ‚echten' Musizierens. In *music games* bereitet sich der Zuschauer teilweise beim Zusehen auf seinen ‚Auftritt' vor und probt im Geiste, indem er sich auf schwierige Passagen konzentriert und die eigene, imaginäre Performance mit der des Spielers, der gerade an der Reihe ist, vergleicht.

Die *music games* folgen damit einer aktuellen Dichotomie in der Popularmusik und übersetzen diese ins häusliche Wohnzimmer: das Spannungsverhältnis zwischen der zunehmenden Vergötterung und Anbetung des ‚Stars' einerseits und seiner Domestizierung und Gemeinmachung durch die bekannten Medienstrategien andererseits, die zum einen die Alltäglichkeit der Musik-Prominenz ‚enthüllen' (z. B. in der Doku-Soap *The Osbournes*) und zum anderen in den ungemein populären Casting-Shows (z. B. *X-Factor, American Idol, Pop-Star, Deutschland sucht den Superstar* etc.) den Eindruck zu vermitteln suchen, dass jeder ein Superstar werden kann. Das führt uns zu den performativen Aspekten des Spiels.

Zweite Verschiebung: Der performative Aspekt

> You don't play the music, but you perform a choreographed sequence. Performing this sequence just makes the music play correctly.[19]
>
> Performers only function as the gatekeepers for a stream of previously recorded music.[20]

Philip Auslander und Simon Frith haben – neben einigen anderen – die performativen Schichtungen und die Komplexität in Rock-Musik-Performances besonders eingehend untersucht.[21] Während Frith sich auf die binäre Unterscheidung zwischen Schauspielen (die Figur im Song) und Posieren (die Figur des Stars) konzentriert,[22] sieht Auslander drei Ebenen der Performance: „the real person (the performer as human being), the performance persona (the performer's self-presentation), and the character (a figure portrayed in a song text)".[23] Es überrascht nicht, dass sich in Kiri Millers Untersuchung des gleichen Problems in *music games* die Anzahl der performativen Schichten noch weiter vervielfältigt: Miller spricht von gleich sechs Ebenen. Interessanterweise zählt nur Miller auch das Musizieren selbst zu den performativen Schichten, wo doch allgemein davon ausgegangen wird, dass gerade ‚Musizieren' eines der wenigen Dinge ist, die in *music games* gerade *nicht* stattfinden.[24]

In Bezug auf die musikalische Darbietung kritisiert Auslander die Annahme Nicholas Cooks, zu musizieren bedeute, etwas zu spielen – ein Musikstück, ein Werk, einen Notentext –, indem er sagt, man könne schließlich auch *jemanden* spielen.[25] Hinsichtlich der *music games* möchte ich noch eine dritte Möglichkeit vorschlagen: Der *Guitar-Hero*-Spieler spielt nicht nur *etwas* (eine Reihe von Anweisungen, im Rhythmus Knöpfe zu drücken); er spielt nicht nur *jemanden* (eine komplexe Mischung aus dem gewählten Avatar, der Star-Persönlichkeit des jeweiligen Gitarristen des Songs und der tatsächlichen oder imaginierten eigenen Star-Persönlichkeit des Spielers als Gitarrist); er spielt auch eine bereits realisierte Performance: Nur wenn er alle Tasten richtig anschlägt, kommt die ursprünglich aufgenommene – also bereits gespielte – Musik zur (Wieder-)Aufführung. Man könnte natürlich behaupten, das Gleiche gelte für das Drücken der Abspieltaste auf einem CD-Player oder iPod, aber das würde den erheblichen Unterschied nivellieren, der in dem ungleich detaillierteren Verhältnis von Knopfdruck und erklingender Musik im Fall von *Guitar Hero* vorliegt und der in viel höherem Maße das Gefühl vermittelt, den Gitarrenpart einer Aufnahme tatsächlich zu spielen und sich damit zu identifizieren. Miller zitiert in diesem Zusammenhang einen Spieler, Chris Sanders, der diesen Umstand folgendermaßen beschreibt: „The energy and commitment to the music is quite real, even if the instruments are not."[26]

Die Popularmusik selbst hat bereits zu einem grundlegenden Wandel in unserem Verständnis der Eigenschaften und Wechselverhältnisse von Performance, Notation und Werk in der Musik beigetragen. In der Rock- und Jazz-Musik, argumentiert David R. Shumway, ist die Beziehung zu der schriftlichen Vorlage, wenn sie überhaupt existiert, praktisch das Gegenteil von dem, was in der klassischen Musik Usus ist, und man könne behaupten, dass hier gelte: „A performance is not *of* a work; it *is* the work."[27]

Guitar Hero treibt diese Verschiebung noch einen Schritt weiter, als es zum Beispiel in der breiten Palette von Rock- und Jazzsoli-Transkriptionen geschieht, die eine (häufig improvisierte) Aufführung in Noten zum Nachspielen verwandelt. In *Guitar Hero* ist die Notation nicht eine Hilfestellung zur Rekreation des musikalischen Spiels eines anderen Musikers – diese lässt noch einen gewissen Spielraum hinsichtlich des individuellen Klangs, des Rhythmus, der Phrasierung oder der Interpretation –, sondern die Notation ist unmittelbar an eine konkrete Referenzaufnahme gebunden und erlaubt es dem Spieler lediglich, diese Aufnahme, diese ‚Performance mit Werkcharakter' mit größtmöglicher Exaktheit heraufzubeschwören bzw. hörbar zu machen. Das Spiel quantifiziert sogar diese ‚Werktreue' gegenüber der ursprünglichen Performance durch die prozentuale Angabe der Genauigkeit der Performance des Spielers. Notation ist hier also nicht mehr ein Mittel zum Entwerfen, Erinnern oder Nachempfinden beim Erschaffen von Musik, sondern eine Kontrollinstanz, die zu jedem Zeitpunkt unzweifelhaft auf die werkhaft verstandene Aufführung anderer verweist und jedes Element der Interpretation unterdrückt, indem sie jeden Knopfdruck als entweder richtig oder falsch deklariert. Miller hat zurecht darauf hingewiesen, dass dies eine eigenartige Strenge des Spiels darstellt – gerade im Hinblick auf sein musikalisches Genre, das stark auf Indiviualität und (künstlerischer) Freiheit beruht.[28] Es handelt sich wohl um ein Zugeständnis an die Konventionen der Videospiele, in denen Handlungen zumeist stark regelbasiert, konkurrenzgesteuert und quantifizierbar sind.

Dritte Verschiebung: Der Aspekt des Musizierens – das Performen der Paratexte

> Real guitarists don't sit on the couch while they play!
> (*Guitar Hero III, Legends of Rock*)

Die These, dass *Guitar Hero* mit einer Verschiebung des Musizierens zugunsten der Performance von Paratexten einhergeht, die ich im Folgenden diskutieren werde, gründet auf Christopher Smalls Konzept des „musicking".[29] Mit dieser begrifflichen Neuschöpfung etablierte er den Gedanken, dass Musik nicht als Gegenstand zu verstehen sei, sondern als eine Tätigkeit, und dass die Grenzen dieser Tätigkeit weit gefasst seien und zum Beispiel beinhalteten:

> Tak[ing] part, in any capacity, in a musical performance, whether by performing, by listening, by rehearsing or practicing, by providing material for performance (what is called composing), or by dancing.[30]

Er lenkt damit unsere Aufmerksamkeit auf alle Aspekte musikalischer Aktivität und darauf, wie sie zur Bedeutung von Musik beitragen, die nach Small eben nicht in einer Partitur oder CD-Aufnahme isoliert und fixiert werden könne, sondern sich in der Art und Dynamik der Beziehungen der einzelnen *musicking*-Handlungen zueinander manifestiere und konstituiere.

Rock-Musik ist hier ein typisches Beispiel: Was einen großen Rock-Song ausmacht, lässt sich schwerlich an seinem Notentexts ablesen, wenn ein solcher überhaupt existiert. Zu einer Ikone wird der Song erst durch eine Reihe vielfältiger Aspekte und Wechselbeziehungen, zu denen die musikalischen und performativen Fähigkeiten der Musiker ebenso gehören wie das Publikum, die Plattenindustrie, Produzenten, Toningenieure, die Berichterstattung in den Medien usw. Die Bedeutung und der Einfluss eines Rock-Songs hängt mindestens ebenso sehr von den Paratexten des Songs ab wie von der Musik selbst. Die Rock-Musik verweist die Aufmerksamkeit ihrer Rezipienten offener und offensiver auf die ‚Peripherie' der eigentlichen musikalischen Darbietung: das Album-Cover, die ikonischen Gesten und Fotos, die Werbung und Medienberichte, welche die Veröffentlichung eines Albums begleiten, die Inszenierung der Bühnenshow mit Pyrotechnik, Lichtdesign oder performativen Idiosynchrasien (z. B. *stage diving* oder das Zerschlagen von Gitarren) während der Live-Auftritte. David R. Shumway konstatiert:

> [...] rock 'n' roll has never been a purely musical form. [...] Rock 'n' roll has from its emergence been especially bound up with non-musical forms of expression.[31]

Guitar Hero verlagert ebenfalls die Aufmerksamkeit der Spieler und Zuschauer stark auf diese nicht-musikalischen Ausdrucksformen, die ich die Paratexte des Musizierens nennen möchte. Besonders deutlich wird dies in einer Werbekampagne für das Spiel, in der u. a. Supermodel Heidi Klum, die Sportstars Kobe Bryant, Michael Phelps, Alex Rodriguez und Tony Hawk, der Gewinner von *American Idol 2008* David Cook und der Zweitplatzierte David Archuleta und schließlich auch einige echte Rock-Musiker – die Band Metallica – für das Spiel werben.[32] In der Kampagne liegt der Schwerpunkt eindeutig nicht auf möglichst genauem *gameplay*, High Scores oder virtuosem Tastendrücken. Es geht um Einstellung, Bewegung, Spaß, Celebrity, Posen und körperliche Ausdrucksfähigkeit, wobei die Kampagne all dies durch das durchgängig aus weißen Socken, Unterwäsche und einem rosa Hemd bestehende Outift und das sehr bürgerliche Ambiente optisch ironisiert. Es wird jedoch das betont, was der Rock-Musiker Sting im *Making of* des späteren *Guitar-Hero*-Spiels *World Tour*, in dem er als Avatar auftritt, reflektiert:

> What is fascinating to me about it is that I never really thought about the idea that the way you move is as much a signature as the way you sing or the way you play.[33]

Was ich hier also behaupte, ist, dass *Guitar Hero* die Verschiebung des Musizierens hin zur Performativität, wie sie in der Rock-Musik bereits angelegt ist, aufgreift und erweitert. Indem dem Spieler ein Controller in Gitarrenform in die Hand gegeben wird und im Spiel jede Menge wohlbekannter Rock-'n'-Roll-Klischees[34] zitiert und evoziert werden, ermöglicht und suggeriert man dem Spieler, insbesondere mit dem performativen Aspekt von Rockmusik kreativ umzugehen.[35] Es sind gerade die Aspekte des Rock-Musizierens, in denen es darum geht, *jemanden* zu spielen und bestimmte performative Topoi des Rock 'n' Roll zu inszenieren, die das kreative und expressive Element eines Spiels ausmachen, in dem der musikalische und gestalterische Spielraum ansonsten deutlich eingeschränkt ist.[36]

Vierte Verschiebung: Der iterative Aspekt – Performance als Zitat

Für meine letzte Beobachtung gilt es zunächst kurz auf die Auseinandersetzung zwischen John L. Austin und Jacques Derrida über die Eigenschaften und Erfolgskriterien performativer Sprechakte rekurrieren. Austin behauptete, dass Sprechakte – zum Beispiel auf der Theaterbühne – nicht ernst gemeint seien, bedingt durch den „seachange in special circumstances"[37]. Ein Schauspieler, der seine Kollegin auf der Bühne als Teil der Vorstellung frage, ob sie ihn heiraten wolle, vollziehe, so Austin, keine ernsthafte Sprachhandlung, da diese Frage zwar den gleichen propositionalen Gehalt habe wie im ‚realen Leben', aber nicht die gleiche illokutionäre Kraft. Austin nennt dies einen parasitären oder nicht-ernsthaften Gebrauch der Sprache.

Es scheint durchaus logisch, diese Unterscheidung auch auf die musikalischen Handlungen in *Guitar Hero* anzuwenden. Schon die Tatsache, dass es sich um ein Spiel handelt, lässt die musikalischen Äußerungen als nicht-ernsthaft erscheinen. Die performativen Akte – das Abrufen großer Gitarren-Sounds durch kleine farbige Plastiktasten, das Spiel mit stadionreifen Rock-Posen im häuslichen Wohnzimmer – sind parasitäre Handlungen und verweisen nur auf ihre Vorbilder, ob sie nun Gibson (Gitarren),

Marshall (Verstärker) oder Slash (Gitarrist von Guns 'n' Roses) heißen. Sie sind umso mehr uneigentlich zu verstehen, als der ironische Humor des Spiels und die Art und Weise, wie es beworben wird, vielfache Hinweise streuen, das Ganze nicht zu ernst zu nehmen.

Andererseits ist es gerade dieser selbstreflexive Fluss an ironischen Verweisen, der eine eher an Jacques Derrida orientierte Lesart nahelegt. In seiner Kritik an Austin wies Derrida auf die Zitierfähigkeit und Iterabilität von Zeichen und damit auch von performativen Akten hin. Er bestand darauf, dass man ein Zeichen aus seinem Kontext nehmen und woanders ‚aufpfropfen' könne, „without causing it to loose all possibility of functioning, if not all possibility of ‚communicating', precisely".[38] Auch Judith Butler hat in ihren Schriften zur Performativität von Geschlecht nachdrücklich argumentiert, dass auch zitierte und iterative performative Akte illokutionäre Kraft bei der Identitätsbildung entfalten können. Beide, Butler und Derrida, widersprechen also der strikten Austin'schen Trennung zwischen ernsthaften und parasitären Sprechakten oder, in unserem Fall, performativen Akten.

Selbst wenn wir anerkennen, dass Sprechakte und musikalische Handlungen nicht das Gleiche sind, würde ich dennoch behaupten, dass – in Fortführung von Derridas Argument – auch die fast ausschließlich iterative Art des *musicking*, die das Spieldesign von *Guitar Hero* erlaubt, tatsächlich noch als Musizieren bezeichnet werden kann. Als Indiz möchte ich nur auf den lebhaft geführten Diskurs um die *music games* verweisen, der sich um öffentliche Live-Events und Conventions als auch um die Vielzahl von YouTube-Einträgen rankt und in einem ausgeprägten Star-, Virtuosen- und Koryphäenkult Ausdruck findet, der nicht mit dem Diskurs um ‚echte' Ausnahmegitarristen gleichzusetzen ist, aber viele seiner Topoi und Formate teilt, wie zum Beispiel das Wunderkind-Video oder das Tutorial-Video.[39]

Interessant ist, dass sowohl die deutlichen intertextuellen Verweise des Spiels und seiner Spieler auf die Rock-Kultur als auch die Teilnahme und Übernahme des Virtuosendiskurses zu unterstreichen scheinen, dass hier eine Verschiebung des Verständnisses von ‚Musizieren' als Klangerzeugung hin zu einem performativeren und ganzheitlicheren Verständnis im Sinne des Small'schen *musicking* vorliegt. Der Virtuositätsforscher Kai von Eikel schreibt in seinem Forschungs-Blog:

> Die Popularität des Star-Virtuosen in der Musik hängt, wie Jankélévitch bemerkt hat, sehr viel eher vom Gestischen und Visuellen in seiner Performance ab als vom Klangereignis: Das Publikum braucht das Außergewöhnliche gar nicht zu hören, da jeder es sehen kann (am Wirbel der Hände über den Klaviertasten, am Veitstanz des Geigers, an den Verrenkungen von Unterleib und Zungenspitze auf den Gitarrensaiten).[40]

Wie Melanie Fritsch vorgeschlagen hat,[41] kann man sinnvollerweise zwei Typen von *Guitar-Hero*-Spielern unterscheiden: Es gibt den extrovertierten, spielerischen, an der Performance orientierten Spieler, für den körperlicher Ausdruck und das Eintauchen in die Rollenspielaspekte die entscheidende Motivation sind; und dann gibt es den eher introvertierten Perfektionisten, für den das Erreichen höchster Punktzahlen und eine 100-prozentige Trefferquote der wichtigste Antrieb sind. Dieser zweite Typus interessiert sich weniger für die Paratexte und die Performativität des Spiels und entkräftet meine bisherigen Argumente, die sich am ersten Typus orientieren. Aber dafür weist das Phänomen des *Guitar-Hero-Geeks* Ähnlichkeiten mit einer historischen Entwicklung hinsichtlich der Performativität des Musizierens auf, nämlich der Ausprägung eines Virtuosenkults im 19. Jahrhundert und dem damit verbundenen „Konzept technischer Geschicklichkeit als Auswuchs und Selbstzweck"[42]. Darüber hinaus hat Gabriele Brandstetter sowohl die Theatralität virtuoser Performance als auch die konstitutive Funktion von Zeugenschaft betont und Virtuosität als „Figur von Evidenz"[43] charakterisiert, was meines Erachtens deutlich in der auf YouTube basierenden Verbreitungskultur von Virtuosität im 21. Jahrhundert und dem exzessiven Gebrauch der Kommentarfunktion auf diesem Portal durch die Rezipienten nachklingt.

All dies legt nahe, dass *Guitar Hero* und andere *music game*s mit einer klaren Verschiebung von Performanz zu Performativität einhergehen. „Während Performanz verstanden als Aufführung oder Vollzug einer Handlung ein handelndes Subjekt vorauszusetzen scheint (das ist auch die Position der Sprechakttheorie), bestreitet der Terminus Performativität gerade die Vorstellung eines autonomen, intentional agierenden Subjekts", erörtert Gerald Posselt und verweist somit auf die interaktiven und emergenten Aspekte des Performativen.[44]

Die Vorstellung vom Musizieren innerhalb bzw. durch *music games* bewegt sich weg von der Individualität und singulären Ausdrucks- und Interpretationshoheit des einzelnen Künstlers. Die Spiele stellen eine komplexe Matrix von musikalischen und außer-musikalischen Aktivitäten für eine ganze Reihe von Akteuren bereit: der Künstler der Originalaufnahme, die Programmierer und Designer, die Spieler und ihr Publikum, die sich häufig abwechseln. Dieses *musicking network* (in Anlehnung an Bruno Latours „Actor Network" in seiner gleichnamigen Theorie[45]) macht gemeinsam Musik. Trotz aller Strategien, die Spielerfahrung zu individualisieren und ‚heroisch' aufzuladen, ist ihr Resultat nicht die Performanz eines einzelnen Guitar Heroes, sondern die Performativität einer Vielzahl von Gitarren-Helden und Technologien, die das Phänomen konstituieren und erzeugen.

Dies erinnert durchaus an bereits vollzogene Verschiebungen in der Popularmusik im Allgemeinen, in der – allen Bemühungen um den Kult des Individuums[46] zum Trotz – Musik längst zu einem Produkt kollektiver Kreativität und einer Matrix von Interaktionen zwischen Künstlern, Produzenten, Toningenieuren, Marketingfachleuten und dem Publikum geworden ist. Der Vertrieb von Musik über das Internet, die Finanzierung von Alben durch Spenden als direkte Auftragsarbeit für ein Publikum, das Samplen, Covern und Remixen – all dies gibt Zeugnis davon, dass man populäre Musik heute als Akt der Performativität im Sinne Posselts verstehen muss, d. h. als Interaktion, Zitat, Iteration (nach Derrida) und Emergenz.

---

1   Über die genaue Terminologie gibt es unterschiedliche Ansichten, geläufige Bezeichnungen sind musikorientierte Videospiele, *music simulation games*, *rhythm/action games* usw. Im Folgenden verwende ich vereinfachend die Bezeichnung *music games* und beziehe mich dabei vorwiegend auf die *Guitar-Hero*- und *Rock-Band*-Spiele.

2   Bei generellen Personen- und Gruppenbezeichnungen verwende ich zugunsten besserer Lesbarkeit die männliche Form, meine aber die weibliche Form stets mit.

3   Siehe zum Beispiel Dominic Arsenault, „*Guitar Hero*: ‚Not Like Playing Guitar at All'?", in: LDG 2 (2008), Nr. 2, S. 1–7; Jesper Juul, „*Guitar Hero II*: Playing vs. Performing a Tune", Blog-Eintrag auf *The Ludologist Blog*, http://www.jesperjuul.net/ludologist/?p=312 (Veröffentlichung: 01.02.2007, letzter Zugriff: 06.10.2009); Kiri Miller, „Schizophonic Performance: *Guitar Hero*, *Rock Band*, and Virtual Virtuosity", www.brown.edu/Project/Music/Kiri%20Miller%20Schizophonic%20Performance%20JSAM%20ms.pdf (Veröffentlichung: 08.05.2009, letzter Zugriff: 19.10.2009), S. 1–40; Joshua Tanenbaum, Jim Bizzocchi, „*Rock Band*: A Case Study in the Design of Embodied Interface Experience", in: *Proceedings of the 2009 ACM Siggraph Symposium on Video Games*, New Orleans, Louisiana 2009, S. 127–134.

4   Quelle: http://en.wikipedia.org/wiki/File:Guitar_Hero_series_controllers.jpg (letzter Zugriff: 05.03.2010). Wie Daniel Arsenault („Guitar Hero" [s. Anm. 3], S. 2f.) detaillierter beschrieben hat, ist dieses Griffbrett eine eigenartige Mischung. Es ist zum einen eine Repräsentation eines Gitarrenhalses, auf dem die verschiedenen Farbtasten und -punkte auf fünf verschiedenen Saiten zu liegen scheinen, während sie auf dem Controller auf verschiedenen Bünden liegen. Zum anderen fungieren die virtuellen Saiten gleichzeitig als eine Art Notenlinien, während die virtuellen Bundstäbchen Zählzeiten innerhalb des jeweiligen Songs repräsentieren. Mitunter entstehen dabei absurde Situationen für ausgebildete Musiker: Da die Mehrzahl aller Songs in *Guitar Hero* im 4/4-Takt steht, ist das Griffbrett dementsprechend visuell unterteilt. Wenn man aber zum Beispiel den Song *My Name is Jonas* von Weezer spielt, gilt es eine 6/8-Takt zu halten, der aber verwirrend auf dem Griffbrett ‚notiert' ist, das immer noch 4/4 suggeriert.

5   Quelle: Quelle: http://screenshots.teamxbox.com/screen-hires/66895/Guitar-Hero-III-Legends-of-Rock/ (letzter Zugriff: 05.03.2010).

6   Wenn man es geschafft hat, bestimmte Passagen im *gameplay* korrekt zu spielen, wird man durch *star power* belohnt, die man auslöst, indem man den Gitarrenhals nach oben reißt. Dies führt zu einer optischen und klanglichen Veränderung, die ein paar Sekunden anhält: Die ‚Noten' wechseln die Farbe hin zu einem elektrischen leuchtenden Blau, die zugespielten Geräusche des Publikums werden frenetischer, die Musik klingt durch einen

	Equalizierffekt noch mehr ‚live' und der Vervielfachungsfaktor für das Punktesammeln verdoppelt sich.
7	Der Gitarrist John Mayer zum Beispiel wurde mit der Aussage zitiert: „*Guitar Hero* fans are fake wannabes" (http://www.entertainmentwise.com/news/43006/john-mayer-guitar-hero-fans-are-fake-wannabes, letzter Zugriff: 30.11.2009) und die Gitarristen Jack White (von den White Stripes) und Jimmy Page (Led Zeppelin) fanden es „depressing to have a label come and tell you that [*Guitar Hero*] is how kids are learning about music and experiencing music" (http://www.nme.com/news/the-white-stripes/45521, letzter Zugriff: 30.11.2009).
8	Darauf komme ich im zweiten Teil zum performativen Aspekt noch ausführlicher zu sprechen.
9	Miller, „Schizophonic Performance" (s. Anm. 3), S. 7.
10	Siehe Inga Römer, *Das Zeitdenken bei Husserl, Heidegger und Ricœur*, Dordrecht 2010, S. 43ff.
11	Darauf komme ich ausführlicher im vierten Teil zurück.
12	Philip Auslander schreibt: „There is no better example of musical dramatization than the phenomenon known as ‚guitar face'. This phrase refers to the distorted expressions that appear on the faces of rock guitarists, particularly when playing a solo. These expressions are nonessential to the actual production of musical sound but serve as coded displays that provide the audience with external evidence of the musician's ostensible internal state while playing". Vgl. Philip Auslander, „Musical Personae", in: *TDR: The Drama Review*, 50 (2006), Nr. 1, S. 100–119, hier S. 112.
13	Dies ist, soweit mir bekannt ist, noch kein etablierter Begriff, aber jeder, der Freunde beim Spielen von *music games* beobachtet hat, ist mit dem Phänomen des leeren, ausdruckslosen Gesichts, einer verminderter Blinzelfrequenz und einem leicht geöffneten Mund, wie es bei den Spielern häufig zu beobachten ist, wohl vertraut.
14	Ich konzentriere mich hier auf eine der gängigsten Spielsituationen von *music games*: Einige Freunde versammeln sich vor einem Bildschirm und spielen das Spiel entweder gemeinsam oder im Wechsel. Diese performative Anordnung ist signifikant anders als bei der Verbreitung besonders erfolgreicher Spieldurchgänge auf YouTube und ähnlichen Plattformen, wo der Blick des Zuschauers durch die Kameraeinstellung weitgehend kontrolliert wird und sich der Performer meist durchgehend der medialen Aufführungssituation bewusst ist. Manche Spieler entscheiden sich auch dafür, in diesen Videoclips unsichtbar zu bleiben, und zeigen lediglich eine Einstellung des Bildschirms, während sie einen Song absolvieren.
15	Quelle: http://bestgamewallpapers.com/files/guitar-hero-3/rock-concert.jpg (letzter Zugriff: 14.11.2009).
16	Dieser Begriff geht auf eine der frühen wissenschaftlichen Untersuchungen von *soundscapes* zurück: vgl. hierzu R. Murray Schafer, *The New Soundscape: A Handbook for the Modern Music Teacher*, Don Milles, Ont. 1969.
17	Miller, „Schizophonic Performance" (s. Anm. 3), S. 3.
18	Ebd.
19	Juul, „*Guitar Hero II*: Playing vs. Performing a Tune" (s. Anm. 3), o. S.
20	Miller, „Schizophonic Performance" (s. Anm. 3), S. 9.
21	Auslander, „Musical Personae" (s. Anm. 12); Philip Auslander, *Performing Glam Rock: Gender and Theatricality in Popular Music*, Ann Arbor 2006; Simon Frith, *Performing Rites. On the Value of Popular Music*, New York 1996.
22	„A performer doesn't just express emotion, but also plays it. This means that along with the basic level of a performer's personal expression, a process of ‚double enactment' is involved as the performer enacts both a star personality (their image) and a song personality (the role that each lyric requires)." Frith, *Performing Rites* (s. Anm. 21), S. 212.
23	Auslander, *Performing Glam Rock* (s. Anm. 21), S. 4.

24   Implizit unterstützt allerdings auch Miller diese Auffassung, indem sie sich mit der performativen Schicht des Musizierens ausschließlich auf die Bands bezieht, welche die verwendeten Songs ursprünglich aufgenommen oder für das Spiel nachgespielt haben.
25   Auslander, „Musical Personae" (s. Anm. 12), S. 101.
26   Miller, „Schizophonic Performance" (s. Anm. 3), S. 35.
27   David R. Shumway, „Performance", in: *Key Terms in Popular Music and Culture*, hrsg. von Bruce Horner und Thomas Swiss, Malden (MA)/Oxford 1999, S. 188–199, hier S. 190.
28   Miller, „Schizophonic Performance" (s. Anm. 3), S. 22f.
29   Christopher Small, *Musicking: The Meanings of Performing and Listening*, Hanover 1998, S. 9.
30   Ebd. Der Begriff ‚musicking', zunächst aus der Not entstanden, da es im Englischen kein Verb ‚to music' gibt, ist in Smalls Definition also deutlich weiter gefasst als das deutsche ‚Musizieren'.
31   Shumway, „Performance" (s. Anm. 27), S. 193.
32   Siehe: www.youtube.com/watch?v=nU9rgzKdrEE; www.youtube.com/watch?v= ojHOiNcp6us; www.youtube.com/watch?v=b_MmOUZ085s; www.youtube.com/watch?v=USXYJ8htAaw (letzter Zugriff: 04.04.2010). Die Kampagne nutzt die berühmt gewordene Tanzeinlage von Tom Cruise aus dem Film *Risky Business* (Regie: Paul Brickman, 1983) zu Bob Segers Song *Old Time Rock and Roll* als Vorlage.
33   Sting in einem *Making-of*-Clip zum Spiel *Guitar Hero World Tour* (2008): http://www.youtube.com/watch?v=OxUn23eYFv0 (letzter Zugriff: 04.04.2010).
34   Da sind zum Beispiel exzessives Verhalten, eine Affinität zum Dunklen, Diabolischen und Mystischen sowie das Zitieren typischer gestischer und sonstiger körperlicher Codes wie das Auf- und Abspringen, der Fußkick Richtung Publikum, das Spiel der Saiten mit der Zunge, der Windmühlen-Anschlag, die satanischen Finger (auch *rock hand*) oder eben das *guitar face* (s. Anm. 12).
35   Tanenbaum and Bizzocchi unterstreichen diesen Punkt in ihrer Beurteilung der eng verwandten Spielereihe *Rock Band*: „While it is possible to play *Rock Band* as a purely strategic exercise, one of the central pleasures of the game is bodily engaging in the fantasy of being a Rock Star. This often means moving in rhythm to the music, dancing with the microphone, ‚pogo-ing' up and down while playing guitar, twirling the drum sticks, and generally performing the role of a rock star. All of these behaviors, while not explicitly required in order to succeed at the game, are afforded and encouraged by the design of the interface and an implicit aspect of the bodily experience of the game." Tanenbaum/Bizzocchi, „*Rock Band*" (s. Anm. 3), S. 130.
36   Es gibt lediglich zwei Optionen, durch eine Instrumentalbewegung tatsächlich Einfluss auf die Musik selbst auszuüben, die nicht bereits präskriptiv festgesetzt sind: das oben bereits beschrieben Kippen des Halses und das Benutzen des Tremolohebels (siehe Abb. 1). Beides erzeugt zwar keine Klänge, verändert diese aber. Mit dem Tremolohebel kann man lang gehaltene Noten mit zusätzlichem Vibrato versehen und die Tonhöhe bis zu einer großen Sekunde nach unten verändern, selbst wenn das auf der Originalaufnahme nicht vorgesehen ist. Das Kippen des Halses löst *star power* aus, wodurch die Musik mit einem Effekt belegt wird, der sie mehr wie bei einem Live-Konzert klingen lässt, und fügt dem Klangbild zusätzliche Publikumsgeräusche hinzu. Diesen sehr begrenzten musikalischen Gestaltungsmöglichkeiten steuern jüngere Ausgaben wie *Guitar Hero World Tour* allerdings bereits entgegen, indem sie nun innerhalb des Spiels auch die Möglichkeit bieten, eigene Musik zu entwickeln, aufzunehmen und zu spielen.
37   John Langshaw Austin, *How to Do Things With Words*, London 1975/1962, S. 22.
38   Siehe Jacques Derrida, „Signature Event Context", in: ders., *Limited Inc*, übers. von Jeffrey Mehlman und Samuel Weber, Evanston 1988/1971, S. 1–25, hier S. 9.
39   Siehe zum Beispiel Danny Johnson in http://www.youtube.com/watch?v= KPJ_L4KCIxs im Vergleich zu Nick Nolans ‚Rock Licks' Tutorial in http://www.youtube.com/watch?v

=kyqAPNxSGtE oder das Kleinkind, das *Guitar Hero* spielt, in http://www.youtube.com/watch?v=LnwpfJRea3k im Vergleich zu einem jungen Gitarristen in http://www.youtube.com/watch?v=QhtDkDBzHL8 (letzter Zugriff auf alle URLs: 20.11.2009).

40 Kai van Eikels, „Unpopuläre Virtuosen: Zur Typologie des ‚Musician's Musician', Blogeintrag, 12. August 2008", http://wasistvirtuos.twoday.net/topics/grenzphänomene (letzter Zugriff: 22.10.2009).
41 Vgl. hierzu den Beitrag von Melanie Fritsch in dem vorliegenden Band.
42 Bettina Brandl-Risi, „Virtuosität", in: *Metzler Lexikon Theatertheorie*, hrsg. von Erika Fischer-Lichte, Doris Kolesch und Matthias Warstat, Stuttgart 2005, S. 382–385, hier S. 382.
43 Gabriele Brandstetter, „Die Szene des Virtuosen. Zu einem Topos von Theatralität", in: *Hofmannsthal-Jahrbuch*, 10 (2002), S. 213–243, hier S. 215.
44 Gerald Posselt, Art. „Performativität", in: *produktive | differenzen. forum für differenz- und genderforschung*, http://differenzen.univie.ac.at/glossar.php?sp=4 (Veröffentlichung: 06.10.2003, letzter Zugriff: 23.10.2009).
45 Bruno Latour, *Reassembling the Social: An Introduction to Actor-Network-Theory*, Oxford 2005.
46 Auslander, zum Beispiel, behauptet, dass „musical performance may be defined, using Graver's terms, as a person's representation of self within a discursive domain of music." Auslander, „Musical Personae" (s. Anm. 12), S. 102.

Melanie Fritsch

Live Performance Games? – Musikalische Bewegung sehen, hören und spielen

Musikbasierte Computerspiele wie *Guitar Hero*[1] und *Rock Band*[2] konnten seit dem Erscheinen des ersten Teiles der *Guitar-Hero*-Reihe im Jahr 2005 einen beachtlichen kommerziellen Erfolg verbuchen.[3] Einerseits dafür bejubelt, dass sie Spaß an Musik und damit auch dem ‚echten' Musizieren vermittelten, andererseits dafür kritisiert, dass die Spielzeit nicht in das Erlernen eines echten Instrumentes investiert werde, fanden sie auch über die Gamercommunity hinaus weite Verbreitung und Beachtung. Statt eines schlichten Controllers nehmen die Spieler Instrumenten wie zum Beispiel Gitarre oder Schlagzeug nachgebildete Peripheriegeräte in die Hand und ‚spielen' Songs von Bands wie Metallica, Aerosmith, Van Halen oder Bad Religion. Dabei werden nicht nur Knöpfe gedrückt, sondern der Spieler wird aufgefordert: „Unleash your inner rockstar!"[4] Kerstin Kohlenberg beschreibt dies in ihrem Artikel „Bar jeder Vernunft" in der *Zeit* wie folgt:

> Von New York bis Los Angeles drängeln sich Menschen in Bars darum, sich eine kleine Spielzeuggitarre umzuhängen und loszurocken. In der Regel unter der Woche, an Abenden, an denen sie früher zu Hause saßen, doch anstatt American Idol [...] im Fernsehen zu sehen sind sie jetzt mit *Guitar Hero* einen Song lang selbst Rockstar.[5]

Bei diesen Spielen werden nicht nur die mausklickenden und über Tastatur oder Controller jagenden Finger im Rhythmus der Musik bewegt, während der übrige Spieler weitgehend unbeweglich vor einem Bildschirm sitzt, sondern sein ganzer Körper wird idealerweise aktiviert und in den Prozess des Spielens involviert. Die Reihen *Guitar Hero*, *Rock Band*, die Tanzspielreihe *DanceDanceRevolution*[6] und auch das bezüglich des Gameplay[7] anders gelagerte Simulations- beziehungsweise Free form music game[8] *Wii Music*[9] haben eines gemein: Sie visualisieren die musikalische Bewegung auf dem Bildschirm entweder in Form einer Notation oder im letzteren Fall vermittels eines Avatarkörpers, der die typischen Bewegungen eines Musikers vorführt, die es zum Musizieren nachzuahmen gilt. Zugleich fordern sie den Spieler dezidiert zum Performen auf, so dass das Play, das freie Spielen, als körperliches Ausagieren vor dem Bildschirm stattfindet. Dabei wird Musik, die im häuslichen Rahmen oder im öffentlichen Raum wie einer Kneipe normalerweise eher nebenbei gehört wird (zum Beispiel als untermalende Hintergrundmusik), mit sicht-, hör- und fühlbaren Vorgängen auf und vor dem Bildschirm kombiniert und eine völlig neue Situation geschaffen.

Dieser Beitrag untersucht das Verhältnis und die Wechselwirkung von musikalischer, visueller und körperlicher Bewegung während des Spielens der vorgenannten Computerspiele auf und vor dem Bildschirm unter dem Vorzeichen des englischen Begriffs der *performance*. Performance ist hierbei zum einen im Sinne einer Leistung, zum anderen im Sinne einer einmalig stattfindenden Aufführung zu verstehen, die sich sowohl vor als auch auf dem Bildschirm ausschließlich in ihrem Vollzug konstituiert.[10] Die Performance verstanden als Leistung unterteilt sich wiederum in die Bedeutungsbereiche des *effort*, das heißt des Aufwands, der Anstrengung oder der Mühe im Moment des performens, und der *efficiency*, das heißt der potenziell möglichen Arbeitsleistung oder des durch Training erworbenen Leistungspotenzials, welches erforderlich ist, um die Performance stattfinden zu lassen.

Die Grundthese dieses Beitrags lautet, dass die genannten Spieleserien musikalische Bewegungen nicht nur auf dem Bildschirm visualisieren, sondern durch das kooperative oder additive Abspielen der Musik durch den Spieler und die jeweilige Maschine, sei es Arcade, Konsole oder PC, auch hörbar und durch den Körper des Spielers im Raum vor dem Bildschirm sichtbar machen. Dabei werden Spieler und Maschine zu wie auch immer hierarchisierten ‚Ko-Produzenten' – oder als Fragestellung formuliert: wer spielt eigentlich wen? – einer musikalischen Live-Performance[11] im vorgenannten zweifachen Sinne, so dass für diese Spiele eine gemeinsame Genrebezeichnung möglich scheint, die ich aufgrund meiner Erörterungen vorschlagen möchte: Live Performance Games.

Vier Pfeile, eine Plastikgitarre und 66 virtuelle Instrumente

DanceDanceRevolution
Der erste Teil der *DanceDanceRevolution*-Reihe (im Folgenden mit der üblichen Abkürzung DDR bezeichnet) wurde 1998 von Konami veröffentlicht und gehört zu den *Bemani*-Spielen.[12] Je nach Plattform und Version kann das Spiel von bis zu vier Spielern gespielt werden. Auf dem Bildschirm werden im Rhythmus der Musik Pfeile (links, rechts, vorn, hinten) angezeigt, und der Spieler muss auf einer mit Drucksensoren ausgestatteten Tanzmatte oder -plattform, Tanzpad genannt, im richtigen Moment die richtigen dort ebenfalls aufgebrachten Pfeile berühren. Bei Könnern kommen neben den Füßen auch Hände oder Knie zum Einsatz. Feedback über die eigene Leistung erhält der Spieler über einen ‚Lebensbalken' sowie über ein akustisches Feedback in

Form von Jubeln oder Buhen des virtuellen Publikums und gesprochenen oder auf dem Bildschirm in Schriftform erscheinenden Kommentaren des *in-game*-Kommentators.

Die Musik stammt entweder von Konamis *in-house-artists* oder der Spieler agiert zu lizenzierter Musik aller Couleur, die rhythmisch möglichst simpel strukturiert und tanzbar ist. Auch Remixes klassischer Musik von Komponisten wie W. A. Mozart oder J. S. Bach sind in den Songlisten zu finden. Die Spielreihe ist insbesondere in Asien und den USA verbreitet, wo die Arcade-Automaten in Spielhallen, sowie vor Supermärkten oder in Kneipen stehen.

Es existieren verschiedene Spielstile, deren Anhänger sich auch in Wettbewerben miteinander messen. Um die *DDR*-Reihe[13] hat sich eine große Fan- und Spielergemeinde entwickelt, die diese Wettbewerbe austrägt, auf Fanseiten und in einschlägigen Foren diskutiert und kommentiert und bei den Wettbewerben als fachkundiges Publikum anwesend ist. Topspieler wie DJ 8-ball, J Dogg, Damien oder das koreanische A-Team[14] genießen innerhalb der Community einen gewissen Ruhm. Natürlich finden sich Performances und Aufzeichnungen der Wettbewerbe auf Internetplattformen wie YouTube.

Bei diesem quasi professionalisierten Spielen gibt es zwei verschiedene Ausrichtungen oder Varianten des Spielens: ‚Technical'-, ‚tech'- oder ‚perfect attack' (PA)-Spieler versuchen, während des Spielens alle überflüssigen Schritte und Bewegungen des Oberkörpers zu vermeiden, um die schwierigsten und schnellsten Songs auf dem höchsten Schwierigkeitsgrad zu meistern und ihr Spielergebnis zu perfektionieren. Die Arme werden nur zum Ausbalancieren oder zum Abstützen auf der hinter den Tänzern befindlichen in der Regel gepolsterten Eisenstange benutzt, um den Beinen und Füßen durch das Verlagern des Gewichts mehr Spielfreiheit zu geben.[15] Hierbei geht es um eine rhythmische Geschwindigkeits- beziehungsweise Arbeitsleistung, die zu einem fehlerfrei absolvierten Spiel und somit zu einem perfekten Ergebnis führen soll. Der Fokus liegt bei diesem Spielstil auf dem Spiel als regelbasiertem Leistungsmesser, als Game, mit einem in Werte bezifferbaren Ergebnis. Ein umstehendes Publikum ist hierzu nicht zwingend vonnöten, bei Wettbewerben jedoch immer vorhanden.[16] Zudem ziehen trainierende PA-Spieler in Spielhallen quasi von selbst ein Publikum an, da ihre virtuose Beherrschung des Spiels bereits einen eigenen Schauwert hat.

Freestyle-Spieler legen hingegen Wert auf eine ungewöhnliche, beeindruckende Choreographie auf Basis der vorgegebenen Schritte und sind zumeist in der Lage, ohne Blick auf den Bildschirm zu spielen. Die Choreographien können zudem akrobatische Elemente aus dem B-Boying beinhalten sowie dem Machine Dance eigene

Elemente wie zum Beispiel den Matrix Walk[17]. Zwar liefern auch Freestyler einen möglichst perfekten Playthrough, doch sie wählen niedrigere Schwierigkeitsstufen, um ihre choreographischen Möglichkeiten nicht durch eine zu hohe Anzahl an Schritten einzuengen. Hier wird insbesondere das Play betont, das auf dem Game als Basis aufbauende freie Spiel, welches sich als künstlerisch geprägte Performance manifestiert, die mit dem gesamten Körper ausgeführt wird.[18]

Um die Abfolge der Pfeile zu memorieren, kann der Spieler Step Charts zur Hilfe nehmen, die zum Beispiel auf www.ddrfreak.com unter Angabe von Schwierigkeitsgrad und anderen Voreinstellungen wie Code und Modus abrufbar sind.[19] Neben diesen Step Charts, dem nächstgelegenen Aufstellort einer *DDR*-Maschine, Eventterminen und dem Fachvokabular kann sich der Spieler auf dieser und weiteren einschlägigen Fanseiten auch Tipps für eine gute Performance geben lassen, so zum Beispiel die folgenden von Pakwan Kenobi:

> Look at the people watching, not the screen, and not the arrows. Again, the arrows and the machine don't care if you freestyle, while the people who are watching are at least somewhat interested in what you're doing up on the machine.[20]

Guitar Hero und *Rock Band*

Christian Kortmann beschreibt in seinem Artikel in der *Zeit* das folgende Phänomen:

> Die Hausmusik ist wieder da. Plötzlich stehen also drei Generationen im Halbkreis vor dem Flachbildschirm und musizieren, und sie tun dies nicht auf Blockflöte oder Klavier, sondern mit kleinen Plastikgitarren, die Knöpfe statt Saiten haben, und einem Schlagzeug, dessen Trommeln aus Kontaktsensoren bestehen.[21]

Auf dem Bildschirm läuft eine Leiste ab, die dem Spieler ähnlich einer Tabulatur anzeigt, wann er welchen Knopf auf der Plastikgitarre zu drücken beziehungsweise zu halten hat. Gleichzeitig muss er dort, wo bei einer echten Gitarre die Saiten wären, den länglichen Strum bar betätigen und kann mit Hilfe des Whammy bar ein Tremolo erzeugen. Im Bildschirmhintergrund läuft dazu eine virtuelle Bühnenperformance einer Avatarband vor Publikum. Bei Fehlschlag reagiert dieses Publikum mit Buhrufen und es ertönt ein kreischendes Geräusch. Spielt der Spieler eine bestimmte Anzahl von Tönen jedoch fehlerfrei ab, kann er durch Hochreißen des Gitarrenhalses den Modus Star-Power aktivieren, der das virtuelle Publikum besonders betört und punkteergiebiger ist.

Ähnlich wie bei *DDR* gibt es, neben dem Spielen aus Spaß, für diese Spiele zwei verschiedene Herangehensweisen: Sie können auf Leistung gespielt werden, das heißt die Spieler versuchen, auf dem höchsten Schwierigkeitsgrad die komplexesten

Songs perfekt durchzuspielen, und entwickeln dabei eine beeindruckende Virtuosität und Perfektionierung ihrer Spielfertigkeiten.[22] Die Musikethnologin Kiri Miller hat diesen Aspekt unter dem Begriff *virtual virtuosity* in ihren Artikeln „Just add performance"[23] und „Schizophonic Performance: Guitar Hero, Rock Band, and Virtual Virtuosity"[24] ausführlich behandelt. Daneben finden sich auf Plattformen wie YouTube und im öffentlichen Rahmen wie in Kneipen, Bars oder auf Partys durchgeführte Spielsessions, die den zweiten Spielstil praktizieren und vor allem auf das Imitieren des Rockstar-Habitus abzielen, wobei wiederum der Aspekt des Play im Vordergrund steht. Ich lasse noch einmal Christian Kortmann zu Wort kommen:

> Zunächst ist der Gitarrensimulant, der sich in Posen wirft, ohne wirklich spielen zu können, das Gegenstück zum virtuosen Studiogitarristen, der niemals in Erscheinung tritt. Was sie eint, ist, was man nach der Filmfigur Austin Powers das ‚Mojo' nennen könnte, das Wissen, in den performativen Augenblicken das Richtige zu tun, die Entschlossenheit, mit seinem Handeln das Leben so intensiv wie möglich auszuschöpfen. So trat bei einer YouTube-Gala im vergangenen November der Rockgitarrist Joe Satriani zusammen mit einem Guitar-Hero-Meister auf – Primärkultur und Fankultur wurden eins.[25]

Bei diesem *Guitar-Hero*-Meister handelte es sich um den Filmstudenten Freddie Wong, der mit seinem auf YouTube eingestellten Video *How Guitar Hero was MEANT to be played (Rush – YYZ on Expert)* bekannt wurde,[26] auf das sich auch Miller in ihren vorgenannten Artikeln bezieht und das ein gutes Beispiel für den zweiten Spielmodus ist. Freddie inszeniert sich in seinem Video ironisierend in einem Wohnzimmer als Rockstar, der Ketten um seinen Hals tragen muss, denn seine „solos are just so blisteringly fast that if I didn't keep them tied down somehow, they might impregnate women"[27]. Er spielt den Song *YYZ* nicht nur fehlerfrei auf dem schwierigen Expert-Level, sondern macht eine Rock-Performance daraus, was auch durch die Kameraführung unterstützt wird. Er spielt hinter seinem Kopf, wirft sich in Rockstarposen und zertrümmert am Ende des Songs die Plastikgitarre auf dem Boden.

„Like real music": *Wii Music*
Bei dem 2008 veröffentlichten und kommerziell weit weniger erfolgreichen *Wii Music* handelt es sich im Gegensatz zu den bisher vorgestellten Spielen um ein Free form music game. Der Spieler simuliert das Spielen eines Instruments ähnlich dem Luftgitarrespielen durch das Nachahmen der typischen Bewegungen, während er die Wii Mote und das Nunchuck[28] in Händen hält.[29] Für das Schlagzeug kann zudem das Wii Balance Board[30] zum Simulieren der Fußpedale verwendet werden. Es stehen 66 Instrumente und Sounds zur Verfügung, mit denen man 50 verschiedene klassische und traditionelle Songs spielen kann, darunter 15 lizenzierte Stücke und sieben Nintendo-

Songs. Auf der *Wii-Music*-Homepage von Nintendo findet sich für dieses Spiel die folgende Beschreibung:

> Bring the joy and creativity of musicianship to your home without expensive music lessons, by turning your Wii console into a musical instrument! […] Like real music, the possibilities are virtually endless, and the more you practice, the more you can do. Music brings people together, and with Wii Music you can experience the fun of performing, right from the comfort of your living room.[31]

Der Leistungsaspekt, immer besser, schneller und präziser zu spielen, fällt hier weitgehend weg. Stattdessen stehen das Austesten von und das Spielen mit Bewegungen – und zwar sowohl körperlich als auch musikalisch – im Vordergrund. Übung zahlt sich nicht in Punkten, sondern schlicht in „the more you can do" aus. Man kann die verfügbaren Songs in verschiedenen Tempi und Stilen spielen oder als Dirigent Einfluss auf das Tempo eines vorgegebenen Songs nehmen. Das Spiel bietet dazu eine Auswahl verschiedener Spielmodi: Bis zu vier Spieler können im sogenannten Jam-Modus zusammen musizieren, dieser wiederum besteht aus dem Improv-, Quick-Jam- und Custom-Jam-Modus. Im Improv-Modus kann frei mit den Instrumenten probiert werden, Quick Jam wählt einen zufälligen Song aus, der gespielt wird. Im Custom-Jam-Modus spielen bis zu vier Spieler eine sechsköpfige Band (die beiden übrigen Positionen sind computergesteuert) oder ein Spieler spielt in einer Overdub Session mehrere Instrumente nacheinander ein, die später zusammengeführt werden können. Neben diesen Jam-Modi gibt es vier Minispiele, unter denen insbesondere Mii Maestro zu erwähnen ist, bei dem der Spieler ein Mii-Orchester[32] mit Hilfe der Wii Mote dirigiert.

Musikalische Bewegung sehen, hören und spielen
In allen genannten Fällen handelt es sich um Spiele. Dies mag eine simple Feststellung sein, knüpft aber an eine Diskussion an, die im Einzelnen nachzuzeichnen den Rahmen dieses Beitrages sprengen würde, da die Ansätze und Herangehensweisen an das Phänomen Spiel durchaus unterschiedlich ausfallen.[33] Ich möchte mich daher auf die kurze Darstellung zweier, für meine Fragestellung interessanter Positionen beschränken. Johan Huizinga definiert in *Homo ludens* Spiel wie folgt:

> Spiel ist eine freiwillige Handlung oder Beschäftigung, die innerhalb gewisser festgesetzter Grenzen von Zeit und Raum nach freiwillig angenommenen, aber unbedingt bindenden Regeln verrichtet wird, ihr Ziel in sich selber hat und begleitet wird von einem Gefühl der Spannung und Freude und einem Bewusstsein des ‚Andersseins' als das ‚gewöhnliche Leben'.[34]

Torben Grodal erweitert diesen Gedanken in seinem Aufsatz „Stories for Eye, Ear, and Muscles: Video Games, Media, and Embodied Experiences" um einen relevanten Aspekt:

> To play means to perform an activity for pleasure, not out of a necessity, although the survival value of playing may be to train important skills, from motor skills to imagination and hypothesis-formation.[35]

Dies bedeutet, dass Spielen nicht nur reiner Selbstzweck, sein Sinn lediglich in sich selbst begründet ist, sondern dass es als Training bestimmter – wie auch immer gearteter – Fähigkeiten Folgen für das reale Leben haben kann und somit nicht nur in einem Außerhalb angesiedelt ist. Das Spielen findet im Leben statt und wirkt sich auf dieses aus, sei es durch Auswirkungen auf den Körper[36] oder sei es nur dadurch, dass beim Spielen neben der Spielzeit auch reale Zeit vergeht. In den genannten Beispielen wird dies über das Ablaufen der dem Spielen zugrunde liegenden ‚Zeitkunst'[37] Musik besonders deutlich. Zeit ist dementsprechend als eine zentrale Kategorie zu nennen, geht es in den genannten Spielen doch um Bewegungsabläufe: Timing und Zeitverlauf, Frequenzierung, Dynamik, Tempo und Rhythmisierung[38] sind als Schlagworte eng damit verbunden.

In vorgenannten Fällen tritt zudem ein Schnitt in der Zeitlichkeit auf: Die musikalischen, die körperlichen und die optisch vor und auf dem Bildschirm präsentierten Bewegungen erfolgen zwar koordiniert und linear von A nach B, doch die gehörte Musik ist zugleich gegenwärtig und vergangen. Zwar wird sie hier und jetzt live hervorgebracht, indem sie im doppelten Sinne gespielt wird, es handelt sich jedoch um aufgezeichnete Musik, die zu einem bereits vergangenen Zeitpunkt Jetzt gewesen ist. Diese Konstellation bedarf eigentlich einer weiter reichenden Erörterung, kann hier aber als Anknüpfungspunkt für eine weitere Diskussion lediglich aufgezeigt werden.[39]

Die wissenschaftliche Beschäftigung mit den beschriebenen Vorgängen fokussierte bislang die visuelle Oberfläche und deren Verhältnis zum darunter verborgenen technischen Code, zur Spielmechanik oder zum Spiel, oder das Verhältnis des Sichtbaren zum Spieler und erwähnt das Akustische zumeist nur am Rande[40]. So auch Serjoscha Wiemer in seinen aufschlussreichen Ausführungen über „Körpergrenzen: Zum Verhältnis von Spieler und Bild in Videospielen"[41], in denen er der Frage nachgeht, wie Spieler körperlich mit den Bildern in Kontakt treten. Darin konstatiert er als Grundmotiv in Computerspielen die Koordination von Auge und Hand: „Sehen, was im Bild vorgeht – etwa die Bewegung eines Balles –, darauf reagieren, indem man mit der Hand bestimmte Bewegungen ausführt."[42]

Ich möchte dieser grundlegenden Beobachtung den Aspekt des Akustischen beifügen. Der Spieler tritt nicht nur über das Auge und die verschiedenartigen haptischen Eingabegeräte in Kontakt mit dem Bild und dem ‚darunter liegenden' Spiel, sondern gleichzeitig über das Ohr, es sei denn, er stellt den Ton beim Spielen aus. Er sieht die Bewegung nicht nur auf dem Bildschirm, er hört sie zugleich als akustisches Feedback, als Musik, Klang, Geräusch. So sieht er den Ball zum Beispiel bei *Pong*[43] nicht nur, sondern hört einen charakteristischen Ton, der ihm mitteilt, ob er den Ball durch seine Reaktion der Hand mit dem Paddle getroffen hat oder nicht, das heißt, ob der Ball sich durch sein Eingreifen in Bewegung befindet und damit die Handlung erfolgreich war.

Auch die Art der Bewegung kann akustisch mitgeteilt werden: So zeigt zum Beispiel in der *Super-Mario*-Reihe[44] eine besondere Tonfolge an, ob die Hauptfigur Mario springt, schrumpft oder unter einen Fragezeichenblock springt und eine Münze aus diesem herausschleudert.[45] Zudem kann eine räumliche Komponente eingebracht werden: In neueren Spielen ist nicht nur ein 3D-Bild zu sehen, sondern auch Surround Sound zu hören. Spieler reagieren im Spielverlauf auf das, was sie sehen und hören – und manchmal gar nicht sehen, sondern nur hören können, wenn es sich zum Beispiel außerhalb des Bildes befindet.[46]

Die entscheidende Beobachtung bei diesen Vorgängen ist, dass der Spieler nicht nur passiver Rezipient, sondern zugleich aktiver (Mit-)Produzent dessen ist, was er sieht und hört, wobei sein Körper unmöglich unberührt bleiben kann, wie Karen Collins in der Einleitung zu ihrem Buch *Game Sound* feststellt:

> Although the goal of many game developers is to create an immersive experience, the body cannot be removed from the experience of video game play, which has interesting implications for sound.[47]

Diese Implikationen sind insbesondere für vorgenannte Fallbeispiele interessant, tritt hier doch an die Stelle des körperlich fragmentierten ‚Computer-Nerds', der außer seinen hochtrainierten Händen und Fingern nichts bewegt, ein anderer Spielertypus mit einem anderen Körperschema. Der gesamte Körper spielt nun und lernt das Schema des Spiels, das heißt, der Spielerkörper wäre als ein wieder vollständiger zu denken, da er in seiner Gesamtheit benötigt wird, um das Spiel zu spielen.

Der Körper lernt spielen

Was geschieht also bei den vorgenannten Spielen mit dem Körper des Spielers, der sich zumindest physisch immer noch vor dem Bildschirm befindet? Es ist in besonderem Maße vonnöten, was Jürgen Fritz als „Zugangsform zum Spiel"[48] bezeichnet: Der

Spieler muss gewisse körperliche Fertigkeiten entwickeln oder bereits besitzen, um das Spiel überhaupt spielen zu können. Neben der für alle Computerspiele erforderlichen Koordinationsfähigkeit von Auge, Ohr und Hand – und bei *DDR* auch der Füße beziehungsweise des gesamten Körpers –, die in den gezeigten Beispielen insbesondere für die Entwicklung der Schnelligkeit respektive Virtuosität von Belang ist, ist ein Gefühl für Rhythmus, Timing, die Wirkung des Auftritts und Showeffekte essenziell. Das heißt, ein nicht nur nach innen auf den eigenen Körper gerichtetes, den Körper formendes und trainierendes, sondern zugleich ein nach außen weisendes Körperwissen muss entwickelt werden, um sich mit Hilfe der akustischen Ebene (Musik) und der optischen Handlungsanweisungen (Pfeile, Notenleiste etc.) mit der Spielfigur (sich selbst) in eins zu setzen.

Dementsprechend lernt der Körper das Spiel zu spielen, wobei der Spieler auf unterschiedlichen Schwierigkeitsstufen einsteigen und sich langsam an das Spiel – oder vice versa – anpassen kann. Dies geschieht durch Training, also ständige Wiederholung des immer Gleichen. Der Spieler lernt das Spiel als Instrument virtuos zu benutzen, indem er sich mit den optischen und akustischen Bewegungsvorgaben durch das Spiel synchronisiert. Grodal sieht genau darin eine Begründung, warum Computerspiele überhaupt als Games zu verstehen sind:

> But in video games such activities often demand rather detailed cognitive maps and motor skills, and playing therefore often requires extensive training of necessary skills. One of the reasons why video games are called games is precisely because the repetitive training of coping skills is an important element in many of those activities covered by the term ‚games'.[49]

Daher ist es zunächst unerheblich, welchen Spielstil ein Spieler präferiert, da in beiden Fällen immer ein Beherrschen des Game Grundvoraussetzung ist. Diese Spielbeherrschung muss durch Training (*effort*) erarbeitet werden. Obwohl Spiele nach ökonomischen Kriterien keinesfalls Arbeit sind, tragen sie aus sozialwissenschaftlicher Sicht ganz wesentliche Arbeitsmerkmale. Dementsprechend nähert sich Rolf Nohr Computerspielen aus arbeitswissenschaftlicher Perspektive:

> Der ‚Computer-Arbeiter' tritt gegen seine eigene Leistungsgrenze an […] das angestrebte und wiederholte Erreichen des Highscores ist die Plansollübererfüllung. Dabei geht es aber im Spiel nicht mehr um die Erhöhung der Frequenz bis zur Schmerzgrenze (zumindest nicht im singulären Wettbewerb), sondern um das Halten der Frequenz (Jump'n'run) beziehungsweise um ein kalkuliertes ‚Hochtakten' der Spielfrequenz bis zum erwarteten Scheitern als gezieltem ‚Hinausschieben' der Übertaktung.[50]

Dies ermöglicht dem Spieler, mit dem Spiel immer bessere Arbeitsleistungen beziehungsweise Highscores zu erzielen, es immer effizienter zu spielen oder auf Basis des Spiels immer freier zu agieren. In letzterem Fall kann das Spiel als Handlungsmuster, als *pattern*, für performatives künstlerisches Handeln benutzt werden. Es gibt dem Spieler ein bestimmtes Bewegungsrepertoire zur gehörten Musik an die Hand, welches er zwar inkorporiert, aber nur noch als Ausgangsbasis benutzt und durch eigene Ideen erweitern und an, mit beziehungsweise durch seinen eigenen Körper live ausagieren kann. Dies ließe sich aus Spielersicht als eine *first person perspective* fassen, die dem Spieler eine neue Form der (Körper-)Erfahrung ermöglicht: Ich bin zugleich Spieler und gespielte Figur. Der Spieler spielt und wird gespielt, bewegt und wird zugleich in Bewegung versetzt, musiziert und wird musiziert; dabei hat er die Möglichkeit, in ein Extrem zu gehen, welches letztendlich durch seine körperliche Leistungs- und Koordinationsfähigkeit beschränkt wird, deren Grenze möglichst immer weiter verschoben wird. Dies wirkt sich nicht nur auf den Spielenden und seinen Körper aus,[51] sondern im Umkehrschluss auch auf die Wiedergabe der Musik, die er vermittels des Spiels reproduziert. Bei *Wii Music* ist dieser Leistungsaspekt, wie bereits erwähnt, auf ein Minimum heruntergeschraubt, geht es doch nicht um das Erreichen von Highscores oder einen fehlerlosen Playthrough. Dennoch muss der Spieler auch hier die Handhabung der ‚virtuellen Instrumente' erlernen – „the more you practice, the more you can do".

Die Musik ist bei *Guitar Hero*, *Rock Band* und auch bei *Wii Music* zwar bereits voreingespielt, doch der Spieler muss sie durch seine erlernten Bewegungen re-produzieren beziehungsweise triggern, die ihm wiederum durch die musikalische Bewegung vorgegeben und optisch dargestellt worden sind. Dementsprechend wird durch ihn die aufgezeichnete Musik wieder verlebendigt und um einen bewegten, lebendigen Körper erweitert, live abgespielt, wie auch Miller betont und als besondere Qualität dieser Spiele hervorhebt:

> I want to suggest that the most important value-added aspect is the potential for performance. [...] *Guitar Hero* and *Rock Band* let players put the performance back into recorded music, reanimating it with their physical engagement and performance adrenaline.[52]

Selbiges gilt für *DDR*: Zwar triggern die Spieler die Musik in diesem Fall nicht, doch auch hier wird die musikalische Bewegung durch die Spieler verlebendigt, die diese inkorporieren und entweder durch eine hochenergetische Performance im Sinne einer perfektionierten Arbeitsleistung oder als künstlerische Show-Performance zum Ausdruck bringen.

Man könnte das gesamte Verhältnis natürlich auch umdrehen: Der Körper wird eingespannt in die Maschinerie, das Spiel gibt vor, welche Bewegung wann ausgeführt wird, der Spieler wird zum Rhythmusarbeiter und integriert sich derart in das Medium, dass er sich darin quasi auflöst, das heißt, die mediatisierte Musik, die den Körper durch optische und akustische Übersetzung erfasst, verschluckt ihn.

Dabei handelt es sich um Präsentation und Repräsentation zugleich: Der Spieler präsentiert in seinen Bewegungen sich selbst mit seinem Körper und dessen Fähigkeiten in einer Rolle als Tänzer, Rockstar oder Musiker und repräsentiert gleichzeitig den abwesenden ‚echten' Musiker, dessen Platz er einnimmt. Dasselbe gilt für die Musik: Der Spieler nimmt die Bewegung der aufgezeichneten Musik auf und setzt sie in körperliche Bewegung um, dabei wird die Musik zum einen präsentiert, denn sie erklingt durch aktives Handeln des Musizierenden, zum anderen als aufgezeichnete Musik repräsentiert. Kiri Miller fasst dies unter dem Begriff der „schizophonic performance":

> Schizophonic performance is collaborative performance: the players and their audiences join the game designers and recorded musicians in stitching musical sound and performing body back together. The satisfactions of this endeavor are not necessarily undermined by the fact that the player doesn't occupy the same performing body as the person who first produced the music.[53]

Live Performance Games?
Da die aufgezeichnete Musik aktiv vom Spieler ausgelöst werden muss, um abgespielt zu werden, oder aber im Falle von *DDR* körperlich ausagiert wird, wird sie zeitlich in ein Jetzt, das heißt in einen Live-Zustand zurückversetzt und – Kiri Miller folgend – im Rahmen einer Live-Performance wieder verlebendigt. Ich möchte diese Gedanken auf der Basis von Millers Ansatz aufgreifen und um zweierlei Aspekte ergänzen:

1. Dies geschieht durch das – und sei es auch noch so minimale – In-Bewegung-Versetzen der entsprechend trainierten Spielerkörper. Insofern gilt umso mehr, was Karen Collins als grundlegend für das Spielen eines Computerspieles konstatiert:

> Unlike the consumption of many other forms of media in which the audience is a more passive ‚receiver' of a sound signal, game players play an active role in the triggering of sound events in the game (including dialogue, ambient sounds, sound effects, and even musical events). While they are still, in a sense, the receiver of the end sound signal, they are also partly the transmitter of that signal, playing an active role in triggering and timing of these audio events.[54]

2. Bei jedem Spielen des Spiels handelt es sich um eine, wie einleitend definiert, einmalige Performance, eine Aufführung des Spiels und der Musik oder, allgemeiner gefasst, des akustischen Outputs. Dies ist bei den genannten Spielen besonders augen-

fällig, da das Play des Spiels in Form eines körperlichen Ausagierens vor dem Bildschirm stattfindet, das heißt, das ‚als ob' ereignet sich nicht auf dem Bildschirm und im Kopf des Spielers, sondern für andere sicht- und hörbar vor dem Bildschirm.

Zusammenfassung

Aufgezeichnete Musik beziehungsweise musikalische Bewegung wird in allen genannten Spielen nicht nur passiv rezipiert, sondern aktiv, kreativ, performativ in Form körperlicher Bewegung ‚belebt': Die ‚tote' Musik aus der Vergangenheit durchdringt den menschlichen Körper über Auge und Ohr und wird durch diesen Körper wieder ‚lebendig', wenn auch nicht ad hoc produziert, sondern re-produziert. Dies geschieht auf verschiedene Art und Weise:
1. hochartifiziell im Sinne von Kunstfertigkeit (Rhythmusarbeit, Performance als körperliche Höchstleistung);
2. kreativ übersetzt im Sinne einer künstlerisch geprägten Performance (Aufführung) oder
3. wie im Fall von *Wii Music* als von möglichen Leistungsmessern abgekoppeltes Play im Sinne eines reinen ‚als ob' (Aufführung).

Die genannten Spiele fordern also dezidiert zur Performance in doppelter Hinsicht und zum Einüben von dafür benötigten Fertigkeiten auf. Auf diese Weise wird im Moment des Spielens, wenn diese Fertigkeiten zur Anwendung kommen, eine untrennbare Verbindung zwischen der auf dem Bildschirm visualisierten Musik und ihrer verkörperten Visualisierung durch den Spieler vor dem Bildschirm etabliert, was die Bezeichnung ‚Live Performance Games' plausibel macht. Dies wird zukünftig weiterer Betrachtung bedürfen, wenn Eingabegeräte gänzlich wegfallen und wie zum Beispiel bei Microsofts *Kinect* (bis vor kurzem noch unter dem Namen *Project Natal* angekündigt) neben einer Steuerung über die Stimme auch der Körper selbst zum Controller wird, das heißt, die Körperbewegungen per Kamera erfasst und zum Steuern der Spiele genutzt werden.[55]

---

[1] *Guitar Hero*, Harmonix Music Systems, RedOctane, PlayStation 2, 2005. – Spiele werden in diesem Beitrag wie folgt referenziert: *Titel des ersten Spiels der Serie*, Entwickler, Verleger, Plattform, Erscheinungsjahr.

[2] *Rock Band*, Harmonix Music Systems, MTV Games/Electronic Arts, PlayStation 2/XBox 360, 2007.

[3] Als dieser Artikel verfasst wurde, war noch nicht abzusehen, dass die *Guitar-Hero*-Franchise im Februar 2011 eingestellt werden würde. Vgl. hierzu Melanie Fritsch, „History

of Video Game Music", in: *Music and Game: Perspectives on a Popular Alliance*, hrsg. von Peter Moormann, Wiesbaden 2012 (im Druck).
4   Werbeslogan der *Guitar-Hero*-Serie.
5   Kerstin Kohlenberg, „Bar jeder Vernunft", in: *Die Zeit*, http://www.zeit.de/2008/02/Aufmacher (letzter Zugriff: 19.11.2009).
6   *DanceDanceRevolution*, Konami, Konami, Arcade, 1998.
7   Der Begriff beschreibt zum einen die Interaktion zwischen Spiel und Spieler, kann aber auch den gesamten Ablauf eines Spiels meinen.
8   Die Problematik von Genreeinteilungen bei Computerspielen kann in diesem Beitrag nicht diskutiert werden, es werden gängige Bezeichnungen benutzt. Vgl. hierzu Thomas Apperley, „Genre and game studies: Towards a critical approach to videogame genres", in: *Simulation & Gaming: An International Journal of Theory Practice and Research* 37(1), 2006, S. 6–23, sowie Claus Pias, *Computer-Spiel-Welten*, München 2002.
9   *Wii Music*, Nintendo, Nintendo, Wii, 2008.
10 Zur Frage von Performativität und Musicking in Computerspielreihen wie *Guitar Hero* und *Rock Band* vgl. David Roesner, „The Guitar Hero's Performance", in: *Contemporary Theatre Review*, 21:3, S. 276–285. An dieser Stelle möchte ich mich zugleich herzlich bei David Roesner (University of Exeter) für den spannenden Austausch über das Phänomen *Guitar Hero* im Vorfeld des Symposions bedanken. Zum Begriff der Aufführung vgl. z. B. Erika Fischer-Lichte, *Ästhetik des Performativen*, Frankfurt/Main 2004.
11 Zum Begriff der musikalischen Live-Performance vgl. Philip Auslander, „Music as Performance: Living in the Immaterial World", in: *Theatre Survey*, Vol. 47, No. 2, 2006, sowie Melanie Fritsch und Stefan Strötgen, „Relatively Live: How to Identify Live Music Performances", in: *Music and the Moving Image*, Vol. 5, No. 1, 2012, S.°47–66.
12 *Bemani* ist der Name der Musikspielabteilung von Konami, einem der größten Computerspielverleger. Benannt wurde sie nach ihrer ersten erfolgreichen Veröffentlichung *Beatmania* aus dem Jahr 1997. Neben der *DanceDanceRevolution*-Reihe – in Europa unter dem Namen *Dancing Stage* vertrieben – fallen unter die Bemani-Spiele natürlich die *Beatmania*-Reihe selbst, des Weiteren *Beatmania IIDX*, *Beatmania III*, *Pop'n-Music* und *Drummania/Guitar-Freaks*. Jede dieser Spielreihen hat eine einzigartige Bedienmethode und alle sind primär Arcadespiele, das heißt, sie werden als Arcade-Automaten in Spielhallen aufgestellt. Es gibt jedoch auch Versionen für PC und verschiedene Konsolen, zum Beispiel Dreamcast, PlayStation, GameCube, PlayStation 2, Xbox, Xbox 360 und Wii.
13 Weitere nennenswerte Tanzspielreihen mit Tanzpads, auch unter dem Sammelbegriff Machine Dance gefasst, die ebenfalls eine Fangemeinde sowie internationale Wettbewerbe haben, sind *Pump it up* oder *In the Groove*. Daneben gibt es Machine-Dance-Simulatoren wie den *open-source*-Simulator *StepMania*, *Flash Flash Revolution* und *Dance with Intensity*. Eine deutschsprachige Community, die sich diesen Spielen widmet und einen großen Fundus an Informationen liefert, findet sich im Internet unter http://vierpfeile.de/.
14 Diskussionen darüber, wer denn aktuell der beste Spieler bzw. die beste Spielerin sei, finden sich immer wieder in den einschlägigen Fanforen.
15 Dieses so genannte *bar-hugging* oder auch *bar-raping* ist allerdings verpönt und schmälert die Anerkennung der Leistung. Nur auf den höchsten Schwierigkeitsstufen ist es akzeptabel, da eine perfekte Spielleistung ohne das Festhalten kaum mehr möglich ist. Vgl. hierzu: http://www.ddrfreak.com/library/dictionary.php (letzter Zugriff: 14.07.2010).
16 Unter http://www.youtube.com/watch?v=PPDdultxBSc (letzter Zugriff: 14.07.2010) findet sich ein Videomitschnitt eines solchen *DDR Tournament*, welches dies eindrücklich demonstriert. Beachtenswert sind hier auch die Reaktionen des Publikums, insbesondere am Ende des Videos, wo die Begeisterung über die gesehene Leistung einige Zuschauer wortwörtlich von den Stühlen reißt.

17 Hierbei stützt sich der Spieler mit einer Hand auf der Bar, der hinter dem Tanzpad angebrachten Eisenstange, ab und läuft über den Bildschirm des Arcade-Automaten. Dieser Move wird von den Betreibern jedoch nicht gern gesehen, da er die Maschine beschädigen kann.
18 Ein Videobeispiel für diesen Spielstil findet sich auf: http://www.youtube.com/watch?v=QRsEKzTj8FU (letzter Zugriff: 16.01.2012), der Tänzer Hugo interpretiert hier den Song *U can't touch this* von MC Hammer.
19 Vgl. http://www.ddrfreak.com/stepcharts/stepcharts.php (letzter Zugriff: 15.07.2010).
20 Pakwan Kenobi, „Tips and Techniques – Performance", http://www.ddrfreak.com/library/tips-performance.php?name=pakwan (letzter Zugriff: 18.11.2009).
21 Christian Kortmann, „Helden für einen Tag", in: *Die Zeit*, http://www.zeit.de/2009/11/Guitar-Hero (letzter Zugriff: 19.11.2009).
22 Auch hierfür finden sich unzählige Videobeispiele im Internet, hier ein recht eindrückliches: http://www.youtube.com/watch?v=runtc3Da0CE (letzter Zugriff: 14.07.2010).
23 Kiri Miller, „Just add performance", http://flowtv.org/?p=4019 (letzter Zugriff: 08.11.2009).
24 Kiri Miller, „Schizophonic Performance: Guitar Hero, Rock Band, and Virtual Virtuosity", in: *Journal of the Society for American Music* 3 (4), (2009), S. 395–429.
25 Christian Kortmann, „Helden für einen Tag" (s. Anm. 23). Der hier genannte Auftritt von Freddie Wong wird in Melanie Fritsch und Stefan Strötgen, „Relatively Live" ausführlich analysiert (s. Anm. 11).
26 http://www.youtube.com/watch?v=Ua3hZXfNZOE (letzter Zugriff: 14.07.2010). Das Video wurde am 28.10.2006 gepostet und bis zum 22.07.2010 7.211.813-mal angesehen.
27 Vgl. Anm. 26.
28 Abbildungen der genannten Steuerungsgeräte finden sich hier: http://www.nintendo.de/NOE/de_DE/systems/zubehoer_1243.html (letzter Zugriff: 15.07.2010)
29 Einen Eindruck verschaffen die Promotion-Videos auf der *Wii-Music*-Homepage: http://www.wiimusic.com (letzter Zugriff: 14.07.2010).
30 Vgl. Anm. 28.
31 http://www.wiimusic.com/launch/ (letzter Zugriff: 14.07.2010).
32 Mii ist die Bezeichnung für die Avatare, die bei der Wii-Konsole sowie bei vielen Wii-Spielen Verwendung findet. Der Spieler kann seinen Mii personalisieren und zum Beispiel nach dem eigenen Äußeren gestalten.
33 Eine Übersicht der verschiedenen Definitionen von Spiel bei Huizinga, Caillois, Sutton-Smith und anderen findet sich in: Jesper Juul, *Half-Real. Video Games between Real Rules and Fictional Worlds*, Cambridge (Mass.) 2005, S. 29–36.
34 Johan Huizinga, *Homo ludens. Versuch einer Bestimmung des Spielelementes der Kultur*, Basel u. a., o. J., S. 37.
35 Torben Grodal, „Stories for Eye, Ear, and Muscles: Video Games, Media, and Embodied Experiences", in: *The Video Game Theory Reader*, hrsg. von Mark J. P. Wolf und Bernard Perron, New York 2003, S. 140.
36 Es ist zum Beispiel durchaus möglich, mit *DDR* abzunehmen. Vgl. Anita Chang, „Tanzen, abnehmen, Mädels abschleppen", in: *Spiegel Online*, 28.05.2004. http://www.spiegel.de/netzwelt/web/0,1518,301458,00.html (letzter Zugriff: 16.01.2010).
37 Vgl. zum Beispiel Albert Breier, „Musik als Kunst der Zeit", http://www.albert-breier.de/redemusikzeit.htm (letzter Zugriff: 15.07.2010).
38 Vgl. Markku Eskelinen, „Towards Computer Game Studies", in: *First Person. New Media as Story, Performance, and Game*, hrsg. von Noah Wardrip-Fruin und Pat Harrigan, Cambridge, Mass. 2006, S. 40.
39 Vgl. Anm. 11.

40 Auch dies hat sich inzwischen geändert, so sind in den Jahren 2010 und 2011 vermehrt Publikationen zum Thema erschienen, vornehmlich in Form von Artikeln und Sammelbänden. Eine hilfreiche Bibliografie findet sich unter http://www.ludomusicology.org/bibliography/ (letzter Zugriff: 16.01.2012).

41 Serjoscha Wiemer: „Körpergrenzen: Zum Verhältnis von Spieler und Bild in Videospielen", in: *Das Spiel mit dem Medium. Partizipation – Immersion – Interaktion*, hrsg. von Britta Neitzel, Marburg 2006 (*Schriftenreihe der Gesellschaft für Medienwissenschaft*, Bd. 14), S. 244–260.

42 Ebd. S. 244.

43 *Pong*, Atari, Atari, 1972.

44 *Super Mario Bros.*, Nintendo, Nintendo, Famicom/NES, 1985.

45 Eine Analyse der *Super-Mario*-Sounds findet sich bei: Zach Whalen, „Play Along – An Approach to Videogame Music", http://www.gamestudies.org/0401/whalen/ (letzter Zugriff: 16.07.2010).

46 Wie sich ein Fehlen dieser akustischen Komponenten auswirkt untersucht der folgende Artikel: Kristine Jørgensen, „Left in the Dark. Playing Computer Games with the Sound Turned Off", in: *From Pac-Man to Pop Music. Interactive Audio in Games and New Media*, hrsg. von Karen Collins, Aldershot, 2008, S. 163–176.

47 Karen Collins, *Game Sound: An Introduction to the History, Theory and Practice of Video Game Music and Sound Design*, Cambridge, Mass. 2008, S. 3.

48 Vgl. Jürgen Fritz, „Was Computerspieler fasziniert und motiviert: Macht, Herrschaft und Kontrolle im Computerspiel", http://snp.bpb.de/neu/wp-content/uploads/2008/08/fritz_macht_herrschaft_kontrolle.pdf (letzter Zugriff: 08.11.2009), S. 32: „Indem der Spieler sich die verschiedenen Zugangsformen zum Spiel erschließt, ist er ‚im Bildschirm drin', weil er gelernt hat, diese virtuelle Macht, Kontrolle und Herrschaft wirkungsvoll auszuüben."

49 Grodal, „Stories for Eye, Ear, and Muscles" (s. Anm. 35), S. 139.

50 Rolf F. Nohr, „Rhythmusarbeit", in: *Das Spiel mit dem Medium. Partizipation – Immersion – Interaktion*, hrsg. von Britta Neitzel, Marburg 2006 (*Schriftenreihe der Gesellschaft für Medienwissenschaft* 14), S. 241/242.

51 Im Falle von *DDR* sogar auf das Gewicht des Spielers, der, wenn er regelmäßig trainiert, sportliche Fähigkeiten erlangt und abnehmen kann. Vgl. hierzu: Anita Chang, „Dance Dance Revolution – Tanzen, abnehmen, Mädels abschleppen", in: *Spiegel Online*, 2004, http://www.spiegel.de/netzwelt/web/0,1518,301458,00.html (letzter Zugriff: 17.07.2010).

52 Miller, „Just add performance" (s. Anm. 23).

53 Miller, „Schizophonic Performance" (s. Anm. 24), S. 424.

54 Collins, *Game Sound* (s. Anm. 47), S. 3.

55 Vgl. hierzu die folgende Demonstration von der Electronic Entertainment Expo (E3 2010), der größten Computerspielfachmesse in Los Angeles: http://www.youtube.com/watch?v=MOW84thLM9k. Ein entsprechendes, von Harmonix produziertes Tanzspiel mit dem Titel *Dance Central* wurde bereits angekündigt: http://www.xbox.com/en-US/games/splash/d/dancecentral/ (letzter Zugriff jeweils: 20.07.2010); hier ein Auszug aus dem Ankündigungstext: „Dance Central™, exclusively for Kinect™ for Xbox 360®, is the first real dance game experience that is fun, social and for everyone! Brought to you by Harmonix, the developers who created the world-wide blockbuster Rock Band™, Dance Central is the first immersive dance video game that features and tracks full-body dance moves. Completely free from any controller, every routine has authentic choreography for beginners and experts alike to master, alongside a killer soundtrack that spans today's current pop, hip-hop and R&B artists."

Biografien der AutorInnen

KATHLEYA AFANADOR works in programming and content acquisition for TenduTV, and with Allen Fogelsanger is co-founder of Armadillo Dance Project, an ongoing collaboration in movement-based interactive multimedia work. She previously served as dance editor for Arts America and has written for the *Huffington Post*. She holds a MA in Choreography from Trinity Laban Conservatoire, and a BA summa cum laude from Cornell University in Visual and Auditory Cognition and in Dance, with a concentration in Computing in the Arts. She is a prior recipient of the NSF IGERT fellowship at Arizona State University's Arts, Media and Engineering Program. Her choreography has been presented in the US and Europe.

YVON BONENFANT is an artist-academic performance maker and practice-led researcher who works in intermedia from the perspective of extended voice. In 2009, he was artist in residence at the Experimental Music and Performing Arts Centre, Troy, NY USA where he created and premièred the voice-video work Beacons (with video artist David Shearing). His work has been funded by the Arts and Humanities Research Council, the British Academy, the Canada Council for the Arts and by commission. He has published peer-reviewed articles in *Performance Research*, *Studies in Theatre and Performance*, *SCAN Journal*, the *Journal of Adaptation in Film and Performance*, *Body, Music and Dance in Psychotherapy* and others. His artist's book *Silky Silk*, a sound-visual-tactile collaboration with textile artists and photography was published by Talmart Editeur, Paris in 2009. He is a research associate of the IDEAT, Université Paris 1 Panthéon-Sorbonne.

HANS-FRIEDRICH BORMANN ist Akademischer Rat am Institut für Theater- und Medienwissenschaft der Universität Erlangen-Nürnberg. Er studierte Angewandte Theaterwissenschaft an der Universität Gießen, war von 2003 bis 2009 wissenschaftlicher Assistent am Institut für Theaterwissenschaft der Freien Universität Berlin, zudem Mitarbeiter im Sonderforschungsbereich „Kulturen des Performativen" bis 2010. Publikationen zur Geschichte und Theorie der performativen Künste sowie zu Fragen der theatralen, medialen und musikalischen Praxis, darunter: *Verschwiegene Stille. John Cages performative Ästhetik*, München 2005, sowie gemeinsam mit Gabriele Brandstetter und Annemarie Matzke: *Improvisieren. Paradoxien des Unvorhersehbaren. Kunst – Medien – Praxis*, Bielefeld 2010.

BETTINA BRANDL-RISI ist seit 2011 Juniorprofessorin für Performance und Gegenwartstheater an der Friedrich-Alexander Universität Erlangen-Nürnberg. Zuvor war sie Wissenschaftliche Mitarbeiterin am Institut für Theaterwissenschaft und im Sonderforschungsbereich „Kulturen des Performativen" an der Freien Universität Berlin. 2008 führte sie ein Lehr- und Forschungsaufenthalt an die Yale School of Drama (New Haven, CT), 2010 war sie als Max Kade Visiting Associate Professor for German Studies/Theatre Arts and Performance Studies an der Brown University (Providence, RI) und Visiting Scholar am Department of Germanic Studies der University of Chicago. Zu ihren Forschungsschwerpunkten zählen neben Virtuosität in Literatur und Theater bild-, performance- und texttheoretische Überlegungen zu den Beziehungen von Literatur, Theater und Bildender Kunst vom 18. Jahrhundert bis zur Gegenwart, Theatergeschichte und Bildtheorie, das Verhältnis von Bild und Bewegung, Gegenwartstheater und Partizipation, das Verhältnis von Performativität und Textualität sowie immer wieder die Auseinandersetzung mit Musiktheater und Operninszenierungen.

GABRIELE BRANDSTETTER ist Professorin für Theater- und Tanzwissenschaft an der Freien Universität Berlin. Zu ihren Forschungsschwerpunkten gehören Geschichte und Ästhetik von Tanz, Theater und Literatur vom 18. Jahrhundert bis zur Gegenwart; Virtuosität in Kunst und Kultur; Körper – Bild – Bewegung. Zu ihren zahlreichen Veröffentlichungen zählen: *Tanz-Lektüren. Körperbilder und Raumfiguren der Avantgarde* (1995), *Bild-Sprung. TanzTheaterBewegung im Wechsel der Medien* (2005), *Methoden der Tanzwissenschaft. Modellanalysen zu Pina Bauschs „Sacre du Printemps"* (2007, mit Gabriele Klein), *Schwarm(E)Motion. Bewegung zwischen Affekt und Masse* (2007, mit Bettina Brandl-Risi und Kai van Eikels), *Tanz als Anthropologie* (2007, mit Christoph Wulf), *Prognosen über Bewegungen* (2009, mit Sibylle Peters und Kai van Eikels), *Improvisieren. Paradoxien des Unvorhersehbaren. Kunst – Medien – Praxis* (2010, mit Hans-Friedrich Bormann und Annemarie Matzke), *Theater ohne Fluchtpunkt. Das Erbe Adolphe Appias: Szenographie und Choreographie im zeitgenössischen Theater* (2010, mit Birgit Wiens).

ADRIENNE BROWN trained in Dublin, at the London School of Contemporary Dance, and the Martha Graham Center of Dance, New York, from which she gained first place in her teacher-training certificate in 1996. She founded New Balance Dance Company in 1987, and has choreographed over 30 works to date, which have been staged in Ireland, England and France. Adrienne was the first Irish choreographer to be invited to take part in the inaugural "Writing Dance/Righting Dance" project in 1997, at the Institute of Choreography and Dance (ICD), Cork; a three-year mentored research project, under Kim Brandstrup of Arc Dance Company. From 2002–2006 she undertook a BA degree in University College Dublin, graduating with honours in Music and English, and an honours MA in American Studies. Following her master's thesis in 2006, she was awarded an Ad Astra Research Scholarship from University College Dublin to undertake a four-year PhD in Musicology and Dance, based on the proposal "Meaning Indicators in Twentieth-Century Music and Dance."

CHRISTA BRÜSTLE studierte Musikwissenschaft, Germanistik und Linguistik in Freiburg i. Br. und Frankfurt a. M. und promovierte 1996 über die Rezeptionsgeschichte Anton Bruckners. Derzeit arbeitet sie als Senior Scientist an der Kunstuniversität Graz. Von 2008 bis 2011 war sie Gastprofessorin an der Universität der Künste Berlin, von 1999 bis 2005 und 2008 wissenschaftliche Mitarbeiterin des Sonderforschungsbereichs Kulturen des Performativen an der Freien Universität Berlin. Zudem war sie Lehrbeauftragte an der Hochschule für Musik „Hanns Eisler" und an der Universität der Künste Berlin, an der Technischen Universität Berlin sowie an der Universität Wien. Sie habilitierte sich 2007 über *Konzert-Szenen: Bewegung – Performance – Medien. Musik zwischen performativer Expansion und medialer Integration 1950–2000*.

SIEGHART DÖHRING promovierte 1969 mit einer Dissertation zur Geschichte der Opernarie und war von 1971 bis 1980 Assistent, Dozent und Professor auf Zeit am Musikwissenschaftlichen Institut der Philipps-Universität Marburg. Von 1983 bis 2006 leitete er das Forschungsinstitut für Musiktheater der Universität Bayreuth in Thurnau. Nach seiner Habilitation mit einer Arbeit über die Opern Giacomo Meyerbeers (Technische Universität Berlin, 1986) wurde er zudem Inhaber des Lehrstuhls für Theaterwissenschaft unter besonderer Berücksichtigung des Musiktheaters an der Universität Bayreuth (seit 1987). Zusammen mit Carl Dahlhaus gab er *Pipers Enzyklopädie des Musiktheaters* (7 Bde., München 1986–1997) heraus. Von 1996 bis 2000 war er Präsident der Gesellschaft für Theaterwissenschaft, von 1996 bis 2011 Präsident der Europäischen Musiktheater-Akademie (EMA), zudem ist er seit 1996 Vorsitzender des Meyerbeer-Instituts. Er lehrte und forscht weiterhin zur Operngeschichte vom 18. bis zum 20. Jahrhundert.

ANNE DO PAÇO studierte Musikwissenschaft, Germanistik und Kunstgeschichte an der Freien Universität Berlin. Von 1995 bis 2009 war sie als Musikdramaturgin am Staatstheater Mainz engagiert. Seit der Spielzeit 2009/10 ist sie Dramaturgin für Oper und Ballett an der Deutschen Oper am Rhein Düsseldorf Duisburg. Eine enge Zusammenarbeit verbindet sie darüber hinaus mit dem Rheingau Musik Festival, dem Konzerthaus Dortmund, der Deutschen Kammerphilharmonie Bremen sowie der Kulturabteilung der BASF Ludwigshafen. Lehraufträge führten sie u. a. an das Musikwissenschaftliche Institut der Johannes Gutenberg-Universität Mainz. 2006 gab sie das Buch *Martin Schläpfer – ballettmainz* heraus. Als Autorin ist sie für Publikationen wie *Knaurs Großer Opernführer* (München 1998), das *Lexikon der Oper* (Laaber 2002) und *Lexikon Tanz* (Laaber in Vorbereitung) tätig sowie u. a. für das Wiener Konzerthaus, die Münchner Philharmoniker, das SWR Vokalensemble Stuttgart und das Münchener Kammerorchester. Diverse wissenschaftliche und publizistische Aufsätze veröffentlichte sie zur Musikgeschichte des 19. und 20. Jahrhunderts.

ALLEN FOGELSANGER composes music for dance, accompanies classes, writes movement-interactive computer programs and teaches courses on dance and music. With Kathleya Afanador he is co-founder of Armadillo Dance Project, an ongoing collaboration in movement-based interactive multimedia work. He was for many years Director of Music for Dance at Cornell University and now works at New York University, Marymount Manhattan College and the Mark Morris Dance Center. He received a PhD from Cornell in Mathematics and studied music composition with Burt Fenner, Steven Stucky and Karel Husa, and dance composition with David Gordon. His music and videos have been presented across the US and Europe.

MELANIE FRITSCH studierte Theaterwissenschaft, Neuere Deutsche Literatur und Musikwissenschaft in Berlin und Rom und ist seit 2008 als wissenschaftliche Mitarbeiterin am Forschungsinstitut für Musiktheater der Universität Bayreuth in Forschung und Lehre tätig. Zugleich ist sie dort Promovendin im Studiengang Musik und Performance und arbeitet an ihrer Dissertation zum Thema Computerspielmusik. Homepage: http://uni-bayreuth.academia.edu/mfritsch

MARTIN GÜNTHER begann bereits während seines Musikwissenschafts-, Schulmusik- und Klavierstudiums an der Universität Hamburg sowie den Musikhochschulen Essen und Freiburg i. Br. eine intensive Tätigkeit als Liedbegleiter, die er in Meisterklassen bei Irwin Gage (Luzern), Axel Bauni (Berlin) und Norman Shetler (Wien) vertiefte. Neben seiner Konzerttätigkeit assistierte er als Korrepetitor in den Gesangsklassen verschiedener Hochschulen, bei Wettbewerben, Meisterkursen und Chören sowie zuletzt am Festspielhaus Baden-Baden. In musikwissenschaftlichen Lehrveranstaltungen und Vorträgen widmet er sich zudem vornehmlich der Kulturgeschichte des Liedgesangs.

Biografien der AutorInnen

PHILIPPE GUISGAND est maître de conférences en danse à Lille 3. Il est spécialiste de l'œuvre d'Anne Teresa de Keersmaeker à qui il a consacré sa thèse de doctorat, de nombreux articles et communications et deux livres: *Les fils d'un entrelacs sans fin* (Septentrion 2008) et *Anne Teresa De Keersmaeker* (L'Epos 2009). Il a collaboré aux livres *Approche philosophique du geste dansé* (Septentrion 2006), *A la rencontre de la danse contemporaine: résistances et porosités* (L'Harmattan 2009), *Les rythmes du corps dans l'espace spectaculaire et textuel* (Le Manuscrit 2011), *Passions du corps dans les dramaturgies contemporaines* (Septentrion 2011) et *Pratiques performatives. Body remix* (Presses de l'Université du Québec 2012).

ANNETTE HARTMANN studierte Theaterwissenschaft mit dem Schwerpunkt Tanzwissenschaft, Romanische Philologie und Hispanistik in Bochum, Madrid und Paris. Von 2005 bis 2008 arbeitete sie in dem von Monika Woitas geleiteten Projekt zu Igor Strawinskys Bühnenwerken, dessen Abschluss die Buchpublikation *Strawinskys „Motor Drive"* (München 2010) bildete. Sie ist Lehrbeauftragte an der Ruhr-Universität Bochum, der Folkwang Universität der Künste Essen sowie der Sporthochschule Köln und arbeitet derzeit u. a. an einem Dissertationsprojekt zu choreographischen Erinnerungsformen.

BERND HOFFMANN arbeitet seit über 35 Jahren für den Hörfunk der ARD und weitere deutschsprachige Sender in Europa. Seit 2002 leitet er die Jazz-Redaktion des Westdeutschen Rundfunks. Zudem führt er Lehraufträge an der Universität zu Köln (Seminar für Musikpädagogik) und der Musikhochschule Köln (Seminar für Jazz) durch; weitere Lehraufträge an diversen Universitäten. Er promovierte mit dem Thema *Der Reflex afro-amerikanischer Musik in deutschsprachigen Musik- und Rundfunkzeitschriften* und habilitierte im Bereich Populäre Musik/Jazz 2003 an der Universität für Musik und Darstellende Kunst in Graz. Schwerpunkte seiner wissenschaftlichen Arbeit sind die Rezeption des Jazz in Deutschland, die Darstellungen historischer Genres der afro-amerikanischen Musik (Ragtime, Blues, Sacred Singing) sowie Überlegungen zu visuellen/musikalischen Konzepten in Bereich des frühen Tonfilms wie der Videoclip-Analyse. Zu diesen Schwerpunkten liegen zahlreiche wissenschaftliche Publikationen vor, hinzu kommt seine Herausgebertätigkeit für die Internationale Gesellschaft für Jazzforschung Graz.

STEPHANIE JORDAN is Research Professor in Dance at University of Roehampton, London. She has had professional and academic training in both music and dance and holds degrees from University of Birmingham, University of California Los Angeles and Goldsmiths College, London University. Her publications include *Striding Out: Aspects of Contemporary and New Dance in Britain* (1992), *Moving Music: Dialogues with Music in Twentieth-Century Ballet* (2000), and *Stravinsky Dances: Re-Visions across a Century* (2007, covering modern/postmodern dance as well as ballet), all published by Dance Books. In 2010, Jordan received the award for Outstanding Scholarly Research in Dance from the Congress on Research in Dance (CORD, USA).

JIN HYUN KIM studied Music Theory at the Seoul National University (BA) and Musicology with a focus on Systematic Musicology and Philosophy at the University of Hamburg (MA) and accomplished her PhD with a German doctoral thesis on embodiment in interactive music and media performances, taking perspectives from media theory and cognitive science into account. From 2002 to 2008 she was Research Fellow at the Collaborative Research Center "Media and

Cultural Communication" at the University of Cologne. After her postdoctoral research fellowship at the University of Ghent in 2009, she became Researcher at the Cluster of Excellence "Languages of Emotion" at the Freie Universität Berlin since October 2009. Additionally, she is Junior Fellow in Neurosciences and Cognitive Sciences at the Hanse-Wissenschaftskolleg (Institute for Advanced Study) from 2011 to 2012.

KONRAD LANDREH, geboren 1969 in Osterholz-Scharmbeck bei Bremen, studierte Lehramt Musik an der Folkwang Hochschule und Mathematik an der Universität-GH Essen, 2003 promovierte er über *Manuel de Fallas Ballettmusik* (Laaber 2004). Seit 2002 arbeitet er als Lehrer für Musik und Mathematik in Hamm. 2010/11 übernahm er zudem einen Lehrauftrag für Musikwissenschaft an der Folkwang Universität der Künste.

SILKE MARTIN studierte Medienkultur an der Bauhaus-Universität Weimar und erhielt 2003 den dortigen Hochschulpreis. Zwischen 2003 und 2004 baute sie die Geschäftsstelle der Mitteldeutschen Medienförderung in Thüringen auf, die sie auch leitete. Seit 2000 ist sie bei Film- und Fernsehproduktionen tätig. 2009 erfolgte ihre Promotion, seitdem ist sie als wissenschaftliche Mitarbeiterin an der Bauhaus-Universität Weimar tätig. Derzeit erforscht sie Bergbilder des Films. Zu ihren Publikationen gehören: *Die Sichtbarkeit des Tons im Film – Akustische Modernisierungen des Films seit den 1920er Jahren* (Marburg 2010), Silke Egner (jetzt Silke Martin): „Bilder der Farbe", in: *serie moderner film*, Bd. 2, hrsg. von Lorenz Engell und Oliver Fahle (Weimar 2003).

HELEN JULIA MINORS is senior lecturer in music at Kingston University. Previously she was the convenor of the music programmes and lecturer at Roehampton University. Her publications include articles and reviews in *Dance Research, Nineteenth Century Music Review, Notes* and *Opera Quarterly*. She has published a book chapter on the music of Paul Dukas in *La musique française: esthétique et identité en mutation 1892–1992*, ed. Pascal Terrien (Paris 2012), and two chapters on Erik Satie in *Music, Text and Translation*, ed. Helen Julia Minors (London, forthcoming 2012) and *Erik Satie: Music Art and Literature*, ed. Caroline Potter (Farnham, forthcoming 2013). Her research explores the relationships that exist between music and dance within practical teaching contexts as well as in the collaborative creative dimension. Her work also explores the role of the composer within ballet and criticism within the early twentieth century in Paris. She sits on the executive committee for the National Association for Music in Higher Education and The Society for Dance Research UK.

ANDREAS MÜNZMAY ist wissenschaftlicher Mitarbeiter im Editionsprojekt „OPERA – Spektrum des europäischen Musiktheaters" der Akademie der Wissenschaften Mainz und der Universität Bayreuth. Er studierte Schulmusik, Romanistik, Jazzposaune und Musikwissenschaft, war Stipendiat des DAAD und des Evangelischen Studienwerks Villigst und wurde 2008 an der UdK Berlin promoviert (*Musikdramaturgie und Kulturtransfer. Eine gattungsübergreifende Studie zum Musiktheater Eugène Scribes in Paris und Stuttgart*, Schliengen 2010). Er versah Lehraufträge an mehreren deutschen Hochschulen und publizierte v. a. zum französischen Musiktheater und zum Jazz. 2012 erhielt er den Hermann-Abert-Preis der Gesellschaft für Musikforschung.

Biografien der AutorInnen

NINA NOESKE studierte Musikwissenschaft, Philosophie und Musikpraxis in Bonn, Weimar und Jena. 2005 promovierte sie über Musik in der DDR und wurde anschließend wissenschaftliche Mitarbeiterin an der Hochschule für Musik Franz Liszt Weimar. 2007 bis 2011 war sie wissenschaftliche Mitarbeiterin am Forschungszentrum „Musik und Gender" an der Hochschule für Musik, Theater und Medien Hannover. 2012 übernahm sie die Vertretung jeweils einer halben Professur in Hannover und an der Hochschule für Musik und Theater Hamburg. Ab dem 1. Oktober 2012 ist sie Assistenzprofessorin an der Universität Salzburg. Zu ihren Forschungsschwerpunkten gehören Musik/Kultur im 19. und 20. Jahrhundert, Musikästhetik, Filmmusik, Musik und Gender, Musik und Politik.

MATTHIAS REBSTOCK ist Regisseur und musikalischer Leiter im Bereich des Neuen Musiktheaters, zudem seit 2006 Juniorprofessor für szenische Musik an der Universität Hildesheim. Er promovierte über das instrumentale Theater von Mauricio Kagel (2005). Zu seinen Arbeitsschwerpunkten zählen das Musiktheater des 20. und 21. Jahrhunderts, Formen szenischer Musik, Produktionsästhetik, Zeichentheorie und Ästhetik der Neuen Musik. Zu seinen Regiearbeiten gehören *Visiones – Ficciones*, Uraufführung szenischer Kompositionen von Elena Mendoza, José Maria Sanchez-Verdú und Michael Hirsch mit den Neuen Vocalsolisten Stuttgart (ECLAT Festival Stuttgart, 2009), *Referentinnen. Geschichten aus der zweiten Reihe* von und mit dem Ensemble leitundlause (Neuköllner Oper Berlin, 2008), *Mondflucht* mit dem Ensemble schindelkilliusdutschke (Konzerthaus Berlin, 2007), *Niebla* in Ko-Autorschaft mit Elena Mendoza (Kunstforum Hellerau, 2007), *Rotkäppchen* von Georges Aperghis (Junge Oper Mannheim, 2007) sowie *winzig* von Manos Tsangaris (Nationaltheater Mannheim und Stadttheater Hildesheim, 2007).

IVANA RENTSCH studierte Musikwissenschaft, Publizistik und Deutsche Linguistik an der Universität Zürich. Von 2000 bis 2005 war sie Assistentin am Institut für Musikwissenschaft der Universität Bern und promovierte dort 2004. Von 2006 bis 2011 arbeitete sie als Assistentin, seit 2011 als Oberassistentin am Musikwissenschaftlichen Institut der Universität Zürich. Dort habilitierte sie sich 2010 mit einer Schrift über die Bedeutung des Tanzes für die frühe Instrumentalmusik. Zu ihren Forschungsschwerpunkten gehören kulturhistorische Fragestellungen zur Musiktheorie vom 15. bis 18. Jahrhundert, zu dem Verhältnis von Tanz und Musik in der Frühen Neuzeit, dem Musiktheater des 17. bis 20. Jahrhunderts, der Gattungsgeschichte des Liedes und der tschechischen Musikgeschichte.

DAVID ROESNER ist Theaterwissenschaftler und Senior Lecturer an der University of Kent, UK. Er forschte und lehrte zuvor an den Universitäten Hildesheim, Mainz, Bern und Exeter und arbeitet außerdem als Theatermusiker und -regisseur. 2007 wurde sein Aufsatz „The politics of the polyphony of performance" mit dem Thurnauer Preis für Musiktheaterwissenschaft ausgezeichnet. Zuletzt gab er die Sammelpublikationen *Composed Theatre* (mit Matthias Rebstock, Bristol 2011) und *Theatre Noise* (mit Lynne Kendrick, Newcastle 2012) heraus. Zurzeit arbeitet er an einer Monographie zur Musikalität des Theaters, die 2013 bei Ashgate erscheinen wird. Weitere Informationen sowie eine vollständige Publikationsliste finden sich unter http://kent.academia.edu/Roesner.

Biografien der AutorInnen

JANICE ROSS, Professor, Drama Department, and Director, Dance Division, at Stanford University, is the author of *Anna Halprin: Experience as Dance* (UC Press 2007, winner of a de la Torre Bueno Award 2008 Special Citation), *San Francisco Ballet at 75* (Chronicle Books 2007) and *Moving Lessons: Margaret H'Doubler and The Beginning of Dance in American Education* (University of Wisconsin 2001). Her awards include Guggenheim and Fulbright Fellowships. For ten years she was the staff dance critic for *The Oakland Tribune* and for twenty years a contributing editor to *Dance Magazine*. Her articles on dance have appeared in *The New York Times* and *The Los Angeles Times* among other publications. She is past president of the Society of Dance History Scholars.

CLAUDIA ROSINY studierte Theater-, Film- und Fernsehwissenschaft in Köln und Amsterdam. Sie promovierte am Institut für Theaterwissenschaft der Universität Bern mit einer Arbeit zum Videotanz (*Videotanz. Panorama einer intermedialen Kunstform*, Zürich 1999). Von 1991 bis 2007 leitete sie das Festival Berner Tanztage, von 1998 bis 2007 übernahm sie den Aufbau und die Leitung eines Forums für Medien und Gestaltung im Kornhaus Bern. Seit 2002 ist sie Programmleiterin und Dozentin des Nachdiplomstudiums Tanzkultur an der Universität Bern. Neben diversen Lehraufträgen gehören u. a. zu ihren Publikationen: *Zeitgenössischer Tanz. Körper, Konzepte, Kulturen* (Bielefeld 2007, gemeinsam mit Margrit Bischof herausgegeben). 2008/09 führte sie ein sechsmonatiges Stipendium des Kantons Bern nach New York City, von 2009 bis 2012 arbeitete sie im Schweizer Tanzarchiv Zürich und Lausanne. Seit 2012 ist sie verantwortlich für die Tanz- und Theaterförderung im Bundesamt für Kultur Bern.

STEFFEN A. SCHMIDT studierte Musikwissenschaft, semitische Sprachen und italienische Literatur sowie Musikethnologie und Theaterwissenschaft in Berlin. Nach seiner Promotion über den Rhythmus in der neuen Musik erhielt er Stipendien für Rom und Paris zur Erforschung der Beziehung von Musik und Tanz im 17. Jahrhundert. Im Anschluss arbeitete er als Komponist und musikalischer Performer/Pianist in den Bereichen Tanz, Theater und Dramaturgie. Nach einer Tätigkeit als Konzertredakteur an der Staatsoper Berlin ging er 2004 nach Zürich für ein interdisziplinäres Projekt. Als Co-Studienleiter gründete er 2008 den Master-Studiengang Cultural Media Studies am Institute Cultural Studies der Zürcher Hochschule der Künste, an der er auch als Dozent für Operndramaturgie und Geschichte der Filmmusik tätig ist. 2010 habilitierte er mit der Arbeit *Musik der Schwerkraft. Komposition und Choreographie im 20. Jahrhundert*.

KATJA SCHNEIDER lebt und arbeitet in München. Sie ist wissenschaftliche Mitarbeiterin am Institut für Theaterwissenschaft an der Ludwig-Maximilians-Universität München. Zu ihren Forschungsschwerpunkten gehören Tanz, Performance und Intermedialität. Als Redakteurin arbeitete sie für die Fachmagazine *tanzdrama*, *tanzjournal* und *tanz*, schreibt zudem für diverse Zeitungen und Zeitschriften. Sie ist Mitherausgeberin des *Reclams Ballettführer* (zusammen mit Klaus Kieser).

JULIA H. SCHRÖDER studierte Musikwissenschaft und Audiokommunikation an der Technischen Universität Berlin sowie Schulmusik an der Universität der Künste Berlin. Neben ihrer Dissertation *Cage & Cunningham Collaboration. In- und Interdependenz von Musik und Tanz* (Hofheim 2011) veröffentlichte sie mit Helga de la Motte-Haber und Lydia Rilling *Dokumente der Musik des 20. Jahrhunderts* (Laaber 2011). Sie ist wissenschaftliche Mitarbeiterin am Sonderforschungsbereich

"Ästhetische Erfahrung im Zeichen der Entgrenzung der Künste" der Freien Universität Berlin und unterrichtet an verschiedenen Berliner Universitäten.

STEPHANIE SCHROEDTER promovierte über den Wandel der Tanzpoetik um 1700 (*Vom Affect zur Action*, Salzburg 2001, Auszeichnung mit dem Tanzwissenschaftspreis Nordrhein-Westfalen). Nach journalistischen und dramaturgischen Arbeiten in den Bereichen Musik-/Tanztheater und Konzert (u. a. bei den Salzburger Festspielen) wurde sie wissenschaftliche Mitarbeiterin des Forschungsinstituts für Musiktheater der Universität Bayreuth. Neben der Vertretung einer Junior- und Assistenzprofessur arbeitete sie zwischen 2008 und 2012 an einem DFG-geförderten Projekt, aus dem in Kürze die Monographie *Paris qui danse. Bewegungs- und Klangräume einer Großstadt der Moderne* hervorgehen wird. Derzeit ist sie Gastprofessorin am Institut für Theater- und Tanzwissenschaft der Freien Universität Berlin und arbeitet zudem im Rahmen eines vom Schweizer Nationalfonds geförderten Projekts zum Tanz im französischen Musiktheater des 19. Jahrhunderts. Neben primär tanzwissenschaftlichen, vor allem tanzhistoriographischen Themen gilt ihr besonderes Interesse Interaktionen von Musik/Klang und Tanz/Bewegung in den Bereichen (Musik-/Tanz-)Theater, Performance und Film/Video.

GERALD SIEGMUND studierte Theaterwissenschaft, Anglistik und Romanistik an der Universität Frankfurt a. M. und ist Professor für Angewandte Theaterwissenschaft an der Justus-Liebig-Universität Gießen. Seine Promotion erfolgte 1994 in Frankfurt zum Thema *Theater als Gedächtnis* (Tübingen, 1996). Nach seiner Habilitation in Gießen 2005 war er bis 2008 Assistenzprofessor am Institut für Theaterwissenschaft der Universität Bern, Schweiz. Zu seinen Forschungsschwerpunkten zählen Entwicklungen im zeitgenössischen Tanz und im postdramatischen Theater im Übergang zur Performance und zur bildenden Kunst. Zu seinen Buchpublikationen gehören: *William Forsythe – Denken in Bewegung* (Berlin 2004), sowie *Abwesenheit. Eine performative Ästhetik des Tanzes – William Forsythe, Jérôme Bel, Xavier Le Roy, Meg Stuart* (Bielefeld 2006). Zuletzt gab er gemeinsam mit Petra Bolte-Picker den Band *Theater: Subjekt. Beiträge zur analytischen Theatralität* (Frankfurt 2011) heraus.

HANNO SIEPMANN ist Komponist, Pianist, Dirigent, Regisseur, Autor und Kabarettist. Er studierte Komposition an der Folkwang-Hochschule in Essen bei Wolfgang Hufschmidt und Nicolaus A. Huber. In der Philharmonie Berlin kamen mehrere seiner Chor- und Orchesterwerke zur Uraufführung, so auch die musikalische Szene *Tutto ho perduto (Arianna)* für Sopran und Orchester unter der Regie von Sandra Leupold (2000). Die Neuköllner Oper Berlin brachte 1999 seine Kammeroper *Alice* für vier Stimmen und sechs Instrumente heraus, für die er auch mit dem Neuköllner Opernpreis ausgezeichnet wurde. Anfang 2006 gründete er das Ensemble BACH theater, das sich die Aufgabe stellte, Musik von Johann Sebastian Bach als Theater auf die Bühne zu bringen.

MARIAN SMITH is on the musicology faculty at the University of Oregon, where she was recently given the Thomas A. Herman Award for distinguished teaching. Her articles and reviews have appeared in various journals, including *The Cambridge Opera Journal, The Journal of the American Musicological Society, Dance Research*, and *Dance Chronicle*. Her essays have appeared in the program books at the Royal Opera House at Covent Garden, the Edinburgh Festival, and La Scala. Her research interests include ballet, opera, and performance practice. She is author of *Ballet and Opera in the Age of Giselle* (Princeton University Press 2000), and editor of the volume *La Sylphide – 1832 and Beyond* (Dance Books 2012).

HANNA WALSDORF studierte Musik- und Tanzwissenschaft, Politische Wissenschaft sowie Historische Hilfswissenschaften und Archivkunde an den Universitäten Salzburg, Bonn und Bern. Nach ihrem Magisterexamen 2006 in Bonn erhielt sie 2008 ein Marie-Andeßner-Dissertationsstipendium und schloss im Juli 2009 ihre Promotion mit einer interdisziplinären Arbeit über *Bewegte Propaganda. Politische Instrumentalisierung von Volkstanz in den deutschen Diktaturen* am Fachbereich Kunst-, Musik- und Tanzwissenschaft der Universität Salzburg an (mit Auszeichnung). Seit September 2009 ist sie wissenschaftliche Mitarbeiterin im Sonderforschungsbereich „Ritualdynamik" an der Universität Heidelberg mit dem Teilprojekt: „Ritual und Inszenierung der musikalischen Aufführungspraxis im Zeitalter des Barock".

MONIKA WOITAS studierte Musikwissenschaft, Publizistik und Philosophie in Salzburg (Promotion 1988) und war seitdem an den musik- und theaterwissenschaftlichen Instituten in Salzburg, München und Bochum als wissenschaftliche Assistentin bzw. Hochschuldozentin sowie als Gastdozentin in Leipzig und Köln tätig. Ihre Habilitation erfolgte an der Ludwig-Maximilians-Universität München 1995 (*Im Zeichen des Tanzes. Zum ästhetischen Diskurs der darstellenden Künste zwischen 1760 und 1830*). Seit Oktober 2005 betreut sie den von ihr aufgebauten Studienschwerpunkt Musik- und Tanztheater am theaterwissenschaftlichen Institut der Ruhr-Universität Bochum. Von 2005 bis 2008 arbeitete sie zusammen mit Annette Hartmann an einem Forschungsprojekt zu Igor Strawinskys Bühnenwerken, das in der Buchpublikation *Strawinskys „Motor Drive"* (München 2010) einen vorläufigen Abschluss fand.

LAWRENCE M. ZBIKOWSKI is an Associate Professor and chair of the Department of Music at the University of Chicago. He recently contributed chapters to *New Perspectives on Music and Gesture* (Ashgate, 2011), and *Music and Consciousness* (Oxford, 2011), and has also published in *Music Humana*, *Musicæ Scientiæ*, *Music Theory Spectrum*, *Ethnomusicology*, and the *Journal of Musicological Research*. During the 2010/11 academic year he held a fellowship from the American Council of Learned Societies, and was also Fulbright Visiting Research Chair at McGill University.